U0165538

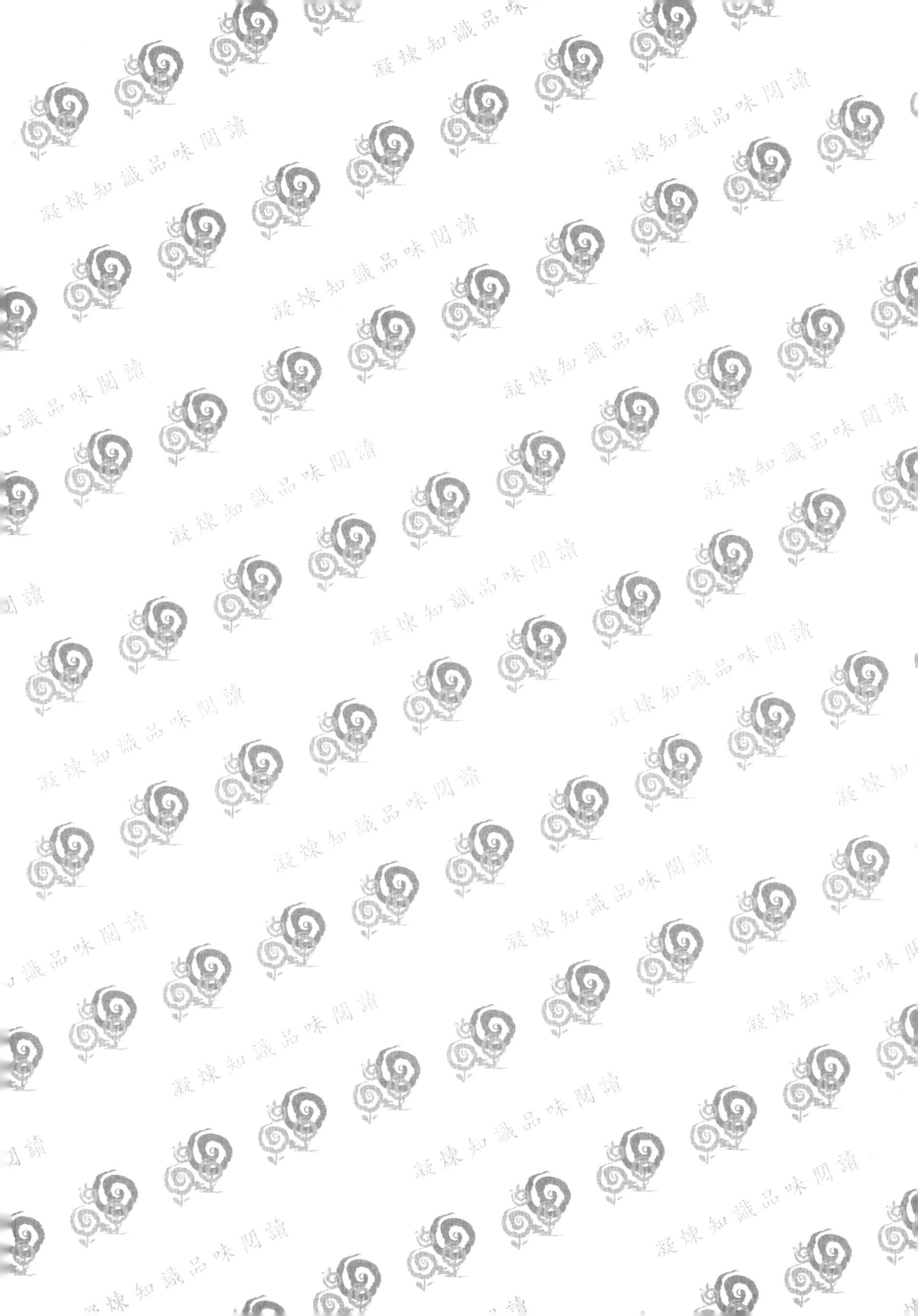

訴訟文書撰寫範例

刑事編

增訂五版

吳光陸 主編
何志揚、何孟育 著

五南圖書出版公司 印行

主編序

在法治成熟之國家已不允許人民自力救濟，凡有權利受損者，均應遵從法定程序向國家請求救濟。關於救濟之方式，雖不宜全以書面方式爲限，以免不當限制人民救濟權利，但爲求明確，使法院或其他國家機關便於審理，仍以書狀爲之較妥，法律就此亦設有應以書狀爲之之規定，則更應以書狀請求救濟或主張權利。

本書編寫，緣起於五南圖書出版公司楊榮川先生，鑑於國內法治日趨成熟，人民透過法定程序極力主張權利之情形已屬平常，但國內訴狀範例之書仍不多見，完整而兼顧各方面者更少，爲使民衆透過相關書籍自我學習或使初爲法律實務工作者得以有效率的熟悉書狀撰寫技巧，乃盛情邀約本人，統籌本套書狀範例之編寫。本人爲求對國家法治進步有所貢獻，雖自知能力不足，仍勉力承諾爲之，幸有學有專精之律師同道及法官熱情力挺，方能順利完成此套書。本書編寫乃針對一般民衆或初爲法律實務工作者學習之用，故編寫方式力求格式明確、論理簡明，過於艱澀之法理論述則盡量避免，故每編範例均按「案例事實」、「撰狀說明」、「書狀內容」及「相關法條與裁判」之格式撰寫，希讀者能了解全貌而參考使用。當然，如遇有法律關係複雜者，仍宜委請專業之律師，以免自誤，損及權益。

本套書定名爲「訴訟文書撰寫範例」，共由十位律師及一位法官合力完成，依法律性質分四冊編寫，由楊盤江律師、黃呈利律師、陳廷獻律師、廖瑞鍠律師共同撰寫「民事編」；何志揚律師、何孟育律師共同撰寫「刑事編」；簡祥紋律師、黃明看律師、涂榆政律師及胡宜如法官共同撰寫「行政救濟編」，另由本人撰寫「非訟編」，各冊書內容完整豐富，相信在實務處理上，當有一定之助益。

本套書雖由多人分工而成，但從寫作格式之確立到初稿的完成討論均經共同研討，文責共負。編寫本書工程浩大，囿於各人學識經驗，缺漏之處在所難免，尚祈各界先進，不吝指正，無任感激。又因近年法律修正頗速，故使用本書應注意本書付印後相關法律是否修正，以靈活運用。

本書順利發行，有賴上開諸君之共同努力，尤其學弟簡祥紋律師居中聯絡，特此致謝。

吳光陸 律師

民國99年6月30日於精誠法律事務所

何志揚序

刑事訴訟是爲了確認國家刑罰權的對象，刑事訴訟程序則是運用刑事實體法以追訴與處罰犯罪之程序，而爲了進行犯罪被告之訴追。然而，許多人在面臨刑事訴訟程序時往往對於刑事書狀的撰寫相當陌生，而且對於各種不同類型之刑事犯罪也因爲不熟悉該犯罪定罪與否之實務見解，不知如何下筆詳細說理；即便是法律專科畢業的法律系學生，由於在學校學習時僅就刑事學理上探究，反而在畢業後進入社會、考取律師資格，如無人指導刑事書狀撰擬，更會有習得一身武功卻不知如何發揮之窘境。

有鑑於此，本書筆者特別以十幾年執行律師職務，參與刑事程序撰狀之經驗，蒐集自己或他人承辦案件所撰擬之書狀，根據刑事訴訟之類型及刑事犯罪之案由，從程序及當事人身分（除檢察官以外）與犯罪事實（即案由）等三方面，逐一介紹刑事書狀之種類及撰寫書狀應注意之處，相信不僅對於不得不上法院進行刑事訴訟程序的當事人可以依樣畫葫蘆的臨摹，更是初試啼聲執業律師的教戰守則及葵花寶典。

本書能定稿出版要特別感謝吳光陸律師，有他的引介才有筆者揮毫的機會；其次要感謝筆者的內人楊德芳女士，在筆者聚精會神挑燈夜戰的撰寫校稿，多虧她的包容，才有本書的付梓；再來要感謝筆者事務所幫忙整理資料、校對稿件的事務員；最重要感恩的是與筆者一起彙整撰寫本書的何孟育律師。
筆者期望本書能發揮工具書的效果，讓許多又期待又怕受傷害的民衆及法律人能眞正DIY撰寫刑事書狀，更希望能拋磚引玉，讓許多對於刑事訴訟程序熟稔的專家，願意將畢生撰寫書狀的經驗提供晚進後輩參考，然筆者才疏學淺，也有許多未盡事宜之處，因此還望各位法界前輩多予指教。

何志揚 于台中

2010.12

何孟育序

刑事訴訟是國家對特定人的特定犯罪事實，為確定其具體刑罰權有無及其範圍所進行之程序，因此對於刑事訴訟程序進行之過程與運作，實則環環相扣，牽一髮足以動全身，非臨淵履薄，不足以得其三昧，非謹愼戒懼，恐難以發現眞實，摘奸發伏、避冤伸抑，撥開雲霧見青天。

刑事訴訟法所規定之條文雖然有限，但內容實屬繁雜，再加上現今犯罪態樣種類簡直變化萬端、推陳出新、目不暇給，故在適用刑事訴訟法之規定時，仍讓人不時有雲山霧罩、無所適從之感；特別是從刑事訴訟開始發動後，往往歷經警、檢、調及三級法院的調查與審理，無論從證據調查到判決形成，每一階段都是舉證攻防、法律適用以及促進心證的勞智輸出，希望獲得的是最好、最適當裁判的反饋，所以無論是看熱鬧或是看門道，知其然也能知其所以然，應該是對一本有關訴訟類工具書所具有的基本期待。

筆者執業多年，適此機會，能將執業期間所承辦之部分案件，盡可能的以言簡意賅的方式，野人獻曝的提供在訴訟程序中撰寫書狀的部分模式，而與何志揚律師共編此一刑事訴訟範例，希望能對有興趣於刑事訴訟程序的讀者，展現多樣的思維與規劃，惟筆者因礙於學力，對於案例之運用，猶仍在孜孜勤習，因此掛一漏萬、隔靴搔癢，不入法眼之處，尚祈各位先進不吝指教。

何孟育

2010.12

目錄 CONTENTS

壹、導論

貳、各論

壹、導論

一、刑事訴訟書狀

(一) 刑事程序與種類

(二) 刑事訴狀之組成

二、如何撰寫刑事書狀

(一) 撰狀之前置工作

(二) 撰狀技巧

(三) 書狀之遞送

(四) 卷宗檔案之整理

一、刑事訴訟書狀

(一) 刑事程序與種類

刑事訴訟是爲了確認國家刑罰權的對象，刑事訴訟程序則是運用刑事實體法以追訴與處罰犯罪之程序，而爲了進行犯罪被告之訴追，刑事訴訟程序大體上又可分爲公訴程序與自訴程序：在公訴程序除了在檢察官提起公訴前必須先進行偵查程序（由犯罪被害人提起告訴或由犯罪被害人以外之人提起告發）外，另外在公訴程序乃由檢察官負責擔任原告實行公訴，自訴程序則由犯罪之被害人即自訴人擔任原告，此即二程序最大之不同處。此外，法院因公訴及自訴程序之進行，必須進行審判程序，因爲審級之劃分又可分爲第一審、第二審及第三審（視案件種類及法定最重本刑而決定是否得上訴第三審）。因此，本書擬從程序及當事人身分（除檢察官以外）與犯罪事實（即案由）三方面逐一介紹刑事書狀之種類，略可分爲：

1. 一般類（總則編）：例如，促使檢察官發動刑事訴追程序之刑事告訴狀、刑事告發狀與自行擔任訴追人請求法院審判之刑事自訴狀……等，各訴狀之用途，請參照各章節之詳述內容。
2. 案由類（即依照刑法分則及刑事特別法之犯罪名稱）：例如，刑事答辯狀（被告使用）、刑事上訴狀（被告不服下級審判決使用）、刑事辯論意旨狀（被告選任辯護人使用）、刑事抗告狀（被告或自訴人不服下級審裁定使用）、刑事調查證據聲請狀（被告或自訴人請求法院調查證據使用）、刑事聲請檢察官上訴狀（犯罪被害人不服下級審判決請求檢察官提起上訴使用）、刑事再審聲請狀（被告不服刑事確定判決使用）、刑事非常上訴聲請狀（被告不服刑事確定判決請求最高檢察署檢察總長提起非常上訴使用）、刑事附帶民事訴訟起訴狀（犯罪被害人於第一審及第二審訴訟繫屬中欲請求被告賠償民事損害使用）……等，各訴狀之用途，請參照各章節之詳述內容。

(二) 刑事訴狀之組成

刑事訴狀由案號欄、股別欄、當事人欄、事實暨理由欄、證人欄、證物欄、管轄法院或檢察署名稱、日期、具狀人及撰狀人欄組成，茲分述如下：

1. 案號欄：本欄之塡具，方便法院或檢察署迅速地將訴狀分發到承辦人員手上。案號為方便辨識，一般依年度及案類編號，故可從傳票或通知書上得知，但如屬新案，則未編號，可不填具。日常常用之案號冠字，依次列舉如下：

(1) 檢察署案號：偵查案件通常冠以「偵」字或「調偵」字（對於告訴乃論之罪經兩造同意移送鄉鎮市調解委員會調解）或「偵緝」字（對於被告屢經傳喚或拘提未到庭經發布通緝者），例如113年度偵字第1號；少年事件冠以「少偵」字；另如被告或犯嫌不明者，則冠以「他」字或「調他」字；如檢察官將案件發交司法警察調查或對於司法警察移送之案件認為尚有釐清調查之必要，則冠以「發查」字或「核退」字；相驗屍體案件，冠「相」字；再議案件冠「議」字；執行案件冠「執」字；無罪或緩刑案件冠「執他」字；聲請准許提起自訴案件冠「聲自」字。

(2) 地方法院案號：常用者，例如普通刑事庭冠「訴」字，重大刑案冠「重訴」字；簡易案件冠以「易」字，簡易判決處刑冠以「簡」字；少年法庭分調查管訓及刑案，各冠以「少調」、「少訓」、「少訴」（或少易）等字；交通案件冠以「交訴」或「交易」字；自訴案件，冠以「自」字；聲請案件冠以「聲」字；附帶民事訴訟案冠以「附民」字。

(3) 高等法院案號：普通上訴案件冠以「上訴」字，重大刑案上訴冠以「重上訴」字；簡易上訴案件冠以「上易」字；抗告案件冠以「抗」字；如經最高法院第一次發回更審案件則冠以「上更（一）」字。

(4) 最高法院案號：一般上訴案件冠以「台上」字；非常上訴案件冠以「台非」字；抗告或再抗告案件則冠以「台抗」字。

(5) 再審案件：聲請再審冠以「聲再」字；再審案件冠以「再」字。

2. **股別欄**：檢察署及法院為了區別各承辦檢察官及法官均會配置股別，因此可按通知書或傳票上之股別填寫。

3. **當事人欄**：刑事案件之當事人如：自訴人、告訴人、被告、上訴人、抗告人、受判決人、聲請人……等等，在當事人欄將當事人之稱謂、姓名或名稱、年齡、籍貫、住所或居所、職業、性別載明。如有指定送達代收人之必要時，始將送達代收人之姓名及住址載上，或再加記電話號碼。

4. **事實暨理由欄**：即書狀之內容欄，當事人將被告之犯罪事實，所犯法條、證據或答辯之理由或請求之事項，詳載於內容欄內，俾便於法院處理。

5. **證人欄**：書寫證人姓名及住址，以供檢察官或法官傳喚。

6. **證物欄**：書寫附證物簡稱，並按順序分證物一、證物二……。

7. **管轄法院名稱欄**：即該書狀之送交受文單位管轄檢察署或法院。例如：台灣台中地方檢察署、台灣台中地方法院刑事庭、台灣高等法院台中分院刑事庭、最高法院刑事庭……等。

8. 日期欄：即送交或撰寫該書狀之當天日期。

9. 具狀人及撰狀人欄：即當事人姓名及辯護人姓名，應由其親自簽名或蓋章。

二、如何撰寫刑事書狀

(一) 撰狀之前置工作

撰寫刑事書狀乃是相當需要專業知識及實務經驗，方能達到言簡意賅之效果，因此常常必須委託專業律師代為之，但遇有需要而又必須親自撰擬時，究竟應做哪些準備呢？茲分述如下：

1. 最新之六法全書

撰寫書狀牽涉當事人的主張或答辯的內容、甚至引用之法條等，這些事項往往規定於法令之中，當事人如未能先行查索相關法令的規定，必然容易造成錯誤，致損及自身權益。例如：當事人欲對自己子女之竊盜行為提出刑事告訴時，亦應先查看刑法第324條之規定：「於直系血親、配偶或同財共居親屬之間，犯本章之罪者，得免除其刑。前項親屬或其他五親等內血親或三親等內姻親之間，犯本章之罪者，須告訴乃論」及刑事訴訟法第237條第1項規定：「告訴乃論之罪，其告訴應自得為告訴之人知悉犯人之時起，於六個月內為之」，所以關於訴追子女之竊盜罪乃為相對告訴乃論之罪，並非非告訴乃論之罪（俗稱公訴罪），故應於知悉其犯罪之時起6個月提出刑事告訴。因此，為了查詢最新的法條以避免引用錯誤，首先必須準備最新的六法全書。

此外，亦可至立法院網站之法律系統查詢，網址為 http://lis.ly.gov.tw/lgcgi/lglaw。

2. 查閱相關實務見解

抽象的法條在具體適用時，常會產生見解的不同，故除了須知悉法條外，尚須瞭解該法條具體適用的情形，可參考者，如：憲法法庭判決、大法官會議解釋、最高法院判例、判決、最高法院民庭總會決議及刑庭總會決議、法律問題座談會座談意見、司法院司法業務研究會研究意見……等。既要參考這些資料，即須查閱相關判解叢書，例如：「最高法院判例要旨」、「最高法院民刑事裁判選輯」、「大法官會議解釋彙編」、「民事法律問題研究彙編」、「刑事法律問題研究彙編」……等書。目前司法院已提供一套非常實用之法學資料檢索系統，網址爲http://jirs.judicial.gov.tw/Index.htm。

3. 分析案件事實

撰狀必須明瞭案件發生之事實經過，將該案件之人事時地物徹底掌握，明瞭歷史事實及證據主張方法，如此才能掌握案件的有利發展，切勿含混，避免不利並造成法院處理上的困擾。

4. 研究法律關係

撰狀除應先明瞭案件的事實及主張證據的方法外，還須研究其法律關係。例如：甲因乙持刀追殺而不得不拾起地上木棒抵抗，反而因抵抗時將乙打成傷，而遭乙提起刑事傷害告訴，則甲是否會構成傷害罪，攸關甲之行爲是否成立法律上之正當防衛？屬於法律專業領域，非法律專業人員仍以諮詢律師或專業人員爲宜。

(二) 撰狀技巧

1. 刑事書狀名稱要正確

表明刑事書狀之目的，常用者爲刑事告訴狀、刑事答辯狀、刑事辯論意旨狀、刑事聲請狀、刑事上訴狀、刑事上訴理由狀、刑事抗告狀、刑事再議聲請狀、刑事准許提起自訴狀、刑事自訴狀、刑事自訴理由補充狀、刑事再審聲請狀、刑事非常上訴聲請狀、刑事附帶民事訴訟起訴狀等，按案件具體實際狀況使用之，詳如後述各章節。

2. 當事人欄之稱謂要精確

表明刑事書狀撰寫者之身分，即當事人欄之稱謂，常用者爲告訴人、告訴代理人、代行告訴人、被告、選任辯護人、代表人、輔佐人、自訴人、自訴代理人、聲請人、上訴人、附帶民事訴訟之原告或被告、附帶民事訴訟之訴訟代理人等。

3. 狀前語須載明

即案由，即緊接當事人欄後的第一行，用來表明該狀旨之用意。常用之狀前語，例如：

(1) 刑事告訴狀：爲被告○○○涉嫌詐欺罪，依法提出告訴事。

(2) 刑事答辯狀：爲被告○○○因涉嫌僞造文書案件，依法答辯事。

(3) 刑事辯論意旨狀：爲被告○○○因涉嫌強盜案件，依法提辯論意旨事。

(4) 刑事上訴狀：爲不服台灣○○地方法院○○年○月○日○○年度○字第○○號判決，依法於法定期間內提起上訴事。

(5) 刑事再議狀：爲不服台灣○○地方檢察署○○年○月○日○○年度○字第○○號不起訴處分，依法聲請再議事。

(6) 刑事聲請狀：爲聲請具保停止羈押事。

(7) 刑事自訴狀：爲被告○○○涉嫌○○罪，依法提起自訴事。

(8) 刑事上訴理由狀：爲依法補呈上訴理由事。

(9) 刑事再審聲請狀：爲最高法院○○年○月○日○○年度台上字第○○號確定判決，因發現有新證據等再審事由，爰爲被告之利益，依法聲請再審事。

(10) 刑事非常上訴聲請狀：爲最高法院○○年○月○日○○年度台上字第○○號確定判決，認有違背法令之處，爰依法聲請提起非常上訴事。

4. 事實、理由及證據之引用

(1) 主要原則

不論各類狀紙均涉及事實、理由及證據之引用，撰狀處理此部分時，因爲誤載事實及錯引法條、甚至將證據附載錯誤，均會導致檢察官及法院之錯誤判斷，必須愼重，不可草率行之。因此，撰狀必須：

①使事實明確，掌握人、事、時、地、物。

②使理由周詳，引用法條、法理、判解……等。

③使證據確鑿，辯解有據，主張個種證據方法進行有利於當事人之調查。

(2) 敘述要領

①起訴狀「事實及理由」欄，應將主張的事實，作簡明扼要的敘述，並將有關本事件之時間、地點、人物等加以具體說明。

②同一事件，程序問題與實體問題併存時，分段記載之，並先記載程序問題。

③同一事件，有兩種以上之事實或法律關係時，分段記載之，每段記載一種事實或法律關係。其有多數當事人而情形各別者，亦同。

④分段記載時，斟酌情形，於每段之首冠以編號，大段中再分小段者，亦同。

⑤書狀「事實及理由」欄後加「謹狀」或「此致」二字，該兩字應於緊接次

行書狀末「公鑒」前一行書寫，此乃爲免遭他人增添不實之內容。

⑥關於證據，應記載編號及名稱。

5. 標點符號之使用

狀紙中各欄之記載，均應使用新式標點符號，其用法如下：

(1) 逗號〔，〕用於意義未完之語句。

(2) 句號〔。〕用於意義已完之語句。

(3) 引號〔「 」〕凡文中有所引用時用之，多與冒號連用。

(4) 冒號〔：〕用於引敘或總括之文句，如原文照敘時，即與引號連用。

(5) 頓號〔、〕用於分隔句中各對等之詞語。

(6) 圓括號〔（ ）〕凡文中有夾註詞句，不與上下文氣相連者用之。

(7) 分號〔；〕用於長句，包括併列之短句或複句中間。

6. 狀紙文字之刪增

狀文寫妥之後最好不要增刪，萬一需要增刪，則須在增刪處簽名或蓋章，並在該增刪之頂上，註明「增加○○字」或「刪除○○字」或「刪改○○字」並蓋章。但目前均以電腦列印，故可在電腦內刪改即可。

7. 最後仔細檢查

司法狀紙撰寫完竣，於遞狀以前，應檢查狀末「具狀人」有無署名蓋章，有無在狀內增刪之處蓋章，並於其字首註明增刪字數後蓋章，於狀紙銜接處有無加蓋騎縫章，作爲證物之文件依序排列附於狀尾，視情形而決定是否同時附具送達他造同數繕本份數（可用白紙繕打或直接影印，無須使用狀紙），例如刑事自訴狀或檢察官起訴後，向法院遞送之刑事答辯狀均需附具繕本，另外可附具一份存底書狀作爲將來開庭時自我參考使用。

(三) 書狀之遞送

對於以書面撰寫之訴狀，當事人應當如何遞送？關於其遞送方法可分爲三種：1.郵寄掛號寄送；2.送法院爲民服務中心收狀處；3.當庭呈交，此三種方法在不同的情形下得加以運用。

1.郵寄寄送

如果呈交書狀之檢察署或法院非在所在地，可以利用中華郵政公司之郵寄寄送，若屬刑事案件無須繳納裁判費用或附寄郵票費。此外，須注意寄送時於信封上應寫明其收受之單位，例如，○○地方檢察署或地方法院法院刑事庭等，如已知案號及股別時，應將案號及股別附記於信封之上，以方便法院收發分案時處理。

2.送檢察署或法院之收發單位

各級法院或檢察署於一樓均設有為民服務中心，可將書狀正本及存底送交該單位收發，並請收發之錄事人員於書狀存底加蓋收受之戳章，用以證明該書狀已收訖。

3.當庭呈交

有些書狀因該案件已繫屬於檢察署或法院，可以利用開庭時當庭呈交，以省卻遺失之麻煩。

但在此必須特別注意，關於遞送之訴狀應注意其所應送之單位，切勿發生錯誤，現舉例說明如下：

(1) 刑事上訴狀的投遞

不服地方法院刑事庭的刑事判決，被告或自訴人得自收受判決書之日起20日內提起上訴（參見刑事訴訟法第349條）。但此一刑事上訴狀應由原來判決之法院轉呈管轄之上級法院，因此，遞狀時應向原來判決之法院收發處遞送。例如：台灣台中地方法院刑事庭的判決不利於被告時，被告可以提起上訴，被告之刑事上訴狀，應由「台灣台中地方法院刑事庭轉呈台灣高等法院台中分院刑事庭」（參見刑事訴訟法第350條）。又例如：台灣高等法院台中分院之刑事判決不利於被告時，被告可以於法定期間內上訴，此一上訴狀應由「台灣高等法院台中分院刑事庭轉呈最高法院刑事庭」。

(2) 刑事再議聲請狀的投遞

告訴人接受地方檢察署不起訴處分書後，得於10日內以書狀即刑事再議聲請狀，敘述不服的理由，經原檢察署向直接上級檢察署檢察長聲請再議（參見刑事訴訟法第256條），因此，應向地方檢察署收發處遞送。例如：告訴人甲因遭被告乙詐騙，甲乃向台灣台中地方檢察署提出告訴，結果地檢署檢察官以證據不足，而對被告乙為不起訴處分，告訴人不服該不起訴處分，乃具狀聲請再議，此一刑事再議聲請狀應於法定期間內，由「台灣台中地方檢察署轉呈台灣高等檢察署台中檢察分署檢察長」。

(四) 卷宗檔案之整理

處理訴狀，另外還須注意卷宗檔案之整理。由於一個案件從開始到終結，本造或他造寫的書狀可能相當多，甚至還有檢察署或法院寄來之開庭通知書或傳票，盡量可能按照時間先後之日期排序，甚至建議如果有閱卷或證物之資料時另外作成卷宗或證物袋存放，避免混淆遺失，有時訴狀投遞時尚有「收狀條」或郵寄時有回執聯，均應將之有條不紊地加以釘裝在該書狀後，以證明對造或檢察署、法院有收受。

目前律師事務所處理當事人的文件，也均裝訂成一卷宗，按照該書狀或裁判書類之時間順序，有秩序地加以整理，如有收狀條或收據時，則將之與該類書狀集中一起，俾便於查案。又如有相關之證據，例如文書時，亦將之折疊妥當後，置於「證物袋」內，或亦將之一併裝訂於卷宗內。

有些當事人不知整理訴訟資料，一逢訴訟出庭時，在庭上手忙腳亂，查閱資料，致稽延訴訟程序的進行，所以今後處理訴訟資料、文書，應當養成整理卷宗的習慣。如能將卷宗有條不紊地整理，有助於當事人瞭解案件進行的情形，以及資料的查閱。

貳、各論

一、一般類

(一) 刑事告發狀
(二) 刑事告訴狀
(三) 刑事再議聲請狀
(四) 刑事聲請准許提起自訴狀
(五) 刑事自首狀
(六) 刑事自訴狀
(七) 刑事補償聲請狀
(八) 刑事犯罪被害人補償申請狀
(九) 刑事聲請合併偵查狀
(十) 刑事聲請出任被告輔佐人狀
(十一) 刑事聲請具保停止羈押狀
(十二) 刑事抗告狀
(十三) 刑事聲請迴避狀
(十四) 刑事聲明異議狀
(十五) 刑事易科罰金聲請狀
(十六) 刑事附帶民事訴訟起訴狀
(十七) 刑事定執行刑聲請狀
(十八) 刑事聲請易服社會勞動服務狀
(十九) 刑事聲請發還扣押物狀
(二十) 刑事聲請發還保證金狀
(二十一) 刑事聲請暫緩執行狀
(二十二) 刑事再審聲請狀
(二十三) 刑事請求檢察總長提起非常上訴狀

(二十四) 刑事聲請移轉管轄狀
(二十五) 刑事答辯狀
(二十六) 刑事上訴暨上訴理由狀
(二十七) 刑事聲請認罪協商狀
(二十八) 刑事聲請調查證據狀
(二十九) 刑事撤回告訴狀
(三十) 刑事撤回自訴狀

二、案由類

(一) 違反貪污治罪條例案件
(二) 妨害公務罪
(三) 誣告罪
(四) 公共危險罪
(五) 偽造貨幣罪
(六) 偽造有價證券罪
(七) 偽造文書罪
(八) 妨害風化案例
(九) 賭博罪及違反電子遊戲場業管理條例
(十) 殺人罪
(十一) 傷害罪
(十二) 妨害自由罪
(十三) 妨害名譽罪
(十四) 竊盜罪
(十五) 強盜罪
(十六) 侵占罪
(十七) 詐欺罪
(十八) 重利罪
(十九) 贓物罪
(二十) 毀損罪
(二十一) 違反毒品危害防制條例案件
(二十二) 違反公職人員選舉罷免法案件
(二十三) 違反槍砲彈藥刀械管制條例案件
(二十四) 違反洗錢防制法案件
(二十五) 違反廢棄物清理法案件
(二十六) 違反公司法案例

一、一般類

(一) 刑事告發狀

案例事實

經查被告乙並無藥商執照，亦非藥局負責人，更無藥劑師資格，明知「愛○挺糖衣錠」內含Yohimbine等衛生署公告禁止使用之禁藥成分，在未告知告發人甲之情形下，竟於91年間起陸續將其販售予告發人，以致告發人又將其轉售不知情之○○藥局負責人，經台灣○○地方檢察署傳訊告發人甲到案並依法提起公訴，告發人方知悉上情。

撰狀說明

(1) 某些犯罪法律規定必須要有告訴權的人提出告訴，檢察官才能起訴追究，法院才能論罪科刑，例如：刑法第277條第1項普通傷害罪，必須被害之配偶及直接受傷害之被害人提出告訴（稱爲告訴乃論之罪），檢察官才能實施偵查起訴，法院才能予以判決。反之，除了法律有上開特別規定之外，其餘犯罪則任何人皆可舉發，甚至檢察官知有犯罪嫌疑者亦可主動偵辦起訴，即使無被害人或被害人不加以追究，法院亦可加以審判（稱爲非告訴乃論之罪，俗稱公訴罪），關於後者任何人得爲舉發稱之爲告發。

(2) 關於本件案例事實中由於甲係受被告乙詐騙，故甲屬直接被害人，然刑法中關於詐欺罪之規定並非屬告訴乃論之罪，因此本件案例縱使無甲提出告訴，檢察官亦得主動偵辦意圖營利販賣禁藥予告發人甲，導致甲爲警察查獲販賣禁藥遭檢察官以違反藥事法第83條第1項規定提起公訴，進而於第一審審判時與檢察官達成認罪協商，故甲自得告發被告乙上開違反藥事法第83條第1項之犯罪行爲（該條文並非告訴乃論之罪，因此甲之告發僅在促使檢察官發動偵查權調查犯罪）。

(3) 此外，需特別注意，由於本件屬於告發，因此如檢察官將來調查後認爲被告乙犯罪嫌疑不足作成不起訴處分，告發人甲是不得向直接上級檢察署檢察長或檢察總長聲請再議，除非被告所犯之罪係屬死刑、無期徒刑或最輕本刑3年以上有期徒刑之案件，原檢察官方應依刑事訴訟法第256條第3項規定，依職權逕送直接上級檢察署檢察長或檢察總長聲請再議，並通知告發人。

(4) 再，無論爲告訴或告發，得以言詞或書狀爲之，如以言詞告發者，檢察官或司法警察官應製作筆錄。

書狀內容

狀別：刑事告發狀
案號及股別：○○年○○字○○號○股
告發人　甲　身分證字號：○　性別：○　生日：○　住：○
被　告　乙　身分證字號：○　性別：○　生日：○　住：○
爲被告因違反藥事法案件，謹依法提告發事：

犯罪事實

經查被告乙並無藥商執照，亦非藥局負責人，更無藥劑師資格，明知「愛○挺糖衣錠」內含Yohimbine等衛生署公告禁止使用之禁藥成分，在未告知告發人之情形下，竟於91年間起陸續將其販售予告發人，以致告發人又將其轉售不知情之○○藥局負責人○○○，經台灣○○地方檢察署傳訊告發人到案並依法提起公訴，告發人方知悉上情。

證據並所犯法條

經查被告上開犯罪事實，茲有被告販售予告發人之估價單及告發人之進貨單可證外（參證1），亦有鈞院地檢署之起訴書可據（參證2，該案件經鈞院97年1月22日下午2時50分準備程序時告發人已與公訴檢察官達成認罪協商並經鈞院作成協商判決，可請鈞長調閱台灣○○年度○字第○○○號○股全卷即明），核被告所犯係藥事法第83條第1項之罪，爲此具狀提出告發，懇請鈞長鑒核，迅拘傳被告到案實施偵查，並依法提起公訴，而障良善。

謹　狀

台灣○○地方檢察署　公鑒

證據名稱及件數

證1：告發人之估價單及告發人之進貨單。
證2：○○年度○字第○○○號○股全卷。

中　華　民　國　○○　年　○○　月　○○　日

具狀人 甲　　　簽名蓋章

相關法條及裁判要旨

■刑事訴訟法第240條：

不問何人知有犯罪嫌疑者，得爲告發。

■刑事訴訟法第242條：

告訴、告發，應以書狀或言詞向檢察官或司法警察官爲之，其以言詞爲之者，應製作筆錄。爲便利言詞告訴、告發，得設置申告鈴。

檢察官或司法警察官實施偵查，發見犯罪事實之全部或一部係告訴乃論之罪而未經告訴者，於被害人或其他得爲告訴之人到案陳述時，應訊問其是否告訴，記明筆錄。

第四十一條第二項至第四項及第四十三條之規定，於前二項筆錄準用之。

■刑事訴訟法第256條：

告訴人接受不起訴或緩起訴處分書後，得於十日內以書狀敘述不服之理由，經原檢察官向直接上級檢察署檢察長或檢察總長聲請再議。但第二百五十三條、第二百五十三條之一之處分曾經告訴人同意者，不得聲請再議。

不起訴或緩起訴處分得聲請再議者，其再議期間及聲請再議之直接上級檢察署檢察長或檢察總長，應記載於送達告訴人處分書正本。

死刑、無期徒刑或最輕本刑三年以上有期徒刑之案件，因犯罪嫌疑不足，經檢察官爲不起訴之處分，或第二百五十三條之一之案件經檢察官爲緩起訴之處分者，如無得聲請再議之人時，原檢察官應依職權逕送直接上級檢察署檢察長或檢察總長再議，並通知告發人。

■藥事法第83條第1項：

明知爲僞藥或禁藥，而販賣、供應、調劑、運送、寄藏、牙保、轉讓或意圖販賣而陳列者，處七年以下有期徒刑，得併科新臺幣五千萬元以下罰金。

(二) 刑事告訴狀

案例事實

查被告乙明知未經登記不得以公司名義經營業務或爲其他法律行爲，竟於不詳時間以「○○汽車有限公司」名義，對外營業兜售中古車，且明知自己已陷於無資力，基於爲自己不法所有之意圖 ，向告訴人甲佯稱欲出售車牌號碼爲○○○○－○○中古車乙輛予告訴人，約定價金爲新台幣（下同）55萬元，並要求告訴人先後給付價金55萬元及過戶稅金2萬元，此外又於95年1月25日開立面額50萬元之支票向告訴人借款調現，致使告訴人陷於錯誤而先後將車款55萬元、稅金2萬元及借款50萬元交付被告，然告訴人開不到一個月即遭○○商業銀行股份有限公司（下稱○○銀行）人員攔車稱被告並未還款欲行使動產抵押權而當場將該車取回（經告訴人當場詢問○○銀行人員才知悉原來被告早已於94年9月間以該車向○○銀行設定動產抵押擔保借款60萬元），且被告交付告訴人之上開支票屆期提示亦遭退票，又系爭車輛亦非登記爲被告所有，至斯時告訴人始知遭被告所詐騙，合計告訴人共損失107萬元。

撰狀說明

(1) 某些犯罪法律規定必須要有告訴權的人提出告訴，檢察官才能起訴追究，法院才能論罪科刑，例如：刑法第277條第1項普通傷害罪，必須被害之配偶及直接受傷害之被害人提出告訴（稱爲告訴乃論之罪），檢察官才能實施偵查起訴，法院才能予以判決。反之，除了法律有上開特別規定之外，其餘犯罪則任何人皆可舉發，甚至檢察官知有犯罪嫌疑者亦可主動偵辦起訴，即使無被害人或被害人不加以追究，法院亦可加以審判（稱爲非告訴乃論之罪，俗稱公訴罪），關於後者任何人得爲舉發稱之爲告發。

(2) 關於本件案例事實中由於甲係受被告乙詐騙，故甲雖屬直接被害人，然刑法中關於詐欺罪之規定並非屬告訴乃論之罪，因此本件案例縱使無甲提出告訴，檢察官亦得主動偵辦，合先敘明。

(3) 次按「刑法第339條第1項詐欺罪之成立，以意圖爲自己或第三人不法所有，以詐術使人將本人或第三人之物交付爲要件。所謂以詐術使人交付，必須被詐欺人因其詐術而陷於錯誤，若其所用方法，不能認爲詐術，亦不致使人陷於錯誤，即不構成該罪」（最高法院46年度台上字第260號判例意旨參照）。

(4) 因此，在本件案例中應將被告乙如何行使詐術使告訴人甲交付財物之人事時地物描述清楚，並提出被告乙虛設公司之證明，以及誘騙告訴人甲交付款項之該車並非乙所有、甚至早已設定動產抵押權與乙所開立支票跳票等事證，以說服檢察官及法院乙確實有詐欺之事實。

(5) 又，本件案例乃發生於95年7月1日刑法修正前，故依據修正前刑法第56條規定，被告乙所爲者乃屬基於概括詐欺犯意之連續詐欺行爲，因此本件應論以裁判上一罪（即一個詐欺行爲），附此敘明。

書狀內容

狀別：刑事告訴狀

案號及股別：○○年○○字○○號○股

告　訴　人　甲　　　　　身分證字號：○ 性別：○ 生日：○ 住：○

告訴代理人　何志揚律師　住：○

被　告　　　乙　　　　　身分證字號：○ 性別：○ 生日：○ 住：○

爲被告詐欺等案件，謹依法提告訴事：

犯罪事實

查被告乙明知未經登記不得以公司名義經營業務或爲其他法律行爲，竟於不詳時間起在○○市○○路○○號虛設○○汽車公司，並以「○○汽車有限公司」名義，對外營業兜售中古車，且明知自己已陷於無資力，基於爲自己不法所有之意圖，於民國95年1月23日向告訴人甲佯稱欲出售其所有之1995年份，賓士（BENZ）廠牌S320車牌號碼爲○○○○－○○中古車乙輛予告訴人，約定價金爲新台幣（下同）55萬元，並要求告訴人先後給付價金55萬元及過戶稅金2萬元（告訴人於95年1月25日簽約時交付35萬元，後於95年2月25日又交付20萬元及稅金2萬元），此外又於95年1月25日開立票號AI○○○○○○○、發票日爲95年2月25日、付款人爲○○商業銀行○○分行、面額50萬元之支票向告訴人借款調現，致使告訴人陷於錯誤而先後將車款55萬元、稅金2萬元及借款50萬元交付被告，被告雖然於95年1月25日將上開車輛交予告訴人，然告訴人開不到一個月即遭○○商業銀行股份有限公司（下稱○○銀行）人員攔車稱被告並未還款欲行使動產抵押權而當場將該車取回（經告訴人當場詢問○○銀行人員才知悉原來被告早已於94年9月間以該車向○○銀行設定動產抵押擔保借款60萬元），且被告交付告訴人之上開支票屆期提示亦遭退票，又系爭車輛亦非登記爲被告所有，至斯時告訴人始知遭被告所詐騙，合計告訴人共損失107萬元。

證據並所犯法條

被告右揭犯罪事實茲有被告以虛設之○○汽車有限公司與告訴人簽立之汽車買賣合約書（參證1），○○銀行所出示之動產擔保交易動產抵押設定登記申請書、動產抵押契約書、借款契約書（參證2）、汽車新領牌照登記書（參證3）及被告簽立之票號AI○○○○○○○、發票日爲95年2月25日、付款人爲○○商業銀行○○分行、面額50萬元之支票1張與退票理由單1紙（參證4）可稽。核被告所犯係刑法第339條第1項之詐欺取財罪及公司法第19條之未登記者而營業之罪，而被告上開犯行有行爲或結果間之牽連關係，應請鈞院依刑法第56條前段之規定從一重依行使詐欺取財罪處斷，並加重其刑。爲此依法提出告訴，懇請鈞長鑒核，迅拘傳被告到庭應訊，並依法重判，以懲不法，而維權利。

謹　狀

台灣○○地方檢察署　公鑒

證據名稱及件數

證1：○○汽車有限公司與告訴人簽立之汽車買賣合約書。

證2：○○銀行所出示之動產擔保交易動產抵押設定登記申請書、動產抵押契約書、借款契約書。

證3：汽車新領牌照登記書。

證4：被告簽立之票號AI○○○○○○○、發票日爲95年2月25日、付款人爲○○商業銀行○○分行、面額50萬元之支票1張與退票理由單1紙。

中　華　民　國　○○　年　○○　月　○○　日

具狀人　甲　　　　簽名蓋章

撰狀人　告訴代理人：何志揚律師　簽名蓋章

相關法條及裁判要旨

■修正前刑法第56條：

連續數行爲而犯同一之罪名者，以一罪論。但得加重其刑至二分之一。

■刑法第339條第1項：

意圖爲自己或第三人不法之所有，以詐術使人將本人或第三人之物交付者，處五年以下有期徒刑、拘役或科或併科五十萬元以下罰金。

■公司法第19條第1項：

未經設立登記，不得以公司名義經營業務或爲其他法律行爲。

(三) 刑事再議聲請狀

案例事實

被告乙與案外人曾○○於民國（下同）74年8月15日共同將持有○○織造股份有限公司（下稱○○公司）之股份6,218股及1,036股股權，以每股新台幣（下同）500元之價格合計362萬700元出售予告訴人甲（告訴人黃曾○○與告訴人甲則為夫妻關係），嗣於86年12月31日被告戊（為被告丁之妻、乙之弟媳）又向告訴人以每股800元價格購買首揭○○公司持股7,259股（包括案外人曾○○已過戶告訴人之5股）合計580萬7,200元，上開價款係由戊以銀行轉帳方式匯入告訴人於○○區中小企業銀行○○分行○○○○○○○○○○○○○○帳戶內（該帳戶係丙、丁偕同告訴人至該銀行開設，印鑑卡上告訴人僅留親筆簽名未留存印鑑之印文），詎料乙未得告訴人同意竟利用保管告訴人於前揭銀行存帳之便，與丙、丁、戊及被告己，基於共同竊盜犯意之聯絡，意圖為自己不法所有，由乙將系爭告訴人存摺交予戊、己（任職於○○分行），並利用先前盜刻告訴人之印章（未得告訴人同意留存於印鑑卡上）偽造不實之取款條，持以向○○分行領款，分別於87年1月6日、1月13日、1月14日、1月15日、1月16日及1月20日盜領告訴人於○○分行該帳戶之存款合計共580萬元，告訴人迄案外人乙另案告訴其等被告背信案出庭作證時始知上情（原本署87年偵字第3720號，後改自訴由台灣彰化地方法院審理），因認被告5人均犯有刑法第210、216、217條偽造、行使偽造文書、印文及刑法第320條竊盜等罪嫌，而向地檢署提出刑事告訴。

撰狀說明

(1) 按告訴人接受本件不起訴處分書後得於10日內以書狀敘述不服之理由，經原檢察官向台灣高等檢察署台中檢察分署檢察長聲請再議，刑事訴訟法第256條第1項定有明文。

(2) 因此在撰寫再議聲請狀時應以書面具體指摘原檢察官偵查未完備以及調查違法之處。

(3) 在本件案例事實被告戊確實有向告訴人甲購買系爭○○公司股票（即該等○○公司股票原係告訴人甲所有），且被告戊亦辯稱伊確實以每股新台幣（下同）800元之代價買入系爭股票，將股款匯入告訴人甲（經查已於89年5月18日死亡，本件聲請人即另告訴人黃曾○○係其配偶）設於○○區中小企業銀行○○分行之帳戶內，伊未再自該帳戶內領出款項等語，然則，被告戊究於何時匯入款項？其匯入之款項流向如何？倘若屬實，則何以告訴人甲係被告丙之人頭？又何以告訴人甲已明示或默示授權被告丙可以自由使用告訴人甲設於○○區中小企業銀行○○分行之帳戶？此等事實均攸關告訴人指述之僞造文書及竊盜罪嫌是否成立之要件，故在撰寫再議聲請狀時自應詳爲記載指摘。

書狀內容

狀別：刑事再議聲請狀

原偵查案號及股別：88年偵字○○號○股

聲請人即告訴人	甲	身分證字號：○ 性別：○ 生日：○ 住：○
告訴代理人	何志揚律師	住：○
被告	乙	身分證字號：○ 性別：○ 生日：○ 住：○
被告	丙	身分證字號：○ 性別：○ 生日：○ 住：○
被告	丁	身分證字號：○ 性別：○ 生日：○ 住：○
被告	戊	身分證字號：○ 性別：○ 生日：○ 住：○
被告	己	身分證字號：○ 性別：○ 生日：○ 住：○

爲被告等因竊盜等案件，不服台灣彰化地方檢察署91年10月9日88年度偵字第1970號不起訴處分，謹於法定期間內提具理由聲請再議事：

一、原不起訴意旨略以：訊之被告丙、乙、丁、戊、己等人均堅決否認涉有右揭竊盜等犯行，丙辯稱：告訴人甲於74年8月間取得之7,259股權係擔任伊轉讓股份之人頭而取得，甲並於86年12月15日，與丙至○○區中小企業銀行○○分行，申設活期儲蓄存款帳户後，復交由丙保管使用，其後賣股票，領取帳户內款項均係丙所爲等語。戊則辯稱：伊確實有以每股800元之代價買入系爭股票，並將相關股款匯入告訴人甲前揭帳户內，伊並未再自帳户內領取所匯入款項等語。另被告乙、丁、己亦均否認有領取前揭款項之情事等語。經查（一）○○公司於86年12月31日時之總股數爲12萬股（每股面額爲新台幣500元），股東有31人，此有該公司股東名冊影本等附卷可憑。是○○公司股票，於88年12月間，每股交易價格爲800元者，應屬可信，此亦爲告訴人甲所是認，核先敘明。（二）案外人（即丙之子）於87年間，曾向台灣彰化地方法院（即87年度自字第112號），對蕭○謂（乙之妹婿）、曾○銘（乙之子）、戊等人提出侵占自訴，其內容爲○○公司於民國71年9月間增資後發行股份，即爲○○公司股東者，丙4,143股、曾○○（乙之母）1,036股、曾○○（乙之兄）6,218股、乙3,108股，於74年8

月15日因故借用蕭◯謂、案外人甲之名義，將前揭自訴人等之股份暫行登記爲甲7,259股、蕭◯謂7,251股，詎蕭◯謂明知係爲自訴人處理事務，竟未得自訴人同意，夥同該案被告乙、曾◯銘、戊，基於共同犯意之聯絡，意圖爲戊、曾◯銘、乙之不法所有，由蕭◯謂將登記其名下之自訴人所有◯◯公司3,108股及丙之股份出售予戊、曾◯銘，合計共出讓予戊741股（與甲7,259股共8,000股）、曾◯銘4,510股、2,000股，而爲違背其僅爲出借名義人不得處分自訴人之任務之行爲，致生損害於自訴人前揭之股權及自74年以來逐年可分配之股息及紅利等利益，因認該等被告，涉有刑法第335條第1項之侵占罪嫌及第342條之背信罪嫌云云。並有前揭自訴案刑事判決書影本附卷可按。是由前所述本案系爭股票原即有前揭是否僅係人頭登記，而未實際出資購買股票，進行實際股權移轉之爭議。（三）另告訴人甲於87年8月27日下午2時30分許，於本署檢察官偵查87年偵字第3720號（即後由乙改提前揭自訴案）中，到庭具結證稱「（74年8月間，你是否有受讓◯◯織造公司的股份7,259股？）我是當人頭的，事情我都不知道」「（你在◯◯區中小企業銀行◯◯分行是否有一個帳户？）有，丙曾跟我說要幫我設一個帳户」「（這個銀行帳户何人在使用？）我不知道，存摺都沒有在我這邊」「（到◯◯區中小企業銀行◯◯分行開户時，你有沒有去？）我有去」「（86年12月30日爲何有一筆580萬元7,200元之現金轉入你銀行帳户？）我不知道，他們也沒有跟我講」「（銀行帳户內錢何人領走的？）我不知道，我也沒有看過存摺，也沒有看到這些錢」。其又於87年9月3日到庭供稱：「（提示印鑑卡）（這張是否你簽名的？）是的」「（你有去◯◯分行辦開户？）有」「（你銀行印章在何處？）我不知道，那是丙和我去辦開户，存摺和印章都是他拿去」等語。並有前揭偵查案之筆錄影本附卷可證。則以當時該偵查案之相關告訴人及被告等人間之相互關係（即甲係乙之姑丈，曾◯銘爲乙之子，戊爲乙之弟丁之妻），甲自無爲不實陳述之必要，況如前所述系爭股票當時價值高達580萬餘元，若眞爲告訴人甲所有，其自無可能具結證稱其僅係擔任人頭，而非眞正股份持有人，其應會自承確有買下前揭系爭股份，爲如此證詞除可保護自己權益外，尚可將前述相關人間之權利義務說明清楚，而減少至親間之供詞，於想像中實屬不可能，是綜前所述已見當時甲所爲證詞應爲眞實。是承前甲所爲證詞，其即僅係人頭，則丙爲處理前揭股票事宜，進而向甲借用帳户，供爲買賣股票之資金匯入領出，以其兩人之親戚關係應屬正常，甲方會於申設帳户後，即將存摺、印章等交予丙保管，是甲應已默示或明示，丙可自由使用前揭帳户，則該帳户之使用既經過授權，則前揭帳户內之款項，不管是由丙親自填寫取款條領取款項，或由其交付他人代爲填寫領取，其均未超過授權之範圍，則前揭填寫取款條，使用印文等行爲，均屬授權內行爲，其自無僞造文書罪嫌可言。是被告等所辯應屬可信。此外，復查無其他積極證據，足資認定被告等有何犯行，故應認其等罪嫌均有不足。另有關告訴人甲之股份讓渡契約書，其性質爲何，應由彰化地方法院審理（見台灣高等法院台中分院90年度上更（一）字第4607號判決）併此敘明云云。

二、經查被告丙、乙、丁、戊、己等人固堅詞否認有竊盜犯行，惟查被告戊辯稱：伊確實有以每股800元之代價買入系爭股票，並將相關股款匯入告訴人甲前揭帳户內，伊並未再自帳户內領取所匯入款項云云（參該不起訴處分書第3頁第8行至第10行），換言之，被告戊確實有向告訴人甲購買系爭○○公司股票（即該等○○公司股票原係告訴人甲所有），倘若屬實，則何以告訴人甲係被告丙之人頭？又何以告訴人甲已明示或默示授權被告丙可以自由使用告訴人甲設於○○區中小企業銀行○○分行之帳户？爲何被告丙不借用其他人名義充爲買賣股票之交易帳户？被告丙何以須借用帳户買賣股票？是否有僞造文書、企圖逃漏稅捐違反稅捐稽徵法之犯行？此部分犯罪與告訴人所告訴之範圍（竊盜、僞造文書）均有裁判上一罪之牽連關係，均未見原檢察官詳爲調查，僅以告訴人甲於另案乙告訴被告等背信案件偵查所證人頭之説，及告訴人甲與被告等之相關親屬關係，遽推認被告等並無竊盜、僞造文書之犯行，自難謂偵查程序已完備。

三、再者，告訴人甲於生前甘冒構成僞證罪之情形，勇於揭發被告等竊盜、僞造文書之犯行，法律上之評價應予以鼓勵，而非以此推測另案所爲人頭之説證言即當然爲眞實，原檢察官未實施偵查，傳訊兩造就此表示意見，即以甲不可能爲自己不法指述原自己想當然爾之理否定告訴人甲於本案指訴之證據力，認事用法自有違誤。

四、末查原前任魏姓檢察官於偵查時當庭就被告己不實之供述曾作出交保10萬元之處分，亦有訊問筆錄附卷可稽，如今原檢察官更易，未經詳實調查即無出相反之認定，顯有違刑事偵查一體性之原則，更難昭人折服，偵查豈能稱完備？

五、此外，有關於告訴人甲所提之股份讓渡契約書，更可證明被告丙所證屬實，被告戊所言爲眞，縱使依原檢察官所認，此部分之性質爲何應由彰化地方法院審理，則既然有牽連關係之犯罪事實一部，係屬於彰化地方法院審理，則原檢察官未停止偵查程序，嗣該案審結後再行偵查程序，遽以不起訴處分，偵查程序更難稱已完結。

六、綜上所述，原偵查程序既未完備，自應由鈞長迅將本案命令原法院檢察官起訴或發回命令原法院檢察官續行偵查，以符法制，而維權益。又聲請人92年11月11日之刑事再議聲請狀首頁中之聲請人姓名誤植爲曾黃◯◯，被告戊之姓名誤植爲戊，均併此更正。

台灣彰化地方檢察署　轉呈

台灣高等檢察署台中檢察分署檢察長　公鑒

中　華　民　國　◯◯　年　◯◯　月　◯◯　日

具狀人 甲　　　　　簽名蓋章

撰狀人 告訴代理人：何志揚律師　簽名蓋章

狀別：刑事再議理由（二）狀

原偵查案號及股別：88年偵字◯◯號◯股

聲請人即告訴人	甲	身分證字號：◯ 性別：◯ 生日：◯ 住：◯
告訴代理人	何志揚律師	住：◯
被告	乙	身分證字號：◯ 性別：◯ 生日：◯ 住：◯
被告	丙	身分證字號：◯ 性別：◯ 生日：◯ 住：◯
被告	丁	身分證字號：◯ 性別：◯ 生日：◯ 住：◯
被告	戊	身分證字號：◯ 性別：◯ 生日：◯ 住：◯
被告	已	身分證字號：◯ 性別：◯ 生日：◯ 住：◯

爲被告等因竊盜等案件，不服台灣彰化地方檢察署91年10月9日88年度偵字第◯◯號不起訴處分，謹於法定期間內續提再議理由事：

一、經查關於被害人「甲有◯◯公司之股份，係以買賣關係而取得，非信託登記或借名登記而取得……，是被告蕭◯謂、曾◯銘、戊、乙等四人縱未經甲同意而將◯◯公司之股份之法律關係，辦理過户登記，致甲受有損害，則被害人亦係甲」（參台灣彰化地方法院91年度自字第66號刑事判決理由，台灣高等法院台中分院91年度上訴字第1868號刑事判決理由，詳證1），足證原檢察官遽採被害人甲生前人頭之說，遽推認被告等並無竊盜、僞造文書之犯行，顯與事實不符，自難謂偵查程序已完備。

二、因此，關於告訴人甲所提之股份讓渡契約書之性質，既已經台灣彰化地方法院及台灣高等法院台中分院認屬眞實，則被告等既未經甲之同意持甲之印章蓋用於取款條上而將該等股權買賣之款項盜領一空，顯然已構成僞造文書及竊盜罪，原檢察官之認事用法，自有違誤。

三、綜上所述，原偵查程序既未完備，自應由鈞長迅將本案命令原法院檢察官起訴或發回命令原法院檢察官續行偵查，以符法制，而維權益。

台灣彰化地方檢察署　轉呈

台灣高等檢察署台中檢察分署檢察長　公鑒

中　華　民　國　○○　年　○○　月　○○　日

具狀人 甲　簽名蓋章

撰狀人 告訴代理人：何志揚律師　簽名蓋章

相關法條及裁判要旨

■刑事訴訟法第256條：

告訴人接受不起訴或緩起訴處分書後，得於十日內以書狀敘述不服之理由，經原檢察官向直接上級檢察署檢察長或檢察總長聲請再議。但第二百五十三條、第二百五十三條之一之處分曾經告訴人同意者，不得聲請再議。

不起訴或緩起訴處分得聲請再議者，其再議期間及聲請再議之直接上級檢察署檢察長或檢察總長，應記載於送達告訴人處分書正本。

死刑、無期徒刑或最輕本刑三年以上有期徒刑之案件，因犯罪嫌疑不足，經檢察官爲不起訴之處分，或第二百五十三條之一之案件經檢察官爲緩起訴之處分者，如無得聲請再議之人時，原檢察官應依職權逕送直接上級檢察署檢察長或檢察總長再議，並通知告發人。

■刑法第210條：

僞造、變造私文書，足以生損害於公衆或他人者，處五年以下有期徒刑。

■刑法第216條：

行使第二百一十條至第二百一十五條之文書者，依僞造、變造文書或登載不實事項或使登載不實事項之規定處斷。

■刑法第217條：

僞造印章、印文或署押，足以生損害於公衆或他人者，處三年以下有期徒刑。

盜用印章、印文或署押，足以生損害於公衆或他人者，亦同。

■刑法第320條：

意圖為自己或第三人不法之所有，而竊取他人之動產者，為竊盜罪，處五年以下有期徒刑、拘役或五十萬元以下罰金。

意圖為自己或第三人不法之利益，而竊佔他人之不動產者，依前項之規定處斷。

前二項之未遂犯罰之。

(四) 聲請准許提起自訴狀

案例事實

聲請人即告訴人明○國際股份有限公司、明○導網股份有限公司、明○國際批發股份有限公司以被告乙、丙二人涉嫌因被告甲與告訴人等之糾紛，於民國110年5月8日，由被告乙、丙二人陪同被告甲，前往設於台中市○○○路○○號○樓聲請人等之辦公處所，被告乙、丙二人竟共同基於意圖爲自己不法所有及毀損之犯意聯絡，搶走被告甲與案外人即聲請人等之員工李○○所爲之交接清冊後，據爲己有，並加以撕毀。因認被告乙、丙二人涉犯之法條：刑法第328條第1項強盜（刑法第325條第1項搶奪）、第354條毀損及第335條侵占及湮滅證據等罪嫌，向台灣台中地方檢察署檢察官提出告訴，經該署檢察官於民國110年5月9日，以110年度偵字第12088號、111年度偵字第1201號、第1211號、第1286號爲不起訴處分。聲請人等不服，聲請再議後，復經台灣高等檢察署台中檢察分署檢察長認再議聲請爲無理由，於111年6月19日，以111年度上聲議字第1113號以原不起訴處分並無不當，而駁回再議（另就湮滅證據部分，因非屬告訴人，故聲請再議爲不合法，予以簽結）等情，告訴人不服於法定期間內委請律師向法院聲請准許提起自訴。

撰狀說明

(1) 按告訴人接受不起訴或緩起訴處分書後，得於10日內以書狀敘述不服之理由，經原檢察官向直接上級檢察署檢察長或檢察總長聲請再議。而上級檢察署檢察長或檢察總長認再議爲無理由者，應駁回之。告訴人不服前條之駁回處分者，得於接受處分書後10日內委任律師提出理由狀，向該管第一審法院聲請准許提起自訴，刑事訴訟法第256條之1、第258條第1項及第258條之1第1項分別定有明文。

(2) 按前述刑事訴訟法第258條之1規定，乃對於「檢察官不起訴或緩起訴裁量權」制衡之一種外部監督機制。法院僅在就檢察官所爲不起訴或緩起訴之處分是否正確加以審查，以防止檢察機關濫權。依此立法精神，法院就聲請准許提起自訴案件爲審查時，所謂「得爲必要之調查」所指之調查證據之範圍，自應僅以偵查中曾顯現之證據爲限，不可就告訴人新提出之證據再爲調查，亦不可蒐集偵查卷以外之證據。另由刑事訴訟法第260條對於不起訴處分已確定或緩起訴處分期滿未經撤銷者，得再行起訴規定之立法理由說明：本條所謂不起訴處分已確定者，係包括「聲請法院准許提起自訴經駁回者之情形在內」，益徵法院就聲請准許提起自訴案件爲審查時，所謂「得爲必要之調查」所指之調查證據範圍，應僅以偵查中曾顯現之證據爲限，不得就告訴人新提出之證據，再爲調查，亦不可蒐集偵查卷以外之證據。否則，將使聲請准許提起自訴制度與再行起訴制度，相互混淆不清。

(3)因此，在本件案例事實中可針對原檢察官於前偵查程序中及駁回再議處分中之卷內資料所未斟酌之證人之陳述及錄音甚至照片加以指摘，以便凸顯原不起訴處分書及駁回再議處分有違背經驗法則、論理法則或其他證據法則之處。

書狀內容

狀別：刑事聲請准許提起自訴狀
案號及股別：○○年○○字○○號○股
聲　請　人
即　告訴人　明○國際股份有限公司
代　表　人　盧○○
聲　請　人
即　告訴人　明○導網股份有限公司
代　表　人　廖○○
聲　請　人
即　告訴人　明○國際批發股份有限公司
代　表　人　林○○
上　三　人
共同代理人　○○○律師
被　　　告　甲
被　　　告　乙
被　　　告　丙
被　　　告　丁
代　表　人　A

爲被告等涉嫌妨害電腦使用罪等案件，不服台灣高等檢察署台中檢察分署111年6月19日111年度上聲議字第1113號駁回再議聲請之處分，謹於法定期間具理由聲請法院准許提起自訴事：

一、按「告訴人不服前條之駁回處分者，得於接受處分書後10日內委任律師提出理由狀，向該管第一審法院聲請准許提起自訴」，刑事訴訟法第258條之1第1項定有明文。

二、經查原不起訴處分書（110年度偵字第12088號、111年度偵字第1201號、第1211號、第1286號）及上開處分書（111年度上聲議字第1113號）認被告乙、丙二人所爲，與刑法強盜、毀損、侵占等罪（涉嫌湮滅證據部分，因聲請人等非屬告訴人，依法不得聲請再議，自亦不得聲請准許提起自訴）之犯罪構成要件有間，該二人之犯罪嫌疑不足，顯有下列所述之「不起訴處分書所載理由違背經驗法則、論理法則或其他證據法則」得據以准許提起自訴之合法事由存在：

(一) 依證人郭○○、蔡○○二人所爲證述（參110年度偵字第12088號偵查卷第140頁至第142頁），渠等二人係於110年5月9日，始獲報到聲請人等之上開辦公處所內。渠等二人於110年5月8日，涉嫌搶走被告甲與案外人即聲請人等之員工李○○所爲之交接清冊後，據爲己有，並加以撕毀當時，均未到場。

(二) 依110年度偵字第12088號偵查卷第60頁至第83頁所附聲請人等所提110年5月8日、9日聲請人等之上開辦公處所內翻拍照片所示，亦未見於110年5月8日，被告乙、丙二人涉嫌搶走被告甲與案外人即聲請人等之員工李○○之交接清冊後，據爲己有，並加以撕毀當時，有律師、警員在場之情形。

(三) 依110年度偵字第12088號偵查卷第146頁至第149頁所附被告甲提出之110年5月8日所爲錄音之錄音譯文所示，亦未能證明案外人王○○確有同意被告乙、丙二人撕毀交接清冊之事實。

(四) 綜上所述，原不起訴處分書及上開處分書據以認定被告乙、丙二人應無強盜或毀損之故意，故其等所爲與刑法強盜、毀損、侵占及湮滅證據等罪之犯罪構成要件有間，所憑之證據及所爲之推論，顯與經驗法則、論理法則有違。

三、次查聲請人等以被告甲、全○華人股份有限公司（下稱全○公司）涉嫌犯妨害電腦使用等罪嫌，向台灣台中地方檢察署檢察官提出告訴，經該署檢察官於民國111年5月9日，以110年度偵字第12088號、111年度偵字第1201號、第1211號、第1286號爲不起訴處分。聲請人等不服，聲請再議後，復經台灣高等檢察署台中檢察分署檢察長認再議聲請爲無理由，於111年6月19日，以111年度上聲議字第1113號以原不起訴處分並無不當，而駁回再議，固認本件被告甲所爲，與刑法妨害使用電腦罪章及侵占罪章之犯罪構成要件有間，然被告甲未交還電腦伺服器之密碼，甚至「刪除」公司其他電腦之電磁記錄及侵占電腦硬碟之行爲，何以被告甲未該當刑法妨害電腦使用罪之罪，亦未見前開不起訴處分書及駁回再議處分書中詳爲論述，自有不備理由及偵查未完備之違法。

四、綜上所述，原檢察官之偵查程序顯然未完備，不起訴處分之理由亦有違法，懇請鈞院鑒核，迅准許提起自訴，以維權利，而符法制。

謹 狀

台灣台中地方法院刑事庭 公鑒

中 華 民 國 ◯◯ 年 ◯◯ 月 ◯◯ 日

具狀人 明◯國際股份有限公司等3人 簽名蓋章

撰狀人 共同代理人：◯◯◯

相關法條及裁判要旨

■刑事訴訟法第256條第1項：

告訴人接受不起訴或緩起訴處分書後，得於十日內以書狀敘述不服之理由，經原檢察官向直接上級檢察署檢察長或檢察總長聲請再議。但第二百五十三條、第二百五十三條之一之處分曾經告訴人同意者，不得聲請再議。

■刑事訴訟法第258條第1項前段：

上級檢察署檢察長或檢察總長認再議爲無理由者，應駁回之。

■刑事訴訟法第258條之1第1項：

告訴人不服前條之駁回處分者，得於接受處分書後十日內委任律師提出理由狀，向該管第一審法院聲請准許提起自訴。

(五) 刑事自首狀

案例事實

經查被告甲因誤信同案被告乙下開遊說之說詞，轉而向被害人楊○○、林○○、蔡○○等87人之投資客（下稱投資客）稱投資國外歐元、美金等外匯現貨，每半年可獲利利息24%（每月月息4%），而同案被告乙為騙取被告甲信任，更向被告甲誆稱美國證期會目前正在舉辦5年1次之全世界外匯投資評比，全球各家銀行均有代表出來比賽，由於台灣不是國家故伊之身分為美國○○銀行中華人民共和國台灣省○○銀行分部代表，且依照評比後之獲利更可高達4.76倍，並要求被告甲再向投資客轉述並由其代為操作（伊只收取操作費即總獲利之10%），致使被告甲確信有上開事實並淪為伊等詐騙工具，合計投資客共匯入前揭帳戶款項達新台幣3,944萬5,000元，被告乙竟又稱美國證期會96年9月30日結算後會將款項匯至被告甲帳戶，由於擔心國稅局查緝被告甲高額匯款，必須要將該款項轉匯至25位小組長之帳戶內，如此才能避免國稅局查緝，然由於被告乙始終未將款項匯還給投資客，且由於被告乙始終無法提出任何資金流向之證明，被告甲擔心投資客權益不保，因此願意於犯罪未發覺前先行自首並配合檢警調查。

撰狀說明

(1) 由於對於未發覺之罪自首而受裁判者，依法得減輕其刑，且只要犯人在其犯罪未發覺前，向該管公務員自承犯罪，而受裁判為已足，並不以使用自首字樣為必要。

(2) 因此，被告甲既然對於所犯之常業詐欺及違反銀行法、期貨交易法等犯行，於犯罪未發覺前願意向有偵查犯罪職務之公務員自首，因此於撰寫自首書狀時雖無庸使用自首字樣，但應表明對於全部之犯罪事實有自承犯罪而受裁判之意，且應注意該書狀應向有偵查權之被告住居所、犯罪發生地或被告所在地之地方檢察署遞送，才會發生自首之效力。

(3) 另外，依據銀行法第125條之4第1項規定：「犯第一百二十五條、第一百二十五條之二或第一百二十五條之三之罪，於犯罪後自首，如自動繳交全部犯罪所得者，減輕或免除其刑；並因而查獲其他正犯或共犯者，免除其刑。」可於撰狀時一併敘及以便提醒檢察官及法院注意。

書狀內容

狀別：刑事自首狀

案號及股別：○○年○○字○○號○股

自首人即被告　甲　　　　身分證字號：○ 性別：○ 生日：○ 住：○

選任辯護人　　何志揚律師　住：○

爲被告因違反銀行法等案件，謹依法自首事：

犯罪事實

經查自首人即被告甲因誤信同案被告乙下開遊說之說詞，轉而於95年4月間起向被害人楊○○、林○○、蔡○○等87人之投資客（下稱投資客）稱投資國外歐元、美金等外匯現貨，每半年可獲利利息24%（每月月息4%），故而陸續或要求投資客將投資款項匯入被告甲於○○銀行○○分行帳號○○○○－○○○－○○○○○○○，户名：甲之帳户，再由被告甲將其款項匯入被告乙所指定之美國○○銀行之「ONE WORLD CAPITAL GROUP LLC」帳户或乙位於○○○○分行帳號○○○○－○○○－○○○○○○○，户名：乙之帳户，或由投資客直接匯入上開美國○○銀行之「ONE WORLD CAPITAL GROUP LLC」帳户，由於初期乙均有交代被告甲將各投資客每月4%獲利匯款至其帳户內，致使各投資客深信不疑，而同案被告乙爲騙取被告甲信任，更向被告甲誆稱美國證期會目前正在舉辦5年1次之全世界外匯投資評比，全球各家銀行均有代表出來比賽，由於台灣不是國家故伊之身分爲美國○○銀行中華人民共和國台灣省○○銀行分部代表，且依照評比後之獲利更可高達4.76倍，並要求被告甲再向投資客轉述並由其代爲操作（伊只收取操作費即總獲利之10%），致使被告甲確信有上開事實並淪爲伊等詐騙工具，合計投資客共匯入前揭帳户款項達新台幣3,944萬5,000元。直到96年9月間各投資客要求依照上開評比後將獲利之本息歸還時，被告乙竟又稱美國證期會96年9月30日結算後會將款項匯至被告甲帳户，由於擔心國税局查緝被告甲高額匯款，必須要將該款項轉匯至25位小組長之帳户內，如此才能避免國税局查緝，然由於被告乙始終未將款項匯還給投資客，以致被告甲於96年12月17日晚間23時許遭沈○○、賴○○等投資客強押至○○縣○○鄉○○路○段之麥當勞強迫簽下面額新台幣6,000萬元之本票並要求被告甲在97年1月31日前一定要償還投資客上開款項否則將對被告甲不利，因此被告甲轉而向被告乙要求將款項返還投資客，乙至斯時亦稱於97年1月13日遭投資客強逼簽下面額3,500萬元美金之本票，也願意將投資客之本金全數還給投資客只是錢仍在大陸地區25位小組長帳户裡，由於乙始終無法提出任何資金流向之證明，被告甲擔心投資客權益不保，願意於犯罪未發覺前向鈞署承認上開全部犯罪事實並願接受法律制裁。

證據並所犯法條

經查被告自首上開犯罪事實，茲有自首人所整理之帳冊（參證1），投資客匯款之證明（參證2）及被告乙所親筆寫之書信2封（參證3）。又依據銀行法第125條之4第1項規定，被告願自動繳出全部所得財物，且願意指證同案被告乙，請鈞長起訴後惠請法院依法免除其刑。核被告所犯者爲銀行法第29條、第29條之1、第125條第1項、期貨交易法第112條第5款及修正刑法第340條之常業詐欺罪，爲此具狀依法自首，懇請鈞長鑒核，迅拘傳被告乙到案實施偵查，並依法提起公訴，以維法制。

謹 狀

台灣○○地方檢察署　公鑒

證據名稱及件數

證1：自首人整理之帳冊。

證2：投資客匯款之證明書。

證3：被告乙所親筆寫之書信2封。

中　華　民　國　○○　年　○○　月　○○　日

具狀人　甲　　　　　　　　　　　簽名蓋章

撰狀人　選任辯護人：何志揚律師　簽名蓋章

相關法條及裁判要旨

■刑法第62條：

對於未發覺之罪自首而受裁判者，得減輕其刑。但有特別規定者，依其規定。

■修正前刑法第340條：

以犯第三百三十九條之罪爲常業者，處一年以上七年以下有期徒刑，得併科五萬元以下罰金。

■銀行法第29條第1項：

除法律另有規定者外，非銀行不得經營收受存款、受託經理信託資金、公眾財產或辦理國內外匯兌業務。

■銀行法第29條之1：

以借款、收受投資、使加入爲股東或其他名義，向多數人或不特定之人收受款項或吸收資金，而約定或給付與本金顯不相當之紅利、利息、股息或其他報酬者，以收受存款論。

■銀行法第125條第1項前段：

違反第二十九條第一項規定者，處三年以上十年以下有期徒刑，得併科新臺幣一千萬元以上二億元以下罰金。

■期貨交易法第112條第5項第5款：

有下列情事之一者，處七年以下有期徒刑，得併科新臺幣三百萬元以下罰金：……五、未經許可，擅自經營期貨信託事業、期貨經理事業、期貨顧問事業或其他期貨服務事業者。

■銀行法第125條之4第1項：

犯第一百二十五條、第一百二十五條之二或第一百二十五條之三之罪，於犯罪後自首，如自動繳交全部犯罪所得者，減輕或免除其刑；並因而查獲其他正犯或共犯者，免除其刑。

■最高法院63年度台上字第1101號判例：

犯人在犯罪未發覺之前，向該管公務員告知其犯罪，而不逃避接受裁判，即與刑法第62條規定自首之條件相符，不以言明「自首」並「願受裁判」爲必要。

(六) 刑事自訴狀

案例事實

查被告乙明知所領有之汽車駕駛執照已過期未換領，屬未領有駕駛執照駕車者不得駕駛車輛，竟駕駛車牌號碼○○○○－○○號自用小客車，沿○○縣○○鎮○○路與○○巷口路旁駛入○○路往延平里方向行駛，適有自訴人甲駕駛車牌號碼○○○－○○○普通重型機車，同方向由○○路往延平里方向行駛，被告乙貿然起步駛入自訴人甲行駛之車道，致其車輛與自訴人甲機車發生擦撞。

撰狀說明

(1) 依據刑事訴訟法第319條第1、2項之規定，犯罪之被害人得提起自訴，且應委任律師行之，因此本案車禍之直接被害人甲得不經向地方檢察署提起刑事告訴之檢察官偵查後認爲被告有犯罪嫌疑提起公訴程序，而直接委請律師向地方法院刑事庭提起自訴程序，應注意應檢附委任律師之委任狀，且於書狀首頁應載明自訴代理人律師之姓名及地址供法院查證。

(2) 另依據刑事訴訟法第320條規定，提起自訴必須向管轄法院提出自訴狀，且除應記載被告之姓名、性別、年齡、住所或居所，或其他足資辨別之特徵，另應記載犯罪事實及證據並所犯法條，所謂犯罪事實應記載構成犯罪之具體事實及其犯罪之日、時、處所、方法。另外，自訴狀應按被告之人數，提出繕本。

書狀內容

狀別：刑事自訴狀

案號及股別：○○年○○字○○號○股

自訴人	甲	身分證字號：○ 性別：○ 生日：○ 住：○
自訴代理人	何志揚律師	住：○
被告	乙	身分證字號：○ 性別：○ 生日：○ 住：○

爲被告因過失傷害案件，謹依法提起自訴事：

犯罪事實

查被告乙明知所領有之汽車駕駛執照已於民國（下同）91年8月18日過期未換領，屬未領有駕駛執照駕車者不得駕駛車輛，竟於94年5月28日上午9時30分許，駕駛車牌號碼○○○○－○○號自用小客車，沿○○縣○○鎮○○

路與○○巷口路旁駛入○○路往延平里方向行駛，適有自訴人甲駕駛車牌號碼○○○－○○○普通重型機車，同方向由○○路往延平里方向行駛，被告乙應注意車輛起步駛入慢車道時後方是否有來車，且應讓後方直行車先行，又應注意車前狀況，並隨時採取必要之安全措施，而依當時狀況並無不能注意之情事，竟疏未注意，貿然起步駛入自訴人甲行駛之車道，致其車輛與自訴人甲機車發生擦撞，使自訴人甲所駕駛機車倒地滑行，因而受有創傷性顱內出血、頭部外傷合併左側硬腦膜下出血、右眼動眼神經麻痺等傷害。

證據並所犯法條

被告右揭犯罪事實茲有道路交通事故現場圖（參證1）、○○縣政府警察局道路交通事故證明書（參證2）、汽車駕駛人駕照查詢表（參證3）、○○○○醫院診斷證明書（參證4）及○○醫學大學附設醫院診斷證明書（參證5）附狀爲證，經查被告已違反道路交通安全規則第52條第1、5項：「汽車駕駛執照自發照之日起每滿六年換發一次，汽車駕駛人應於有效期間屆滿前一個月內向監理機關申請換發新照。……汽車駕駛執照逾期未換發新照者，不得使用駕車」、第94條第3項：「汽車行駛時，駕駛人應注意車前狀況及兩車併行之間隔，並隨時採取必要之安全措施」及第98條第1項第4款：「汽車在雙向四車道行駛時，應依左列規定：……四、由同向二車道進入一車道，應讓直行車道之車輛先行，無直行車道者，外車道之車輛應讓內車道之車輛先行」之規定，自有過失責任。核被告所犯係刑法第284條之過失傷害罪，爲此依法提出自訴，由於被告自車禍發生迄今均未與自訴人洽談賠償和解事宜，懇請鈞長鑒核，迅拘傳被告到庭應訊，並依法重判，以懲不法，而障良善。

謹　狀

台灣○○地方法院刑事庭　公鑒

證據名稱及件數

證1：道路交通事故現場圖。

證2：○○縣政府警察局道路交通事故證明書。

證3：汽車駕駛人駕照查詢表。

證4：○○○○醫院診斷證明書。

證5：○○醫學大學附設醫院診斷證明書。

中　華　民　國　○○　年　○○　月　○○　日

具狀人　甲　　簽名蓋章

撰狀人　自訴代理人：何志揚律師　簽名蓋章

相關法條及裁判要旨

■刑事訴訟法第319條第1、2項：

犯罪之被害人得提起自訴。但無行爲能力或限制行爲能力或死亡者，得由其法定代理人、直系血親或配偶爲之。

前項自訴之提起，應委任律師行之。

■刑事訴訟法第320條：

自訴，應向管轄法院提出自訴狀爲之。

自訴狀應記載下列事項：一、被告之姓名、性別、年齡、住所或居所，或其他足資辨別之特徵。二、犯罪事實及證據並所犯法條。

前項犯罪事實，應記載構成犯罪之具體事實及其犯罪之日、時、處所、方法。

自訴狀應按被告之人數，提出繕本。

■刑法第284條：

因過失傷害人者，處一年以下有期徒刑、拘役或十萬元以下罰金；致重傷者，處三年以下有期徒刑、拘役或三十萬元以下罰金。

■道路交通安全規則第52條第1、8項：

汽車駕駛執照自發照之日起每滿六年換發一次，汽車駕駛人應於有效期間屆滿前後一個月內向公路監理機關申請換發新照。……

除前項免再依規定申請換發之情形外，汽車駕駛執照逾期未換發新照者，不得駕駛汽車。

■道路交通安全規則第94條第3項前段：

汽車行駛時，駕駛人應注意車前狀況及兩車併行之間隔，並隨時採取必要之安全措施。

■道路交通安全規則第98條第1項第4款：

汽車在同向二車道以上之道路，除應依標誌或標線之指示行駛外，並應遵守下列規定：……四、由同向二車道進入一車道，應讓直行車道之車輛先行，無直行車道者，外車道之車輛應讓內車道之車輛先行。但在交通壅塞時，內、外側車道車輛應互爲禮讓，逐車交互輪流行駛，並保持安全距離及間隔。

(七)刑事補償聲請狀

案例事實

經查聲請人甲於民國（下同）42年經友人介紹，入○○縣警察局第三課擔任雇員，43年9月下旬，因叛亂案件，被押送至○○市○○路保安司令部保安處，關押10個多月，後又移送當時設在○○市○○路之軍法局，在此又關了9個月多，後因無罪嫌，經台灣省保安司令部於44年10月14日，以44安准字第4227號裁決書，裁決不付軍法審判，並經國防部軍法局於45年3月14日核定後，即於45年3月下旬獲釋，聲請自43年9月下旬被羈押至45年3月下旬釋放，約被羈押575日，至64年退休，爰依法請求羈押期間，每日新台幣（下同）3,000元以上5,000元以下之刑事補償等語。

撰狀說明

(1) 依據刑事補償法第10條規定：「補償之請求，應以書狀記載下列事項，向管轄機關提出之：一、補償請求人姓名、性別、年齡、住所或居所。二、有代理人者，其姓名、性別、年齡、住所或居所。三、請求補償之標的。四、事實及理由，並應附具請求補償所憑之不起訴處分書、撤回起訴書，或裁判書之正本或其他相關之證明文件。五、管轄機關。六、年、月、日。」

(2) 至於管轄機關，由於戒嚴時期人民受損權利回復條例第6條已特別規定係向所屬地方法院，因此優先於刑事補償法第9條規定適用，即以聲請人住居所所在地之法院爲管轄機關。

(3) 此外，應注意戒嚴時期人民受損權利回復條例第6條之1之規定：「人民依本條例聲請受損權利回復或金錢賠償，應提出可供查證之方法，其出具之處分書、判決書或相關文書，不以正本爲限。」亦即通常叛亂案件司法裁判書類正本均已無法尋匿，因此附具不起訴處分書或無罪、不受理、不付審理、不付保護處分、不付感訓處分、撤銷強制工作處分裁判書之影本或提供法院查證之方法即可。

(4) 又，如對於管轄地方法院所爲駁回聲請之決定可依據刑事補償法第18條第1項規定向司法院刑事補償法庭覆審。

書狀內容

狀別：刑事補償聲請狀

案號及股別：○○年○○字○○號○股

被害人即聲請人　甲　　　　身分證字號：○ 性別：○ 生日：○ 住：○

代理人　　　　　何志揚律師　住：○

爲聲請刑事補償事：

請求賠償之標的

聲請人於不付軍法審判之裁決確定前受羈押575日，以新台幣3,000元以上5,000元以下折算1日支付。

事實及理由

一、聲請人前因乙叛亂連累案件，於民國43年9月下旬，經台灣省保安司令部羈押迄民國45年3月14日，經台灣保安司令部報請國防部軍法局核准無罪（45年度典兼字第511號令准予保釋停止羈押止，共計受羈押575日。該案業經台灣省保安司令部於44年7月19日報准國防部軍法局不付軍法審判確定44年度安准字第4227號，參證1）。大陸變色後，民於民國39年度與同鄉乙（已故）由原籍○○省○○縣結伴同時抵香港，嗣經同鄉前立委丙（已故）及鄉紳丁先生擔保辦理入境手續，於42年來台並經友人戊、己，介紹入○○縣警察局第三課擔任雇員，次年乙亦申請來台，在鐵路局火車上服務，後因叛亂案被捕，情治單位以其曾與民結伴由大陸相偕逃港，因而認定民定係郭之「同路人」未經查證，即密令○○縣警察局派員於43年9月下旬將民押送至○○市○○路保安司令部保安處，一關就是10個多月，在押期間，偵訊人員曾反覆追問民與乙之從屬關係，滲透來台主要任務，以及在台已發展之關係，因民原即清白之身，毫無污點，故雖經情治人員一再嚴刑逼供，始終未能達其目的，不得已仍以「莫須有」之罪名移送至當時設在○○市○○路之軍法局，在此又關了9個多月，曾開庭兩次，第一次開庭審訊似與乙對質，第二次開庭審訊，以後就不審、不訊，因禁在牢獄中數月之久，後經由看守警帶聲請人至辦公室，獄官告知民之案情終結，已無罪嫌並發給「不付軍法審判裁決書」，是民覓保開釋，又越數目，始覓獲當時在省府工作之張欽之，出具保結，終於45年3月下旬獲釋（根據裁決書國防部軍法局核定日期45年3月14日但實際開釋日期則較遲，被捕羈押時間聲請人只記得是43年9月下旬，故在賠償標示中，均未將首尾不確定之日期計算在內，參證2及證3）。

二、次按「人民於戒嚴時期因犯內亂、外患、懲治叛亂條例或檢肅匪諜條例之罪，有下列情形之一者，得聲請所屬地方法院準用冤獄賠償法相關規定，請求國家賠償：一、經治安機關逮捕而以罪嫌不足逕行釋放前，人身自由受拘束者。二、於不起訴處分確定前受羈押，或不起訴處分確定後未依法釋放者。三、於無罪判決確定前受羈押或刑之執行，或無罪判決確定後未依法釋放者。四、於有罪判決或交付感化教育、感訓處分，執行完畢後，未依法釋放者。前項請求權，自本條例修正公布日起，因5年間不行使而消滅」，戒嚴時期人民受損權利回復條例第6條定有明文，經查聲請人因乙叛亂連累案件，於民國43年9月下旬，經台灣省保安司令部羈押575日，後經獲判無罪確定後釋放已如前述爲此於法定期間內，具狀聲請刑事補償，請准予爲補償的決定，如前所示。

謹　狀

台灣〇〇地方法院刑事庭　公鑒

證據名稱及件數

證1：台灣省保安司令部裁決書一份。

證2：國防部軍法司復函一份。

證3：台南縣警察局復函一份。

中　華　民　國　〇〇　年　〇〇　月　〇〇　日

具狀人 甲　　　　　　　　　簽名蓋章

撰狀人 代理人：何志揚律師　簽名蓋章

相關法條及裁判要旨

■戒嚴時期人民受損權利回復條例第6條：

人民於戒嚴時期因犯內亂、外患、懲治叛亂條例或檢肅匪諜條例之罪，有下列情形之一者，得聲請所屬地方法院準用冤獄賠償法相關規定，請求國家賠償：

一、經治安機關逮捕而以罪嫌不足逕行釋放前，人身自由受拘束者。

二、於不起訴處分確定前受羈押，或不起訴處分確定後未依法釋放者。

三、於無罪判決確定前受羈押或刑之執行，或無罪判決確定後未依法釋放者。

四、於有罪判決或交付感化教育、感訓處分，執行完畢後，未依法釋放者。

前項請求權，自本條例修正公布日起，因五年間不行使而消滅。

■刑事補償法第1條：

依刑事訴訟法、軍事審判法或少年事件處理法受理之案件，具有下列情形之一者，受害人得依本法請求國家補償：

一、因行爲不罰或犯罪嫌疑不足而經不起訴處分或撤回起訴、受駁回起訴裁定或無罪之判決確定前，曾受羈押、鑑定留置或收容。

二、依再審、非常上訴或重新審理程序裁判無罪、撤銷保安處分或駁回保安處分聲請確定前，曾受羈押、鑑定留置、收容、刑罰或拘束人身自由保安處分之執行。

三、因無付保護處分之原因而經不付審理或不付保護處分之裁定確定前，曾受鑑定留置或收容。

四、因無付保護處分之原因而依重新審理程序裁定不付保護處分確定前，曾受鑑定留置、收容或感化教育之執行。

五、羈押、鑑定留置或收容期間，或刑罰之執行逾有罪確定裁判所定之刑。

六、羈押、鑑定留置或收容期間、刑罰或拘束人身自由保安處分之執行逾依再審或非常上訴程序確定判決所定之刑罰或保安處分期間。

七、非依法律受羈押、鑑定留置、收容、刑罰或拘束人身自由保安處分之執行。

■刑事補償法第18條：

補償請求人不服前條第一項機關之決定者，得聲請司法院刑事補償法庭覆審。

補償決定違反第一條至第三條規定，或有其他依法不應補償而補償之情形者，最高檢察署亦得聲請覆審。

(八) 刑事犯罪被害人補償申請狀

案例事實

甲因乙酒駕發生車禍致重傷，甲除可依法律規定向乙請求損害賠償外，甲有無其他方法可先申請補償金？

撰狀說明

(1) 因犯罪行爲被害而死亡者之遺屬、受重傷者及性侵害犯罪行爲被害人，得申請犯罪被害補償金，且爲方便被害人或被害人家屬申請，在被害人犯罪保護協會方面有提供表格供塡載且協助塡寫。
(2) 犯罪被害補償金有三種，分別是遺屬補償金、重傷補償金、性侵害補償金。
(3) 得申請遺屬補償金之遺屬，依法定順序爲之（即一、父母、配偶及子女。二、祖父母。三、孫子女。四、兄弟姊妹），而其中祖父母、孫子女及兄弟姊妹申請須限在被害人生前即依賴被害人扶養維持生活者爲限。
(4) 而申請補償之項目及其最高金額有一定之限制（詳見其後所附之犯罪被害人保護法條文規定）。
(5) 申請時是向犯罪地的地方檢察署審議委員會提出申請，且申請一定要提出書面，不可以口頭方式爲之。
(6) 國家於支付犯罪被害補償金後，於補償金額範圍內，對犯罪行爲人或依法應負賠償責任之人有求償權。
(7) 又，申請被害補償金亦有時間上之限制，犯罪被害補償金請求權，自請求權人知有犯罪被害時起，因5年間不行使而消滅；自犯罪被害發生時起，逾10年者，亦同。但犯罪被害時爲未成年者，仍得於成年後5年內爲之。
前項情形，因犯罪行爲致重傷者，其請求權自知悉爲重傷時起，因5年間不行使而消滅。

書狀內容

(1) 申請補償金之申請表格可至法務部「單一申辦窗口」網站或犯罪被害人保護協會網站下載。
(2) 犯罪被害人保護協會網址　http://www.cvpa.org.tw/newlaw98/form.htm。

<table>
<tr><td colspan="6">犯罪被害補償金申請書
年度補審字第　　　號</td></tr>
<tr><td rowspan="4">申請人</td><td>姓　名</td><td>性別</td><td>出生年月日</td><td>國民身分證統一編號</td><td>職　業</td></tr>
<tr><td></td><td></td><td></td><td></td><td></td></tr>
<tr><td colspan="3">住居所</td><td colspan="2">連絡電話及行動電話</td></tr>
<tr><td colspan="3"></td><td colspan="2"></td></tr>
<tr><td rowspan="4">代理人</td><td>姓　名</td><td>性別</td><td>出生年月日</td><td>國民身分證統一編號</td><td>職　業</td></tr>
<tr><td></td><td></td><td></td><td></td><td></td></tr>
<tr><td colspan="3">住居所或事務所</td><td colspan="2">連絡電話及行動電話</td></tr>
<tr><td colspan="3"></td><td colspan="2"></td></tr>
<tr><td rowspan="4">被害人</td><td>姓　名</td><td>性別</td><td>出生年月日</td><td>國民身分證統一編號</td><td>職　業</td></tr>
<tr><td></td><td></td><td></td><td></td><td></td></tr>
<tr><td colspan="3">住居所</td><td colspan="2">連絡電話及行動電話</td></tr>
<tr><td colspan="3"></td><td colspan="2"></td></tr>
<tr><td rowspan="3">申請補償之種類項目及金額</td><td>□遺屬補償金</td><td colspan="4">因被害人受傷所支出之醫療費　新台幣　　元
因被害人死亡所支出之殯葬費　新台幣　　元
因被害人死亡致無法履行之法定扶養義務　新台幣　　元
因被害人死亡致家屬心靈遭受痛苦之精神慰撫金
新台幣　　元</td></tr>
<tr><td>□重傷補償金</td><td colspan="4">因被害人受傷所支出之醫療費　新台幣　　元
受重傷被害人所喪失或減少之勞動能力或增加之生活上需要
新台幣　　元
因被害人重傷致心靈遭受痛苦之精神慰撫金　新台幣　　元</td></tr>
<tr><td>□性侵害補償金</td><td colspan="4">因被害人受傷所支出之醫療費　新台幣　　元
受性侵害被害人所喪失或減少之勞動能力或增加之生活上需要
新台幣　　元
因被害人性侵害致心靈遭受痛苦之精神慰撫金　新台幣　　元</td></tr>
<tr><td colspan="2">申請人與被害人之關係</td><td colspan="4">□本人　□父母　□配偶　□子女　□祖父母　□孫子女
□兄弟姐妹　□其他＿＿＿＿＿＿</td></tr>
<tr><td colspan="2">補償金之支付方式</td><td colspan="4">□一次支付　□分期付款（分　期，每期　個月）</td></tr>
</table>

<table>
<tr><td rowspan="5">申請此補償金之事實與理由</td><td>被害發生之狀況及報案情形</td><td></td></tr>
<tr><td>補償項目及金額之説明及計算方式</td><td></td></tr>
<tr><td>被害人或其遺屬與加害人之關係及加害人之基本資料</td><td>加害人姓名：＿＿＿＿＿＿＿男□　女□
敘述：</td></tr>
<tr><td>得申請補償金優先順序之説明</td><td></td></tr>
<tr><td>其他事實及理由</td><td></td></tr>
<tr><td colspan="2">已參加社會保險之項目</td><td>□全民健康保險　□勞工保險　□公教人員保險
□軍人保險　□農民健康保險　□學生團體保險
□就業保險　□強制汽車責任保險　□國民年金保險
□其他：</td></tr>
<tr><td colspan="2">已受有社會保險給付之項目及金額</td><td></td></tr>
<tr><td colspan="2">已受有損害賠償給付之項目及金額</td><td></td></tr>
</table>

<table>
<tr><td>依其他法律規定得受金錢給付之項目及金額</td><td></td></tr>
<tr><td>檢　附　文　件</td><td></td></tr>
<tr><td colspan="2">此　致
台灣　　　地方檢察署犯罪被害人補償審議委員會
申請人：＿＿＿＿（簽章）
代理人：＿＿＿＿（簽章）
中　華　民　國　年　月　日</td></tr>
</table>

註：本申請書之填寫須知，附錄於背面。

犯罪被害補償金申請書填寫須知

一、申請人欄，應全部填寫。

二、得申請遺屬補償金之遺屬有數人而共同申請時，應分別填寫申請書分別載明申請補償之項目、金額及理由等有關補償之事項。

三、無代理人者，代理人欄免填。

四、申請補償金之種類欄，應勾記其一。

五、補償金之項目及最高金額如下（犯罪被害人權益保障法【以下簡稱本法】第57條第1項、第2項、施行細則第27條第1項、第28第2項）：

(一) 各類犯罪被害補償金之金額如下：

1.遺屬補償金：新臺幣一百八十萬元。

2.重傷補償金：新臺幣八十萬元至一百六十萬元。

3.性侵害補償金：新臺幣十萬元至四十萬元。

4.境外補償金：新臺幣二十萬元。

(二) 重傷補償金，依犯罪被害人之重傷程度分為九等級，其給付標準如下：

1.第一等級：新臺幣一百六十萬元。

2.第二等級：新臺幣一百五十萬元。
3.第三等級：新臺幣一百四十萬元。
4.第四等級：新臺幣一百三十萬元。
5.第五等級：新臺幣一百二十萬元。
6.第六等級：新臺幣一百十萬元。
7.第七等級：新臺幣一百萬元。
8.第八等級：新臺幣九十萬元。
9.第九等級：新臺幣八十萬元。

(三) 性侵害補償金，依該性侵害犯罪行爲起訴書所載之被告所犯法條分爲三等級，各等級給付範圍標準如下：

1.第一等級：新臺幣三十萬元至四十萬元。
2.第二等級：新臺幣二十萬元至三十萬元。
3.第三等級：新臺幣十萬元至二十萬元。

六、得申請遺屬補償金或境外補償金之遺屬，依下列順序定之：

(一) 父母、配偶及子女。
(二) 祖父母。
(三) 孫子女。
(四) 兄弟姊妹（本法第53條）。

前項同一順序遺屬有二人以上時，應共同具領；未共同具領或於補償決定作成前如另有他人提出請領，應通知各申請人協議其中一人代表請領，未能協議者，其遺屬補償金應按人數平均發給各申請人。

同一順序遺屬有拋棄或第五十六條所列情形之一時，由其餘同一順序遺屬請領之；同一順序無人請領時，由次一順序遺屬請領之。

核發遺屬補償金或境外補償金後，尙有未具名或未發覺之其他同一順位遺屬時，應由已受領之遺屬負責分與之。

七、我國國民於我國領域外，因他人之故意犯罪行爲被害，於中華民國一百年十二月九日以後死亡，且符合下列條件者，其遺屬得申請境外補償金：

(一) 犯罪被害人於臺灣地區設有戶籍，且未爲遷出國外登記。
(二) 犯罪被害人無非法出境或因案遭我國通緝情事。
(三) 故意行爲依行爲時我國法律有刑罰規定（本法第54條）。

八、有下列各款情形之一者，不得申請遺屬補償金及境外補償金：

(一) 故意或過失使犯罪被害人死亡。

(二) 犯罪被害人死亡前，故意使因犯罪被害人死亡而得申請遺屬補償金或境外補償金之先順序或同順序之遺屬死亡。

(三) 犯罪被害人死亡後，故意使得申請遺屬補償金或境外補償金之先順序或同順序之遺屬死亡（本法第56條）。

九、申請人與被害人之關係欄，應勾記其一。如申請重傷補償金、性侵害補償金者，則應勾記「本人」。

十、補償金之支付方式欄，應勾記其一。

十一、申請補償之事實及理由欄，應記載下列事項（本欄空格如不敷使用，得以另紙附件方式記載）：

(一) 被害發生之時間、地點、死者之姓名、性別、出生年月日、國民身分證統一編號、職業、工作場所、住居所、死亡之時間或受重傷之情形等有關被害發生之狀況及報案之情形。

(二) 補償項目及金額之說明及計算方式。

(三) 被害人或其遺屬與加害人之關係，並儘可能記載加害人之基本資料。

(四) 如申請遺屬補償金，其得申請補償金之優先順位。

(五) 其他事實及理由（申請覆審委員爲逕爲決定時，其審議委員會未於所定期間內爲決定之事實，請記載於「其他事實及理由」欄內）。

十二、檢附文件欄，應列舉所檢附相關文件之名稱，其文件如被害人死亡證明書或其他可證明被害人死亡之文件、戶籍謄本或其他可證明遺屬優先順位之文件、被害人受傷之醫療費或殯葬費支出憑證、報案證明文件等相關資料。

十三、申請犯罪被害補償金，依法應以書面向犯罪地之犯罪被害人補償審議委員會爲之，故本受理機關欄，應記載所轄某某地方檢察署犯罪被害人補償審議委員會。

十四、本申請書應由申請人簽名或蓋章。如委任代理人代爲申請時，申請人及代理人應於申請書簽名或蓋章，並出具委任狀。

十五、本申請書應記載提出申請之日期。

十六、本法相關規定摘要：

(一) 有下列各款情形之一者，得斟酌具體情形，不補償或減少一部之補償：

1. 犯罪被害人對其被害有故意或重大過失之事由。但犯罪被害人爲無行爲能力人者，不在此限。

2. 犯罪被害人或其遺屬與犯罪行爲人之關係及其他情事，認爲支付犯罪被害補償金有失妥當（本法第56條）。

(二) 請領犯罪被害補償金，有下列情形之一者，應全部返還之，並加計自受領之日起計算之利息：

1. 有第五十六條所定不得申請之情形。

2. 以虛僞或其他不正當方法請領犯罪被害補償金（本法第59條）。

(三) 犯罪被害補償金請求權，自請求權人知有犯罪被害時起，因五年間不行使而消滅；自犯罪被害發生時起，逾十年者，亦同。但犯罪被害時爲未成年者，仍得於成年後五年內爲之。

前項情形，因犯罪行爲致重傷者，其請求權自知悉爲重傷時起，因五年間不行使而消滅（本法第63條）。

相關法條及裁判要旨

■犯罪被害人權益保障法第65條：

申請人不服審議會之決定者，得於收受決定書後三十日內，以書面敘明理由向覆審會申請覆議。

審議會未於前條所定期間內爲決定者，申請人得於期間屆滿後三十日內，以書面向覆審會申請逕爲決定。

前條之規定，於覆審會爲覆議決定或逕爲決定時準用之。

■犯罪被害人權益保障法第66條：

申請人不服覆審會之覆議決定或逕爲決定，或覆審會未於第六十四條所定期間內爲決定者，得於收受決定書或期間屆滿後三十日內，逕行提起行政訴訟。

■犯罪被害人權益保障法第68條：

審議會或覆審會對於補償之申請爲決定前，於申請人因犯罪行爲被害致有急迫需要者，得依職權或申請先爲支付暫時補償金之決定。

審議會與覆審會對於前項暫時補償金申請之決定，應自收受申請書之日起二個月內，以書面爲之。

關於暫時補償金之決定，不得申請覆議或提起行政訴訟。

■犯罪被害人權益保障法第69條：

暫時補償金不得超過新臺幣四十萬元。

經決定支付犯罪被害補償金者，應扣除已領取之暫時補償金後支付之。暫時補償金多於補償總額或補償申請經駁回者，審議會應命其返還差額或全數返還。

■犯罪被害人權益保障法第70條：

犯罪被害補償金及暫時補償金之領取，自通知受領之日起逾二年，不得為之。

■犯罪被害人權益保障法第71條：

受領犯罪被害補償金而有第六十條或第六十九條第二項所列情形之一者，審議會應以書面命義務人限期返還。屆期未返還者，移送行政執行。

不服前項審議會命返還之決定者，準用第六十五條第一項及第六十六條之規定。

應返還之犯罪被害補償金，優先於普通債權而受償。

■犯罪被害人權益保障法第72條：

受領犯罪被害補償金及暫時補償金之權利，不得扣押、讓與、抵銷或供擔保。

犯罪被害人或其遺屬得檢具保護機構出具之證明文件，於金融機構開立專戶，專供存入犯罪被害補償金或暫時補償金之用。

前項專戶內之存款，不得作為抵銷、扣押、供擔保或強制執行之標的。

■犯罪被害人權益保障法第73條：

保護機構及分會應提供犯罪被害人或其遺屬依本法申請犯罪被害補償金之必要協助。

犯罪被害人或其遺屬委託代辦者辦理犯罪被害補償金之申請並約定報酬者，其約定無效。

■犯罪被害人權益保障法第74條：

依本法受領之犯罪被害補償金與保護機構及分會核發之經費補助，不計入社會救助法之家庭總收入。

(九) 刑事聲請合併偵查狀

案例事實

被告甲應能預見一般人取得他人金融帳戶之行徑，常對財產犯罪之需要密切相關，且取得他人存摺之目的，在於取得贓款及掩飾犯行不易遭人追查，又對於提供帳戶，雖無引發他人萌生犯罪之確信，但仍以縱若有人持以犯罪，亦不違反其幫助犯罪之本意，意圖基於幫助不詳姓名人士詐騙金錢之犯意，於民國97年4月下旬，將其所有之○○商業銀行○○分行帳戶（帳號○○○○○○○○○○○○○○號）存摺、提款卡、密碼，提供予該不詳姓名人士。嗣該不詳姓名人士即基於爲自己不法所有之意圖，在雅虎奇摩網站拍賣網頁佯稱販售掌上型電玩、相機，適陳○○在台南縣永康市租住處上網時誤信爲眞，於同年4月29日上午10時35分將新台幣（下同）6,800元匯至甲前開帳戶內。又杜○○亦在台北縣三重市住處上網陷於錯誤，於同日17時21分將9,450元匯入甲之上開帳戶內，因遲未收到物品，陳○○、杜○○至此始知受騙，先後遭二地警方移送台灣台南地方檢察署及台灣新北地方檢察署偵辦。

撰狀說明

(1) 按刑法95年7月1日修正廢除連續犯規定後，對於同一被告以概括犯意，在密接時間、地點連續犯罪之行爲已不能以裁判上一罪論罪科刑，而改採一罪一罰。

(2) 然而刑事訴訟法第7條仍有規定：「有下列情形之一者，爲相牽連之案件：一、一人犯數罪者。二、數人共犯一罪或數罪者。三、數人同時在同一處所各別犯罪者。四、犯與本罪有關係之藏匿人犯、湮滅證據、僞證、贓物各罪者」及第15條亦有規定：「第六條所規定之案件，得由一檢察官合併偵查或合併起訴；如該管他檢察官有不同意者，由共同之直接上級法院首席檢察官或檢察長命令之」，因此爲求訴訟經濟以及被告二地奔波應訊之不便，得在一人犯數罪之相牽連案件情形下，得具狀聲請他地之檢察署檢察官將案件移由本地之檢察署檢察官偵辦，不僅可避免屆時二地檢察署檢察官對於類似案情做相異之偵查行爲，更可節省被告浪費時間。

書狀內容

狀別：刑事合併偵查聲請狀
案號及股別：○○年○○字○○號○股
被　　告　　甲　　　　　　身分證字號：○ 性別：○ 生日：○ 住：○
選任辯護人　何志揚律師　住：○
爲被告因詐欺案件，謹依法聲請合併偵查事：

經查被告甲曾於民國97年4月下旬，將其所有之○○商業銀行○○分行帳戶（帳號○○○○○○○○○○○○○號）存摺、提款卡、密碼，提供予該不詳姓名人士，而遭該不詳姓名人士在雅虎奇摩網站拍賣網頁佯稱販售掌上型電玩、相機，並誘騙另一名被害人陳○○將款項匯入被告上開帳戶內涉嫌幫助詐欺案件，已經台灣台南地方檢察署先以97年度偵緝字第○○○○號○股檢察官偵查在案（參證1開庭通知書），而本案雖與上開案件被害人不同非屬同一案件，但犯罪時間密接且犯罪手段均相同，顯然屬於一人犯數罪相牽連之案件，爰依刑事訴訟法第15條規定具狀呈報上情，並聲請鈞長將本案合併移由○股檢察官偵查，以利訴訟經濟，避免事實認定二歧。

謹 狀

台灣新北地方檢察署　公鑒

證據名稱及件數

證1：開庭通知書影本。

中　　華　　民　　國　　○○　　年　　○○　　月　　○○　　日

具狀人　甲　　　　　　　　　　簽名蓋章

撰狀人　選任辯護人：何志揚律師　簽名蓋章

相關法條及裁判要旨

■刑事訴訟法第7條：

有下列情形之一者，爲相牽連之案件：一、一人犯數罪者。二、數人共犯一罪或數罪者。三、數人同時在同一處所各別犯罪者。四、犯與本罪有關係之藏匿人犯、湮滅證據、僞證、贓物各罪者。

■刑事訴訟法第15條：

第六條所規定之案件，得由一檢察官合併偵查或合併起訴；如該管他檢察官有不同意者，由共同之直接上級檢察署檢察長或檢察總長命令之。

(十) 刑事聲請出任被告輔佐人狀

案例事實

甲為毀損案件之被告，其子乙恐其父甲智能障礙，無法詳述案發情形，為其己身主張權利，乙可向法院陳明為甲之輔佐人，幫甲主張權利。

撰狀說明

(1) 輔佐人與被告或自訴人須有一定之身分關係。或為特定親等之親屬、或為家長、或為家屬、或主管機關指派社工人員。
(2) 輔佐人所陳述之意見不得與被告或自訴人明示之意思相反。

書狀內容

狀別：刑事陳明輔佐人

案號及股別：○○年○○字○○號○股

聲請人　乙　身分證字號：○ 性別：○ 生日：○ 住：○

為毀損案件，謹具聲請出任被告輔佐人事：

一、緣被告甲因涉犯毀損案件在鈞院審理中，因甲目前年歲已高達80歲（詳見證1），且智能為輕度障礙，此有身心障礙手冊可稽（詳見證2），又甲對法律規定毫無所悉，被告甲於鈞院審判期日顯無法清楚陳述相關事件，恐將延誤審判程序之進行及損及被告甲己身之權利。

二、聲明人為甲之子，此有户籍謄本可證（詳見證3），為此依刑事訴訟法第35條之規定陳明為被告甲之輔佐人，狀請鈞院鑑核，請准聲請人出任為甲之輔佐人，到庭陳述意見，以維被告甲權利。

謹　狀

台灣○○地方法院刑事庭　公鑒

證據名稱及件數

證1：户籍謄本。

證2：身心障礙手冊影本。

證3：户籍謄本。

中　華　民　國　○○　年　○○　月　○○　日

具狀人 乙　　簽名蓋章

相關法條及裁判要旨

■刑事訴訟法第35條：

被告或自訴人之配偶、直系或三親等內旁系血親或家長、家屬或被告之法定代理人於起訴後，得向法院以書狀或於審判期日以言詞陳明爲被告或自訴人之輔佐人。

輔佐人得爲本法所定之訴訟行爲，並得在法院陳述意見。但不得與被告或自訴人明示之意思相反。

被告或犯罪嫌疑人因身心障礙，致無法爲完全之陳述者，應有第一項得爲輔佐人之人或其委任之人或主管機關、相關社福機構指派之社工人員或其他專業人員爲輔佐人陪同在場。但經合法通知無正當理由不到場者，不在此限。

■最高法院70年台非字第85號判例：

被告之直系血親於起訴後，得向法院以書狀陳明爲被告之輔佐人，在法院陳述意見，又審判期日應通知輔佐人，此觀刑事訴訟法第35條及第271條之規定甚明。本件被告被訴侵占案件，在上訴於原法院後，其子何某曾提出聲明狀一件，陳明爲被告之輔佐人，乃原法院審判期日，未通知該輔佐人到庭，即行辯論終結，定期宣判，揆諸前揭說明，自有判決不適用法則之違誤。

(十一) 刑事聲請具保停止羈押狀

案例事實

甲因毒品案件，經檢察官向法院聲請羈押，並經法院准予羈押，惟查獲時共犯皆已到案，甲對於涉案情節皆已供述在卷，故甲欲向法院聲請具保停止羈押。

撰狀說明

(1) 刑事案件被告是否應予羈押，須由法院法官決定，羈押的目的在於保全審判進行及日後刑罰之執行。如果被告犯罪嫌疑重大、有羈押原因且有羈押必要者，法院即應裁定羈押；然而被告雖犯罪嫌疑重大且有羈押原因，但無羈押必要或事後已無羈押必要時，可透過具保、限制住居等方式代替羈押。具保依刑事訴訟法第110條之規定，可由被告本人、得爲被告輔佐人之人（例如：配偶、直系或三親等內旁系血親或家長、家屬或被告之法定代理人）及辯護人聲請，且須向裁定羈押的法院聲請。聲請理由應著重說明羈押必要性已消滅並敘明具體事實，法院准予具保停止羈押的機會較大。
(2) 依刑事訴訟法第114條各款規定情形聲請停止羈押時，法院應不得駁回。對於符合各款之具體事實亦應敘明。
(3) 具保責付作業流程圖請參見法務部全球資訊網。

書狀內容

狀別：刑事聲請具保停止羈押狀
案號及股別：○○年○○字○○號○股
被告　甲　　　身分證字號：○ 性別：○ 生日：○ 住：○
爲聲請具保停止羈押事：
一、被告甲因涉嫌毒品案件，於○○年○○月○○日經○○地方檢察署聲請鈞院裁定羈押中。
二、查本案同案被告乙前以要求代工喉片藥錠爲由與被告甲接洽，被告甲因見乙提出名片之頭銜係載醫院之副院長（詳見證1），乃不疑有他，而接下其委託之打錠代工，每錠之代工費用是0.1元，至打錠製造之原料邱○○表示，因欲製造之藥錠係口含喉片，所需乳糖及薄荷腦等原料爲被告甲購買準備，至主要原料乙表示其醫院購買較便宜，由渠購買後交給被告甲，被告甲實不知此原料乃「硝甲西泮」一粒眠之原料。被告甲接此代工時僅認係一般單純之打錠，實無製造毒品之犯意，且被告甲就其所知之事項於首次偵訊時即皆明確供述，無羈押被告甲的原因與必要。且被告之配偶鍾○○爲一家庭主婦，並未外出工作，平日在家中照顧二幼子（詳見證2），其次子目前甚因病住院中（詳見證3），配偶鍾○○本身又罹患重度憂鬱症（詳見證4），今被告甲突遭羈押，家中生活頓失生活支柱，懇請鈞院鑑察，先賜准被告甲具保停止羈押，免被告甲之妻小因失其生活支柱而無以維生，且被告甲於具保停押後必遵期應訊，爲此依刑事訴訟法第110條第1項聲請准予具保，以停止羈押。若鈞院仍認不能具保停止羈押，仍懇請對被告解除禁見。

謹　狀

台灣○○地方法院刑事庭　公鑒

證據名稱及件數

證1：名片影本乙份。

證2：户籍謄本影本乙份。

證3：診斷證明書乙份。

證4：診斷證明書乙份。

中　華　民　國　○○　年　○○　月　○○　日

具狀人　甲　　　簽名蓋章

相關法條及裁判要旨

■刑事訴訟法第110條：

被告及得爲其輔佐人之人或辯護人，得隨時具保，向法院聲請停止羈押。

檢察官於偵查中得聲請法院命被告具保停止羈押。

前二項具保停止羈押之審查，準用第一百零七條第三項之規定。

偵查中法院爲具保停止羈押之決定時，除有第一百十四條及本條第二項之情形者外，應徵詢檢察官之意見。

■刑事訴訟法第111條：

許可停止羈押之聲請者，應命提出保證書，並指定相當之保證金額。

保證書以該管區域內殷實之人所具者爲限，並應記載保證金額及依法繳納之事由。

指定之保證金額，如聲請人願繳納或許由第三人繳納者，免提出保證書。

繳納保證金，得許以有價證券代之。

許可停止羈押之聲請者，得限制被告之住居。

■刑事訴訟法第112條：

被告係犯專科罰金之罪者，指定之保證金額，不得逾罰金之最多額。

■刑事訴訟法第113條：

許可停止羈押之聲請者，應於接受保證書或保證金後，停止羈押，將被告釋放。

■刑事訴訟法第114條：

羈押之被告，有下列情形之一者，如經具保聲請停止羈押，不得駁回：一、所犯最重本刑為三年以下有期徒刑、拘役或專科罰金之罪者。但累犯、有犯罪之習慣、假釋中更犯罪或依第一百零一條之一第一項羈押者，不在此限。二、懷胎五月以上或生產後二月未滿者。三、現罹疾病，非保外治療顯難痊癒者。

■刑事訴訟法第115條：

羈押之被告，得不命具保而責付於得為其輔佐人之人或該管區域內其他適當之人，停止羈押。

受責付者，應出具證書，載明如經傳喚應令被告隨時到場。

(十二) 刑事抗告狀

案例事實

甲前於南投縣南投市○○國中擔任體育老師，竟分別基於加重強制性交及對於幼女為性交之概括犯意，自民國94年4、5月間起至95年6月間止，連續多次對校內較為熟識之女學生為下列妨害性自主行為，且由社會局處理報警後始查獲上情，並經台灣南投地方檢察署檢察官聲請法院羈押獲准，至檢察官提起公訴一審判決有罪後，一審法院仍裁定延長羈押，被告不服判決依法提起上訴，並欲聲請具保停止羈押。

撰狀說明

(1) 按刑事訴訟法第101條第1項規定：「被告經法官訊問後，認為犯罪嫌疑重大，而有下列情形之一，非予羈押，顯難進行追訴、審判或執行者，得羈押之：一、逃亡或有事實足認為有逃亡之虞者。二、有事實足認為有湮滅、偽造、變造證據或勾串共犯或證人之虞者。三、所犯為死刑、無期徒刑或最輕本刑為五年以上有期徒刑之罪，有相當理由認為有逃亡、湮滅、偽造、變造證據或勾串共犯或證人之虞者。

法官為前項之訊問時，檢察官得到場陳述聲請羈押之理由及提出必要之證據。但第九十三條第二項但書之情形，檢察官應到場敘明理由，並指明限制或禁止之範圍。

第一項各款所依據之事實、各項理由之具體內容及有關證據，應告知被告及其辯護人，並記載於筆錄。但依第九十三條第二項但書規定，經法院禁止被告及其辯護人獲知之卷證，不得作為羈押審查之依據。

被告、辯護人得於第一項訊問前，請求法官給予適當時間為答辯之準備。」第101條之2規定：「被告經法官訊問後，雖有第一百零一條第一項或第一百零一條之一第一項各款所定情形之一而無羈押之必要者，得逕命具保、責付或限制住居；其有第一百十四條各款所定情形之一者，非有不能具保、責付或限制住居之情形，不得羈押」。

(2) 另依據司法院98年10月16日公布之大法官釋字第665號解釋意旨亦載明：「二、刑事訴訟法第101條第1項第3款規定，於被告犯該款規定之罪，犯罪嫌疑重大，且有相當理由認為有逃亡、湮滅、偽造、變造證據或勾串共犯或證人之虞，非予羈押，顯難進行追訴、審判或執行者，得羈押之。於此範圍內，該條款規定符合憲法第23條之比例原則，與憲法第8條保障人民身體自由及第16條保障人民訴訟權之意旨，尚無牴觸」。

(3) 因此，羈押被告，除須有刑事訴訟法第101條第1項上段或第101條之1第1項上段規定之羈押原因外，尚須於客觀上分別有「非予羈押顯難進行追訴、審判或執行者」或「有事實足認爲有反覆實施同一犯罪之虞」，而有羈押之必要者，始與法律規定之羈押要件相符合。

(4) 本件案例事實被告甲對於猥褻及與被害人發生性行爲之事實均已坦承不諱，且有固定之住居所，亦無可能有勾串或湮滅證據之可能，至於是否屬於最輕本刑5年以上之重罪，則仍有不同之看法，更何況並非重罪即可羈押，故撰寫刑事具保停止羈押之聲請狀時，應從上開之羈押要件逐項分析，如具保之聲請遭駁回時，撰寫刑事抗告狀時亦應從上開羈押要件逐點指駁。

書狀內容

狀別：刑事抗告狀

案號及股別：○○年○○字○○號○股

被　告　　甲　　　　　　　身分證字號：○ 性別：○ 生日：○ 住：○

選任辯護人　何志揚律師　住：○

爲被告因妨害性自主案件，不服台灣高等法院台中分院95年度上訴字第2822號刑事裁定，謹於法定期間內提出抗告事：

一、按「本院按被告經訊問後，認爲犯罪嫌疑重大，有逃亡事實或有事實足認有逃亡之虞，且非予羈押顯難進行追訴、審判或執行者，得爲羈押。又羈押之被告有繼續羈押之必要者，得於期間未滿前，經法院依刑事訴訟法第101條或101條之1之規定訊問被告後，以裁定延長之。爲同法第101條第1項第1款及第108條第1項但書分別定有明文。本件原審法院係於94年3月2日，經訊問抗告人後，以其所犯恐嚇取財罪（牽連涉犯常業竊盜罪）罪嫌重大，前以渠有刑事訴訟法第101條第1項第1款情形，且有羈押必要，予以羈押，茲於其羈押期間未滿前，經訊問後，認此羈押原因仍然存在，乃依上開規定，裁定自同年月15日起延長羈押2月。然抗告人究有如何事實足認渠有刑事訴訟法第101條第1項第1款所定之逃亡或逃亡之虞情形，原審於94年3月2日訊問抗告人之筆錄，乃至本件裁定理由內對之均未加說明記載。且原審法院係於93年10月15日訊問抗告人後，以上開理由對之執行羈押，而稽諸卷內資料，亦未見該次訊問筆錄及其押票，則抗告人是否確合於上開法定羈押原因而有羈押必要，本院自屬無從判斷。是原裁定理由所謂「該項羈押原因仍然存在」之語，自屬失其憑據，尚難認爲適法，亦無以昭折服。抗告意旨執以指摘，非無理由，應由本院將原裁定撤銷，由原審法院另爲適法之裁定」（最高法院94年台抗字第151號裁定意旨參照）。

二、經查本件被告爲國中體育老師，不僅在○○國中任職，且有固定之居住所，案發當時警方是至被告家中請被告回警局製作警詢筆錄，被告亦無逃亡之虞，其次被告對於與A、B、C、D四女發生性行爲均坦白承認，亦無任何勾串共犯或湮滅事證之情形存在，尤有進者，被告與A、B、C、D四女發生性行爲都是經其自願而爲，並無強行施暴或違反其自由意願之情形存在，A、B、C、D四女雖然曾於警詢或偵查中指述被告違反其意願而發生性行爲，然經原審分別傳訊到庭實施交互詰問，發現渠等說法不僅前後矛盾，甚至B、D二女如遭被告強暴何以於案發後數月間仍與被告有密切及親密之網路上交談，A、B、C、D四女之指述顯有重大瑕疵，且違反經驗法則，自難全然採信，因此被告所犯者應僅爲刑法第227條之姦淫幼女罪，最輕本刑並非5年以上之罪，詎料原審於裁定中僅載被告犯妨害性自主罪嫌疑重大有刑事訴訟法第101條第1項第3款情形，該項原因仍然存在認有繼續羈押之必要云云，但究竟有如何事實足認渠有刑事訴訟法第101條第1項第3款所定之所犯最輕本刑爲5年以上有期徒刑之罪等情形，原審於96年2月13日訊問抗告人之筆錄，乃至本件裁定理由內對之均未加說明記載。且原審法院係於95年11月28日訊問抗告人後，以上開理由對之執行羈押，而稽諸卷內資料，亦未見該次訊問筆錄及其押票上有記載符合上開法定原因之事實，則抗告人是否確合於上開法定羈押原因而有羈押必要，自屬無從判斷，是原裁定理由所謂「該項羈押原因仍然存在」之語，自屬失其憑據，尚難認爲適法自嫌率斷，併有理由不備之疏誤。

三、又被告因鼻骨骨折曾至彰基醫院動手術，有醫院手術紀錄單等資料可稽（參證1），且家中更有父母親尚待被告扶育照顧（參證2），實已陷於生活困難程度，若無被告親自前往照顧安頓，恐將流離失所，凡此種種均需被告親自交代照料，實無可能因案而逃亡。

四、綜上所述，原裁定違背法令昭然若揭，爲此懇請鈞院鑒核，迅撤銷原延長羈押之裁定，以符法制，而障人權。

謹　狀

台灣高等法院台中分院刑事庭　轉呈

最高法院刑事庭　公鑒

證據名稱及件數

證1：醫院手術紀錄單等資料。

證2：戶籍謄本。

中　華　民　國　○○　年　○○　月　○○　日

具狀人 甲　　　　　　　　　簽名蓋章

撰狀人 選任辯護人：何志揚律師　簽名蓋章

相關法條及裁判要旨

■刑事訴訟法第101條第1項第1款：

被告經法官訊問後，認為犯罪嫌疑重大，而有下列情形之一，非予羈押，顯難進行追訴、審判或執行者，得羈押之：一、逃亡或有事實足認為有逃亡之虞者。

■刑事訴訟法第101條之1：

被告經法官訊問後，認為犯下列各款之罪，其嫌疑重大，有事實足認為有反覆實行同一犯罪之虞，而有羈押之必要者，得羈押之：

一、刑法第一百七十三條第一項、第三項、第一百七十四條第一項、第二項、第四項、第一百七十五條第一項、第二項之放火罪、第一百七十六條之準放火罪、第一百八十五條之一之劫持交通工具罪。

二、刑法第二百二十一條之強制性交罪、第二百二十二條之加重強制性交罪、第二百二十四條之強制猥褻罪、第二百二十四條之一之加重強制猥褻罪、第二百二十五條之乘機性交猥褻罪、第二百二十六條之一之強制性交猥褻之結合罪、第二百二十七條之與幼年男女性交或猥褻罪、第二百七十一條第一項、第二項之殺人罪、第二百七十二條之殺直系血親尊親屬罪、第二百七十七條第一項之傷害罪、第二百七十八條第一項之重傷罪、性騷擾防治法第二十五條第一項之罪。但其須告訴乃論，而未經告訴或其告訴已經撤回或已逾告訴期間者，不在此限。

三、刑法第二百九十六條之一之買賣人口罪、第二百九十九條之移送被略誘人出國罪、第三百零二條之妨害自由罪。

四、刑法第三百零四條之強制罪、第三百零五條之恐嚇危害安全罪。

五、刑法第三百二十條、第三百二十一條之竊盜罪。

六、刑法第三百二十五條、第三百二十六條之搶奪罪、第三百二十八條第一項、第二項、第四項之強盜罪、第三百三十條之加重強盜罪、第三百三十二條之強盜結合罪、第三百三十三條之海盜罪、第三百三十四條之海盜結合罪。

七、刑法第三百三十九條、第三百三十九條之三之詐欺罪、第三百三十九條之四之加重詐欺罪。

八、刑法第三百四十六條之恐嚇取財罪、第三百四十七條第一項、第三項之擄人勒贖罪、第三百四十八條之擄人勒贖結合罪、第三百四十八條之一之準擄人勒贖罪。

九、槍砲彈藥刀械管制條例第七條、第八條之罪。

十、毒品危害防制條例第四條第一項至第四項之罪。

十一、人口販運防制法第三十四條之罪。

前條第二項至第四項之規定，於前項情形準用之。

■刑事訴訟法第101條之2：

被告經法官訊問後，雖有第一百零一條第一項或第一百零一條之一第一項各款所定情形之一而無羈押之必要者，得逕命具保、責付或限制住居；其有第一百十四條各款所定情形之一者，非有不能具保、責付或限制住居之情形，不得羈押。

■最高法院96年度台抗字第111號前段：

按刑事訴訟法第101條第1項上段規定「被告經法官訊問後，認爲犯罪嫌疑重大，而有下列情形之一，非予羈押顯難進行追訴、審判或執行者，得羈押之」，同法第101條之1第1項上段亦規定「被告經法官訊問後，認爲犯左列各款之罪，其嫌疑重大，有事實足認爲有反覆實施同一犯罪之虞，而有羈押之必要者，得羈押之」，另其101條之2上段規定：「被告經法官訊問後，雖有第一百零一條第一項或第一百零一條之一第一項各款所定情形之一而無羈押之必要者，得逕命具保、責付或限制住居」。是羈押被告，除須有刑事訴訟法第101條第1項上段或第101條之1第1項上段規定之羈押原因外，尚須於客觀上分別有「非予羈押顯難進行追訴、審判或執行者」或「有事實足認爲有反覆實施同一犯罪之虞」，而有羈押之必要者，始與法律規定之羈押要件相符合。至其羈押原因消滅者，依同法第107條第1項規定，應即撤銷羈押，將被告釋放，但雖有前揭羈押之原因，而無羈押之必要者，則應視案件情形是否逕命具保、責付或限制住居。且刑事訴訟法第101條第1項第1款之「有事實足認有逃亡之虞」，並非漫無限制，而祇以被告犯罪嫌疑重大，即可視其爲有逃亡之虞，即概予以羈押。

■大法官釋字第665號解釋：

二、刑事訴訟法第101條第1項第3款規定，於被告犯該款規定之罪，犯罪嫌疑重大，且有相當理由認為有逃亡、湮滅、偽造、變造證據或勾串共犯或證人之虞，非予羈押，顯難進行追訴、審判或執行者，得羈押之。於此範圍內，該條款規定符合憲法第23條之比例原則，與憲法第8條保障人民身體自由及第16條保障人民訴訟權之意旨，尚無牴觸。

(十三) 刑事聲請迴避狀

案例事實

甲因毀損案件，向法院對乙提起自訴，該案經法院分由丙法官審理，但在審理過程中，甲發現丙法官與被告乙係表兄弟，甲為保障己身權利，可聲請丙法官迴避。

撰狀說明

(1) 法官迴避的情形有二，一是刑事訴訟法第17條規定自行迴避事由，二是同法第18條規定聲請迴避事由，惟須注意的是以第18條規定第2款認法官執行職務有偏頗之虞為由而聲請迴避，另須注意同法第19條聲請迴避時期之規定。
(2) 聲請迴避係向法官所屬法院為之。
(3) 撰寫書狀須載明聲請迴避事由為何，並應注意書狀之格式及其上當事人欄、案號及股別等項均應記載清楚。

書狀內容

狀別：刑事聲請迴避狀
案號及股別：○○年○○字○○號○股
被　告　甲　　　身分證字號：○ 性別：○ 生日：○ 住：○
為聲請法官迴避事：

聲請人為自訴被告乙毀損案件，由貴院以○○年度○○字第○○號受理，並分由法官丙審理。惟查，法官丙與被告乙為表兄弟，實屬四親等之血親，依法應自行迴避而未自行迴避，為此依刑事訴訟法第18條第1款規定，聲請法官丙迴避，懇請鈞院鑒核。

謹　狀
台灣○○地方法院刑事庭　公鑒
證據名稱及件數
證物：户籍謄本乙件。
中　華　民　國　○○　年　○○　月　○○　日
具狀人 甲　　　簽名蓋章

相關法條及裁判要旨

■刑事訴訟法第17條：

法官於該管案件有下列情形之一者，應自行迴避不得執行職務：一、法官爲被害人者。二、法官現爲或曾爲被告或被害人之配偶、八親等內之血親、五親等內之姻親或家長、家屬者。三、法官與被告或被害人訂有婚約者。四、法官現爲或曾爲被告或被害人之法定代理人者。五、法官曾爲被告之代理人、辯護人、輔佐人或曾爲自訴人、附帶民事訴訟當事人之代理人、輔佐人者。六、法官曾爲告訴人、告發人、證人或鑑定人者。七、法官曾執行檢察官或司法警察官之職務者。八、法官曾參與前審之裁判者。

■刑事訴訟法第18條：

當事人遇有下列情形之一者，得聲請法官迴避：一、法官有前條情形而不自行迴避者。二、法官有前條以外情形，足認其執行職務有偏頗之虞者。

■刑事訴訟法第19條：

前條第一款情形，不問訴訟程度如何，當事人得隨時聲請推事法官迴避。

前條第二款情形，如當事人已就該案件有所聲明或陳述後，不得聲請法官迴避。但聲請迴避之原因發生在後或知悉在後者，不在此限。

■刑事訴訟法第20條：

聲請法官迴避，應以書狀舉其原因向法官所屬法院爲之。但於審判期日或受訊問時，得以言詞爲之。

聲請迴避之原因及前條第二項但書之事實，應釋明之。

被聲請迴避之法官，得提出意見書。

■最高法院90年台上字第7832號判例：

推事（即法官）曾參與前審裁判之應自行迴避原因，係指同一法官，就同一案件，曾參與下級審之裁定或判決者而言，如僅曾參與審判期日前之調查程序，並未參與該案之裁判，依法即毋庸自行迴避。

■最高法院18年抗字第149號判例：

當事人聲請推事迴避，以有具體事實足認其執行職務有偏頗之情形爲限，若僅對於推事之指揮訴訟，或其訊問方法，有所不滿，不能指爲有偏頗之虞。

(十四) 刑事聲明異議狀

案例事實

甲假釋期間因再涉犯偽造文書案件，嗣聲明人甲遭認於假釋付保護管束期間，違反應遵守事項，情節重大為由，依保安處分執行法第74條之2第1款、第2款及第74條之3規定，撤銷假釋之處分，甲因不服該處分，向法院聲明異議。

撰狀說明

(1) 依最高行政法院93年2月份庭長法官聯席會議決議，假釋之撤銷屬刑事裁判執行之一環，為廣義之司法行政處分，如有不服，其救濟程序，應依刑事訴訟法第484條之規定，即俟檢察官指揮執行該假釋撤銷後之殘餘徒刑時，再由受刑人或其法定代理人或配偶向當初諭知該刑事裁判之法院聲明異議，不得提起行政爭訟。
(2) 刑事訴訟法第484條所稱「諭知該裁判之法院」，乃指對被告之有罪判決，於主文內實際宣示其主刑、從刑之裁判而言，若判決主文並未諭知主刑、從刑，係因被告不服該裁判，向上級法院提起上訴，而上級法院以原審判決並無違誤，上訴無理由，因而維持原判決諭知「上訴駁回」者，縱屬確定之有罪判決，但因對原判決之主刑、從刑未予更易，其本身復未宣示如何之主刑、從刑，自非該條所指「諭知該裁判之法院」（最高法院79年台聲字第19號判例。）
(3) 書狀內容應針對處分內容載明聲明異議之理由。本案甲遭認於假釋付保護管束期間，違反應遵守事項，情節重大，而被撤銷假釋，甲即須針對處分內容所載事項予以辯駁，以達異議之效。

書狀內容

狀別：刑事聲明異議狀
案號及股別：○○年○○字○○號○股
聲請人即受刑人 甲　　身分證字號：○ 性別：○ 生日：○ 住：○
為不服台灣○○地方檢察署95年度執更助字第○○號執行命令，依法聲明異議事：
一、假釋之撤銷屬刑事裁判執行之一環，為廣義之司法行政處分，如有不服，其救濟程序，應依刑事訴訟法第484條之規定，即俟檢察官指揮執行該假釋撤銷後之殘餘徒刑時，再由受刑人或其法定代理人或配偶向當初諭知該刑事裁判之法院聲明異議，不得提起行政爭訟，此有最高行政法院93年2月份庭長法官聯席會議可資參照（詳見證1）。聲明人即受刑人甲前因被訴僞造有價證券案件，經台灣○○地方檢察署以82年偵字第○○號提起公訴，並判處有期徒刑12年確定在案（詳見證2），嗣於90年8月7日假釋出監後，再於91年10月間遭查獲涉犯僞造文書案件，此部分犯行經台灣○○地方法院94年度訴字第○○號判處有期徒刑3月，目前上訴最高法院中（詳見證3），詎法務部竟於94年12月13日以法矯字第○○○○○號爲撤銷聲明人甲假釋之處分（詳見證4），台灣○○地方檢察署受台灣○○地方檢察署囑託，旋以95年執更助字第○○號命聲明人甲於95年1月17日上午11時報到執行撤銷假釋後之殘刑（詳見證5），揆諸最高行政法院93年2月份庭長法官聯席會議決議，聲明人甲乃以檢察官執行之指揮爲不當，具狀向台灣○○地方法院聲明異議，惟台灣○○地方法院95年度聲字第○○號刑事裁定認定管轄法院應爲鈞院（詳見證6），特依法向鈞院聲明異議，合先敘明。

二、法務部所爲撤銷假釋處分書係以聲明人甲於假釋付保護管束期間，違反應遵守事項，情節重大，依保安處分執行法第74條之2第1款、第2款及第74條之3規定，爲撤銷假釋之處分，惟查：

(一)保安處分執行法第74條之2第1款係規定：保持善良品行，不得與素行不良之人往還。依台灣○○地方法院94年度訴字第○○號刑事判決所認定事實略謂：「甲於91年間拾獲乙之户口名簿，將之據爲己有。嗣另基於使公務員登載不實，僞造特種文書及行使僞造私文書之概括犯意，先於91年7月8日在苗栗縣苑裡鎮户政事務所旁，委由不知情之人，僞刻乙之印章一顆，再於同日至苗栗縣苑裡鎮户政事務所，以乙國民身分證遺失爲由並僞以乙名義，填載僞造乙名義之補領國民身分證申請書，並僞造乙之署名，再蓋以該僞刻之印章並蓋用自己之指印，以示申請補發之人爲乙本人，並檢附自己之照片，持以向苑裡鎮户政事務所申請補發乙之國民身分證，致不知情之該所承辦人，將甲提供之照片貼於補發新國民身分證上，送由苗栗縣警察局在國民身分證所貼照片騎縫處加蓋印章，並調出口卡片將甲所附之照片貼入，嗣再於7月15日，由甲在該申請書領證核章欄內，蓋用該僞刻之印章，以示乙已領得補發之國民身分證，完成補發國民身分證程序，甲於取得貼有其照片之乙國民身分證後，再於91年8月間，委由不知情之狀元旅行社人員，僞造乙名義之中華民國普通護照申請書，並於該申請書黏貼前述僞造之國民身分證影本，並檢附其本人之照片連同前述僞造之國民身分證，於91年8月8日，冒用乙名義持以向外交部領事事務局辦理申請乙之中華民國普通護照，致不知情之該局承辦人員核發貼有甲照片之乙護照（護照號碼爲133○○○○○○）足生損害於乙及苑裡鎮户政事務所對國民身分證補發、外交部領事事務局對護照核發管理之正確性」，並無隻字片語提及聲明人甲於保護管束期間有與素行不良之人往還，則法務部以此理由撤銷受刑人甲之假釋，顯與保安處分執行法第74條之2第1款構成要件不符，台灣○○地方檢察署檢察官通知聲明人甲報到執行殘刑，自屬違誤！

(二)保安處分執行法第74條之2第2款係規定：受保護管束人在保護管束期間內，應遵守服從檢察官及執行保護管束者之命令。惟遍觀法務部所爲撤銷受保護管束人假釋處分書並未於理由欄內説明聲明人甲究竟違反何項檢察官及執行保護管束者之命令？該命令內容爲何？顯有理由不備之違法，台灣○○地方檢察署檢察官自不得據此作爲指揮執行之依據。

(三)聲明人甲涉嫌僞造文書案件，於偵查中原經檢察官於93年11月30日以93年度偵字第○○○○號爲緩起訴處分，所持理由主要係「甲所犯尚屬輕微，犯後業已坦承犯行不諱，而頗有悔悟；且甲係因甫假釋出獄謀職不遂，爲便於前往大陸地區謀職，一時失慮再犯本罪；且於獲核發該不實之護照後，因已覓得工作，即未再行使該僞造護照」，聲明人甲並已向中華社會福利聯合勸募協會支付5萬元，詎該案依職權送請再議後，經台灣高等檢察署○○檢察分署檢察長以94年度上職議字第117號命令發回續行偵查。聲明人甲雖僞造被害人乙身分證申請書取得新身分證並據以申請護照，惟從未持以行使，何以竟遭認定違反應遵守事項且情節重大？未見該撤銷假釋處分書詳加説明，同有理由不備之違誤。

三、聲明人甲實係因甫假釋出獄謀職不易，始一時失慮誤蹈僞造文書犯行，惟聲明人甲從未持身分證及護照行使，且覓得工作後即已將該身分證及護照毀壞丢棄，核其所爲雖有不當，但情堪憫恕，更與保安處分執行法第74條之2第1款、第2款及第74條之3等所規定應撤銷假釋之構成要件不符，法務部未給予聲明人甲陳述機會，率爾爲撤銷假釋之處分，顯有違誤，台灣○○地方檢察署檢察官據此命聲明人甲報到執行殘刑，尤有不當，爲此，爰依刑事訴訟法第484條規定具狀聲明異議，懇請鈞院審酌上情，撤銷台灣○○地方檢察署檢察官之執行命令，以保人權。

謹　狀

台灣○○地方法院刑事庭　公鑒

證據名稱及件數

證1：最高行政法院93年2月份庭長法官聯席會議影本。

證2：前科記錄表節本影本。

證3：刑事上訴理由狀影本。

證4：法務部撤銷受保護管束人假釋處分書影本。

證5：台灣○○地方檢察署執行傳票影本。

證6：台灣○○地方法院95年度聲字第222號刑事裁定影本。

中　華　民　國　○○　年　○○　月　○○　日

具狀人　甲　　簽名蓋章

相關法條及裁判要旨

■刑事訴訟法第484條：

受刑人或其法定代理人或配偶，以檢察官執行之指揮爲不當者，得向諭知裁判之法院聲明異議。

■保安處分執行法第74條之2：

受保護管束人在保護管束期間內應遵守下列事項：一、保持善良品行，不得與素行不良之人往還。二、服從檢察官及執行保護管束者之命令。三、不得對被害人、告訴人或告發人尋釁。四、對於身體健康、生活情況及工作環境等，每月至少向執行保護管束者報告一次。五、非經執行保護管束者許可，不得離開受保護管束地；離開在十日以上時，應經檢察官核准。

■保安處分執行法第74條之3第1項：

受保護管束人違反前條各款情形之一，情節重大者，檢察官得聲請撤銷保護管束或緩刑之宣告。

■最高法院79年台聲字第19號判例：

受刑人或其法定代理人或配偶以檢察官執行之指揮爲不當者，得向諭知該裁判之法院聲明異議，固爲刑事訴訟法第484條所明定。但該條所稱「諭知該裁判之法院」，乃指對被告之有罪判決，於主文內實際宣示其主刑、從刑之裁判而言，若判決主文並未諭知主刑、從刑，係因被告不服該裁判，向上級法院提起上訴，而上級法院以原審判決並無違誤，上訴無理由，因而維持原判決諭知「上訴駁回」者，縱屬確定之有罪判決，但因對原判決之主刑、從刑未予更易，其本身復未宣示如何之主刑、從刑，自非該條所指「諭知該裁判之法院」。

(十五) 刑事易科罰金聲請狀

案例事實

甲因傷害案件，經判決有期徒刑3個月，惟判決主文並未諭知易科罰金，甲於收受到案執行通知書時，可向檢察署請求准予易科罰金。

撰狀說明

(1) 犯最重本刑為5年以下有期徒刑以下之刑之罪、受6個月以下有期徒刑或拘役之宣告。符合以上二條件，而法院於判決書主文漏未諭知時，被告及檢察官均可向法院聲請裁定易科罰金之折算標準。

(2) 如未以書狀聲請，受刑人亦可攜帶易科罰金之金額及身分證，親自去檢察署，向承辦股言詞聲請。

(3) 本案甲於收受檢察署到案執行通知書時，可具狀聲請易科罰金或至檢察署以言詞聲請。

書狀內容

狀別：刑事聲請易科罰金狀
案號及股別：○○年○○字○○號○股
聲請人即受刑人　甲　　身分證字號：○ 性別：○ 生日：○ 住：○
為聲請易科罰金事：
一、聲請人即受刑人甲因傷害案件經台灣○○地方法院以依○○年度○○字第○○號判處有期徒刑3月確定，並經鈞署通知○○年○○月○○日上午10時報到執行。
二、本件聲請人即受刑人甲因傷害案件，經判處有期徒刑3月確定，係符合刑法第41條規定，可易科罰金，然上開刑事判決主文並未為易科罰金之諭知，故懇請鈞座賜准受刑人甲易科罰金，至感德便。
謹　狀
台灣○○地方檢察署　公鑒
中　華　民　國　○○　年　○○　月　○○　日
具狀人　甲　　簽名蓋章

相關法條及裁判要旨

■刑法第41條：

犯最重本刑為五年以下有期徒刑以下之刑之罪，而受六月以下有期徒刑或拘役之宣告者，得以新臺幣一千元、二千元或三千元折算一日，易科罰金。但易科罰金，難收矯正之效或難以維持法秩序者，不在此限。

依前項規定得易科罰金而未聲請易科罰金者，得以提供社會勞動六小時折算一日，易服社會勞動。

受六月以下有期徒刑或拘役之宣告，不符第一項易科罰金之規定者，得依前項折算規定，易服社會勞動。

前二項之規定，因身心健康之關係，執行顯有困難者，或易服社會勞動，難收矯正之效或難以維持法秩序者，不適用之。

第二項及第三項之易服社會勞動履行期間，不得逾一年。

無正當理由不履行社會勞動，情節重大，或履行期間屆滿仍未履行完畢者，於第二項之情形應執行原宣告刑或易科罰金；於第三項之情形應執行原宣告刑。

已繳納之罰金或已履行之社會勞動時數依所定之標準折算日數，未滿一日者，以一日論。

第一項至第四項及第七項之規定，於數罪併罰之數罪均得易科罰金或易服社會勞動，其應執行之刑逾六月者，亦適用之。

數罪併罰應執行之刑易服社會勞動者，其履行期間不得逾三年。但其應執行之刑未逾六月者，履行期間不得逾一年。

數罪併罰應執行之刑易服社會勞動有第六項之情形者，應執行所定之執行刑，於數罪均得易科罰金者，另得易科罰金。

■檢察機關發還刑事保證金要點第5點：

通知保證人親自前來領取保證金者，會計室應隨到隨辦，不得無故拖延。

■發還保證金單一窗口流圖：（資料來源：法務部全球資訊網）

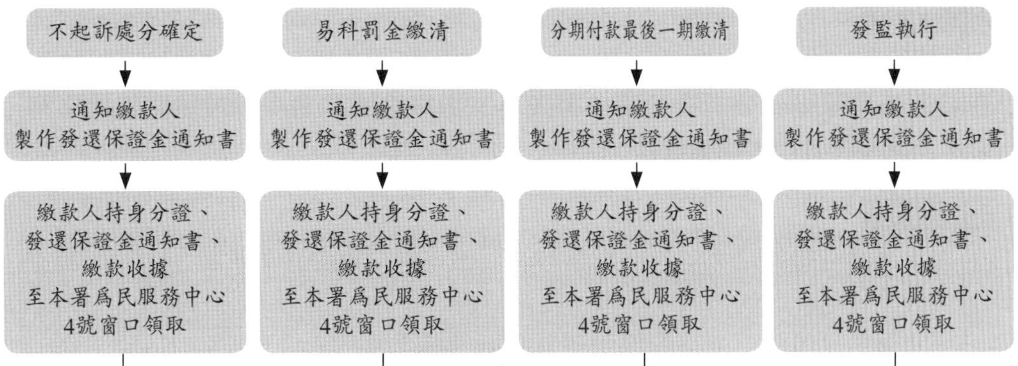

(十六) 刑事附帶民事訴訟起訴狀

案例事實

因被告丙之過失致被害人死亡，被害人之配偶及子女在民事方面可於檢察官就刑事犯罪提起公訴後於第一審或第二審辯論終結前提起刑事附帶民事起訴，請求被告負損害賠償責任。

撰狀說明

(1) 因犯罪而受損害之人，可於刑事訴訟程序中附帶提起民事訴訟，對於被告及依民法負賠償責任之人，請求回復其損害（參見刑事訴訟法第487條）。
(2) 提起附帶民事賠償之時間係在刑事庭第一審辯論終結前，或第二審辯論終結前（參見刑事訴訟法第488條）。
(3) 提起附帶民事訴訟應提出訴狀之方式於法院。若以言詞提出則係原告於審判期日到庭時為之，且須陳述訴狀應表明之事項並記載於筆錄方可（參見刑事訴訟法第492、495條）。
(4) 刑事附帶民事訴訟無須繳納裁判費，對於因被告刑事犯罪而受損害之被害人，較為有利，可加以利用。
(5) 刑事附帶民事請求權之基礎則回歸到民法侵權行為之法律規定。故應注意民法第197條所規定損害賠償請求權之消滅時效。
(6) 附帶民事訴訟之判決原則係以刑事判決所認定之事實為據（參見刑事訴訟法第500條）。
(7) 在附帶民事訴訟中對於所受之損害請求賠償之數額皆須有其計算之依據。且如扶養費係請求提前給付，故數額之計算須依霍夫曼計算式扣除其中間利息。
(8) 訴狀及各當事人準備訴訟之書狀，應按他造人數提出繕本，由法院送達於他造（參見刑事訴訟法第493條）。

書狀內容

狀別：刑事附帶民事起訴狀
案號及股別：○○年○○字○○號○股
原　　　　告　甲　身分證字號：○ 性別：○ 生日：○ 住：○
兼法定代理人　乙　身分證字號：○ 性別：○ 生日：○ 住：○
被　　　　告　丙　身分證字號：○ 性別：○ 生日：○ 住：○

爲業務過失致死案件，依法提起刑事附帶民事請求損害賠償事：

訴之聲明

一、被告應給付原告甲新台幣329萬8,197元整及自本訴狀繕本送達翌日起按年利率5%計算之利息。

二、被告應給付原告乙新台幣795萬9,608元整及自本訴狀繕本送達翌日起按年利率5%計算之利息。

三、原告願供擔保請准宣告假執行。

四、訴訟費用由被告負擔。

事實及理由

一、被告丙自○○年○○月○○日13時許起至同日14時許止，在○○縣○○市大明路之新○味餐廳飲酒後，已達不能安全駕駛動力交通工具之程度，竟仍駕駛車牌號碼○○○○－○○號自小客車離去。嗣後同日14時58分許，行徑○○縣○○市樹王路○○巷口交岔路口時，原應注意汽車在未劃設慢車道雙向二車道行駛時，均應在遵行車道內行駛之規定。且依當時晴天、路面乾燥、無缺陷、無障礙物、視距良好，並無不能注意之情事，竟疏未注意及此，而在上揭交岔路口駛入來車道，適何○輝駕駛車牌號碼○○○○－○○號自小客車搭載其配偶乙及其子甲（未滿18歲），行駛在遵行車道內，因應變不及，而爲被告丙所駕駛之上揭自小客車撞擊，使何○輝受有頭部外傷、肺水腫、敗血性休克之傷害，經送醫後延至○○年○○月○○日13時50分許，不治死亡，乙則受有胸壁挫傷、左側肋骨多處閉鎖性骨折之傷害，甲則受有足及右小腿挫傷、右側第三趾骨閉鎖性骨折之傷害。被告丙經檢測其血液中酒精濃度換算值爲0.94毫克，被告丙前開犯行業經台灣○○地方檢察署檢察官以98年度偵字第○○○號提起公訴，現由鈞院以98年度交易字第○○○號審理中。

二、按因犯罪而受損害之人，於刑事訴訟程序得提起民事訴訟，對於被告及依民法負賠償責任之人，請求回復其損害，刑事訴訟法第487第1項定有明文。經查：原告乙爲被害人何○輝之配偶，原告甲則係被害人何○輝之子（詳見證1），爲民法第192條及第194條之請求權人。

三、按因故意或過失，不法侵害他人之權利者，負損害賠償責任，汽車、機車或其他非依軌道行駛之動力車輛，在使用中加損害於他人者，駕駛人應賠償因此所生之損害；民法第184條第1項前段、第191條之2前段分別定有明文。再按不法侵害他人致死者，對於支出醫療費用或殯葬費之人，亦應負損害賠償責任；被害人對於對於第三人負有法定扶養義務者，加害人對於該第三人亦應負損害賠償責任，第192條第1項、第2項分別定有明文。又不法侵害他人致死者，被害人之子女、配偶，雖非財產上之損害，亦得請求賠償相當之金額，民法第194條復有明文。經查原告請求金額如下：

(一) 醫療費用：共計53萬8,161元

被害人何○輝於事故發生後旋送往仁愛醫院急救，仍因傷重不治，原告乙在何○輝就醫期間共支出醫療費用共計53萬8,161元（詳見證2）。又按「保險制度，旨在保護被保險人，非爲減輕損害事故加害人之責任。保險給付請求權之發生，係以定有支付保險費之保險契約爲基礎，與因侵權行爲所生之損害賠償請求權，並非出於同一原因。後者之損害賠償請求權，殊不因受領前者之保險給付而喪失」，最高法院68年台上字第42號判例可資參照。查原告所請求之醫療費用雖有部分係由全民健保局給付，原告並無全額支付，然依上開判例之說明，自不影響原告對被告損害賠償權之請求，併予敘明。

(二) 殯葬費：

被害人何○輝不幸過世，原告乙爲其支付殯葬費共47萬2,800元（詳見證3）。

(三) 扶養費用：

(1)被害人何○輝係原告乙之配偶，依民法第1116條之1、第1114條規定，對原告乙負扶養義務，如今因被告丙不法侵權行爲而死亡，原告乙自得請求此部分之損害賠償。原告乙係61年8月10日生，事故發生年近37歲，依台灣地區簡易生命表所示，37歲女性平均餘命爲47.73歲（詳見證4），按最低基本工資每月1萬7,280元，以霍夫曼計算式計算扣除中間利息，扶養費用本爲989萬7,292.8元（17,280×12×47.73＝9,897,292.8），然原告乙與被害人何○輝育有1名子女即原告甲，則被害人何○輝僅應負擔2分之1之扶養費用即494萬8,647元（9,897,292.8/2＝4,948,646.4），原告乙所受此部分損害，自得依民法第192條第2項請求賠償。

(2)原告甲則係被害人何○輝之子，被害人何○輝生前依民法第1116條、第1114條規定，與其配偶即原告乙對原告甲共負扶養義務，如今因被告丙不法侵權行爲而死亡，原告甲自得請求此部分之損害賠償。原告甲係○○年○○月○○日生，現年7歲，其受扶養之期間應算至成年前1日，得請求之扶養期間分別以12年5月計算，並依「行政院主計處公布97年台灣地區每人每月平均消

費支出1萬7,425元」爲計算標準，依霍夫曼計算式爲一次請求，扶養費用爲129萬8,197元（17,425×12×12.417/2 ＝1,298,197.35），原告甲所受此部分損害，自得依民法第192條第2項請求賠償。

(四) 非財產上之損害賠償（精神慰撫金）：

原告乙與被害人何◯輝結婚約8年，婚後育有1名子女甲，婚姻幸福美滿，原可白頭偕老，孰料，竟因被告丙不法侵權行爲以致天人永隔，令原告乙悲慟不已，精神受到嚴重打擊，整日鬱鬱寡歡；而原告甲係被害人何◯輝之子，被害人何◯輝平日對原告甲疼愛有加，如今在其成長之幼年時期慈父突遭此不幸過世，使原告甲在成長時期即無法再獲得被害人何◯輝關懷，對其成長影響之巨，實難以言喻，更不能在其成年時善盡爲人子女所應有之孝道，實令原告甲精神上受有沉重打擊，爲此，爰依民法第194條規定，請求賠償原告乙200萬元，請求賠償原告甲200萬元，應屬適當。

準此，原告乙請求賠償795萬9,608元（計算式：538,161＋472,800＋4,948,647＋2,000,000＝7,959,608），原告甲請求賠償329萬8,197元（計算式：1,298,197＋2,000,000＝3,298,197）。

四、綜上所述，爰依刑事訴訟法第487條第1項規定提起本件附帶民事訴訟，並依民法第184條第1段、第192條及第194條規定，請求被告丙賠償如訴之聲明第1項及第2項所示金額。

謹　狀

台灣◯◯地方法院刑事庭　公鑒

證據名稱及件數

證1：户籍謄本。

證2：醫療費用收據影本。

證3：殯葬費用影本。

證4：台灣地區簡易生命表。

中　華　民　國　◯◯　年　◯◯　月　◯◯　日

具狀人：原　告　甲　　　簽名蓋章

兼法定代理人　乙

相關法條及裁判要旨

■刑事訴訟法第487條：

因犯罪而受損害之人，於刑事訴訟程序得附帶提起民事訴訟，對於被告及依民法負賠償責任之人，請求回復其損害。
前項請求之範圍，依民法之規定。

■刑事訴訟法第488條：
提起附帶民事訴訟，應於刑事訴訟起訴後第二審辯論終結前爲之。但在第一審辯論終結後提起上訴前，不得提起。

■刑事訴訟法第490條：
附帶民事訴訟除本編有特別規定外，準用關於刑事訴訟之規定。但經移送或發回、發交於民事庭後，應適用民事訴訟法。

■刑事訴訟法第491條：
民事訴訟法關於下列事項之規定，於附帶民事訴訟準用之：一、當事人能力及訴訟能力。二、共同訴訟。三、訴訟參加。四、訴訟代理人及輔佐人。五、訴訟程序之停止。六、當事人本人之到場。七、和解。八、本於捨棄之判決。九、訴及上訴或抗告之撤回。十、假扣押、假處分及假執行。

■刑事訴訟法第492條：
提起附帶民事訴訟，應提出訴狀於法院爲之。
前項訴狀，準用民事訴訟法之規定。

■刑事訴訟法第493條：
訴狀及各當事人準備訴訟之書狀，應按他造人數提出繕本，由法院送達於他造。

■刑事訴訟法第495條：
原告於審判期日到庭時，得以言詞提起附帶民事訴訟。
其以言詞起訴者，應陳述訴狀所應表明之事項，記載於筆錄。
第四十一條第二項至第四項之規定，於前項筆錄準用之。
原告以言詞起訴而他造不在場，或雖在場而請求送達筆錄者，應將筆錄送達於他造。

■刑事訴訟法第496條：
附帶民事訴訟之審理，應於審理刑事訴訟後行之。但審判長如認爲適當者，亦得同時調查。

■刑事訴訟法第498條：
當事人經合法傳喚，無正當之理由不到庭或到庭不爲辯論者，得不待其陳述而爲判決；其未受許可而退庭者亦同。

■刑事訴訟法第500條：

附帶民事訴訟之判決，應以刑事訴訟判決所認定之事實為據。但本於捨棄而為判決者，不在此限。

■刑事訴訟法第503條：

刑事訴訟諭知無罪、免訴或不受理之判決者，應以判決駁回原告之訴。但經原告聲請時，應將附帶民事訴訟移送管轄法院之民事庭。

前項判決，非對於刑事訴訟之判決有上訴時，不得上訴。

第一項但書移送案件，應繳納訴訟費用。

自訴案件經裁定駁回自訴者，應以裁定駁回原告之訴，並準用前三項之規定。

(十七) 刑事定執行刑聲請狀

案例事實

聲請人甲前後犯僞造文書及詐欺等罪，分別遭判處有期徒刑8月及有期徒刑5月確定，合於定應執行刑之規定。

撰狀說明

更定應執行刑之裁定由法院爲之，主要係由犯罪事實最後判決之法院之檢察官聲請該法院裁定，故受刑人或其法定代理人、配偶等人僅能請求檢察官向法院聲請。

書狀內容

狀別：刑事請求更定應執行刑之聲請狀

案號及股別：〇〇年〇〇字〇〇號〇股

聲請人即受刑人　甲　　身分證字號：〇 性別：〇 生日：〇 住：〇

爲請求更定應執行刑，提出聲請事：

一、按：依刑法第48條應更定其刑者，或依刑法第53條及第54條應依刑法第51條第5款至第7款之規定，定其應執行之刑者，由該案犯罪事實最後判決之法院之檢察官，備具繕本，聲請該法院裁定之。法院於接受繕本後，應將繕本送達受刑人。受刑人或其法定代理人、配偶，亦得請求前項檢察官聲請之（刑事訴訟法第477條第1項、第2項定有明文）。

二、查：聲請人即受刑人甲前犯僞造文書及詐欺等罪，經分別判處有期徒刑8月及5月先後確定，揆上開法律規定合於定應執行刑之規定。故檢同〇〇法院判決2本共2件（詳見證1），請依刑事訴訟法第477條第2項規定，准予向法院聲請定應執行刑，不勝感禱。

謹　狀

台灣〇〇地方檢察署　公鑒

證據名稱及件數

證物1：判決書影本。

中　華　民　國　〇〇　年　〇〇　月　〇〇　日

具狀人　甲　　　簽名蓋章

相關法條及裁判要旨

■刑事訴訟法第477條：

依刑法第五十三條及第五十四條應依刑法第五十一條第五款至第七款之規定，定其應執行之刑者，由該案犯罪事實最後判決之法院對應之檢察署檢察官，備具繕本，聲請該法院裁定之。法院於接受繕本後，應將繕本送達於受刑人。

受刑人或其法定代理人、配偶，亦得請求檢察官為前項之聲請。

法院對於第一項聲請，除顯無必要或有急迫情形者外，於裁定前應予受刑人以言詞或書面陳述意見之機會。

法院依第一項裁定其應執行之刑者，應記載審酌之事項。

(十八)刑事聲請易服社會勞動服務狀

案例事實

甲前因傷害犯罪行為遭判刑有期徒刑3月確定，雖可易科罰金，但因甲無力支付罰金，則甲是否即須入監執行？

撰狀說明

(1) 97年12月立法院通過刑法第41條修正案，自98年9月1日開始實施，刑法增訂「易服社會勞動制度」，讓一些觸犯法律但犯行輕微的人，在受判決6月以下有期徒刑、拘役或罰金宣告之後，可以提供無償勞動代替入監執行，繼續維持原有的工作及家庭生活功能。

(2) 又，易服社會勞動皆受刑人自己申請。且經檢察官篩選後准予社會勞動的人，如果不履行，就必須進到監獄服刑或繳交罰金。

(3) 社會勞動提供之勞動服務內容包括清潔整理、居家照護、弱勢關懷、淨山淨灘、環境保護、生態巡守、社區巡守、農林漁牧業勞動、社會服務、文書處理、交通安全以及其他各種無酬且符合公共利益之勞動或服務。

(4) 符合聲請資格者準備聲請文件親自到地檢署執行科聲請，由執行檢察官決定是否核准易服社會勞動，獲准者即可直接到觀護人室報到面談並告知行政說明會時間，準備執行社會勞動，如果檢察官不核准，則仍須繳納罰金或入監執行。

書狀內容

狀別：刑事聲請易服社會勞動服務狀

案號及股別：○○年○○字○○號○股

聲請人即受刑人　甲　　身分證字號：○ 性別：○ 生日：○ 住：○

為聲請易服社會勞動事：

一、聲請人即受刑人甲因傷害案件經台灣○○地方法院以依○○年度○○字第○○號判處有期徒刑3月確定，並經鈞署通知○○年○○月○○日上午10時報到執行。

二、本件聲請人即受刑人甲因傷害案件，經判處有期徒刑3月確定，雖判決主文亦有諭知易科罰金之標準，惟因受刑人甲之收入僅新台幣2萬元，不僅須支付家中罹患癌症老父（詳見證1）及一對尚就讀小學之幼子女（詳見證2）之生活費，並須支付父親數額頗鉅之醫藥費，實無力再支付上開罰金，倘若受刑人甲入監服刑，家中生病老父及幼子必失其所依，故懇請鈞座賜准受刑人甲易服社會勞動，至感德便。

謹　狀

台灣○○地方檢察署　公鑒

證據名稱及件數

證1：診斷證明書影本1份。

證2：户口名簿影本。

中　華　民　國　○○　年　○○　月　○○　日

具狀人　甲　　　　簽名蓋章

相關法條及裁判要旨

■刑法第41條：

犯最重本刑爲五年以下有期徒刑以下之刑之罪，而受六月以下有期徒刑或拘役之宣告者，得以新臺幣一千元、二千元或三千元折算一日，易科罰金。但易科罰金，難收矯正之效或難以維持法秩序者，不在此限。

依前項規定得易科罰金而未聲請易科罰金者，得以提供社會勞動六小時折算一日，易服社會勞動。

受六月以下有期徒刑或拘役之宣告，不符第一項易科罰金之規定者，得依前項折算規定，易服社會勞動。

前二項之規定，因身心健康之關係，執行顯有困難者，或易服社會勞動，難收矯正之效或難以維持法秩序者，不適用之。

第二項及第三項之易服社會勞動履行期間，不得逾一年。

無正當理由不履行社會勞動，情節重大，或履行期間屆滿仍未履行完畢者，於第二項之情形應執行原宣告刑或易科罰金；於第三項之情形應執行原宣告刑。

已繳納之罰金或已履行之社會勞動時數依所定之標準折算日數，未滿一日者，以一日論。

第一項至第四項及第七項之規定，於數罪併罰之數罪均得易科罰金或易服社會勞動，其應執行之刑逾六月者，亦適用之。

數罪併罰應執行之刑易服社會勞動者，其履行期間不得逾三年。但其應執行之刑未逾六月者，履行期間不得逾一年。

數罪併罰應執行之刑易服社會勞動有第六項之情形者，應執行所定之執行刑，於數罪均得易科罰金者，另得易科罰金。

■刑法第42條：

罰金應於裁判確定後二個月內完納。期滿而不完納者，強制執行。其無力完納者，易服勞役。但依其經濟或信用狀況，不能於二個月內完納者，得許期滿後一年內分期繳納。遲延一期不繳或未繳足者，其餘未完納之罰金，強制執行或易服勞役。

依前項規定應強制執行者，如已查明確無財產可供執行時，得逕予易服勞役。

易服勞役以新臺幣一千元、二千元或三千元折算一日。但勞役期限不得逾一年。

依第五十一條第七款所定之金額，其易服勞役之折算標準不同者，從勞役期限較長者定之。

罰金總額折算逾一年之日數者，以罰金總額與一年之日數比例折算。依前項所定之期限，亦同。

科罰金之裁判，應依前三項之規定，載明折算一日之額數。

易服勞役不滿一日之零數，不算。

易服勞役期內納罰金者，以所納之數，依裁判所定之標準折算，扣除勞役之日期。

■刑法第44條：

易科罰金、易服社會勞動、易服勞役或易以訓誡執行完畢者，其所受宣告之刑，以已執行論。

(十九) 刑事聲請發還扣押物狀

案例事實

被告甲被訴違反稅捐稽徵法案件，經地檢署檢察官扣押「國際金橋長支濾嘴香煙」、「國際金橋活性碳濾嘴香煙」（即短支）在案。但該扣押物屬乙所有，該如何聲請發還扣押物品？

撰狀說明

(1) 按「扣押物若無留存之必要者，不待案件終結，應以法院之裁定或檢察官命令發還之；其係贓物而無第三人主張權利者，應發還被害人」，刑事訴訟法第142條第1項定有明文。

(2) 因此，若扣押物若無留存之必要者，扣押物之所有人可不待案件終結，具狀向法院或檢察署聲請返還扣押物。

(3) 至於扣押物除宣告沒收之物外，應發還於權利人。所謂權利人即扣押物之應受發還人，係指扣押物之所有人，及扣押時所取自之該物持有人，或保管人而言。

書狀內容

狀別：刑事聲請發還扣押物返還狀

案號及股別：○○年○○字○○號○股

聲請人　乙　　　身分證字號：○ 性別：○ 生日：○ 住：○

爲請准予發還扣押物事：

一、按「扣押物若無留存之必要者，不待案件終結，應以法院之裁定或檢察官命令發還之；其係贓物而無第三人主張權利者，應發還被害人」，刑事訴訟法第142條第1項定有明文。

二、經查鈞署98年度偵字第21373號被告甲被訴違反稅捐稽徵法案件，經扣押「國際金橋長支濾嘴香煙」、「國際金橋活性碳濾嘴香煙」（即短支）在案。但該扣押物屬聲請人所有，蓋爲聲請人向被告所購買茲有統一發票足憑（參附件一），且該煙品亦非違禁品或供犯罪所用之物，因此該物並無扣押的必要。又，該等煙品自98年8月19日遭鈞署扣押迄今已將逾1個月，由於聲請人乃靠銷售該煙品維生，如今無煙可賣，聲請人將瀕臨公司倒閉無法營運之窘境，爲此依刑事訴訟法第142條規定，聲請准予發還聲請人，實爲感禱。

謹　狀

台灣台中地方檢察署　公鑒

證據名稱及件數

附件一：統一發票影本乙紙。

中　華　民　國　○○　年　○○　月　○○　日

具狀人　乙　　　　簽名蓋章

相關法條及裁判要旨

■刑事訴訟法第142條第1項：

扣押物若無留存之必要者，不待案件終結，應以法院之裁定或檢察官命令發還之；其係贓物而無第三人主張權利者，應發還被害人。

■最高法院95年度台上字第138號判決：

扣押物除宣告沒收之物外，應發還於權利人。所謂權利人即扣押物之應受發還人，固指扣押物之所有人，及扣押時所取自之該物持有人，或保管人而言。此於所有人與持有人或保管人相競合之情形，固無不同，但所有人與持有人或保管人分屬不同一人時，則應發還其所有人；又扣押物如係贓物，則應發還被害人，其非被害人而對贓物有權利關係者，祇得依民事訴訟程序主張其權利，不得認爲應受發還人而發還之。

(二十) 刑事聲請發還保證金狀

案例事實

甲前因妨害自由案件，於偵訊時遭檢察官命具保新台幣5萬元，嗣該5萬元可否聲請發還？

撰狀說明

(1) 發還保證金之單位係法院或檢察署。
(2) 保證金發還的時點係在案件經處分不起訴、判決確定或其他具保原因消滅者（須服刑之案件，於到案執行後，方通知發還）。
(3) 發還的主體由原保證人、被告聲請或法院、檢察署主動發還。
(4) 發還的方式有二，一爲不經劃撥方式發還：由原保證人或代理人具領，或由法院、檢察署通知後領取。另一則係以劃撥方式發還：由原保證人提出聲請，或由法院、檢察署主動通知發還。

撰狀內容

狀別：刑事聲請發還保證金狀
案號及股別：○○年○○字○○號○股
聲請人　甲　　　身分證字號：○ 性別：○ 生日：○ 住：○
爲聲請發還保證金事：
一、聲請人即被告甲因○○年度○○字第○○○號○○○案件，於○○年○月○日自行繳納保證金新台幣5萬元整。
二、該案經判決無罪確定，請准予發還保證金。
　　謹　狀
台灣○○地方檢察署　公鑒
中　　華　　民　　國　　○○　　年　　○○　　月　　○○　　日
　　具狀人　甲　　　　　簽名蓋章

相關法條及裁判要旨

■刑事訴訟法第119條：

撤銷羈押、再執行羈押、受不起訴處分、有罪判決確定而入監執行或因裁判而致羈押之效力消滅者，免除具保之責任。

被告及具保證書或繳納保證金之第三人，得聲請退保，法院或檢察官得准其退保。但另有規定者，依其規定。
免除具保之責任或經退保者，應將保證書註銷或將未沒入之保證金發還。
前三項規定，於受責付者準用之。

■附錄：檢察機關發還刑事保證金要點

法務部87年8月13日80檢字第12233號函修正

一、為加強推行便民措施，規定各檢察機關發還刑事保證金程序，特訂定本要點。
二、案件經處分不起訴、判決確定或其他具保原因消滅，依法應發還保證金時，應不待聲請，即依本要點規定發還之。
三、各檢察機關得依轄區之幅員、民情等具體情形，自行決定採取劃帳（包括劃撥，以下同）或通知方式發還刑事保證金。
四、發還保證金程序如下（附流程圖一份）：
1.紀錄或執行書記官應製作發還保證金通知（一式三聯），除一聯附卷，一聯送會計室外，應將另一聯連同空白聲請書郵寄保證人，徵詢是否辦理劃帳發還保證金或親自前來領取。
2.如保證人寄還繳款收據及聲請書時，除保證人嗣後表示不願劃帳之情形外，會計室應即製作付款憑單、合簽付款憑單、附件清單（均一式三聯）通知財政部台北區支付處撥入保證人或其指定人之金額機構帳戶內並通知保證人或其指定之人。
3.劃帳發還保證金完畢後，由會計室在約定書右下欄加蓋戳記轉送原股附卷。
4.通知郵寄後逾期仍未收到繳款收據及聲請書時，視為自願前來領取，即通知會計室辦理發還手續。
5.通知保證人親自前來領取保證金者，會計室應隨到隨辦，不得無故拖延。

■發還保證金單一窗口流程圖：（資料來源：法務部全球資訊網）

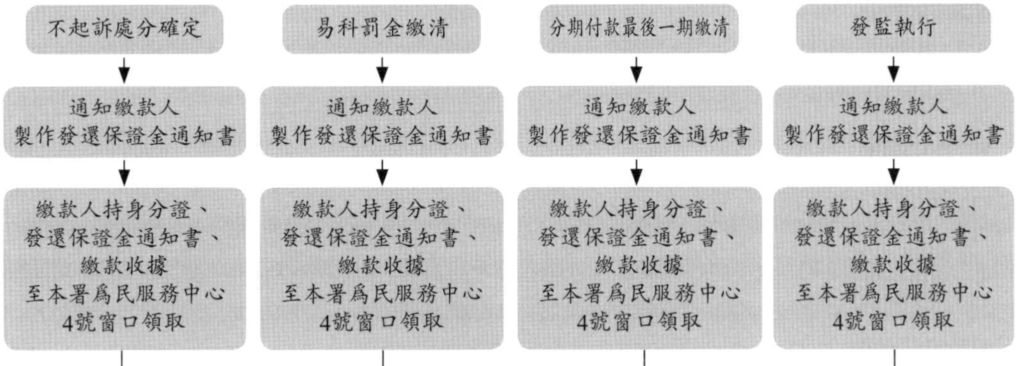

(二十一) 刑事聲請暫緩執行狀

案例事實

受刑人甲因僞造文書案件遭判刑確定，但因已懷胎6個月，而於收受到案執行通知時，甲可聲請延期執行。

撰狀說明

(1) 狀紙須載明聲請人及執行之通知案號。

(2) 須注意是否符合刑事訴訟法第467條所規定停止執行之各項事由，且須附上證明文件。

書狀內容

狀別：刑事聲請延期執行狀
案號及股別：〇〇年〇〇字〇〇號〇股
聲請人即受刑人　甲　　身分證字號：〇 性別：〇 生日：〇 住：〇
爲請求延期執行，謹具聲請事：
一、聲請人即受刑人甲因僞造文書件，經判處有期徒刑1年2月確定在案，並經貴署〇〇年〇〇月〇〇日字第〇〇〇〇號通知到案執行。
二、按懷胎5月以上者，依檢察官之指揮，於其痊癒或該事故消滅前，停止執行（刑事訴訟法第467條參照）。茲因聲請人即受刑人甲目前業已懷胎6個月，此有診斷證明書可稽（詳見附件1），故懇請鈞長體察上情，請准予聲請人生產前，延期執行。
　　謹　狀
台灣〇〇地方檢察署　公鑒
　　證據名稱及件數
附件1：診斷證明書。
中　　華　　民　　國　　〇〇　　年　　〇〇　　月　　〇〇　　日
　　具狀人　甲　　　　簽名蓋章

相關法條及裁判要旨

■刑事訴訟法第467條：

受徒刑或拘役之諭知而有下列情形之一者，依檢察官之指揮，於其痊癒或該事故消滅前，停止執行：一、心神喪失者。二、懷胎五月以上者。三、生產未滿二月者。四、現罹疾病，恐因執行而不能保其生命者。

(二十二) 刑事再審聲請狀

案例事實

甲於市場販賣水果，某日與其隔鄰之攤商乙因擺攤發生口角糾紛，月餘，乙以甲其傷害爲由對甲提出告訴，並提出診斷證明書及證人丙爲證，甲亦遭判刑拘役50日確定在案，惟甲以丙在傷害案件中具結後之證言係僞證爲由，提出告發，嗣丙亦因僞證罪遭判刑確定，則甲對已判決確定在案之傷害案件，應可依再審程序救濟。

撰狀說明

(1) 判決一經確定，即生確定之效力，惟若有誤，應予救濟，故刑事訴訟法對確定判決之錯誤設有二項救濟方法，一是再審，一是非常上訴，前者係針對判決所認定事實之救濟，後者係針對法律適用錯誤所設。惟有時二者甚難區別，以致同一錯誤既可再審又可非常上訴（註：吳光陸、戴世英編者，刑事官司怎麼打，第292頁）。

(2) 再審事由主要可分：一爲刑事訴訟法第420條及第421條規定爲受判決人利益聲請再審，另一則爲同法第422條爲受判決人之不利益聲請再審。

(3) 再審之聲請人若爲受判決人利益聲請再審，下列之人爲聲請再審權人：1.管轄法院對應之檢察署檢察官。2.受判決人。3.受判決人之法定代理人或配偶。4.受判決人已死亡者，其配偶、直系血親、三親等內之旁系血親、二親等內之姻親或家長、家屬（參見刑事訴訟法第427條）。若爲受判決人之不利益聲請再審，則得由管轄法院對應之檢察署檢察官及自訴人爲之。但自訴人聲請再審者以有第422條第1款規定之情形爲限（參見刑事訴訟法第428條）。

(4) 聲請再審須注意聲請再審之期間。

(5) 聲請再審係由判決之原審法院管轄。判決在第三審確定者，對於該判決聲請再審，除以第三審法院之法官有第420條第1項第5款情形爲原因者外，應由第二審法院管轄之（參見刑事訴訟法第426條）。

(6) 聲請再審無停止刑罰執行之效力。

(7) 再審之聲請，於再審前得撤回，但不得以同一原因聲請再審。於書狀中須詳載提起再審之事由。

書狀內容

狀別：刑事聲請再審狀
案號及股別：原審案號台灣高等法院○○分院○○年○○字○○號○股
被告即聲請人　甲　身分證字號：○ 性別：○ 生日：○ 住：○
為傷害案件聲請再審事：
一、按有罪之判決確定後，有左列情形之一者，為受判決人之利益，得聲請再審：二、原判決所憑之證言、鑑定或通譯已證明其為虛偽者（刑事訴訟法第420條第1項定有明文）。
二、鈞院○○年度○○字第○○號判決認定犯罪，判處拘役50日確定，惟上開判決認定甲對乙有傷害罪行，係以乙所提出之診斷證明書及證人丙在○○年○○月○○日審理期日具結後之證詞。
三、然查：證人丙上開證詞實為偽證，此有判決書可證（詳見證1），故揆上開法律規定，本件判決聲請人有罪判決部分，實有違誤，應有再審之事由，故懇請鈞院撤銷改判，諭知無罪之判決，以維法治及聲請人權益。
謹　狀
台灣高等法院○○分院刑事庭　　公鑒
證據名稱及件數
證1：判決書影本三件。
中　華　民　國　○○　年　○○　月　○○　日
具狀人　甲　　　簽名蓋章

相關法條及裁判要旨

■刑事訴訟法第420條：

有罪之判決確定後，有下列情形之一者，為受判決人之利益，得聲請再審：一、原判決所憑之證物已證明其為偽造或變造者。二、原判決所憑之證言、鑑定或通譯已證明其為虛偽者。三、受有罪判決之人，已證明其係被誣告者。四、原判決所憑之通常法院或特別法院之裁判已經確定裁判變更者。五、參與原判決或前審判決或判決前所行調查之法官，或參與偵查或起訴之檢察官，或參與調查犯罪之檢察事務官、司法警察官或司法警察，因該案件犯職務上之罪已經證明者，或因該案件違法失職已受懲戒處分，足以影響原判決者。六、因發現新事實或新證據，單獨或與先前之證據綜合判斷，足認受有罪判決之人應受無罪、免訴、免刑或輕於原判決所認罪名之判決者。

前項第一款至第三款及第五款情形之證明，以經判決確定，或其刑事訴訟不能開始或續行非因證據不足者爲限，得聲請再審。

第一項第六款之新事實或新證據，指判決確定前已存在或成立而未及調查斟酌，及判決確定後始存在或成立之事實、證據。

■刑事訴訟法第421條：

不得上訴於第三審法院之案件，除前條規定外，其經第二審確定之有罪判決，如就足生影響於判決之重要證據漏未審酌者，亦得爲受判決人之利益，聲請再審。

■刑事訴訟法第422條：

有罪、無罪、免訴或不受理之判決確定後，有下列情形之一者，爲受判決人之不利益，得聲請再審：一、有第四百二十條第一款、第二款、第四款或第五款之情形者。二、受無罪或輕於相當之刑之判決，而於訴訟上或訴訟外自白，或發見確實之新證據，足認其有應受有罪或重刑判決之犯罪事實者。三、受免訴或不受理之判決，而於訴訟上或訴訟外自述，或發見確實之新證據，足認其並無免訴或不受理之原因者。

■刑事訴訟法第423條：

聲請再審於刑罰執行完畢後，或已不受執行時，亦得爲之。

■刑事訴訟法第424條：

依第四百二十一條規定，因重要證據漏未審酌而聲請再審者，應於送達判決後二十日內爲之。

■刑事訴訟法第425條：

爲受判決人之不利益聲請再審，於判決確定後，經過刑法第八十條第一項期間二分之一者，不得爲之。

■刑事訴訟法第426條：

聲請再審，由判決之原審法院管轄。

判決之一部曾經上訴，一部未經上訴，對於各該部分均聲請再審，而經第二審法院就其在上訴審確定之部分爲開始再審之裁定者，其對於在第一審確定之部分聲請再審，亦應由第二審法院管轄之。

判決在第三審確定者，對於該判決聲請再審，除以第三審法院之法官有第四百二十條第一項第五款情形爲原因者外，應由第二審法院管轄之。

■刑事訴訟法第427條：

爲受判決人之利益聲請再審，得由下列各人爲之：一、管轄法院對應之檢察署檢察官。二、受判決人。三、受判決人之法定代理人或配偶。四、受判決人已死亡者，其配偶、直系血親、三親等內之旁系血親、二親等內之姻親或家長、家屬。

■刑事訴訟法第428條：

爲受判決人之不利益聲請再審，得由管轄法院對應之檢察署檢察官及自訴人爲之；但自訴人聲請再審者，以有第四百二十二條第一款規定之情形爲限。

自訴人已喪失行爲能力或死亡者，得由第三百十九條第一項所列得爲提起自訴之人，爲前項之聲請。

■刑事訴訟法第429條：

聲請再審，應以再審書狀敘述理由，附具原判決之繕本及證據，提出於管轄法院爲之。但經釋明無法提出原判決之繕本，而有正當理由者，亦得同時請求法院調取之。

■刑事訴訟法第430條：

聲請再審，無停止刑罰執行之效力。但管轄法院對應之檢察署檢察官於再審之裁定前，得命停止。

■刑事訴訟法第431條：

再審之聲請，於再審判決前，得撤回之。

撤回再審聲請之人，不得更以同一原因聲請再審。

■刑事訴訟法第432條：

第三百五十八條及第三百六十條之規定，於聲請再審及其撤回準用之。

■刑事訴訟法第433條：

法院認爲聲請再審之程序違背規定者，應以裁定駁回之。但其不合法律上之程式可以補正者，應定期間先命補正。

■刑事訴訟法第434條：

法院認爲無再審理由者，應以裁定駁回之。

聲請人或受裁定人不服前項裁定者，得於裁定送達後十日內抗告。

經第一項裁定後，不得更以同一原因聲請再審。

■刑事訴訟法第435條：

法院認爲有審理由者，應爲開始再審之裁定。

爲前項裁定後，得以裁定停止刑罰之執行。

對於第一項之裁定，得於三日內抗告。

■刑事訴訟法第436條：

開始再審之裁定確定後，法院應依其審級之通常程序，更為審判。

■刑事訴訟法第437條：

受判決人已死亡者，為其利益聲請再審之案件，應不行言詞辯論，由檢察官或自訴人以書狀陳述意見後，即行判決。但自訴人已喪失行為能力或死亡者，得由第三百三十二條規定得為承受訴訟之人於一個月內聲請法院承受訴訟；如無承受訴訟之人或逾期不為承受者，法院得逕行判決，或通知檢察官陳述意見。

為受判決人之利益聲請再審之案件，受判決人於再審判決前死亡者，準用前項規定。

依前二項規定所為之判決，不得上訴。

■刑事訴訟法第438條：

為受判決人之不利益聲請再審之案件，受判決人於再審判決前死亡者，其再審之聲請及關於再審之裁定，失其效力。

■刑事訴訟法第439條：

為受判決人之利益聲請再審之案件，諭知有罪之判決者，不得重於原判決所諭知之刑。

■刑事訴訟法第440條：

為受判決人之利益聲請再審之案件，諭知無罪之判決者，應將該判決書刊登公報或其他報紙。

(二十三) 刑事請求檢察總長提起非常上訴狀

案例事實

甲、乙、丙、丁、戊等人遭法院判決認定以布局詐賭方式對被害人辛爲詐欺等犯行，嗣該判決並已確定，甲等人發現該確定判決有諸多判決違背法令之處，對此確定判決，甲等人乃提起非常上訴救濟。

撰狀說明

(1) 非常上訴係對確定判決所提起之救濟方法，若判決未確定，只能以上訴救濟。

(2) 聲請非常上訴係向最高檢察署之檢察總長爲之，因非常上訴只能由檢察總長提起，當事人如發現確定判決有違背法令，亦不能提起，只能表示意見請求檢察總長提起。檢察官發見有確定判決之審判違背法令者，應具意見書將該案卷宗及證物送交最高檢察署檢察總長，聲請提起非常上訴。故於書狀中應載明確定判決違背法令之處。至於檢察總長是否提起，爲其職權，由其審核是否審判違背法令。

(3) 非常上訴之目的，在於統一法律適用，以更正違法判決爲主，但兼爲保護被告起見，除有利於被告，效力及於被告者外，其效力不及於被告，此於法有明文，須併予注意。

書狀內容

狀別：刑事聲請非常上訴狀

案號及股別：原確定判決台灣高等法院○○分院○○年○○字○○號○股

被告	甲	身分證字號：○	性別：○	生日：○	住：○
被告	乙	身分證字號：○	性別：○	生日：○	住：○
被告	丙	身分證字號：○	性別：○	生日：○	住：○
被告	丁	身分證字號：○	性別：○	生日：○	住：○
被告	戊	身分證字號：○	性別：○	生日：○	住：○

爲聲請人甲等詐欺等案件被判有罪確定（一審判決案號：台灣○○地方法院93年度易字第○○○號、二審判決案號：台灣高等法院○○分院94年度上易字第○○○號），茲細讀該確定判決，發現確有判決違背法令情事，依法聲請鈞長提起非常上訴，以資救濟：

一、判決確定後，發現該案件之審判係違背法令者，最高檢察署檢察總長得向最高法院提起非常上訴，刑事訴訟法第441條定有明文。又非常上訴乃對審判違背法令之確定判決所設救濟方法，依法應於審判期日調查之證據，未予調查，致適用法令違誤，而顯然於判決有影響者，該項確定判決，即屬判決違背法令，此為釋字第146號解釋所明示。科刑判決所認定之事實，與所採用之證據不相適合，即屬證據上理由矛盾，依刑事訴訟法第379條第14款，其判決當然違背法令，最高法院復有31年上字第1412號判例可資參照。

二、確定判決（台灣高等法院○○分院94年度上訴字第○○○號）事實欄記載：

乙與辛係叔姪關係，知悉辛平時從事鑿井業務，收入頗豐，加以其於91年○○月○○日中風住院，曾向辛借款5萬元給付住院及醫療費用未果，因而懷恨在心，遂策劃以布局詐賭方式詐騙辛簽發本票，再由他人向辛催討票款朋分花用。乙先向戊、己在○○市○○路泡沫紅茶店表示欲設局詐賭之計畫，構思以鑿井為由，約辛出面洽商生意後，伺機詐騙財物，嗣向聲請人甲告知與辛間之糾葛，並表示欲安排賭局以詐騙辛，且要求聲請人甲出資布局，聲請人甲考慮後認為可行，乃指派庚及綽號「阿珍」之女子於91年9月上旬之不詳時間內，與乙、戊，分別在○○縣○○鄉竹坑村之戊住處、○○市○○路某不知名之咖啡廳商議分工設局詐賭，乙與戊、聲請人甲、己、庚、綽號「阿珍」之不詳姓名年籍成年女子、丙、丁共同基於意圖為自己或他人（甲）不法所有，向辛詐欺及恐嚇取財之犯意聯絡，並由聲請人甲提供40萬元作為賭博之資金，己假扮欲找人鑿井之張董，綽號「高腳」（台語發音）之戊則假扮己之員工並擔任介紹人角色，引誘辛簽定鑿井契約，並藉故帶領辛至KTV酒店以喝酒、擲骰子賭博；另一方面，庚與綽號「阿珍」女子則在○○市美麗人生KTV包廂內等候，趁辛酒酣耳熱意識模糊之際，由綽號「阿珍」之女子佯稱與辛擲骰子，點數較少之輸家飲酒之方式，引誘辛參與擲骰子遊戲後，俟機於擲骰子時，詐騙辛簽發還款本票，其後再由聲請人甲、丙及丁出面向辛恐嚇催討本票票款。商議既定，戊乃於91年9月10日下午4時撥打辛所使用之09**535632號行動電話，佯稱欲請辛承作鑿水井之工程。辛不疑有他，遂與戊約定於同日晚上6時許，在○○縣○○鄉傳家堡公寓見面商談承包工程細節，並約定於91年○○月○○日晚上與其老闆張董（即己）簽約。當日戊駕駛車牌號碼B6-○○號BMW白色自小客車搭載辛至○○市崇德路附近某處「耕

○○園」茶藝館，戊先拿了2萬元給扮演張董之己，由己支付訂金給辛，以博取辛信任。雙方簽約後，戊依乙指示提議前往○○市○○路與○○路附近美麗人生KTV飲酒，辛因搭乘戊之車輛而答應一同前往。另一方面，乙早已透過聲請人甲安排庚及綽號「阿珍」之女子在美麗人生KTV包廂內等候。戊、己、辛於同日晚上9時30分許抵達後，即開始邀請辛飲酒，嗣辛、己有醉意後，該名女子即起鬨要以擲骰子賭博，戊即自願與辛合夥，該名女子即趁辛微醺之際，稱以擲骰子賭博金錢，若骰子掉落於碗公外，需罰錢500萬元之天價爲藉口，利用辛不勝酒力之際，向辛詐稱已賭輸了1,900萬元，爲使辛信其爲眞，戊亦佯示賭輸了1,900萬元，此時該名女子隨即電召不詳姓名年籍之三名年輕人至該包廂內，要求辛及戊簽立面額1,900萬元之本票各一張，戊爲慫恿辛簽立本票，遂於本票上僞簽「黃俊龍」姓名，辛則在有些許醉意情形下簽立一張面額1,900萬元本票，並在本票上捺印指紋。得手後，即由在場不詳姓名之人將辛送上5R-××2號計程車載送回家。上開本票則由「珍○」女子交予乙轉交給聲請人甲進行討債。嗣後聲請人甲、丙及丁既明知辛係遭設局詐賭，並未積欠他人債務，竟分別使用09**341940號（以張○美名義申請）、09**146832號（以林○鈴名義申請，使用人李○進）及其他不詳號碼電話向辛催討給付1,900萬元，於91年○○月○○日由聲請人甲以不詳電話撥打辛09**535632號行動電話，向辛稱：「借問一下，你有一張票在我們這裡，別人拜託處理的……你想要怎樣處理……哪有你自己開的票，你自己不知道……你自己開的票你自己不知道……你自己開的票，你怎麼可能不知道……哪可能自己開票，開一開不知道，神經病……」等語，辛表示不知道自己有開立1紙1,900萬元之票據，欲檢視票據後，辛於翌日（91年9月16日）向○○縣警察局刑警隊第四組報案，而未置理聲請人甲之索償，此際辛亦與○○縣警察局刑警隊警員王○清配合，由王○清喬裝辛之姑姑之兒子，出面替辛與聲請人甲、丙、丁等人斡旋，丙與丁於聲請人甲撥打前開電話後，復前往辛之住家持本票予辛檢視，聲請人甲、丙、丁見辛遲不出面處理本票票款，丁遂於91年○○月○○28日以09**341940電話撥打辛行動電話，向辛稱「……什麼等不到（指代辛處理債務之人），時間給你們了，那你們要怎麼跟我們處理……要跳出來處理就對了……好，不然你留他的電話給我……如果處理的不清不楚還是要找你……」等語後，丁遂與丙再次前往辛住處向其索債，辛即留王○清之聯絡電話予丁、丙等人，此際因丙、丁接連之不請親來，已使辛對於日常生活及同居共財中家人之安全感到憂心恐懼，但因辛仍未給付票款，聲請人甲乃於91年10月3日以不詳電話撥打予辛，向辛恫稱：「我現在有過，是少年仔過去，你認爲，你認爲你這邊是海口這邊，還是縣市這邊，誰要來處理，我都沒關係，你聽的懂嗎？……我們不曾說過話、見過面，出去都是少年仔在處理的，算是他們回來有跟我說，大約是怎樣情形……他們去也不是有壞意，單純處理，問一定問的到，包括你們這邊，海線這邊的人，一定問的到咱們，因爲還沒到那，不然你看什麼人，再來說嘛，任何你用什麼人沒關係，只要你有誠意，本身你沒有處理，找人來處理也可以……」等語，因丁、丙前之未經邀請即親自現身在辛家宅，其後又由聲請人甲撥打上開電話予辛，因此行動及語言之輪番侵擾，致辛心生畏怖，遂於91年10月11日某時許，辛配合員警邀約丁、丙在○○市○○路與○○東路交岔口附近某家泡沫紅茶店見面交付票款，其二人駕駛車牌號碼 XX-5555號賓士自小客車前往，因發覺現場疑有員警埋伏，隨即離開，致未得逞；直至91年○○月○○日，因辛拒不給付票款，聲請人甲等人經由辛交付之電話已查知王○清係○○縣警察局之員警，心生不滿，乃承前恐嚇取財同一犯意，由丁、丙向案外人李○順借用09**146832號行動電話撥打予辛○○，另由聲請人甲向辛接續恫嚇稱：「……王○清嘛，住外埔嘛，對不對，○○刑警隊的嘛，旺根他們那一組的對不對……現在意思有誠意一點，麻煩你，你今天欠人家錢嘛，還人家錢而已，又沒有什麼，對不對，你就有欠人家，你就有開票給人家，……問你看有誠意要處理嗎？……（退駕）沒關係，你是不是這樣，你把我們裝瘋子……我跟你說，敢來，敢來就沒有在信你那麼多，你如果要這樣，到時候看誰吃虧，我也給你說很多，沒有一句不好聽的，我有問你這帳目你有拿去寫嗎？你跟我說有，有要處理嗎？你也跟我說有，給我用這樣，裝瘋子，不合用，我也不是事主，問說你有欠人家錢嗎，你說有嘛」「我跟你說，你說話有時候剛好就好，我告訴你，你的資料，幹你們做什麼，這裡在幹什麼，你們在幹什麼，大家都互相瞭解，如果你要用這樣，絕對有方法的，這樣就好了」（均以台語發音），辛見聲請人甲等人既已知此事由員警介入處理，猶以如此囂張口吻向其索款，因而心生畏懼。

三、經查：

(一) 確定判決事實欄認定乙與戊、聲請人甲、己、庚、綽號「阿珍」之不詳姓名年籍成年女子、丙、丁策劃內容爲：由聲請人甲提供40萬元作爲賭博之資金己假扮欲找人鑿井之張董，綽號「高腳」戊則假扮己之員工並擔任介紹人角色，引誘辛簽定鑿井契約，並藉故帶領辛至KTV酒店以喝酒、擲骰子賭博；另一方面，庚與綽號「阿珍」女子則在○○市美麗人生KTV包廂內等候，趁辛酒酣耳熱意識模糊之際，由綽號「阿珍」之女子佯稱與辛擲骰子，點數較少之輸家飲酒之方式，引誘辛參與擲骰子遊戲後，俟機於擲骰子時，詐騙辛簽發還款本票，其後再由聲請人甲、丙及丁出面向辛恐嚇催討本票票款等情。確定判決對於乙究於何時、何地與聲請人甲達成設局詐賭之協議，並未詳加認定並於理由欄敘明，已有刑事訴訟法第379條第14款判決不備理由之當然違背法令。確定判決事實欄認定原先策劃內容係以擲骰子點數少爲輸家須飲酒之方式，將辛灌醉而誘使辛簽發本票，並無設局詐賭辛之計畫。他方面於理由欄則認定91年○○月○○日當晚在美麗人生KTV包廂內始由「珍○」主導變換擲骰子若骰子掉落於碗公外需罰錢500萬元方式詐賭辛，果爾，顯已超出當時謀議之範圍，更非聲請人甲所能支配及控制，強令聲請人甲分擔其他共同正犯超出謀議範圍行爲之責任而論以刑法第339條第1項詐欺取財罪，更有刑事訴訟法第378條適用法則不當之判決當然違背法令。

(二) 確定判決事實欄認定係「珍○」起鬨要以擲骰子賭博，戊即自願與辛合夥，「珍○」即趁辛微醺之際，稱以擲骰子賭博金錢，若骰子掉落於碗公外，需罰錢500萬元之天價爲藉口利用辛不勝酒力之際，向辛詐稱已賭輸了1,900萬元，爲使辛信其爲眞，戊亦佯示賭輸1,900萬元，此時「珍○」隨即電召三名不詳姓名年籍年輕人至該包廂內，要求辛及戊簽立面額1,900萬元本票各一張，戊爲慫恿辛簽立本票，遂於本票上僞簽「黃俊龍」姓名，辛則在有些許醉意情形下簽立一張面額1,900萬元本票，並在本票上捺印指紋。惟確定判決事實欄既已明確認定「珍○」係趁辛微醺之際以擲骰子玩賭且辛簽發面額1,900萬元本票時僅有些醉意，則辛在玩賭時意識並非模糊不清，顯無陷於錯誤之可能，詎確定判決理由欄引辛於警詢及偵查中所供述喝了一杯加水高梁後就不省人事等情，認辛確係遭詐賭而簽發面額1,900萬元本票，已有事實與理由矛盾之判決違背法令（刑事訴訟法第379條第14款參照）。

(三) 確定判決事實欄既認定辛係在些許醉意下簽發面額1,900萬元本票，所謂些許醉意是否全無意識或意識模糊或仍有意識？未見確定判決事實審詳加調查及敘明理由，此攸關辛是否有陷於錯誤之可能，爲適用法律之構成要件事實，顯然於判決有影響，確定判決事實審未爲詳查，復未說明不予調查之理由，難謂無刑事訴訟法第379條第10款應於審判期日調查之證據未予調查及第14款理由不備之判決當然違背法令。尤有甚者，遍查全卷資料並無三名不詳姓名年籍年輕人至該包廂內要求辛及戊簽立面額1,900萬元本票各一張之情事，該三名年輕人是否原先即計畫乘機強迫辛簽發鉅額本票？是否確有該三名年輕人？戊是否確僞以黃俊龍名義簽發面額1,900萬元本票？該本票現在何處？均未經確定判決事實審詳加調查，同有刑事訴訟法第379條第10款應於審判期日調查之證據未予調查之判決違背法令。

(四) 確定判決就聲請人甲部分係論以共同詐欺取財既遂罪及恐嚇取財未遂罪。惟確定判決事實欄認定共同被告乙係策劃以布局詐賭方式詐騙辛簽發本票，再由他人向辛催討票款朋分花用，足見乙施用詐術之目的在取得金錢，而非取得辛所簽發本票，辛並未支付任何票款且已取回該面額1,900萬元本票，詐欺行爲並未既遂，自應論以刑法第25條之未遂犯，乃確定判決竟論以刑法第339條第1項詐欺取財既遂罪，顯有刑事訴訟法第378條適用法則不當之判決當然違背法令。

(五) 確定判決事實欄既已認定辛係於微醺狀況下擲骰子玩賭，並非在酒醉無意識下爲之，則本案被害人辛究有無因賭博積欠賭債1,900萬元而簽發該面額本票，攸關公訴人所起訴及確定判決所引刑法第346條第3項、第1項恐嚇取財未遂罪有無依據，依最高法院82年台上字第307號判決意旨，賭債雖屬自然債務，不得爲訴訟上請求，但尚非無債權債務之存在，催討賭債縱有恐嚇，主觀上並無不法所有意圖，即與恐嚇取財罪無關，應以恐嚇危害安全罪論處。苟辛確因賭博積欠1,900萬元始簽發該本票，自與恐嚇取財無涉，至多僅成立刑法第305條恐嚇危害安全罪！確定判決事實審於審理時對於辛在美麗人生KTV包廂玩賭時精神狀態未詳加調查，此應調查而未調查之證據足以更動論罪科刑之法條，顯然對判決有影響，則確定判決即屬判決違背法令。

(六) 確定判決事實欄認定聲請人甲於91年〇〇月上旬不詳時間指派庚及珍珍與乙、戊在〇〇縣〇〇鄉竹坑村戊住處及〇〇市〇〇路某咖啡廳商議分工設局詐賭，被告甲並提供40萬元作爲賭博資金等情，僅以乙93年2月10日警訊之供述爲據，別無其他積極證據足以證明，乙係92年11月間獲交保，遲至93年〇〇月〇〇日前往應訊，未免過於突兀！承辦檢察官係於93年〇〇月〇〇日以〇檢守宇92偵〇〇〇〇號字第〇〇〇〇號函知〇〇縣警察局刑警隊四組告知可就乙以證人保護法第14條第1、2項有關被告或犯罪嫌疑人免責協商規定加以訊問，乙乃於93年○○月○○日警詢針對設局詐賭相關過程詳爲供述，確定判決就乙部分改以證人保護法減輕其刑，惟乙於審理過程中迭次抨擊○○縣警察局刑警隊（四組組長張○○）利誘其作出與事實不符且將矛頭指向甲之供述，一再強調該項供述與事實嚴重背離，苟乙93年○○月○○日警詢供述係警方以不正方法所取得爲非任意性陳述，自不具證據能力，不得爲聲請人甲不利之論據，並非補正乙可依證人保護法減輕其刑即可認定乙於93年○○月○○日所爲供述與事實相符！究竟當晚在美麗人生KTV包廂內是否確有40萬元現金？聲請人甲究於何時何地以何方式指派庚及珍○設局詐騙被害人辛？均無積極證據足以證明！證人庚於94年10月19日審理時結證稱：91年○○月上旬並未與戊及乙在戊龍井住處及○○市○○路咖啡廳商議分工詐賭辛，未曾見過戊，不知道乙爲何說甲拿40萬元給我跟珍○配合戊，不認識甲，他不可能拿40萬元給我，91年○○月○○日晚上沒有帶任何現金到美麗人生包廂，在包廂內有看到戊、珍珍，沒有注意己有無在場，不認識己，坐一個多小時即離開美麗人生，離開前並未與乙電話聯絡，也未與甲聯絡，當天是戊、珍○與辛以骰子賭博，骰子是服務生拿進來的，是辛提議要以骰子來賭，當時辛精神狀態很好，很亢奮、開心的樣子，離開時辛已輸幾百萬元，（審判長訊問）供稱：與甲沒有關係，沒有領他薪水，並非甲指使我去美麗人生騙賭金等語，顯見乙於93年2月10日警訊所爲供述確與事實相差甚遠，確定判決雖於理由欄敘明庚所爲證言不足採信，惟乙於91年○○月○○日當晚並不在美麗人生KTV包廂內，何以對案發過程如此詳敘實有可疑，乙於93年○○月○○日警訊所爲供述其內容遠超過其親自經歷，該項供述顯與事實不符，確定判決全然採信，主要係以乙於92年○○月○○日偵查中陳稱事先即以電話向甲告知事情原委，請甲出點賭資，甲經考慮後請庚來目的要監督40萬元賭資、92年10月15日偵查中供稱要庚是甲叫來的，庚出面是要載珍○之女子來美麗人生KTV，因爲珍○要帶賭資來、92年○○月○○日偵查中確認92年○○月○○日偵查中所爲供述確爲其陳稱無訛，遲至92年○○月○○日偵查中始主動向檢察官表示欲適用證人保護法規定。惟乙於92年○○月○○日偵訊時，檢察官曾當庭質問乙爲求交保究竟向檢察官說了多少謊話，乙改口供稱並未當面也未在電話中向甲談過美麗人生KTV擲骰子賭博之事，是跟庚談的等語，乙於92年○○月○○日偵訊時供稱：根本是自己編的，未看過這張本票等語，92年○○月○○日偵訊時供稱：我有說過這些話，但都是我胡說八道的，實際上應該是有1,900萬元本票但我沒看過等語，顯見乙歷次偵查中所爲供述不僅承辦檢察官不相信認其說謊，且乙前後供述歧異甚大，確定判決竟以該等偵查供述作爲乙93年○○月○○日警訊供述有證據能力並據爲聲請人甲不利之證據且以證人保護法減輕其刑，實有證據上理由矛盾之判決違背法令，確定判決僅憑己91年○○月○○日警訊所供稱乙在案發當時曾使用09**653037號行動電話與其聯絡討論此案，即率爾認定該09**653037號行動電話係乙所持用，並認定該電話於當晚與09**235898號行動電話有多達13通通話記錄，進而認定丁、丙有共同參與乙設局詐賭之犯意聯絡，惟證人己於94年○○月○○日審理時到庭結證稱：91年○○月○○日警訊筆錄並未供稱乙夥同戊及甲設局詐賭，使林姓老闆欠1,900萬元，不認識甲，在警局作好筆錄我簽名蓋章，但我沒有看內容，91年○○月○○日之前沒見過甲，筆錄記載甲指派小弟多人恐嚇林姓商人不是我的意思，當時已很晚，我沒有吃飯，沒有看筆錄內容，09**653037行動電話沒有與我聯絡過，沒有說那電話是乙的，不知道刑警爲何那樣寫，91年○○月○○日有與乙及戊在○○市○○路泡沫紅茶店討論案情，只有我們三人當天沒有談到賭博的事，只討論要邀辛出來，當天沒有談到要拿多少錢去賭，也沒有談到40萬的事，沒有談到甲，當天乙沒有拿行動電話與外界聯絡，91年○○月○○日晚上有到美麗人生包廂，坐一下就離開，當時有看到戊，其他人我不認識，沒有看到一男一女帶40萬元現金到現場，離開前沒有與乙以電話聯絡，是隔天乙才打電話給我，在電話中乙說甲的小弟要幫他討債，不是甲本人要幫忙討債，離開前有聽到擲骰子如掉落外面要罰款500萬元，是酒店小姐提議要擲骰子，在偵查中請求以證人保護法方式詢問，多次供述是乙介紹，甲負責出面逼債，都不是事實，我是聽乙這樣說沒有見過甲，乙說要叫甲的朋友出來處理債務，偵查中供稱1,900萬元本票在甲那裡是聽乙說的，沒有去證實，乙是隔約二星期當面告訴我要請甲的朋友出來處理債務等語，顯見證人己91年12月16日警訊所供述內容係聽聞自乙，證人己未曾與聲請人甲見過面，其證言係屬傳聞證據不具證據能力！確定判決事實審函查該09***53037行動電話於91年○○月○○日當時租用人係洪○珠，證人洪○珠於95年○○月○○日審理時結證稱：與乙是朋友，也認識丁，丁是因卡拉OK店就認識，與乙是91年底認識，09***53037號行動電話是我在使用，未曾借給乙，是自己塡申請書申請的等語，確定判決理由欄認洪◯珠與乙係男女朋友，乙向洪◯珠借用該09***53037號電話係可能的，惟本案係91年◯◯月◯◯日發生，洪◯珠與乙係91年底始認識，案發當時洪◯珠與乙尚非男女朋友，確定判決對此重要時點竟絲毫未注意，顯有理由認定與卷內證據不符之證據上理由矛盾！

(七) 確定判決事實審審理過程中抽樣擇取09***35898號與09***83816號行動電話持用人蔡◯裕（◯◯縣警察局◯◯分局警員）曾聯絡，據以傳訊證人蔡◯裕到庭，證人蔡◯裕於95年◯◯月◯◯日庭訊時到庭結證稱：係09***83816號行動電話持用人，該手機於91年間仍在使用，在場的被告五人，丁是我的線民，其他不認識，09***35898號通連記錄所顯示與09***83816號聯絡部分，都是與丁聯絡，都是他接電話，沒有其他人等語，證人蔡◯裕爲現職警員，深知僞證之刑責，所爲證言具有相當可信度，顯見該09***35898號行動電話於本案案發當時確係丁所持用，確定判決因而未認定該09***35898號行動電話係聲請人甲所持用，改認定聲請人甲係於91年9月15日、91年10月3日持用不詳號碼電話撥打辛09***35632號行動電話恐嚇辛，惟聲請人甲於91年◯◯月◯◯日下午2時起至◯◯月◯◯日凌晨均在當時◯◯科技股份有限公司所在地◯◯縣◯◯市三和路354巷◯弄◯號，其後遷移至◯◯縣◯◯社皮里◯◯路22之1與柯◯雄、邱◯仁、李◯耀、曾◯權處理◯◯科技股份有限公司股權及9,350萬元債務相關事宜，其中李◯耀及曾◯權均已不知去向，證人柯◯雄及邱◯仁於95年◯◯月◯◯日到庭經隔離訊問均證稱91年◯◯月◯◯日當天甲確在◯◯科技公司內，談完後，還到◯◯市◯◯路環球舞廳喝酒，喝到快天亮等語，聲請人甲既確於91年◯◯月◯◯日下午2時起至◯◯月◯◯日凌晨均積極投入處理◯◯科技公司股權及9,350萬元債務相關事宜，絕無可能幕後主導91年◯◯月◯◯日晚上在美麗人生KTV內詐賭事宜，更無可能持用不詳號碼電話與外界聯絡！聲請人甲於91年9月11日當晚既不可能與乙、戊、己、庚有所聯絡，何來與乙、戊、己共謀以擲骰子方式詐賭辛而迫使辛簽發面額1,900萬元本票，確定判決對此顯然有利於聲請人甲之證據全未置理，顯有刑事訴訟法第379條第14款理由不備之判決違背法令。確定判決認定聲請人甲係91年◯◯月◯◯日、◯◯月◯◯日及◯◯月◯◯日撥打電話予辛，丁係91年9月28日撥打電話予辛，其中91年◯◯月◯◯日及◯◯月◯◯日兩次通話並未致辛心生畏懼，91年10月3日及10月15日兩次通話已致辛心生畏懼，主要理由依據係：聲請人甲於◯◯月◯◯日、91年◯◯月◯◯日與辛通話內容並無情緒性用語且語調平和，丁於91年9月28日與辛通話內容前後用語前無不遜聲請人甲於91年10月3日與辛通話內容摻雜江湖道上所稱海口掛、縣市掛，意在向辛展示其勢力龐大再加上丙及丁親自現身辛住處，已達使辛心生恐懼之程度，聲請人甲於91年◯◯月◯◯日與辛通話內容係明知警方已介入調查後仍用語囂張且目無法紀要脅辛，更足使辛心生畏懼。惟查：通觀聲請人甲於91年◯◯月◯◯日與辛通話內容包括：「你認爲你這邊是海口這邊，還是縣市這邊誰要來處理，我都沒關係，我們不曾說過話。見過面。他們去也不是有壞意，單純處理，只要你有誠意，本身你沒有處理，找人來處理也可以，聲請人甲表示單純處理，只要辛有誠意，本身未處理也可找他人出面處理，何來恐嚇用語，不能再加上丁及丙曾持本票前往辛住處催討債務，即認聲請人甲該通電話有恐嚇取財未遂犯行！」綜觀聲請人甲於91年◯◯月◯◯日與辛通話內容包括：「王◯清住外埔對不對，◯◯刑警隊的，跟他們那一組的對不對，你就有開票給人家，問你看有誠意要處理，退駕沒關係，你把我們裝瘋子，我跟你說，敢來敢來就沒有在信你那麼多，我也給你說很多，沒有一句不好聽的，你跟我說有要處理，給我用這樣，裝瘋子，不合用，我也不是事主，並無恐嚇用語，證人王◯清於第一審93年◯◯月◯◯日審理時已到庭明確結證稱：91年◯◯月◯◯日晚上有接獲甲打電話詢問這件事情是基於公事抑私事處理，經其告知辛已報案現偵辦中，甲即表示不再處理這件事（台語退駕）等語，顯見聲請人甲在得知警方已著手偵辦後已明確向王◯清表示不再處理本票催討乙，何來確定判決所指，在明知警方已介入調查後，尤以如此囂張、目無法紀口吻向辛要脅本票票款，確定判決認定事實與所憑證據顯有違誤，顯有證據上理由矛盾之判決違背法令！

(八) 本案被害人辛究有無因賭博積欠賭債1,900萬元而簽發該面額本票，攸關公訴人所起訴及確定判決所引刑法第346條第3項、第1項恐嚇取財未遂罪有無依據，依最高法院82年台上字第307號判決意旨，賭債雖屬自然債務，不得爲訴訟上請求，但尚非無債權債務之存在，催討賭債縱有恐嚇，主觀上並無不法所有意圖，即與恐嚇取財罪無關，應以恐嚇危害安全罪論處。苟辛確因賭博積欠1,900萬元始簽發該本票，自與恐嚇取財無涉，至多僅成立刑法第305條恐嚇危害安全罪！聲請人甲僅係單純受託處理債務，主觀上並無不法所有意圖可言，尤無成立恐嚇取財未遂之餘地！聲請人甲撥打電話予辛純係應丁之託，目的係爲求圓滿，不願暴力催債情事發生，聲請人甲撥打電話予偵查員王○清後瞭解警方已介入偵辦即主動表明不再介入此事，主觀上絕無任何不法所有意圖，更無恐嚇取財之犯意，確定判決仍認聲請人甲與丙、丁均有恐嚇取財意圖，並與乙、戊、己、庚、「珍○」均有犯意聯絡及行爲分擔，顯有理由認定與所憑證據不相符合之證據上理由矛盾。

四、綜上所述，原確定判決顯有判決適用法則不當、應於審判期日調查之證據未予調查及理由不備、理由矛盾之判決當然違背法令情事，且足以影響判決，爲此，特具狀懇請鈞長鑒察，爲民主持公道，從速調卷核辦，依法提起非常上訴，以資救濟，俾免冤抑。

謹　狀

最高檢察署檢察總長　公鑒

證據名稱及件數

證物：判決影本二份。

中　華　民　國　○○　年　○○　月　○○　日

具狀人　甲　乙　丙　丁　戊　　簽名蓋章

相關法條及裁判要旨

■刑事訴訟法第441條：

判決確定後，發見該案件之審判係違背法令者，最高檢察署檢察總長得向最高法院提起非常上訴。

■刑事訴訟法第442條：

檢察官發見有前條情形者，應具意見書將該案卷宗及證物送交最高檢察署檢察總長，聲請提起非常上訴。

■刑事訴訟法第446條：

認爲非常上訴無理由者，應以判決駁回之。

■刑事訴訟法第447條：

認爲非常上訴有理由者，應分別爲下列之判決：一、原判決違背法令者，將其違背之部分撤銷。但原判決不利於被告者，應就該案件另行判決。二、訴訟程序違背法令者，撤銷其程序。

前項第一款情形，如係誤認爲無審判權而不受理，或其他有維持被告審級利益之必要者，得將原判決撤銷，由原審法院依判決前之程序更爲審判。但不得諭知較重於原確定判決之刑。

■刑事訴訟法第448條：

非常上訴之判決，除依前條第一項第一款但書及第二項規定者外，其效力不及於被告。

(二十四) 刑事聲請移轉管轄狀

案例事實

被告甲因於鐵軌置放異物致火車行駛間翻覆，造成被害人身亡，經檢察官提起公訴，惟案件於法院審理中因媒體大肆炒作造成被害人家屬群情激動恐影響公安，欲聲請移轉管轄。

撰狀說明

(1) 按案件於檢察官起訴後，如有管轄權之法院不能行使職權或特別情形由管轄權之法院審判恐影響公安或難期公平者可聲請上級法院裁定移轉管轄。
(2) 但應注意移轉管轄必須以書面具理由向該管上級法院聲請之。

書狀內容

狀別：刑事移轉管轄聲請狀
案號及股別：○○年○○字○○號○股
被　　告　甲　　　　身分證字號：○ 性別：○ 生日：○ 住：○
選任辯護人　○○○律師　住：○
爲聲請移轉管轄事：

聲請人殺人等案，正由台灣屏東地方法院審理中（○○年度○字第○○○號）。因媒體新聞炒作、輿論壓力，本案若由該管轄法院審判，恐影響公安。爲此依刑事訴訟法第11條、第10條第1項第2款規定，聲請貴院裁定移轉管轄。

謹　狀

台灣高等法院高雄分院刑事庭　公鑒

中　華　民　國　○○　年　○○　月　○○　日

具狀人　甲　　　　　　簽名蓋章
撰狀人　選任辯護人：○○○律師　簽名蓋章

相關法條及裁判要旨

■刑事訴訟法第10條：

有下列情形之一者，由直接上級法院，以裁定將案件移轉於其管轄區域內與原法院同級之他法院：一、有管轄權之法院因法律或事實不能行使審判權者。二、因特別情形由有管轄權之法院審判，恐影響公安或難期公平者。
直接上級法院不能行使審判權時，前項裁定由再上級法院爲之。

■刑事訴訟法第11條：

指定或移轉管轄由當事人聲請者，應以書狀敘述理由向該管法院爲之。

(二十五) 刑事答辯狀

案例事實

被告甲僞造告訴人之簽名於系爭投資型保險要保書之簽回單上，且於招攬系爭保險時並未告知風險，因此告訴人向台灣台中地方檢察署提出刑事僞造文書與詐欺罪告訴，該如何答辯。

撰狀說明

(1) 對於告訴人向地方檢察署提出告訴案件繫屬於偵查中或是檢察官、自訴人已就被告所涉及某些犯罪行爲向法院提起公訴或自訴時，被告均得以書狀就事實上或法律上之主張檢附證據提出答辯。

(2) 關於本件案例事實被告甲遭告訴人提出僞造文書及詐欺刑事告訴，因此被告可就僞造文書罪之構成要件（必須無文書製作權之人僞造及致生他人之損害）及詐欺罪（必須有詐術之施用）具體答辯。

(3) 次按「刑法第339條第1項詐欺罪之成立，以意圖爲自己或第三人不法所有，以詐術使人將本人或第三人之物交付爲要件。所謂以詐術使人交付，必須被詐欺人因其詐術而陷於錯誤，若其所用方法，不能認爲詐術，亦不致使人陷於錯誤，即不構成該罪」（最高法院46年度台上字第260號判例意旨參照）。

(4) 關於刑事答辯狀之範例可參見本書案由類之各案例事實，因此，在本件案例中應將被告甲如何行使詐術使告訴人交付財物之事實，附此敘明。

書狀內容

狀別：刑事答辯狀
案號及股別：○○年○○字○○號○股
被　　告　甲　　身分證字號：○ 性別：○ 生日：○ 住：○
選任辯護人　何志揚律師　住：○
爲被訴僞造文書等案件，謹依法提答辯事：
一、告訴意旨略以：被告僞造告訴人之簽名於系爭投資型保險要保書之簽回單上，且於招攬系爭保險時並未告知風險，涉及僞造文書與詐欺罪嫌云云。
二、被告無刑法第210條僞造私文書及同法第216條之行使僞造文書犯行，更無積極證據足以證明被告犯有僞造文書之犯行：
(一) 按犯罪事實應依證據認定之，無證據不得推定其犯罪事實；又不能證明被告犯罪者，應諭知無罪之判決，刑事訟訴法第154條、第301條第1項分別定有明文。次按刑事訴訟法上所謂定犯罪事實之證據，係指足以認定被告確有犯罪行爲之積極證據而言，該項證據自須適合於被告犯罪事實之認定，始得作爲斷罪之資料，而認定不利於被告之事實，須依積極證據，苟積極證據不足爲不利於被告事實之認定時，即應爲有利於被告之認定，更不必有何有利之證據，告訴人之告訴，係以使被告受刑事訴追爲目的，是其陳述是否與事實相符，仍應調查其他證據以資審認，最高法院29年上字第3105號、30年上字第816號及52年台上字第1300號分別著有判例可資參照。又「刑法上僞造文書罪之成立，以足生損害於公衆或他人爲特別要件，所謂足生損害，固不以實已發生損害爲必要，然亦必須有足以生損害之虞者，始足當之，若其僅具僞造之形式，而實質上並不足以生損害之虞者，尚難構成本罪」（最高法院48年度台非字第18號判例意旨參照）。

(二) 經查告訴人雖指述系爭投資型保險要保書之簽回單上其簽名乃被告所僞造，然並不否認系爭保險之要保書及保單乃被告將其透過訴外人丙轉交告訴人簽訂，更於上次98年12月11日庭訊時坦承確實有收到系爭保險之要保書及保單，而被告所有需要被保險人簽章之文件均交由訴外人丙轉交告訴人簽章，因此被告取得系爭要保書之簽回條時，其上之簽章早已具備，自難以告訴人指述認定被告有僞造系爭簽回單上之告訴人署押，況告訴人既然承認收到系爭要保書及保單，則縱使系爭簽名並非告訴人所爲，自對告訴人無損害可言，縱使有僞造依上開最高法院判例意旨亦難成立刑法上之僞造私文書罪。

三、被告並無告訴人指述之詐欺罪嫌：

　　次查告訴人另指述被告於招攬系爭保險時並未告知風險，涉有詐欺罪嫌部分，經查系爭保險之要保書上清楚載明爲投資型保險契約，更於要保書內載明轉換基金之獲利及虧損之情形（參被證1），而被告於招攬系爭保險時亦從未保證系爭投資一定獲利，自無使用任何詐術獲取保單或得到任何對價不法利益，況依據訴外人丙寄發給被告之簡訊內所載還承認有收到要保書及曾下單轉換一檔基金云云（參上次庭呈之簡訊照片），告訴人更承認系爭保單已經繳費4年多，倘若被告眞有告訴人指述之詐欺行爲，則告訴人豈會在4年以後才提起本件告訴？足見告訴人指述顯與事實不符。

四、綜上所陳，被告顯然並無告訴人所指犯行，懇請鈞長鑒核，迅諭知不起訴處分，以免冤抑，而障權利。

謹　狀

台灣台中地方檢察署　公鑒

證據名稱及件數

被證1：試算表一份。

中　華　民　國　○○　年　○○　月　○○　日

具狀人　甲　　　　　　　　簽名蓋章

撰狀人　選任辯護人：何志揚律師　簽名蓋章

相關法條及裁判要旨

■刑法第210條：

僞造、變造私文書，足以生損害於公衆或他人者，處五年以下有期徒刑。

■刑法第339條第1項：

意圖爲自己或第三人不法之所有，以詐術使人將本人或第三人之物交付者，處五年以下有期徒刑、拘役或科或併科五十萬元以下罰金。

■最高法院46年度台上字第260號判例：

刑法第339條第1項詐欺罪之成立，以意圖爲自己或第三人不法所有，以詐術使人將本人或第三人之物交付爲要件。所謂以詐術使人交付，必須被詐欺人因其詐術而陷於錯誤，若其所用方法，不能認爲詐術，亦不致使人陷於錯誤，即不構成該罪。

(二十六) 刑事上訴暨上訴理由狀

案例事實

被告甲受告訴人委託出售汽車卻將售後之車款侵呑入己，被告甲於地方法院審理中均認罪經判處有期徒刑10月，然被告甲仍覺判決量刑太重，因此欲對該判決提起上訴，該如何撰狀上訴。

撰狀說明

(1) 按當事人對於下級法院之判決有不服者，得上訴於上級法院，刑事訴訟法第344條第1項定有明文。

(2) 又按上訴期間爲20日，自送達判決後起算。但判決宣示後送達前之上訴，亦有效力，提起上訴，應以上訴書狀提出於原審法院爲之。上訴書狀應按他造當事人之人數，提出繕本，刑事訴訟法第349條及第350條亦有明定。

(3) 再按不服地方法院之第一審判決而上訴者，應向管轄第二審之高等法院爲之。上訴書狀應敘述具體理由。上訴書狀未敘述上訴理由者，應於上訴期間屆滿後20日內補提理由書於原審法院。逾期未補提者，原審法院應定期間先命補正，原審法院認爲上訴不合法律上之程式或法律上不應准許或其上訴權已經喪失者，應以裁定駁回之。但其不合法律上之程式可補正者，應定期間先命補正，刑事訴訟法第361條及第362條更有明定。

(4) 因此，在撰寫刑事上訴狀時除應遵守法定不變期間遞送書狀外，對於在原審已認罪之案件，如僅對量刑過重等不服而上訴，仍應具體指摘原判決究竟有何違法之處，否則原審法院或上級法院往往會以未敘述具體理由駁回上訴，不可不注意。

書狀內容

狀別：刑事上訴暨上訴理由狀

原審案號及股別：○○年○○字○○號○股

上訴人即被告　甲　　　身分證字號：○　性別：○　生日：○　住：○

爲被告因僞造文書等案件，不服台灣台中地方法院98年11月30日98年度訴緝字第438號刑事判決，謹依法具理由就全部犯罪事實提起上訴事：

一、經查原判決仍有以下判決違背法令之處：

(一) 蓋被告於本案偵查中及原審審理時即就本案之全部犯罪事實坦承不諱，且被告甲雖構成累犯，但實際上就原判決犯罪事實(一)部分於售出系爭陳易成所有車輛後即向其表明希望陳易成該車款借給被告，告訴人陳易成亦表示同意，因此被告方才書立系爭借據予告訴人，因此既然告訴人亦表示願意借給被告系爭6萬餘元，則是否還得論以被告侵占犯行，則不無疑問，原判決僅憑告訴人之指述及被告自白論罪科刑，對於上開有利被告之借據均未斟酌亦未於判決理由項下記載何以不採之理由，自有不備理由之違誤，縱使認爲屬於侵占，然既然被告已坦承犯行且經告訴人同意，自堪認犯罪後之態度良好顯有情堪憫恕之情形，原判決未再依刑法第59條規定酌減其刑，適用法令自有違誤。

(二) 又本件就原判決犯罪事實(二)部分，被告已坦承犯行，自堪認犯罪後之態度良好顯有情堪憫恕之情形，原判決未再依刑法第59條規定酌減其刑，適用法令自有違誤，原審量刑仍有違反比例原則之情。

二、綜上所述，原判決仍有前開違背法令之處，懇請鈞院鑒核，迅撤銷原判決，改諭知適當之刑，以符法制，而障權利。

謹 狀

台灣台中地方法院刑事庭　轉呈

台灣高等法院台中分院刑事庭　公鑒

中　華　民　國　○○　年　○○　月　○○　日

具狀人 甲　簽名蓋章

撰狀人 甲　簽名蓋章

相關法條及裁判要旨

■刑事訴訟法第344條第1項：

當事人對於下級法院之判決有不服者，得上訴於上級法院。

■刑事訴訟法第349條及第350條：

上訴期間爲二十日，自送達判決後起算。但判決宣示後送達前之上訴，亦有效力；提起上訴，應以上訴書狀提出於原審法院爲之。

上訴書狀應按他造當事人之人數，提出繕本。

■刑事訴訟法第361條及第362條：

不服地方法院之第一審判決而上訴者，應向管轄第二審之高等法院爲之。上訴書狀應敘述具體理由。上訴書狀未敘述上訴理由者，應於上訴期間屆滿後二十日內補提理由書於原審法院。逾期未補提者，原審法院應定期間先命補正；原審法院認爲上訴不合法律上之程式或法律上不應准許或其上訴權已經喪失者，應以裁定駁回之。但其不合法律上之程式可補正者，應定期間先命補正。

(二十七) 刑事聲請認罪協商狀

案例事實

被告甲因借款予被害人乙，於借款時扣除預先收取年息超過36%之利息金額後交付款項予乙，經檢察署以重利罪提起公訴，案件於地方法院審理中欲聲請認罪協商，該如何撰狀。

撰狀說明

(1) 按「除所犯爲死刑、無期徒刑、最輕本刑三年以上有期徒刑之罪或高等法院管轄第一審案件者外，案件經檢察官提起公訴或聲請簡易判決處刑，於第一審言詞辯論終結前或簡易判決處刑前，檢察官得於徵詢被害人之意見後，逕行或依被告或其代理人、辯護人之請求，經法院同意，就下列事項於審判外進行協商，經當事人雙方合意且被告認罪者，由檢察官聲請法院改依協商程序而爲判決：一、被告願受科刑及沒收之範圍或願意接受緩刑之宣告。二、被告向被害人道歉。三、被告支付相當數額之賠償金。四、被告向公庫支付一定金額，並得由該管檢察署依規定提撥一定比率補助相關公益團體或地方自治團體。檢察官就前項第二款、第三款事項與被告協商，應得被害人之同意。第一項之協商期間不得逾三十日。第一項第四款提撥比率、收支運用及監督管理辦法，由行政院會同司法院另定之。」刑事訴訟法第455條之2定有明文。

(2) 又按「法院應於接受前條之聲請後十日內，訊問被告並告以所認罪名、法定刑及所喪失之權利。被告得於前項程序終結前，隨時撤銷協商之合意。被告違反與檢察官協議之內容時，檢察官亦得於前項程序終結前，撤回協商程序之聲請」、「有下列情形之一者，法院不得爲協商判決：一、有前條第二項之撤銷合意或撤回協商聲請者。二、被告協商之意思非出於自由意志者。三、協商之合意顯有不當或顯失公平者。四、被告所犯之罪非第四百五十五條之二第一項所定得以聲請協商判決者。五、法院認定之事實顯與協商合意之事實不符者。六、被告有其他較重之裁判上一罪之犯罪事實者。七、法院認應諭知免刑或免訴、不受理者。除有前項所定情形之一者外，法院應不經言詞辯論，於協商合意範圍內爲判決。法院爲協商判決所科之刑，以宣告緩刑、二年以下有期徒刑、拘役或罰金爲限。當事人如有第四百五十五條之二第一項第二款至第四款之合意，法院應記載於筆錄或判決書內。法院依協商範圍爲判決時，第四百五十五條之二第一項第三款、第四款並得爲民事強制執行名義。」刑事訴訟法第455條之3、第455條之4均有明定。

(3) 因此，在撰寫刑事聲請認罪協商狀時應注意所犯之罪名是否非屬死刑、無期徒刑、最輕本刑3年以上有期徒刑之罪或高等法院管轄第一審案件，且案件是否有上開不得爲協商判決之情形，否則一旦法院作成協商判決均不得上訴，不可不注意。

書狀內容

狀別：刑事聲請認罪協商狀

案號及股別：○○年○○字○○號○股

被　告　甲　　　身分證字號：○　性別：○　生日：○　住：○

爲被告因重利案件，謹依法提認罪協商聲請事：

一、被告對檢察官起訴所犯重利罪願意全部認罪，且對於公訴人所提之證據能力部分沒有意見：

本案被告承認確實曾因多次借款給告訴人乙如起訴書附表所是之款項而預扣收取利息，但告訴人所開立如起訴書附表之支票全數遭退票，因此如以借款金額合計新台幣（下同）653萬8,000元，扣除預扣利息合計156萬7,600元（即完全以不收取利息計算），告訴人實際還積欠被告497萬400元（計算式：6,538,000元－1,567,600元＝4,970,400元），被告願意以完全不收取利息方式與告訴人成立民事上和解（由於被告聯絡告訴人均不願出面，因此煩請鈞院再通知告訴人下次到庭是否願意成立民事上和解），而就檢察官起訴之全部犯罪事實認罪，且對於公訴人所提之證據能力部分沒有意見。

二、被告已就全部犯罪事實認罪，請求依協商程序爲判決或依簡式審判程序結案：

(一) 按「除所犯爲死刑、無期徒刑、最輕本刑3年以上有期徒刑之罪或高等法院管轄第一審案件者外，案件經檢察官提起公訴或聲請簡易判決處刑，於第一審言詞辯論終結前或簡易判決處刑前，檢察官得於徵詢被害人之意見後，逕行或依被告或其代理人、辯護人之請求，經法院同意，就下列事項於審判外進行協商，經當事人雙方合意且被告認罪者，由檢察官聲請法院改依協商程序而爲判決：一、被告願受科刑及沒收之範圍或願意接受緩刑之宣告。二、被告向被害人道歉。三、被告支付相當數額之賠償金。四、被告向公庫支付一定金額，並得由該管檢察署依規定提撥一定比例補助相關公益團體或地方自治團體。檢察官就前項第2款、第3款事項與被告協商，應得被害人之同意。第1項之協商期間不得逾30日。第1項第4款提撥比率、收支運用及監督管理辦法，由行政院會同司法院另定之。」刑事訴訟法第455條之2定有明文。

(二) 經查被告已認罪，又本件被告所爲犯罪所生之危害並不大，犯罪後並坦承罪刑，態度堪稱良好，目前又有正當之工作，其情自堪憫恕。因此是否懇請鈞院同意依協商程序判決，或改依簡式審判程序或簡易判決處刑結案，而被告願受科刑之範圍爲有期徒刑3月，並准予易科罰金，又由於被告5年之內並無任何前科紀錄，相信經一此教訓並能有所警惕，亦請公訴人及鈞院能同意併爲2年緩刑之諭知，以啓自新。

謹 狀

台灣台中地方法院刑事庭　公鑒

中　華　民　國　○○　年　○○　月　○○　日

具狀人 甲　　簽名蓋章

撰狀人 甲　　簽名蓋章

相關法條及裁判要旨

■刑事訴訟法第455條之2：

除所犯爲死刑、無期徒刑、最輕本刑三年以上有期徒刑之罪或高等法院管轄第一審案件者外，案件經檢察官提起公訴或聲請簡易判決處刑，於第一審言詞辯論終結前或簡易判決處刑前，檢察官得於徵詢被害人之意見後，逕行或依被告或其代理人、辯護人之請求，經法院同意，就下列事項於審判外進行協商，經當事人雙方合意且被告認罪者，由檢察官聲請法院改依協商程序而爲判決：一、被告願受科刑及沒收之範圍或願意接受緩刑之宣告。二、被告向被害人道歉。三、被告支付相當數額之賠償金。四、被告向公庫支付一定金額，並得由該管檢察署依規定提撥一定比率補助相關公益團體或地方自治團體。

檢察官就前項第二款、第三款事項與被告協商，應得被害人之同意。

第一項之協商期間不得逾三十日。

第一項第四款提撥比率、收支運用及監督管理辦法，由行政院會同司法院另定之。

■刑事訴訟法第455條之3：

法院應於接受前條之聲請後十日內，訊問被告並告以所認罪名、法定刑及所喪失之權利。

被告得於前項程序終結前，隨時撤銷協商之合意。被告違反與檢察官協議之內容時，檢察官亦得於前項程序終結前，撤回協商程序之聲請。

■刑事訴訟法第455條之4：

有下列情形之一者，法院不得爲協商判決：一、有前條第二項之撤銷合意或撤回協商聲請者。二、被告協商之意思非出於自由意志者。三、協商之合意顯有不當或顯失公平者。四、被告所犯之罪非第四百五十五條之二第一項所定得以聲請協商判決者。五、法院認定之事實顯與協商合意之事實不符者。六、被告有其他較重之裁判上一罪之犯罪事實者。七、法院認應諭知免刑或免訴、不受理者。

除有前項所定情形之一者外，法院應不經言詞辯論，於協商合意範圍內爲判決。法院爲協商判決所科之刑，以宣告緩刑、二年以下有期徒刑、拘役或罰金爲限。

當事人如有第四百五十五條之二第一項第二款至第四款之合意，法院應記載於筆錄或判決書內。

法院依協商範圍爲判決時，第四百五十五條之二第一項第三款、第四款並得爲民事強制執行名義。

■刑事訴訟法第455條之10：

依本編所爲之科刑判決，不得上訴。但有第四百五十五條之四第一項第一款、第二款、第四款、第六款、第七款所定情形之一，或協商判決違反同條第二項之規定者，不在此限。

對於前項但書之上訴，第二審法院之調查以上訴理由所指摘之事項爲限。

第二審法院認爲上訴有理由者，應將原審判決撤銷，將案件發回第一審法院依判決前之程序更爲審判。

(二十八) 刑事聲請調查證據狀

案例事實

告訴人乙因被告甲駕車不慎撞傷手臂受傷而向檢察署提出過失傷害告訴，雖經檢察官提起公訴，但被告甲猶仍否認有過失責任，因此欲聲請法院將案件送請「台灣省彰化縣區車輛行車事故鑑定委員會」施作肇責鑑定，該如何撰狀。

撰狀說明

(1) 按「當事人、代理人、辯護人或輔佐人聲請調查證據，應以書狀分別具體記載下列事項：一、聲請調查之證據及其與待證事實之關係。二、聲請傳喚之證人、鑑定人、通譯之姓名、性別、住居所及預期詰問所需之時間。三、聲請調查之證據文書或其他文書之目錄。若僅聲請調查證據文書或其他文書之一部分者，應將該部分明確標示。調查證據聲請書狀，應按他造人數提出繕本。法院於接受繕本後，應速送達。不能提出第一項之書狀而有正當理由或其情況急迫者，得以言詞爲之。前項情形，聲請人應就第一項各款所列事項分別陳明，由書記官製作筆錄；如他造不在場者，應將筆錄送達。」刑事訴訟法第163條之1定有明文。

(2) 因此，在撰寫刑事聲請調查證據狀時應將請求法院調查之證據及其與待證事實之關係詳載，並應按當事人人數提出繕本。

書狀內容

狀別：刑事聲請調查證據狀

案號及股別：○○年○○字○○號○股

告訴人　乙　　身分證字號：○　性別：○　生日：○　住：○

被　告　甲　　身分證字號：○　性別：○　生日：○　住：○

爲被告因過失傷害案件，謹依法聲請調查證據事：

一、請鈞院惠予將本案就下列待鑑事項送請「台灣省彰化縣區車輛行車事故鑑定委員會」（設：彰化縣花壇鄉南口村中山路2段457號）鑑定：

(一) 被告與告訴人碰撞之位置是否在汽車車道而非在機車優先道？

(二) 究竟告訴人及被告在本件車禍發生是否有肇事責任？

(三) 告訴人及被告在本件車禍發生之肇事原因及其比例各爲何？

二、待證事實：

(一) 依據警方於案發現場所拍攝之被告機車尾翼車牌上翹下方之擦痕照片，比對告訴人機車車頭右前方之擦痕照片（請參98年8月12日偵訊時告訴代理人庭呈附卷之彩色照片及警方拍攝照片之彩色影印照片），可知案發當時確實係被告騎乘機車起步直行再右轉，未禮讓有路權之告訴人後方直行車，方才與告訴人之機車發生擦撞，絕無可能係告訴人從後方追撞被告之機車，蓋如果是後方追撞者，被告之機車尾翼車牌應往下方凹陷，不可能如上開照片所示往上方翹。況，根據被告庭訊時又辯稱於起步時確定後方無來車才前行，且很遠就看到告訴人之機車，怎麼會知道告訴人之機車追撞上來云云，既然被告亦坦承其機車係停放於占用機車優先道之轎車旁，故其起駛前就必須仔細觀察外側車道後方是否有直行車輛並禮讓其優先通過，被告一方面稱有看到告訴人之機車在遠方，另一方面又稱其起步後怎知告訴人會追撞其機車，足見被告確實有應注意未注意之過失責任，方才造成本件車禍之發生。

(二) 次查由於兩造均不否認車禍發生前確實有轎車違規占用機車優先道，導致告訴人本來騎乘機車於機車優先道內，至該輛轎車前方時不得不往左方外側車道行駛，但其右前方之視線均爲該轎車所遮蔽，故告訴人確實有不能注意之情形，縱使告訴人再小心注意亦不可能阻止車禍之發生，蓋告訴人騎乘機車並未超速，且遵守規定直行，在視線遭阻隔之情形下無法預料該轎車前會有機車停放，更不可能知悉被告會冒前起步前行右轉進入外側車道，因此自難謂告訴人有任何過失可言，檢察官竟於起訴書載：「……告訴人騎乘車牌號碼N9K-○○○號機車亦沿彰化縣北斗鎮中華路由東往西方向行駛，至上開冷飲店外，因該不詳車號之自小客車占用機車優先道，乃駛入汽車道，沿自小客車外側行駛，嗣欲變換車道匯入機車優先道，亦本應注意車前狀況，隨時採取必要之安全措拖，及汽車在快慢車道間變換車道時，應顯示方向燈，該直行車先行，並注意安全距離，明知該自小客車足以阻擋視線，更應減速慢行，小心確認有無車輛，隨時採取必要之安全措施，亦疏未注意，即貿然行駛，欲進入機車優先道」，顯然錯認事實（告訴人並未變換車道匯入機車優先道，此部分並無任何證據可證明），進而認爲告訴人有過失，自有不當。因此爲明瞭究竟二車碰撞之位置及兩造對於車禍發生是否有肇事責任，以及肇事責任比例（此攸關被告量刑之重輕），因此容有必要請鈞院惠予送請鑑定單位施作鑑定。

謹　狀

台灣台中地方法院刑事庭　公鑒

中　華　民　國　○○　年　○○　月　○○　日

具狀人　乙　　　簽名蓋章

相關法條及裁判要旨

■刑事訴訟法第163條之1：

當事人、代理人、辯護人或輔佐人聲請調查證據，應以書狀分別具體記載下列事項：一、聲請調查之證據及其與待證事實之關係。二、聲請傳喚之證人、鑑定人、通譯之姓名、性別、住居所及預期詰問所需之時間。三、聲請調查之證據文書或其他文書之目錄。若僅聲請調查證據文書或其他文書之一部分者，應將該部分明確標示。

調查證據聲請書狀，應按他造人數提出繕本。法院於接受繕本後，應速送達。

不能提出第一項之書狀而有正當理由或其情況急迫者，得以言詞爲之。

前項情形，聲請人應就第一項各款所列事項分別陳明，由書記官製作筆錄；如他造不在場者，應將筆錄送達。

(二十九) 刑事撤回告訴狀

案例事實

告訴人乙因被告甲駕車不慎撞傷腿骨受傷而向檢察署提出過失傷害告訴，案件於偵查中雙方成立訴訟外和解，告訴人乙欲撤銷刑事告訴，該如何撰狀。

撰狀說明

(1) 按「告訴乃論之罪，告訴人於第一審辯論終結前，得撤回其告訴。撤回告訴之人，不得再行告訴。」刑事訴訟法第238條定有明文。

(2) 因此，如果被告被訴之犯罪屬告訴乃論之罪者，告訴人得在第一審辯論終結前撤回其告訴。

書狀內容

狀別：刑事撤回告訴狀
案號及股別：○○年○○字○○號○股
告訴人　乙　　身分證字號：○　性別：○　生日：○　住：○
被　告　甲　　身分證字號：○　性別：○　生日：○　住：○
右被告因傷害案件，謹依法撤回告訴事：

經查被告所涉之傷害案件，茲因兩造業已和解（參附件），爲此特依刑事訴訟法第238條第1項之規定，具狀撤回全部告訴，狀請鈞長鑒核，實爲法便。

謹　狀

台灣台中地方檢察署　公鑒

中　華　民　國　○○　年　○○　月　○○　日

具狀人　乙　　簽名蓋章
撰狀人　乙　　簽名蓋章

相關法條及裁判要旨

■刑事訴訟法第238條：

告訴乃論之罪，告訴人於第一審辯論終結前，得撤回其告訴。

撤回告訴之人，不得再行告訴。

(三十) 刑事撤回自訴狀

案例事實

自訴人乙因被告甲散布謠言誹謗其名譽故而委請律師向法院對甲提起刑事自訴，案件於法院審理中雙方成立訴訟外和解，自訴人乙欲撤銷刑事自訴，該如何撰狀。

撰狀說明

(1) 按「告訴或請求乃論之罪，自訴人於第一審辯論終結前，得撤回其自訴。撤回自訴，應以書狀為之。但於審判期日或受訊問時，得以言詞為之。書記官應速將撤回自訴之事由，通知被告。撤回自訴之人，不得再行自訴或告訴或請求。」刑事訴訟法第325條定有明文。

(2) 因此，如果被告被訴之犯罪屬告訴乃論之罪者，自訴人得在第一審辯論終結前撤回其自訴。

書狀內容

狀別：刑事撤回自訴狀
案號及股別：○○年○○字○○號○股
自　訴　人　乙　　身分證字號：○　性別：○　生日：○　住：○
自訴代理人　○○○律師
被　　　告　甲　　身分證字號：○　性別：○　生日：○　住：○
右被告因妨害名譽案件，謹依法撤回自訴事：

經查被告所涉之妨害名譽案件，茲因兩造業已和解（參附件），為此特依刑事訴訟法第325條第1項之規定，具狀撤回全部自訴，狀請鈞長鑒核，實為法便。

謹　狀

台灣台中地方法院刑事庭　公鑒

中　華　民　國　○○　年　○○　月　○○　日

具狀人　乙　簽名蓋章
自訴代理人　○○○律師

相關法條及裁判要旨

■刑事訴訟法第325條：

告訴或請求乃論之罪，自訴人於第一審辯論終結前，得撤回其自訴。撤回自訴，應以書狀為之。但於審判期日或受訊問時，得以言詞為之。書記官應速將撤回自訴之事由，通知被告。撤回自訴之人，不得再行自訴或告訴或請求。

二、案由類

(一) 違反貪污治罪條例案件

案例事實

甲原任彰化縣稅捐稽徵處員林分處（以下簡稱員林分處）主任，乙則為員林分處財產稅課稅務員，均為依法令從事公務之人員。而彰化縣「87年度農業用地移轉免徵土地增值稅列管查核作業」，係由分處各管區稅務員與地政機關先行討論擬定查核對象，於民國86年7月底前報請彰化縣稅捐稽徵處（以下簡稱總處）核准後，由總處電子作業課製成「土地增值稅選案查核檔核對清冊」等資料轉發予各分處，再由各管區稅務員於同年9月間先以雙掛號郵寄輔導函予列管之農地所有人，載明：「……現該土地如有不繼續耕作情事，在未經檢舉及未經稽徵機關或財政部指定之調查人員進行調查前，請速向本（分）處辦理補繳原免徵土地增值稅，如未自動補繳稅款者，將依土地稅法第55條之2規定予以處罰。」等語，繼由總處發函邀集各管區稅務員及彰化縣各鄉、鎮、市公所農業課人員、地政機關人員參與清查講習會，會後即組成會勘小組，自行排定實地查核日期、路線、對象，實務作業上均不另再具函邀集之。稅務員乙既於86年9月間寄發輔導函，而查核對象之一游○○亦於同年月26日收受之，乙繼而會同彰化縣大村鄉公所農業課課員賴○○、彰化縣員林鎮地政事務所課員陳○○共3人組成會勘小組，職司於86年11月1日至87年1月31日期間內，每日裡先行事先選定查核地段，逐筆完成員林分處管區內游○○所有彰化縣大村鄉過溝段101之3地號等共180筆農地之實地查核會勘作業，並於86年11月12日至16日內某日，業已完成游○○所有前開農地之查勘調查程序，而明知游○○在面積1,278平方公尺之農地上，已有搭建面積共150.51平方公尺之非法農舍及鬆緊帶工廠等違章之非供農業使用情事存在，且有實施現地丈量、照相存證，縱然，游○○嗣後自動申請補繳免徵之土地增值稅，仍應依法移送總處法務課對游○○課處新台幣（下同）18萬6,030元之違章行政罰鍰，而不符合稅捐稽徵法第48條之1第1項得免除課罰之規定，詎游○○於會勘小組查勘調查後之翌日（86年11月13日至17日某日）中午某時，在友人住處內，向職司監督前揭查核作業之員林分處主任甲請求不要對其課以罰鍰，甲即基於圖利游○○之意思，隨即以電話聯絡具體指示乙違法不要將游○○之違章案件送交總處法務課課罰，而由游○○逕以申請自動補繳該筆農地土地增值稅之方式結案；甲、乙、游○○3人即基於共同圖利游○○本人之犯意聯絡，由游○○於同年11月19日向員林分處出具申請書申請按一般土地案件補報繳土地增值稅，並由乙於同年月21日完成「自動申請補稅」查核作業，而以86年11月24日彰稅員分二字第031829號函檢附繳款書一份，准予游○○補繳本稅加計利息共115萬2,089元，並註銷該筆農地之管制後，即行結案，因而圖利游○○免於受罰18萬6,030元。

撰狀說明

(1) 貪污治罪條例旨在懲治貪瀆，藉以維護公務員之廉潔操守。其有關圖利罪之規定，必須主觀上有圖自己或他人不法利益之意思，而表現於行為為要件。是否具有此項意思要件，應依證據認定之，不得僅以其行為之結果，或措施之不當，使他人得利，遽為推定。

(2) 經查本件案例被告甲係於86年11月間某日下午應人電話邀約，說有納稅人要請教有關稅務問題，希望能前往協助，為實行政府便民服務之政策，被告乃忙中應允，當時在場有位游○○先生（之前不認識），提示有關本分處通案發土地增值稅輔導函稅務問題，因當事人前曾買賣移轉免徵土地增值稅的農地上有部分變更使用，涉及可能被處罰款或自動補稅就可免罰的抉擇問題，要被告就有關法令提供建議，當時甲即以電話與承辦同事乙聯繫，並表示如納稅人經輔導願意自動補稅，就不要將本案送罰等內容，由於上段談話為調查站監聽錄音，即遽以移送地檢署指控被告甲及乙涉嫌圖利。

(3) 按稅捐稽徵法第48條之1第1項：「納稅義務人自動向稅捐稽徵機關補報並補繳所漏稅款者，凡屬未經檢舉、未經稽徵機關或財政部指定之調查人員進行調查之案件，下列之處罰一律免除；其涉及刑事責任者，並得免除其刑：一……。二、各稅法所定關於逃漏稅之處罰。」然本件倘如游○○先生所有之農地尚未經稅捐稽徵人員開始調查是否有農地非作農用之事證前，尚非不得自動向稅捐單位補繳土地增值稅，因此撰寫刑事答辯狀及刑事辯護意旨狀時應著重在論述稅捐稽徵法第48條之1之規定與本案之關連性，亦即如稅捐人員尚未開始調查前，納稅義務人得自動補繳稅款，無庸遭課處罰鍰。

(4) 此外，按財政部82年2月10日台財稅字第820037154號函釋及80年8月16日台財稅字第801253598號函釋略以：稅捐稽徵法第48條之1免罰之案件，其調查基準日之認定，係以排定日期函請有關單位派員會同調查或勘查，並以發函日為調查基準日，因此為求法令之適用得以統一，可撰寫調查證據聲請狀請求法院向財政部函詢如未發函前如何認定調查基準日，倘若稅捐機關並未發函請有關單位派員會同調查或勘查，而係以電話聯繫相關單位約定會同調查或勘查，既無發函日，如何認定其調查基準日？是否仍應以發函日為調查基準日？以利法院認定。

(5) 又本件案例經地檢署提起公訴後，一審判決被告無罪，經檢察官提起上訴後，二審撤銷原判決改判被告有罪，復經被告向最高法院提起上訴，最高法院雖撤銷二審判決發回更審，然更一審仍判處被告有罪，再經被告二度向最高法院提起上訴，最高法院始第二次撤銷二審判決發回更審，本件在更二審方駁回一審檢察官上訴而告定讞，因此撰寫刑事第三審上訴理由狀可著重在二審原判決認定游○○搭建非供農業使用之違建，約占該農地面積12%。如果無訛，其違章使用之面積既未達全部面積5分之1，經處以罰鍰後，就該違章使用之部分，即不須補繳土地增值稅，且不得重複處罰，亦不再列管，然二審原判決竟謂游○○因害怕其土地年年被列管查核，非常麻煩，乃決定申請補繳全部之土地增值稅，以免被列管每年查核，似認農地違章使用經查獲處罰後，仍應繼續列管查核，游○○始申請補繳增值稅，俾得以解除列管，顯然有認定事實與卷存資料不盡一致之違法；且本件游○○如未自動補繳應處之罰鍰僅18萬6,000元，卻自動補繳土地增值稅連同利息115萬2,089元，而解除農地列管之結果則屬相同，何以被告主觀上有圖利第三人之意思等，二審原判決對於上開有利於被告事證位於判決理由項下記載何以不採之理由，自有理由不備之違法。

書狀內容

狀別：刑事辯護意旨狀

案號及股別：○○年○○字○○號○股

被　　告　甲　　　身分證字號：○　性別：○　生日：○　住：○

選任辯護人　何志揚律師

為上被告涉嫌貪污案件，依法提出辯護意旨事：

一、緣被告甲於86年11間某日下午應人電話邀約，說有納稅人要請教有關稅務問題，希望能前往協助，為實行政府便民服務之政策，被告乃忙中應允，當時在場有位游○○先生（之前不認識），提示有關本分處通案發土地增值稅輔導函稅務問題（證1），因當事人前曾買賣移轉免徵土地增值稅的農地上有部分變更使用，涉及可能被處罰款或自動補稅就可免罰的抉擇問題，要被告就有關法令提供建議，當時甲即以電話與承辦同事乙聯繫，並表示如納稅人經輔導願意自動補稅，就不要將本案送罰等內容，由於上段談話爲調查站錄音，即遽以指控被告及乙涉嫌圖利。

二、然就本案之處理彰化縣稅捐稽徵處員林分處並未違反稅捐稽徵法第48條之1規定（調查基準日定）。依財政部80年8月16日台財稅字第801253598號函規定：執行稅捐稽徵法第48條之1進行調查之作業步驟及基準日認定原則（證2），其中土地增值稅免稅案件之調查，其作業步驟及基準日之認定原則第2點（證3），經辦人員應按交查次序，於調查或清查作業期間內，排定日期函請有關單位派員會同調查或勘查，並以發函日爲調查基準日，彰化縣一貫作業方式未對有關單位（農業課及地政單位）發函指定日期調查，於實際現場勘查之前，係由各承辦人員以電話和地政及公所農業課人員連繫，彼此有空後再成行。被告與乙對話錄音前一天，乙和農業及地政人員係清查另案而遇到游○○，乙曾就相關法令對游先生予以解釋及輔導，並告知若於清查前依法可自動補稅免罰等語，因當時並非排定日期前往勘查，故未做成會勘紀錄，因此被告與游先生接觸當天，只是本於納稅服務的職責，瞭解實際案情後，並遵照上級愛心辦稅的政策，依法做處理建議而已，被告絕無意圖違反法令關說案情，且本案並非排定日期會勘，根本未做會勘記錄（可詢問與乙同爲會勘小組之其他成員）。因此，保存空白會勘記錄表並無實質意義。縱使，實務處理上經排定日期會勘之土地，不論繼續供農業使用或變更使用取證送罰之會勘記錄均由各承辦員自行保管（未歸檔保存），至於申請自動補稅免會勘記錄表係由各承辦員自行處理。

三、按農業用地移轉繼續耕作者，免徵土地增值稅，土地稅法第39條之2定有明文，本案系爭土地：大村鄉過溝段101之3地號農地，面積1,278平方公尺，81年2月間申報買賣移轉免徵土地增值稅係78萬9,804元（證4）而游先生變更使用面積僅149平方公尺，占總面積11.7%（149平方公尺/1,278平方公尺＝11.7%），如依土地稅法第55條之2第2項規定，應處罰鍰之土地，不繼續耕作之面積未達每宗土地原免徵土地增值稅土地面積之5分之1，其罰鍰得按實際不繼續耕作面積比率計算（該條僅有罰鍰處罰，不需補徵原繳本稅，與營業稅法第51條及所得稅法第110條規定，如附件，除罰款外另需追補本稅是不同的），處以變更使用面積部分2倍之罰款係18萬4,814元（789,804×11.7%×2＝184,814元），納稅義務人游先生自願申請補繳移轉時未繳之土地增值稅78萬9,804元，並依稅捐稽徵法規定附加利息36萬2,285元合計115萬2,089元（證5），比採用罰款方式增加96萬7,275元（1,152,089

元－184,814元＝967,275元），如此處理方式對政府稅收有幫助。

四、本分處基於愛心辦稅（每季均有考核；證6）須盡量輔導納稅人自動補稅，納稅義務人既自動申請補稅，自無不准之理，且本案若要移罰，依規定也不可以，因在輔導通話被監聽錄音的第二天，尚未排定日期勘查前，當事人游○○已接受輔導，向本分處申請自動補稅，設若受理其自動申請補稅是錯誤的，則必須退還溢繳稅款，由此准予游某補稅並無圖利或瀆職之嫌。

謹 狀

台灣彰化地方檢察署　公鑒

證據名稱及件數

證1：彰化縣稅捐稽徵處員林分處函。

證2：執行稅捐稽徵法第48條之1進行調查之作業步驟及基準日認定原則。

證3：賦稅法令彙篇。

證4：土地增值稅申報書。

證5：土地增值稅繳款書。

證6：彰化縣稅捐稽徵處加強繳納服務及租稅教育與宣導工作督導考核記錄表。

中　華　民　國　○○　年　○○　月　○○　日

具狀人　甲　　簽名蓋章

選任辯護人　何志揚律師

狀別：刑事陳報狀

案號及股別：○○年○○字○○號○股

被　告　甲　身分證字號：○　性別：○　生日：○　住：○

選任辯護人　何志揚律師

爲對87年9月11日偵訊內容提補充說明事：

一、檢座於87年9月11日以爲何乙在同時間中有送罰四件，而獨游○○未送罰。經被告向員林稅捐分處調卷結果，於86年12月4日員分二字第86202964號函（證1）指定日期會同農業、地政人員勘查名冊7名中，並未包括游○○，又會勘結果是賴○○、賴○○、賴○○、賴○○等4名有違反土地法規定而送罰，其餘李○○、賴○○、賴○○等3名經會勘小組認爲並未違法而未送罰，至於游○○因已接受輔導，自動申請補稅不必列入勘查對象。

二、又被告服公職期間雖已20餘年，但在擔任承辦員期間，並未曾辦過農地土地增值稅未繼續供斷用地清查工作，以及任股長期間，也未曾擔任該項稅目之股長（曾擔任貨物稅、營利事業所得稅、使用牌照稅、娛樂稅、營業稅等股長職務），加上稅務也是相當專業性的工作，法令又常變動，對於相關實際作業自無法完全詳知。

三、被告自84年間調任員林分處主任，在稽徵業務上，因各稅目均有各股長在負責督導，本人並未參與實務作業，在作業處理上納稅人申請自動補稅之業務，是分層負責由承辦員決定，若必須裁罰案件，也是逐層由承辦員前公所、地政相關人員會勘取證後，經股長、主任複審後再轉函彰化縣稅捐稽徵處（總處）法務課審理（證據不全也常遭退件），法務課審理後須再移彰化縣稅捐稽徵處違章案件審議小組（委員制）做最後審查決定（也常駁回再查），因盤整個漏稅罰款處分過程是相當嚴謹的，並非任何個人所能決定其罰或不罰。

四、被告在本案中的角色僅是由納稅人游○○主動提示「輔導函」向被告請赴函中所載相關法令規定，與承辦員乙之電話談話也是以輔導函意旨爲討論內容，與承辦員前一天對納稅人游○○進行輔導，用意相同，係基於上級愛心辨稅政策，儘量輔導自動補稅，整個過程實是便民措施中一種納稅服務而已，實無圖利與影響承辦員對於游○○稅務案件之處理結果。

謹 狀

台灣彰化地方檢察署 公鑒

證據名稱及件數

證1：彰化縣稅捐稽徵處員林分處函。

中　華　民　國　○○　年　○○　月　○○　日

具狀人　甲　　簽名蓋章

選任辯護人　何志揚律師

台灣彰化地方檢察署檢察官起訴書

87年度偵字第3137號速股

被告　甲

選任辯護人　陳○○律師

何志揚律師

被告　乙

選任辯護人　朱○○律師

被告　　　　游○○

上列被告等因貪污治罪條例案件，業經偵查終結，認應提起公訴，茲將犯罪事實及證據並所犯法條分敘如後：

犯罪事實

一、甲原任彰化縣稅捐稽徵處員林分處（以下簡稱員林分處）主任，乙則爲員林分處財產稅課稅務員，均爲依法令從事公務之人員。而彰化縣「87年度農業用地移轉免徵土地增值稅列管查核作業」，係由分處各管區稅務員與地政機關先行討論擬定查核對象，於民國86年7月底前報請彰化縣稅捐稽徵處（以下簡稱總處）核准後，由總處電子作業課製成「土地增值稅選案查核檔核對清冊」等資料轉發予各分處，再由各管區稅務員於同年9月間先以雙掛號郵寄輔導函予列管之農地所有人，載明：「……現該土地如有不繼續耕作情事，在未經檢舉及未經稽徵機關或財政部指定之調查人員進行調查前，請速向本（分）處辦理補繳原免徵土地增值稅，如未自動補繳稅款者，將依土地稅法第55條之2規定予以處罰。」等語，繼由總處發函邀集各管區稅務員及彰化縣各鄉、鎮、市公所農業課人員、地政機關人員參與清查講習會，會後即組成會勘小組，自行排定實地查核日期、路線、對象，實務作業上均不另再具函邀集之。稅務員乙既於86年9月間寄發輔導函，而查核對象之一游○○亦於同年月26日收受之，乙繼而會同彰化縣大村鄉公所農業課課員賴○○、彰化縣員林鎮地政事務所課員陳○○共3人組成會勘小組，職司於86年11月1日至87年1月31日期間內，每日裡先行事先選定查核地段，逐筆完成員林分處管區內游○○所有彰化縣大村鄉過溝段101之3地號等共180筆農地之實地查核會勘作業，並於86年11月12日至16日內某日，業已完成游○○所有前開農地之查勘調查程序，而明知游○○在面積1,278平方公尺之農地上，已有搭建面積共150.51平方公尺之非法農舍及代工廠等違章之非供農業使用情事存在，且有實施現地丈量、照相存證，縱然，游○○嗣後自動申請補繳免徵之土地增值稅，仍應依法移送總處法務課對游○○課處新台幣（下同）18萬6,030元之違章行政罰鍰，而不符合稅捐稽徵法第48條之1第1項得免除課罰之規定，詎游○○於會勘小組查勘調查後之翌日（86年11月13日至17日某日）中午某時，在友人住處內，向職司監督前揭查核作業之員林分處主任甲請求不要對其課以罰鍰，甲即基於圖利游○○之意思，隨即以電話聯絡具體指示乙違法不要將游○○之違章案件送交總處法務課課罰，而由游○○逕以申請自動補繳該筆農地土地增值稅之方式結案；甲、乙、游○○3人即基於共同圖利游○○本人之犯意聯絡，由游○○於同年11月19日向員林分處出具申請書申請按一般土地案件補報繳土地增值稅，並由乙於同年月21日完成「自動申請補稅」查核作業，而以86年11月24日彰稅員分二字第031829號函檢附繳款書一份，准予游○○補繳本稅加計利息共115萬2,089元，並註銷該筆農地之管制後，即行結案，因而圖利游○○免於受罰18萬6,030元。

二、案經法務部調查局彰化縣調查站移送偵辦。

證據並所犯法條

一、訊之被告甲、乙、游○○均矢口否認有前揭犯行，被告甲辯稱略以：伊當日是應友人之邀前往協助納稅人稅務問題，而以電話與乙連繫討論輔導函的內容，並未指示她如何辦理，且依財政部函示規定，土地增值稅免稅案件之調查基準日，係以排定日期函請有關單位派員會同調查或勘查之發函日爲準，彰化縣一貫作業方式未對有關單位發函，而係由各承辦人員以電話向地政、公所人員連繫，電話錄音前一天，乙等人係清查另案而遇到游○○，非排定日期前往勘查，遂未作成會勘記錄，更無調查基準日可言，依規定乃不得移罰，況且游○○變更使用面積未達5分之1，其罰鍰按實際不繼續耕作面積比率計算後只須繳納18萬4,000餘元，其接受輔導申請自動補稅，則須繳納稅款115萬2,000餘元，如此處理對政府稅收有幫助，而游○○既已接受輔導，自動申請補稅，自不必再列入勘查對象云云；被告乙辯稱：免稅農地未繼續耕作自動補報者，其調查基準日之認定原則，依財政部函示以排定日期函請有關單位派員會同調查或勘查之發函日爲準，本件並無發函，且輔導函也未有20日之規定，86年11月13日至17日之間復尚未會勘，故無所謂的調查基準日，亦無任何紀錄或查核清單，只要在清查到該筆農地之前，均可輔導並應受理自動補稅，況且游○○自動補稅金額爲115萬2,000元，若依違章比率課處罰鍰則僅爲18萬5,000餘元，是屬稅捐稽徵法第48條之1自動補稅免罰之要件，送罰對游○○反而較有利，並未圖利游○○云云；被告游○○辯稱：伊在乙等人員到伊所有土地做現場勘查後之隔日在一位顧姓友人住處遇到甲，當時向他請教土地增值稅的問題，認爲以課罰方式，依違章比率未超過5分之1計算雖然只要繳納18萬元，但自動補稅可免土地每年再被列管清查，所以才選擇自動補稅115萬餘元，甲、乙並未圖利伊云云。

二、經查，按依稅捐稽徵法第48條之1第1項：「納稅義務人自動向稅捐稽徵機關補報並補繳所漏稅款者，凡屬未經檢舉、未經稽徵機關或財政部指定之調查人員進行調查之案件，下列之處罰一律免除；其涉及刑事責任者，並得免除其刑：一……。二、各稅法所定關於逃漏稅之處罰。」規定所明示，納稅義務人須於「未經檢舉、未經稽徵機關或財政部指定之調查人員進行調查」前，自動向稅捐稽徵機關補報並補繳所漏稅款者，方得免於逃漏稅之處罰，反言之，納稅義務人倘若業已「經檢舉、或經稽徵機關或財政部指定之調查人員進行調查」後，方行自動向稅捐稽徵機關補報並補繳所漏稅款者，仍須依法課罰，至屬當然。次查，彰化縣稅捐稽徵機關辦理「87年度農業用地移轉免徵土地增值稅列管查核作業」實務作業上均未對有關單位發函，胥由總處發函邀集各管區稅務員及彰化縣各鄉、鎮、市公所農業課人員、地政機關人員參與清查講習會，會後組成會勘小組，自行排定實地查核日期、路線、對象，故所謂之「調查基準日」均不以財政部80年8月16日台財稅字第801253598號函頒之「發函日」爲認定原則，而係以農地清查會勘小組至實地查核調查會勘日爲「調查基準日」，倘列管對象在收到輔導函後未自動申報補稅，嗣經會勘小組實地勘查查獲認定「違章」者，即應移送總處法務課依法課罰，不得依稅捐稽徵法第48條之1第1項規定免除一節，業據被告甲、乙供陳不諱，並據證人柯○○、陳○○、賴○○證述無訛，復有陳○○提出之講習會公函節文、彰化縣稅捐稽徵處輔導函影本各一份等附卷可稽。再查，被告游○○於同年9月26日收受員林分處所寄發之輔導函後未曾具狀申請自動補稅，嗣被告乙會同證人賴○○、陳○○所組成之會勘小組，在86年11月12日至16日內某日即已完成對游○○所有前揭土地查勘調查、現地丈量、照相存證程序，並查獲其在面積1,278平方公尺之農地上，有搭建面積共150.51平方公尺之非法農舍及鬆緊帶工廠等非供農業使用情事存在，且乙亦曾作成「查核清單」交由賴○○、陳○○會簽後收回員林分處存查，游○○則於實地查核之翌日，始在友人住處向被告甲請託免於受罰，而甲受其請託後，果以電話連絡乙具體指示不要將游○○送罰，游○○旋於86年11月19日始申請自動補稅等情，亦據被告游○○迭於彰化縣調查站調查時及本署偵訊時坦承不諱，暨經證人陳○○、賴○○證述甚明，復有輔導函掛號郵件收件回執、「土地增值稅選案查核檔核對清冊」、前揭土地會勘紀錄簡記草稿、申請書、查核紀錄、現場會勘紀錄檢附照片7幀附卷可稽。另查，被告甲與乙之電話通聯紀錄記載：「甲：【游○○，這個他要繳，不要送罰。】，……

甲：【不要緊，不要罰，若沒繳，仍要罰100多萬，70多萬是20%，有超過20%？】，乙：【沒超過20%。】，……甲：【妳不要送法務課。】，……甲：【不要送法務課，他說要繳，愛心辦稅，讓他去繳。】，……甲：【我們不要送違章，送下去就罰。】，乙：【自動補稅是通通要補，沒有那5分之1。要違章才能算5分之1。】，……乙：【……我昨天去量好了。沒送違章，全部補繳加利息。】……。」，顯示甲乃具體指示乙不要將游○○違章情形送法務課裁罰，而乙並於通話前一日，業已完成調查丈量程序；從而，被告甲、乙前揭所辯2人在電話中只是「討論」，而非「指示」，本件「未經實地調查」，只是「清查他案偶遇游○○」，故無「調查基準日」云云，全係卸飾之詞，不足採信。末查，按依土地稅法施行細則第59條：「依本法第39條之2核定免徵土地增值稅之農業用地、主管稽徵機關應將核准文號註記有關稅制，並列冊（或建卡）保管。」，及財政部80年2月28日台財稅字第801240852號函頒之「農業用地移轉免徵增值稅案件管制檢查作業要點」第22項：「依土地稅法第39條之2第1項……規定核准免徵土地增值稅之農業用地，稽徵機關應依下列規定列管：……」等明文規定，農業用地在依法作業農業使用，且移轉與自行耕作之農民繼續耕作，而免繳土地增值稅者，方須予以「列冊（或建卡）保管」，並予定期檢查或抽查有無土地稅法第55條之2第2款及第3款之情形，易言之，農業用地於移轉時雖免徵土地增值稅，但納稅義務人業已補報繳納土地增值稅者，其法律上之效果爲依法應註銷「列冊（或建卡）保管」，與納稅義務人得否免予課處罰鍰，亦無任何關聯；則被告等人迭以游○○業已自動補稅115萬餘元，較之罰鍰18萬餘元，多出90萬餘元爲由，而主張並無圖利於游○○云云，誠屬曲解法令眞意，而刻意混淆、移轉癥結。綜上所述，被告等人所辯顯不足採，其等圖利之事證已臻明確，犯嫌核堪認定。

三、核被告甲、乙、游○○所爲，均係犯貪污治罪條例第6條第1項第4款之對於主管或監督之事務，直接圖利罪嫌。又被告3人間關於前揭犯行，有犯意連絡與行爲分擔，均爲共同正犯；其中被告游○○係與具有公務員身分之被告甲、乙2人共同實施犯罪，依刑法第31條第1項規定，應以共犯論，附此敘明。

四、合依刑事訴訟法第251條第1項提起公訴。

此　致

台灣彰化地方法院

中　華　民　國　○○　年　○○　月　○○　日

檢察官　吳○○

上正本證明與原本無異。

中　華　民　國　○○　年　○○　月　○○　日

書記官　黃○○

附錄：

貪污治罪條例第6條第1項第4款：

有左列行為之一者，處5年以上有期徒刑，得併科3萬元以下罰金：

四、對於非主管或監督之事務，利用職權機會或身分圖利者。

狀別：刑事答辯狀

案號及股別：○○年○○字○○號○股

被　告　甲　　身分證字號：○　性別：○　生日：○　住：○

選任辯護人　何志揚律師

為被告涉嫌違反貪污治罪條例案件，謹依法提出答辯事：

一、按公訴人認被告涉嫌違反貪污治罪條例第6條第1項第4款之罪者，係以游○○於會勘小組查勘調查後之翌日（86年11月13日至17日某日）中午某時，在友人住處內，向職司監督前揭查核作業之員林分處主任甲請求不要對其課以罰鍰，甲即基於圖利游○○之意思，以電話聯絡具體指示乙違法不要將游○○之違章案件送交總處法務課課罰，而由游○○逕以申請自動補繳該筆農地土地增值稅之方式結案：甲、乙、游○○3人即基於共同圖利游○○本人之犯意聯絡，由游○○於同年11月19日向員林分處出具申請書申請按一般土地案件補報繳土地增值稅，並由乙於同年月12月11日完成「自動申請補稅」查核作業，而以86年11月24日彰稅員分二字第031829號函檢附繳款書一份，准予游○○補繳本稅加計利息共115萬2,089元，並註銷該筆斷地之管制後，即行結案，因而圖利游○○免於受罰18萬6,030元。

二、惟查，本案被告為彰化縣稅捐稽徵處員林分處主任，固曾與同案被告乙以電話詢問關於被告游○○所有土地自動補稅之事，然該兩筆土地是否已經「會勘進行調查，認定有非農業使用之情形」並不知情，況且本案被告究竟有無對主管或監督事務，直接圖利他人，尚須檢視以下要件而定：

甲、游○○申請自動補稅是否合於稅捐稽徵法第48條之1規定；

乙、被告甲等是否有圖利游○○之直接故意；

丙、游○○是否受有利益。

甲、關於是否適用稅捐稽徵法第48條之1部分：

依稅捐稽徵法第48條之1規定，固然納稅義務人務須於「未經檢舉、未經稽徵機關或財政部指定之調查人員進行調查」前，自動向稅捐稽徵機關補報並補繳欠稅款者，方得免於處罰，惟其中所謂經稽徵機關或財政部指定之人員「進行調查」，涉及進行調查之作業步驟及基準日之認定原則，及調查是否已完竣足以認定違章事實（即如在調查基準日前或尚未調查完竣前申請自動補稅仍應爲法之所許）：

(一) 關於調查基準日之認定：

依財政部80年8月16日財稅字第801253598號函釋所示，關於稅捐稽徵法第48條之1所稱進行調查之作業步驟及基準日之認定原則在土地增值稅免稅案件，係指經辦人應按交查次序，於調查或清查作業期間內，排定日期函請有關單位派員會同調查或勘查，而係僅以電話連繫約定調查或勘查日期，此並經證人陳○○、賴○○結證屬實，因此如依財政部首揭函釋之旨，自無從認定調查基準日，惟公訴人逕率自越組代庖代替有權解釋機關——財政部解釋，而認本件應以農地清查會勘小組至實地查核調查會勘日爲「調查基準日」，顯有司法權侵害行政權，違反三權分立原則之虞，其見解殊難足採。職是，本案應從稅捐稽徵法第48條之1之立法目的，去探究「進行調查」之意，而該條之規定無非係在鼓勵納稅義務人自動履行其公法上補繳所欠稅捐之義務，故所謂「進行調查」應作合目的性之解釋，即應指會勘人員已完成調查，查核完竣，認定有違章之事實存在，否則如僅狹義地文義解釋認會勘人員只要曾經去看過該土地或已丈量土地即認「已進行調查」，顯非法之本意（註：本案已經辯護人簡略成實例，函請主管機關解釋，容後補呈回覆資料）。

(二) 關於本件會勘小組是否已查核完竣部分：

本件同案被告乙與賴○○、陳○○三人組成之會勘小組，根本尚未對游○○系爭農地上有供非農業使用之情事「查核完竣」，蓋依財政部之函釋，所謂「查核完竣」係指須依以下程序辦理（參證1）：

(1) 稽徵機關應於每年展開實地查核前，邀集會勘小組成員協商勘查日程、進度及作業程序。

(2) 實地勘查時，稽徵機關會勘人員應攜帶附有日期相機，就不繼續耕作情形之土地拍照存證。

(3) 稽徵人員應將查核結果記載於定期實地查核清單，並請勘查人員會章。

(4) 會勘小組於勘查完畢後會商認定無法定原因閒置不用或非法令變更爲非農業用地使用者，應於查核完竣後5日內，由稽徵機關發函通知土地所有權人，通知內容應說明不繼續耕作情形及應處罰鍰，如有異議應於收到通知之日起10日內申復，申復本件會勘小組應儘速複勘，並將複勘結果通知土地所有權人。然本案在被告游○○申請自動補稅（86年11月19日）前被告乙會同員林地政事務所陳○○、大村鄉公所農業課賴○○等人員僅至游○○所有土地（按渠等係查勘相鄰地）順路看過「乙次」（並非正式會勘，蓋如係正式會勘應排定日期函請有關單位派員會同調查或勘查，參證2），且並未當場將查核結果記載於「定期實地查核清單」（即會勘紀錄），因爲僅會勘乙次尚難足以「認定」是否游○○系爭大村鄉過溝段101之3地號土地上加蓋之鐵皮非屬農舍而構成非農業使用，以上事實有證人之證詞記明卷附調查筆錄可按，將其臚列如後：

① 柯○○於87年3月9日法務部調查局彰化調查站（以下稱彰化調查站）調查時證稱：「……在列管查核農地經實地會勘後認定有違章之情形，即將會勘地籍資料照片及違規使用現況註記在免土地增值稅之農業用地定期實地查核清單上，送本處法務課進行裁罰，若爲未違章之案件，則由各管區制作『免徵土地增值稅之農業用地定期實地查核清單』，由參與會勘人員會章並註明實際使用情形留存備查。」

② 柯○○於87年4月1日復稱：「（問：土地增值稅列管查核作業中，對農舍之認定爲何？）需持有建管單位之執照，始認定爲合法農舍。」

③ 陳○○於87年3月5日彰化調查站調查時陳證：「清查作業進行時由我帶地籍圖到現地指出地段、地號，賴○○負責是否仍農業用之認定，『若認定已非農用』則丈量非農用土地之面積，並照相存證，前述現場清查資料由乙帶回員林分處，之後每隔一段時間，乙再將在該時段已清查之案件製作成『免徵土地增值稅之農業用地定期實施查核清單』拿予我，在我審視無誤後始在該清單會勘人員欄上簽章。」、「（問：前述過溝段101之3地號土地查核清單拿來會章時，實際使用情形欄上有無註記使用情形？）沒有，當時該欄上係空白的，乙當時向我解釋係因爲該筆土地所有人已向員林分處申請補繳獲准，所以該欄上未註記實際使用情形。」

④ 賴○○於87年3月6日彰化縣調查站調查時證稱：「……在會同清查時，『若認定已非農用』則丈量非農用土地之面積，並照相存證，再由乙將現場清查資料帶回員林分處，之後每隔約1個月時間，乙再將在該時段已清查之案件

製作成『免徵土地增值稅之農業用地定期實施查核清單』拿予我，在我審視無誤後始在該清單會勘人員欄上簽章。」

⑤ 陳○○、賴○○於87年9月4日偵訊時結證：「（問：是否會去看原本不是當天所預定要看的地？）也有可能。若順路的話，會順便看」、「（問：當天該地是否排定的？）他對稅單有意見，他認爲他沒有把全部的農地全蓋，沒有全部違規，他認爲不應罰那麼多，當天是因他有異議（按指第一次去看時有異議），才去看第二次（按指游○○申請自動補稅後再實地勘查、測量）」。

小結：由上以卷證足徵本案在游○○申請自動補稅前渠等會勘小組根本尚未正式會勘完畢，據以「認定」系爭土地究竟是否有非農業使用之情形，蓋因不僅當事人游○○當有爭執，連會勘人員皆未將到底游○○之該土地有多少面積土地非供農業使用之情形登載作成會勘記錄。

(三) 此外，本件彰化縣稅捐稽徵處員林分處所寄發予游○○之輔導函，雖係於會勘小組第一次查看系爭土地前送達游○○，然查該輔導函之性質應屬行政法上之行政指導（一種建議、勸導性質），亦非行政執行法上爲強制執行前之告誡書，況於該函中並無依財政部86年12月16日台財稅字第860761726號函釋規定敘明「申請補稅期限」（文到20日內，參證3），且行政法令多如牛毛，豈能苛責當事人應懂前揭稅務法令須於經檢舉或「進行調查」前自動補稅，始得合法，故本案對於會勘小組是否已進行調查，自應作更嚴格，有利納稅義務人之解釋。

據上論結，縱使會勘小組曾去看過游○○土地，並予拍照、丈量，然既當未認定游○○之土地有違章及丈量違章之面積，自難謂已進行調查，則游○○申請自動補稅，應屬適法。

乙、被告並無圖利游○○之直接故意：

查本件被告以電話連絡乙時，並不知會勘小組是否已對游○○系爭土地「進行調查」（其解釋應指查核完竣、認定有違章事實），甚至不知乙等會勘小組是否曾去丈量過該土地（由彰化調查站86年11月13日至86年11月17日之監聽錄音帶譯文雙方對話譯文即知），被告固曾告以乙：「不要送罰」、「不要送法務課」等語，惟其用意係在鼓勵游○○自動繳納（被告當時仍相信游某可申請自動補稅），並非對已確知游某不得申請自動補稅之情形，指示乙故意違背職務，不依法送科罰鍰，況申請自動補稅所繳之款項（須加計利息）比依法送處罰鍰之金額多出甚多（自動補稅須繳新台幣115萬2,089元），送罰之應科罰鍰爲新台幣18萬5,445元，蓋依土地稅法第55條之2之規定所處罰鍰，無庸再追繳本稅（與其他稅法不同，此觀同法第55條之1即明），且如不繼續耕作面積未達每宗原免徵土地增值稅土地面積之5分之1，其得按實際不繼續耕作面積比率計算，豈能謂有圖利他人之直接故意？

丙、游○○並未受有利益：

按游○○選擇申請自動補繳稅款，反而比受罰金額來很高，已如前述，並未如公訴人起訴書犯罪事實欄所稱受有免於受罰新台幣18萬6,030元之利益。

三、綜上所陳，本案應爲公訴人誤解法令，越權解釋所誤提起之公訴，懇請鈞院翔實調查，迅諭知被告無罪判決，以正是非，而還被告清白！

謹　狀

台灣彰化地方法院刑事庭

中　華　民　國　○○　年　○○　月　○○　日

具狀人　甲　　　　簽名蓋章

選任辯護人　何志揚律師

台灣彰化地方法院刑事判決

87年度訴字第870號

被告　　甲

選任辯護人　陳○○律師

何志揚律師

黃○○律師

被告　　乙

選任辯護人　朱○○律師

被告　　游○○

選任辯護人　劉○○律師

上列被告因貪污治罪條例案件，經檢察官提起公訴（87年度偵字第3137號），本院判決如下：

主文

甲、乙、游○○無罪。

一、公訴意旨略以：被告甲原任彰化縣稅捐稽徵處員林分處（下稱員林分處）主任一職，被告乙則爲員林分處財產稅課稅務員，一負責承辦員林分處民國87年度農業用地移轉免徵土地增值稅列管查核作業，2人均爲依法令從事公務之人員。86年11月12日至同年11月16日間某日，被告乙會同彰化縣大村鄉公所農業課課員賴○○、彰化縣員林地政事務所課員陳○○等3人所組成之會勘小組，完成被告即勾選查核對象游○○所有之彰化縣大村鄉過溝段101之3地號農地之調查程序，明知被告游○○所有列管面積1,278平方公尺之前開農地，已有搭建面積150.51平方公尺之違法農舍及鬆緊帶加工廠等非供農業使用之情事，且完成丈量及照相存證，依法不因被告游○○之嗣後申請補繳免徵之土地增值稅，而得免於移送總處法務科裁罰新台幣（下同）18萬6,030元之罰鍰；詎被告游○○於會勘次日中午某時，在友人住處內，向負責監督前揭查核作業之被告甲請求免予課罰，被告甲即基於圖利被告游○○之意思，即以電話對被告乙具體指示勿將被告游○○之違章案件移送裁罰，而由被告游○○以自動申請補繳土地增值稅之方式結案；嗣被告游○○、乙及甲即基於共同圖利被告游○○本人之犯意聯絡，由被告游○○於86年11月19日向員林分處申請按一般土地案件補繳土地增值稅，被告乙即於同年11月20日據以完成「自動申請補稅」查核作業，同年11月24日函附繳款書，准被告游○○補繳本稅及利息共115萬2,089元，並於被告游○○繳稅後，即予註銷被告游○○所有該筆農地之管制結案，因認有圖利被告游○○免於受罰18萬6,030元，而均觸犯貪污治罪條例第6條第1項第4款對於主管或監督之事務，直接圖利罪。

二、本件公訴人認被告涉有前揭罪嫌，無非係以證人陳○○、賴○○證述有關會勘小組完成對被告游○○所有之前揭農地調查程序，並有證人柯○○就查核作業之證述及講習會公函節文、輔導函、土地增值稅選案查核檔核對清冊、土地會勘記錄簡記草稿、申請書、查核記錄、現場會勘記錄檢附照片七幀、被告乙與被告甲間之通話譯文等證據爲論斷之主要依據。惟訊據被告甲、乙及游○○均堅決否認涉有何貪污治罪條例之圖利罪嫌。被告甲辯稱：對於農業用地移轉免徵土地增值稅列管查核作業之調查程序，依例須由稅捐機關人員會同當地農業課人員及地政機關人員至現場丈量、拍照，並製成「免徵土地增值稅之農業用地定期實施查核清單」，由會勘人員簽章，方屬完成調查程序，而被告游○○所有之前揭農地並未正式調查完成，則被告游○○申請自動補繳，依法當無再移送裁罰之必要；縱認被告游○○之不繼續耕作情事已爲稅捐機關所得悉，但其自動申報補稅，業已達稅課行政之目的，且符合稅捐稽徵法第48條之2第1項免予處罰之行政裁量規定，如施以裁罰，即與比例原則有所相違；又稅捐機關應本於「愛心辦稅」之原則，鼓勵納稅義務人繳納本稅，充實稅目，避免行政成本過高之裁罰行爲過度濫用等語。被告乙則辯以：依財政部80年台財稅字第801253598號函示規定，免徵土地增值稅列管農業用地之調查基準日係以排定日期函請有關單位會同調查或勘查之發函日爲調查基準日，而本件被告游○○之前開農地，尚未經伊函請有關單位派員會同調查，且寄達被告之輔導函亦無20日補稅期限之記載，故在未實地進行調查前，自應受理被告游○○之補稅申請；又被告游○○之自動補稅金額爲115萬2,089元，相較於如課處罰鍰之金額18萬5,445元，顯然爲多，何能謂有圖利被告游○○之有。至被告游○○則稱：伊於接獲員林分處之補稅輔導函後，囿於對稅法毫無所悉，適於86年11月間某日偶遇時任員林分處主任之被告甲，乃就輔導函之內容請益，並獲被告甲建議以自動補稅爲宜，伊遂向員林分處申請自動補稅，而被告依公務人員就法令之釋示，擇一有利於己者而行之，乃爲人之常情，究不能以此即謂圖利於己，進而論以刑事上應罰之罪責；況補繳土地增值稅後，是否仍應課處罰鍰，既非伊所得左右，被告甲亦無何承諾，自不能認爲伊與被告甲及乙有犯意聯絡及行爲分擔，即與共犯之要件並不相符等語資爲辯解。

三、按犯罪事實，應依證據認定之，無證據不得推定其犯罪事實；又不能證明被告犯罪者，應諭知無罪之判決，刑事訴訟法第154條、第301條第1項分別定有明文。經查被告甲原任員林分處主任一職，被告乙則爲員林分處財產稅課稅務員，均爲依法令從事公務之人員，被告乙並爲執行彰化縣「87年度農業用地移轉免徵土地增值稅列管查核作業」之稅務員，業據被告甲及乙所自承無訛；依前開查核作業之規定，被告乙應於86年11月1日至87年1月31日間，會同彰化縣大村鄉公所農業課課員賴○○、彰化縣員林地政事務所課員陳○○共3人組成會勘小組，負責就總處核發之「土地增值稅選案查核檔核對清冊」中勾選180筆列管農地進行查核，而被告游○○亦爲該查核對象之一，此有卷附之土地增值稅選案查核檔核對清冊可稽，而依財政部訂頒之「稅捐稽徵法第48條之1所稱調查之作業步驟及基準日之認定原則」規定，被告乙應按交查次序，於調查或清查作業期限內，排定日期函請有關單位派員會同調查或勘查，並以發函日爲調查基準日，惟查核實務上多不發函邀集，而以電話連繫，並以實地會勘查核之日爲調查基準日，此業據被告乙所提附卷之賦稅法令彙編中財政部80年台財稅字第801253598號函影本及證人即彰化縣稅捐稽徵處股長柯○○於調查局彰化縣調查站

（下稱調查站）調查時證述甚詳；訊據證人陳○○證稱：「（被告游○○大村鄉過溝段101之3土地有無會勘？）稅捐處人員乙會通知我與賴○○會勘，該筆有去丈量拍照，時間已忘，是當事人申請補稅後提出異議，才去勘查，因當事人認爲補稅太高，才去丈量違規補稅面積」，證人賴○○於本院庭訊時復證稱：「（大村鄉過溝段101之3號地主申請補稅前有無去會勘？）沒有」，是依證人陳○○、賴○○前揭證述，被告乙顯未於被告游○○自動申請補稅前會同會勘小組成員爲實地之查核行爲。雖證人陳○○於調查站調查時稱：「係在會勘後補繳」，並於偵查中與證人賴○○同稱：「他（即被告游○○）對稅單有意見，他認爲他沒有把全部的農地全蓋，沒有全部違規，他認爲他不應罰那麼多，當天是因他有異議，才去看第2次」、「我們第1次認爲他有超過5分之1，跟他罰全部的，而他認爲香菇寮不應計入違章的範圍，所以才去看第2次」等語，但均未指明該現場調查係於被告游○○自動申請補稅之前或後爲之，又被告游○○曾對「稅單」表示異議，但查被告乙既未將被告游○○不繼續耕作之情形移送總處法務科裁罰，自無「違章稅單」可言，則證人陳○○、賴○○於偵查中所稱之稅單，顯然即係員林分處於86年11月24日以彰稅員分二字第031823號函所發准被告游○○自動申請補繳土地增值稅函文中所檢附之「自動補繳土地增值稅繳款書」，惟該函既係依被告游○○於同年11月19日之補稅申請書而來，則證人陳○○、賴○○於偵查中證稱對被告游○○所有之農地已完成二次查核等語，即係於被告游○○申請自動補稅後所爲，核與證人陳○○、賴○○前揭所稱係申請補稅後才去勘查，申請補稅前未去勘查等語相符；此外，土地會勘記錄簡記草稿依前所述，應係作成於被告游○○對核定補繳本稅提出異議後，且被告游○○所有之該列管農地並無會勘資料，業據彰化縣稅捐稽徵處87彰稅財字第132960號函復甚明，故被告乙所辯係於被告游○○自動申請補稅後，始會勘調查，並擬俟被當游○○未依限補稅時，再將測量結果套繪於實地查核清單等情，即足堪採，是尚難以證人陳○○、賴○○於調查站及偵查中之供述，而爲被告乙及甲不利之認定。至公訴人所指之現場會勘記錄檢附照片7幀，係於87年4月2日會勘所作，此有卷附之「彰化縣大村鄉過溝段101之3地號土地現場會勘記錄」可稽，而土地增值稅選案查核檔核對清冊、申請書、查核記錄（似指土地增值稅選案查核檔核對清冊中有關被告游○○影本部分）等物均不足以證明被告乙對被告游○○所有前揭土地之會勘調查日在被告游○○自動申請補稅前，另被告乙、甲於86年11月13日通話錄音中，雖有：「我昨天去量好了，沒送違章，全部補繳加利息」等語，但查無證據足以證明被告乙於被告游○○申請補稅前已完成調查作業，已如前述，是被告乙稱當時係爲虛應被告甲關説所爲之應對，尚非無據，即不能以該電話錄音爲被告乙及甲不利之認定。從而，證人陳○○、賴○○於調查局及偵查中所爲之不完整證述及被告乙與被告甲間之通話錄音、土地會勘記錄簡記草稿等物，均不能認定被告乙於被告游○○自動申請補稅前業已完成調查作業，則被告游○○於86年11月19日向員林分處申請自動補稅，並依限於繳納期限內補繳，即符合稅捐稽徵法第48條之1免罰之要件。

四、次按被告游○○所有前揭農地之實際未繼續耕作之面積並未達列管總面積5分之1，設如經稽徵機關調查後移送裁罰，其應罰之金額爲18萬6,030元，相較於被告游○○所申請補稅之金額115萬2,089元顯然爲少，有彰化縣大村鄉過溝段101之3地號土地現場會勘記錄之會勘面積及員林分處彰稅員分二字第031829號函可資爲證；又農地違章使用，未達該宗土地5分之1者，經處以罰鍰案件，即不再補徵土地增值稅本稅，並就該部分解除列管，業據彰化縣稅捐稽徵處87彰稅財字第132960號函復明；則被告游○○縱如農地違章使用部分經稽徵機關於補報前調查，亦因其違章面積未逾5分之1，繳交罰鍰後即得免補本稅並解除該部分之列管，惟捨此不爲，反繳交遠多於可能受裁罰金額近97萬元之稅額，客觀上可否認爲對其絕對有利，不無疑義，蓋繳交原免土地增值稅之本稅及利息，僅係解除稽徵機關之列管查核，有前揭彰化縣稅捐稽徵處87彰稅財字第132960號函可資參照，且觀被告游○○於該農地上，確有從事菌種培育之農作，有「彰化縣大村鄉過溝段101之3地號土地現場會勘記錄」可稽，被告游○○如無意擴大不繼續耕作之面積，即難認自動申請補稅較之將違章部分移送裁罰對其爲有利。況查被告游○○所有之前揭農地於未經調查前即自動申請補稅，已如前述，從而，被告乙、甲主觀上顯難認爲有圖利被告游○○之犯意存在，自不足以認定被告乙、甲有違反稅捐稽徵法第48條之1第1項之規定，而爲圖利於被告游○○之舉。

五、另查被告甲於86年11月13日下午2時20分許雖對被告乙指示：「游○○，這個他要繳，不要送罰」、「妳不要送法務科」、「我們不要送違章，送下去就罰」等語，有卷附之通話譯文載述甚詳，但查被告游○○於自動申請補稅前並未經調查，業如前述，可資以構成公訴意旨所指之應予移罰情狀顯然欠缺，則被告甲對被告乙之指示免送裁罰，客觀上即與圖利被告游〇〇之構成要件不該當，應認被告所爲尚不足成立對於主管或監督事務，直接圖利犯行。

六、末按因身分或其他特定關係成立之罪，其共同實施或教唆幫助者，雖無特定關係，仍以共犯論，固爲刑法第31條第1項所明定，惟仍應有具有該身分或其他特定關係之人成立犯罪爲要件，否則自無所謂共同實施或教唆幫助可言。查公訴意旨以被告甲、乙涉有貪污治罪條例第6條第1項第4款之對於主管或監督之事務，直接圖利罪嫌，並以被告游〇〇係與具公務員身分之被告甲、乙2人共同實施犯罪，認依刑法第31條第1項之規定論以共犯等語；惟查尚不足以證明被告甲、乙有公訴意旨之犯行，已如前述，故被告游〇〇自無所謂共同實施犯罪可言，與刑法第31條第1項所定要件即有不符，自不能被告游〇〇有公訴人所指之犯行。

七、據上所述，公訴意旨所提之證據均不足以證明被告甲、乙及游〇〇有共同觸犯貪污治罪條例第6條第1項第4款對於主管或監督之事務，直接圖利罪，此外，復查無其他積極之證據足認被告等3人涉有何公訴人所指之犯行，應認不能證明被告等3人犯罪，均應爲無罪之諭知。

據上論斷，應依刑事訴訟法第301條第1項判決如主文。

本案經檢察官林忠義到庭執行職務。

中　華　民　國　〇〇　年　〇〇　月　〇〇　日

台灣彰化地方法院刑事第三庭

法官　余仕明

上正本證明與原本無異。

如不服本判決，應於判決送達20日內向本院提出上訴狀（須附繕本）。

法院書記官　鄭秀鑾

中　華　民　國　〇〇　年　〇〇　月　〇〇　日

台灣彰化地方檢察署檢察官上訴書

88年度上字第30號

被告　甲

被告　乙

被告　游〇〇

上列被告等因貪污治罪條例案件，經台灣彰化地方法院於中華民國88年2月3日爲第一審判決（87年度訴字第870號），本檢察官於88年3月1日收受判決正本，認爲應行提起上訴，茲將上訴理由敘述如下：

一、原審判決略以審判庭訊時，證人陳○○證稱：「稅捐處人員乙會通知我與賴○○會勘，……是當事人申請補稅後提出異議，才去勘查，因當事人認爲補稅太高，才丈量違規補稅面積。」證人賴○○證稱：「（申請補稅前有無去會勘？）沒有」；另證人陳○○、賴○○於調查站、偵查中雖均證稱游○○對「稅單」有意見，才去看第二次等語，但均未指明該現場調查係於被告游○○自動申請補稅之前或後爲之，而被告乙既未將被告游○○不繼續耕作之情形移送總處法務科裁罰，自應係指「自動補繳土地增值稅繳款書」，而此係依被告游○○申請而來，始而完成對於其所有農地之2次查核；另被告乙、甲之通話內容，只是被告乙虛應被告甲關說所爲之應對；再被告游○○設如經稽徵機關調查後移送裁罰，其應罰之金額爲18萬餘元，且不補徵土地增值稅本稅，並就該部分解除列管，而其自動補稅115萬餘元，客觀上可否認爲對其絕對有利，不無疑義；綜而認定與圖利罪之構成要件不該當，因認被告3人圖利罪嫌不足，而爲無罪之諭知，固非無見。惟查，本案之主要關鍵在於被告乙於被告游○○申請自動補稅前，是否業已對被告游○○所有農地進行實地勘查、丈量之查核程序，且即已發現其實際未繼續耕作之面積未達列管總面積5分之1，依法應送裁罰而未送？暨被告乙、甲之電話通話內容之眞意爲何？再被告游○○自動補稅115萬餘元，與繳納裁罰18萬餘元間之利、害關係爲何？而查：

(一)(1)被告甲與乙間於「88年11月13日至17日」之電話通聯紀錄記載：「甲：【妳昨天【清查】游○○大村過溝段，他那有搭起來？」，乙：「游先生？」，甲：「游○○，這個他要【繳】，不要【送罰】。」，乙：「他要自己【補稅】？」……甲：「不要緊，不要【罰】，若沒【繳】，仍要罰100多萬，70多萬是20%，【有超過20%】？」，乙：「沒超過20%。」，……甲：「妳不要送法務課。」，乙：「我給他【5天】時間。」，……甲：「我們不要送【違章】，送下去就【罰】。」，乙：「【自動補稅】是通通要補，那5分之1。要【違章】才能算5分之1。」，……乙：「……【我昨天去量好了】。沒送違章，全部補繳加利息。」……。」等對話；除極其顯著表明乙確已於「86年11月12日至16日」內某日，對於被告游○○所有農地進行清查、丈量外，並已12萬分明白「違章，沒超過20%」，否則又何須討論區分「送罰」或「補繳」、「5分之1」或「全部」之結果異同！又何須依財政部80年2月28日台財稅字第801240852號函頒之「農業用地移轉免徵增值稅案件管制檢查作業要點」第5項第5款：「……應於查核完竣後【5日內】，由稽徵機關發函通知土地所有人，……」規定，酌爲「5日」之期間！又豈是「目測」2字，得以含混！

(2)被告游○○所有位於彰化縣大村鄉過溝段101之3地號農地，面積廣達1,278平方公尺，且此塊土地周遭除植有樹籬、設有駐欄與外界區隔外，並以不透明之鐵皮、石棉瓦、水泥牆等材質建構有住家（面積41.86平方公尺）、鬆緊帶加工廠（面積108.65平方公尺）、菌種場（面積488.26平方公尺）各1棟，此有調查站於87年4月2日之「彰化縣太村鄉過溝段101之3號土地現場會勘紀錄1份附卷可稽；則被告乙僅係一稅籍人員，如何完全無須憑藉地政人員、農業課員之專業判斷、指界與丈量儀具輔助，更無須現地實陳查勘，身處鄰地內（何塊鄰地亦不詳）之一處定點，神乎其技般，兼具三度空間立體、透視、尺規之視野特景異能，毫無疑慮的以「目測」、「直覺」判定「有違章」？「違章幾處」？「何種違章」？「違章，沒超過20%」？如此陳詞，竟爾輕易採信，荒謬莫此爲甚！

(3)而依前揭（1）所述，被告乙於實地查核後，容有「5日」期間，非立即送總處法務課裁罰，而被告游○○卻迅即於翌日向被告甲請託不要送罰，被告甲亦果即指示被告乙不要將此違章案件送罰，嗣被告乙依指示辦理，並另由被告游○○於86年11月19日「申請自動補」，致未送裁罰；則本件自始當無「違章稅單」可言，蓋其乃被告3人犯罪所「必然」，卻爲依法所「不應然」之犯罪結果，豈容倒果爲因，推斷爲「申請自動補稅」前，尚未進行實地查核工作，況且，被告游○○早在9月間即已收受自動補稅之輔導函，2個月間遲遲未有舉動，若非已經被告乙實地查核並發現有「違章」應裁罰情狀，被告游○○何須急切於翌日拜託被告甲要求「自動補稅」！

(4)被告游○○於87年3月31日接受調查站調查時業已坦承：「實際上是乙會同相關單位人員先到大村鄉過溝段101之3地號土地先做現場勘查，當時我曾拜託乙不要查報我非農業使用的土地增值稅案件，乙當場表示給我幾天時間，……之後，我就於86年11月16日提出自動補繳申請。」等語，嗣於偵查中（87年6月25日，第21頁背面）亦坦承：「在去年年底稅捐處人員至現場看過，乙是以口頭要我去自動補繳，確實日期已不記得了，是在調查站錄音的前天，……。」等語，核與前開電話通聯紀錄記載被告乙已知「有違章，未超過5分之1」，且曾說：「我給他5天時間。」之情節相符；另被告乙於87年3月31日接受調查站調查時亦坦承「因游○○前述過溝段101之3地號，我雖曾會同相關人員會勘，且發現有部分土地違章，但一般要確認是否違章都會會勘2次以上，待地號無誤及確定違章才送罰，……且渠後來自動補稅，所以未移送法務課，……（勘查之時間爲何？）應該在86年11月13日到86年11月17日之間。」等語；甚者，始終未聞被告游○○、乙提出任何不當取供之抗辯。是法院捨棄當事人記憶猶新之調查與偵訊中之陳述內容不採？復未隻字片語敘明捨棄不採之理由，即遽以認定被害人於審判中之陳述內容可採？其證據取摘根據安在！又豈合於「案重初供」之證據法則！

(5) 證人陳○○於87年3月5日接受調查站調查時乃證稱大村鄉過溝段101之3地號土地地主係在渠會同乙、賴○○會勘後補繳土地增值稅等語，嗣於偵查中亦證稱調查中所言實在；另證人賴○○於87年3月6日接受調查站調查時原本證稱渠已沒有印象等語，嗣於偵查中亦證稱調查中所言實在；再證人陳○○、賴○○2人於偵查中繼又結證供稱：「……他認爲他沒有把全部的農地全蓋，全部【違規】，而他認爲不應【罰】那麼重，當天是因他有異議，才去看【第2次】。……我們第1次認爲他有超過5分之1，跟他【罰全部】的，而他認爲香菇寮不應記入【違章】的範圍，所以才去看第2次。」（87年9月4日，第82頁背面）；是雖未敘明勘查日期，但證人2人乃明確使用「違規、【罰】、【違章】等文字，而非使用【補稅】無訛。再者，證人賴○○於審判中竟忽爾記憶特新，證述詳盡之處，躍然紙中，猶如當時情景重映，乃違乎常理。復綜依前述所證，被告乙於與被告甲以電話聯繫前，早以實地查核過被告游○○前揭土地而發現有違章情事，被告游○○嗣後方提出自動補稅之申請。從而，證人陳○○、賴○○2人於審判中所證純係迴護之詞，不足採信；詎原審推定係申請補稅後才去勘查，明顯違於經驗論理法則，過於率斷，且全然置其他與證人、被告相符證述之諸項既有積極事證於未顧，而背於證據採摘法則。

(6)又若果被告游○○係在乙、陳○○、賴○○3人會勘鄰地時前去「請教」，則必然有周遭鄰地之會勘紀錄可稽；原審亦未調閱該些會勘紀錄，以資審認可能之「請教日」，乃有應調查之證據而漏未調查之違失。

(二) 被告甲歷任稅務員、稽查、股長、審核員、課長，時並擔任彰化縣稅捐稽徵處員林分處主任，乃該分處最高職務主管，浸淫稅務數10年，在稅捐稽徵機關之人脈關係與影響力不可謂不深遠，乃至上班時間可任意離去辦公廳舍，前往友人顧源彰住處交際，而被告乙則僅爲員林分處財產稅課資淺且最基礎之稅務員，倘若其執意以螳臂之力，要將被告游○○違章情事送總處法務課裁罰，公文逐層呈准，能否順利經過被告甲一關而發函，頗令人質疑；再被告甲與乙間之電話通聯紀錄記載：「甲：【游○○，這個他要繳，不要送罰。】……甲：【不要緊，不要罰，若沒繳，仍要罰100多萬，70多萬是20%，有超過20%？】，……甲：【妳不要送法務課。】，……甲：【不要送法務課，他說要繳，……讓他去繳。】，……甲：……『我們不要送違章，送下去就罰。』……。」，先後總計五次具體指示不要將游○○違章情形送法務課裁罰。如此，僅係「虛應」而已嗎？

(三) 務須重申者：按依稅捐稽徵法第48條之1第1項：「納稅義務人自動向稅捐稽徵機關補報並補繳所漏稅款者，凡屬未經檢舉、未經稽徵機關或財政部指定之調查人員進行調查之案件，下列之處罰一律免除；其涉及刑事責任者，並得免除其刑：一……。二、各稅法所定關於逃漏稅之處罰。」規定所明示，納稅義務人務須於「未經檢舉、未經稽徵機關或財政部指定之調查人員進行調查」前，自動向稅捐稽徵機關補報並補繳所漏稅款者，方得免於逃漏稅之處罰，反言之，納稅義務人倘若業已「經檢舉、經稽徵機關或財政部指定之調查人員進行調查」後，方行自動向稅捐稽徵機關補報並補繳所漏稅款者，仍須「依法課罰」，至屬當然；次按依土地稅法施行細則第59條：「依本法第39條之2核定免徵土地增值稅之農業用地，主管稽徵機關應將核准文號註記有關稅制，並列冊（或建卡）保管。」，及財政部前揭「農業用地移轉免徵增值稅案件管制檢查作業要點」第2項：「依土地稅法第39條之2第1項……規定核准免徵土地增值稅之農業用地，稽徵機關應依下列規定列管……」等明文規定，農業用地在依法作農業使用，且移轉與自行耕作之農民繼續耕作，而免徵土地增值稅者，方須予以「列冊（或建卡）保管」，並予定期檢查或抽查有無土地稅法第55條之2項第2款及第3款之情形，易言之，農業用地於移轉時雖免徵土地增值稅，但納稅義務人業已補報繳納土地增值稅者，其法律上之效果爲依法應註銷「列冊（或建卡）保管」而已，茲核與納稅義務人得否免予課處罰鍰，毫無任何關聯。兩者全然不得混為一談，彼此更無互為因果之效應。

再者，判決內文敘明依彰化縣稅捐稽徵處87年12月16日87稅財字第132960號說明欄第3項記載：「農地違章使用，未達該宗土地5分之1者，經處以罰鍰案件，即不再補徵土地增值稅本稅」等語，惟遍觀稅捐稽徵法、土地稅法、土地稅法施行細則及「農業用地移轉免徵增值稅案件管制檢查作業要點」，均無明文規定，殊不知根據為何。

綜上所述，原審判決認事殊有背於經驗論理法則，適用法則亦顯有違誤，其無罪判決之諭知，至有未當。

二、綜上所述，原判決認事用法尚嫌未洽，爰依刑事訴訟法第344條第1項、第455之1條第1項提起上訴，請撤銷原判決，更為合法適當之判決。

此　致

台灣彰化地方法院　轉送

台灣高等法院台中分院

中　華　民　國　○○　年　○○　月　○○　日

檢察官　吳○○

狀別：刑事調查證據聲請狀

案號及股別：○○年○○字○○號○股

被　告　　甲　　身分證字號：○　性別：○　生日：○　住：○

選任辯護人　何志揚律師

為上被告因貪污治罪條例案件，謹依法聲請調查證據聲請事：

一、按依財政部80年8月16日台財稅字第801253598號函釋所示，關於稅捐稽徵法第48條之1所稱進行調查之作業步驟及基準日之認定原則在土地增值稅免稅案件，係指經辦人應按交查次序，於調查或清查作業期間內，排定日期「函請」有關單位派員會同調查或勘查，並以發函日為調查基準日，然本件依彰化縣稅捐稽徵處向來處理前揭清查作業之行政慣例，均未「發函」請有關單位派員會同調查或勘查，而係僅以電話連繫約定調查或勘查日期，此並經證人陳○○、賴○○於偵查、原審結證屬實，因此如依財政部首揭函釋之旨，自無從認定調查基準日，準此，請鈞院向財政部函詢下列事項：

(一) 若經辦人未按交查次序，於調查或清查作業期間內，排定日期函請有關單位派員會同調查或勘查，則實務上如何認定調查基準日？是曾得逕以農地清查會勘小組至實地查核調查會勘日爲「調查基準日」？

(二) 農地非供農業使用之違章案件，如依土地稅法第55條之2送裁罰，是否仍要追補本稅？（按若無須追補本稅，則本案游◯◯自動補繳土地增值稅遠比送裁罰還受損害，因而無利可圖）。

二、待證事實－前揭函詢事項係攸關稅捐稽徵法第48條之1及土地稅法第55條之2之適用範圍，被告甲等三人是否涉嫌爲不法之行爲以圖利私人？

謹　狀

台灣高等法院台中分院刑事庭

中　華　民　國　◯◯　年　◯◯　月　◯◯　日

具狀人　甲　　　　簽名蓋章

選任辯護人　何志揚律師

狀別：刑事辯護意旨狀

案號及股別：◯◯年◯◯字◯◯號◯股

被　告　　甲　　身分證字號：◯　性別：◯　生日：◯　住：◯

選任辯護人　何志揚律師

爲上被告因貪污治罪條例案件，謹依法提出辯護意旨事：

一、按公訴人上訴意旨認被告涉嫌違反貪污治罪條例第6條第1項第4款之罪者，係以游◯◯於會勘小組查勘調查後之翌日（86年11月13日至17日某日）中午某時，在友人住處內，向職司監督前揭查核作業之員林分處主任甲請求不要對其課以罰鍰，甲即基於圖利游◯◯之意思，以電話聯絡具體指示乙違法不要將游◯◯之違章案件送交總處法務課課罰，而由游◯◯逕以申請自動補繳該筆農地土地增值稅之方式結案：甲、乙、游◯◯3人即基於共同游◯◯本人之犯意聯絡，由游◯◯於同年11月19日向員林分處出具申請書申請按一般土地案件補報繳土地增值稅，並由乙於同年12月11日完成「自動申請補稅」查核作業，而以86年11月24日彰稅員分二字第031829號函檢附繳款書一份，准予游◯◯補繳本稅加計利息共115萬2,089元，並註銷該筆農地之管制後，即行結案，因而圖利游◯◯免於受罰18萬6,030元。

二、惟查，本案被告爲彰化縣稅捐稽徵處員林分處主任，固曾與同案被告乙以電話詢問關於被告游◯◯所有土地自動補稅之事，然對該筆土地是否已經「會勘人員調查，認定有非農業使用之情形」並不知情，況且本案被告究竟有無對主管或監督事務，直接圖利他人，尚須檢視以下要件而定：

甲、游○○申請自動補稅是否合於稅捐稽徵法第48條之1規定；

乙、被告甲等是否有圖利游○○之直接故意；

丙、游○○是否受有利益。

甲、關於是否適用稅捐稽徵法第48條之1部分：

依稅捐稽徵法第48條之1規定，固然納稅義務人務須於「未經檢舉、未經稽徵機關或財政部指定之調查人員進行調查」前，自動向稅捐稽徵機關補報並補繳所欠稅款者，方得免於處罰，惟其中所謂經稽徵機關或財政部指定之人員「進行調查」，涉及進行調查之作業步驟及基準日之認定原則，及調查是否已完竣足以認定違章事實（即如在調查基準日前或尚未調查完竣前申請自動補稅仍應爲法之所許）：

(一)關於調查基準日之認定：

依財政部80年8月16日台財稅字第801253598號函釋所示，關於稅捐稽徵法第48條之1所稱進行調查之作業步驟及基準日之認定原則在土地增值稅免稅案件，係指經辦人應按交易，於調查或清查作業期間內，排定日期函請有關單位派員會同調查或勘查，並以發函日爲調查基準日，然本件依彰化縣稅捐稽徵處向來處理前揭清查作業之行政慣例，均未「發函」請有關單位派員會同調查或勘查，而係僅以電話連繫約定調查或勘查日期，此並經證人陳○○、賴○○結證屬實，因此如依財政部首揭函釋之旨，自無從認定調查基準日，惟公訴人逕率自越俎代庖代替有權解釋機關——財政部解釋，而認本件應以農地清查會勘小組至實地查核調查會勘日爲「調查基準日」，顯有司法權侵害行政權，違反三權分立原則之虞，其見解殊難足採。職是，本案應從稅捐稽徵法第48條之1之立法目的，去探究「進行調查」之意，而該條之規定無非係在鼓勵納稅義務人自動履行其公法上補繳所欠稅捐之義務，故所謂「進行調查」應作合目的性之解釋，即應指會勘人員已完成調查、查核完竣，認定有違章之事實存在，否則如僅狹義地文義解釋認會勘人員只要曾經去看過該土地或已丈量土地即認「已進行調查」，顯非法之本意（註：懇請鈞院函請主管機關解釋）。

(二)關於本件會勘小組是否已查核完竣部分：

本件同案被告乙與賴○○、陳○○3人組成之會勘小組，根本尚未對游○○系爭農地上有供非農業使用之情事「查核完竣」，蓋依財政部之函釋，所謂「查核完竣」係指須依以下程序辦理（參證1）：

(1) 稽徵機關應於每年展開實地查核前，邀集會勘小組成員協商勘查日程、進度及作業程序。

(2) 實地勘查時，稽徵機關會勘人員應攜帶附有日期相機，就不繼續耕作情形之土地拍照存證。

(3) 稽徵人員應將查核結果記載於定期實地查核清單，並請勘查人員會章。

(4) 會勘小組於勘查完畢後會商認定無法定原因閒置不用或非法令變更爲非農業用地使用者，應於查核完竣後5日內，由稽徵機關發函通知土地所有權人，通知內容應說明不繼續耕作情形及應處罰鍰，如有異議應於收到通知之日起10日內申復，申復案件會勘小組應儘速複勘，並將複勘結果通知土地所有權人。

然本案在被告游○○申請自動補稅（86年11月19日）前被告乙會同員林地政事務所陳○○、大村鄉公所賴○○人員僅至游○○所有土地（按渠等係查勘相鄰地）順路看過「乙次」（並非正式會勘，蓋如係正式會勘應排定日期函請有關單位派員會同調查或勘查，查證2），且並未當場將查核結果記載於「定期實地查核清單」（即會勘紀錄），因爲僅會勘乙次尚難足以「認定」是否游○○系爭大村鄉過溝段101之3地號土地上加蓋之鐵皮非屬農舍而構成非農業使用，以上事實有證人之證詞記明卷附調查筆錄可按，茲將其臚列如后：

(1) 柯○○於87年3月9日法務部調查局彰化調查站（以下稱彰化調查站）調查時證稱：「……在列管查核農地經實地會勘後定有違章之情形，則將會勘地籍資料照片及違規使用現況註記在免土地增值稅之農業用地定期實地查核清單上，送本處法務課進行裁罰，若爲未違章之案件，則由各管區製作【免徵土地增值稅之農業用地定期實地查核清單】，由參與會勘人員會章並註明實際使用情形留存備查。」

(2) 柯○○於87年4月1日復稱：「（問：土地增值稅列管查核作業中，對農舍之認定爲何？）需持有建管單位之執照，始認定爲合法農舍。」

(3) 陳○○於87年3月5日彰化調查站調查時陳證：「清查作業進行時由我帶地籍圖到現地指出地段、地號，賴○○負責是否仍作農用之認定，【若認定已非農用】則丈量非農用土地之面積，並照相存證，前述現場清查資料由乙帶回員林分處，之後每隔一段時間，乙再將在該時段已清查之案件製作成【免徵土地增值稅之農業用地定期實施查核清單】拿予我，在我審視無誤後始在該清單會勘人員欄上簽章。」、「（問：前述過溝段101之3地號土地查核清單拿來會章時，實際使用情形欄上有無註記使用情形？）沒有，當時該欄上係空白的，乙當時向我解釋係因爲該筆土地所有人已向員林分處申請補繳獲准，所以該欄上未註記實際使用情形。」

(4) 賴○○於87年3月6日彰化調查站調查時證稱：「……在會同清查時，【若認定已非農用】則丈量非農用土地之面積，並照相存證，再由乙將現場清查資料帶回員林分處，之後每隔約1個月時間，乙再將在該時段已清查之案件製作成免徵土地增值稅之農業用地定期實施查核清單】拿予我，在我審視無誤後始在該清單會勘人員欄上簽章。」

(5) 陳○○、賴○○於87年9月4日偵訊時結證：「（問：是否會去看原本不是當天所預定要看的地？）也有可能。若順路的話，會順便看」、「（問：當天該地是否排定的？）他對稅單有意見，他認爲他沒有把全部的農地全蓋，沒有全部違規，他認爲不應罰那麼多，當天是因他有異議（按指第1次去看時有異議），才去看第2次（按指游○○申請自動補稅後再去實地勘查、測量）」。

(6) 再則關於陳○○於87年3月5日調查筆錄問以：「前述過溝段101之3地號土地地主補繳土地增值稅係在你會同乙、賴○○會勘前或會勘後？」陳女答稱：「係在會勘後補繳」，按其問題之眞意係詢問陳○○究竟過溝段101之3號地主關於該土地之土地增值稅係何時繳納完畢，而非問以係過溝段101之3號地主申請自動補繳前會勘或於其後會勘？故依文義解釋亦尚難以此認陳○○等人之會勘小組在被告游○○申請自動補繳土地增值稅前即會勘過系爭過溝段101之3號土地。

小結：由以上卷證足徵本案在游○○申請自動補稅前渠等會勘小組根本尚未正式會勘完畢，據以「認定」系爭土地究竟是否有非農業使用之情形，蓋因不僅當事人游○○尚有爭執，連會勘人員皆未將到底游○○之該土地有多少面積土地非供農業使用之情形登載作成會勘紀錄。

(三)此外，本件彰化縣稅捐稽徵處員林分處所寄發於游○○之輔導函，雖係於會勘小組第1次查看系爭土地前送達游○○，然查該輔導函之性質應屬行政法上之行政指導（一種建議、勸導性質），亦非行政執行法上爲強制執行前之告誡書，況於該函中並無依財政部86年12月16日台財稅字第860761726號函釋規定敘明「申請補稅期限」（文到20日內，參證3），且行政法令多如牛毛，豈能苛責當事人應懂前揭稅務法令須於經檢舉或「進行調查」前自動補稅，始得合法，故本案對於會勘小組是否已進行調查，自應作更嚴格、有利納稅義務人之解釋。

據上論結，縱使會勘小組曾去看過游○○土地，並予拍照、丈量，然既尚未認定游○○之土地有違章及丈量違章之面積，自難謂已進行調查，則游○○

申請自動補稅，應屬適法。

乙、被告並無圖利游○○之直接故意：

查本件被告以電話連絡乙時，並不知會勘小組是否已對游○○系爭土地「進行調查」（其解釋應指查核完竣、認定有違章事實），甚至不知乙等會勘小組是否曾去丈量過該土地（由彰化調查站86年11月13日至86年11月17日之監聽錄音帶譯文雙方對話譯文即知），被告固曾告以乙：「不要送罰」、「不要送法務課」等語，惟其用意係在鼓勵游○○自動繳納（被告當時仍相信游某可申請自動補稅），並非對已確知游某不得申請自動補稅之情形，指示乙故意違背職務，不依法送科罰鍰，況申請自動補稅所繳之款項（須加計利息）比依法送處罰鍰之金額多出甚多（自動補稅須繳新台幣115萬2,089元，送罰之應科罰鍰爲新台幣18萬5,445元），蓋依土地稅法第55條之2之規定所處罰鍰，無庸再追繳本稅（與其他稅法規定不同，此觀同法第55條之1即明），且如不繼續耕作面積未達每宗原免徵土地增值稅土地面積之5分之1，其得按實際不繼續耕作面積比率計算，豈能謂有圖利他人之直接故意？

丙、游○○並未受有利益：

按游○○選擇申請自動補繳稅款，反而比受罰金額來很高，已如前述，並未如公訴人起訴書犯罪事實欄所稱受有免於受罰新台幣18萬6,030元之利益。

三、綜上所陳，本案應爲公訴人誤解法令，越權解釋所誤提起之公訴，懇請鈞院翔實調查，迅駁回公訴人之上訴，以正是非，而還被告清白！

謹　狀

台灣高等法院台中分院刑事庭

證據名稱及件數

證1：財政部之函釋。

證2：賦稅法令彙邊。

證3：彰化縣稅捐稽徵處員林分處函。

中　華　民　國　○○　年　○○　月　○○　日

具狀人　甲　　　　簽名蓋章

選任辯護人　何志揚律師

台灣高等法院台中分院刑事判決

88年度上訴字第725號泰股

被告　　　甲

選任辯護人　陳◯◯律師
　　　　　　黃◯◯律師
　　　　　　何志揚律師
被告　　　　乙
　　　　　　游◯◯
上二人共同選任辯護人　劉◯律師
上上訴人因被告等貪污治罪條例案件，不服台灣彰化地方法院中華民國88年2月3日第一審判決（民國87年度訴字第870號，起訴案號：台灣彰化地方檢察署民國87年度偵字第3137號），提起上訴，本院判決如下：

主文

原判決撤銷。

甲、乙、游◯◯共同依據法令從事公務之人員，對於主管之事務直接圖私人不法之利益，甲、游◯◯各處有期徒刑5年，均褫奪公權3年，乙處有期徒刑3年，褫奪公權2年。所圖得財物新台幣9萬3,196元應予追繳發還被害人彰化縣稅捐稽徵處，如全部或一部無法追繳時，以其財產抵償之。

事實

一、甲原任彰化縣稅捐稽徵處員林分處（下簡稱員林分處）主任，乙則爲該分處財產稅課稅務員，均爲依法令從事公務之人員。而彰化縣「87年度農業用地移轉免徵土地增值稅列管查核作業」，係由分處各區稅務員與地政機關先行討論擬定查核對象，於民國（下同）86年7月底前報請彰化縣稅捐稽徵處（以下簡稱總處）核准後，由總處電子作業課製成「土地增值稅選案查核檔核對清冊」等資料轉發予各分處，再由各管區稅務員於同年9月間先以雙掛號郵寄輔導函予列管之農地所有人，載明：「……現該土地如有不繼續耕作情事，未經檢舉及未經稽徵機關或財政部指定之調查人員進行調查前，請速向本（分）處辦理補繳原免徵土地增值稅，如未自動補繳稅款者，將依土地稅法第55條之2規定予以處罰。」等語，繼由總處發函邀集各管區稅務員及彰化縣各鄉、鎮、市公所農業課人員、地政機關人員參與清查講習會，會後即組成會勘小組，自行排定實地查核日期、路線、對象，實務作業上均不另再具函邀集之。稅務員乙即於86年9月間寄發輔導函，而查核對象之一游◯◯亦於同年月26日收受之，乙繼而會彰化縣大村鄉公所農業課課員賴◯◯、彰化縣員林鎮地政事務所課員陳◯◯共3人組成會勘小組，於86年11月1日至87年1月31日期間內，每日裡先行事先選定查核地段，逐筆完成員林分處管區內游○○所有彰化縣大村鄉過溝段101之3地號等共180等農地之實地查核會勘作業，並於86年11月12日至16日某日，業已完成游○○所有前開農地之查勘調查程序，而明知游○○在面積1,278平方公尺之農地上，已有12%面積之土地搭建面積150.51平方公尺之非法農舍及鬆緊帶工廠等違章之非供農業使用情事存在，且有實施現地丈量、照相存證，縱然，游○○嗣後自動申請補繳免徵之土地增值稅，仍應依法移送總處法務課對游○○按違章使用面積比例課處原免徵土地增值稅9萬3,196元之2倍新台幣（下同）18萬6,392元之違章行政罰鍰不符合稅捐稽徵法第48條之1第1項得免除課罰之規定，詎游○○於會勘小組查勘調查後之翌日（86年11月13日至17日某日）中午某時，在友人住處內，向職司監督前揭查核作業之該分處主任甲請求不要對其課以罰鍰，被告甲即基於圖利游○○之意思，隨即以電話聯繫具體指示乙違法不要將游○○之違章案件送交總處法務課課罰，而由游○○逕以申請自動補繳該筆農地土地增值稅之方式結案；甲、乙、游○○3人即基於共同圖利游○○本人之犯意聯絡，由游○○於同年11月19日向員林分處出具申請按一般土地案件補報繳土地增值稅，並由乙於同年21日完成「自動申請補稅」查核作業，而以86年11月24日彰稅員分二字第031829號函檢附繳款書一份，准予游○○補繳本稅加利息共115萬2,089元，並註銷該筆農地之管制後，即行結案，因而圖利游○○免於受罰9萬3,196元。

二、案經法務部調查局彰化縣調查站移送台灣彰化地方檢察署檢察官偵查起訴。

理由

一、訊之被告甲、乙供承，甲於86年間任彰化縣稅捐處員林分處主任，乙爲該分處財產稅課稅務員，負責彰化縣大村鄉87年度農業用地移轉免徵土地增值稅列管查核作業於同年10月24日函附繳款書准游○○補繳土地增值稅後註銷游某前開土地之管制。被告游○○亦坦認其所有移轉時免徵土地增值稅之前開大村鄉過溝鄉101之3號土地中有150.51平方公尺用以搭建農舍及鬆緊帶工廠未繼續作農耕使用，但皆否認有右開圖利犯行。甲辯稱：游○○之前開農地係在尚未調查完成之前補繳土地增值稅，依法不必裁罰。乙辯稱：游○○之土地尚未調查，那時還在宣導期，游○○是在未完成調查前自動補繳土地增值稅115萬2,089元，相較裁罰18萬多元爲多，應無違法。游○○辯稱：有一天伊在路邊遇到乙，有請教她繳款之事，乙要伊趕快補繳，伊已分期繳納土地增值稅等語。

二、經查，依稅捐稽徵法第48條之1第1項：「納稅義務人自動向稅捐稽徵機關補報並補繳所漏稅款者，凡屬未經檢舉、未經稽徵機關或財政部指定之調查人員進行調查之案件，下列之處罰一律免除；其涉及刑事責任者，並得免除其刑：一、……。二、各稅法所定關於逃漏稅之處罰。」規定所明示，納稅義務人務須於「未經檢舉、未經稽徵機關或財政部指定之調查人員進行調查」前，自動向稅捐稽徵機關補報並補繳所漏稅款者，方得免於逃漏稅之處罰，反言之，納稅義務人倘若業已「經檢舉，或經稽徵機關或財政部指定之調查人員進行調查」後，方行自動向稅捐稽徵機關補報並補繳所漏稅款者，仍須依法課罰，至屬當然。

三、查彰化縣稅捐稽徵機關辦理「87年度農業用地移轉免徵土地增值稅列管查核作業」，實務作業上均未對有關單位發函，係由總處發函邀集各管區稅務員及彰化縣各鄉、鎮、市公所農業課人員、地政機關人員參與清查講習會，會後組成會勘小組，自行排定實地查核日期、路線、對象，故所謂之「調查基準日」均不以財政部80年8月16日台財稅字第801253598號函頒之「發函日」為認定原則，而係以農地清查會勘小組至實地查核調查會勘日為「調查基準日」，而乙與陳○○、賴○○擔前開地區農地調查之會勘日期皆以電話連繫，不另發函，倘列管對象在收到輔導函後未自動申報補稅，嗣經會勘小組實地勘查獲認定「違章」者，即不准農地承受人辦理補申報補繳土地增值稅一律應移送總處法務課依法課罰，不得依稅捐稽徵法第48條之1第1項規定免除一節，業被告甲、乙分別供陳不諱（甲87年3月31日調查筆錄，87年偵字第3137號卷第84頁），並據證人柯○○、陳○○、賴○○於調查及本院審理中證述無訛（柯○○87年3月9日調查筆錄、本院卷第49頁）。復有陳○○提出之講習會公函節文、彰化縣稅捐稽徵處輔導函影本各一份等附卷可稽。被告乙、甲辯謂游○○之前揭農地尚未完成調查云云，要屬飾卸之詞，不足採取。

四、次查被告游○○於同年9月26日收受員林分處所寄發之輔導函後未曾具狀申請自動補稅，嗣被告乙會同證人賴○○、陳○○所組成之會勘小組，在86年11月12日至16日內某日即已完成對游○○所有前揭土地查勘調查、現地丈量、照相存證程序，並查獲其在面積1,278平方公尺之農地上，有搭建面積共150.51平方公尺之非法農舍及鬆緊帶工廠等非供農業使用情事存在，且乙亦曾作成「查核清單」交由賴○○、陳○○會簽收回員林分處存查，當時游○○曾拜託乙不要查報其非農用之土地增值稅案件，乙當場表示給伊幾天時間，游○○並於實地查核之翌日，始在友人住處向被告甲請託免於受罰，而甲受其請託後，果以電話連絡乙具體指示不要將游○○送罰，游○○因害怕土地每年被列管，每年要來勘查，爲免再列管乃決定補繳全部之土地增值稅，並於86年11月19日始申請自動補稅等情，亦據被告游○○迭於彰化縣調查站調查時、偵查及原審審理中坦承不諱（87年3月31日調查筆錄、偵字第3137號卷第109、210頁、原審卷第26頁），證人陳○○、賴○○於彰化調查站調查時亦稱游○○是在渠等會勘後補繳增值稅，其會勘時有丈量及照相存證等語，復有輔導函掛號郵件收件回執、「土地增值稅選案查核檔核對清冊」、前揭土地會勘紀錄簡記草稿、申請書、查核紀錄現場會勘紀錄檢附照片7幀附卷可稽。另查，被告甲與乙間之電話通聯紀錄記載：「甲：【游○○，這個他要繳，不要送罰。】，乙：【他要自己補稅？】……甲：【不要緊，不要罰，若沒繳，仍要罰100多萬，70多萬是20%，有超過20%？】，乙：【沒超過20%。】，……甲：【妳不要送法務課。】，……甲：【不要送法務課，他說要繳，愛心辦稅，讓他去繳。】，……甲：【我們不要送違章，送下去就罰。】，……祝：【自動補稅是通通要補，沒有那5分之1。要違章才能算5分之1。】，……乙：【我昨天去量好了。沒送違章，全部補繳加利息。】……。」有該通話紀錄譯文可稽，甲於彰化縣調查站調查時於聽完上開監聽錄音後亦供認曾指示乙免將游○○上述違章案移送裁罰。被告游○○之上述供詞與鑑定錄音內容相符。顯示甲乃具體指示乙不要將游○○違章情形送去法務課裁罰，而乙並於通話前一日，業已完成調查丈量程序，猶見甲、乙於事發辯稱，無調查基準日，未經調查完成，於清查鄰地他案時偶遇游○○，電話中只是討論未指示免予送罰云云，全係飾卸之詞，均不足採。而證人賴○○、陳○○於調查及偵查中皆稱：游○○是在渠等會勘後始自動申請補繳，已見前述。賴○○、陳○○嗣又改稱：是游○○申請補稅後認爲違章面積沒那麼多，稅額太高，而有異議，渠等才又去第2次會勘（偵查卷第84頁），被告乙於偵查中亦稱第1次是游○○自動申請補繳拿到稅單後發現金額太多，申請補繳後去的，第1次未將違章面積記載清楚才去第2次等語（偵查卷第84頁反面）。渠3人所述非但與渠等先前在調查站調查時所述迥異，顯係事後卸責及迴護之詞，況查被告游○○係在乙、陳○○、賴○○3人實地會勘查明有約5分之1農地非供農用，係託被告甲請其免予移送裁罰之後，因害怕該地年年被列冊管制查核非常麻煩，乃決定申請補繳全部之土地增值稅，以免再被列管每年須要查核，乃以自行申請自願補繳全部稅款之方式爲之，與查獲違章後對於違章情節（即違法使用面積範圍）有異議聲請重核之有異，根本無所謂違章面積及接獲稅單後稅額太高而有異議之情形，益見被告、陳○○、賴○○事後翻異前詞附和乙所爲之上述證言顯然不實，無可採信。

五、按土地稅法第55條之2第1項第3款，依同法第39條之2第1項取得之農業用地，取得者於完成移轉登記後，有非依法令變更爲非農業用地使用者，處免徵土地增值稅額2倍之罰鍰，其金額不得少於取得時申報移轉現值2%。同法條第2項規定，前項應處罰鍰之土地，不繼續耕作面積未達每宗土地原免徵土地增值稅土地面積之5分之1，其罰鍰得按實際不耕作面積比率計算。但以1次爲限。又依土地稅法施行細則第59條：「依本法第39條之2核定免徵土地增值稅之農業用地，主管稽徵機關應將核准文號註記有關稅制，並列定免徵土地增值稅之農業用地，主管稽徵機關應將核准文號註記有關稅制，並列冊（或建卡）保管。」及財政部80年2月28日台財稅字第801240852號函頒之「農業用地移轉免徵增值稅案件管制檢查作業要點」第2項：「依土地稅法第39條之2第1項……規定核准免徵土地增值稅之農業用地，稽徵機關應依左列規定列管……」等明文規定，農業用地在依法作農業使用，且移轉與自行耕作之農民繼續耕作，而免徵土地增值稅者，方須予以「列冊（或建卡）保管」，並予定期檢查或抽查有無土地稅法第55條之2第2款及第3款之情形，易言之，農業用地於移轉時雖免徵土地增值稅，但納稅義務人業已補報繳納土地增值稅者，其法律上之效果爲依法應註銷「列冊（或建卡）保管」，是依土地稅法第39條之2核定免徵土地增值稅之農業用地，固得由納稅義務人補報繳納土地增值稅，以註銷列冊保管，惟其未自動申請補繳土地增值稅而有非依法令變更爲非農業用地使用一經查獲，即應成立違章，依法處以罰鍰，二者截然不同。本件被告游○○所有前開農地面積1,278平方公尺原免徵之土地增值稅爲78萬9,804元有土地登記簿謄本，所有權狀影本、買賣契約書，土地增值稅申報書卷可按（偵查卷第40、42、47頁），而經會勘結果該地上建有非農業用之鬆緊帶加工廠108.65平方公尺，住家41.86平方公尺共計150.51平方公尺，約占面積12%（應爲11.8%）要處罰鍰18萬5,445元（正確計算應爲18萬6,392元），業據被告乙陳明（偵查卷第85頁正面）並有會勘紀錄表、現場照片等在卷（附在法務部調查局彰化縣調查站調查卷），雖被告游○○已於86年11月19日申請補行繳納，並於87年1月2日繳納原免徵之土地增值稅（另加利息），有土地增值稅繳款書可稽（偵查卷第69頁），然亦僅該地之使用未構成違章部分得由稅捐機關註銷列管而已，其前開非法變更使用部分自應依按比例處以2倍罰鍰。被告等辯謂游○○繳納之稅額較應處之罰鍰多出甚多，並無圖利云云，固非可採。惟查土地稅法對於上述免徵土地增值稅之違章案件，並無處以原免徵稅額2倍之罰鍰之外另追繳原免徵之稅額之規定，且依前述規定亦僅罰1次爲即，被告游○○既已自行連同違章使用部分原免徵之土地增值稅9萬3,196元併爲繳納，自應將此部分之金額扣除，認其圖利金額爲9萬3,196元。

六、綜上說明，本件被告等之罪證明確，犯行堪以認定，應予依法論科。被告甲聲請向財政部函查調查基準日之認定及依土地稅法第55條之2送裁罰案件是否仍要追補本稅以證明其無圖利一節，本院認爲事實已臻明確，核無必要，併予敘明。

七、核被告甲、乙、游○○所爲，均係犯貪污治罪條例第6條第1項第4款之對於主管之事務，直接圖利罪，又被告3人間關於前揭犯行，有犯意連絡與行爲分擔，均爲共同正犯；其中被告游○○係雖非公務員惟其與具有公務員身分之被告甲、乙2人共同實施犯罪，依貪污治罪條例第3條規定，仍應依該條例處斷。原審未察遽爲被告等無罪之判決，尚有未洽，檢察官上訴意旨，指摘原判決不當，爲有理由，應由本院將原判決撤銷改判。又被告乙受其上級主管甲之指示，而圖利游○○，其基於上級部屬關係，有不得不從之勢致罹重典，核其情節堪憫，本院認爲處以最低度之刑仍嫌過重，依刑法第59條酌減其刑。爰審酌被告等犯罪之動機、目的、手段、所生危害及犯罪後之態度等一切情狀，分別量處如主文第2項所示之刑，並依法宣告褫奪公權，被告等所圖得之財物新台幣9萬2,722元5角併應追繳發還彰化縣稅捐處，如一部或全部無法追繳時以其財產抵償之。

八、據上論斷，應依刑事訴訟法第369條第1項前段、第364條、第299條第1項前段，貪污治罪條例第2條前段、第3條、第6條第1項第4款、第10條第1項、第2項、第17條，刑法第11條前段、第28條、第37條第2項、第59條，判決如主文。

本案經檢察官陳○○到庭執行職務。

中　　華　　民　　國　　○○　　年　　○○　　月　　○○　　日

台灣高等法院台中分院刑事第一庭

審判長法官　陳○○

法官　　　　劉○○

法官　　　　龔○○

上正本證明與原本無異。

如不服本判決應於收受送達後20日內向本院提出上訴書狀，其未述上訴之理由者並得於提起上訴後20日內向本院補提理由書（均須按他造當事人之人數附繕本）。

書記官　詹○○

中　華　民　國　○○　年　○○　月　○○　日

狀別：刑事聲明上訴狀

原審案號及股別：○○年○○字○○號○股

上訴人即被告　甲　　身分證字號：○　性別：○　生日：○　住：○

選任辯護人　　何志揚律師

爲聲明上訴事：

上訴人（即被告）甲因貪污治罪條例案件，業經台灣高等法院台中分院88年度上訴字第725號刑事判決在案，上訴人對是項判決尚難甘服，爰於法定期間內提起上訴，上訴理由容後補呈，狀請鈞院鑒核爲禱。

謹　狀

台灣高等法院台中分院刑事庭　轉呈

最高法院　公鑒

中　華　民　國　○○　年　○○　月　○○　日

具狀人　　甲　　　　　　簽名蓋章

選任辯護人　何志揚律師

狀別：刑事上訴理由狀

原審案號及股別：○○年○○字○○號○股

上訴人即被告　甲　　身分證字號：○　性別：○　生日：○　住：○

選任辯護人　　何志揚律師

爲被告因貪污治罪條例案件，不服台灣高等法院台中分院88年度上訴字第725號第二審判決，提起上訴，謹於法定期間內補提上訴理由事：

一、原審判決意旨：甲原任彰化縣稅捐稽徵處員林分處（下簡稱員林分處）主任，乙則為該分處財產稅課稅務員，均為依法令從事公務之人員。而彰化縣「87年度農業用地移轉免徵土地增值稅列管查核作業」，係由分處各區稅務員與地政機關先行討論擬定查核對象，於民國（下同）87年7月底前報請彰化縣稅捐稽徵處（以下簡稱總處）核准後，由總處電子作業課製作「土地增值稅選案查核檔核對清冊」等資料轉發予各分處，再由各管區稅務員於同年9月間先以雙掛號郵寄輔導函予列管之農地所有人，載明：「……現該土地如有不繼續耕作情事，在未經檢舉及未經稽徵機關或財政部指定之調查人員進行調查前，請速向本（分）處辦理補繳原免徵土地增值稅，如未自動補繳稅款者，將依土地稅法第55條之2規定予以處罰。」等語，繼由總處發函邀集各管區稅務員及彰化縣各鄉、鎮、市公所農業課人員、地政機關人員參與清查講習會，會後即組成會勘小組，自行排定實地查核日期、路線、對象，實務作業上均不另再函邀集之。稅務員乙即於86年9月間寄發輔導函，而查核對象之一游○○亦於同年月26日收受之，乙繼而會彰化縣大村鄉公所農業課課員賴○○、彰化縣員林鎮地政事務所課員陳○○共3人組成會勘小組，於86年11月1日至87年1月31日期間內，每日裡先行事先選定查核地段，逐筆完成員林分處管區內游○○所有彰化縣大村鄉過溝段101之3地號等共180筆農地之實地查核會勘作業，並於86年11月12日至16日內某日，業已完成游○○所有前開農地之查勘調查程序，而明知游○○在面積1,278平方公尺之農地上，已有百分之12面積之土地搭建面積150.51平方公尺之非法農舍及鬆緊帶工廠等違章之非供農業使用情事存在，且有實施現地丈量、照相存證，縱然，游○○嗣後自動申請補繳免徵之土地增值稅，仍應依法移送總處法務課對游○○按違章使用面積比例課處原免徵土地增值稅9萬3,136元之2倍新台幣（下同）18萬6,392元之違章行政罰鍰，而不符合稅捐稽徵法第48條之1第1項得免除課罰之規定，游○○於會勘小組查勘調查後之翌日（87年11月13日至17日某日）中午某時，在友人住處內，向職司監督前揭查核作業之該分處主任甲請求不要對其課以罰鍰，被告甲即基於圖利游○○之意思，隨即以電話聯絡具體指示乙違法不要將游○○之違章案件送交總處法務課課罰，而由游○○逕以申請自動補繳該筆農地土地增值稅之方式結案；甲、乙、游○○3人即基於共同圖利游○○本人之犯意聯絡，由游○○於同年11月19日向員林分處出具申請書申請按一般土地案件補報繳土地增值稅，並由乙於同年月21日完成「自動申請補稅」查核作業，而以86年11月24日彰稅員分二字第031829號函檢附繳款書一份，准予游○○補繳本稅加計利息共115萬2,089元，並註銷該筆農地之管制後，即行結案，因而圖利游○○免於受罰18萬6,030元云云。

二、惟查原審判決諸多違背法令，實難令上訴人甘服，茲將其臚列如后：

(一) 關於調查基準日之認定：

依財政部80年8月16日台財稅字第801253598號函釋所示，關於稅捐稽徵法第48條之1所稱進行調查之作業步驟及基準日之認定原則在土地增值稅免稅案件，係指經辦人應按交易次序，於調查或清查作業期間內，排定日期函請有關單位派員會同調查或勘查，並以發函日爲「調查基準日」（參偵查卷23頁、24頁及25頁），然並無任何財政部函釋指明若無發函日時得以農地清查會勘小組至實地查核調查會勘日爲「調查基準日」（蓋此顯違反公法上之信賴保護原則，人民無從得知會勘小組是否已進行調查），按憲法第80條之規定，法官依據法律獨立審判，所謂依據法律者，係以法律爲審判之主要依據，並非除法律以外，與憲法或法律不相牴觸之有效規章，均行排斥而不用（司法院大法官釋字第38號解釋文參照），且對於各機關就其職掌所作有關法規釋示之行政命令，並不可逕行排斥而不用（司法院大法官釋字第137號解釋文參照），而原審卻以證人柯○○、陳○○、賴○○於調查及原審中之證述，逕認實務作業上彰化縣稅捐稽徵機關均未對有關單位發函，係由總處發函邀集各管區稅務員及彰化縣各鄉、鎮、市公所農業課人員、地政機關人員參與清查講習會，會後組成會勘小組，自行排定實地查核日期、路線、對象，故所謂之「調查基準日」均不以財政部80年8月16日台財稅字第801253598號函頒之「發函日」爲認定原則，而係以農地清查會勘小組至實地查核調查會勘日爲「調查基準日」，顯已違反上開財政部函釋要旨及司法院大法官解釋文而構成違法，又其何以未採用首揭財政部80年8月16日台財稅字第801253598號及86年12月11日台財稅字第860761726號有利於被告之函釋，亦未見原審於判決理由中敘明，自有理由不備之違法。

(二) 關於本案系爭土地會勘小組於游○○申請自動補稅前並未至現場勘查（查核完竣）：

原審認被告乙會同證人賴○○、陳○○所組成之會勘小組，在86年11月12日至16日內某日即已完成對游○○所有前揭土地查勘調查、現地丈量、照相存證程序，並查獲其在面積1,278平方公尺之農地上，有搭建面積共150.51平方公尺之非法農舍及鬆緊帶工廠等非供農業使用情事存在，且乙亦曾作成「查核清單」交由賴○○、陳○○會簽收回員林分處存查，當時游○○曾拜託乙不要查報其非農用之土地增值稅案件，乙當場表示給伊幾天時間，游○○並於實地查核之翌日，始在友人住處向被告甲請託免於受罰，而甲受其請託後，果以電話連絡乙具體指示不要將游○○送罰，游○○因害怕土地每年被列管，每年要來勘查，爲免再列管乃決定補繳全部之土地增值稅，並於86年11月19日始申請自動補稅等情，無非係以被告游○○迭於彰化縣調查站調查時、偵查及原審審理中坦承不諱（87年3月31日調查筆錄、偵字第3137號卷第109、210頁、原審卷第26頁），證人陳○○、賴○○於彰化調查站調查時亦稱游○○是在渠等會勘後補繳增值稅，其會勘時有丈量及照相存證等語，復有輔導函掛號郵件收件回執、「土地增值稅選案查核檔核對清冊」、前揭土地會勘紀錄簡記草稿、申請書、查核紀錄現場會勘紀錄檢附照片7幀附卷可稽，及被告甲及乙間之電話通聯紀綠爲據，惟查：

(1) 被告游○○於彰化縣調查站調查時、偵查及地院審理所供述前後並不一致：游○○先是於彰化縣調查站調查時供陳「員林分處人員乙在我於86年11月19日提出自動補繳申請之後，詳細日期記不清跟一男一女（姓名、身分不清楚）到大村鄉過溝段101之3地號土地做現場勘查」，其後才改口言乙是會同相關單位人員先到大村鄉過溝段101之3地號土地先做現場勘查後才於86年11月19日提出自動補繳申請（參游○○87年3月31日於彰化縣調查站調查筆錄），於地院調查時又稱稅務人員勘查是在申請補繳稅前或之後來勘查已記不清楚了（參彰化地院87年11月19日訊問筆錄），顯然前後供述不一致，豈能認爲「坦承不諱」？
(2) 證人陳○○、賴○○於彰化縣調查站調查時僅結證游○○係於會勘小組會勘後「補繳增值稅」，並非言游○○於會勘後「申請自動補繳」且固陳明會勘時有丈量及照相存證，然並未指出係何時至現場會勘（參渠等87年3月5日與87年3月6日分別於員林鎮大榮街14號及大村鄉公所所製作之調查筆錄），反倒於偵查、地院及原審清楚證述係因被告游○○對（寄發）稅單有意見（按本息計算要繳100多萬土地增值稅）才去現場會勘2次（參偵查卷第83頁、彰化地院卷第67頁及原審卷第50頁），是故原審採證難謂無違誤，且其何以未採納渠等於偵審中對被告有利之證詞，亦有判決不備理由之違法。
(3) 末遍查調查站卷、偵查卷、彰化地院卷及原審卷內並無會勘小組至系爭土地會勘之會勘紀錄及照片，原審所憑證之「土地會勘紀綠簡記草稿」、「查核紀綠現場會勘紀錄檢附照片7幀」均係案發後被告乙會同陳○○、賴○○、林思元（按指彰化縣調查站人員）至現場丈量游◯◯系爭土地之違章使用面積所爲，此由其上之會勘日期爲87年4月2日上午10時至10時50分即明（參證1），況陳◯◯、賴◯◯2人及彰化縣稅捐稽徵處均明證並無製作會勘紀錄（參彰化地院卷第54頁、第68頁），又何以得生出會勘紀錄？原審錯引證爲乙、陳◯◯、賴◯◯3人之會勘小組當時查核農地是否供作農用時所製作之會勘紀錄，採證顯有重大瑕疵而構成違法。

(4) 至於被告甲與乙間之電話通話錄音譯文之內容適足證明被告甲通話當時並不知道游◯◯系爭土地乙等3人組成之會勘小組是否確已至現場勘查過（參甲87年3月31日於彰化縣調查站製作之調查筆錄），蓋甲固於通話之始要求乙不要送法務課、送違章，然當時乙虛僞回應：「……我昨天去量好了，沒送違章，全部補激加利息」時，被告甲以爲既然已去勘查丈量，自然不能補稅，便隨改口答稱：「我儘量鼓勵他自動繳納（按指繳罰鍰）」未再央求乙不要罰（參證2），且乙於通話中所稱「我給他們（按指游◯◯）5天時間」亦與游◯◯於彰化縣調查站調查時供稱乙當場表示給我幾天時間讓其自動補繳之情相符，是乙既已逕自決定讓游◯◯自動補稅，原審又何以能認定甲係明知不能自動補稅應送裁罰而具體指示免將游◯◯上述違章案件送罰？準此，原審率以此監聽錄音譯文，遽被告甲知情而與乙、游◯◯2人有貪污行爲之犯意聯絡，自有判決不備理由之違法。此外，以乙虛委回應有瑕疵之電話監聽錄音譯文作爲認定系爭土地業已完成調查丈量程序，其認事用法亦有違誤。

(三) 被告甲等並無圖利游◯◯之直接故意，游◯◯並未受有利益：

查本件被告以電話連絡乙時，並不知會勘小組是否已對游◯◯系爭土地「進行調查」（其解釋應指查核完竣、認定有違章事實），甚至不知乙等會勘小組是否曾去丈量過該土地（由彰化調查站86年11月13日至86年11月17日之監聽錄音帶譯文雙方對話譯文即知），被告固曾告以乙：「不要送罰」、「不要送法務課」等語，惟其用意係在鼓勵游◯◯自動繳納（被告當時仍相信游某可申請自動補稅），並非對已確知游某不得申請自動補稅之情形，指示乙故意違背職務，不依法送科罰鍰，已如前述，況申請自動補稅所繳之款項（須加計利息）比依法送處罰鍰之金額多出甚多（自動補稅須繳新台幣115萬2,089元，送罰之應科罰鍰爲新台幣18萬5,445元），蓋依土地稅法第55條之2規定所處罰鍰，無庸再追繳本稅（與其他稅法規定不同，此觀同法第55條之1即明），且如不繼續耕作面積未達每宗原免徵土地增值稅土地面積之5分之1，其得按實際不繼續耕作面積比率計算，豈能謂有圖利他人之直接故意？次查游○○選擇申請自動補繳稅款，反而比受罰金額來很高，前已敘明，豈有如公訴人起訴書犯罪事實欄所稱受有免於受新台幣18萬6,030元之利益或原審判決理由所載之圖利金額爲9萬3,196元？尤有進者，原審於判決理由中認游○○於87年1月2日繳納原免徵之土地增值稅（另加利息），有土地增值稅繳款書可稽（偵查卷第69頁），然亦僅該地之使用未構成違章部分得由稅捐機關「註銷列管」而已，其前開非法變更使用部分自應依按比例處以2倍罰鍰（參原審判決第10頁第5行），顯與彰化縣稅捐稽徵處87年12月16日87彰稅財字第132960號函中第3點「……至於罰鍰後，剩餘尚作農業使用之農地，仍應於電腦檔及管制卡【繼續列管】」相歧（參彰化地院第54頁），故其適用法令顯然有誤。其次，原審既認按土地稅法第55條之2第1項第3款規定，依同法第39條之2第1項取得之農業用地，取得者於完成移轉登記後，有非依法令變更爲非農業用地使用者，處以原免徵土地增值稅額2倍之罰鍰，其金額不得少於取得時申報移轉現值2%。同法第2項規定，前項應處罰之土地，不繼續耕作面積未達每宗土地原免徵土地增值稅土地面積之5分之1，其罰鍰得按實際不耕作面積比率計算。但以一次爲限，土地稅法對於上述免徵土地增值稅之違章案件，並無處以原免徵稅額2倍之罰鍰之外另追繳原免徵之稅額之規定，且依前述規定亦僅罰一次爲限，卻又以被告游○○既已自行連同違章使用部分原免徵之土地增值稅9萬3,196元併爲繳納，自應將此部分之金額扣除，認其圖利金額爲9萬3,196元，其判決理由顯然矛盾，蓋依實際不耕作之面積比率計算應處罰鍰爲18萬5,445元（或18萬6,392元），而游○○所自行連同違章使用部分亦應爲18萬5,445元（或18萬6,392元）而非9萬3,196元併爲繳納，相抵減後反而游○○損失96萬6,644元（或96萬5,697元），豈能算得圖利金額9萬3,196元？

三、綜上所述，原審判決違背法令，昭然若揭，懇請鈞院鑒核，迅將原審判決撤銷，另逾知被告爲無罪之判決，或將案件發回原審法院更審，以維權利，而免冤抑！

謹　狀

台灣高等法院台中分院刑事庭　轉呈

最高法院　公鑒

中　華　民　國　○○　年　○○　月　○○　日

具狀人　甲　　　　簽名蓋章

選任辯護人　何志揚律師

台灣高等檢察署台中檢察分署檢察官答辯書

88年度答字第716號
上訴人（即被告） 甲
乙
游○○
上上訴人因貪污治罪條例案件，不服台灣高等法院台中分院，中華民國88年6月8日所爲第二審判決（88年度上訴字第725號），提起上訴，本檢察官依法答辯如下：

本件被告甲等貪污治罪條例案件，其犯罪事實經台灣高等法院台中分院爲第二審判決，調查至臻明確，均有卷證可資稽考，犯行足資認定。原判決爲論罪科刑之宣告，認事用法均無不合，被告飾詞上訴，顯無理由，請核明法辦。

此 致
台灣高等法院台中分院 轉
最高法院
中 華 民 國 ○○ 年 ○○ 月 ○○ 日
檢察官 陳○○

最高法院刑事判決
89年度台上字第2113號
上 訴 人 甲
選任辯護人 錢○○律師
俞○○律師
陳○○律師
上 訴 人 乙
選任辯護人 陳○○律師
上 訴 人 游○○
選任辯護人 劉○○律師
上上訴人等因貪污案件，不服台灣高等法院台中分院中華民國88年6月8日第二審判決（88年度上訴字第725號，起訴案號：台灣彰化地方檢察署87年度偵字第3137號），提起上訴，本院判決如下：

主文
原判決撤銷，發回台灣高等法院台中分院。

理由
本件原判決認定上訴人甲原任彰化縣稅捐稽徵處員林分處（下稱員林分處）主

任、乙爲該分處財產稅課稅務員，均爲依據法令從事公務之人員。彰化縣「87年度農業用地移轉免徵土地增值稅列管查核作業」，係由分處各區稅務員與地政機關先行討論擬定查核對象，於民國86年7月底前報請彰化縣稅捐稽徵處（下稱總處）核准後，由總處電子作業課製成「土地增值稅選案查核檔核對清冊」等資料轉發予各分處，再由各管區稅務員於同年9月間先以雙掛號郵寄輔導函予列管之農地所有人，載明：「……現該土地如有不繼續耕作情事，在未經檢舉及未經稽徵機關或財政部指定之調查人員進行調查前，請速向本（分）處辦理補繳原免徵土地增值稅，如未自動補繳稅款者，將依土地稅法第55條之2規定予以處罰。」等語，繼由總處發函邀集各管區稅務員及彰化縣各鄉、鎮、市公所農業課人員、地政機關人員參與清查講習會，會後即組成會勘小組，自行排定實地查核日期、路線、對象，實務作業上均不另再具函邀集之。乙即於86年9月間寄發輔導函，游○○亦於同月26日收受之；乙繼而會同彰化縣大村鄉公所農業課課員賴○○、彰化縣員林地政事務所課員陳○○共3人組成會勘小組，並於同年1月12日至16日內某日，完成游○○所有座落彰化縣大村鄉過溝段101之3地號農地之查勘調查程序，而明知游○○在上開面積1,278平方公尺之農地上，已有12%面積之土地搭建面積150.51平方公尺之非法農舍及鬆緊帶工廠等違章之非供農業使用情事存在，且經實施現地丈量、照相存證。雖游○○嗣後自動申請補繳免徵之土地增值稅，仍應依法移送總處法務課對游○○按違章使用面積比例課處原免徵土地增值稅新台幣（下同）9萬3,196元之2倍，即18萬6,392元之違章行政罰鍰，而不符合稅捐稽徵法第48條之1第1項得免除科罰之規定。詎游○○於會勘小組查勘翌日（86年1月13日至17日某日）中午某時，在友人住處內，向職司監督該查核作業之甲請求不要將其移送裁罰，甲即基於圖利游○○之意思，隨即以電話聯絡具體指示乙違法不要將游○○之違章案件送交總處法務課科罰，而由游○○逕以申請自動補繳該筆農地土地增值稅之方式結案。甲、乙、游○○3人基於共同圖利游○○本人之犯意聯絡，由游○○於同月9日向員林分處出具申請書，請按一般土地案件補報繳土地增值稅。乙亦於同月21日完成「自動申請補稅」查核作業，在同月24日函附繳款書1份，准游○○補繳本稅加利息共115萬2,089元，並註銷該筆農地之管制後，即行結案，因而圖利游○○免於受罰9萬3,196元等情。因而撤銷第1審無罪判決，改判論處上訴人等共同依據法令從事公務之人員，對於主管之事務直接圖私人不法之利益罪刑。固非無見。

惟查：

(1) 原判決事實認乙與賴○○、陳○○組成之會勘小組於86年1月12日至16日內某日，業已完成游○○所有前開農地之查勘調查、現地丈量、照相存證程序，而明知游○○在面積1,278平方公尺農地上，已搭建面積150.51平方公尺之非法農舍及鬆緊帶工廠等違章之非供農業使用情事存在等情，無非以游○○於法務部調查局彰化縣調查站（下稱調查站）調查、偵查、一審審理中坦承不諱及賴○○、陳○○於調查站之供述外，並有「土地增值稅選案查核檔核對清冊」、前揭土地會勘紀錄簡記草稿、申請書、查核紀錄、現場會勘紀錄檢附照片7幀附卷可稽資爲論據。然卷附現場會勘紀錄，其會勘日期係87年4月2日上午10時至10時50分，會勘人員除乙、陳○○、賴○○外，另有調查人員林思元，所附現場照片7幀，亦均註明係同年3月31日所拍攝（以上均附於調查站卷內），足證該會勘紀錄及現場照片應係案發後所製作、拍攝，並非86年10月12日至16日，由會勘小組實地會勘所爲，則原判決所採證據，與所認定之事實顯不相適合，而有證據上理由矛盾之違法。且卷存證據資料內並未見有「會勘紀錄簡記草稿」一項，原判決所引該項證據，究何所指不明，難謂無以不存在之證據資爲論據之違法。

(2) 按貪污治罪條例第6條第1項第4款所規定之公務員對於主管或監督之事務，直接或間接圖利罪，固不以公務員圖利自己爲限，並包括圖其他私人不法之利益在內。惟該罪係身分犯，無公務員身分者與之共犯，必該無身分者與公務員相聚合，朝同一目標，在平行之合同意思範圍內，各自分擔犯罪行爲之一部，相互利用他方之行爲，以共同圖利該公務員，或共同圖其他私人不法之利益，始克相當；倘公務員圖利之對象即該無身分者，因彼等並無平行一致之合同犯意聯絡，而係處於對立一致性之關係，該無身分者縱因而得利，除涉犯他項罪名外，尚不能遽依公務員圖利罪之共犯論擬。此觀無公務員身分者，對於公務員關於職務上之行爲、或違背職務上之行爲行賄，公務員因而對之爲「圖利」行爲時，前者僅處罰公務員，後者則分設不同之處罰條文，該無身分者，均不依公務員犯罪之共犯論處自明。原判決事實既認甲、乙明知游○○所有農地違章使用部分依法應移送裁罰，因受游○○請求，乃基於圖利游某之犯意，故不移送，使之免於受罰，而論處3人共同圖利罪刑。然於理由內就游○○如何係與甲、乙2人立於平行一致性之合同犯意聯絡，如何參與一部犯罪行爲之實施，相互利用他方行爲，以達圖利目的，則未加論述，遽認無公務員身分之游○○應負本件公務員圖利罪之共同正犯罪責，尚屬理由不備。

(3) 依原判決認定之事實係以游○○所有前開農地，經勘查小組調查發現在面積

1,278平方公尺之農地上，有百分之12面積之土地搭建面積150.51平方公尺之非法農舍及鬆緊帶工廠等違章之非供農業使用情事存在，應依法移送總處法務課對游○○按違章使用面積比例，科處原免徵土地增值稅9萬3,196元之2倍，即18萬6,392元之違章行政罰鍰。嗣因甲、乙應游某要求，未依規定移送裁罰，而由游某以自動補繳該筆農地土地增值稅本稅加利息共115萬2,089元，以註銷該筆農地管制之方式結案，乃認被告等共同不法圖利游○○免於受罰9萬3,196元。則游○○就其農地違章使用部分要求甲、乙2人違法勿移送裁罰，其2人有無圖使游某得利益，圖得之利益若干，自應視該違章使用部分所應裁罰之金額是否較辦理補繳土地增值稅之金額（加計利息）爲高而定，如屬上情，其超出部分始爲圖利所得，原判決未爲必要之闡述，逕以游○○免於受罰之金額9萬3,196元（所處罰鍰原爲18萬6,392元，扣除該違章部分所繳納之土地增值稅9萬3,196元），爲其圖利金額，不無理由矛盾之違法。再原判決事實認被告等圖利之金額爲9萬3,196元，主文亦諭知該圖得財物9萬3,196元應予追繳發還被害人。然理由七、則謂被告等圖得之財物9萬2,722元5角併應追繳發還，猶屬前後矛盾。且2人以上共犯貪污所得財物，採連帶沒收主義，原判決既認被告等係公務員圖利罪之共同正犯，其所圖得之財物併應追繳發還彰化縣稅捐稽徵處，卻未諭知應「連帶」追繳，不無違誤。以上或係上訴意旨所指摘，或爲本院得依職權調查之事項，應認原判決有撤銷發回更審之原因。再土地稅法業於89年2月26日修正，刪除第55條之2條文；又台灣彰化地方檢察署88年度偵字第4690號關於甲職罪嫌部分，於發回時均希併注及之。

據上論結，應依刑事訴訟法第397條、第401條，判決如主文。

中　華　民　國　○○　年　○○　月　○○　日

最高法院刑事第六庭

審判長法官　紀○○

法官　黃○○

法官　陳○○

法官　張○○

法官　韓○○

上正本證明與原本無異

書記官　張○○

中　華　民　國　○○　年　○○　月　○○　日

狀別：刑事調查證據聲請狀
案號及股別：○○年○○字○○號○股
上訴人即被告　甲　　身分證字號：○　性別：○　生日：○　住：○
選任辯護人　　何志揚律師
爲上被告因貪污治罪條例案件，謹依法聲請調查證據聲請事：
一、請鈞院惠予傳訊以下證人：
　　游○○（住：彰化縣大村鄉過清村過溝3巷16號）
二、待證事實：
　　依土地稅法第39條之2規定之反面解釋，農業用地如依法作農業使用時，移轉與自行耕作之農民繼續耕作者，應徵土地增值稅，經查系爭游○○所有座落彰心縣大村鄉過溝段101之3地號，地目爲田，固屬農業用地，惟81年1月20日游○○向案外人游○○承買時在該農地上早已存有搭建之違章建物而非作農業使用（足徵當時大村鄉公所農業課核發游○○自耕能力證明書不實），有台灣電力公司彰化區營業處書函及電費收據可稽（參證1），準此被告甲等鼓勵游○○自動補繳土地增值稅理屬當然，自無所謂須依修正前土地稅法第55條之2，處應納土地增值稅額2倍之罰鍰，縱被告等違背職務亦屬法律上之不能（構成不能犯），依刑法第26條但書規定，自應予以減輕或免除其刑。
　謹　狀
台灣高等法院台中分院刑事庭
　證據名稱及件數
證1：台灣電力公司彰化區營業處書函及電費收據影本。
中　華　民　國　○○　年　○○　月　○○　日
　具狀人　甲　　　　簽名蓋章
　選任辯護人　何志揚律師

台灣高等法院台中分院刑事判決
89年度上更（一）字第145號鳳股
上　訴　人　台灣彰化地方檢察署檢察官
被　　　告　甲
選任辯護人　莊○○律師
選任辯護人　何志揚律師

被　　　告　乙
選任辯護人　朱○○律師
被　　　告　游○○
選任辯護人　劉○○律師
上上訴人因被告等貪污治罪條例案件，不服台灣彰化地方法院87年度訴字第870號中華民國88年2月3日第一審判決（起訴案號：台灣彰化地方檢察署87年度偵字第3137號），提起上訴，由本院判決後，經最高法院發回更審，本院判決如下：

主文

原判決關於甲、乙部分撤銷。

甲、乙共同依據法令從事公務之人員，對於主管之事務直接圖私人不法之利益，甲處有期徒刑3年6月，褫奪公權3年，乙處有期徒刑2年6月，褫奪公權2年。

其他上訴駁回。

事實

一、甲原任彰化縣稅捐稽徵處員林分處（以下簡稱員林分處）主任，乙則爲員林分處財產稅課稅務員，均爲依法令從事公務之人員。而彰化縣「87年度農業用地移轉免徵土地增值稅列管查核作業」，係由分處各管區稅務員與地政機關先行討論擬定查核對象，於民國86年7月底前報請彰化縣稅捐稽徵處（以下簡稱總處）核准後，由總處電子作業課製成「土地增值稅選案查核檔核對清冊」等資料轉發予各分處，再由各管區稅務員於同年9月間先以雙掛號郵寄輔導函予列管之農地所有人，載明：「……現該土地如有不繼續耕作情事，在未經檢舉及未經稽徵機關或財政部指定之調查人員進行調查前，請速向本（分）處辦理補繳原免徵土地增值稅，如未自動補繳稅款者，將依土地稅法第55條之2規定予以處罰。」等語，繼由總處發函邀集各管區稅務員及彰化縣各鄉、鎮、市公所農業課人員、地政機關人員參與清查講習會，會後即組成會勘小組，自行排定實地查核日期、路線、對象，實務作業上均不另再具函邀集之。稅務員乙既於86年9月間寄發輔導函，而查核對象之一游○○亦於同年月26日收受之，乙繼而會同彰化縣大村鄉公所農業課課員賴○○、彰化縣員林鎮地政事務所課員陳○○共3人組成會勘小組，職司於86年11月1日至87年1月31日期間內，每日裡先行事先選定查核地段，逐筆完成員林分處管區內游○○所有彰化縣大村鄉過溝段

101之3地號等共180筆農地之實地查核會勘作業，並於86年11月12日至16日內某日，業已完成游○○所有前開農地之查勘調查程序，而明知游○○在面積1,278平方公尺之農地上，已有搭建面積共150.51平方公尺之非法農舍及鬆緊帶工廠等違章之非供農業使用情事存在，且有實施現地丈量、照相存證，縱然，游○○嗣後自動申請補繳免徵之土地增值稅，仍應依法移送總處法務課對游○○課處新台幣（下同）18萬6,030元之違章行政罰鍰，而不符合稅捐稽徵法第48條之1第1項得免除課罰之規定，詎游○○於會勘小組查勘調查後之翌日（86年11月13日至17日某日）中午某時，在友人住處內，向職司監督前揭查核作業之員林分處主任甲請求不要對其課以罰鍰，甲即基於圖利游○○之意思，隨即以電話聯絡具體指示乙違法不要將游○○之違章案件送交總處法務課課罰，而由游○○逕以申請自動補繳該筆農地土地增值稅之方式結案；甲、乙、游○○3人即基於共同圖利游○○本人之犯意聯絡，由游○○於同年11月19日向員林分處出具申請書申請按一般土地案件補報繳土地增值稅，並由乙於同年月21日完成「自動申請補稅」查核作業，而以86年11月24日彰稅員分二字第031829號函檢附繳款書一份，准予游○○補繳本稅加計利息共115萬2,089元，並註銷該筆農地之管制後，即行結案，因而圖利游○○免於受罰18萬6,030元。

二、案經法務部調查局彰化縣調查站移送台灣彰化地方檢察署檢察官偵查起訴。

理由

壹、被告甲、乙部分（即撤銷改判部分）：

一、訊之被告甲、乙分別供承：甲於86年任彰化縣稅捐處員林分處主任，乙爲該分處財產稅課稅務員，負責彰化縣大村鄉87年度農業用地移轉免徵土地增值稅列管查核作業，於同年10月24日函附繳款書准游○○補繳土地增值稅後註銷游某前開土地之管制；然皆矢口否認有前述圖利犯行。甲辯稱：游○○之前開農地係在尚未調查完成之前補繳土地增值稅，依法不必裁罰。乙辯稱：游○○之土地尚未調查，那時還在宣導期，游○○是在未完成調查前自動補繳土地增值稅115萬2,089元，相較裁罰18萬餘元爲多，應無違法云云。

二、經查依稅捐稽徵法第48條之1第1項：「納稅義務人自動向稅捐稽徵機關補報並補繳所漏稅款者，凡屬未經檢舉、未經稽徵機關或財政部指定之調查人員進行調查之案件，下列之處罰一律免除；其涉及刑事責任者，並得免除其刑：一、……。二、各稅法所定關於逃漏稅之處罰。」規定所明示，納稅義務人須於「未經檢舉、未經稽徵機關或財政部指定之調查人員進行調查」前，自動向稅捐稽徵機關補報並補繳所漏稅款者，方得免於逃漏稅之處罰，反言之，納稅義務人倘若業已「經檢舉、或經稽徵機關或財政部指定之調查人員進行調查」後，方行自動向稅捐稽徵機關補報並補繳所漏稅款者，仍須依法課罰，至屬當然。雖依主管機關財政部82年2月10日台財稅字第820037154號函釋示略以：「取得免徵土地增值稅之農業用地，嗣有不繼續耕作情事，申請改按一般稅率核課、補稅，並適用稅捐稽徵法第48條之2免罰之案件，其調查基準日之認定原則，仍應依本部80年8月16日台財稅字第801253598號函規定辦理。」而同部80年8月16日台財稅字第801253598號函釋稱：「稅捐稽徵法第48條之1所稱進行調查基準日之認定原則爲：經辦人員應按交查次序，於調查或清查作業期間內，排定日期函請有關單位派員會同調查或勘查，並以發函日爲調查基準日。」等語；然此係依通常調查程序下，調查作業順序爲排定日期函請有關單位派員會同調查或勘查，故以該發函日即請求會同調查或勘查日爲調查基準日而言。苟其排定日期後，係以電話聯繫相關單位約定會同調查或勘查日，則既無前述發函日可稽，仍應依前開稅捐稽徵法第48條之1第1項規定之旨爲認定得否免除處罰之依據，乃當然之解釋，否則前述財政部函示豈非另啓執法之漏洞。

三、查彰化縣稅捐稽徵機關辦理「87年度農業用地移轉免徵土地增值稅列管查核作業」實務作業上均未對有關單位發函，係由總處發函邀集各管區稅務員及彰化縣各鄉、鎮、市公所農業課人員、地政機關人員參與清查講習會，會後組成會勘小組，自行排定實地查核日期、路線、對象，故所謂之「調查基準日」均不以財政部80年8月16日台財稅字第801253598號函頒之「發函日」爲認定原則，而係以農地清查會勘小組至實地查核調查會勘日爲「調查基準日」，而乙與陳○○、賴○○負擔前開地區農地調查之會勘日期皆以電話連繫，不另發函，倘列管對象在收到輔導函後未自動申報補稅，嗣經會勘小組實地勘查查獲認定「違章」者，即不准農地承受人辦理補申報補繳土地增值稅，一律應移送總處法務課依法課罰，不得依稅捐稽徵法第48條之1第1項規定免除一節，業據被告甲、乙供陳不諱（甲87年3月31日調查筆錄，87年偵字第3137號卷第84頁），並據證人柯○○、陳○○、賴○○證述無訛（柯○○87年3月9日調查筆錄、本院前審卷第49

頁）。復有陳○○提出之講習會公函節文、彰化縣稅捐稽徵處輔導函影本各一份等附卷可稽。

四、而游○○於同年9月26日收受員林分處所寄發之輔導函後未曾具狀申請自動補稅，嗣被告乙會同證人賴○○、陳○○所組成之會勘小組，在86年11月12日至16日內某日即已完成對游○○所有前揭土地查勘調查、現地丈量、照相存證程序，並查獲其在面積1,278平方公尺之農地上，有搭建面積共150.51平方公尺之非法農舍及鬆緊帶工廠等非供農業使用情事存在，且乙亦曾作成「查核清單」交由賴○○、陳○○會簽後收回員林分處存查，當時游○○曾拜託乙不要查報其非農用之土地增值稅案件，乙當場表示給伊幾天時間，游○○並於實地查核之翌日，始在友人顧源彰住處向被告甲請託免於受罰，而甲受其請託後，果以電話連絡乙具體指示不要將游○○送罰，游○○因害怕土地每年被列管，每年要來勘查，爲免再列管乃決定補繳全部之土地增值稅，並於86年11月19日始申請自動補稅等情，亦據被告游○○迭於彰化縣調查站調查時及本署偵訊時坦承不諱（87年3月31日調查筆錄、偵字第3137號卷第109、210頁、原審卷第26頁），證人陳○○、賴○○於彰化調查站調查時亦證稱游○○是在渠等會勘後補繳增值稅，其會勘時有丈量及照相存證等語，復有輔導函掛號郵件收件回執、「土地增值稅選案查核檔核對清冊」等附卷可稽。另查，被告甲與乙之電話通聯紀錄記載：「甲：【游○○，這個他要繳，不要送罰。】，……甲：【不要緊，不要罰，若沒繳，仍要罰100多萬，70多萬是20%，有超過20%？】，乙：【沒超過20%。】，……甲：【妳不要送法務課。】，……甲：【不要送法務課，他說要繳，愛心辦稅，讓他去繳。】，……甲：【我們不要送違章，送下去就罰。】，乙：【自動補稅是通通要補，沒有那5分之1。要違章才能算5分之1。】，……乙：【……我昨天去量好了。沒送違章，全部補繳加利息。】……。」有該通話紀錄譯文可稽，甲於彰化縣調查站調查時於聽完上開監聽錄音後，亦承認曾指示乙免將游○○上述違章案移送裁罰。即游○○於彰化縣調查站經提示該錄音譯文，亦同該份譯文就是甲在顧源彰家以行動電話跟乙的談話內容。顯示甲乃具體指示乙不要將游○○違章情形送法務課裁罰，而乙並於通話前一日，業已完成調查丈量程序，益見甲、乙於事後辯稱，無調查基準日，未經調查完成，於清查鄰地他案時偶遇游○○，電話中只是討論未指示免予送罰云云，全係卸飾之詞，不足採信。而證人賴○○、陳○○於調查及偵查中皆稱：是游○○申請補稅後認爲違章面積沒那多，稅額太高，而有異議，渠等才又去第二次會勘（偵查卷第84頁），被告乙於偵查中陳稱第一次是游○○自動申請補繳拿到稅單後發現金額太多，申請補繳後去的，第一次未將違章面積記載清楚才去第二次等（偵查卷第84頁反面）。渠三人所述非但與渠等先前在調查站調查時所述迥異，顯係事後卸責及迴護之詞，且查游○○係在乙、陳○○、賴○○三人實地會勘查明有約5分之1農地非供農用，係託被告甲請其免予再被列管每年須要查核，乃以自行申請自願補繳全部稅款之方式爲之，與查獲違章後對於違章情節（即違法使用面積範圍）有異議，聲請重核之情形有異，根本無所謂違章面積及接獲稅款後稅額太高而有異議情形。況且被告乙未會同陳○○、賴○○實地勘查，如何知悉游○○之前述土地上有違規非供農業使用或非合法農舍存在，乙又憑何指導游○○可以辦理補繳增值稅？足見被告、陳○○、賴○○事後翻異前詞附和乙所爲之上述證言顯然不實，無可採信。至陳○○於彰化縣調查站調查時雖又稱：前述土地查核清單拿來會章時，實際使用情形欄上係空白的，乙當時向其解釋係因爲該土地所有人，已向員林分處申請補繳獲准，所以該欄未註記實際使用情形等語；然該查核清單係會勘後相隔數日始由乙交陳○○會章，並非會勘當時塡載，是會章時乙既接獲甲指示同意游○○以補繳方式免罰，而將使用情形欄留白，乃當然作法，自不足爲被告等有利之認定。又彰化縣稅捐稽徵處87年12月16日87彰稅財字第132960號函雖稱本件前述土地，員林分處並未製作會勘紀錄，致無罰鍰金額資料可提供（見原審卷第83頁）；然此係承辦會勘人員作業之疏失，並未能據以認定被告乙與另證人陳○○、賴○○即未曾爲本件之會勘調查。

五、又被告等雖以本件游○○之農地，其上門牌號碼彰化縣大村鄉過溝村一號之七搭建農舍及鬆緊帶加工廠，乃其弟游○○於81年1月20日以買賣原因移轉予游○○（實爲兄弟分產而辦理過户，並無買賣情事）時，早已有該建物，游○○並在該處經營鬆緊帶加工近2年，其後始改由游○○經營，足見該建物確實建築有10年以上之久，本件農地申報移轉現值（81年1月20日）時，即不符免稅要件，應依法補稅，免依土地稅法第55條之2規定處罰等語爲辯解。然查游○○於彰化縣調查站調查時，已明白供證：「大村鄉過溝段101之3地號土地，自74年間起我就接手我父親從事香菇、木耳的繁殖工作，當時該筆土地搭蓋了約100坪菌種場，其餘的土地則做爲曝曬香菇、木耳的場地，到83年間，因爲香菇、木耳的繁殖沒有利潤，我就暫停香菇、木耳的繁殖工作，改從事鬆緊帶加工，加工的場地就在原來的菌種場旁加蓋的鐵皮屋，同時爲了方便照顧，就在同筆土地菌種場旁加蓋約50多坪一半磚造、一半鐵皮的住家。」等語，所述情形，與彰化縣調查站會同被告乙及前述證人陳◯◯、賴◯◯於87年4月2日10日到場會勘結果大致相符，有會勘紀錄及同年3月31日所拍照片在卷可資佐證。足證本件土地之非供農業使用，係在移轉予游◯◯以後之事，證人游飛鵬於本院所證「系爭土地的鬆緊帶工廠是我在做的，地上物是我蓋的，……分家後，我才在別地方做」云云，無非事後迴護之詞，不足採信。至被告所提台灣電力公司函及電費收據影本，並未區分供電範圍係鐵皮菌種場或住家、鬆緊帶工廠，自不足以證明前述非法加蓋農舍及加工廠非游◯◯所爲，亦不能據爲有利被告之認定。

六、按89年1月26日總統令公布刪除前之土地稅法，按土地稅法第55條之2第1項第3款，依同法第39條之2第1項取得之農業用地，取得者於完成移轉登記後，有非依法令變更爲非農業用地使用者，處免徵土地增值稅額2倍之罰鍰，其金額不得少於取得時申報移轉現值2%。同法條第2項規定，前項應處罰鍰之土地，不繼續耕作面積未達每宗土地原免徵土地增值稅土地面積之5分之1，其罰鍰得按實際不耕作面積比率計算。但以一次爲限。又依土地稅法施行細則第59條：「依本法第39條之2核定免徵土地增值稅之農業用地，主管稽徵機關應將核准文號註記有關稅制，並列定免徵土地增值稅之農業用地，主管稽徵機關應將核准文號註記有關稅制，並列冊（或建卡）保管。」及財政部80年2月28日台財稅字第801240852號函頒之「農業用地移轉免徵增值稅案件管制檢查作業要點」第2項：「依土地稅法第39條之2第1項……規定核准免徵土地增值稅之農業用地，稽徵機關應依下列規定列管……」等明文規定，農業用地在依法作農業使用，且移轉與自行耕作之農民繼續耕作，而免徵土地增值稅者，方須予以「列冊（或建卡）保管」，並予定期檢查或抽查有無土地稅法第55條之2第2款及第3款之情形。易言之，農業用地於移轉時雖免徵土地增值稅，但納稅義務人業已補報繳納土地增值稅者，其法律上之效果爲依法應註銷「列冊（或建卡）保管」，是依土地稅法第39條之2核定免徵土地增值稅之農業用地，固得由納稅義務人補報繳納土地增值稅，以註銷列冊保管；惟其未自動申請補繳土地增值稅而有非依法令變更爲非農業用地使用一經查獲，即應成立違章，依法處以罰鍰，二者截然不同。本件被告游◯◯所有前開農地面積1,278平方公尺原免徵之土地增值稅爲78萬9,804元有土地登記簿謄本，所有權狀影本、買賣契約書，土地增值稅申報書卷可按（偵查卷第40、42、47頁），而經會勘結果該地上建有非農業用之鬆緊帶加工廠108.65平方公尺，住家41.86平方公尺共計150.51平方公尺，約占面積12%（實爲11.7769%），有會勘紀錄表、現場照片等在卷足憑（附在法務部調查局彰化縣調查站調卷），按前開規定計算，應罰鍰18萬6,000元（計算公式爲：78萬9,804元×（108.65平方公尺＋41.86平方公尺）/1.27平方公尺×2＝18萬6,030元，依財政部86年9月25日台財稅字第86196847號函示：依土地稅法第55條之2裁處罰鍰之案件，其罰鍰之計算，應以每宗土地爲基準，計至百元爲止。故本件罰鍰應計爲18萬6,000元），雖被告游○○已於86年11月19日申請補行繳納，並於87年1月2日繳納原免徵之土地增值稅（另加利息），有土地增值稅繳款書可稽（偵查卷第69頁），然亦僅該地之使用未構成違章部分得由稅捐機關註銷列管而已，其前開非法變更使用部分自應依按比例處以2倍罰鍰，二者規範依據本不相同，亦無自行補繳後，即可將原已調查發現之違章事由置而不論之依據。被告等辯謂游○○繳納之稅額較應處之罰鍰多出甚多，並無圖利云云，即非可採。又按土地增值稅之徵收，係按宗審核計算，游○○雖自行補繳前述土地原免徵之土地增值稅含利息計115萬2,089元，然其應依刪除前土地稅法第55條之2規定所受之違章處罰，並無從中扣抵之依據，則被告等圖利游○○之金額，自應爲前述其應受處罰之18萬6,000元。

七、綜上所述，本件被告甲、乙之罪證明確，犯行堪以認定，應予依法論科。被告甲於本院前審發聲請向財政部函查調查基準日之認定及依土地稅法第55條之2送裁罰案件是否仍要追補本稅以證明其無圖利一節，本院認爲事實已臻明確，核無必要，併予敘明。

八、核被告甲、乙、游○○所爲，均係犯貪污治罪條例第6條第1項第4款之對於主管之事務，直接圖利罪，又被告3人間關於前揭犯行，有犯意連絡與行爲分擔，均爲共同正犯。原審未察遽爲被告等無罪之判決，尚有未洽，檢察官上訴意旨，指摘原判決不當，爲有理由，應由本院將原判決撤銷改判。又被告甲因受人情之託，雖圖利游○○，然本身並未獲任何利益，且本件爲國庫收入100餘萬元稅款，而乙受其上級主管甲之指示，而圖利游○○，其基於上級部屬關係，有不得不從之勢致罹重典，核其情節堪憫，本院認爲處以最低度之刑仍嫌過重，依刑法第59條酌減其刑。爰審酌被告等犯罪之動機、目的、手段、所生危害及犯罪後之態度等一切情狀，分別量處如主文第2項所示之刑，並依法宣告褫奪公權。又被告等於本件並未圖得自己任何利益或財物，即無依同條例第10條第1項追繳沒收所圖得利益之餘地。至游○○未被處罰之18萬6,000元，則應由主管之彰化縣稅捐處另依法處理，併此敘明。至土地稅法第55條之2於89年1月26日總統令公布刪除，就本件被告等涉犯刑責之事實，僅屬事實之變更，自不生影響於被告等犯罪事實之認定。

九、台灣彰化地方檢察署移送併案審理（88年度偵字第4690號）意旨另　略以：被告甲於擔任員林分處主任期間，於86年5月15日，設於彰化營業，二度遭員林分局查獲而移送總處，由總處法務課再函請員林分處查處，甲竟與同分處人員羅○、湯○○、李○○共同基於圖利該KTV負責人余○○之犯意，先因李○○與余○○熟識而受請託改依設立登記（即非違章情形）之現場勘查房間數計算逃漏娛樂稅金額函覆法務課，法務課在審理時認爲違章營業行爲應依台灣省各縣市稅捐稽徵處功能編組作業手冊法務類審理篇違章漏稅案件處理規定，就查獲事證（即員林分局偵訊筆錄）負責人余○○自承之每日營業額1萬元換算逃漏娛樂稅金額，故三度函請員林分處改正，並附員林分處查處阿房宮茶藝KTV前次違章行爲逃漏娛樂稅金額之計算式提醒員林分處，惟員林分處前後承辦人湯○○、李○○在股長羅○、主任甲之核定下堅持依現場勘查房間數計算逃漏娛樂稅金額，致法務課在員林分處人員堅持依房間數計算逃漏娛樂稅金額之情形下，於86年7月24日開立裁處7萬元（未辦登記部分）及逃漏娛樂稅7,200元之處分書而結案，使余○○短繳娛樂稅本稅1萬8,886元及罰鍰13萬2,202元之不法利益，因認甲亦涉有貪污治罪條例第6條第1項第4款及刑法第213條之罪嫌，而與前述已起訴部分有連續犯裁判上一罪之關係云云。惟查本件併案審理部分之事實，與前述已起訴之犯罪事實，其圖利對象、方法迥異，且與前述已起訴部分，係因受裁罰對象游○○之請託而爲，應係臨時起意，而移送併案審理部分，則未有事證足認係受核課稅捐對象之託而爲。從而，尚難認二者之間有何基於概括犯意所爲之關係，則移送併案審理部分與前述已起訴部分，即不能認有裁判上一罪之關係，而非起訴效力所及，本院自不得併予審究，應退由原機關另依法處理。

貳、被告游○○部分（即上訴駁回部分）：

一、公訴意旨另略以：被告游○○於上述時間，與甲、乙共同基於犯意聯絡，請託甲指示乙准其就前述農地，以自動補繳土地增值稅之方式，解除有貪污治罪條第6條第1項第4款之圖利罪嫌云云。

二、訊之被告固坦承於上述時間，自動補繳土地增值稅115萬2,089元，而被解除其所有上述土地之管制，且未被裁處18萬餘元之罰鍰等情，然堅決否認有何犯罪情事，辯稱：其係有一天在路邊遇到乙，才請教她繳款之事，乙要其趕快補繳即可，故立即申請補繳稅款而免受處罰等語。經查貪污治罪條例第6條第5款之圖利罪爲身分犯，依同條例第3款之規定，無身分者與之共犯，方得成立該罪。惟無身分者構成此罪之共同正犯，必須與有身分者有犯意聯絡之行爲分擔，亦即在合同意思範圍內，各自分擔犯罪行爲之一部分，相互利用他人之行爲，遂行其得利之目的，始克相當。否則無身分者（尤其被圖利者）與身分者非屬合同之平行一致性犯意聯絡，而爲對立一致性之關係（被圖利者與圖利罪犯者，與行賄、受賄同，皆屬對立性質），縱因而得利，仍難以圖利罪相繩（此觀違背職務之行賄罪、受賄罪處罰輕重相去甚遠，不違背職務之行賄罪並不處罰，舉重以明輕，居於補充法地位之圖利罪，更應爲此解釋）（最高法院87年度台上字第626號判決可資參照）。本件被告游○○固於前述時間，有請託同案被告甲、乙意其以自動補繳土地增值稅，以解除對其土地管制審核，並獲免予裁罰18萬餘元。然游○○係同案被告甲、乙之圖利對象，其於受利之過程，單純係採取配合之行動，且其受利目的之達成，即免罰與否，全繫於甲、乙之准否，就本件犯罪之成立要件並無任何參與行爲，而與甲、乙間尤不能認有何立於平行一致之合同犯意聯絡可言。參酌前述說明，即不能認爲游○○爲本件之共同正犯，此外，復查無任何積極證據足證被告游○○有公訴意旨所指之犯罪，其被訴之犯罪即屬不能證明。原審法院以不能證明被告游○○犯罪，而爲其無罪之判決，並無不當，台灣彰化地方檢察署檢察官上訴意旨認被告應成立犯罪，仍執陳詞，指摘原判決不當，核無理由，應予駁回。

據上論斷，應依刑事訴訟法第369條第1項前段、第368條、第364條、第299條第1項前段，貪污治罪條例第2條前段、第6條第1項第4款、第17條，刑法第11條前段、第28條、第37條第2項、第59條，判決如主文。

本案經檢察官鍾宗耀到庭執行職務。

中　華　民　國　○○　年　○○　月　○○　日

台灣高等法院台中分院刑事第六庭

審判長法官 李◯◯

法官 龔◯◯

法官 邱◯◯

上本證明與原本無異。

如不服本判決應於收受送達後20日內向本院提出上訴書狀，其未敘述上訴之理由者並得於提起上訴後20日內向本院補提理由書（均須按他造當事人之人數附繕本）。

書記官 藍◯◯

中 華 民 國 ◯◯ 年 ◯◯ 月 ◯◯ 日

附錄：

貪污治罪條例第6條：

有下列行爲之一，處五年以上有期徒刑，得併科新臺幣三千萬元以下罰金：

一、意圖得利，抑留不發職務上應發之財物者。

二、募集款項或徵用土地、財物，從中舞弊者。

三、竊取或侵占職務上持有之非公用私有器材、財物者。

四、對於主管或監督之事務，直接或間接圖自己或其他私人不法利益者。

五、對於非主管或監督之事務，利用職權機會或身分圖自己或其他私人不法利益者。

前項之未遂犯罰之。

狀別：刑事上訴狀

案號及股別：89年上更（一）字◯◯號◯股

上訴人即被告 甲 身分證字號：◯ 性別：◯ 生日：◯ 住：◯

選任辯護人 何志揚律師

爲不服台灣高等法院台中分院90年1月18日89年度上更（一）字第145號刑事判決，謹於法定期間內提起上訴事：

經查上訴人係於90年2月2日收受台灣高等法院台中分院前揭刑事判決，爰依刑事訴訟法第375條第1項及第349條規定，於收受判決書20日內具狀先行提起上訴，上訴理由容後補呈，懇請鈞院鑒核，實爲法便。

謹 狀

台灣高等法院台中分院刑事庭 轉呈

最高法院刑事庭　公鑒

中　華　民　國　○○　年　○○　月　○○　日

具狀人　甲　　　簽名蓋章

選任辯護人　何志揚律師

狀別：刑事上訴理由狀

案號及股別：89年上更（一）字○○號○股

上訴人即被告　甲　　身分證字號：○　性別：○　生日：○　住：○

選任辯護人　　何志揚律師

爲不服台灣高等法院台中分院90年1月18日89年度上更（一）字第145號刑事判決，除已於法定期間內聲明上訴外，謹依法補提上訴理由事：

一、按「推事於該管案係有下列情形之一者，應自行迴避不得執行職務…八、推事曾參予前審之裁判。」、「有下列情形之一者，其判決當然違背法令…二、依法律或裁判應迴避之法官參與審判」，刑事訴訟法第17條第8款及第379條第2款定有明文，又法官曾參與前審之裁判，係指同一法官，固指就同一案件曾參與下級審之裁判而言，然曾參與經第三審撤銷發回更審前裁判之法官，在第二審復就同一案件參與裁判，爲貫澈法官迴避制度之目的，如無事實上之困難，亦應改分其他法官辦理（司法院大法官釋字第178號解釋理由參照）。另法官參與訴訟事件之前審裁判或更審前之裁判應自行迴避，以維持審級之利益及裁判之公平（司法院大法官釋字第256號解釋意旨參照），故所謂前審之裁判自當包括更審前之裁判，蓋刑事訴訟程序不能與民事訴訟程序作不同之解釋，此乃事理所當然。經查本案承審法官龔永昆係曾參與本件經第三審撤銷發回更審前裁判之法官，竟未依上開規定自行迴避，且台灣高等法院台中分院刑事庭法官員額充足（參證1），並無事實上之困難，龔法官仍參與本件裁判之作成，此有更審前後之台灣高等法院台中分院刑事判決可稽（參證2），原判決自屬當然違背法令。

二、次按刑事訴訟，法律設有審級制度，旨在由上級審以裁判糾正下級審之違法或不當判決，期使憲法規定國家之司法權得以正確行使，人民之權利得以確保，且第三審係終審法院，爲法律審，就具體個案所爲法律上之意見，於發回更審後，對於下級審就具體個案之判決，應受上級審發回更審意旨之拘束，方符審級制度之本旨（最高法院88年台上字第1412號、89年台上字第1855號判決意旨參照，參附件1）。經查本件第三審曾於撤銷發回更審判決理由中明確具體指摘：「……其二人（按指被告甲、乙）有無圖使游某得利益，圖得利益之若干，自應視該違章使用部分所應裁罰之金額是否較辦理補繳增值稅之金額（加計利息）爲高而定，如屬上情，其超出部分始爲圖利所得」（最高法院89年台上字第2113號理由第3頁第11行），且農業用地移轉，於核定免徵土地增值稅後始發現申報移轉現值當時即不符合免稅要件，應依法補稅，免依土地稅法第55條之2規定處罰（財政部82.1.9台財稅字第810552131號函意旨參照，參附件2），詎料原審竟草率抄襲更審前二審判決理由稱：「……雖游○○已於86年11月19日申請補行繳納，並於87年1月22繳納原免徵之土地增值稅（另加利息），有土地增值稅繳款書可稽（偵查卷第69頁），然亦僅該地之使用未構成違章部分得由稅捐機關註銷列管而已，其前開非法變更使用部分仍應按比例處以2倍罰鍰……被告等辯謂游○○自行繳納之稅額較應處之罰鍰多出甚多，並無圖利云云，即非可採」（參證4，原審及更審前二審判決節文），完全漠視第三審撤銷發回判決理由中之具體法律意見上之指摘，更違反土地稅法刪除前第55條之2之立法意旨（按前開財政部之函文解釋，如依法補稅即不得再依該條處罰），其所自創之「二者（指裁罰與補稅）規範依據本不相同，亦無自行補繳後，即可將原已調查發現之違章事由置之不論……並無從中扣抵之依據（按指裁罰與補稅二相扣抵）」之法律見解，更是我國現行土地稅法及其施行細則當中所未規定，自有判決不適用法則之處，當然違法。退萬步言之，現行貪污治罪條例第6條第1項第4款所稱「直接或間接圖私人不法利益」，係指圖利特定第三人之利益，早已將圖利國庫行爲除罪化，尤有進者，貪污治罪條例第6條之修正草案更將圖利罪由「行爲犯」改爲「結果犯」，增列「因而獲得利益者」之構成要件（參附件3），經查被告甲所爲之行爲縱使違法，但自身並未獲得任何利益（參原判決理由第13頁第1行），反而損及游○○之利益增加國庫之收入（倘若游○○當時知道繳納罰鍰18萬6,000元後，即可免補繳土地增值稅115萬2,089元，當然會選擇受罰），因此在衡量被告甲是否圖利游○○，當然要將二者（裁罰與補稅之金額）扣抵，相互比較，否則即與圖利罪之規定相違背。

三、次按「依法應於審判期日調查之證據而未與調查者。」、「判決不載理由或所載理由矛盾者。」爲判決當然違背法令，又「犯罪事實應依證據認定之，無證據不得推定其犯罪事實」，此爲刑事訴訟法第379條第10款、第14款及第154條明文規定。經查原判決事實謂：「……乙……共3人組成會勘小組……並於86年11月12日至16日內某日，業已完成游◯◯所有前開農地之查勘調查程序」，卻於理由謂：「……證人陳◯◯、賴◯◯於彰化調查站調查時亦證稱游◯◯是在渠等會勘後補繳增值稅，其會勘時有丈量及照相存證等語……另查，甲於彰化調查站調查時於聽完上開監聽錄音後，亦承認曾指示乙免將游◯◯上述違章案移送裁罰，……而乙並於通話前一日，業已完成調查丈量程序」（原判決理由第7頁），然查證人賴◯◯、陳◯◯早於偵查中即證稱：「是游◯◯申請補稅後認爲違章面積沒那麼多，稅額太高，而有異議，渠等才去會勘」（偵查卷第84頁），陳◯◯更於彰化調查站調查時陳證：「前述土地查核清單拿來會章時，實際使用情形欄上是空白，乙當時向其解釋係因爲該土地所有人，已向員林分處申請補繳獲准，所以該欄未註記實際使用情形」，況且本案所有卷證資料中並無任何到現場會勘之會勘紀錄、照片丈量紀錄（此亦爲第三審撤銷發回判決理由所具體指摘），彰化縣稅捐稽徵處87年12月16日87彰稅財字第132960號函亦載稱：「本件前述土地，員林分處並未製作會勘紀錄，致無罰鍰資料可提供」（參第一審卷第83頁），是故原審率斷章取義採認陳◯◯、賴◯◯之證詞（會勘後補繳增值稅），未究明何時乙三人去會勘？究竟是於游◯◯申請補稅後有異議方去會勘？亦或是補繳增值稅前去會勘？何以證人陳◯◯等均爲偵查中之證詞，前者採信，後者卻認屬事後卸責迴護被告之詞，不足爲採？並未於判決理由中闡述，自有判決不備理由之違法。此外，原審遽認上開彰化縣稅捐稽徵處函稱並未製作會勘紀錄係承辦會勘人員作業之疏失，亦未見原審傳訊相關承辦會勘人員到場訊問調查，究竟係疏失？抑或未製作？所逕爲會勘人員作業之疏失之認定，亦有未盡調查能事及不依證據認定事實之違法。再則，原判決於理由中所載財政部82年2月10日台財稅字第820037154號函釋及80年8月16日台財稅字第801253598號函釋所稱以發函日爲調查基準日之見，係指依通常調查程序下方屬之，若其排定日期後，係以電話聯繫相關單位約定會同調查或勘查日，即無前述發函日可稽，仍應依稅捐稽徵法第48條之1第1項規定之旨認定得否免除處罰之規定，乃當然之解釋，否則前述財政部函釋豈非另啓執法之漏洞云云，經查財政部上開二函釋係爲杜絕稅捐稽徵法第48條之1第1項規定所載「進行調查」之法律不確定概念之紛爭，所爲之行政上有權解釋（釋示，屬行政規則之一種），依行政程序法第161條之規定，具有拘束其下級機關及屬官之效力，另依平等原則及行政自我拘束原則，亦將產生間接之規範力，是故並非僅限於通常調查程序，更何況該二函釋並未排除以電話聯繫相關單位約定之情形，原審未依被告所請函請財政部解釋，逕自認定解釋上揭不確定法律概念，當然有應於審判期日調查之證據而未與調查者致適用法令違誤顯然於判決有影響之違法（司法院大法官釋字第181、238號解釋意旨參照）。

四、綜上所述，原判決違背法令之處，灼然甚明，爲此懇請鈞院鑒核，迅將原判決撤銷，諭知被告無罪之判決，或將本件發回原審法院更爲審理，以符法制，而免冤抑。

謹　狀

台灣高等法院台中分院刑事庭　轉呈

最高法院刑事庭　公鑒

中　華　民　國　○○　年　○○　月　○○　日

具狀人　甲　　　　簽名蓋章

選任辯護人　何志揚律師

狀別：刑事上訴理由（二）狀

案號及股別：89年上更（一）字○○號○股

上訴人即被告　甲　　身分證字號：○　性別：○　生日：○　住：○

選任辯護人　　何志揚律師

爲不服台灣高等法院台中分院90年1月18日89年度上更（一）字第145號刑事判決，謹於法定期間內續提上訴理由事：

經查彰化縣稅捐稽徵處87年度稽徵業務考核座談會，曾就「免徵土地增值稅取得之農地，未繼續耕作之定期選案調查或清查案件，而自動申請補稅者免罰，其調查基準日之認定原則」提案討論，會中仍作成決議建議，基於愛心辦稅原則，准予延至函請有關單位派員會勘之發函日爲調查基準日，讓納稅人有兩次適用自動補報之機會（參證1），因此本案被告乙並未發函請農業課、地政人員共同會勘，爲歷審所確認，自無稅捐稽徵法第48條之1第1項所稱之進行調查之情，游○○聽從被告建議自動補繳土地增值稅自屬合法，原審率認被告乙已電話聯繫相關單位約定會同調查或勘查，顯已該當進行調查，自有判決不備理由之違誤。此外，由於原審即發回更審前第二審裁判之違誤，導致被告受冤枉，終日鬱鬱寡歡，竟因此而罹患大腸癌（參證2），爲此懇請鈞院鑒核，儘速審理本案，迅撤銷原判決，改諭知被告無罪之判決，以還被告之清白！

謹　狀

台灣高等法院台中分院刑事庭　轉呈

最高法院刑事庭　公鑒

中　華　民　國　○○　年　○○　月　○○　日

具狀人　甲　簽名蓋章

選任辯護人　何志揚律師

台灣高等法院台中分院檢察署檢察官答辯書

90年度答字第237號

上訴人（即被告）甲

乙

上上訴人因違反貪污治罪條例案件，不服台灣高等法院台中分院，中華民國90年1月18日所爲第二審判決（89年度上更（一）字第145號刑事判決），提起上訴，本檢察官依法答辯如下：

本件被告甲等所犯貪污治罪條例案件，其犯罪事實經台灣高等法院台中分院爲第二審判決，調查至臻明確，均有卷證可資稽考，犯行足資認定，原判決爲論罪科刑之宣告，認事用法均無不合，飾詞上訴，顯無理由，請核明法辦。

此　致

台灣高等法院台中分院　轉呈

最高法院

中　華　民　國　○○　年　○○　月　○○　日

檢察官　鍾○○

最高法院刑事判決

90年度台上字第3916號

上　訴　人　甲

選任辯護人　何志揚律師

俞○○律師

上　訴　人　乙

上上訴人等因貪污案件，不服台灣高等法院台中分院中華民國91年1月18日第二審更審判決（89年度上更（一）字第145號，起訴案號：台灣彰化地方檢察署87年度偵字第3137號），提起上訴，本院判決如下：

主文

原判決關於甲、乙部分撤銷，發回台灣高等法院台中分院。

理由

本件原判決認定上訴人甲原爲彰化縣稅捐稽徵處員林分處（下稱員林稅捐分處）主任，上訴人乙爲稅務員，均係依據法令從事公務之人員。民國86年間，辦理彰化縣「87年度農業用地移轉免徵土地增值稅列管查核作業」，由乙會同彰化縣大村鄉公所農業課課員賴○○、員林地政事務所課員陳○○組成會勘小組，於同年11月12日至16日間之某日，完成游○○（已判決無罪確定）所有座落彰化縣大村鄉過溝段101之3地號等農地之查勘調查程序，明知游○○在面積1,278平方公尺之農地上，搭蓋約12%即151.51平方公尺之非供農業使用之農舍及工廠等違建，應依法移送彰化縣稅捐稽徵處法務課，按違章使用面積比例課處原免徵土地增值稅之2倍即新台幣（下同）18萬6,000元之罰鍰。但因游○○於會勘小組查勘調查後之翌日，在其友人顧源彰住處，向職司監督該查核作業之甲請求勿予課罰，甲即基於圖利游○○之意思，以電話指示乙違法不將游○○之違章案件送罰，由游○○以自動補繳土地增值稅之方式結案。乙遂與甲基於共同圖利游○○之犯意聯絡，由游○○於同月19日向員林稅捐分處申請按一般土地案件補報繳土地增值稅加計利息共115萬2,089元，並註銷該筆農地之管制後結案，圖利游○○免於受罰18萬6,000元等情。因而撤銷第一審關於諭知甲、乙無罪部分之判決，改判論處甲、乙共同依據法令從事公務之人員，對於主管之事務直接圖私人不法之利益罪刑。固非無見。

惟查：

(1) 貪污治罪條例第6條第1項第4款之圖利罪，係就公務員對於「主管」或「監督」之事務，二種類型，直接或間接圖私人不法之利益爲規範。所謂「主管」之事務，係指依法令規定，在職務上有主持或執行權限之事務；所謂「監督」之事務，則指事務雖非其主管，但對於主管該事務之公務員有監管督導之權者而言。原判決事實內認定游○○於會勘小組調查後之翌日，在其友人住處，向職司「監督」上開查核作業之甲請求勿予課罰（見原判決第3面第13行至第15行）。但主文則諭知甲共同依據法令從事公務之人員，對於「主管」之事務，直接圖私人不法之利益，與事實之認定相互齟齬；而理由內就該查核作業究竟係甲主管之事務或監督之事務，復未詳細論列，致其主文、事實均失所據，難謂於法無違。

(2) 貪污治罪條例旨在懲治貪瀆，藉以維護公務員之廉潔操守。其有關圖利罪之規定，必須主觀上有圖自己或他人不法利益之意思，而表現於行爲爲要件。

是否具有此項意思要件，應依證據認定之，不得僅以其行爲之結果，或措施之不當，使他人得利，遽爲推定。依彰化縣稅捐稽徵處函稱：「農地違章使用，未達該土地5分之1者，經處以罰鍰案件，即不再補繳土地增值本稅。至於罰鍰後，剩餘尚作農業使用之農地，仍應於電腦檔及管制卡繼續列管。嗣後倘再發現有違章情形，則就剩餘部分處罰，並不得重複處罰。」（見第一審卷第813頁反面）。原判決認定游○○搭建非供農業使用之違建，約占該農地面積百分之12。如果無訛，其違章使用之面積既未達全部面積5分之1，經處以罰鍰後，就該違章使用之部分，即不須補繳土地增值本稅，且不得重複處罰，亦不再列管。乃原判決謂游○○因害怕其土地年年被列管查核，非常麻煩，乃決定申請補繳全部之土地增值稅，以免被列管每年查核（見原判決第8面第12行、第13行）。似認農地違章使用經查獲處罰後，仍應繼續列管查核，游○○始申請補繳增值稅，俾得以解除列管，與卷存資料不盡一致，已有未洽。且上訴人等辯稱游○○應處之罰鍰僅18萬6,000元，卻繳納土地增值稅連同利息115萬2,089元，而解除農地列管之結果則屬相同，足見彼等主觀上並無圖利之意思等語。原判決亦認上訴人等因此「已爲國庫收入100餘萬元稅款」（見原判決第13面第1行、第2行）。但對於上訴人等主觀上如何具有圖游○○不法利益之意思，則未敘明其所憑之證據；復未說明上開有利於上訴人等之證據資料及其辯解，何以不足採納，亦有可議。上訴意旨指摘關於上訴人等部分之原判決違背法令，尚非全無理由，應認該部分之原判決仍有撤銷發回更審之原因。再，原判決關於甲不另爲無罪諭知之部分，基於審判不可分原則，應併予發回。

據上論結，應依刑事訴訟法第397條、第401條，判決如主文。

中　華　民　國　○○　年　○○　月　○○　日

最高法院刑事第五庭

審判長法官　紀○○

法　　官　黃○○

法　　官　劉○○

法　　官　陳○○

法　　官　張○○

上正本證明與原本無異

書記官　陳○○

中　華　民　國　○○　年　○○　月　○○　日

狀別：刑事調查證據聲請狀
案號及股別：○○年○○字○○號○股
上訴人即被告　甲　　身分證字號：○　性別：○　生日：○　住：○
選任辯護人　　何志揚律師
爲被告因貪污案件，謹依法聲請調查證據事：
一、請鈞院向財政部函查下列事項，並檢送相關資料過鈞院參辦：
(一) 按財政部82年2月10日台財稅字第820037154號函釋及80年8月16日台財稅字第801253598號函釋略以：稅捐稽徵法第48條之1免罰之案件，其調查基準日之認定，係以排定日期函請有關單位派員會同調查或勘查，並以發函日爲調查基準日云云（參附件1），倘若稅捐機關並未發函請有關單位派員會同調查或勘查，而係以電話聯繫相關單位約定會同調查或勘查，既無發函日，如何認定其調查基準日？是否仍應以發函日爲調查基準日？
(二) 依修正前土地稅法第55條之2第2項規定：「前項應處罰之土地，不繼續耕作面積未達每宗土地原免徵土地增值稅土地面積之5分之1，其罰鍰得按實際不繼續耕作面積比率計算。但以一次爲限」，又財政部79年10月29日台財稅字第790372433號函釋：「依農業發展條例第27條規定取得免徵土地增值稅之農業用地，其有不繼續耕作情事者，在未經檢舉及稽徵機關或財政部指定之調查人員進行調查之前，自行申請改按一般案件核課並補稅者，應依稅捐稽徵法第48條之1規定辦理，免依修正土地稅法第55條之2規定處罰」，準此，如自行申請改按一般案件核課並補稅者，是否即免依修正前土地稅法第55條之2規定處罰？
(三) 另依彰化縣稅捐稽徵處87年12月16日87彰財字第1322960號函覆第一審函載：「農地違章使用，未達該宗土地5分之1者，經處以罰鍰案件，即不再補徵土地增值稅本稅。至於罰鍰後，剩餘尚作農業使用之農地，仍應於電腦檔及管制卡繼續列管。嗣後倘再發現有違章情形，則就剩餘部分處罰。並不得重覆處罰」（參附件2），則究竟（1）農地違章使用，未達該宗土地5分之1者，經處以罰鍰案件，是否即不再補徵土地增值稅本稅？（2）罰鍰後應如何列管土地？如何解除列管？可否重覆處罰？
(四) 如前述，關於農地違章使用，未達該宗土地5分之1者，經處以罰鍰案件，是否經處以罰鍰後即不得再追補土地增值稅本稅？反之，如已自行補繳全部土地增值稅，是否即得免罰？
二、待證事實：

由於本案被告乙會同地政、鄉公所人員勘查土地時，並未發函予各相關單位，而係僅以電話聯繫，則游◯◯是否仍得依稅捐稽徵法第48條之1申請補稅？又如自行補稅後，是否即得免除罰鍰、免除列管？反之，如遭罰鍰後，是否仍應補繳土地增值稅本稅？容有必要請鈞院向財政部函詢首揭問題，以釐清究竟被告甲是否有圖利游◯◯。

謹　狀

台灣高等法院台中分院刑事庭　公鑒

中　華　民　國　◯◯　年　◯◯　月　◯◯　日

具狀人　甲　簽名蓋章

選任辯護人　何志揚律師

狀別：刑事辯護意旨狀

案號及股別：90年上更（二）字◯◯號◯股

上訴人即被告　甲　身分證字號：◯　性別：◯　生日：◯　住：◯

選任辯護人　何志揚律師

爲被告因貪污案件，謹依法提辯論意旨事：

一、按公訴人上訴意旨認被告涉嫌違反貪污治罪條例第6條第1項第4款之罪者，係以游◯◯於會勘小組查勘調查後之翌日（86年11月13日至17日某日）中午某時，在友人住處內，向職司監督前揭查核作業之員林分處主任甲請求不要對其課以罰鍰，甲即基於圖利游◯◯之意思，以電話聯絡具體指示乙違法不要將游◯◯之違章案件送交總處法務課課罰，而由游◯◯逕以申請自動補繳該筆農地土地增值稅方式結案；甲、乙、游◯◯三人即基於共同圖利游◯◯本人之犯意聯絡，由游◯◯於同年11月19日自員林分處出具申請書申請按一般土地案件補報繳土地增值稅，並由乙於同年12月11日完成「自動申請補稅」查核作業，而以86年11月24日彰稅員分二字第031829號函檢附繳款書一份，准予游◯◯補繳本稅加計利息共115萬2,089元，並註銷該筆農地之管制後，即行結案，因而圖利游◯◯免於受罰18萬6,030元云云。

二、按犯罪事實應依證據認定之，無證據不得推定其犯罪事實，刑事訴訟法第254條定有明文（最高法院於90.10.4廢止有罪推定原則之判例三則，參附件1）。經查本件乙、陳◯◯、賴◯◯3人所組成之會勘小組於游◯◯申請自動補繳土地增值稅前根本未至游◯◯所有土地會勘，此情迭經陳◯◯、賴

○○於調查站、原審、上訴審、更一審及鈞院證述甚詳，茲分述如下：

(一) 陳○○證詞部分：

陳○○固於87年3月5日彰化調查站調查時供稱：「（前述過溝段101之3號土地地主補繳土地增值稅係在你會同乙、賴○○會勘前或會勘後？）係在會勘後補繳」，卻也於87年12月17日在原審供證：「是當事人申請補稅後提出異議，才去勘察」、「（於申請補稅前你有無會勘過溝段101之3地號？）沒有」（參原審卷第67頁），上訴審證稱：「（你於調查筆錄有證述前述過溝段101之3號土地地主補繳土地增值稅係在你會同乙、賴○○會勘前或會勘後？答稱是『係在會勘後補繳』）這次講的會勘應是複勘那次（按指地主游○○有異議才去會勘）」（鈞院上訴審卷第52頁），更在鈞院90年9月6日調查時陳證：係在86年12月15日才去游○○土地會勘，之前並未至其土地會勘云云。

(二) 賴○○證詞部分：

賴○○於87年12月17日原審證稱：「（大村鄉過溝段101之3地主申請補稅前有無去會勘？）沒有」（參原審卷第68頁），鈞院90年8月27日調查時陳證：是在86年12月中旬去會勘游○○土地。由前開二人之證詞以觀，復參酌本件並無任何游○○系爭土地會勘紀錄、丈量紀錄及照片存證，顯然會勘小組在86年12月10日自動補繳土地增值稅前並未勘察過游○○之土地，則游○○申請自動補繳既合於稅捐稽徵法第48條之1之要件，且被告甲僅鼓勵其自動補繳，豈有違反修正前土地稅法第55條之2規定而圖利游○○？

三、次查本件被告甲以電話連絡乙時，並不知會勘小組是否已對游○○系爭土地「進行調查」（其解釋應指查核完竣、認定有違章事實），甚至不知乙等會勘小組是否曾去丈量過該土地（由彰化調查站86年11月13日至86年11月17日之監聽錄音帶譯文雙方對話譯文即知），被告固曾告以乙：「不要送罰」、「不要送法務課」等語，惟其用意係在鼓勵游○○自動繳納（被告當時仍相信游某可申請自動補稅），並非對已確知游某不得申請自動補稅之情形，指示乙故意違背職務，不依法送科罰鍰，況申請自動補稅所繳款項（須加計利息）比依法送處罰鍰之金額多出甚多（自動補稅須繳新台幣115萬2,089元，送罰之應科罰鍰爲新台幣18萬5,445元），蓋依土地稅法第55條之2之規定所處罰鍰，無庸再追繳本稅（與其他稅法規定不同，此觀同法第55條之1即明，另彰化縣稅捐稽徵處87年12月16日87彰稅財字第132960號函參照，參原審卷第83頁反面），且如不繼續耕作面積未達每宗原免徵土地增值稅土地面積之5分之1，其得按實際不繼續耕作面積比率計算，豈能謂有圖利他人之直接故意？故本件第三審曾於撤銷發回更審判決理由中明確具體指摘：「……其二人（按指被告甲、乙）有無圖使游某得利益，圖得利益之若干，自應視該違章使用部分所應裁罰之金額是否較辦理補繳增值稅之金額（加計利息）爲高而定，如屬上情，其超出部分始爲圖利所得」（最高法院89年台上字第2113號理由第3頁第11行），更足以說明被告甲並未圖利游○○。

四、綜上所述，公訴人之上訴顯無理由，灼然甚明，爲此懇請鈞院鑒核，迅駁回其上訴，以符法制，而免冤抑。

謹 狀

台灣高等法院台中分院刑事庭　公鑒

中　華　民　國　○○　年　○○　月　○○　日

具狀人　甲　簽名蓋章

選任辯護人　何志揚律師

台灣高等法院台中分院刑事判決 91年度上更（二）字第281號華股

上　訴　人　台灣彰化地方檢察署檢察官

被　　　告　甲

選任辯護人　劉○○律師

選任辯護人　何志揚律師

被　　　告　乙

選任辯護人　朱○○律師

上訴人因被告等貪污治罪條例案件，不服台灣彰化地方法院87年度訴字第870號中華民國88年2月3日第一審判決（起訴案號：台灣彰化地方檢察署87年度偵字第3137號），提起上訴，本院判決後，經最高法院第二次發回更審，本院判決如下：

主文

上訴駁回。

理由

一、原審檢察署檢察官公訴意旨略以：被告甲原任彰化縣稅捐稽徵處員林分處（下稱員林分處）主任一職，被告乙則爲員林分處財產稅課稅務員，並負責承辦員林分處民國（下同）87年度農業用地移轉免徵土地增值稅列管查核作業，2人均爲依法令從事公務之人員。86年11月12日至同年11月16日間某日，被告乙會同彰化縣大村鄉公所農業課課員賴◯◯、彰化縣員林地政事務所課員陳◯◯等3人所組成之會勘小組，完成同案被告即勾選查核對象游◯◯（經本院前審判決無罪確定）所有之彰化縣大村鄉過溝段101之3地號農地之調查程序，明知游◯◯所有列管面積1,278平方公尺之前開農地，已有搭建面積151.51平方公尺之違法農舍及鬆緊帶加工廠等非供農業使用之情事，且完成丈量及照相存證，依法不因同案被告游◯◯之嗣後申請補繳免徵之土地增值稅，而得免於移送總處法務科裁罰新台幣（下同）18萬6,031元之罰鍰；詎游◯◯於會勘次日中午某時，在友人住處內，向負責監督前揭查核作業之被告甲請求免予課罰，被告甲即基於圖利游◯◯之意思，即以電話對被告乙具體指示勿將游◯◯之違章案件移送裁罰，而由游◯◯以自動申請補繳土地增值稅之方式結案；嗣游◯◯、乙及甲即基於共同圖利游◯◯本人之犯意聯絡，由游◯◯於86年11月19日向員林分處申請按一般土地案件補繳土地增值稅，被告乙即於同年11月21日據以完成「自動申請補稅」查核作業，同年11月24日函附繳款書，准游◯◯補繳本稅及利息共115萬2,089元，並於游◯◯繳稅後，即予註銷游◯◯所有該筆農地之管制結案，因認有圖利游◯◯免於受罰18萬6,031元，而均觸犯貪污治罪條例第6條第1項第4款對於主管或監督之事務，直接圖利罪等情。

二、本件公訴人認被告涉有前揭罪嫌，無非係以證人陳◯◯、賴◯◯證述有關會勘小組完成對游◯◯所有之前揭農地調查程序，並有證人柯◯◯就查核作業之證述及講習會公函節文、輔導函、土地增值稅選案查核檔核對清冊、土地會勘記錄簡記草稿、申請書、查核記錄、現場會勘記錄檢附照片7幀、被告甲與被告乙間之通話譯文等證據爲論斷之主要依據。惟訊據被告甲、乙均堅決否認涉有何貪污治罪條例之圖利罪嫌。被告甲辯稱：對於農業用地移轉免徵土地增值稅列管查核作業之調查程序，依例須由稅捐機關人員會同當地農業課人員及地政機關人員至現場丈量、拍照，並製成「免徵土地增值稅之農業用地定期實施查核清單」，由會勘人員簽章，方屬完成調查程序，而同案被告游◯◯所有之前揭農地並未正式調查完成，則同案被告游◯◯申請自動補繳，依法當無再移送裁罰之必要；縱認同案被告游◯◯之不繼續耕作情事已爲稅捐機關所得悉，但其自動申報補稅，業已達稅課行政之目的，且符合稅捐稽徵法第48條之2第1項免予處罰之行政裁量規定，如施以裁罰，即與比例原則有所相違；又稅捐機關應本於「愛心辦稅」之原則，鼓勵納稅義務人繳納本稅，充實稅目，避免行政成本過高之裁罰行爲過度濫用等語。被告乙則辯以：依財政部81年台財稅字第801253598號函示規定，免徵土地增值稅列管農業用地之調查基準日係以排定日期函請有關單位會同調查或勘查之發函日爲調查基準日，而本件游○○之前開農地，尚未經伊函請有關單位派員會同調查，且寄達游○○之輔導函亦無20日補稅期限之記載，故在未實地進行調查前，自應受理游○○之補稅申請；又游○○之自動補稅金額爲115萬2,089元，相較於如課處罰鍰之金額18萬5,445元，顯然爲多，何能謂有圖利游○○之有。

三、按犯罪事實，應依證據認定之，無證據不得推定其犯罪事實；又不能證明被告犯罪者，應諭知無罪之判決，刑事訴訟法第154條、第301條第1項分別定有明文。經查被告甲原任員林分處主任一職，被告乙則爲員林分處財產稅課稅務員，均爲依法令從事公務之人員，被告乙並爲執行彰化縣「87年度農業用地移轉免徵土地增值稅列管查核作業」之稅務員，業據被告甲及乙所自承無訛；依前開查核作業之規定，被告乙應於86年11月1日至87年1月31日間，會同彰化縣大村鄉公所農業課課員賴○○、彰化縣員林地政事務所課員陳○○共3人組成會勘小組，負責就總處核發之「土地增值稅選案查核檔核對清冊」中勾選181筆列管農地進行查核，而游○○亦爲該查核對象之一，此有卷附之土地增值稅選案查核檔核對清冊可稽，而依財政部訂頒之「稅捐稽徵法第48條之1所稱調查之作業步驟及基準日之認定原則」規定，被告乙應按交查次序，於調查或清查作業期限內，排定日期函請有關單位派員會同調查或勘查，並以發函日爲調查基準日，惟查核實務上多不發函邀集，而以電話連繫，並以實地會勘查核之日爲調查基準日，此業據被告乙所提附卷之賦稅法令彙編中財政部80年台財稅字第801253598號函影本及證人即彰化縣稅捐稽徵處股長柯○○於調查局彰化縣調查站（下稱調查站）調查時證述甚詳；訊據證人陳○○證稱：「（被告游○○大村鄉過溝段101之3地號土地有無會勘？）稅捐處人員乙會通知我與賴○○會勘，該筆有去丈量拍照，時間已忘，是當事人申請補稅後提出異議，才去勘查，因當事人認爲補稅太高，才去丈量違規補稅面積」，「於申請補稅前，我沒有會勘該土地」（見一審卷第67頁），於本院亦證稱：「（問：在86年11月13日到17日之間，妳有無和乙去勘查過這一筆土地？）答：確定沒有，只有在86年12月15日因地主對補繳的稅款認爲太多，才去現場看，之前沒有去看。」（見本院上更二卷第81頁）。證人賴○○於原審庭訊時證稱：「（大村鄉過溝段101之3號地主申請補稅前有無去會勘？）沒有」（見一審卷第68頁），於本院亦證稱：「是在86年12月15日有去看過」（見本院上更二卷第70頁）。是依證人陳○○、賴○○前揭證述，被告乙顯未於游○○自動申請補稅前會同會勘小組成員為實地之查核行為。雖證人丁於調查站調查時稱：「係在會勘後補繳」，並於偵查中與證人賴○○同稱：「他（即被告游○○）對稅單有意見，他認為他沒有把全部的農地全蓋，沒有全部違規，他認為他不應罰那麼多，當天是因他有異議，才去看第二次」、「我們第一次認為他有超過5分之1，跟他罰全部的，而他認為香菇寮不應計入違章的範圍，所以才去看第二次」等語，但均未指明該現場調查係於游○○自動申請補稅之前或後為之，又游○○曾對「稅單」表示異議，但查被告乙既未將游○○不繼續耕作之情形移送總處法務科裁罰，自無「違章稅單」可言，則證人陳○○、賴○○於偵查中所稱之稅單，顯然即係員林分處於86年11月24日以彰稅員分二字第031829號函，所發准同案被告游○○自動申請補繳土地增值稅函文中，所檢附之「自動補繳土地增值稅繳款書」，惟該函既係依游○○於同年11月19日之補稅申請書而來，則證人陳○○、賴○○於偵查中證稱對游○○所有之農地已完成2次查核等語，即係於游○○申請自動補稅後所為，核與證人陳○○、賴○○前揭所稱係申請補稅後才去勘查，申請補稅前未去勘查等語相符；此外，土地會勘記錄簡記草稿依前所述，應係作成於同案被告游○○對核定補繳本稅提出異議後，且同案被告游○○所有之該列管農地並無會勘資料，業據彰化縣稅捐稽徵處87彰稅財字第132960號函復甚明，故被告乙所辯係於游○○自動申請補稅後，始會勘調查，並擬俟同案被告游○○未依限補稅時，再將測量結果套繪於實地查核清單等情，即足堪採，是尚難以證人陳○○、賴○○於調查站及偵查中之供述，而為被告乙及甲不利之認定。至公訴人所指之現場會勘記錄檢附照片7幀，係於87年4月2日會勘所作，此有卷附之「彰化縣大村鄉過溝段101之3地號土地現場會勘記錄」可稽，而土地增值稅選案查核檔核對清冊、申請書、查核記錄（似指土地增值稅選案查核檔核對清冊中，有關同案被告游○○影本部分）等物，均不足以證明被告乙對游○○所有前揭土地之會勘調查日在游○○自動申請補稅前。查甲與乙通話內容全文係：甲：妳昨日清查游○○大村過溝段，他那有搭起來？乙：游先生？甲：游○○這個他要繳，不要送罰；乙：他要自己補稅？甲：對；乙：本稅71幾萬，甲：不要緊，不要罰，71多萬若沒繳，仍要罰100多萬，71多萬是21%有超過21%；乙：沒超過21%；甲：還要71多萬嗎？乙：我還未詳細計算，我們算與法務課可能不同，因爲違章是法務課……，甲：妳不要送法務課，乙：我給他們5天時間，甲：不要送法務課，他說要繳，愛心辦稅，讓他去繳，乙：他自己要繳？甲：沒有超過21%妳要出來量或他們自己量量？乙：我們送違章的話……，甲：我們不要送違章，送下去就罰。乙：自動補稅是通通要補，沒有那5分之1，要違章才算5分之1，甲：這樣嗎？乙：稅法第55條之2有規定，違章才有5分之1，去量，我昨天已量好，沒送違章全部自己補繳，加利息，甲：全部多少？乙：71多萬的本稅，甲：我儘量鼓勵他自動繳納等情。從前揭通話中，甲稱：「（補稅）71多萬若沒繳，仍要罰100多萬」，「還要71多萬嗎？」，「愛心辦稅，讓他去繳」，「妳要出來量或他自己量量」，「（自動補稅是通通要補……）這樣嗎？」「全部（要補）多少？」，「我儘量鼓勵他自動繳納」等語，按本件若送違章罰金較少，被告甲顯然不瞭解該地之狀況，及送違章應罰或自動補繳應繳稅額，且甲還要愛心辦稅，鼓勵游◯◯自動繳納，事發若不自動繳納，仍可罰100多萬等事實以觀，被告甲顯未有圖利游◯◯之意圖甚明。另被告乙於通話中，對甲所述游◯◯要自動補繳稅款（因補繳稅款額多出送違章裁罰甚鉅），因此有「他要自己補稅？」，「（補稅之）本稅71幾萬？」，「他自己要繳？」等語，即乙亦認游◯◯自動補繳稅款較爲不利，而一再存疑，係甲所稱要儘量鼓勵游◯◯自動繳納始相信，據此實不能認乙有圖利游◯◯之犯意，又於此通話之前，乙雖於通話中稱，我昨天已量好云云，然乙與甲通話中，並無明確指出地段、地號，乙勘查土地之數量繁多，又未查閱資料即予答覆，又乙會勘土地，必須會同陳◯◯、賴◯◯2人勘查，始爲正式勘查，而證人陳◯◯、賴◯◯已明確證述此通話前未會勘本件土地，亦無在勘查本件土地文件上會章，乙所辯係偶遇游◯◯，游◯◯告知本件土地情形，渠與陳◯◯、賴◯◯未正式勘查本件土地，而係據游◯◯告知之情形答覆甲等情，應可採信。從而，證人陳◯◯、賴◯◯於調查局及偵查中所爲之不完整證述及被告乙與被告甲間之通話錄音、土地會勘記錄簡記草稿等物，均不能認定被告乙於游◯◯自動申請補稅前業已完成調查作業，則游◯◯於86年11月19日向員林分處申請自動補稅，並依限於繳納期限內補繳，即符合稅捐稽徵法第48條之1免罰之要件。

四、又被告等雖以本件游◯◯之農地，其上門牌號碼彰化縣大村鄉過溝村一號之七搭建農舍及鬆緊帶加工廠，乃其弟游◯◯於81年1月20日以買賣原因移轉予游○○（實爲兄弟分產而辦理過户，並無買賣情事）時，早已有該建物確實建築有十年以上之久，本件農地申報移轉現值（81年1月20日）時，即不符免稅要件，應依法補稅，免依土地稅法第55條之2規定處罰等語爲辯解。

五、次按游○○所有前揭農地之實際未繼續耕作之面積並未達列管總面積5分之1，設如經稽徵機關調查後移送裁罰，其應罰之金額爲18萬6,031元，相較於游○○所申請補稅之金額115萬2,089元顯然爲少，有彰化縣大村鄉過溝段101之3地號土地現場會勘記錄之會勘面積及員林分處彰稅員分二字第031829號函可資爲證；又農地違章使用，未達該宗土地5分之1者，經處以罰鍰案件，即不再補徵土地增值稅本稅，並就該部分解除列管，業據彰化縣稅捐稽徵處87彰稅財字第132960號函復甚明；則游○○縱如農地違章使用部分經稽徵機關於補報前調查，亦因其違章面積未逾5分之1，繳交罰鍰後即得免補本稅並解除該部分之列管，惟捨此不爲，反繳交遠多於可能受裁罰金額近97萬元之稅額，客觀上可否認爲對其絕對有利，不無疑義，蓋繳交原免徵土地增值稅之本稅及利息，僅係解除稽徵機關之列管查核，有前揭彰化縣稅捐稽徵處87彰稅財字第132960號函可資參照，且觀游○○於該農地上，確有從事菌種培育之農作，有「彰化縣大村鄉過溝段101之3地號土地現場會勘記錄」可稽，同案被告游○○如無意擴大不繼續耕作之面積，即難認自動申請補稅較之將違章部分移送裁罰對其爲有利。況查游○○所有之前揭農地於未經調查前即自動申請補稅，已如前述，從而，被告乙、甲主觀上顯難認爲有圖利游○○之犯意存在，自不足以認定被告乙、甲共同犯有被訴貪污治罪條例第6條第1項第4款之規定，而爲不法圖利於游○○之舉。原審判決被告甲、乙2人無罪，核無不合，檢察官上訴意旨仍以前揭理由，指訴被告2人犯罪，其上訴爲無理由，應予駁回。

六、台灣彰化地方檢察署移送併案審理（88年度偵字第4690號）意旨另略以：被告甲於擔任員林分處主任期間，於86年5月15日，設於彰化營業，二度遭員林分局查獲而移送總處，由總處法務課再函請員林分處查處，甲竟與同分處人員羅○、湯○○、李○○共同基於圖利該KTV負責人余○○之犯意，先因李○○與余○○熟識而受請託改依設立登記（即非違章情形）之現場勘查房間數計算逃漏娛樂稅金額函覆法務課，法務課在審理時認爲違章營業行爲應依台灣省各縣市稅捐稽徵處功能編組作業手冊法務類審理篇違章漏稅案件處理規定，就查獲事證（即員林分局偵訊筆錄）負責人余

○○自承之每日營業額1萬元換算逃漏娛樂稅金額，故三度函請員林分處改正，並附員林分處查處阿房宮茶藝KTV前次違章行爲逃漏娛樂稅金額之計算式提醒員林分處，惟員林分處前後承辦人湯○○、李○○在股長羅○、主任甲之核定下堅持依現場勘查房間數計算逃漏娛樂稅金額，致法務課在員林分處人員堅持依房間數計算逃漏娛樂稅金額之情形下，於86年7月24日開立裁處7萬元（未辦登記部分）及逃漏娛樂稅7,200元之處分書而結案，使余○○短繳娛樂稅本稅1萬8,886元及罰鍰13萬2,202元之不法利益，因認甲亦涉有貪污治罪條例第6條第1項第4款及刑法第213條之罪嫌，而與前述已起訴部分有連續犯裁判上一罪之關係云云。惟查本件被告甲判決無罪，核與移送併案審理部分，即無連續犯，不能認有裁判上一罪之關係，本院自不得併予審究，應退由原機關另依法處理，併此敘明。

七、據上論結，應依刑事訴訟法第368條，判決如主文。

本案經檢察官王○○到庭執行職務。

中　華　民　國　○○　年　○○　月　○○　日

台灣高等法院台中分院刑事第三庭

審判長法官　方○○

法官　胡○○

法官　劉○○

上本證明與原本無異。

檢察官得上訴。

被告等不得上訴。

如不服本判決應於收受送達後20日內向本院提出上訴書狀，其未敘述上訴之理由者並得於提起上訴20日內向本院補提理由書（均須按他造當事人之人數附繕本）。

書記官　顏○○

中　華　民　國　○○　年　○○　月　○○　日

相關法條及裁判要旨

■貪污治罪條例第6條第1項第4款：

有下列行爲之一，處五年以上有期徒刑，得併科新臺幣三千萬元以下罰金：四、對於主管或監督之事務，明知違背法律、法律授權之法規命令、職權命令、自治條例、自治規則、委辦規則或其他對多數不特定人民就一般事項所作對外發生法律效果之規定，直接或間接圖自己或其他私人不法利益，因而獲得利益者。

■稅捐稽徵法第48條之1第1項：

納稅義務人自動向稅捐稽徵機關補報並補繳所漏稅款者，凡屬未經檢舉、未經稽徵機關或財政部指定之調查人員進行調查之案件，下列之處罰一律免除；其涉及刑事責任者，並得免除其刑：一、……。二、各稅法所定關於逃漏稅之處罰。

(二) 妨害公務罪

案例事實

經查被告甲友人乙於96年9月11日晚間因酒醉駕車遭警方帶至警局製作筆錄時，以行動電話聯絡被告甲並請被告甲帶宵夜給伊吃（參附件1通聯紀錄），被告甲允諾後便於當日晚間11時許與同案被告丙帶宵夜至派出所，看見乙全身衣服沾滿血跡，且耳朵亦有撕裂傷，便以朋友立場詢問警員丁何以受傷，丁警員要被告甲不要管，丙再問爲何警察打人時，丁警員即告以是乙自己跌倒受傷，而被告甲從頭到尾只是質疑警員作筆錄何必打人，雖然甲、丙曾經當場出言辱罵警員丁，但並未對該警員施任何強暴脅迫，更未毀損其辦公處所用品，也無出言辱罵該名警員，自無刑法第135條之妨害公務犯行。

撰狀說明

(1) 關於被告甲對於正在執行公務製作筆錄之警員丁當場出言辱罵，會構成刑法第140條第1項之侮辱公務員罪，由於該項罪名並非死刑、無期徒刑或最輕本刑3年以上有期徒刑以外之罪，因此倘如被告於偵查中自白犯罪，可依據刑事訴訟法第253條之1第1項規定向檢察官請求作成1年以上3年以下緩起訴期間之緩起訴處分。但如檢察官同意作成緩起訴處分，可以依據刑事訴訟法第253條之2規定：「檢察官爲緩起訴者，得命被告於一定期間內遵守或履行下列各款事項：一、向被害人道歉。二、立悔過書。三、向被害人支付相當數額之財產或非財產上之損害賠償。四、向公庫支付一定金額，並得由該管檢察署依規定提撥一定比率補助相關公益團體或地方自治團體。五、向該管檢察署指定之政府機關、政府機構、行政法人、社區或其他符合公益目的之機構或團體提供四十小時以上二百四十小時以下之義務勞務。六、完成戒癮治療、精神治療、心理治療、心理諮商、心理輔導或其他適當之處遇措施。七、保護被害人安全之必要命令。八、預防再犯所爲之必要命令。
檢察官命被告遵守或履行前項第三款至第六款之事項，應得被告之同意；第三款、第四款並得爲民事強制執行名義。
第一項情形，應附記於緩起訴處分書內。
第一項之期間，不得逾緩起訴期間。
第一項第四款提撥比率、收支運用及監督管理辦法，由行政院會同司法院另定之。」

(2) 此外，由於該罪名最重本刑爲3年以下有期徒刑、拘役或專科罰金之罪，因此亦可依據刑事訴訟法第253條規定，請求檢察官參酌刑法第57條所列事項，依職權爲不起訴處分。

(3) 其次，關於被告甲並未對警員丁執行公務時當場施強暴脅迫，故可於書狀中請求檢察官傳訊案發當時在場之同案被告丙出庭供證，以究明事實（按同案被告丙雖然爲被告身分，但於偵查中亦得於供前或供後具結，以證人身分證明待證事實），但應將爲何傳訊之原因及待證事實詳述於書狀內，另關於傳訊之證人姓名及地址亦應載明於書狀末之證據欄，以供檢察官傳訊。

書狀內容

狀別：刑事答辯暨聲請緩起訴處分狀

案號及股別：○○年○○字○○號○股

被　告　　甲　　身分證字號：○　性別：○　生日：○　住：○

選任辯護人　何志揚律師

爲被告因妨害公務案件，謹依法提答辯事：

一、被告並無刑法第135條之犯行：

　　經查本案純因被告甲友人乙於96年9月11日晚間因酒醉駕車遭警方帶至警局製作筆錄時，以行動電話聯絡被告並請被告帶宵夜給伊吃（參附件1通聯紀錄），被告允諾後便於當日晚間11時許與同案被告丙帶宵夜至派出所，看見乙全身衣服沾滿血跡，且耳朵亦有撕裂傷，便以朋友立場詢問警員丁何以受傷，丁警員要被告不要管，丙再問爲何警察打人時，丁警員即告以是乙自己跌倒受傷，而被告從頭到尾只是質疑警員作筆錄何必打人，並未對該警員施任何強暴脅迫，更未毀損其辦公處所用品，也無出言辱罵該名警員，自無刑法第135條之妨害公務犯行，可請鈞長惠予傳訊同案被告丙出庭供證（待證事實：由於案發當時同案被告丙亦在場目睹被告甲與警員丁爭吵之經過，因此究竟被告是否有對警員丁施強暴脅迫，容有必要請鈞長傳訊到案究明。）。

二、被告願就涉嫌刑法第140條第1項犯行認罪，請求鈞長准予緩起訴或聲請簡易判決處刑：

(一) 按「被告所犯爲死刑、無期徒刑或最輕本刑三年以上有期徒刑以外之罪，檢察官參酌刑法第五十七條所列事項及公共利益之維護，認以緩起訴爲適當者，得定一年以上三年以下之緩起訴期間爲緩起訴處分，其期間自緩起訴處分確定之日起算」、「第三百七十六條第一項各款所規定之案件，檢察官參酌刑法第五十七條所列事項，認爲以不起訴爲適當者，得爲不起訴之處分」，刑事訴訟法第253條之1及第253條分別定有明文。

(二) 次查由於被告係酒後至警局因此說話確實比較大聲，故而讓丁警員認爲有侮辱之情事，因此除被告已於案發當日親自向丁警員道歉外，也在上次內勤檢察官複訊時表示願意就刑法第140條第1項侮辱公務員罪認罪，又本件被告所爲犯罪所生之危害並不大，且由於被告之前並無任何前科紀錄，相信經一此教訓並能有所警惕，犯罪後並坦承罪刑，態度良好等一切情狀，再者被告目前因輕度肢障（參附件2）而失業中（參附件3），再加上被告尚有一罹患重度精神疾病之弟弟（參附件4）及年邁母親尚須照顧（參附件4），其情自堪憫恕。因此是否懇請鈞長同意予以緩起訴處分，或依職權爲不起訴處分，實爲感禱。

謹　狀

台灣○○地方檢察署　公鑒

證據名稱及件數

一、證人：

丙（地址：○○縣○○鄉○○村○○街○○號○樓）

二、證物：

附件1：通聯紀錄。

附件2：診斷證明書。

附件3：○○市○○里辦公室證明書。

附件4：中華民國身心殘障手冊。

中　華　民　國　○○　年　○○　月　○○　日

具狀人　甲　　　　　簽名蓋章

選任辯護人　何志揚律師

相關法條及裁判要旨

■刑法第135條第1項：

對於公務員依法執行職務時，施強暴脅迫者，處三年以下有期徒刑、拘役或三十萬元以下罰金。

■刑法第140條第1項：

於公務員依法執行職務時，當場侮辱，或對於其依法執行之職務公然侮辱者，處一年以下有期徒刑、拘役或十萬元以下罰金。

■刑事訴訟法第253條：

第三百七十六條第一項各款所規定之案件，檢察官參酌刑法第五十七條所列事項，認爲以不起訴爲適當者，得爲不起訴之處分。

■刑事訴訟法第253條之1第1項：

被告所犯爲死刑、無期徒刑或最輕本刑三年以上有期徒刑以外之罪，檢察官參酌刑法第五十七條所列事項及公共利益之維護，認以緩起訴爲適當者，得定一年以上三年以下之緩起訴期間爲緩起訴處分，其期間自緩起訴處分確定之日起算。

■刑事訴訟法第253條之2：

檢察官爲緩起訴處分者，得命被告於一定期間內遵守或履行下列各款事項：一、向被害人道歉。二、立悔過書。三、向被害人支付相當數額之財產或非財產上之損害賠償。四、向公庫支付一定金額，並得由該管檢察署依規定提撥一定比率補助相關公益團體或地方自治團體。五、向該管檢察署指定之政府機關、政府機構、行政法人、社區或其他符合公益目的之機構或團體提供四十小時以上二百四十小時以下之義務勞務。六、完成戒癮治療、精神治療、心理治療、心理諮商、心理輔導或其他適當之處遇措施。七、保護被害人安全之必要命令。八、預防再犯所爲之必要命令。

檢察官命被告遵守或履行前項第三款至第六款之事項，應得被告之同意；第三款、第四款並得爲民事強制執行名義。

第一項情形，應附記於緩起訴處分書內。

第一項之期間，不得逾緩起訴期間。

第一項第四款提撥比率、收支運用及監督管理辦法，由行政院會同司法院另定之。

(三) 誣告罪

案例事實

被告乙（下稱被告）意圖甲、丙、丁受刑事處分，竟捏造「甲於民國（下同）90年3月15日夜間，佯以要賣房屋爲由，邀同告訴人乙一同坐車至彰化縣大村鄉村○路路邊時，竟口出惡言恐嚇乙簽具1紙發票日爲93年3月15日，到期日爲同年月30日，面額爲新台幣（下同）49萬元之本票1紙，並表示：如不寫本票，要將伊丟到鐵路上去給火車撞死等語，乙迫於無奈，逼不得已乃簽具本票1紙交予甲，甲收取本票後，旋即強押乙至大村鄉○○路○段215巷6號戊住處。至戊住處後，丙、丁等人即要乙承認其在台灣高等法院台中分院90年度上易字第295號案件作僞證，並恐嚇乙謂：你絕對不能報警，如果你報警，就給你死得很難看等語，嗣乙不得已坦承僞證，經丙等人錄音後，始由甲將其載回住處。」之不實事項，分別於90年3月17日14時許，向彰化縣警察局彰化分局花壇分駐所（下稱花壇分駐所）警員庚；同日17時50分許，向彰化縣警察局員林分局村上派出所（下稱村上派出所）警員辛；及於90年5月16日向台灣彰化地方檢察署具狀，對甲、丙、丁3人提出妨害自由、恐嚇取財之不實告訴，案經檢察官作對甲、丙、丁3人不起訴處分，另主動分案檢舉提起誣告罪之公訴，一審判決被告有罪後，經被告不服判決提起上訴，後經二審撤銷原判決改判無罪，甲不服請求檢察官依法提起上訴，經最高法院發回更審，更審法院仍撤銷原判決諭知被告無罪，甲仍不服請求檢察官依法提起上訴，經最高法院第二次發回更審，更二審法院始維持有罪判決確定。

撰狀說明

(1) 經查本件被告乙曾因幫朋友在法院出庭具結作證，並證述其所從未見聞之事實，後因內心不安始在調解委員甲協調下簽具系爭面額49萬元本票用以賠償丙之損害，但事後反悔竟捏詞誣告甲、丙、丁妨害自由、恐嚇取財，欲免除給付上開本票票款責任，合先敘明。

(2) 次按「告訴人所訴事實，不能證明其係實在，對於被訴人爲不起訴處分確定者，是否構成誣告罪，尚應就其有無虛構誣告之故意以爲斷，並非當然可以誣告罪相繩」（最高法院59年台上字第581號判例意旨參照），因此對他人提起刑事告訴雖經檢察官不起訴處分，不當然構成誣告罪，但本件案例被告乙於派出所報案時所述遭甲、丙、丁妨害自由、恐嚇取財之情節，與委託律師向地檢署提起刑事告訴之內容顯然已有出入，足以證明確實有虛構誣告之故意。

(3) 惟依據刑事訴訟法第344條第3項規定，告訴人或被害人對於下級法院之判決有不服者，亦得具備理由，請求檢察官上訴，故本案經檢察官提起公訴地院判處被告乙有罪後經被告乙提起上訴，高院竟將一審地院原判決撤銷改諭知被告無罪判決，因此告訴人仍得在法定期間內具理由請求檢察官向最高法院提起上訴，然撰寫第三審上訴理由狀時應就二審判決有違背法令之處具體指摘，蓋第三審爲法律審僅得就二審判決違背法令之處審理。

(4) 準此，撰寫請求檢察官上訴狀時應就被告乙前後指訴之內容，就簽具系爭本票之地點、恐嚇其簽發系爭本票之人、恐嚇之內容及簽發後由何人取走本票等，與其如何受害之相關重要情節，均顯非一致。倘被告確有其所述遭恐嚇脅迫簽發系爭本票情事，對於各該被害之具體事實，理應印象深刻，焉會如此前後供述齟齬？是以其所爲指訴，究竟有無虛構事實而具誣告他人之犯罪，故原審未詳加審認查明亦未斟酌上述事證，詳加勾稽愼斷，遽認被告並無虛構事實申告，自有調查職責未盡及判決不備理由之違誤具體加以指摘。

書狀內容

狀別：刑事請求檢察官上訴狀

原審案號：○○年○○字○○號○股

告訴人即被害人　甲　　身分證字號：○　性別：○　生日：○　住：○

告訴人即被害人　丙　　身分證字號：○　性別：○　生日：○　住：○

告訴人即被害人　丁　　身分證字號：○　性別：○　生日：○　住：○

共同告訴代理人　何志揚律師

爲被告因誣告案件，不服台灣高等法院台中分院93年1月20日92年上訴字第596號刑事判決謹於法定期間內請求檢察官上訴事：

一、按告訴人所訴事實不能證明其係屬實，在對於被訴人爲不起訴處分確定者，固不能謂告訴人因此即應負誣告罪責，然此必以告訴人有出於誤會或懷疑被訴人有此事實，始足以當之：若告訴人以自己親歷被害事實，堅指被訴人有犯罪行爲，指名向該管公務員告訴，經不起訴處分，認被訴人無此犯罪事實者，即不能謂告訴人不應負誣告罪責（最高法院91年台上字第6647號判決意旨參照，參附件1）。經查原審撤銷第一審判決改諭知被告無罪，顯有判決違背法令之違誤，茲分述如下：

(一) 經查被告乙明知發票日期爲民國90年3月15日，到期日期爲同年月30日，面額爲新台幣（下同）49萬元之本票一紙，乃伊自願簽發予告訴人丙，詎其事後心生不甘，明知甲、丙、丁三人並未有何恐嚇取財、妨害自由之情事，竟意圖使三人受刑事處分，捏造「甲於90年3月15日夜間，佯以要賣房屋爲由，邀同乙一同坐車外出，行至○○縣○○鄉○○路路邊時，突叫乙下車，丁並出現在場，限制乙行動自由，且口出惡言恐嚇乙簽具一紙發票日爲90年3月15日，到期日爲同年月30日，面額爲49萬元之本票，並表示：如不寫本票，要將伊丟到鐵路上去給火車撞死等語，乙迫於無奈，逼不得已乃簽具本票一紙交予丁，旋即強押乙至○○鄉○○路○段○○巷○號戊住處，至戊住處後，丙、丁等人即要乙承認其在台灣高等法院台中分院90年度上易字第295號案件做僞證，並恐嚇乙謂：你絕對不能報警，如果你報警，就給你死得很難看等語，嗣乙不得已坦承僞證，經丙等人錄音後，始由甲將其載回住處」之不實事項，分別於90年3月17日14時許，向○○縣警察局○○分局○○分駐所警員庚，同日17時50分許，向○○縣警察局○○分局○○派出所警員辛及於90年5月16日向台灣彰化地方檢察署具狀，對甲、丙、丁三人提出妨害自由、恐嚇取財之不實告訴，茲有以下事證可證。

(二) 按系爭發票日期爲90年3月15日，到期日期爲同年月30日，面額爲49萬元之本票，乃被告因曾於台灣高等法院台中分院90年度上易字第295號被告壬傷害丙一案之上訴中，爲不實之證言，事後經協調而於90年3月15日晚間，在戊服務處自願賠償予丙乙情，迭據證人丙、丁、戊、甲及己等分於警偵訊中及第一審及原審調查時證述明確，渠等俱稱並無恐嚇或限制被告行動自由之情事。證人己證稱：「（你當場有無聽到有人對簽字之人說：如你不簽出49萬元本票明天叫你家人來收屍之話？）沒有，我在場時他們彼此都很善良沒有爭吵」、「（簽票之人有無被限制出入？）沒有，那個開本票之人還有自己起身去上廁所，之後還叫甲把他載回去」；證人戊證稱：被告於案發當日之上午，即曾夥同告訴人甲同從戊服務處，央求戊幫忙調解被告替人作僞證之糾紛，並約定於當日下午6時相關人員到齊時再談；當日下午6時被告果由告訴人甲載來等語（參90年偵字第3558號卷第16頁及第25頁反面第7至11行），固然上開五人對於協商過程丙要求賠償金額從多少開始協商雖有部分不同，然對於被告主動要求調解丙、丁、甲並未妨害被告自由及出言恐嚇被告等情節描述卻係完全一致，原審於判決理由對於上開不利於被告之證詞竟未加以審酌，亦未於判決理由說明何以不採之理由，自有判決不載理由之違法。

(三) 至於證人丙所提出90年3月15日晚間於證人戊服務處調解時之錄音帶及譯文（參原審卷告訴人丙92年12月16日刑事告訴理由狀證二），而該卷錄音帶經第一審送法務部調查局鑑定，僅於A面21分45秒、21分59秒、22分1秒及22分35秒處有中斷痕跡，鑑定結論中並未敘及送鑑之錄音帶有無經過剪接，此有法務部調查局91年12月2日出具之鑑定通知書可佐（參第一審卷第120頁及第179頁），再前揭鑑定通知書所述之中斷處，經比對錄音內容，中斷處前後陳述者之語氣連貫，鑑定通知書上所謂中斷痕跡應係錄音者碰觸錄音按鍵所致，可信證人丙所提出之錄音帶內容，應未經任何之剪接，自具證據能力；又觀乎該卷錄音帶內容，乃係就被告於前揭台灣高等法院台中分院90年度上易字第295號被告壬傷害丙一案之上訴審理中爲不實之證言之事進行調解，被告自認係遭他人之騙始爲上開證言，其不知事情之嚴重性，而在場協助調解之人亦勸被告應如何彌補證人丙等語，核與前開證人之證詞大致符合；再錄音內容關於譯文部分，並無中斷跡象，且錄音中被告口氣始終平和、自然，對話中之前後陳述連續，應無受外力拘束之情狀，除經第一審勘驗無誤外，亦爲原審所是認，益證前開證人之證詞爲可採信，被告事後辯稱該卷錄音係遭人強押所致云云，自非事實，而原審勘驗系爭錄音帶結果亦僅記載：「都是在說明丙夫妻家庭之事，夫妻失和，及8月10日丙之先生打破汽車玻璃、丙說被告不在場，被告作僞證，兒子報稅、繳稅之問題，丙指摘被告僞證，要告被告，被告否認僞證，但承認被騙了，承認有錯，但沒那麼嚴重」（參原審92年11月11日準備程序筆錄），然觀諸被告不爭執之錄音帶譯文第11、13、14頁雙方均有提及：「（要怎樣彌補？）、（看你要如何彌補我？）」及談論賠償金額如何計算等語（參原審卷告訴人丙92年12月16日刑事告訴理由狀證二，即附件2），原審竟對上開重要譯文之內容未加審酌，反認該錄音帶並無片言隻語談及協商金額或被告同意賠償49萬元或當場簽立本票情事，足見上開錄音帶，尚不足以證明被告係經協調後同意賠償，而在戊住處簽立上開面額49萬元本票云云，自有不依證據認定事實任作主張之違法。

(四) 又由前揭錄音帶及其譯文及證人之證詞均可證明被告並無遭告訴人等妨害自由或恐嚇脅迫簽立系爭本票，原審竟於判決理由記載：「……惟被告否認有上開供詞，查被告確有被迫簽立本票情事，則被告縱有上開供詞，亦不能爲被告不利之證據」（參原判決第4頁最末1行及第5頁第1行），然觀諸全卷並無任何證據證明被告確有被迫簽立本票情事，原審亦未於判決理由記載何以認定被告確有被迫簽立本票情事，自有不載理由之違法。

(五) 末查被告供稱於90年3月15日遭恐嚇簽發上述本票後，同月17日14時許曾前往○○縣警察局○○分局○○分駐所報案，陳述伊在90年3月15日22時許，在○○縣○○鄉村上派出所對面（證人戊服務處），丁脅迫伊簽下面額49萬元之本票，當時除丁外，尚有戊、甲及另二名男子在場，本票由丁帶來，亦由丁帶走等語，然同日17時50分許，被告再至○○縣警察局○○分局○○派出所製作筆錄時，所述發生之時、地雖屬相同，然在場之人先稱有丁、戊、甲及另二名男子，嗣方補稱丙亦在場，本票則是丁收去，丙並稱如伊不簽本票，要伊試試看等語，按丙如曾在場出言逼嚇被告簽發本票，被告對其印象必極深刻，何以第一次於○○派出所製作筆錄時，未提及於此，嗣被告於90年5月16日向台灣○○地方檢察署具狀告訴甲、丙及丁三人涉嫌恐嚇，改稱系爭本票起因於甲於90年3月15日夜間，佯以要賣房屋爲由，邀同被告一同外出，行車至路邊黑暗處，丁出現並恐嚇被告簽具系爭面額爲49萬元之本票，簽完後再押其至戊處，途中一直威脅被告不得報警，並要其配合錄音，到達戊處，丙即出現，要其承認在高等法院證言係屬僞證，願賠償丙49萬元，丙並恐嚇稱若報警將死得很難看等語，90年8月8日被告告訴證人丁、甲及丙恐嚇等一案偵查中，又稱甲說要看房子，載被告至○○鄉村上路路邊，恐嚇伊簽一張49萬元本票，被告不得已就當場簽發面額49萬元之本票交給甲，簽完後就帶伊至戊處等語，觀諸前述，被告就簽具系爭本票之地點及恐嚇其簽發系爭本票之人之指訴前後不一，自難認被告前揭告訴情節爲屬實在，原審竟認被告前後不一之供詞不能爲不利被告之證據，認事用法顯然違反經驗法則。

(六) 至於被告被訴僞證罪雖經檢察官不起訴處分確定，最多僅得事後認定被告無僞證，尚難反溯及認爲案發當時被告不可能擔心將受告訴人追訴其僞證罪嫌而自願簽發系爭本票，原審竟以「被告顯無僞證情事，若說被告甘願賠償丙49萬元，同意簽立一張49萬元本票給丙，顯與經驗法則不合，亦足證被告所云，被迫簽立一張49萬元之本票爲事實」，則究竟何以被告無僞證即可推出被告係被迫簽立一張49萬元之本票？原審未詳爲論述說明其理由及所憑之證據，甚至對於告訴人丙所提台灣○○地方法院91年度彰簡字第2號被告所提確認本票債權不存在事件被告敗訴確定之民事確定判決棄置未顧（參原審卷告訴人丙92年12月16日刑事告訴理由狀證三及第一審卷第

180頁），自有判決不載理由之違法。因此，系爭本票既係被告於前揭台灣高等法院台中分院90年度上易字第295號被告壬傷害丙一案之上訴中爲不實之證言，經協調後自願簽發所付出之賠償，自不因事後證人丙另告發被告前揭證言涉及僞證罪嫌一案（台灣彰化地方檢察署90年度偵字第2750號）獲不起訴處分，而可逕認被告自始無賠償證人甲之必要，其率予簽發即係出於證人等以妨害自由之手段所爲，被告告訴證人甲、丙及丁三人涉及妨害自由等情節，顯係出於虛構僞造，並使國家之追訴權爲不當之進行，亦有台灣彰化地方檢察署90年度偵字第3558號偵查卷（含90年度他字第530號卷）在卷足憑，本案事證明確，被告犯行自堪予認定。

二、綜上所述，原判決違背法令昭然若揭，懇請鈞長鑒核，迅就原判決改判被告無罪案，依法提起上訴，以懲不法，而障權利。

謹　狀

台灣高等檢察署○○檢察分署　公鑒

證據名稱及件數

附件1：最高法院91年度台上字第6647號。

附件2：92年12月16日刑事告訴理由狀證二。

中　華　民　國　○○　年　○○　月　○○　日

具狀人　丙　丁　甲　　簽名蓋章

共同告訴代理人　何志揚律師

狀別：刑事續補提理由請求檢察官上訴狀

原審案號：○○年○○字○○號○股

告訴人即被害人　甲　身分證字號：○　性別：○　生日：○　住：○

告訴人即被害人　丙　身分證字號：○　性別：○　生日：○　住：○

告訴人即被害人　丁　身分證字號：○　性別：○　生日：○　住：○

共同告訴代理人　何志揚律師

被告　乙　身分證字號：○　性別：○　生日：○　住：○

爲被告因誣告案件，不服台灣高等法院台中分院93年1月20日92年上訴字第596號刑事判決續補提理由請求檢察官上訴事：

一、按原判決除前93年2月6日刑事請求檢察官上訴狀所列判決違背法令之情外，尚有以下違背法令之處：

原判決於理由欄載：「經查被告於告訴丙、丁、甲等三人恐嚇案件偵查中、本案原審及本院審理時均一致供稱：『甲確於90年3月15日夜間，以要介紹伊買房屋為由，約在○○郵局見面，甲載伊至村上路平交道旁，就叫伊下車，他就開車走了，之後丁及二位男子在平交道那裡等伊，丁並稱，因伊到法院作證，使其花費49萬元，這筆錢要伊出，伊不肯，丁即稱要把伊放在平交道上讓火車壓死，嗣丁拿出一張空白本票，到期日、發票日都是丁指定的，伊簽完後，丁及二位男子押著伊到戊住處，丙亦在該處，要伊遵照丁指示重複照念並予錄音，伊並未誣告，確實遭到恐嚇而簽發本票』等語」，被告所言倘若屬實，則被害人甲將被告載至村上路平交道旁，就叫伊下車，隨即就開車走了，又豈有可能妨害其自由或恐嚇其簽下49萬元之本票？因此，被告明知上情由仍虛構事實具狀向偵查機關誣告被告甲妨害自由及恐嚇罪行，自難未非誣告之行為，原審不察遽為被告無罪之諭知，自有未依證據認定事實之違法。

二、綜上所述，原判決違背法令昭然若揭，懇請鈞長鑒核，迅就原判決改判被告無罪案，依法提起上訴，以懲不法，而障權利。

謹　狀

台灣高等檢察署○○檢察分署　公鑒

中　　華　　民　　國　　○○　　年　　○○　　月　　○○　　日

具狀人　丙　丁　甲　　　簽名蓋章

共同告訴代理人　何志揚律師

相關法條及裁判要旨

■刑法第169條：

意圖他人受刑事或懲戒處分，向該管公務員誣告者，處七年以下有期徒刑。

意圖他人受刑事或懲戒處分，而偽造、變造證據，或使用偽造、變造之證據者，亦同。

■最高法院59年台上字第581號判例：

告訴人所訴事實，不能證明其係實在，對於被訴人為不起訴處分確定者，是否構成誣告罪，尚應就其有無虛構誣告之故意以為斷，並非當然可以誣告罪相繩。

■刑事訴訟法第344條第3項：

告訴人或被害人對於下級法院之判決有不服者，亦得具備理由，請求檢察官上訴。

(四) 公共危險罪

案例事實

被告甲自民國86年3月間至87年4月間，白天係在菜市場幫其父母賣菜爲生，晚上則係就讀同德補校夜間部之學生，其本身並無任何資力可言，且尚須養育兩名幼子，經濟狀況不佳，在積欠中國信託銀行借款300萬元及尚需負擔購屋貸款400萬元，合計將近負債7、800萬元之情形下，爲解決此一龐大之債務，乃頓起歹念，明知其經濟能力不佳，已無任何之償還能力，詎其於86年12月24日，意圖爲自己不法之所有，並基於概括之犯意，先在彰化市大同里○○街4號1樓，虛僞設立迦○通信有限公司（以下簡稱迦○通信公司），於87年2、3月間，連續向A電機有限公司（以下簡稱A公司）佯購價值61萬2,500元之行動電話及向B國際股份有限公司台中分公司（以下簡稱B公司台中分公司）佯購價值25萬1,800元之行動電話，致A公司之負責人楊○○及B公司台中分公司不詳姓名之負責人陷於錯誤，而如數給付之。被告甲於幾次交易得手後，未支付分文之貨款，隨即於87年3月間某日結束營業。另被告甲復連續基於詐領保險金之意圖，並與乙（業於90年3月29日死亡）基於共同詐領保險金之犯意聯絡，進行之計畫詳情如下：

一、被告甲於87年1月8日，以個人之名義，先向台中區中小企業銀行埔心分行（以下簡稱台中中小企銀埔心分行）申請支票開戶，開戶當時存入2萬元，帳號爲○○○－○○－○○○○○○○○號，用以進行詐欺承租廠房所需開具之支票（下詳），而該帳號自開戶起至87年3月8日止，在短短2個月內，其餘款只剩1,089元，迄於同年5月1日即被列爲拒絕往來戶。

二、被告甲伺機尋找出租之廠房，於87年2月中、下旬間之某日，被告甲依出租廠房之張貼廣告紙上電話，先聯絡不知情之房屋仲介業者江○○，再透過江○○之介紹，於87年3月5日，被告甲以迦○通信公司之名義，與座落於南投縣南投市○○路145之1號廠房之所有人C有限公司（以下簡稱C公司）之代表人郭○○訂立租賃合約，以第1年每月租金5萬7,300元之價格，與C公司訂立長達3年之租約，訂立後因上開帳戶內之存款只剩下1,089元，爲應付租廠房所需之租金及押金等費用，被告甲乃於87年3月11日存入23萬元之現款，用資應付。於同日，被告甲則簽發上開帳戶，面額17萬元之支票1張用於支付租金保證金外，另開具同 帳號，票期自87年3月10日起至88年2月10日止，每張面額5萬7,300元，合計12張之支票，交予郭○○收執，惟其中除17萬元之押租保證金及票期87年3月10日面額5萬7,300元之支票獲得兌現外，餘11張之支票屆期均因存款不足及拒絕往來而不獲兌現。

三、被告甲同時著手申請設立迦○貿易有限公司（以下簡稱迦○貿易公司），於87年3月26日取得經濟部公司執照，及於同年4月3日取得彰化縣政府營利事業登記證，做為進行其虛僞之貿易買賣，以掩人耳目，並供日後與保險公司訂立保險契約詐領保險金之用。

四、被告甲自87年3月上、中旬某日起，陸續將何人所有及來路俱屬不明之布料、網球拍套及茶葉等價值極爲低廉之物品，分次、分批運至上開承租之倉庫內，其實際之次數、價值及數量均屬不詳，並自87年3月15日起，聘請不知情之案外人蔡○○在上開倉庫內，擔任倉庫管理員，負責看顧前揭貨物，惟蔡○○下班後，該倉庫在夜間則處於無人看守之狀態。

五、被告甲於87年4月8日，在上址倉庫搬運貨物時，適有中興保全股份有限公司（以下簡稱中興保全公司）之業務員張○○路過見狀，遂向被告甲詢問是否願意接受中興保全公司之保全服務，被告甲竟意圖不軌，乃向張○○佯稱同意裝設中興保全公司之保全系統，惟被告甲向其佯稱：「在87年4月底，才會完成所有之進貨及電話安裝」云云爲由，而當場向張○○表明希望開通之日期定在87年4月底，張○○乃將被告甲之該條件記明於中興保全公司之「系統服務報價書」，並將該「系統服務報價書」之第二聯交予被告甲收執（有關被告甲之意圖下詳），餘則攜回中興保全公司登記並聯絡相關安裝人員及準備安裝保全系統之相關設備。嗣於87年4月18日，中興保全公司之外包廠商吳○○前往被告甲之上開倉庫安裝相關之保全設備（設備價值5萬3,414元）後，張○○欲再聯絡被告甲相關開通事宜時，則均聯絡不上，且張○○屢經上開倉庫，均見其倉庫之大門深鎖，亦不見有任何人員出入之情形，直至87年4月29日至中興保全公司上班時，張○○聽其不詳姓名之同事提起，始知被告甲上開倉庫業已燒燬之事。

六、被告甲向因洗車認識、不知情之案外人謝○○詢問有無認識之保險公司，經謝○○之介紹，被告甲乃認識華僑產物保險股份有限公司（以下簡稱華僑保險公司，嗣改稱蘇黎世產物保險股份有限公司，以下簡稱蘇黎世公司）員林服務處之課長李○○，於87年4月21日被告甲乃邀約李○○至上開租得之廠房查勘現場及核定保額，被告甲於當日同時向李○○提出要保申請書，並當場向不知情之李○○出示前揭中興保全公司之「系統服務報價書」，同時向李○○佯稱：我倉庫業與中興保全公司簽立保全服務之系統，致李○○信以為眞，誤以為被告甲之上開貨物，業有中興保全公司保全系統之保障，遂誤認安全無虞，而願接受被告甲之上開要保書，被告甲乃簽發帳號：0300040000****號、付款人：萬通商業銀行員林分行、票期：87年5月21日、票號：274363號、面額10萬元之支票一紙，用以繳交上開保險契約所需之保險費之用，惟該帳號係被告甲於87年3月2日甫新開戶，且至87年3月13日止，存款僅剩餘額1萬6,006元，根本不足以支付上開繳交保險費支票款，被告甲擔心該張支票屆期不獲兌現而跳票，致保險契約不能生效，乃於系爭支票到期日前不詳之某日，委請不知情之謝○○持現金10萬元，向華僑保險公司員林服務處換回該紙支票。復因保險金額過於龐大，華僑保險公司乃主動與第一產物保險股份有限公司（以下簡稱第一產物保險公司）為共保之約定，由華僑保險公司承保60%，第一產物保險公司承保40%，被告甲並繳交4萬3,120元之保費予第一產物保險公司。

七、自87年4月21日被告甲提出保險之申請起至同年4月25日止，李○○正進行核保手續及簽發正式保險契約之際，詎被告甲竟二度以電話向李○○催促速寄保險契約書。嗣李○○於87年4月27日即周一下午，將保險契約書自華僑保險公司員林服務處寄出。李○○將上開保險契約以限時普通郵件之方式投寄之後，因同在彰化縣員林鎭及彰化市地區，被告甲約於寄出後之翌日即87年4月28日，應能收受該保險契約書，詎被告甲於收受後，有恃無恐，竟於李○○寄出保險契約書後之87年4月29日凌晨0時至0時30分許間，以不詳之方式，放火燒燬上開廠房。然後逗留在南投縣草屯鎭康立德保齡球館內佯裝打球，嗣不詳之人打電話報火警後，始於同日凌晨2時許趕往現場處理。而該火場經消防隊於同日凌晨1時54分許完全撲滅，致廠房內之貨物及該無人所在之他人建築物完全燒燬，惟幸未延燒至其相鄰之柏○、昱○及合○等公司。

八、被告甲於火災發生後之87年5月13日，向華僑保險及第一產物保險公司，提出合計5,087萬8,353元（含建築物損失321萬3,793元，貨物損失4,766萬4,560元）之理賠保險金額，惟上開保險公司發現內情並不單純，遂以案件仍在地檢署偵辦中，迄今仍未給付被告甲分文之保險金而未遂。

撰狀說明

(1) 本案例事實自90年6月22日檢察官對被告甲以刑法第174條第1項放火燒燬現未有人所在之他人所有建築物提起公訴，經一審判決被告甲無罪，檢察官不服提起上訴，二審撤銷原判決改判被告有罪（其中關於檢察官起訴之詐欺罪部分仍認定無罪，且非本件案例所欲討論之案由事實，故省略之），再經被告提起上訴，已經最高法院撤銷第二審法院有罪判決發回更審三次之多，迄本書98年11月12日完成校稿爲止，被告仍上訴最高法院審理中，尙未定讞。因此，本案例撰狀則著重在最高法院發回意旨所指摘部分，合先敘明。

(2) 按「被告未經審判證明有罪確定前，推定其爲無罪。犯罪事實應依證據認定之，無證據不得認定犯罪事實」，刑事訴訟法第154條定有明文，次按「刑事訴訟法第161條已於民國91年2月8日修正公布，其第1項規定：檢察官就被告犯罪事實，應負舉證責任，並指出證明之方法。因此，檢察官對於起訴之犯罪事實，應負提出證據及說服之實質舉證責任。倘其所提出之證據，不足爲被告有罪之積極證明，或其指出證明之方法，無從說服法院以形成被告有罪之心證，基於無罪推定之原則，自應爲被告無罪判決之諭知。本件原審審判時，修正之刑事訴訟法關於舉證責任之規定，已經公布施行，檢察官仍未提出適合於證明犯罪事實之積極證據，並說明其證據方法與待證事實之關係；原審對於卷內訴訟資料，復已逐一剖析，參互審酌，仍無從獲得有罪之心證，因而維持第一審諭知無罪之判決，於法洵無違誤」，最高法院92年度台上字第128號判例意旨參照。因此，本案例事實檢察官既然於起訴書犯罪事實欄載：「……被告甲於收受後，有恃無恐，竟於李○○寄出保險契約書後之87年4月29日凌晨0時至0時30分許間，以不詳之方式，放火燒燬上開廠房。然後逗留在南投縣草屯鎮康立德保齡球館內佯裝打球，嗣不詳之人打電話報火警後，始於同日凌晨2時許趕往現場處理。」（詳如後附起訴書所載），則檢察官必須就被告甲如何縱火負實質舉證責任。又刑事訴訟法上所謂認定犯罪事實之證據，係指足以認定被告確有犯罪行爲之積極證據而言，該項證據自須適合被告犯罪事實之認定，始得採爲證據資料；法院採用間接證據時，必須所成立之證據，在直接關係上，雖僅足以證明他項事實，而由此他項事實，本於推理之作用，足以證明待證事實者，方爲合法。經查本件案例事實第一審判決被告無罪乃屬的論，自第二審判決撤銷一審無罪判決改判被告有罪之後之歷次二審判決，均大篇幅抄襲檢察官之起訴書以被告無資力認定被告有故意放火之動機，但對於攸關刑法第174條第1項放火罪構成要件事實之證據卷內均付之闕如，故或認定被告以不詳方法縱火，或認定被告甲與另已死亡之乙有共同犯意之聯絡，甚至以消防局之調查報告並未排除人爲縱火，而認定被告有縱火之行爲，顯然已違反無罪推定原則，構成判決違背法令。

(3) 因此，撰寫第三審刑事上訴理由狀時應著重在對於被告不在場之人證及消防局火災調查報告並未直接認定火災發生之原因爲人爲縱火等有利於被告之事證，然在二審改判被告有罪之原判決卻未於判決理由項下記載，故有判決理由不備及應於審判期日調查之證據而未予調查等判決違背法令，此觀諸後附之最高法院第一次發回迄第三次發回意旨均在指摘二審判決對於被告於案發時究竟是否於火災現場？是否與共同被告有故意放火之犯意聯絡？以及究竟被告係以何方式縱火？而本件是否可認定爲人爲縱火案？即可明瞭。

書狀內容

狀別：刑事上訴狀
案號及股別：原審案號96年上訴字第206號○股
上訴人即被告　甲　　身分證字號：○　性別：○　生日：○　住：○
選任辯護人　　何志揚律師
爲被告因公共危險案件，爲聲明上訴事：

上訴人不服台灣高等法院台中分院92年度上訴字第206號判決，特於法定期間內提起上訴，除理由另狀補陳外，謹先聲明如上。

謹　狀

台灣高等法院台中分院刑事庭　轉呈
最高法院刑事庭　　公鑒
中　華　民　國　○○　年　○○　月　○○　日
具狀人　甲　　　　簽名蓋章
選任辯護人　何志揚律師

狀別：刑事上訴理由狀
案號及股別：原審案號96年上訴字第206號○股
上訴人即被告　甲　　身分證字號：○　性別：○　生日：○　住：○
選任辯護人　　何志揚律師
爲被告因公共危險等案件，不服台灣高等法院台中分院93年4月22日92年度上訴字第206號刑事判決，謹於法定期間內補提上訴理由書事：

一、經查原判決有以下之判決違背法令之處，茲分述如下：

(一) 按依法應用辯護人之案件或已經指定辯護人之案件，辯護人未到庭辯護而逕行審判者，其判決爲當然違背法令。又按審判期日之訴訟程序，專以審判筆錄爲證，刑事訴訟法第47條分別定有明文（最高法院90年台上字第5207號判決意旨參照），經查本案第一審法院雖判處被告無罪，而被告固曾延請陳○煌律師爲選任辯護人，然陳○煌律師已於91年9月4日終止與被告之委任契約（參第一審卷第136頁），而本案公訴人起訴法條係刑法第174條第1項最輕本刑係3年以上有期徒刑之罪，依刑事訴訟法第31條第1項規定，審判長應指定公設辯護人或律師爲其辯護，詎料第一審法院竟未指定公設辯護人或律師爲被告辯護，顯然剝奪被告防禦權及辯護人倚賴權之行使，致辯護人未能於審判期日提出有利之證據及辯護，喪失對被訴事實及不利證據陳述意見之機會，更侵害被告之審級利益，原審未顧及此，將第一審法院判決撤銷發回重行審理，遽爲本案判決，判決當然違背法令。

(二) 次按判決不載理由者當然爲違背法令，所謂判決不載理由，係指依法應記載於判決理由內之事項不予記載，或記載不完備者而言，此爲刑事訴訟法第379條第14款上段之當然解釋（最高法院63年台上字第3220號判例意旨參照），判決書內應記載事實，刑事訴訟法第321條已有明文，所謂事實，不僅指犯罪之行爲而言，即犯罪之時、日，如與適用法律有關，亦應依法認定，予以明確之記載（最高法院19年上字第1342號判例意旨參照），科刑判決書須先認定犯罪事實，然後於理由内敘明其認定犯罪所憑之證據，方足以資論罪科刑，否則僅於理由内敘明其有犯罪之證據，而事實欄内並未認定有何種犯罪之事實，不惟理由失其根據，且與法定程式亦不相符（最高法院24年上字第1032號判例意旨參照）。經查原判決於犯罪事實欄載：「……甲爲解決此一龐大之債務，明知其經濟能力不佳，竟與林○○（業於90年3月29日死亡）及不知姓名之成年人，基於共同詐領保險金意圖之犯意聯絡，進行如下之計畫」（參原判決第2頁第13行起）、「……詎甲於收受後，有恃無恐，竟於李○○寄出保險契約書後之87年4月29日凌晨零時至零時30分許間，與不知姓名之成年人，進入廠房内以不詳之方式，放火燒燬上開廠房。然後甲則逗留在南投縣草屯鎮康立德保齡球館内佯裝打球，嗣不詳之人打電話報火警後，始於同日（即87年4月29日）凌晨2時許，趕往現場處理。而該火場經消防隊於同日凌晨0時40分許據報後前往救火，於同日凌晨1時54分許完全撲滅，致該B棟廠房内之貨物及該無人所在之他人建築物完全燒燬，惟幸未延燒至其相鄰之柏○、昱○及合○等公司」（參原判決第6頁第14行起），惟於理由欄內除僅載：「被告以將其所承租之倉庫於夜間燒燬其所堆置之貨物爲手段，並隨即進行請求保險公司理賠未能得逞，核被告所爲，係犯刑法第174條第1項放火燒燬現未有人所在人所有建築物、第339條第3項、第1項之詐領欺取財未遂之罪。被告與林○○及不知姓名之成年人間就上開放火及詐領保險金之罪有犯意聯絡，行爲分擔，均爲共同正犯」（參原判決第37頁第19行起）外，關於被告究竟如何與林○○及不知姓名之成年人，有共同詐領保險金意圖之犯意聯絡？何以認定被告係與不知姓名之成年人，進入廠房內以不詳之方式，放火燒燬上開廠房？等攸關犯罪構成要件之事實記載均付之闕如，且亦未詳載何以認爲被告有故意放火行爲之理由，除有判決未記載事實之違法外，亦有不載理由之違法。原審雖另以：「本件雖無被告自承涉犯上揭放火之直接證據，然依上開各間接證據，綜合印證，可以認定被告確有放火之動機、意圖及行爲存在，再就此不尋常之動機等關係，及上開所詳述之事實，本於推理之作用，依經驗法則，自可認定」（參原判決第37頁第16行起），惟犯罪事實應依證據認定之，無證據不得認定犯罪事實，刑事訴訟法第154條第2項定有明文，又「認定犯罪事實所憑之證據，固不以直接證據爲限，間接證據亦應包含在內，惟採用間接證據時，必其所成立之證據，在直接關係上，雖僅足以證明他項事實，而由此他項事實，本於推理之作用足以證明待證事實者，方爲合法，若憑空之推想，並非間接證據」（最高法院32年上字第67號判例意旨參照），本案縱認被告有故意放火及詐領保險金之犯罪動機及意圖，然究竟原審係憑何種間接證據可以證明他項事實並推理被告有故意放火之行爲，則未見原審於判決理由欄項下詳細記載，當有判決不載理由及未依證據認定事實之違法。

(三) 又按判決不載理由或所載理由矛盾者，其判決當然違背法令，又犯罪事實應依證據認定之，無證據不得推定其犯罪事實，刑事訴訟法第154條及第379條第14款定有明文。又事實之認定，應憑證據，如未能發現相當證據，或證據不足以證明，自不能以推測或擬制之方法，爲裁判基礎（最高法院40年台上字第86號判例參照）；且認定犯罪事實所憑之證據，雖不以直接證據爲限，間接證據亦包括在內，然而無論直接證據或間接證據，其爲訴訟上之證明，須於通常一般之人均不致有所懷疑，而得確信其爲眞實之程度者，始得據爲有罪之認定，倘其證明尚未達到此一程度，而有合理之懷疑存在而無從使事實審法院得有罪之確信時，即應由法院爲諭知被告無罪之判決（最高法院76年台上字第4986號判例參照）。原審判決意旨認被告涉有放火罪及詐欺未遂罪嫌，無非係以被告之資力、投保火險日期等情，認爲被告應先虛僞購入貨物後，再投保鉅額火險並故意放火燒貨物以換取保險理賠云云，而被告固然於支付貨款方式均採取現金，而支付保險費及租金則改以支票爲之，對於火場內存放貨物（茶葉）爲搬運、與保全公司簽約後確遲未開啓保全系統及倉庫存放數千萬元之貨品夜間竟無人看守等雖與經驗法則略有齟齬之處。惟本件之基本前提應爲被告座落於南投市三和路倉庫之火災究竟是否爲被告故意爲之，如係被告故意放火燒燬倉庫，始須進一步究明有無投保詐欺保險金之意圖，如無法證明被告故意放火，而係失火或他人所爲時，則火災之發生與投保鉅額保險間即失其聯絡，而難認事前被告有詐欺意圖。經查，本件南投縣警察局消防隊（現已改制爲南投縣消防局）於現場勘驗後，認倉庫內南半部中段靠烤漆板牆面彎曲變色嚴重處，布料燒燬至最底部且底座木材墊板呈炭化嚴重，足見火勢由此處向四周延燒（參南投地方檢察署87年度偵字第3393號卷第一宗第10頁）；起火處未發現有自然發火物，故自然發火可排除，亦未發現有電源線，故無電線走火可能，倉庫管理員蔡○○於4月28日19時15分下班，故其遺留火種如煙蒂等於4月29日0時40分起火可能性亦無（參上揭卷第11頁）；研判起火點在倉庫南半部中段靠烤漆板牆面彎曲變色嚴重處某一高度因爲未發現具體起燃成災跡證，故起火原因未便臆測等語（參上揭卷第11頁正反面），有南投縣警察局火災原因調查報告書一份附卷可稽，該報告書中對於本件火災之起火點及起火物品固均有明確之判斷，惟對於究係何種引火媒介（如汽油、火種、香煙等）所引起則無記載，且經採集現場起火點燃燒物品送鑑，亦未發現上開引火媒介，而火災之發生如係被告以外力所爲，其必有引火媒介始足以使物品燃燒產生火災，既未發現外力所爲之引火媒介，則火災之發生即無積極證據證明係被告以外力所爲甚明，原判決雖以：「該報告書對於本件火災之起火點及起火物品均有明確之判斷，惟對於究係何種引火媒介（如汽油、火種、香煙等）所引起雖無記載，但不得因火災調查報告未記載任何引火媒介，即直斷無積極證據證明係外力所爲，仍須自被告承租倉庫、進貨數量、進貨後貨物擺設位置、安裝保全系統是否有人全天候看守數量龐大之貨物、對貨物進行保險及安裝保全系統、投保日期與火災發生日期是否密接之關連性等各項因素進行評估」（參原判決第32頁第13行起），而認：「被告將茶葉移置西南角，而於10日內竟在南半部之中段起火，時間地點均如此巧合，難謂被告無故意，被告既已經濟情況及經濟能力均不理想，竟仍於87年3月5日以迦◯通信公司名義，與榮◯公司訂立長達3年之廠房租約，且進大批之貨物，而所進之貨物又屬低劣之貨品，竟未全天候人看守，又於火災前安裝保全系統，並於火災前相當短暫之時間取得同意保險，隨即發生火警，在在顯示時間上、行爲上不可思議之巧合，是被告意圖詐領鉅額之保險金應可認定」（參原判決第34頁第9行起），然判決理由欄內並無任何隻字片語提及被告係以何種外力引火故意燒火倉庫內之貨物，此係攸關被告是否構成刑法第174條第1項罪責之判斷，而本案依據該調查報告亦無法排除係失火或他人所爲，原審在未辨明本案引火媒介爲何？被告是否有以外力故意放火？遽以臆測推論擬制之方法而認定事實，顯有不載理由及查證未盡之違法。再觀諸系爭商業火災保險要保書蓋明：「華僑產物保險公司火險要保書收件章87年4月23日台中分公司火險課員林通訊處」印文，則原審認爲證人蔡◯◯所爲中興保全公司通知彰化保險公司有留話顯係虛假不實，亦有不依證據認定事實之違法。

(四) 再按經驗法則或論理法則，乃客觀存在之法則，非當事人主觀之推測（最高法院74年台上字第1987號判例意旨參照），證據之證明力如何，雖屬於事實審法院自由判斷職權，而其所爲判斷，仍應受經驗法則與論理法則之支配（最高法院53年台上字第2067號判例意旨參照）。原審判決意旨固認被告於火災發生前曾將易受潮之茶葉搬遷至西南角窗口處，顯有悖常理，認應係故意放火云云。然由南投縣警察局消防隊所繪製之火災現場場圖觀之，本件倉庫係坐西朝東，茶葉所放置位置係位於倉庫西南方角落廁所前方，與西方（北側）倉庫鐵皮圍牆緊鄰者爲一間廁所（參南投地方檢察署87年度偵字第3393號卷第一宗第13頁、第91頁），該處在南方位置設有窗户，在西方設有逃生門，由日照方向觀之，日落時由西方進入之日照餘輝，係先照射至廁所，堆置在西南角落之茶葉並不易遭受日落西方時之日照甚明。而徵諸現場相片（同上揭卷第21頁背面、第22頁、第90頁）所示，茶葉均係以眞空包裝後再置於方形或圓形筒內，此種包裝方式本即不易受日照水氣所影響，果被告確有將茶葉遷移至西南角落，亦應無違茶葉保存之方式。而該倉庫西南角落亦非易受日照及受潮之處，尚難據以被告曾遷移茶葉存放地點此節，即推論被告有故意放火犯行。原審固以因北面牆均無窗户，與西南角落位置比較，完全可將茶葉至於陰涼之處所合於保存茶葉之慣例，當應以北面牆旁爲優先云云，惟北面牆均無窗户，有火災現場平面配置圖一份爲證（參前揭卷第13頁），對於茶葉之保存固不易受日照，但卻因完全無日照反而更易使茶葉受潮，因此原審未明究茶葉易受潮之屬性，驟然推論被告不選擇將茶葉移至北面牆旁，反而將茶葉移置於西南角，難謂無放火之故意，自有不依證據認定事實及任作主張之違法，更何況前開倉庫內堆放之貨物，除茶葉外，其餘貨品均未移動原所堆置位置，益難據此即認被告有放火之罪嫌。

(五) 另查，被告與前開保全公司訂立契約之時間爲87年4月8日（參前揭卷宗第14頁），嗣被告於訂立火險契約時亦曾提示上開保全契約予保險公司人員，而前開保全公司復於同年4月18日前往被告所有倉庫裝設價值5萬3,414元之保全設備，保險契約乃於同年4月21日製作完成並寄發予被告，又被告存放於該倉庫內之尼龍布、鞋材布、牛津布、球拍套及茶葉等貨物，出險時實質新台幣1,483萬6,930元（參南投地方檢察署87年度偵字第3393號卷第二宗第48頁），證人楊○○更證稱：「【（提示卷附大正公證公司報告）是你承辦是你寫的】是的，是我到現場看的」、「數量是去現場清點出來，沒有書面記載，只是我去現場時記下來，我們公司只有我一人去」（前揭卷第86頁反面），倘非子虛，旋於同年4月29日發生火災，果被告係虛僞與前開保全公司訂約以取信保險公司，豈有明知同年4月29日將發生火災而仍於4月18日裝設價值5萬餘元之保全設備，而不拖延裝設時間，且倉庫存貨高達1千餘萬元未先將存貨搬出之理？又被告於保全公司要保及火災發生前，已在倉庫大門上方裝設攝影機乙部（南投地方檢察署87年度偵字第3393號卷第一宗第18頁火災現場相片（六）參照），果如原判決意旨所稱被告係爲詐領保險始虛僞與保全公司約定，本意非在裝設保全，豈有於未裝設保全前先斥資裝設攝影機之理？故原審以「被告取得相當鉅額之理賠金，均較被告所裝置之5萬3,414元之保全設備高出甚多，則被告何須爲避免價值5萬3,414元之保全設備損害，致因詐領保險金之手段及燒燬倉庫內之各項貨物無法完成，而未能領取保險金，是被告該項所辯純係本末倒置，自難足採信」，未慮及上情，並憑前開情況證據即據以推論被告有放火之犯行，自有不依證據認定事實之違法。

(六) 原判決意旨另認被告於台中中小企銀埔心分行申請設立支票帳户，而該帳户自開户起至87年3月8日止，於2個月期間內，存款僅剩1,089元，迄同年5月1日即被列爲拒絕往來户而認被告因經濟困難而起意詐領保險金云云。惟查被告上開支票帳戶內進出金額由數萬元至30餘萬元不等，實非空戶，此有於台中中小企銀埔心分行檢附之被告帳戶87年1月1日至87年5月1日間交易明細可稽（參南投地方檢察署87年度偵字第1806號卷（一）第81、82、83頁），又支票（即甲存）帳戶因無利息，所以依生意往來慣例，帳戶內金額通常係簽發支票到屆期始會存入等額金錢，並無事前在帳戶內存放鉅額金錢之理。而上開帳戶係被告經營通訊行所使用之帳戶，與本件發生火災之貿易公司係被告與他人合夥不同，二家公司資金不必然有往來關係，況通訊行與貿易公司所需資金及貨物價格殊異，亦不能以被告所經營通訊行進出金額與貿易公司進貨金額不相當，即遽認被告已陷於經濟困難而有放火詐領險金之意圖。又被告於火災發生前，曾以現金180萬元購買汽車及並支付房屋頭期款200萬元，此業據證人張○○即房屋出賣人於第一審調查時及證人陳○○於原審到庭證述屬實（參第一審卷第90頁至第97頁、第131頁及原審卷（一）第145頁），果被告如原判決意旨所指陷於經濟困頓之際始起意放火詐領保險金，豈有再斥鉅資購買汽車及房屋之理？原審未於理由欄項下記載何以不採信前揭有利被告證據之理由，自有不載理由之違法。

(七) 末按依法應於審判期日調查之證據而未予調查，判決當然違背法令，刑事訴訟法第379條第10款定有明文，而刑事訴訟法第379條第10款所稱應調查之證據，係指與待證事實有重要關係，在客觀上認爲應行調查者而言（最高法院72年台上字第7035號判例意旨參照），經查被告曾於準備程序期日及審理期日聲請調閱倉庫四周相鄰公司之監視器錄影帶查證放火之人（參原審卷（一）第100頁及卷（二）第22頁、第71頁、第115頁），此乃可以查證故意放火人必要之調查方法，攸關本案被告是否曾參與共同放火犯行之認定，原審固以被告所稱外勞在外滋事屬傳聞證據，並未提供積極之證據供調查，且本件火災起火點係在被告所承租廠房之內部，外勞無從進入，起火點與相鄰之昱○公司、合○公司相距甚遠，且在相反方向，柏○公司雖與起火點同邊，但視野遭高起之土堆及雜草阻斷，顯然無法經由錄影帶拍攝本件起火現狀，況本案發生迄今已逾5年無法認該三家公司仍有保存云云，惟查被告已指出可供調查之方法及證據，且該監視器錄影帶證據自公訴人偵查、第一審及原審雖均未查證，且迄今已逾5年，不必然即已滅失未保存，況本件火災之報案人即係相鄰之柏○公司員工毛三期（參南投地方檢察署87年度偵字第3393號卷第一宗第6頁），又依證人李○○於偵查中87年10月15日寄予公訴人之信函後附繪製之現場圖載明：「消防隊提供有一窗户支鐵條有被鋸齊開來之情形」（同前揭卷第164頁後附信函），果非子虛，則被告所稱疑遭外勞滋事放火之說並非無由，倘如能調閱三家鄰近公司之監視器錄影帶並加以勘驗，並傳訊柏○公司員工毛三期及消防隊之人員，即可查知案發當晚之情形，原審疏未審及此，自有查證未盡之違法。

二、綜上所述，原審判決違背法令，昭然若揭，自應由鈞院撤銷，改諭知被告無罪之判決，或將本件發回更審，以障權利，而免冤抑。

謹　狀

台灣高等法院台中分院刑事庭　轉呈

最高法院刑事庭　公鑒

中　華　民　國　○○　年　○○　月　○○　日

具狀人　甲　　　　簽名蓋章

選任辯護人　何志揚律師

最高法院刑事判決

96年度台上字第633號

上訴人　甲

選任辯護人　何志揚律師

上列上訴人因公共危險案件，不服台灣高等法院台中分院中華民國93年4月21日第二審判決（92年度上訴字第206號，起訴案號：台灣南投地方檢察署89年度偵字第1806號），提起上訴，本院判決如下：

主文

原判決撤銷，發回台灣高等法院台中分院。

理由

本件原判決撤銷第一審諭知上訴人甲無罪之判決，改判依牽連犯從一重論處上訴人共同放火燒燬現未有人所在之他人所有建築物罪刑，固非無見。

惟查：

一、有罪判決書所記載之犯罪事實，爲論罪科刑適用法律之基礎，故凡於適用法律有關之重要事項，必須詳加認定，明確記載，然後於理由內敘明犯罪事實所憑之證據及認定之理由，始足爲適用法律之依據。又刑事訴訟法上所謂認定犯罪事實之證據，係指足以認定被告確有犯罪行爲之積極證據而言，該項證據自須適合被告犯罪事實之認定，始得採爲證據資料；法院採用間接證據時，必須所成立之證據，在直接關係上，雖僅足以證明他項事實，而由此他項事實，本於推理之作用，足以證明待證事實者，方爲合法。原判決事實欄記載上訴人因積欠銀行借款及需負擔購屋貸款，負債新台幣（下同）7、800萬元，爲解決此一龐大之債務，明知其經濟能力不佳，與乙（業於民國90年3月29日死亡）及不知姓名之成年人，共同基於意圖詐領保險金之犯意聯絡，於87年4月29日凌晨0時至0時30分許間，與不知姓名之成年人，進入其以迦◯通信有限公司（下稱迦◯通信公司）名義向C有限公司（下稱C公司）租得座落南投縣南投市◯◯路145之1號廠房倉庫內，以不詳之方式放火燒燬該廠房倉庫，上訴人則逗留在南投縣草屯鎮康立德保齡球館內佯裝打球，嗣不詳之人打電話報火警後，始於同日凌晨2時許，趕往現場處理，並於火災發生後之87年5月13日，向其投保之華僑產物保險股份有限公司（嗣改稱蘇黎世產物保險股份有限公司，下稱華僑保險公司）及第一產物保險股份有限公司，提出合計5,087萬8,353元（含建築物、貨物損失）之理賠保險金額，惟上開保險公司發現內情並不單純，遂以案件仍在偵辦中，迄今未爲給付而未能得逞等情；並於理由說明，雖南投縣警察局火災原因調查報告書載稱：現場起火處未發現有自然發火物，故自然發火可排除，亦未發現有電源線，故無電線走火可能，倉庫管理員蔡◯◯下班後遺留火種如煙蒂等起火之可能性亦無，研判起火點在倉庫南半部中段靠烤漆板牆面彎曲變色嚴重處某一高度，因爲未發現具體起燃成災跡證，故起火原因未便臆測等語，但上訴人「既已經濟情況及經濟能力均不理想，爲求翻身償債，竟於87年3月5日，以迦◯通信公司名義，與C公司訂立長達3年之廠房租約，且進大批之貨物，而所進之貨物又屬低劣之貨品，在發生火警後，則充當高級品，且上訴人認爲其所進之貨物既屬數量龐大之貨物，竟未全天候派人看守，又於火災前安裝保全系統，並於火災前相當短暫之時間取得同意保險，隨即發生火警，在在顯示時間上、行爲上不可思議之巧合，是上訴人意圖詐領鉅額之保險金應可認定」，乃認上訴人所爲係犯刑法第174條第1項放火燒燬現未有人所在之他人所有建築物及第339條第3項、第1項之詐欺取財未遂之罪，依牽連犯從一重處斷，並與乙及不知姓名之成年人間有犯意聯絡、行爲分擔，爲共同正犯。惟據證人乙於檢察官訊問時供稱：「（問：火災是何人通知你？）蔡◯◯半夜1點多，當時我與甲在草屯康立德保齡球館打保齡球」，蔡◯◯亦稱：「半夜

1點半左右，是中興保全通知彰化中興保全公司，有留電話，我打行動電話給乙，他很緊張便到公司」（見本案第3393號偵查卷第34頁），證人張○○於原審則稱：「（87年4月28日當晚被告有無回家？）他當時在家。我當晚接到他朋友打來的電話，他聽到他朋友打電話來說發生火災，他才過去」（見原審卷（二）第104、105頁），此與蔡○○所供上訴人係在草屯打保齡球並不相符合，其等所供何者爲眞？原判決未爲證據取捨之說明，已嫌理由欠備；且原判決理由上述所列上訴人行爲及時間上巧合等跡證，縱非全無本件放火及詐領保險金犯行之可能，然依各該間接事實，如何即能證明上訴人確有原判決事實欄所載於案發當日「凌晨0時至0時30分許間，與不知姓名之成年人，進入廠房內以不詳方式，放火燒燬上開廠房」之具體情事，並非盡周詳，原審未深入查究明白，敘明認定之依據及理由，自難謂無調查職責未盡及理由不備之違誤。

二、上訴人於第一審供稱：「不曉得是日期開錯了，或印鑑蓋錯了，我拿現金叫謝○○通知李○○把支票換回來，我拿現金支付保險費」，證人謝○○就其介紹上訴人向華僑保險公司投保火災保險之經過，亦供稱其介紹上訴人「與賴先生聯繫，後來保險的事都是他們自己談，後來被告來找我，說他開給華僑的大小章好像蓋錯了，就拿了10萬元的現金給我，要我到華僑換回開給華僑的支票，我就去找賴先生，我將錢給賴先生」云云（見第一審卷第102、103、119頁）。原判決以上訴人之銀行帳户係新開户，存款餘額僅一萬餘元，根本不足以支付上開繳交保險費支票款，因擔心該張支票屆期不獲兑現而跳票，致保險契約不能生效，乃於系爭支票到期日前不詳之某日，委請不知情之謝○○持現金10萬元，向華僑保險公司換回該紙支票等情，併執爲認定上訴人具縱火動機之不利事證，然其認定上訴人以現金換回支票之原因，與證人謝○○上開所述不相一致，實情如何，該證人所述是否實在？原審未予審酌說明，其爲上述之認定，自難認已盡允洽。以上或爲上訴意旨所指摘，或爲本院得依職權調查之事項，應認原判決有撤銷發回更審之原因。原判決關於不另諭知上訴人無罪部分，既經檢察官起訴書指明與前開論罪部分有裁判上一罪關係，依審判不可分原則，應一併撤銷發回，附予說明。

據上論結，應依刑事訴訟法第397條、第401條，判決如主文。

中　華　民　國　○○　年　○○　月　○○　日

最高法院刑事第七庭

審判長法官　呂○○
法官　　　　吳○○
法官　　　　孫○○
法官　　　　趙○○
法官　　　　吳○○
本件正本證明與原本無異。
書記官　○○○
中　華　民　國　○○　年　○○　月　○○　日

狀別：刑事答辯狀
案號及股別：96年重上更（一）字○○號○股
上訴人即被告　甲　　身分證字號：○　性別：○　生日：○　住：○
選任辯護人　　何志揚律師
爲被告因公共危險案件，謹於依法提答辯事：
一、被告並無放火燒燬未有人所在之他人建築物犯行：
(一) 按判決不載理由者當然爲違背法令，所謂判決不載理由，係指依法應記載於判決理由內之事項不予記載，或記載不完備者而言，此爲刑事訴訟法第379條第14款上段之當然解釋（最高法院63年台上字第3220號判例意旨參照），判決書內應記載事實，刑事訴訟法第321條已有明文，所謂事實，不僅指犯罪之行爲而言，即犯罪之時、日，如與適用法律有關，亦應依法認定，予以明確之記載（最高法院19年上字第1342號判例意旨參照），科刑判決書須先認定犯罪事實，然後於理由內敘明其認定犯罪所憑之證據，方足以資論罪科刑，否則僅於理由內敘明其有犯罪之證據，而事實欄內並未認定有何種犯罪之事實，不惟理由失其根據，且與法定程式亦不相符（最高法院24年上字第1032號判例意旨參照）。
(二) 經查鈞院前審判決於犯罪事實欄載：「……被告甲爲解決此一龐大之債務，明知其經濟能力不佳，竟與乙（業於90年3月29日死亡）及不知姓名之成年人，基於共同詐領保險金意圖之犯意聯絡，進行如下之計畫」（參鈞院前審判決第2頁第13行起）、「……詎被告甲於收受後，有恃無恐，竟於李○○寄出保險契約書後之87年4月29日凌晨0時至0時30分許間，與不知姓名之成年人，進入廠房內以不詳之方式，放火燒燬上開廠房。然後被告甲則逗留在南投縣草屯鎮康立德保齡球館內佯裝打球，嗣不詳之人打電話報火警後，始於同日（即87年4月29日）凌晨2時許，趕往現場處理。而該火場經消防隊於同日凌晨0時40分許據報後前往救火，於同日凌晨1時54分許完全撲滅，致該B棟廠房內之貨物及該無人所在之他人建築物完全燒燬，惟幸未延燒至其相鄰之柏○、昱○及合○等公司」（參鈞院前審判決第6頁第14行起），惟於理由欄內除僅載：「被告以將其所承租之倉庫於夜間燒燬其所堆置之貨物爲手段，並隨即進行請求保險公司理賠未能得逞，核被告所爲，係犯刑法第174條第1項放火燒燬現未有人所在之他人所有建築物、第339條第3項、第1項之詐欺取財未遂之罪。被告與乙及不知姓名之成年人間就上開放火及詐領保險金之罪有犯意聯絡，行爲分擔，均爲共同正犯」（參鈞院前審判決第337頁第19行起）外，關於被告究竟如何與乙及不知姓名之成年人，有共同詐領保險金意圖之犯意聯絡？何以認定被告係與不知姓名之成年人，進入廠房内以不詳之方式，放火燒燬上開廠房？等攸關犯罪構成要件之事實記載均付之闕如，且亦未詳載何以認爲被告有故意放火行爲之理由，除有判決未記載事實之違法外，亦有不載理由之違法。鈞院前審雖另以：「本件雖無被告自承涉犯上揭放火之直接證據，然依上開各間接證據，綜合印證，可以認定被告確有放火之動機、意圖及行爲存在，再就此不尋常之動機等關係，及上開所詳述之事實，本於推理之作用，依經驗法則，自可認定」（參鈞院前審判決第37頁第16行起），惟犯罪事實應依證據認定之，無證據不得認定犯罪事實，刑事訴訟法第154條第2項定有明文，又「認定犯罪事實所憑之證據，固不以直接證據爲限，間接證據亦應包含在內，惟採用間接證據時，必其所成立之證據，在直接關係上，雖僅足以證明他項事實，而由此他項事實，本於推理之作用足以證明待證事實者，方爲合法，若憑空之推想，並非間接證據」（最高法院32年上字第67號判例意旨參照），本案縱認被告有故意放火及詐領保險金之犯罪動機及意圖，然究竟鈞院前審判決係憑何種間接證據可以證明他項事實並推理被告有故意放火之行爲，則未見鈞院前審判決於判決理由欄項下詳細記載，當有判決不載理由及未依證據認定事實之違法。

(三) 經查，本件南投縣警察局消防隊（現已改制爲南投縣消防局）於現場勘驗後，認倉庫内南半部中段靠烤漆板牆面彎曲變色嚴重處，布料燒燬至最底部且底座木材墊板呈炭化嚴重，足見火勢由此處向四周延燒（參南投地方檢察署87年度偵字第3393號卷第一宗第10頁）；起火處未發現有自然發火物，故自然發火可排除，亦未發現有電源線，故無電線走火可能，倉庫管理員蔡◯◯於4月28日19時15分下班，故其遺留火種如煙蒂等於4月29日0時40分起火可能性亦無（參上揭卷第11頁）；研判起火點在倉庫南半部中段靠烤漆板牆面彎曲變色嚴重處某一高度因爲未發現具體起燃成災跡證，故起火原因未便臆測等語（參上揭卷第11頁正反面），有南投縣警察局火災原因調查報告書一份附卷可稽，該報告書中對於本件火災之起火點及起火物品固均有明確之判斷，惟對於究係何種引火媒介（如汽油、火種、香煙等）所引起則無記載，且經採集現場起火點燃燒物品送鑑，亦未發現上開引火媒介，而火災之發生如係被告以外力所爲，其必有引火媒介始足以使物品燃燒產生火災，既未發現外力所爲之引火媒介，則火災之發生即無積極證據證明係被告以外力所爲甚明，鈞院前審判決雖以：「該報告書對於本件火災之起火點及起火物品均有明確之判斷，惟對於究係何種引火媒介（如汽油、火種、香煙等）所引起雖無記載，但不得因火災調查報告未記載任何引火媒介，即直斷無積極證據證明係外力所爲，仍須自被告承租倉庫、進貨數量、進貨後貨物擺設位置、安裝保全系統是否有人全天候看守數量龐大之貨物、對貨物進行保險及安裝保全系統、投保日期與火災發生日期是否密接之關連性等各項因素進行評估」（參鈞院前審判決第32頁第13行起），而認：「被告將茶葉移置西南角，而於10日內竟在南半部之中段起火，時間地點均如此巧合，難謂被告無故意，被告既已經濟情況及經濟能力均不理想，竟仍於87年3月5日以迦◯通信公司名義，與C公司訂立長達3年之廠房租約，且進大批之貨物，而所進之貨物又屬低劣之貨品，竟未全天候人看守，又於火災前安裝保全系統，並於火災前相當短暫之時間取得同意保險，隨即發生火警，在在顯示時間上、行爲上不可思議之巧合，是被告意圖詐領鉅額之保險金應可認定」（參鈞院前審判決第34頁第9行起），然判決理由欄內並無任何隻字片語提及被告係以何種外力引火故意燒火倉庫內之貨物，此係攸關被告是否構成刑法第174條第1項罪責之判斷，而本案依據該調查報告亦無法排除係失火或他人所爲，鈞院前審判決在未辨明本案引火媒介爲何？被告是否有以外力故意放火？遽以臆測推論擬制之方法而認定事實，顯有不載理由及查證未盡之違法。

(四) 再按經驗法則或論理法則，乃客觀存在之法則，非當事人主觀之推測（最高法院74年台上字第1987號判例意旨參照），證據之證明力如何，雖屬於事實審法院自由判斷職權，而其所爲判斷，仍應受經驗法則與論理法則之支配（最高法院53年台上字第2067號判例意旨參照）。鈞院前審判決意旨固認被告於火災發生前曾將易受潮之茶葉搬遷至西南角窗口處，顯有悖常理，認應係故意放火云云。然由南投縣警察局消防隊所繪製之火災現場場圖觀之，本件倉庫係坐西朝東，茶葉所放置位置係位於倉庫西南方角落廁所前方，與西方（北側）倉庫鐵皮圍牆緊鄰者爲一間廁所（參南投地方檢察署87年度偵字第3393號卷第一宗第13頁、第91頁），該處在南方位置設有窗户，在西方設有逃生門，由日照方向觀之，日落時由西方進入之日照餘輝，係先照射至廁所，堆置在西南角落之茶葉並不易遭受日落西方時之日照甚明。而徵諸現場相片（同上揭卷第21頁背面、第22頁、第90頁）所示，茶葉均係以眞空包裝後再置於方形或圓形筒内，此種包裝方式本即不易受日照水氣所影響，果被告確有將茶葉遷移至西南角落，亦應無違茶葉保存之方式。而該倉庫西南角落亦非易受日照及受潮之處，尚難據以被告曾遷移茶葉存放地點此節，即推論被告有故意放火犯行。鈞院前審判決固以因北面牆均無窗户，與西南角落位置比較，完全可將茶葉至於陰涼之處所合於保存茶葉之慣例，當應以北面牆旁爲優先云云，惟北面牆均無窗户，有火災現場平面配置圖一份爲證（參前揭卷第13頁），對於茶葉之保存固不易受日照，但卻因完全無日照反而更易使茶葉受潮，因此鈞院前審判決未明究茶葉易受潮之屬性，驟然推論被告不選擇將茶葉移至北面牆旁，反而將茶葉移置於西南角，難謂無放火之故意，自有不依證據認定事實及任作主張之違法，更何況前開倉庫内堆放之貨物，除茶葉外，其餘貨品均未移動原所堆置位置，益難據此即認被告有放火之罪嫌。

(五) 另查，被告與前開保全公司訂立契約之時間爲87年4月8日（參前揭卷宗第14頁），嗣被告於訂立火險契約時亦曾提示上開保全契約予保險公司人員，而前開保全公司復於同年4月18日前往被告所有倉庫裝設價值5萬3,414元之保全設備，保險契約乃於同年4月21日製作完成並寄發予被告，又被告存放於該倉庫内之尼龍布、鞋材布、牛津布、球拍套及茶葉等貨物，出險時實質新台幣1,483萬6,930元（參南投地方檢察署87年度偵字第3393號卷第二宗第48頁），證人楊○○更證稱：「【（提示卷附大○公證公司報告）是你承辦是你寫的】是的，是我到現場看的」、「數量是去現場清點出來，沒有書面記載，只是我去現場時記下來，我們公司只有我一人去」（前揭卷第86頁反面），倘非子虛，旋於同年4月29日發生火災，果被告係虛僞與前開保全公司訂約以取信保險公司，豈有明知同年4月29日將發生火災而仍於4月18日裝設價值5萬餘元之保全設備，而不拖延裝設時間，且倉庫存貨高達1千餘萬元未先將存貨搬出之理？又被告於保全公司要保及火災發生前，已在倉庫大門上方裝設攝影機乙部（南投地方檢察署87年度偵字第3393號卷第一宗第18頁火災現場相片（六）參照），果如鈞院前審判決意旨所稱被告係爲詐領保險始虛僞與保全公司約定，本意非在裝設保全，豈有於未裝設保全前先斥資裝設攝影機之理？故鈞院前審判決以「被告取得相當鉅額之理賠金，均較被告所裝置之5萬3,414元之保全設備高出甚多，則被告何須爲避免價值5萬3,414元之保全設備損害，致因詐領保險金之手段及燒燬倉庫內之各項貨物無法完成，而未能領取保險金，是被告該項所辯純係本末倒置，自難足採信」，未慮及上情，並憑前開情況證據即據以推論被告有放火之犯行，自有不依證據認定事實之違法。

(六) 鈞院前審判決意旨另認被告於台中中小企銀埔心分行申請設立支票帳户，而該帳户自開户起至87年3月8日止，於2個月期間內，存款僅剩1,089元，迄同年5月1日即被列爲拒絕往來户而認被告因經濟困難而起意詐領保險金云云。惟查被告上開支票帳户內進出金額由數萬元至30餘萬元不等，實非空户，此有於台中中小企銀埔心分行檢附之被告帳户87年1月1日至87年5月1日間交易明細可稽（參南投地方檢察署87年度偵字第1086號卷（一）第81、82、83頁），又支票（即甲存）帳户因無利息，所以依生意往來慣例，帳户內金額通常係簽發支票到屆期始會存入等額金錢，並無事前在帳户內存放鉅額金錢之理。而上開帳户係被告經營通訊行所使用之帳户，與本件發生火災之貿易公司係被告與他人合夥不同，二家公司資金不必然有往來關係，況通訊行與貿易公司所需資金及貨物價格殊異，亦不能以被告所經營通訊行進出金額與貿易公司進貨金額不相當，即遽認被告已陷於經濟困難而有放火詐領保險金之意圖。又被告於火災發生前，曾以現金180萬元購買汽車及並支付房屋頭期款200萬元，此業據證人張○○即房屋出賣人於第一審調查時及證人陳○○於鈞院前審判決到庭證述屬實（參第一審卷第90頁至第97頁、第131頁及鈞院前審判決卷（一）第145頁），果被告如鈞院前審判決意旨所指陷於經濟困頓之際始起意放火詐領保險金，豈有再斥鉅資購買汽車及房屋之理？鈞院前審判決未於理由欄項下記載何以不採信前揭有利被告證據之理由，自有不載理由之違法。

(七) 末按依法應於審判期日調查之證據而未予調查，判決當然違背法令，刑事訴訟法第379條第10款定有明文，而刑事訴訟法第379條第10款所稱應調查之證據，係指與待證事實有重要關係，在客觀上認爲應行調查者而言（最高法院72年台上字第7035號判例意旨參照），經查被告曾於準備程序期日及審理期日聲請調閱倉庫四周相鄰公司之監視器錄影帶查證放火之人（參鈞院前審判決卷（一）第100頁及卷（二）第22頁、第71頁、第115頁），此乃可以查證故意放火人必要之調查方法，攸關本案被告是否曾參與共同放火犯行之認定，鈞院前審判決固以被告所稱外勞在外滋事屬傳聞證據，並未提供積極之證據供調查，且本件火災起火點係在被告所承租廠房之內部，外勞無從進入，起火點與相鄰之昱○公司、合○公司相距甚遠，且在相反方向，柏○公司雖與起火點同邊，但視野遭高起之土堆及雜草阻斷，顯然無法經由錄影帶拍攝本件起火現狀，況本案發生迄今已逾5年無法認該三家公司仍有保存云云，惟查被告已指出可供調查之方法及證據，且該監視器錄影帶證據自公訴人偵查、第一審及鈞院前審判決雖均未查證，且迄今已逾5年，不必然即已滅失未保存，況本件火災之報案人即係相鄰之柏○公司員工毛三期（參南投地方檢察署87年度偵字第3393號卷第一宗第6頁），又依證人李○○於偵查中87年10月15日寄予公訴人之信函後附繪製之現場圖載明：「消防隊提供有一窗户之鐵條有被鋸齊開來之情形」（同前揭卷第164頁後附信函），又證人蔡○○於消防隊調查時亦供陳：「以前有看到泰國人在倉庫旁空地喝酒被本人趕走希望警方能調查起火原因」（同前揭卷第2頁），果非子虛，則被告所稱疑遭外勞滋事放火之說並非無由，倘如能調閱三家鄰近公司之監視器錄影帶並加以勘驗，並傳訊柏○公司員工毛三期及消防隊之人員，即可查知案發當晚之情形，鈞院前審判決疏未審及此，自有查證未盡之違法。

二、關於本次最高法院發回所具體指摘部分：

(一) 案發當時被告確實在草屯康立德保齡球館打保齡球：

經查證人乙（已死亡）於檢察官訊問時證稱：「（問：火災是何人通知你？）蔡○○半夜1點多，當時我與被告甲在草屯康立德保齡球館打保齡球」，證人蔡○○亦證稱：「半夜1點半左右，是中興保全通知彰化中興保全公司，有留電話，我打行動電話給乙，他很緊張便到公司」（參南投地方檢察署87年度偵字第3393號卷第一宗第34頁），二人所證與被告所供述相同，足見被告所辯自堪採信，雖然證人張○○曾於鈞院前審作證時供述：「（87年4月28日當晚被告有無回家？）他當時在家，我當晚接到他朋友打來的電話，他聽到他朋友打電話來說發生火災，他才過去」（參鈞院前審卷（二）第104、105頁），惟此部分證詞應是證人張○○誤以爲檢察官所問之問題爲87年4月29日當晚被告有無回家，而誤答所致，蓋火災發生當天係87年4月29日凌晨0時40分，因此與前揭證人證詞並無不同之處。

(二) 被告與證人謝○○所證述內容相同並無不一致之情形：

次查被告固於第一審供稱：「不曉得是日期開錯了，或印鑑蓋錯了，我拿現金叫謝○○通知李○○把支票換回來，我拿現金支付保險費」，而證人謝○○就其介紹上訴人向華僑保險公司投保火災保險之經過，亦供稱其介紹被告「與賴先生聯繫，後來保險的事都是他們自己談，後來被告來找我，說他開給華僑的大小章好像蓋錯了，就拿了10萬元的現金給我，要我到華僑換回開給華僑的支票，我就去找賴先生，我將錢給賴先生」云云（見第一審卷第102、103、119頁），然證人李○○於第一審也供證：「我印象中投保後賴主任有告訴謝○○，保費繳清，公司才能編案號，後來謝○○就拿現金來換支票」（同前揭卷第103頁），對照證人謝○○所證：「我認識華僑產物保險公司的賴○○，因為我是開洗車廠，被告去洗車認識他，在聊天中被告提到他要投保的事情，問我有沒有認識的，我說我有認識賴先生……我就介紹被告與賴先生聯繫，後來保險的事都是他們自己談，後來被告來找我，說他開給華僑的大小章好像蓋錯了，就拿了10萬元的現金給我，要我到華僑換回開給華僑的支票，我就去找賴先生，我將錢給賴先生」，故被告對於囑託謝○○以現金換回支票情節所述均一致，而華南產物保險公司賴○○係主任，李○○則為其下之業務，當時華南產物保險公司承保時是派李○○與被告接洽，而證人謝○○則是認識其主任賴○○，因此該二人均為華南產物保險公司之職員，均有收受客户保費之權限，如鈞院對於被告以現金換回支票之細節有疑義，仍可再傳訊證人賴○○及李○○到庭，即可證明是否被告有以現金換回支票之事。

三、綜上所述，本件並無任何積極證據可證明有縱火之犯行，原審判處無罪洵屬正確，懇請鈞院鑒核，迅駁回檢察官之上訴，以免冤抑，而障權利。

謹 狀

台灣高等法院台中分院刑事庭　公鑒

中　華　民　國　○○　年　○○　月　○○　日

具狀人　甲　　簽名蓋章

撰狀人　選任辯護人：何志揚律師　簽名蓋章

台灣高等法院台中分院刑事判決

96年重上更（一）字第22號

上　訴　人　台灣南投地方檢察署檢察官

被　　　告　甲（在台灣○○監獄執行）
選任辯護人　何志揚律師
上列上訴人因被告公共危險等案件，不服台灣南投地方法院90年度訴字第231號中華民國91年12月13日第一審判決（起訴案號：台灣南投地方檢察署89年度偵字第1806號），提起上訴，經判決後，由最高法院發回更審，本院判決如下：

主文

原判決撤銷。

甲共同放火燒燬現未有人所在之他人所有建築物，處有期徒刑3年2月。

犯罪事實

一、甲曾因妨害自由案件，經本院判處有期徒刑1年3月，於民國79年5月17日執行完畢（尚不成立累犯），仍不知悔改。甲於86年7月23日以其配偶陳○○爲承買人並由其擔任代理人，與賴黃○○訂立不動產買賣契約，購買座落彰化縣田中鎮○○段66-23地號（88年重測後編爲文武段737地號）、66-26地號持分14分之1、219建號（重測後編號208建號）即門牌彰化縣田中鎮○○路○段10巷99弄9號及共同使用部分221建號（重測後編爲210建號）等房地，總價金爲新台幣（下同）380萬元，並於契約訂定時繳付70萬元，旋於86年8月9日，以陳○○名義向中國信託商業銀行股份有限公司（下稱中國信託銀行）借貸300萬元，並由甲擔任連帶保證人。甲復於87年2月11日，以總價金585萬元之價格，向張○○購買座落彰化縣大村鄉○○段306-1地號、306-8地號持分7分之1、69建號即門牌彰化縣大村鄉○○巷○之○號等房地，除於87年2月15日支付100萬元之現金外，仍須負擔該房、地原有之抵押貸款462萬元。其後甲於87年3月12日，復另向萬通商業銀行股份有限公司（下稱萬通銀行）轉借貸款400萬元，並設定480萬元之最高限額抵押權。甲因係連帶債務人，在應負擔借款人陳○○所積欠中國信託銀行之借款300萬元及尚需負擔自己購屋貸款400多萬元，合計債務達7、800萬元，顯然經濟能力並不理想。甲爲解決此一龐大之債務，明知其經濟能力不佳，竟與乙（業於90年3月29日死亡）基於共同意圖爲自己不法所有之詐領保險金意圖之犯意聯絡，進行如下之計畫：

(一) 甲於87年1月8日，以其個人之名義，先向台中區中小企業銀行埔心分行〔下稱台中企銀埔心分行，嗣已更名爲台中商業銀行埔心分行（下稱台中商銀埔心分行）〕申請開立支票存款帳户，開户當時存入2萬元，帳號爲XXX-XX-0000000號，用以進行承租廠房所需開具之支票，而該帳户自87

年1月8日開户起至87年3月8日止，在短短2個月內，其餘款只剩1,089元，並自87年3月10日起即陸續因存款不足而有多次退補紀錄，迄87年5月1日遭列爲拒絕往來户。甲另於87年3月12日以其於86年12月24日設立登記之迦◯通信有限公司（下稱迦◯通信公司），向萬通銀行員林分行（現因合併更名爲中國信託銀行員林分行）申請開立支票存款帳户，開户當時存入2萬元，帳號爲◯◯◯-◯◯◯-◯◯◯◯◯◯◯◯-◯號，此帳户除於87年3月21日、87年3月31日分別有面額1萬600元、4萬3,765元之支票獲兑領外，存款餘額僅剩1,635元，其餘經提示之支票自87年4月30日起即陸續因存款不足而退票，並於87年5月29日經公告爲拒絕往來户。

(二) 甲伺機尋找出租之廠房，於87年2月中、下旬間之某日，先依出租廠房之張貼廣告紙上電話，聯絡不知情之房屋仲介業者江◯◯，再透過江◯◯之介紹，於87年3月5日，以迦◯通信有限公司之名義，與門牌南投縣南投市◯◯路145之1號B棟廠房之所有人C有限公司（下稱C公司）之代表人郭◯◯訂立租賃合約，以第1年每月租金5萬7,300元、第2年每月6萬165元、第3年每月6萬3,173元之價格，訂立長達3年之租約（租期自87年3月10日起至90年3月9日止），簽約後因上開台中企銀埔心分行支票帳户內之存款只剩下 1,089元，爲應付租廠房所需之租金及押金等費用，甲乃於87年3月11日存入23萬元之現款，用資應付。同日甲除簽發上開帳户，面額17萬元之支票 一張用於支付租金保證金外，另開具同一帳號，票期自87年3月10日起至88年2月10日止，每張面額5萬7,300元及6萬165元（即87年3月起至87年12月部分，係簽發5萬7,300元之支票，每月一張；88年1、2月部分則簽發6萬165元之支票，每月一張），合計12張之支票，交予郭◯◯收執，惟其中除17萬元之押租保證金及票期87年3月10日、面額5萬7,300元之支票獲得兑現外，餘11張之支票屆期均因存款不足及拒絕往來而不獲兑現（即自87年4月起至88年2月之租金支票均未能兑現）。

(三) 甲除於86年12月24日在彰化市◯◯里◯◯街4號1樓設立迦◯通信公司以外，並著手申請設立迦◯貿易有限公司（下稱迦◯貿易公司），分別於87年3月26日、同年4月3日取得經濟部公司執照及彰化縣政府營利事業登記證，以該公司做爲進行其虛僞貿易買賣之幌子，掩人耳目，並供日後與保險公司訂立保險契約詐領保險金之用。

(四) 甲自87年3月上、中旬某日起，陸續將不知係何人所有及來路俱屬不明之布料、網球拍套及茶葉等價值極爲低廉之物品，分次、分批運至上開承租之南投縣南投市○○路145之1號B棟廠房倉庫內（其實際之次數、價值及數量均屬無法具體認定），並自87年3月15日起，聘請不知情之蔡○○在上開倉庫內，擔任日間倉庫管理員，負責看顧前揭布料、網球拍套及茶葉貨物。惟蔡○○下班後，該倉庫在夜間則處於無人看守之狀態。

(五) 甲於87年4月8日，在上址倉庫搬運貨物時，適有中興保全股份有限公司（下稱中興保全公司）之業務員張○○路過，遂向乙詢問是否願意接受中興保全公司之保全服務，甲竟意圖不軌，同意裝設中興保全公司之保全系統，惟向張○○佯稱：「在87年4月底，才會完成所有之進貨及電話安裝」爲由，當場表明希望開通之日期定在87年4月底，張○○乃將甲之該條件記明於中興保全公司之「系統服務報價書」，並將該「系統服務報價書」之第2聯交予甲收執，其餘則攜回中興保全公司登記並聯絡相關安裝人員及準備安裝保全系統之相關設備。嗣87年4月18日，中興保全公司之外包廠商吳○○前往甲之上開倉庫安裝相關之保全設備（設備價值5萬3,414元）後，張○○欲再聯絡甲相關開通事宜，惟均聯絡不上，且張○○屢經上開倉庫，均見其倉庫之大門深鎖，亦不見有任何人員出入之情形。直到87年4月29日至中興保全公司上班時，張○○聽其不詳姓名之同事提起，始知甲之上開倉庫業已燒燬之事。

(六) 甲因洗車認識不知情之謝○○，向其詢問有無認識之保險公司，經謝○○之介紹，甲因而認識華僑產物保險股份有限公司（下稱華僑保險公司，嗣改稱蘇黎世產物保險股份有限公司）員林服務處之課長李○○。甲乃於87年4月21日邀約李○○至上開租得之廠房查勘現場及核定保額，並同時向李○○提出要保申請書，且當場出示前揭中興保全公司之「系統服務報價書」，向李○○佯稱：我倉庫業與中興保全公司簽立保全服務之系統等語，致李○○信以爲眞，誤以爲甲之上開貨物，業有中興保全公司保全系統之保障，遂誤認安全無虞而接受甲之要保，復因保費繳納有1個月之緩衝期，甲乃簽發並交付迦○通信公司爲發票人、帳號：○○○－○○○－○○○○○○○○－○號、付款人：萬通銀行員林分行、發票日：87年5月21日、票號：○○○○○○○○、面額10萬元之支票，用以繳交上開保險契約所需之保險費，惟該支票帳户自87年3月31日起，存款餘額僅1,635元，且屆期經提示遭存款不足退票後，甲乃立即於87年5月21日即退票當日委請不知情之謝○○持現金10萬元，向華僑保險公司員林服務處換回該紙不獲兑現之支票，以免因逾期未繳保費而不發生保險之效力，致無法獲得理賠。

又因上開保險金額過於龐大，華僑保險公司乃主動與第一產物保險股份有限公司（下稱第一產險公司）為共保之約定，由華僑保險公司承保60%，第一產險公司承保40%，甲則繳交4萬3,120元之保險費予第一產險公司。

(七) 自87年4月21日甲提出保險之申請起至同年4月25日止，李○○正進行核保手續及簽發正式保險契約之際，甲竟多次以電話向李○○催促速寄保險契約書，李○○乃於87年4月27日下午將保險契約書自華僑保險公司員林服務處寄出。甲收受該保險單後，有恃無恐，竟於87年4月29日凌晨0時至0時30分許間，與乙進入廠房內，共同以不詳之方式，放火燒燬上開廠房，隨即返家。嗣甲在家接獲不詳之人之通報電話；乙則獲蔡○○之通知，2人始佯於同日（即87年4月29日）凌晨約2時至3時間，趕往現場處理。該火場則經南投縣消防隊於同日凌晨0時40分許據報前往滅火，迄同日凌晨1時54分許完全撲滅，惟該無人所在之他人建築物及廠房內之貨物完全燒燬。

(八) 甲於火災發生後之87年5月13日，向華僑保險公司及第一產險公司，提出合計5,087萬8,353元（含建築物損失321萬3,793元、貨物損失4,766萬4,560元）之理賠保險金額，惟上開保險公司發現內情並不單純，遂以案件仍在檢察官偵辦中，迄今尚未給付甲分文之保險金而未能得逞。

二、案經南投縣警察局南投分局報告台灣南投地方檢察署檢察官偵查起訴。

理由

一、證據能力方面：證人乙、蔡○○之警詢證言固屬被告以外之人於審判外之陳述，然本案當事人於本院調查證據時，就該等證言之證據能力，並未聲明異議，依刑事訴訟法第159條之5第2項規定，視為有同條第1項之同意，且本院審酌上開警詢筆錄作成時之情況，並無證明力過低或違法取得之情形，應屬適當，依刑事訴訟法第159條之5第2項規定，均有證據能力，自得作為證據。又證人江○○、郭○○、乙、張○○、曾○○、曾○○、曾○○、江○○、楊○○、柳○○、鍾○○、李○○、陳○○、楊○○、謝○○、李○○、蔡○○、蘇○○、張○○、吳○○等人於偵查中經具結之證言，按卷內資料查無顯不可信之情形，依刑事訴訟法第159條之1第2項規定，亦認有證據能力，當得作為證據。

二、訊據被告甲對於先後成立迦○通信公司、迦○貿易公司，並向C公司承租上開廠房，存放布料、網球拍套及茶葉等貨物，並向中興保全公司申設安裝保全系統，及向華僑保險公司投保火災保險等事實，固均坦承不諱，惟矢口否認有前揭以放火詐領保險金之犯行，辯稱：伊退伍後有從事布料仲介買賣，每月可獲得淨利70萬元，大概在84年至85年間，每月最少賺到70萬元，甚至於1個月曾經賺過1、200萬元。因爲伊僅係居間介紹，並非以伊之名義簽發發票，且伊不知道要向哪個單位報稅，因此伊就個人所得稅及綜合所得稅均未曾報過，只在81年擔任業務員時，有報過稅。在前開廠房被燒之前，伊支票沒有退票紀錄，都是正當的做生意，且做得很好，支票是在火災之後，因伊沒有錢支付，始被拒絕往來。又伊買賓士的車子及買房子的頭期款均係由伊賣布賺得的錢交付，均屬現金交易，經濟能力很好，只是發生本件火災後，把所有現金都拿去償還債務了，其沒有放火，也沒有詐領保險金。另因伊太太在田中購買房屋，用伊買賣布匹所賺得的錢付頭期款後，才貸款300萬元，伊所賺得的錢都放在家中，從來沒有寄放在銀行或合作社等金融機關，並非伊經濟能力欠佳。75年之前曾幫父、母親在菜市場賣菜，後來就沒有。又伊聽說有外勞在伊倉庫附近酒後鬧事，伊想火災可能是因爲外勞發生糾紛後發生的。另伊投保時，因爲日期開錯或蓋錯印章，伊才會拿回支票；且支票提示時，只要將錢存入户頭即可，不一定要在户頭内有相當可觀的錢，此屬一般常態。伊亦未曾向李○○催促過契約書，當保險事故發生後，伊依約請求理賠，屬正常現象，況且保險公司人員説若蓋章同意賠少一點，就可以較快獲得賠償，足證伊並無詐領保險金。另乙有實際投資，均是交付現金，給伊本人收受，但投資之金額伊忘記了，只是因爲伊與乙是好朋友，因此其投資，伊並未寫單據給他，伊確未曾故意放火燒燬建築物而詐領保險金云云。惟查：

(一) 被告於86年7月23日以其配偶陳○○爲承買人並由其擔任代理人，與賴○○訂立不動產買賣契約，購買座落彰化縣田中鎮○○段66-23地號（88年重測後編爲文武段737地號）、66-26地號持分14分之1、219建號（重測後編號208建號）即門牌彰化縣田中鎮○○路○段10巷99弄9號及共同使用部分221建號（重測後編爲210建號）等房地，總價金爲380萬元，旋於86年8月9日，以陳○○名義向中國信託銀行借貸300萬元，並由被告則擔任連帶保證人。被告復於87年2月11日，以總價金585萬元之價格，向張○○購買座落彰化縣大村鄉○○段306-1地號、306-8地號持分7分之1、69建號即門牌彰化縣大村鄉○○巷○之○號等房地，除於87年2月15日支付100萬元之現金外，仍須負擔該房、地原有之抵押貸款462萬元等事實，爲被告所承認，並有不動產買賣契約書2紙（1紙爲被告之配偶購買時所訂立，1紙則係被告購買時所訂立）、土地、建築改良物買賣所有權移轉契約書、土地所有權狀各2紙、收據、彰化縣稅捐稽徵處員林分處87年度契稅繳款書、收費明細表、被告簽發300萬元本票、中國信託商業銀行取款憑條、彰化縣田中鎮公所監證費繳納通知書、彰化縣地政規費、建築改良物所有權狀、土地、建物登記簿謄本暨彰化縣稅捐稽徵處員林分處93年1月6日彰稅員分四密字第0920059685號函、93年1月16日彰稅員分四密字第0930001622號函各1紙在卷足證（見本院上訴卷第一宗第52至64頁、原審卷第79至95頁、本院上訴卷第二宗第41、42、65頁）。惟被告於87年3月12日邀同其配偶陳○○爲連帶保證人，向萬通銀行員林分行借貸400萬元，借款後除攤還部分本息外，尚餘398萬9,665元未清償，且於87年4月12日即借款1個月後，便已無任何之能力再繳利息，萬通銀行員林分行遂於87年6月16日向台灣彰化地方法院民事執行處聲請假扣押被告及其配偶陳○○之不動產等事實，有萬通員林分行之民事執行聲請狀影本、台灣彰化地方法院民事執行處通知、強制執行金額計算書分配表各1件附卷足憑（見外放資料袋內、89年度偵字第1806號偵查卷第一宗第67、68頁、本院上訴卷第一宗第156、157頁）；且中國信託銀行亦聲請台灣彰化地方法院對被告暨其配偶陳○○核發支付命令，請求渠等應連帶給付294萬4,474元本息及違約金等情，亦有支付命令聲請狀、台灣彰化地方法院87年度促字第13699號支付命令各1紙附卷爲證（見87年度偵字第3393號偵查卷第一宗第236至265頁），顯見被告於87年3月間，已急需現金調度，且於87年4月間已無任何之餘力繳納利息。參諸被告於87年1月8日在台中企銀埔心分行所開設支票存款○○○-○○-○○○○○○○號帳户内，自開户時起迄同年3月8日止，在短短2個月内，其餘款僅剩1,089元，並自87年3月10日起即陸續因存款不足而有多次退補紀錄，迄87年5月1日遭列爲拒絕往來户等情，有台中企銀埔心分行89年8月11日中埔心字第114號函暨所附帳卡影本4紙、台中商銀埔心分行96年4月14日中埔心字第0960900號函暨所附查詢表4紙在卷可憑（見89年度偵字第1806號偵查卷第一宗第79至83頁、本院更（一）卷第83至87頁）；另被告於87年3月12日以其於86年12月24日設立登記之迦○通信公司，向萬通銀行員林分行申請開立支票存款帳户，帳號爲○○○－○○○－○○○○○○○○－○號，此帳户除於87年3月21日、87年3月31日分別有面額1萬600元、4萬3,765元之支票獲兑領外，存款餘額僅剩1,635元，其餘經提示之支票自87年4月30日起即陸續因存款不足而退票，並於87年5月29日經公告爲拒絕往來户，亦有中國信託銀行96年5月2日中信銀集作字第96503555號函暨所附開户資料、公司執照、營利事業登記證、退票查詢單、交易查詢報表在卷可佐（見本院更（一）卷第94至107頁）；且被告自87年1月1日至87年12月31日止，其在萬通銀行員林分行第○○○－○○○－○○○○○○○○－○號活期儲蓄存款帳户，除貸款撥入之轉帳連動外，其自87年3月12日起之存款餘額，最高僅爲5萬1,774元等事實，亦有萬通銀行員林分行89年7月28日萬通員字第143號函暨所附存摺往來明細分户帳在卷可證（見89年度偵字第1806號偵查卷第一宗第72、73頁），更可證明被告於各家銀行之存款明顯不足，資力甚爲窘迫。雖在支票屆期之前，發票人並非必須先存入足夠之金額等待提領，惟支票發票人仍必需於支票將屆期時，將足以支付票面金額之款項存入帳户內，以使支票經提示時得以順利兑付，方符一般使用支票交易之常規。被告於87年1月8日以其個人名義所開立台中中小企銀埔心分行；於87年3月12日以迦○通信公司名義開立萬通銀行員林分行等支票存款帳户，其中前者於87年3月10日即有存款不足之退票紀錄，且均於短短之數月間即遭銀行拒絕往來，顯然被告所開設之上開支票帳户，並未持續存入相當於票面金額之款項，以供持票人提示兑領，則被告所辯支票帳户並不需要先存入足夠之金額等待提領，要難謂屬實在。果如被告所稱其於84、85年間，因仲介布匹每月淨賺約70萬元，甚且曾有1個月賺得1、200萬元之紀錄等語（見本院上訴卷第一宗第42頁），則其應有數百萬元乃至千萬元之淨利收入。被告既於84、85年間有上開可觀之收入，則其以配偶陳○○名義購買上開田中鎮之房地，並以其自己之名義購買上開大村鄉之房地，又何需再向銀行借貸相當龐大之貸款，而增加支出房貸利息。即令被告不願意完全以付清方式購買上開房、地，亦應如期繳付房屋貸款之利息，以避免其所購買之房、地，因未能如期繳付房貸利息，致房、地遭查封之窘境。被告雖復辯稱其均將金錢存於家中，不存於銀行，如需使用金錢，均自其家中拿取，且證人即被告之父親張○○於本院證稱：錢都放在家中，都是現金買賣，沒有欠帳或開票等語，以附合被告之辯詞（見本院上訴卷第二宗第106頁），惟將所賺得之大筆金錢存放於家中，雖屬個人之自由，且取用方便，亦無違法，但被告購買上開房、地，本可由其所賺得之金錢自其家中取出以爲支付，既可免除向銀行借貸，必須支付房貸利息之苦，復可因支出房、地價格後，免於大筆金錢存放家中增加危險性，是被告既有大筆金錢存放家中，則何需開立銀行帳户，向銀行貸款。況被告亦可於銀行帳户中因存款不足時，迅速自家中提出大筆金錢，繳付銀行，避免其所開立之銀行支票帳户於短短之數月間即拒絕往來；且被告既於家中存放大筆之金錢，應可按期繳交向銀行貸款之本息，以使被告及其妻所購得之上開房、地免於受查封、拍賣之處境，惟被告竟吝於提出家中所存放之金錢，聽任其所開立之支票帳户遭拒絕往來，而成拒絕往來户，且被告與其妻所購得之上開房、地亦因無法支付貸款致遭查封、拍賣，被告竟無動於衷，亦不可思議，是被告上開所辯，即難認屬眞實；證人張○○上開證述，亦屬迴護被告之詞，均不足採信。另被告於81年間擔任業務員時，因有所得曾申報過所得稅等情，為被告所承認（見本院上訴卷第一宗第47頁），則被告對有所得則每年必須申報所得稅之概念應屬存在。惟被告除81年申報過所得稅以外，其他時間均未曾申報過綜合所得稅或其他所得稅，亦爲其所承認（見本院上訴卷第一宗第42頁），則被告既自稱很會賺錢，也賺很多錢，竟均未曾申報所得稅，除非其係蓄意逃漏所得稅，否則應不至有如此大筆金額之收入，竟未曾報稅之情事，顯然被告上開所辯，亦難認屬實在。另證人張○○復結證稱：伊知道被告買房子，房價600多萬元，後來沒有辦法才被法院拍賣，被告缺錢都向伊調，伊標會大概都有60萬元，伊前後2、3年總共拿給被告大約5、600萬元（見本院上訴卷第二宗第104頁），復有以證人張○○爲會首之互助會簿8紙在卷可證（見原審卷第71至78頁），參諸證人張○○於89年互助會停標，積欠800多萬元，出售房屋得款500多萬元，還會錢利息，尚積欠400萬元左右等事實，亦有張○○所書寫予檢察官之書信附卷可考（見89年度偵字第1806號卷第二宗第110頁），顯然被告仍須由其父親張○○召集互助會爲其籌錢支應，且嗣後復因停標致積欠債權人款項，必須售屋還款，是被告之經濟能力並不理想，已甚明確。另被告曾以180萬元之價格（不含其他配備及稅費約20萬元），向陳○○購買賓士S320自用小客車，支付現款70萬元，並貸款130萬元，經過半年，再以140餘萬元之價格，售回予陳○○之事實，亦經證人陳○○於本院結證無訛（見本院上訴卷第一宗第145至148頁），復有陳○○提出之證明書爲證（見本院上訴卷第一宗第50頁），且被告係於87年1、2月間購買該自用小客車之事實，亦經被告自承不諱（見本院上訴卷第一宗第46頁），則當時被告如係在家中存有大筆現金，自可以現金支付車款，又何須於購車部分貸款130萬元，其貸款占總車款之比例甚高（即20分之13）；且被告另自承在購買後6個月（約在87年7、8月間）隨即轉售，並將所得車款用於還債等語（見本院卷第一宗第

48頁），在在顯示被告當時之經濟能力並不如其所辯之理想。另被告自退伍後，就在賣行動電話，並未在市場賣菜等情，業據證人劉○○於本院結證屬實（見本院上訴卷第一宗第144頁），固足以認被告並未賣菜，惟被告是否在菜市場賣菜，與其經濟能力無涉，尚不得因被告是否賣菜，即謂被告無經濟窘迫之問題。

(二) 被告於87年3月5日，以迦○通信公司名義，與C公司訂立長達3年之廠房租約，其所簽發上開帳户支票，用以支付押金支票1張及租金支票12張中，其中僅兑領押金及1期租金支票，其餘11張支票，則均因存款不足及拒絕往來而不獲兑現，至87年4月及5月份之租金，被告則分別於87年4月9日及同年5月14日以電匯之方式交付，87年6月份起則無力繳納等情，業據證人江○○、郭○○於偵查中結證在卷（見89年度偵字第1806號偵查卷第一宗第40、41、60至62頁），復有房屋租賃契約書、支票13張等影本在卷可稽（見同上偵查卷第一宗第46至51、54頁），被告在其經濟能力不允許，資力欠佳之情形下，仍然強行租用上開廠房，其舉動異於尋常，尚難謂該項行爲與其詐取保險金所使用之手段無關。

(三) 被告曾供稱：「我是與乙合資，錢都是他拿出來的比較多，乙前後共拿3,000萬元，我只是出力及負責買賣」云云（見87年度偵字第3393號偵查卷第一宗第117頁反面），其意指全部資金均由乙支出，被告則僅負責買賣及相關出力之事而已。惟乙在警訊時供稱：「我目前是迦○公司之股東，投資約4,000萬元，占所有之股份約50%」（見同上偵查卷第一宗第7頁），另在檢察官初次偵查中結證稱：「（問：你與甲是股東？）是的，我股份50%，另還有3位共5位，甲也是（百分之）50，其他掛名」「（問：何人先説要成立公司？）甲，是在87年2、3月的時候」「（問：之前你在做何工作？）營造，給我岳父請作營造」「（問：你拿出多少資金？）2,000萬元，賣土地有買賣合約，2,000萬元都是拿現金給甲，是（87年）3月初，在彰化公司拿給他」等語（見同上偵查卷第一宗第33、34頁）；嗣則改證稱：「（問：你由何時與甲合夥做？）2、3年前即84年」「（問：幾人合夥？）只有與他做，我出錢」「（問：你出多少錢？）公司成立時拿2,000萬元出來，資金是賣地」「（問：之前由合夥開始拿多少錢出來？）有時幾十萬，有時幾百萬，有買賣時就拿現金出來，都是甲去買，都用現金」等語（見同上偵查卷第一宗第118頁）；繼又改證稱：「（問：你出資多少錢？）2,000萬元」「（問：其他錢何人出資？）我不知道」等語（見同上偵查卷第二宗第8頁），則證人乙前後之證詞已有不符，且被告之供述與證人乙之證詞，亦不一致，彼二人無論就現金係一人出資一半即2,000萬元，或全部係由證人乙一人所出？係出資2,000萬或3,000萬元？是87年3月間公司成立時才開始合夥出資，或係在2、3年前即已合夥出資？等關鍵問題，渠2人所供及所證之情節，均不相符合，且相距甚遠，已難令人採信。況證人乙雖證稱：「資金是賣地」云云，惟乙所提供座落南投縣草屯鎮○○段274地號土地，係於84年11月30日以344萬6,296元之價格，出售予張○○；另草屯段720-116地號及其上882建號即門牌草屯鎮○○路95之36號3層樓房店舖住宅，則分別以151萬2,000元及15萬500元之價格販售予黃○○等情，有南投縣草屯地政事務所87年11月19日草地一字第07208號函、87年11月30日草地一字第07484號函各1紙（內含土地登記申請書、土地、建築改良物買賣移轉所有權移轉契約書、土地增值稅免稅證明書、印鑑證明、農地承受人自耕能力證明書、土地所有權狀、建築改良物所有權狀等文件）在卷可資佐證（見同上偵查卷第一宗第223至244、280至293頁），參諸證人張○○於偵查中結證稱：「張○○是我媽媽，已過世，我是透過仲介把我1間房地，跟乙之一塊農地交換，那間房子估價500多萬元，乙的農地1,000多萬元，但他的農地上有貸款400多萬元，差額大約現金100多萬元給他，後來那房子乙又賣給黃○○，這塊農地約在86年初，我又賣給別人，上面還有貸款400多萬元，我不瞭解這件案子情形，我與乙買賣時，乙岳父也有出面，他岳父也有欠人錢，他岳父曾做過草屯鎮民代表，他岳父欠錢，要乙賣，至於乙有無欠錢，我就不知，剛好我房子要賣，便與他換農地」等語（見同上偵查卷第一宗第297、298頁）；證人即乙之父親曾○○於偵查中結證稱：「乙從退伍後就沒有在做什麼工作，只有打零工，他結婚後與丈人張○○同住，而他丈人有在包工程時，還有去幫忙，在3、4年前他回來與我們同住後，就只有種田而已，也沒有其他的工作及收入，乙將賣地的錢都借給他丈人，他丈人也都沒有還他，讓他覺得很失志」等語（見89年度偵字第1806號偵查卷第二宗第87頁）；證人即乙之胞弟曾○○、曾○○亦均於偵查時結證稱：「我哥哥乙在逝世前3、4年以來，都是在做泥水工，他有賣地將錢借給他丈人，因爲他丈人之前有在做建築，後來缺錢，乙要幫助他，才賣地借錢給他，我爸爸也有借200多萬元給他丈人，利息都是我們在付」等語（見同上偵查卷第二宗第73至76頁）。綜合以上各證詞以觀，乙於84年間與張○○、黃○○爲上開房、地及農地之買賣，實係因其岳父欠錢所致，並非為與被告合夥投資甚明；況乙除出售上開2筆房地而取得相當金額以外，並無其他積蓄或收入，得以投資被告之公司並交付被告大筆之投資款項；而其處分該2筆房地後，淨所得僅600餘萬元，扣除支助其岳父外，所得投資被告之金額，將更形減少，實與其所謂投資2,000萬元或3,000萬元之數額相距甚遠，是乙所為之證詞，不足採信，已甚明確。再者，乙於84年間與張○○、黃○○之上開買賣與本件87年迦○貿易公司之成立，時間上相隔2年餘，二者間並無何關聯可言，再參以乙只是一位打零工之泥水工及從事種田之工作而已，本身並無任何之收入，其並無任何投資3,000萬元或2,000萬元之資力更為明確。從而，被告及乙有關上開所辯：賣地出資2,000萬或3,000萬元或4,000萬元云云，均尚難謂屬實在，則被告上開所辯，即不足採信；證人乙之上開證詞，亦係迴護被告之語，同屬不可採信。

(四) 被告既因本身經濟狀況不理想，仍因購屋而存有負債，且被告僅於86年9月至私立同德家商附設進修學校補校就讀廣告設計科，迄至86年11月即自動辦理退學之事實，亦有證明書1紙附卷為憑（見原審卷第68頁），顯然被告欠缺經營進出口貿易生意之學經歷，雖從事貿易並非一定具備相關之學經歷，然亦不可貿然為之，惟被告在從事通訊行之前，係從事工廠碎布買賣，寄往大陸之事實，業據證人張○○於本院結證屬實（見本院上訴卷第二宗第103頁），則被告顯亦缺乏較大型貿易交易之經驗。另被告於向C公司承租上開倉庫之前，曾向江○○借用倉庫堆放貨物等情，固據證人江○○於偵查中結證：伊所有倉庫曾借予被告堆放貨物，放了2、3年，有放也有載出，是越放越多，放到87年3、4月間才載走，用我的倉庫不要錢，最後被告不夠用再租等語（見87年度偵字第3393號偵查卷第一宗第114、115頁），惟上開證詞核與證人乙之前開（即上開（三）部分）之證言，並不符合。且被告既需向江○○借用倉庫，顯然當時被告之資金並非相當充裕，方需寄人籬下。而被告聲請設立迦○貿易公司，並分別於87年3月26日、同年4月3日取得經濟部公司執照及彰化縣政府營利事業登記證，亦有經濟部公司執照、台灣省彰化縣政府營利事業登記證各1紙在卷為證（見同上偵查卷第一宗第58、59頁）。被告在資金尚未充裕，向他人租用倉庫之前，竟陸續進貨囤積於向江○○所借用之倉庫中，且未思及自己之經驗，即設立迦○貿易公司，大批囤積貨物，均難謂符合情、理，是被告所辯，亦不足令人信以為真實。

(五) 被告雖稱：「工廠內之貨物中，關於布料約40萬碼及球拍套約400箱及袋裝約60袋，係從彰化縣田中鎮○○路消防隊旁之友人江○○倉庫內，委請周先生之貨車運送6趟，另倉庫內之茶葉係於87年3月底及4月初，向友人鍾○○各購買220斤及280斤，共約500斤，90幾萬元，以現金交易」云云（見87年度偵字第3393號偵查卷第一宗第5頁）；嗣於偵查中另稱：我從84年開始就有把貨物放在江○○之倉庫內，因爲那時候沒有公司，也沒有倉庫，他就免費借我用，也沒有打合約，我們是好朋友，在他的倉庫放布及網球拍套，進進出出，放幾次不記得云云（見同上偵查卷第一宗第117頁）；證人江○○亦結證稱：「（問：他曾經有貨物放你倉庫？）有的，我有借他放」「（問：何時開始放？）陸續放，在2、3年，大約是2年多前及84年陸續放」「（問：前後放幾次？）時間久了，有放也有載，最後越放越多，放到今年3、4月才載走，用我的倉庫不要錢，自己用不了那麼多，借他用沒錢，最後他不夠用再租」等語（見同上偵查卷第一宗第114、115頁）。惟被告所提出尼龍布、鞋材布、切花布、印花布、球拍套、茶葉等貨物收據、免用統一發票收據，均在86年5月12日之後迄至87年4月12日止，有收據、免用統一發票收據數紙在卷爲證（見同上偵查卷第一宗第140至159頁），如被告所提出之上開收據、免用統一發票收據屬實，則被告購貨、進貨之期間應在86年5月之後至87年4月爲止，而被告竟於84年間向江○○借用倉庫，並於借用後陸續放貨，且越放越多，顯然在時間上相距達2年之久，甚不符合，益足證明被告所辯之虛假。且如前所述，被告自承於84、85年間因仲介布匹買賣而每月淨賺70萬元，甚且曾有1個月賺得1、200萬元之紀錄等語，其竟連存放上開布料、網球拍套及茶葉之倉庫仍須向他人免費借用，甚不符合常理。再由被告所提出之貨物收據31紙影本（見同上偵查卷第一宗第140至159頁）觀察，其中有關布匹、網球拍等貨物之收據28紙，記載之日期分別係自86年5月12日起至86年7月15日止，合計貨款之金額爲3,845萬8,260元，另被告於87年9月29日具狀陳稱：「陳報人係迦○貿易有限公司之負責人，詎於87年4月29日0時40分許因祝融肆虐，致積存在南投縣南投市○○路145號B棟建築物之庫存貨物，於一夕之間付諸一炬，另本公司受有新台幣3,943萬3,260 元之損失」云云，有陳報狀1件附卷可憑（見同上偵查卷第一宗第138頁），其所附31紙收據載明之日期，除上揭有關布匹、網球拍等貨物外，有關購買茶葉之收據3張，其簽發之日期分別係87年3月25日、4月4日及4月12日，金額分別爲35萬1,000元、19萬5,000元及

42萬9,000元外（見同上偵查卷第一宗第159頁），則如前所述，被告當時之經濟能力既已不理想，何以能夠在86年5月12日至86年7月15日止，短短2個月內，支付3,845萬8,260元之鉅額貨款，且均以現金之方式付款，則此部分尚難謂係眞實不虛。且被告所提出之上開收據31紙，僅係一般之收據，並非以統一發票之方式爲之，其上有關簽發人之資料，亦僅記載所謂清、林、徐、柳、楊、周、許、王、付清等字樣，其具體之簽發人究係何人？是公司？或商號？其名稱爲何？其負責人、地址、電話、統一編號爲何？均未詳加載明，亦未加蓋任何簽發人之公司印章或店章，是其貨物之出賣人，究爲何人，是否屬實，均無從查考。復經檢視上開收據之記載，其內容均異常簡略，其單張最高之金額竟有高達860萬元之收據，竟記明係屬付現，而對此3,845萬8,260元鉅額貨款之支付，非但以現金爲之，復係以一手交錢，一手交貨之方式進行，均與社會上一般商業交易之習慣顯然有違。且被告於本院供稱：我所爲之現金交易，一部分是乙出的，一部分是我父親給的，父親給我幾百萬元，且透過仲介介紹買賣，並不是公司名義買賣云云（見本院上訴卷第一宗第68頁），惟被告之經濟能力並不理想，其父親張○○尚需召集互助會收取會款，始能支助被告，且嗣後亦因積欠互助會款，於出售房、地後，仍須背負400多萬元之互助會債務，另乙並無如此龐大之資金得以交付被告，均已如前詳述，則被告取得將近4,000萬元之資金來源即有疑義。況即令透過仲介之介紹買賣，仍應書寫詳細之收據，始符合社會交易之常規，被告此部分所辯，難令人信其爲眞實。且證人楊○○於偵查中證稱：前開5張簽有楊字之收據，前2張是伊簽的，後3張是曾○○簽的，伊拿佣金30幾萬元，收據曾○○交給伊時就寫好了等語（見同上偵查卷第一宗第255至257頁），惟前開載有楊字之收據5紙，金額合計2,255萬1,960元，被告在短短1個月又10日之期限內，尚難謂有支付現金2,200餘萬元之資力，且收據竟由仲介人簽發，而非出賣人，則上開之買賣方式，亦不合一般交易之習慣。再被告隨時將現金2,000餘萬元放在身邊，並未存入任何之銀行帳戶內，亦與常情顯然不相符合，是被告所供及證人楊○○所證，均不足採信。另證人柳○○於偵查中證稱：伊介紹被告向邱○○進貨，被告於貨到後，過1、2天將錢交給伊，是交現金，伊抽佣金6、7萬，剩下在姓江朋友處交給作業務的，收據中有簽柳字的內容是作業務簽的等語（見同上偵查卷第一宗第259、260頁，另亦參佐同上偵查卷第二宗第94頁之訪談紀錄），惟被告與證人柳○○2人就關於係貨到當場付現，抑或貨到過1、2天才付貨款等情節，所述並不符合，則被告所辯及證人柳◯◯之證述，純係嗣後卸責及迴護之詞，難以採信。

(六) 被告供稱：「我要購買茶葉時，只對鍾◯◯說要買品質好一點高山茶，數量要500斤，價錢2,000元以下，看他有沒有認識朋友便宜一點，都是貨到馬上給現金，錢是家中帶出來」「（問：你怎知多少錢？）我有時帶30至50萬元，沒有經過任何銀行，都是從家中帶來」「（問：茶葉分幾次載到你處？）分2、3次，是鍾◯◯載去，沒有看到陳◯◯，當時人在辦公室，沒有看到陳◯◯云云（見87年度偵字第3393號偵查卷第一宗第206頁）；另證人鍾◯◯於偵查中結稱：「賣給甲500斤那批是向陳◯◯買的，都是用現金，我向他買1斤1,700多元，我拿甲錢去付陳◯◯，他送貨過去就付給他，500斤貨色都是一樣，包裝都是陳◯◯眞空包裝」「第1次我對陳◯◯說我朋友作貿易要5、600斤，我對他說要加200元，大約要買1,000多元的茶，沒有說要分幾次送，陳◯◯做好就對我說做好，共分3次交，1次交後就付現金，甲拿給我，我再拿給陳◯◯，我寫3張估價單，是分3次向甲請款，每次來我就請，陳◯◯送去之時間及數量都照估價單，寫的數量有點出入，因他（指陳◯◯）送來時如果我還有便加進去，我向他買500斤，自己也有摻，有時杉林溪不好的，陳◯◯有時載去我處，摻別人茶葉，有時載到別處就沒，摻那幾次不知道，載到我處有摻，當天就載去甲處」「（問：陳◯◯載去是大包或眞空包裝？）都是眞空包裝，我那邊沒有眞空包裝機」「（都是眞空包裝你如何摻？）我就把他拿起來調包，有的1,200元，比較便宜，調沒有幾10斤」「（問：除了500斤你賣給甲多少斤？）我只是掉包，前後500斤」「（問：你調包時陳◯◯在否？）不在，我沒有讓他看到，他不知道，3次都是他送的，有的經過我那裡，有的直接送，經過我那裡是2次，第1次是直接送，第2、3次載到我處摻後再載去，第1次是我去帶路，2、3次也是我去帶路，是帶到我家去」「（問：這幾次送貨交通工具是你的？）有時是他的，有時向別人借的，都是我開車，第1、2、3次都是我開車，他坐旁邊」「（問：請款都是陳◯◯向被告請？）茶葉是我買的，有時陳◯◯站在旁邊，我向甲請」「（問：你請後何時拿給陳◯◯？）有時馬上拿給他，有時在我工廠拿給他」等語（見同上偵查卷第一宗第204至207頁）；證人陳◯◯於偵查中則結證：「鍾◯◯有向我說要買茶葉，因爲他說要比較高級茶葉，要我幫他調，他分3次買，每次講的數量都不一樣，我是向不同的3個人調」「（問：他是自己來載或你自己載過去？）都是我載去他朋友那裡」「（問：錢如何收取？）我幫他調，貨到拿現金」「（問：這3張估價單是你寫的？）我只是報價，這不是我開的，是鍾○○開的，我只是報價，他要多少由他決定」「（問：你載或是你自己送去？）第1次是他到我家帶路，直接到買主處去，第2、3次我直接載到買主那邊去」「（問：你送貨都是用何人車子？）都是我的車子，第1次他帶路，他自己開，第2次第3次我自己開，他在工廠等我」「（問：錢何時拿給你？）他都拿到我家給我，不是當天給，都是隔2、3天給，都是拿現金給我」等語（見同上偵查卷第一宗第203至207頁）。綜上可知，關於3次送茶葉，究竟是開何人之車？由何人帶路？送往何處？有無調包？茶葉之貨款究於何時、何處交付？又被告交付時，證人陳○○究竟有無在現場？等各項情節，被告、證人鍾○○與陳○○3人間所供、所證，竟然完全不一，亦不相符合；另就系爭500斤茶葉之貨色、包裝是否相同？以及茶葉之貨款究竟是送貨過去就給付？抑或是在證人鍾○○之工廠處交付？等等，證人鍾○○本身前後所證，亦不相符。顯然被告上開所供及證人鍾○○、陳○○所證之上開各情，均屬虛假不實，殊無足採。嗣後證人鍾○○於本院所爲附和被告辯解之證述（見本院上訴卷第一宗第92至96頁），亦屬迴護被告之詞，不足採信。再參以上開購買系爭茶葉之估價單3張，內容非常簡略，僅記明付清之字樣，既未載明簽發人姓名或公司、店家商號之名稱及地址、電話、統一編號等資料，亦未加蓋相關人員或店號之印章或簽收，核與一般社會交易之習慣，顯然不符，該3張估價單並非眞實之交易，亦可認定。又被告上開倉庫內未燒燬之剩餘茶葉，經請證人即南投縣茶葉評鑑研究會之理事長李○○及在製茶場有7年之久之茶農陳○○檢視鑑定結果後，均於偵查中證稱：該等茶葉是機器採收，品質不好，每斤約值2、300元等語；證人李○○結證稱：「這些茶葉看起來不是很好，是機器採收，如果是機器採收也要用電腦撿枝，這些茶沒有撿枝，價格比較不好，就我所知用機器採收只有名間，埔里、南投、竹山等都用手工採收，新竹、苗栗他們是用機器採收，品質不好，這些茶是名間茶，茶枝很多，像這種茶葉在名間賣批發，只有300元左右，就可以買的到」等語（見同上偵查卷第二宗第24頁）；證人陳○○結證稱：「（問：這些被燒茶葉是屬何等級茶葉？）這個茶很粗，一般市面上沒有人要泡這種茶，一般是工廠在泡大壺茶，也有人去做市面上飲料開喜烏龍茶，這是做茶基本常識，不要專業知識，據我來看品質非常不好，恐怕200元賣給人家，人家都不要，這種茶很老、葉黃，黃葉要都要打掉，這種茶葉品質非常不好，是機器採收，裡面不好的很多，如果要打掉剩下不多，如果用電腦篩檢要篩檢很多，一般人家在泡茶，看到這種茶就不要泡，據我經驗賣給開喜烏龍茶有的枝要撿掉，這種茶很明顯肉眼就可以看出，沒有冤枉人家，我看製造手法好像是這邊（指名間）的茶，我聞一聞應該是放一段時間，是舊茶，但是與保存方法也有關係，新的未開之前我看過，燒過的茶應該不是什麼好茶，他這種品質一般要特別吩咐，一般人家不會這樣子做，至少要撿過，如果要這種茶要先訂貨，這種茶不能上市面賣，另外這種茶是人家打掉不要，去混一混還比這種茶漂亮」等語（見同上偵查卷第二宗第32、33頁）；且證人即大◯公證有限公司（下稱大◯公司）職員楊◯◯於偵查中結證稱：「（問：茶葉部分你有無去詢價訪價？）茶葉被告報的很多，1,900多元，我們覺得茶葉沒有那麼好，就決定這價格（每斤）600元」等語（見同上偵查卷第二宗第86、87頁），是證人鍾◯◯、陳◯◯上開所證：茶葉是高山茶，品質好，每斤進價1,950元云云，均係虛假不實，顯無足採。況證人楊◯◯於本院亦結證：伊認爲應該以以前所說的話爲基礎等語（見本院上訴卷第一宗第91頁），亦更加堅實其以往在偵查中所爲之證述，益足證明被告所辯之難以採信。其次證人楊◯◯於檢察官偵查時結證：「（問：貨物損失詳細明細表數量及單價如何計算？）數量是去現場清單出來，沒有書面記載，只是我去現場記下來，我們公司只有我一人去」「（問：單價如何出來？）詢價訪價，但什麼時間地點什麼人什麼名字，我都沒有記載，我每件都有去詢價訪價，有去問布商貿易商」（問：被保險人有對你們提出發票及來源證明及數量？）都沒有，只是數量他們有簽收據，沒有發票，有記載也有去查證，沒有發票他們說是透過仲介我再將訪談資料寄過來」等語（見同上偵查卷第二宗第86、87頁），證人楊◯◯雖認上開茶葉品質不好，並逕自將其估價爲每斤600元，惟此舉亦純屬其個人片面之推測，並無任何之依據可言。而該等茶葉實際上之價值，每斤約在2、300元之間，業經具有此項辨識專業之證人李◯◯、陳◯◯結證如上，準此可知，證人楊◯◯所爲上開貨物鑑定其全部損失之價值爲1,483萬6,930元（參閱卷附大◯公司所製作之損失計算詳明表），即屬高估。而依上開茶葉高估之比例計算，證人楊◯◯所高估貨物之金額，應有2至3倍之多，是被告上開貨物之總價值，最多不超過4、500萬元，應可認定。

(七) 證人楊◯◯所提供之受訪談人包括證人楊◯◯、柳◯◯及鍾◯◯等人，在訪談中均一致陳稱：「本人只是仲介人，貨物之來源，係透過介紹，均係以現金交易」，其中受訪談人楊○○、柳○○更陳稱：「貨物之來源上手，亦爲仲介人，非工廠」，此有訪談紀錄3紙附卷足憑（見87年度偵字第3393號偵查卷第二宗第93至95頁），顯然被告所稱將近4、5,000萬之鉅額貨物來源，究係出自何人、何公司所製造、生產？其所謂之仲介究爲何人？其來源及出處俱屬不詳，核與常情已有不符，而大○公司所鑑定之貨物，不論是數量或價值上，均遠低於被告所申報之數額及價值，核定其損失之總數爲1,641萬8,879元，被告於88年1月16日向大○公司表明願意接受985萬1,327元之損失金額，亦有大○公證有限公司估算書、接受書影本各1紙附卷可稽（見同上偵查卷第二宗第45至49頁），雖被告稱事故發生後，伊依約請求理賠，屬正常現象，且保險公司人員說若蓋章同意賠少一點，就可以較快獲得賠償云云，但被告無法說明係保險公司之何位人員向其陳述，且保險公司之理賠有一定之程序及考核，必須具備請求之要件，且排除各項人爲之因素後，始可依法予以理賠，斷不能以只要賠償較少，即可較快獲得賠償，否則保險制度即形同虛設，且亦易使被保險人與保險承辦人員串通詐騙保險公司，是被告上開辯解自難認屬實在。被告前向保險公司提出之貨物損失係達4,766萬4,560元，二者相差3,781萬3,233元，被告不僅在數量上暴增，且在價值上亦申報不實，其當初如係以4,700餘萬元現金購買上開之貨物，而非以極爲低廉之賤價購買，則被告既遭此重大之損失，自應向保險公司極力爭取，方符常情，豈有輕易願平白損失高達3,200餘萬元差額之理？由此適足證明被告除數量不足外，顯有以低劣之貨物充當高級品，資爲詐領保險金之意圖，甚爲明確。

(八) 被告係經由謝○○之介紹，向華僑保險公司投保火災保險，業據證人謝○○於偵查中結證明確（見87年度字第3393號偵查卷第一宗第115、116頁）。又華僑保險公司員林服務處賴○○主任指派業務員李○○承辦並現場勘查，被告當場有出示保全合約書，3、4天後被告曾多次打電話詢問保單好了沒有，且被告於勘查當日交付以迦○通信公司爲發票人、帳號：○○○－○○○－○○○○○○○○－○號、付款人：萬通銀行員林分行、發票日：87年5月21日、票號：○○○○○○○、面額10萬元之支票，用以繳交保險費，惟該支票屆期提示，因存款不足而遭退票，被告始託謝○○拿10萬元現金向華僑保險公司換回該支票等情，業據證人李○○於偵查、原審結證明確（見同上偵查卷第一宗116頁、89年度偵字第1806號偵查卷第一宗第19、20、125至127頁佐以87年度偵查卷第3393號偵查卷第一宗第165-1至165-3頁李◯◯之書面說明、原審卷第102、103頁）。被告雖辯稱係因日期誤載或印章蓋錯，始託謝◯◯以現金換回支票；證人謝◯◯於原審亦證述：「後來被告來找我，說他開給華僑的大小章好像蓋錯了，就拿了10萬元的現金給我，要我到華僑換回開給華僑的支票」等語（見原審卷第119頁）。惟證人謝◯◯於偵查中已結證：「（問：你爲什麼拿現金去換票回來？）甲來找我說，那繳保費的票跳了，不好意思拿過去，叫我幫他拿過去」「我就去找賴◯◯，跟他講票要拿回去，現金給他」等語，參諸華僑保險公司之存摺影本、帳簿影本（見89年度偵字第1806號偵查卷第一宗第33至35頁），確有該支票於87年5月21退票及當日補進現金10萬元之紀錄；且中國信託銀行96年5月2日中信銀集作字第6503555號函送之退票查詢表、交易查詢報表（見本院更（一）卷第94、106、107頁），亦顯示該支票確因存款不足而遭退票；再參酌證人李◯◯於原審證述：「保單生效日以保單的日期爲準，不是繳費後才生效，因爲有1個月的保費繳納緩衝期」等語（見原審卷第103頁）， 足見被告顯係因存款不足於87年 5月21日退票後，當日立即以現金換回該繳付保費之支票，以免因逾期未繳保費而不發生保險之效力，致無法獲得理賠。是被告所辯以現金換回支票之原因及證人謝◯◯於原審附和被告辯詞之證述，均與上開明確之事證不符，皆難以採信。又此項事實既已明確，被告聲請再傳喚證人李◯◯、賴◯◯訊問換票之原因，即無調查之必要，附此敘明。

(九) 證人蔡◯◯在警詢證稱：「（問：發生火警時你當時如何得知？）由中興保全通知迦◯貿易有限公司，當時本人睡在彰化公司內，通知時間約4月29日1點30分，到達南投迦◯倉庫大約2點10分左右」（見87年度偵字第3393號偵查卷第一宗第4頁反面）；於檢察官偵查時則結稱：「我是3月初去上班，是透過甲介紹進去上班，甲是當兵同事，我是先到彰化公司上班2、3天，南投承租好就帶我來，南投他們什麼時候承租好我不知道」「（問：失火是何人通知你？）半夜1點半左右，是中興保全通知彰化中興保全公司有留話，我打行動電話給甲，他很緊張，便到公司，保全公司是何人打不知道，沒有講，我到6、7分鐘後，老闆才到，甲也有到公司」等語（見同上偵查卷第一宗第34頁）；另又結證：「我平常都住在甲家，都沒有在工廠睡過，我有時後有去上班，有時候沒有，如果有進貨或叫工才會去，沒有去都待在乙家，工廠在裝中興保全設備時，我有在現場，還有甲，中興保全公司要去裝設備時，甲有通知我那一天要去，他們安裝時只用一天的時間，也沒有講什麼話」「（問：火燒那一天你怎麼知道？）好像是中興保全的人打電話到甲家裡，是我接的，他說倉庫燒起來了，也沒有說他是什麼人，那時我在睡覺，幾點不記得，我就打大哥大給甲，他就說怎麼會這樣，就很緊張掛斷，也沒有說人在那裡，我就趕到工廠，到時看到消防隊已經在滅火，也沒有看到甲及乙及中興保全的人，我從接到電話到趕到工廠約40分鐘的車程，我到以後大約隔7、8分鐘，甲與乙2人才一起來」等語（見89年度偵字第1806號偵查卷第一宗第198至200頁）。惟證人即中興保全公司草屯辦事處經理蘇○○於偵查中結稱：「（問：你們這邊辦事處是彰化分公司負責？）不是，我們是屬於台中分公司，如果有事，是向台中分公司報告，與彰化分公司都沒有關係，我們是以縣爲界，因爲迦○公司沒有開通使用，所以無法與他服務，他也不可能打電話給我，我們限於服務開通的客户，那一天燒起來，也沒有收到消息，如果有的話，一定跟我們報告，我們再向台中公司報告，不可能跟彰化分公司報告，因爲他們跟我們沒有關係」等語（見同上偵查卷第一宗第147、148頁）；另證人即中興保全公司之業務員張○○亦於偵查中結證：「（問：如果被告他們發生火災，你們公司會不會打到彰化分公司去呢？）這案子應該不可能，我們上級是台中，與彰化沒有關係」等語（見同上偵查卷第一宗第162頁）；證人吳○○於偵查中結證稱：「我當時去做時是早上9點半，到現場施工……他好像是住在裡面，是位先生」等語（見同上偵查卷第一宗第147頁），由上開3名證人之證詞可知，證人蔡○○前揭所證：「半夜1點半左右，是中興保全公司通知彰化保全公司有留話」云云，顯與事實不符，自無可採信。是依證人蘇○○、張○○、中興保全公司之技工吳○○及華僑保險公司業務員李○○前揭所證，可知被告顯然係利用中興保全公司於87年4月18日裝設保全設備之後，在開通之前，騙取保險人員於87年4月21日前往上開倉庫檢查時，故意向其佯稱：「我們設有中興保全，貨物安全無虞」云云，致前往勘察之李○○誤以爲眞有已開通使用之保全設施，而陷於錯誤，於相關手續辦妥後，遂於87年4月27日下午將本件保險契約寄給被告，而證人李○○於本院結證稱：該筆保險金額很大，伊要求要分保出去，保單下來，當天下午就寄給被告，伊將保單寄給被告之後第3天發生火災等語（見本院上訴卷第一宗第97頁），且有商業火災保險要保書等文件在卷可憑（見87年度偵字第3393號偵查卷第一宗第168至171頁），是被告約於87年4月28日收到上開保險契約書後，隨即在87年4月29日凌晨0時許即上開中興保全系統開通使用前，故意放火燒燬倉庫內之貨物，並以此方法，意圖詐領鉅額之保險金，甚爲明顯。至於證人黃◯◯於本院結證：「86年12月8日，被告在彰化市開迦◯通訊行，要我到他公司裝保全設備」等語（見本院上訴卷第一宗第99頁），亦僅能證明案發前被告曾在迦◯通訊行裝設保全設備而已，但與本件倉庫並無直接之關聯，尚難爲有利被告之證明。

(十) 被告所有之迦◯倉庫起火後，經南投縣警察局消防隊（現已改制爲南投縣消防局）於現場勘驗後，認南投市◯◯路145之1號B棟廠房迦◯倉庫南面牆中段烤板外觀燒燬彎曲變色最爲嚴重，且短牆水泥面呈剝落及稀白痕跡；迦◯倉庫內南半部中段靠烤漆板牆面彎曲變色嚴重處，布料燒燬至最底部且底座木材墊板呈炭化嚴重，足見火勢由此處向四周延燒；可見火勢由迦◯倉庫南面烤漆板牆中段彎曲變色嚴重處內部起火燃燒；迦◯倉庫內電源開關內受輕微延燒，且未發現可疑電線短路痕跡。起火處未發現有自然發火物，故自然發火可排除，亦未發現有電源線，故無電線走火可能，倉庫管理員蔡◯◯於4月28日19時15分下班，故其遺留火種如煙蒂等於4月29日0時40分起火可能性亦無；研判起火點在倉庫南半部中段靠烤漆板牆面彎曲變色嚴重處某一高度因爲未發現具體起燃成災跡證，故起火原因未便臆測等情，有南投縣警察局火災原因調查報告書、火災現場平面物品配置圖各1份暨照片61幀附卷可稽（見87年度偵字第3393號偵查卷第一宗第8至23、76至92頁）。該報告書中對於本件火災之起火點及起火物品均有明確之判斷，惟對於究係何種引火媒介（如汽油、火種、香煙等）所引起雖無記載，但不得因火災調查報告未記載任何引火媒介，即直斷無積極證據證明係外力所爲，仍須自被告承租倉庫、進貨數量、進貨後貨物擺設位置、安裝保全系統、是否有人全天候看守數量龐大之貨物、對貨物進行保險及安裝保全系統、投保之日期與火災發生日期是否密接之關連性等各項因素進行評估。而本件火災已排除自然發火、電線走火及煙蒂等遺留火種所引起火災之可能性，又依上開現場勘驗及繪製之配置圖之研判係內部起火燃燒（參佐同上偵查卷第一宗第13頁）。而上開迦◯倉庫係由甲推薦之蔡◯◯擔任倉庫管理員，顯然得以出入該倉庫之人僅被告、乙、蔡◯◯等少數之人而已。而火災發生時，由於被告所承租之倉庫內下午6時後並無人看管，經隔鄰柏◯企業股份有限公司駐夜人員發現並通知消防單位，火勢延燒1個多小時始被完全控制，並予以撲滅等情，亦有大◯公證有限公司起火原因調查書附卷爲證（見同上偵查卷第二宗第47頁），顯然被告所承租之上開倉庫夜間並未有人看守。被告既係存放其所自認價值數千萬元之布料、球拍套及茶葉，理應僱用倉庫管理員日夜看守，詎該倉庫竟僅由蔡◯◯管理日班，在夜間竟完全置於無人看管之境地，亦令人匪夷所思。再本件所燒燬之500斤茶葉，被告原係與木材踏板、茶葉及轎車一起置放於迦◯倉庫之北面牆旁，有照片1幀在卷可憑（見同上偵查卷第一宗第17頁下幅），惟被告於火災發生前曾將易受潮之茶葉搬遷至該倉庫之西南角落，因西南角落之茶葉有日曬可能，與茶葉堆放不能有日曬之理相違，亦有上開火災原因調查報告書附卷爲憑（見同上偵查卷第一宗第10頁反面）。雖本件倉庫係坐西朝東，茶葉所放置位置係位於倉庫西南方角落廁所前方，與西方（北側）倉庫鐵皮圍牆緊鄰者爲一間廁所（見同上偵查卷第一宗第13、91頁），該處在南方位置設有窗户，在西方設有逃生門，由日照方向觀之，日落時由西方進入之日照餘暉，係先照射至廁所，堆置在西南角落之茶葉並不易遭受日落西方時之日照。但被告原所堆放茶葉之北面牆旁，因該北面牆均無窗户，復緊鄰昱◯公司及合◯公司，有火災現場平面物品配置圖爲證（見同上偵查卷第一宗第13頁），完全可將茶葉置於陰涼之處所合於保存茶葉之慣例，雖上開茶葉均係以眞空包裝後再置於方形或圓形筒内，但在北面牆旁之位置與西南角落之位置互相比較，當應以北面牆旁爲優先，而本件火災後，該北面牆之烤漆板僅呈變色情形，亦有照片1幀在卷可憑（見同上偵查卷第一宗第18頁上幅），如上開茶葉仍置放於原來之位置，當不致於損失如此慘重。被告將茶葉移置於西南角，而於10日内竟在南半部之中段起火，時間、地點均如此巧合，難謂被告無故意。被告既已經濟情況及經濟能力均不理想，竟仍於87年3月5日，以迦◯通信公司名義，與C公司訂立長達3年之廠房租約，且進大批之貨物，而所進之貨物又屬低劣之貨品，在發生火警後，則充當高級品，且在被告認爲其所進之貨物既屬數量龐大之貨物，竟未全天候人看守，又於火災前安裝保全系統，並於火災前相當短暫之時間取得同意保險，隨即發生火警，在在顯示時間上、行爲上不可思議之巧合，是被告意圖詐領鉅額之保險金應可認定。另被告雖稱當時外傳有外勞在該處滋事，可調旁邊工廠錄影帶觀看，惟被告所稱外勞滋事，屬於被告聽說之傳聞，並未提出積極之證據以供調查，且本件火災起火點係在被告所承租廠房之内部，而該倉庫復僅被告及乙等少數幾人得以進入，外勞無從進入該廠房倉庫，自可排除外勞滋事致生火警。且昱◯公司、合◯公司位置均在迦◯公司之北側並彼此係以烤漆板相隔，而本件起火地點係在迦◯公司南邊內部，顯與昱◯公司、合◯公司相距甚遠，且在相反之方向，顯然不可能由該2公司之錄影帶得以拍攝起火原因。而柏◯公司係在迦◯公司之南邊，且與本件起火點均在同邊，惟迦◯公司之南邊烤漆板南側隔一水泥路面之巷道，在該巷道之南邊則有高起之土堆，土堆上則長滿雜草阻斷迦◯公司與柏◯公司相互間視野等情，亦有照片3幀在卷爲證見同上偵查卷第一宗第18頁反面上、下幅、21頁下幅），且柏◯公司與迦◯公司大門均面向東邊，亦有火災現場平面物品配置圖在卷可憑（見同上偵查卷第一宗第13頁），顯然亦無法由柏◯公司之錄影帶拍攝本件起火現狀。況本件係於87年4月29日發生火警，迄今已逾8年，依常情，一般監視錄影帶均係數日或1週或1個月後，即重複使用，以節省成本，斷無保存數年之情事，是該3家公司於火災當日之監視錄影帶當已不復存在，基於上述理由，本院已無從再調取被告所稱之錄影帶，進行勘驗，附此敘明。

(十一)被告復辯稱：其與中興保全公司訂立契約之時間爲87年4月8日，嗣伊於訂立火險契約時亦曾提示上開保全契約予保險公司人員，而前開保全公司復於同年4月18日前往被告所有倉庫裝設價值5萬3,414元之保全設備，保險契約乃於同年4月21日製作完成並寄發予被告，旋於同年4月29日發生火災，如伊係虛僞與前開保全公司訂約以取信保險公司，豈有明知同年4月29日將發生火災而仍於4月18日裝設價值5萬餘元之保全設備，而不拖延裝設時間之理？又伊於保全公司要保及火災發生前，已在倉庫大門上方裝設攝影機乙部（火災現場相片參照），如伊純係爲詐領保險金始虛僞與保全公司約定，本意非在裝設保全，豈有於未裝設保全前先斥資裝設攝影機之理？且伊亦可將火災延後半年，再使火災發生，較不會引起他人之懷疑。惟本件保險金之金額甚鉅，如因本件火災而獲保險公司順利理賠，被告即可取得相當鉅額之理賠金，均較被告所裝置價值5萬3,414元之保全設備高出甚多，則被告何須爲避免價值僅5萬3,414元之保全設備損害，致因要保不成，而未能依其計畫詐領鉅額保險金，是被告該項所辯純係本末倒置，自難足採信。再被告本身之經濟能力已甚不理想，延後6個月固然可以使人之懷疑心稍微降低，惟時間僅係被告是否詐領保險金之判斷要件之一而已，仍需由現場之狀況及其他各項情狀研判，復加上被告之經濟困難程度，亦難使其延後6個月再實施，此由被告在台中中小企銀埔心分行、迦◯通信公司在萬通銀行員林分行之支票存款戶，自87年3月30日起即有零星因存款不足退票而未能註銷之情事，且於火災發生翌日即87年4月30日合計有4張之退票，87年5月15日更有合計達13張之退票（見本院更（一）卷第85、86、106之明細表），益見被告之財務狀況已惡化至無法再等待之狀況，應係急於趁大量退票前引發火災，以免起人疑竇。何況延後6個月再故意放火，並非可以完全排除被告涉犯詐領保險金之行爲，是被告此項辯解，亦難以採信。再被告曾經與乙於89年4月27日進行測謊，惟因被告連續咳嗽，乙則係皮膚發癢，致無法進行有效之比對鑑判，有內政部警政署刑事警察局鑑驗通知書在卷爲憑（見89年度偵字第1806號偵查卷第一宗第31頁），被告雖於本院審理時請求進行測謊，惟本案發生後迄至本院收案，業逾8年，被告心緒之起伏，因時間之經過已平復，且乙已不在人世，亦無法對被告及乙一併進行測謊比對。況被告並非未曾進行測謊，僅因當時之客觀因素致未能完成測謊而已。再測謊結論亦僅爲參考證據之一，並非具有決定性之證據能力，本院仍須就其他各項因素進行綜合之判斷，是本院亦基於上開理由，爰不依被告之請求，對被告進行測謊，併予敘明。

(十二)證人即被告之父親張◯◯於本院證述：「（檢察官問：87年4月28日當晚被告有無回家？）他當時在家，我當晚接到他朋友打來的電話，他聽到他朋友打電話來說發生火災，他才過去」等語（見本院上訴卷第104、105頁），顯見被告放火後即行回家，並在家中接獲發生火災之通知電話後，始行前往現場。其辯稱係在草屯保齡球館打球時，接獲通知發生火災云云（見87年度偵字第3393號偵查卷第一宗第4-1頁）；證人乙證述其當時與被告在草屯之保齡球館打保齡球，接獲蔡◯◯通知發生火災云云（見87年度偵字第3393號偵查卷第一宗第7、34頁），均非眞實，核屬相互勾串，益證被告與乙確有共同放火之犯意聯絡及行爲分擔。又依一般人使用語言之慣性，「87年4月28日晚上」通常即含翌日（即29日）凌晨之夜間，且證人張◯◯已明白證述被告在家聽到其朋友打電話來說發生火災，則該證人就檢察官之詰問，顯無錯置時間而誤答之情事，則被告聲請再傳喚證人張◯◯，核無必要。

(十三)綜上所述，被告既已經濟情況及經濟能力均不理想，爲求翻身償債，竟於87年3月5日，以迦◯通信公司名義，與C公司訂立長達3年之廠房租約，且進大批之貨物，而所進之貨物又屬低劣之貨品，在發生火警後，則充當高級品，且被告認爲其所進之貨物既屬數量龐大之貨物，竟未全天候派人看守，又於火災前安裝保全系統，並於火災前相當短暫之時間取得同意保險，隨即發生火警，在在顯示時間上、行爲上不可思議之巧合，是被告意圖詐領鉅額之保險金應可認定。被告前後所辯之各項理由，純係飼後卸責之詞，尚難採信，本件事證已臻明確，被告犯行洵堪認定。

三、被告行爲後，94年2月2日修正公布之刑法，業於95年7月1日施行，應依刑法第2條第1項之規定比較應適用之法律如下：

(一) 論罪量刑之比較原則：應就罪刑有關之共犯、未遂犯、想像競合犯、牽連犯、連續犯、結合犯、以及各種加重原因（如累犯加重等）、各種減輕原因（如自首減輕等）暨其他法定加減原因（如身分加減）與加減例等一切情形，綜其全部罪刑之結果而爲比較（最高法院95年第8次刑事庭會議決議參照）。

(二) 修正刑法第33條第5款規定：「罰金：新臺幣一千元以上，以百元計算之」，且增訂刑法施行法第1條之1規定：「中華民國九十四年一月七日刑法修正施行後，刑法分則編所定罰金之貨幣單位爲新台幣。九十四年一月七日刑法修正時，刑法分則編未修正之條文定有罰金者，自九十四年一月七日刑法修正施行後，就其所定數額提高爲三十倍。但七十二年六月二十六日至九十四年一月七日新增或修正之條文，就其所定數額提高爲三倍」，經比較修正前刑法第33條第5款、罰金罰鍰提高標準條例第1條前段、現行法規所定貨幣單位折算新台幣標準第2條等規定之適用結果，有關刑法第339條第1項法定刑罰金部分之最高額固均相同，惟最低額於修正前爲銀元10元即新台幣30元；修正後則爲新台幣1,000元，是此部分自以修正前之法律較有利於行爲人。

(三) 修正前刑法第26條前段「未遂犯之處罰，得按既遂犯之刑減輕之」之規定，已移列於修正刑法第25條第2項，此項變動未影響行爲人之刑罰法律效果，非屬刑法第2條第1項之「法律變更」，則有關對未遂犯爲刑之減輕，自應逕行適用修正刑法第25條第2項之規定。

(四) 修正刑法第28條既限縮共同正犯之參與類型，自較有利於行爲人。

(五) 修正前刑法第55條後段關於牽連犯之規定業經刪除，依修正前刑法第55條後段之規定，牽連之數罪可從一重處斷，而依修正後之刑法即應各別論處罪責，當以修正前之法律對行爲人較爲有利。

(六) 本件被告已共同實行犯罪行爲，無論依修正前、後之規定，均應論以共犯，是綜合比較結果，修正之法律未較有利於行爲人，有關罪刑自應全部適用修正前之法律。

四、按認定犯罪事實所憑之證據，本不以直接之證據爲限，間接之證據亦包括在內。查間接證據，在直接關係上，雖僅足以證明他項事實，但由他項事實，本於推理之作用，足以證明待證事實者。苟非憑空推想，此等間接證據，亦可做爲論罪科刑之證據（最高法院22年上字第67號判例參照）。本件雖無被告或乙自承涉犯上揭放火之直接證據，然依上開各間接證據，綜合印證，可以認定被告、乙確有放火之動機、意圖及行爲存在，再就此不尋常之動機等關係，及上開所詳述之事實，本於推理之作用，依經驗法則，自可認定。被告以放火燒燬其所承租於夜間無人所在之倉庫及其所堆置之貨物爲手段，並隨即進行請求保險公司理賠未能得逞，核被告所爲，係犯刑法第174條第1項放火燒燬現未有人所在之他人所有建築物罪、第339條第3項、第1項之詐欺取財未遂罪。被告與乙間就上開放火罪及詐欺取財未遂罪，有犯意聯絡及行爲分擔，爲共同正犯。被告所爲詐欺取財未遂之犯行，並未取任何金額，詐欺取財部分係未遂犯，此部分應依刑法第25條第2項之規定，減輕其刑。被告所犯上開放火及詐欺取財未遂2罪間，有方法、手段、結果之牽連關係，應依修正前刑法第55條後段之規定，從一重之刑法第174條第1項放火燒燬現未有人所在之他人所有建築物罪處斷。原審判決認定被告無此犯行，而爲無罪之判決，尚有未合，且公訴人係以刑法第174條第1項之放火燒燬未有人所在之建築物罪嫌起訴，該罪之法定刑爲有期徒刑3年以上10年以下，應指定辯護人爲被告辯護，原審竟未指定辯護人爲被告辯護，其程序亦有不合，而此程序不合，須由事實審之法院逕行審理，非得以判決撤銷發回原審法院重行審理。是檢察官上訴指摘原審判決被告無罪爲不當，其上訴即有理由，自應由本院將原審判決予以撤銷，改判被告有罪。爰審酌被告之素行（參卷附台灣高等法院被告前案紀錄表），其爲求解決經濟上之困境，竟施行此種方法，以圖取得保險金，嚴重危害社會經濟體系，其犯意固屬不當，惟念及被告之妻業已離家他去，被告必須父兼母職，獨立扶養2名子女，且目前身罹疾病，拖病延生，處境亦使人憐憫，且其父已年逾六旬，又被告目前尚未取得任何之賠償金額，未能達到目的等一切犯罪情狀，爰不依檢察官所爲有期徒刑5年10月之具體求刑，從輕量處如主文第2項所示之刑。

五、公訴意旨另以：被告於86年12月24日，意圖爲自己不法之所有，並基於概括之犯意，先在彰化市◯◯里◯◯街4號1樓，虛僞設立迦◯通信公司，於87年2、3月間，連續向A電機有限公司（下稱A公司）佯購價值合計61萬2,500元之行動電話，並向B國際股份有限公司（下稱B公司）台中分公司佯購價值25萬1,800元之行動電話，致A公司之負責人楊◯◯及B公司台中分公司不詳姓名之負責人陷於錯誤，而如數給付之。甲於初次交易得手後，未支付分文之貨款，隨即於87年3月間某日結束營業。因認被告涉犯刑法第339條第1項詐欺取財罪嫌。經查：

(一) 按犯罪事實應依證據認定之，無證據不得認定犯罪事實；又不能證明被告犯罪或其行爲不罰者，應諭知無罪之判決，刑事訴訟法第154條第2項、第301條第1項分別定有明文。又所謂認定犯罪事實之證據，係指足以認定被告確有犯罪行爲之積極證據而言，該項證據自須適合於被告犯罪事實之認定，始得採爲斷罪之資料；且如未能發現相當確實證據，或證據不足以證明，自不能以推測或擬制之方法，以爲裁判之基礎；而認定犯罪事實所憑之證據，雖不以直接證據爲限，間接證據亦包括在內，然而無論直接證據或間接證據，其爲訴訟上之證明，須於通常一般人均不致有所懷疑，而得確信其爲眞實之程度者，始得據爲有罪之認定，倘其證明尚未達到此一程度，而有合理之懷疑存在時，即難遽採爲不利被告之認定（最高法院76年台上字第4986號判例參照）。另刑事訴訟法第161條第1項規定：檢察官就被告犯罪事實，應負舉證責任，並指出證明之方法。因此，檢察官對於起訴之犯罪事實，應負提出證據及說服之實質舉證責任。倘其所提出之證據，不足爲被告有罪之積極證明，或其指出證明之方法，無從說服法院以形成被告有罪之心證，基於無罪推定之原則，自不得爲被告有罪之判決。

(二) 公訴人認被告涉犯此部分刑法第339條第1項之詐欺罪嫌，無非係以被告所設立之迦◯通信公司，自設立時起至87年3月間結束營業爲止，在短短3個月之營業期間，於初次交易，即分別向A公司購買61萬2,500元之行動電話及向B公司購買25萬1,800元之行動電話，得手後即告結束營業等情，業據證人即A公司之老闆娘楊◯◯及其公司之職員王◯◯於偵查中結證在卷；另證人王◯◯在偵查中結證稱：被告簽發4張支票予A公司用以支付貨款，惟屆期均遭退票而不獲兌現，嗣後，被告又開具2張本票換回上開支票，不久，迦◯通信公司就結束營業等語；證人楊◯◯復結證稱：被告陸續進貨後來就跳票，本來開支票，跳票後就換本票，才拿土地設定第3順位抵押權予伊，但銀行抵押時就被拍賣了，伊也沒拿到錢等語；證人即B公司台中分公司之業務員簡○○於偵查中結證稱：被告向伊公司購買25萬1,800元之行動電話，所開具之支票均退票等語，且被告於事後抵押予證人楊○○之房地，因之前已以第1順位設定與萬通銀行，經拍賣後，償還第1抵押順位之債權猶仍不足，遑論設定第2、3順位押權予A公司及B公司？由此可知，被告於所簽發之支票不獲兌現之後，經被催討貨款而無力給付，遂佯稱同意設定抵押權予A公司及B公司，其意不過在脫免其被訴詐欺之刑責而已，爲其主要論據。

(三) 訊據被告堅決否認有前開詐欺犯行，辯稱：伊係陸續購買，並且每月結帳，嗣後因經營不善，支票退票，乃改換成本票，且伊有提出不動產供做抵押，伊並非故意詐騙等語。經查：

(1) 告自86年底與A電機有限公司接洽購買行動電話，每月結帳，被告則開1個月之支票，當月購買則開下月的票，雙方自86年即有交易往來，被告所簽發之支票有兌現過，只有最後1次貨款61萬2,500元未能支付，交易總金額並不清楚等事實，業據證人楊○○（A公司負責人）、王○○（與被告實際接洽者）於本院結證明確（見本院上訴卷第一宗第138至143頁）；而被告於87年2月中旬與B公司訂約進貨，被告曾經先付貨款，B公司出貨有一定之額度，如未將前帳付清，就不會再出貨之情，亦據證人簡○○（與被告實際接洽者）於偵查時結證屬實（見89年度偵字第1806號偵查卷第一宗第196至198頁），顯然被告與上開2家公司訂約買貨，均係每月結帳，當月簽發下月之支票，如有1個月未能付清，即不出貨；而渠等公司與被告生意往來，均曾兌現過，則被告於交易過程中，即難認有故意詐騙之行爲，其所辯尚難認係不可採。

(2) 被告所簽發之支票未能兌現時，改簽發本票，當本票亦未能兌現時，則提供不動產充爲抵押物，由A等公司設定抵押，嗣A公司聲請拍賣抵押物，惟未能獲得分配等情，復有台灣彰化地方法院民事執行處通知2紙附卷可資佐證（見89年度偵字第1806號偵查卷第一宗第67、68頁），雖被告所提供之不動產因曾設定前順位之抵押，致A公司未能獲得其債權之分配，惟被告業已盡其所能提供相當之擔保，亦難認被告有詭詐之故意。

(3)綜上所述，檢察官所舉之證據，尚無從使本院得以確信被告有詐欺之故意，被告此部分所辯，即非無理由。是被告上開行爲，應無觸犯刑法第339條第1項詐欺取財罪可言。且本院在得依或應依職權調查證據之範圍內，復查無其他積極證據足以證明被告確有公訴意旨所指上開犯行，是此部分要屬不能證明被告犯罪。惟因公訴人認此部分與被告前開論罪科刑之詐欺取財未遂部分，有連續犯之裁判上一罪關係，爰不另爲被告無罪之諭知。

六、據上論斷，應依刑事訴訟法第369條第1項前段、第364條、第299條第1項前段，刑法第2條第1項，修正前刑法第28條，刑法第174條第1項、第339條第3項、第1項、第25條第2項，修正前刑法第55條後段，刑法施行法第1條之1，判決如主文。

本案經檢察官甲到庭執行職務。

中　華　民　國　○○　年　○○　月　○○　日

刑事第六庭

審判長法官　李○○

法官　林○○

法官　張○○

上開正本證明與原本無異。

如不服本判決應於收受本判決後20日內向本院提出上訴書狀，其未敘述上訴理由者，並得於提起上訴後20日內向本院補提理由書狀（均須按他造當事人之人數附繕本）「切勿逕送上級法院」。

書記官　陳○○

中　華　民　國　○○　年　○○　月　○○　日

附錄：論罪科刑法條

刑法第174條：

放火燒燬現非供人使用之他人所有住宅或現未有人所在之他人所有建築物、礦坑、火車、電車或其他供水、陸、空公眾運輸之舟、車、航空機者，處三年以上十年以下有期徒刑。

放火燒燬前項之自己所有物，致生公共危險者，處六月以上五年以下有期徒刑。

失火燒燬第一項之物者，處六月以下有期徒刑、拘役或九千元以下罰金；失火燒燬前項之物，致生公共危險者亦同。

第一項之未遂犯罰之。

刑法第339條：

意圖爲自己或第三人不法之所有，以詐術使人將本人或第三人之物交付者，處五年以下有期徒刑、拘役或科或併科五十萬元以下罰金。

以前項方法得財產上不法之利益或使第三人得之者，亦同。

前二項之未遂犯罰之。

狀別：刑事上訴暨上訴理由狀

原審案號及股別：96年重上更（一）字○○號○股

上訴人即被告　甲　　身分證字號：○　性別：○　生日：○　住：○

選任辯護人　　何志揚律師

為被告因公共危險等案件，不服台灣高等法院台中分院96年5月16日96年度重上更（一）字第22號刑事判決，謹於法定期間內具理由提起上訴事：

一、經查原判決有以下之判決違背法令之處，茲分述如下：

被告並無放火燒燬未有人所在之他人建築物犯行：

(一) 按判決不載理由者當然為違背法令，所謂判決不載理由，係指依法應記載於判決理由內之事項不予記載，或記載不完備者而言，此為刑事訴訟法第379條第14款上段之當然解釋（最高法院63年台上字第3220號判例意旨參照），判決書內應記載事實，刑事訴訟法第311條已有明文，所謂事實，不僅指犯罪之行為而言，即犯罪之時、日，如與適用法律有關，亦應依法認定，予以明確之記載（最高法院19年上字第1342號判例意旨參照），科刑判決書須先認定犯罪事實，然後於理由內敘明其認定犯罪所憑之證據，方足以資論罪科刑，否則僅於理由內敘明其有犯罪之證據，而事實欄內並未認定有何種犯罪之事實，不惟理由失其根據，且與法定程式亦不相符（最高法院24年上字第1032號判例意旨參照）。

(二) 經查原判決於犯罪事實欄載：「……被告甲為解決此一龐大之債務，明知其經濟能力不佳，竟與乙（業於90年3月29日死亡），基於共同詐領保險金意圖之犯意聯絡，進行如下之計畫」（參原判決第2頁第9行起）、「……被告甲收受該保險單後，有恃無恐，竟於87年4月29日凌晨0時至0時30分許間，與乙進入廠房內，共同以不詳之方式，放火燒燬上開廠房，隨即返家。嗣被告甲在家接獲不詳之人之通報電話；乙則獲蔡○○之通知，2人始伴於同日（即87年4月29日）凌晨約2時至3時間，趕往現場處理。該火場則經南投縣消防隊於同日凌晨0時40分許據報前往滅火，迄同日凌晨1時54分許完全撲滅，惟該無人所在之他人建築物及廠房內之貨物完全燒燬」（參原判決第5頁倒數第3行起），惟於理由欄內除僅載：「被告以放火燒燬其所承租於夜間無人所在之倉庫及其所堆置之貨物為手段，並隨即進行請求保險公司理賠未能得逞，核被告所為，係犯刑法第174條第1項放火燒燬現未有人所在之他人所有建築物罪、第339條第3項、第1項之詐欺取財未遂罪。被告與乙間就上開放火及詐欺取財未遂罪，有犯意聯絡及行為分擔，均爲共同正犯」（參原判決第36頁倒數第9行起）外，關於被告究竟如何與乙，有共同詐領保險金意圖之犯意聯絡？何以認定被告係與乙，進入廠房内以不詳之方式，放火燒燬上開廠房，隨即返家？等攸關犯罪構成要件之事實記載均付之闕如，且亦未詳載何以認爲被告有故意放火行爲之理由，除有判決未記載事實之違法外，亦有不載理由之違法。原判決雖另以：「本件雖無被告或乙自承涉犯上揭放火之直接證據，然依上開各間接證據，綜合印證，可以認定被告、乙確有放火之動機、意圖及行爲存在，再就此不尋常之動機等關係，及上開所詳述之事實，本於推理之作用，依經驗法則，自可認定」（參原判決第36頁倒數第13行起），惟犯罪事實應依證據認定之，無證據不得認定犯罪事實，刑事訴訟法第154條第2項定有明文，又「認定犯罪事實所憑之證據，固不以直接證據爲限，間接證據亦應包含在内，惟採用間接證據時，必其所成立之證據，在直接關係上，雖僅足以證明他項事實，而由此他項事實，本於推理之作用足以證明待證事實者，方爲合法，若憑空之推想，並非間接證據」（最高法院32年上字第67號判例意旨參照），本案縱認被告有故意放火及詐領保險金之犯罪動機及意圖，然究竟原審係憑何種間接證據可以證明他項事實並推理被告有故意放火之行爲，則未見原判決於判決理由欄項下詳細記載，當有判決不載理由及未依證據認定事實之違法。

(三) 經查，本件南投縣警察局消防隊（現已改制爲南投縣消防局）於現場勘驗後，認倉庫内南半部中段靠烤漆板牆面彎曲變色嚴重處，布料燒燬至最底部且底座木材墊板呈炭化嚴重，足見火勢由此處向四周延燒（參南投地方檢察署87年度偵字第3392號卷第一宗第10頁）；起火處未發現有自然發火物，故自然發火可排除，亦未發現有電源線，故無電線走火可能，倉庫管理員蔡○○於4月28日19時15分下班，故其遺留火種如煙蒂等於4月29日0時40分起火可能性亦無（參上揭卷第11頁）；研判起火點在倉庫南半部中段靠烤漆板牆面彎曲變色嚴重處某一高度因爲未發現具體起燃成災跡證，故起火原因未便臆測等語（參上揭卷第11頁正反面），有南投縣警察局火災原因調查報告書一份附卷可稽，該報告書中對於本件火災之起火點及起火物品固均有明確之判斷，惟對於究係何種引火媒介（如汽油、火種、香煙等）所引起則無記載，且經採集現場起火點燃燒物品送鑑，亦未發現上開引火媒介，而火災之發生如係被告以外力所爲，其必有引火媒介始足以使物品燃燒產生火災，既未發現外力所爲之引火媒介，則火災之發生即無積極證據證明係被告以外力所爲甚明，原判決雖以：「該報告書對於本件火災之起火點及起火物品均有明確之判斷，惟對於究係何種引火媒介（如汽油、火種、香煙等）所引起雖無記載，但不得因火災調查報告未記載任何引火媒介，即直斷無積極證據證明係外力所爲，仍須自被告承租倉庫、進貨數量、進貨後貨物擺設位置、安裝保全系統是否有人全天候看守數量龐大之貨物、對貨物進行保險及安裝保全系統、投保日期與火災發生日期是否密接之關連性等各項因素進行評估」（參原判決第30頁第4行起），而認：「被告將茶葉移置西南角，而於10日內竟在南半部之中段起火，時間地點均如此巧合，難謂被告無故意，被告既已經濟情況及經濟能力均不理想，竟仍於87年3月5日以迦○通信公司名義，與C公司訂立長達3年之廠房租約，且進大批之貨物，而所進之貨物又屬低劣之貨品，竟未全天候人看守，又於火災前安裝保全系統，並於火災前相當短暫之時間取得同意保險，隨即發生火警，在在顯示時間上、行爲上不可思議之巧合，是被告意圖詐領鉅額之保險金應可認定」（參原判決第31頁第10行起），然判決理由欄內並無任何隻字片語提及被告係以何種外力引火故意燒火倉庫內之貨物，此係攸關被告是否構成刑法第174條第1項罪責之判斷，而本案依據該調查報告亦無法排除係失火或他人所爲，原判決在未辨明本案引火媒介爲何？被告是否有以外力故意放火？猶然大篇幅抄襲原前審判決內容遽以臆測推論擬制之方法而認定事實，顯有不載理由及查證未盡之違法。

(四) 再按經驗法則或論理法則，乃客觀存在之法則，非當事人主觀之推測（最高法院74年台上字第1987號判例意旨參照），證據之證明力如何，雖屬於事實審法院自由判斷職權，而其所爲判斷，仍應受經驗法則與論理法則之支配（最高法院53年台上字第2067號判例意旨參照）。原判決意旨固認被告於火災發生前曾將易受潮之茶葉搬遷至西南角窗口處，顯有悖常理，認應係故意放火云云。然由南投縣警察局消防隊所繪製之火災現場場圖觀之，本件倉庫係坐西朝東，茶葉所放置位置係位於倉庫西南方角落廁所前方，與西方（北側）倉庫鐵皮圍牆緊鄰者爲一間廁所（參南投地方檢察署87年度偵字第33993號卷第一宗第13頁、第91頁），該處在南方位置設有窗户，在西方設有逃生門，由日照方向觀之，日落時由西方進入之日照餘輝，係先照射至廁所，堆置在西南角落之茶葉並不易遭受日落西方時之日照甚明。而徵諸現場相片（同上揭卷第21頁背面、第22頁、第90頁）所示，茶葉均係以眞空包裝後再置於方形或圓形筒内，此種包裝方式本即不易受日照水氣所影響，果被告確有將茶葉遷移至西南角落，亦應無違茶葉保存之方式。而該倉庫西南角落亦非易受日照及受潮之處，尚難據以被告曾遷移茶葉存放地點此節，即推論被告有故意放火犯行。原判決固以因北面牆均無窗户，與西南角落位置比較，完全可將茶葉至於陰涼之處所合於保存茶葉之慣例，當應以北面牆旁爲優先云云，惟北面牆均無窗户，有火災現場平面配置圖一份爲證（參前揭卷第13頁），對於茶葉之保存固不易受日照，但卻因完全無日照反而更易使茶葉受潮，因此原審未明究茶葉易受潮之屬性，驟然推論被告不選擇將茶葉移至北面牆旁，反而將茶葉移置於西南角，難謂無放火之故意，自有不依證據認定事實及任作主張之違法，更何況前開倉庫內堆放之貨物，除茶葉外，其餘貨品均未移動原所堆置位置，亦難據此即認被告有放火之罪嫌。

(五) 另查，被告與前開保全公司訂立契約之時間爲87年4月8日（參前揭卷宗第14頁），嗣被告於訂立火險契約時亦曾提示上開保全契約予保險公司人員，而前開保全公司復於同年4月18日前往被告所有倉庫裝設價值5萬3,414元之保全設備，保險契約乃於同年4月21日製作完成並寄發予被告，又被告存放於該倉庫內之尼龍布、鞋材布、牛津布、球拍套及茶葉等貨物，出險時實質新台幣1,483萬6,930元（參南投地方檢察署87年度偵字第3393號卷第二宗第48頁），證人楊○○更證稱：「【（提示卷附大○公證公司報告）是你承辦是你寫的】是的，是我到現場看的」、「數量是去現場清點出來，沒有書面記載，只是我去現場時記下來，我們公司只有我一人去」（前揭卷第86頁反面），倘非子虛，旋於同年4月29日發生火災，果被告係虛僞與前開保全公司訂約以取信保險公司，豈有明知同年4月29日將發生火災而仍於4月18日裝設價值5萬餘元之保全設備，而不拖延裝設時間，且倉庫存貨高達1,000餘萬元未先將存貨搬出之理？又被告於保全公司要保及火災發生前，已在倉庫大門上方裝設攝影機乙部（南投地方檢察署87年度偵字第3393號卷第一宗第18頁火災現場相片（六）參照），果如原判決意旨所稱被告係爲詐領保險金始虛僞與保全公司約定，本意非在裝設保全，豈有於未裝設保全前先斥資裝設攝影機之理？故原判決以「被告即可取得相當鉅額之理賠金，均較被告所裝置之5萬3,414元之保全設備高出甚多，則被告何須爲避免價值5萬3,414元之保全設備損害，致因詐領保險金之手段及燒燬倉庫內之各項貨物無法完成，而未能領取保險金，是被告該項所辯純係本末倒置，自難足採信」（參原判決第33頁第10行起），未慮及上情，並憑前開情況證據即據以推論被告有放火之犯行，自有不依證據認定事實之違法。

(六) 原判決意旨另認被告於台中中小企銀埔心分行申請設立支票帳戶，而該帳戶自開戶起至87年3月8日止，於2個月期間內，存款僅剩1,089元，迄同年5月1日即被列爲拒絕往來户而認被告因經濟困難而起意詐領保險金云云。惟查被告上開支票帳户內進出金額由數萬元至30餘萬元不等，實非空户，此有於台中中小企銀埔心分行檢附之被告帳户87年1月1日至87年5月1日間交易明細可稽（參南投地方檢察署87年度偵字第1806號卷（一）第81、82、83頁），又支票（即甲存）帳户因無利息，所以依生意往來慣例，帳户內金額通常係簽發支票到屆期始會存入等額金錢，並無事前在帳户內存放鉅額金錢之理。而上開帳户係被告經營通訊行所使用之帳户，與本件發生火災之貿易公司係被告與他人合夥不同，二家公司資金不必然有往來關係，況通訊行與貿易公司所需資金及貨物價格殊異，亦不能以被告所經營通訊行進出金額與貿易公司進貨金額不相當，即遽認被告已陷於經濟困難而有放火詐領保險金之意圖。又被告於火災發生前，曾以現金180萬元購買汽車及並支付房屋頭期款200萬元，此業據證人張○○即房屋出賣人於第一審調查時及證人陳○○於原判決到庭證述屬實（參第一審卷第90頁至第97頁、第131頁及原判決卷（一）第145頁），果被告如原判決意旨所指陷於經濟困頓之際始起意放火詐領保險金，豈有再斥鉅資購買汽車及房屋之理？原判決未於理由欄項下記載何以不採信前揭有利被告證據之理由，自有不載理由之違法。

(七) 末按依法應於審判期日調查之證據而未予調查，判決當然違背法令，刑事訴訟法第379條第10款定有明文，而刑事訴訟法第379條第10款所稱應調查之證據，係指與待證事實有重要關係，在客觀上認爲應行調查者而言（最高法院72年台上字第7035號判例意旨參照），經查被告曾於原前審準備程序期日及審理期日聲請調閱倉庫四周相鄰公司之監視器錄影帶查證放火之人（參原前審卷（一）第100頁及卷（二）第22頁、第71頁、第115頁），此乃可以查證故意放火人必要之調查方法，攸關本案被告是否曾參與共同放火犯行之認定，原判決固以被告所稱外勞在外滋事屬傳聞證據，並未提供積極之證據供調查，且本件火災起火點係在被告所承租廠房之內部，外勞無從進入，起火點與相鄰之昱○公司、合○公司相距甚遠，且在相反方向，柏○公司雖與起火點同邊，但視野遭高起之土堆及雜草阻斷，顯然無法經由錄影帶拍攝本件起火現狀，況本案發生迄今已逾8年無法認該三家公司仍有保存云云，惟查被告已指出可供調查之方法及證據，且該監視器錄影帶證據自公訴人偵查、第一審及原判決雖均未查證，且迄今已逾8年，不必然即已滅失未保存，況本件火災之報案人即係相鄰之柏○公司員工毛三期（參南投地方檢察署87年度偵字第3393號卷第一宗第6頁），又依證人李○○於偵查中87年10月15日寄予公訴人之信函後附繪製之現場圖載明：「消防隊提供有一窗户之鐵條有被鋸齊開來之情形」（同前揭卷第164頁後附信函），又證人蔡○○於消防隊調查時亦供陳：「以前有看到泰國人在倉庫旁空地喝酒被本人趕走希望警方能調查起火原因」（同前揭卷第2頁），果非子虛，則被告所稱疑遭外勞滋事放火之説並非無由，倘如能調閱三家鄰近公司之監視器錄影帶並加以勘驗，並傳訊柏○公司員工毛三期及消防隊之人員，即可查知案發當晚之情形，原判決疏未審及此，自有查證未盡之違法。

二、又原判決顯然違反最高法院96年度台上字第633號判決發回所具體指摘部分：

(一) 案發當時被告確實在草屯康立德保齡球館打保齡球：

經查證人乙（已死亡）於檢察官訊問時證稱：「（問：火災是何人通知你？）蔡○○半夜一點多，當時我與被告甲在草屯康立德保齡球館打保齡球」，證人蔡○○亦證稱：「半夜一點半左右，是中興保全通知彰化中興保全公司，有留電話，我打行動電話給乙，他很緊張便到公司」（參南投地方檢察署87年度偵字第3393號卷第一宗第34頁），二人所證與被告所供述相同，足見被告所辯自堪採信，原判決雖以相互勾串均非眞實不足採信，然證人張○○固於作證時供述：「（87年4月28日當晚被告有無回家？）他當時在家，我當晚接到他朋友打來的電話，他聽到他朋友打電話來説發生火災，他才過去」（參原前審卷（二）第104、105頁），惟此部分證詞應是證人張○○誤以爲檢察官所問之問題爲87年4月29日當晚被告有無回家，而誤答所致，蓋火災發生當天係87年4月29日凌晨0時40分，因此與前揭證人證詞並無不同之處，原判決雖以「依一般人使用語言之慣性，『87年4月28日晚上』通常即含翌日（即29日）凌晨之夜間，且證人張○○已明白證述被告在家聽到其朋友打電話來説發生火災，則該證人就檢察官之詰問，顯無錯置時間而誤答之情事，則被告聲請再傳喚證人張○○，核無必要」云云（參原判決第34頁倒數第8行起），然倘若採信張○○之證詞認爲火災發生當晚被告在家，接到朋友電話説發生火災才過去，此恰足證明案發時被告不在現場，然究竟證人張○○何時見到被告在家？被告何時接到電話？何時過去火災現場？又如何在與乙共同縱火後返回家中？均攸關被告是否有可能縱火之事實認定，原審未審酌上情傳訊證人張○○到庭釐清，自有調查未盡及判決不載理由之違誤。

(二) 被告與證人謝○○所證述內容相同並無不一致之情形：

次查被告固於第一審供稱：「不曉得是日期開錯了，或印鑑蓋錯了，我拿現金叫謝○○通知李○○把支票換回來，我拿現金支付保險費」，而證人謝○○就其介紹上訴人向華僑保險公司投保火災保險之經過，亦供稱其介紹被告「與賴先生聯繫，後來保險的事都是他們自己談，後來被告來找我，說他開給華僑的大小章好像蓋錯了，就拿了10萬元的現金給我，要我到華僑換回開給華僑的支票，我就去找賴先生，我將錢給賴先生」云云（見第一審卷第102、103、119頁），然證人李○○於第一審也供證：「我印象中投保後賴主任有告訴謝○○，保費繳清，公司才能編案號，後來謝○○就拿現金來換支票」（同前揭卷第103頁），對照證人謝○○所證：「我認識華僑產物保險公司的賴○○，因爲我是開洗車廠，被告去洗車認識他，在聊天中被告提到他要投保的事情，問我有沒有認識的，我說我有認識賴先生……我就介紹被告與賴先生聯繫，後來保險的事都是他們自己談，後來被告來找我，說他開給華僑的大小章好像蓋錯了，就拿了10萬元的現金給我，要我到華僑換回開給華僑的支票，我就去找賴先生，我將錢給賴先生」，故被告對於囑託謝○○以現金換回支票情節所述均一致，而華南產物保險公司賴○○係主任，李○○則爲其下之業務，當時華南產物保險公司承保時是派李○○與被告接洽，而證人謝○○則是認識其主任賴○○，因此該二人均爲華南產物保險公司之職員，均有收受客户保費之權限，故被告曾於原審具狀聲請如原審對於被告以現金換回支票之細節有疑義，仍可再傳訊證人賴○○及李○○到庭，即可證明是否被告有以現金換回支票之事，然原審對上開調查證據之聲請竟以無傳訊之必要，更錯認以下事實：「又華僑保險公司員林服務處賴○○主任指派業務員李○○承辦並現場勘查，被告當場有出示保全合約書，3、4天後被告曾多次打電話詢問保單好了沒有，且被告於勘查當日交付以迦○通信公司爲發票人、帳號：○○○○○○○○○號、付款人：萬通銀行員林分行、發票日：87年5月21日、票號：○○○○○、面額10萬元之支票，用以繳交保險費，惟該支票屆期提示，因存款不足而遭退票，被告始託謝○○拿10萬元現金向華僑保險公司換回該支票等情，業據證人李○○於偵查、原審結證明確（見同上偵查卷第一宗116頁、89年度偵字第1806

號偵查卷第一宗第19、20、125至127頁佐以87年度偵查卷第3393號偵查卷第一宗第165-1至165-3李◯◯之書面說明、原審卷第102、103頁）」（參原判決第25頁倒數第4行起），蓋證人李◯◯於偵查中證述：「（退票是連絡何人？）未退票時謝◯◯通知我們主任賴◯◯因我們提前繳，後來未到期便打電話給主任說要拿現金換回支票」（參89年度偵字第1806號偵查卷第一宗第20頁），固然李◯◯曾於偵查中提供書面資料載：「於查勘當日即開立5月21日到期萬通銀行◯◯◯◯◯號乙紙支票後遭退票無法兌現委由介紹人謝◯◯拿現金換回該票以現金支付保費」，然上開書面資料顯然與李◯◯供述證述未到期前即換回支票之內容不符，且綜觀全卷並無任何萬通銀行◯◯◯◯◯號乙紙遭退票之支票，原審竟片面認定該支票係因存款不足遭退票，且所憑之資料又係中國信託銀行所提供之資料（而非萬通銀行員林分行之資料，參原審卷第94、106及107頁），原審未再傳訊證人李◯◯、賴◯◯到庭釐清上開事實，自有不依證據認定事實及任作主張、調查未盡之違法。

三、綜上所述，本件並無任何積極證據可證明被告有縱火之犯行，原判決亦仍有最高法院前揭發回意旨指摘之違誤，懇請鈞院鑒核，迅撤銷原判決，該諭知被告無罪，或將本件發回原法院更為審理，以免冤抑，而障權利。

謹 狀

台灣高等法院台中分院刑事庭　轉呈

最高法院刑事庭　公鑒

中　華　民　國　◯◯　年　◯◯　月　◯◯　日

具狀人　甲　　簽名蓋章

選任辯護人　何志揚律師

最高法院刑事判決

97年度台上字第1360號

上　訴　人　甲

上列上訴人因公共危險案件，不服台灣高等法院台中分院中華民國96年5月16日第二審更審判決（96年度重上更（一）字第212號，起訴案號：台灣南投地方檢察署89年度偵字第1806號），提起上訴，本院判決如下：

主文

原判決撤銷，發回台灣高等法院台中分院。

理由

本件原判決認定上訴人甲有原判決事實欄所載犯行，因而撤銷第一審諭知上訴人無罪之判決，改判依牽連犯關係，從一重論處上訴人共同放火燒燬現未有人所在之他人所有建築物罪刑，固非無見。

惟查：

(一) 審理事實之法院，對於案內與認定事實、適用法律、罪名成立與否或於公平正義之維護或對被告之利益有重大關係之一切證據，除認爲不必要者外，均應詳爲調查，然後基於調查所得之心證以爲判斷之基礎；苟與認定事實、適用法律有重要關係，或於公平正義之維護或對被告之利益，有重大關係之事項，在客觀上認爲應行調查之證據，又非不易調查或不能調查，而未依法加以調查，或證據雖已調查而其內容尚未明瞭者，即與未經調查無異，如遽行判決，即屬刑事訴訟法第379條第10款所稱之當然違背法令。又按證據之證明力雖由法院自由判斷，然證據之本身如對於待證事實不足爲供證明之資料，或證據之本身存有瑕疵，在此瑕疵未能究明以前，而遽採爲判決之基礎，則其自由判斷之職權行使，自與證據法則相違，其判決當然違背法令。本件上訴人所有之迦○倉庫起火後，經南投縣警察局消防隊於現場勘驗後，認南投市○○路145之1號B棟廠房迦○倉庫南面牆中段烤板外觀燒燬彎曲變色最爲嚴重，且短牆水泥面呈剝落及稀白痕跡；迦○倉庫內南半部中段靠烤漆板牆面彎曲變色嚴重處，布料燒燬至最底部且底座木材墊板呈炭化嚴重，足見火勢由此處向四週延燒；可見火勢由迦○倉庫南面烤漆板牆中段彎曲變色嚴重處內部起火燃燒；迦○倉庫內電源開關內受輕微延燒，且未發現可疑電線短路痕跡。起火處未發現有自然發火物，故自然發火可排除，亦未發現有電源線，故無電線走火可能，倉庫管理員蔡○○於民國87年4月28日19時15分下班，故其遺留火種如煙蒂等於同年4月29日0時40分起火可能性亦無；研判起火點在倉庫南半部中段靠烤漆板牆面彎曲變色嚴重處某一高度因爲未發現具體起燃成災跡證，故起火原因未便臆測等情，有南投縣警察局火災原因調查報告書、火災現場平面物品配置圖各一份暨照片61幀在卷足按。該報告書中對於本件火災之起火點及起火物品雖均有明確之判斷，惟對於究係何種引火媒介，如汽油、火種或香煙等所引起則無記載，經採集現場起火點燃燒物品送鑑，亦未發現上開引火媒介，則本件火災之發生是否確係外力所爲，非不得再將相關卷證資料送請有關機關進一步鑑定，資爲綜合判斷之依據。原審未再詳予調查審認，竟認但不得因火災調查報告未記載任何引火媒介，即直斷無積極證據證明係外力所爲云云（原判決第30頁），遽爲判決，自難昭折服，有證據調查未盡之違誤，並與證據法則有違。

(二) 有罪之判決書事實欄爲適用法令之依據，應將法院依職權認定與犯罪構成要件有關之事項，詳記於事實欄，然後於理由內逐一說明其憑以認定之證據，使事實及理由兩相一致，方爲合法。而共同正犯之成立，以有犯意之聯絡，及行爲之分擔爲要件。此項要件自應於事實欄內爲詳實之記載，然後於理由內說明其憑以認定之證據，始稱適法。又事實審法院對於證據之取捨，依法雖有自由判斷之權，然積極證據不足證明犯罪事實時，被告之抗辯或反證縱屬虛僞，仍不能以此資爲積極證據應予採信之理由。原判決雖謂上訴人與乙共犯本件放火燒燬現未有人所在之他人所有建築物以詐領鉅額保險金罪行云云。惟原判決事實欄內並未明確記載上訴人與乙就本件犯行究如何爲犯意之聯絡，與行爲之分擔，理由內僅以：依證人即上訴人之父親張○○於原審所證：87年4月28日當晚上訴人當時在家，我當晚接到他朋友打來的電話，他聽到他朋友打電話來說發生火災，他才過去等語，顯見上訴人放火後即行回家，並在家中接獲發生火災之通知電話後，始行前往現場。其辯稱係在草屯保齡球館打球時，接獲通知發生火災云云，及證人乙證述其當時與上訴人在草屯之保齡球館打保齡球，接獲蔡○○通知發生火災等語，均非眞實，核屬相互勾串，益證上訴人與乙確有共同放火之犯意聯絡及行爲分擔云云（原判決第34頁），仍未詳加說明其憑以認定上訴人與乙如何爲犯意聯絡及行爲分擔之積極證據，致使判決失其依據，且有理由不備之違法。上訴意旨執以指摘原判決不當，非無理由，應認原判決仍有撤銷發回更審之原因。又原判決不另諭知無罪部分，基於審判不可分原則，併予發回。

據上論結，應依刑事訴訟法第397條、第401條，判決如主文。

中　華　民　國　○○　年　○○　月　○○　日

最高法院刑事第七庭

審判長法官　洪○○

法官　石○○

法官　韓○○

法官　陳○○

法官　李○○

本件正本證明與原本無異。

書記官　　　○○○
中　華　民　國　○○　年　○○　月　○○　日

狀別：刑事上訴暨上訴理由狀
原審案號及股別：96年重上更（一）字○○號○股
上訴人即被告　甲　　身分證字號：○ 性別：○ 生日：○ 住：○
選任辯護人　　何志揚律師
爲被告因公共危險等案件，謹依法提答辯事：
壹、調查證據部分：
一、請鈞院將本案全卷送請行政院消防署鑑定是否本件火災之發生有人爲縱火之外力介入。
二、待證事實：本案經最高法院第二次發回意旨中指摘本案非不得再將相關卷證資料送請有關機關進一步鑑定，因此自有必要請鈞院將本案相關卷證資料送請行政院消防署鑑定是否本件火災之發生有人爲縱火之外力介入。
貳、答辯部分：
一、被告並無放火燒燬未有人所在之他人建築物犯行：
(一) 按判決不載理由者當然爲違背法令，所謂判決不載理由，係指依法應記載於判決理由內之事項不予記載，或記載不完備者而言，此爲刑事訴訟法第379條第14款上段之當然解釋（最高法院63年台上字第3220號判例意旨參照），判決書內應記載事實，刑事訴訟法第311條已有明文，所謂事實，不僅指犯罪之行爲而言，即犯罪之時、日，如與適用法律有關，亦應依法認定，予以明確之記載（最高法院19年上字第1342號判例意旨參照），科刑判決書須先認定犯罪事實，然後於理由內敘明其認定犯罪所憑之證據，方足以資論罪科刑，否則僅於理由內敘明其有犯罪之證據，而事實欄內並未認定有何種犯罪之事實，不惟理由失其根據，且與法定程式亦不相符（最高法院24年上字第1032號判例意旨參照）。
(二) 經查鈞院更一審判決於犯罪事實欄載：「……被告甲爲解決此一龐大之債務，明知其經濟能力不佳，竟與乙（業於90年3月29日死亡），基於共同詐領保險金意圖之犯意聯絡，進行如下之計畫」（參鈞院更一審判決第2頁第9行起）、「……被告甲收受該保險單後，有恃無恐，竟於87年4月29日凌晨0時至0時30分許間，與乙進入廠房內，共同以不詳之方式，放火燒燬上開廠房，隨即返家。嗣被告甲在家接獲不詳之人之通報電話；乙則獲蔡

○○之通知，2人始併於同日（即87年4月29日）凌晨約2時至3時間，趕往現場處理。該火場則經南投縣消防隊於同日凌晨0時40分許據報前往滅火，迄同日凌晨1時54分許完全撲滅，惟該無人所在之他人建築物及廠房內之貨物完全燒燬」（參鈞院更一審判決第5頁倒數第3行起），惟於理由欄內除僅載：「被告以放火燒燬其所承租於夜間無人所在之倉庫及其所堆置之貨物爲手段，並隨即進行請求保險公司理賠未能得逞，核被告所爲，係犯刑法第174條第1項放火燒燬現未有人所在之他人所有建築物罪、第339條第3項、第1項之詐欺取財未遂罪。被告與乙間就上開放火及詐欺取財未遂罪，有犯意聯絡及行爲分擔，均爲共同正犯」（參鈞院更一審判決第36頁倒數第9行起）外，關於被告究竟如何與乙，有共同詐領保險金意圖之犯意聯絡？何以認定被告係與乙，進入廠房內以不詳之方式，放火燒燬上開廠房，隨即返家？等攸關犯罪構成要件之事實記載均付之闕如，且亦未詳載何以認爲被告有故意放火行爲之理由，除有判決未記載事實之違法外，亦有不載理由之違法。鈞院更一審判決雖另以：「本件雖無被告或乙自承涉犯上揭放火之直接證據，然依上開各間接證據，綜合印證，可以認定被告、乙確有放火之動機、意圖及行爲存在，再就此不尋常之動機等關係，及上開所詳述之事實，本於推理之作用，依經驗法則，自可認定」（參鈞院更一審判決第36頁倒數第13行起），惟犯罪事實應依證據認定之，無證據不得認定犯罪事實，刑事訴訟法第154條第2項定有明文，又「認定犯罪事實所憑之證據，固不以直接證據爲限，間接證據亦應包含在內，惟採用間接證據時，必其所成立之證據，在直接關係上，雖僅足以證明他項事實，而由此他項事實，本於推理之作用足以證明待證事實者，方爲合法，若憑空之推想，並非間接證據」（最高法院32年上字第67號判例意旨參照），本案縱認被告有故意放火及詐領保險金之犯罪動機及意圖，然究竟鈞院更一審係憑何種間接證據可以證明他項事實並推理被告有故意放火之行爲，則未見鈞院更一審判決於判決理由欄項下詳細記載，當有判決不載理由及未依證據認定事實之違法，以上判決違背法令之情形已經最高法院於第二次發回裁判中具體指摘（參最高法院97年台上字第1360號判決第3頁第3行起）。

(三) 經查，本件南投縣警察局消防隊（現已改制爲南投縣消防局）於現場勘驗後，認倉庫內南半部中段靠烤漆板牆面彎曲變色嚴重處，布料燒燬至最底部且底座木材墊板呈炭化嚴重，足見火勢由此處向四周延燒（參南投地方檢察署87年度偵字第3392號卷第一宗第10頁）；起火處未發現有自然發火物，故自然發火可排除，亦未發現有電源線，故無電線走火可能，倉庫管理員蔡○○於4月28日19時15分下班，故其遺留火種如煙蒂等於4月29日0時40分起火可能性亦無（參上揭卷第11頁）；研判起火點在倉庫南半部中段靠烤漆板牆面彎曲變色嚴重處某一高度因爲未發現具體起燃成災跡證，故起火原因未便臆測等語（參上揭卷第11頁正反面），有南投縣警察局火災原因調查報告書一份附卷可稽，該報告書中對於本件火災之起火點及起火物品固均有明確之判斷，惟對於究係何種引火媒介（如汽油、火種、香煙等）所引起則無記載，且經採集現場起火點燃燒物品送鑑，亦未發現上開引火媒介，而火災之發生如係被告以外力所爲，其必有引火媒介始足以使物品燃燒產生火災，既未發現外力所爲之引火媒介，則火災之發生即無積極證據證明係被告以外力所爲甚明，鈞院更一審判決雖以：「該報告書對於本件火災之起火點及起火物品均有明確之判斷，惟對於究係何種引火媒介（如汽油、火種、香煙等）所引起雖無記載，但不得因火災調查報告未記載任何引火媒介，即直斷無積極證據證明係外力所爲，仍須自被告承租倉庫、進貨數量、進貨後貨物擺設位置、安裝保全系統是否有人全天候看守數量龐大之貨物、對貨物進行保險及案裝保全系統、投保日期與火災發生日期是否密接之關連性等各項因素進行評估」（參鈞院更一審判決第30頁第4行起），而認：「被告將茶葉移置西南角，而於10日內竟在南半部之中段起火，時間地點均如此巧合，難謂被告無故意，被告既已經濟情況及經濟能力均不理想，竟仍於87年3月5日以迦○通信公司名義，與C公司訂立長達3年之廠房租約，且進大批之貨物，而所進之貨物又屬低劣之貨品，竟未全天候人看守，又於火災前安裝保全系統，並於火災前相當短暫之時間取得同意保險，隨即發生火警，在在顯示時間上、行爲上不可思議之巧合，是被告意圖詐領鉅額之保險金應可認定」（參鈞院更一審判決第31頁第10行起），然判決理由欄內並無任何隻字片語提及被告係以何種外力引火故意燒火倉庫內之貨物，此係攸關被告是否構成刑法第174條第1項罪責之判斷，而本案依據該調查報告亦無法排除係失火或他人所爲，鈞院更一審判決在未辨明本案引火媒介爲何？被告是否有以外力故意放火？猶然大篇幅抄襲原前審判決內容遽以臆測推論擬制之方法而認定事實，顯有不載理由及查證未盡之違法，更經本次最高法院第二次發回意旨中具體指摘（參最高法院97年台上字第1360號判決第2頁第14行起），故爲究明究竟本案有無可能確係外力所爲，自應請鈞院將本件送請行政院消防署鑑定。

(四) 再按經驗法則或論理法則，乃客觀存在之法則，非當事人主觀之推測（最高法院74年台上字第1987號判例意旨參照），證據之證明力如何，雖屬於事實審法院自由判斷職權，而其所爲判斷，仍應受經驗法則與論理法則之支配（最高法院53年台上字第2067號判例意旨參照）。鈞院更一審判決意旨固認被告於火災發生前曾將易受潮之茶葉搬遷至西南角窗口處，顯有悖常理，認應係故意放火云云。然由南投縣警察局消防隊所繪製之火災現場場圖觀之，本件倉庫係坐西朝東，茶葉所放置位置係位於倉庫西南方角落廁所前方，與西方（北側）倉庫鐵皮圍牆緊鄰者爲一間廁所（參南投地方檢察署87年度偵字第33993號卷第一宗第13頁、第91頁），該處在南方位置設有窗户，在西方設有逃生門，由日照方向觀之，日落時由西方進入之日照餘輝，係先照射至廁所，堆置在西南角落之茶葉並不易遭受日落西方時之日照甚明。而徵諸現場相片（同上揭卷第21頁背面、第22頁、第90頁）所示，茶葉均係以眞空包裝後再置於方形或圓形筒內，此種包裝方式本即不易受日照水氣所影響，果被告確有將茶葉遷移至西南角落，亦應無違茶葉保存之方式。而該倉庫西南角落亦非易受日照及受潮之處，尚難據以被告曾遷移茶葉存放地點此節，即推論被告有故意放火犯行。鈞院更一審判決固以因北面牆均無窗户，與西南角落位置比較，完全可將茶葉至於陰涼之處所合於保存茶葉之慣例，當應以北面牆旁爲優先云云，惟北面牆均無窗户，有火災現場平面配置圖一份爲證（參前揭卷第13頁），對於茶葉之保存固不易受日照，但卻因完全無日照反而更易使茶葉受潮，因此鈞院更一審未明究茶葉易受潮之屬性，驟然推論被告不選擇將茶葉移至北面牆旁，反而將茶葉移置於西南角，難謂無放火之故意，自有不依證據認定事實及任作主張之違法，更何況前開倉庫内堆放之貨物，除茶葉外，其餘貨品均未移動原所堆置位置，亦難據此即認被告有放火之罪嫌。

(五) 另查，被告與前開保全公司訂立契約之時間爲87年4月8日（參前揭卷宗第14頁），嗣被告於訂立火險契約時亦曾提示上開保全契約予保險公司人員，而前開保全公司復於同年4月18日前往被告所有倉庫裝設價值5萬3,414元之保全設備，保險契約乃於同年4月21日製作完成並寄發予被告，又被告存放於該倉庫内之尼龍布、鞋材布、牛津布、球拍套及茶葉等貨物，出險時實質新台幣1,483萬6,930元（參南投地方檢察署87年度偵字第3393號卷第二宗第48頁），證人楊○○更證稱：「【（提示卷附大○公證公司報告）是你承辦是你寫的】是的，是我到現場看的」、「數量是去現場清點出來，沒有書面記載，只是我去現場時記下來，我們公司只有我一人去」（前揭卷第86頁反面），倘非子虛，旋於同年4月29日發生火災，果被告係虛僞與前開保全公司訂約以取信保險公司，豈有明知同年4月29日將發生火災而仍於4月18日裝設價值5萬餘元之保全設備，而不拖延裝設時間，且倉庫存貨高達1,000餘萬元未先將存貨搬出之理？又被告於保全公司要保及火災發生前，已在倉庫大門上方裝設攝影機乙部（南投地方檢察署87年度偵字第3393號卷第一宗第18頁火災現場相片（六）參照），果如鈞院更一審判決意旨所稱被告係爲詐領保險金始虛僞與保全公司約定，本意非在裝設保全，豈有於未裝設保全前先斥資裝設攝影機之理？故鈞院更一審判決以「被告即可取得相當鉅額之理賠金，均較被告所裝置之5萬3,414元之保全設備高出甚多，則被告何須爲避免價值5萬3,414元之保全設備損害，致因詐領保險金之手段及燒燬倉庫內之各項貨物無法完成，而未能領取保險金，是被告該項所辯純係本末倒置，自難足採信」（參鈞院更一審判決第33頁第10行起），未慮及上情，並憑前開情況證據即據以推論被告有放火之犯行，自有不依證據認定事實之違法。

(六) 鈞院更一審判決意旨另認被告於台中中小企銀埔心分行申請設立支票帳户，而該帳户自開户起至87年3月8日止，於2個月期間內，存款僅剩1,089元，迨同年5月1日即被列爲拒絕往來户而認被告因經濟困難而起意詐領保險金云云。惟查被告上開支票帳户內進出金額由數萬元至30餘萬元不等，實非空户，此有於台中中小企銀埔心分行檢附之被告帳户87年1月1日至87年5月1日間交易明細可稽（參南投地方檢察署87年度偵字第1806號卷（一）第81、82、83頁），又支票（即甲存）帳户因無利息，所以依生意往來慣例，帳户內金額通常係簽發支票到屆期始會存入等額金錢，並無事前在帳户內存放鉅額金錢之理。而上開帳户係被告經營通訊行所使用之帳户，與本件發生火災之貿易公司係被告與他人合夥不同，二家公司資金不必然有往來關係，況通訊行與貿易公司所需資金及貨物價格殊異，亦不能以被告所經營通訊行進出金額與貿易公司進貨金額不相當，即遽認被告已陷於經濟困難而有放火詐領保險金之意圖。又被告於火災發生前，曾以現金180萬元購買汽車及並支付房屋頭期款200萬元，此業據證人張○○即房屋出賣人於第一審調查時及證人陳○○於鈞院更一審判決到庭證述屬實（參第一審卷第90頁至第97頁、第131頁及鈞院更一審判決卷（一）第145

頁），果被告如鈞院更一審判決意旨所指陷於經濟困頓之際始起意放火詐領保險金，豈有再斥鉅資購買汽車及房屋之理？鈞院更一審判決未於理由欄項下記載何以不採信前揭有利被告證據之理由，自有不載理由之違法。

(七) 末按依法應於審判期日調查之證據而未予調查，判決當然違背法令，刑事訴訟法第379條第10款定有明文，而刑事訴訟法第379條第10款所稱應調查之證據，係指與待證事實有重要關係，在客觀上認爲應行調查者而言（最高法院72年台上字第7035號判例意旨參照），經查被告曾於原前審準備程序期日及審理期日聲請調閱倉庫四周相鄰公司之監視器錄影帶查證放火之人（參原前審卷（一）第100頁及卷（二）第22頁、第71頁、第115頁），此乃可以查證故意放火人必要之調查方法，攸關本案被告是否曾參與共同放火犯行之認定，鈞院更一審判決固以被告所稱外勞在外滋事屬傳聞證據，並未提供積極之證據供調查，且本件火災起火點係在被告所承租廠房之內部，外勞無從進入，起火點與相鄰之昱〇公司、合〇公司相距甚遠，且在相反方向，柏〇公司雖與起火點同邊，但視野遭高起之土堆及雜草阻斷，顯然無法經由錄影帶拍攝本件起火現狀，況本案發生迄今已逾8年無法認該三家公司仍有保存云云，惟查被告已指出可供調查之方法及證據，且該監視器錄影帶證據自公訴人偵查、第一審及鈞院更一審判決雖均未查證，且迄今已逾8年，不必然即已滅失未保存，況本件火災之報案人即係相鄰之柏〇公司員工毛三期（參南投地方檢察署87年度偵字第3393號卷第一宗第6頁），又依證人李〇〇於偵查中87年10月15日寄予公訴人之信函後附繪製之現場圖載明：「消防隊提供有一窗户之鐵條有被鋸齊開來之情形」（同前揭卷第164頁後附信函），又證人蔡〇〇於消防隊調查時亦供陳：「以前有看到泰國人在倉庫旁空地喝酒被本人趕走希望警方能調查起火原因」（同前揭卷第2頁），果非子虛，則被告所稱疑遭外勞滋事放火之說並非無由。

二、又鈞院更一審判決顯然違反第一次最高法院96年度台上字第633號判決發回所具體指摘部分：

(一) 案發當時被告確實在草屯康立德保齡球館打保齡球：

經查證人乙（已死亡）於檢察官訊問時證稱：「（問：火災是何人通知你？）蔡〇〇半夜1點多，當時我與被告甲在草屯康立德保齡球館打保齡球」，證人蔡〇〇亦證稱：「半夜1點半左右，是中興保全通知彰化中興保全公司，有留電話，我打行動電話給乙，他很緊張便到公司」（參南投地方檢察署87年度偵字第3393號卷第一宗第34頁），二人所證與被告所供述相同，足見被告所辯自堪採信，鈞院更一審判決雖以相互勾串均非眞實不足採信，然證人張○○固於作證時供述：「（87年4月28日當晚被告有無回家？）他當時在家，我當晚接到他朋友打來的電話，他聽到他朋友打電話來說發生火災，他才過去」（參原前審卷（二）第104、105頁），惟此部分證詞應是證人張○○誤以為檢察官所問之問題爲87年4月29日當晚被告有無回家，而誤答所致，蓋火災發生當天係87年4月29日凌晨0時40分，因此與前揭證人證詞並無不同之處，鈞院更一審判決雖以「依一般人使用語言之慣性，『87年4月28日晚上』通常即含翌日（即29日）凌晨之夜間，且證人張○○已明白證述被告在家聽到其朋友打電話來說發生火災，則該證人就檢察官之詰問，顯無錯置時間而誤答之情事，則被告聲請再傳喚證人張○○，核無必要」云云（參鈞院更一審判決第34頁倒數第8行起），然倘若採信張○○之證詞認爲火災發生當晚被告在家，接到朋友電話說發生火災才過去，此恰足證明案發時被告不在現場。

(二) 被告與證人謝○○所證述內容相同並無不一致之情形：

次查被告固於第一審供稱：「不曉得是日期開錯了，或印鑑蓋錯了，我拿現金叫謝○○通知李○○把支票換回來，我拿現金支付保險費」，而證人謝○○就其介紹上訴人向華僑保險公司投保火災保險之經過，亦供稱其介紹被告「與賴先生聯繫，後來保險的事都是他們自己談，後來被告來找我，說他開給華僑的大小章好像蓋錯了，就拿了10萬元的現金給我，要我到華僑換回開給華僑的支票，我就去找賴先生，我將錢給賴先生」云云（見第一審卷第102、103、119頁），然證人李○○於第一審也供證：「我印象中投保後賴主任有告訴謝○○，保費繳清，公司才能編案號，後來謝○○就拿現金來換支票」（同前揭卷第103頁），對照證人謝○○所證：「我認識華僑產物保險公司的賴○○，因爲我是開洗車廠，被告去洗車認識他，在聊天中被告提到他要投保的事情，問我有沒有認識的，我說我有認識賴先生……我就介紹被告與賴先生聯繫，後來保險的事都是他們自己談，後來被告來找我，說他開給華僑的大小章好像蓋錯了，就拿了10萬元的現金給我，要我到華僑換回開給華僑的支票，我就去找賴先生，我將錢給賴先生」，故被告對於囑託謝○○以現金換回支票情節所述均一致，而華南產物保險公司賴○○係主任，李○○則爲其下之業務，當時華南產物保險公司承保時是派李○○與被告接洽，而證人謝○○則是認識其主任賴○○，因此該二人均爲華南產物保險公司之職員，均有收受客户保費之權限，故被告曾於鈞院更一審具狀聲請如鈞院更一審對於被告以現金換回支票之細節有疑義，仍可再傳訊證人賴○○及李○○到庭，即可證明是否被告有以現金換回支票之事，然鈞院更一審對上開調查證據之聲請竟以無傳訊之必要，更錯認以下事實：「又華僑保險公司員林服務處賴○○主任指派業務員李○○承辦並現場勘查，被告當場有出示保全合約書，3、4天後被告曾多次打電話詢問保單好了沒有，且被告於勘查當日交付以迦○通信公司爲發票人、帳號：○○○○○○○○○號、付款人：萬通銀行員林分行、發票日：87年5月21日、票號：○○○○○、面額10萬元之支票，用以繳交保險費，惟該支票屆期提示，因存款不足而遭退票，被告始託謝○○拿10萬元現金向華僑保險公司換回該支票等情，業據證人李○○於偵查、鈞院更一審結證明確（見同上偵查卷第一宗第116頁、89年度偵字第1806號偵查卷第一宗第19、20、125至127頁佐以87年度偵查卷第3393號偵查卷第一宗第165-1至165-3李○○之書面說明、鈞院更一審卷第102、103頁）」（參鈞院更一審判決第25頁倒數第4行起），蓋證人李○○於偵查中證述：「（退票是連絡何人？）未退票時謝○○通知我們主任賴○○因我們提前繳，後來未到期便打電話給主任說要拿現金換回支票」（參89年度偵字第1806號偵查卷第一宗第20頁），固然李○○曾於偵查中提供書面資料載：「於查勘當日即開立5月21日到期萬通銀行○○○○○號乙紙支票後遭退票無法兑現委由介紹人謝○○拿現金換回該票以現金支付保費」，然上開書面資料顯然與李○○供述證述未到期前即換回支票之內容不符，且綜觀全卷並無任何萬通銀行○○○○○號乙紙遭退票之支票，鈞院更一審竟片面認定該支票係因存款不足遭退票，且所憑之資料又係中國信託銀行所提供之資料（而非萬通銀行員林分行之資料，參鈞院更一審卷第94、106及107頁），自有不依證據認定事實及任作主張、調查未盡之違法。

三、綜上所述，本件並無任何積極證據可證明被告有縱火之犯行，公訴人上訴即無理由，懇請鈞院鑒核，迅駁回公訴人上訴，以免冤抑，而障權利。

謹　狀

台灣高等法院台中分院刑事庭 公鑒

中　華　民　國　○○　年　○○　月　○○　日

具狀人　甲　　　　　簽名蓋章

選任辯護人　何志揚律師

台灣高等法院台中分院刑事判決
97年度重上更（二）字第50號
上　訴　人　台灣南投地方檢察署檢察官
被　　　告　甲　　　　　　　　　　（現另案在台灣台南監獄執行中）
選任辯護人　何志揚　律師
上列上訴人因被告犯公共危險等案件，不服台灣南投地方法院90年度訴字第231號中華民國91年12月13日第一審判決（起訴案號：台灣南投地方檢察署89年度偵字第1806號），提起上訴，判決後經最高法院第二次發回更審，本院判決如下：

主文

原判決撤銷。

甲放火燒燬現未有人所在之他人所有建築物，處有期徒刑3年2月。

犯罪事實

一、甲前曾於民國79年4月5日，因妨害自由案件，經本院判處有期徒刑1年3月，經送監執行並於79年5月17日執行完畢出監（尚不成立累犯），仍不知悔改。其於86年7月23日以其配偶陳○○爲承買人並由其擔任代理人，與賴黃○○訂立不動產買賣契約，購買座落彰化縣田中鎮○○段66-23地號（88年重測後編爲文武段737地號）、66-26地號持分14分之1、219建號（重測後編號208建號）即門牌彰化縣田中鎮○○路○段10巷99弄9號及共同使用部分221建號（重測後編爲210建號）等房地，總價金爲新台幣（下同）380萬元，並於契約訂定時繳付70萬元，旋於86年8月9日，以陳○○名義向中國信託商業銀行股份有限公司（下稱：中國信託銀行）借貸300萬元，並由甲擔任連帶保證人。甲復於87年2月11日，以總價金585萬元之價格，向張○○購買座落彰化縣大村鄉○○段306-1地號、306-8地號持分7分之1、69建號即門牌彰化縣○○鄉○○巷○之○號等房地，除於87年2月15日支付100萬元之現金外，仍須負擔該房、地原有之抵押貸款462萬元。其後甲於87年3月12日，復另向萬通商業銀行股份有限公司（下稱：萬通銀行）轉借貸款400萬元，並設定480萬元之最高限額抵押權。甲因係連帶債務人，在應負擔借款人陳○○所積欠中國信託銀行之借款300萬元及尚需負擔自己購屋貸款400多萬元，合計債務達7、800萬元，顯然經濟能力並不理想。甲爲解決此一龐大之債務，明知其經濟能力不佳，竟基於意圖爲自己不法所有之詐領保險金意圖，進行如下之計畫：

(一) 甲於87年1月8日，以其個人之名義，先向台中區中小企業銀行埔心分行〔下稱：台中企銀埔心分行，嗣已更名爲台中商業銀行埔心分行（下稱：台中商銀埔心分行）〕申請開立支票存款帳戶，開戶當時存入2萬元，帳號爲○○○－○○－○○○○○○○○號，用以進行承租廠房所需開具之支票，而該帳戶自87年1月8日開戶起至87年3月8日止，在短短2個月內，其餘款只剩1,089元，並自87年3月10日起即陸續因存款不足而有多次退補紀錄，迄87年5月1日遭列爲拒絕往來户。甲另於87年3月12日以其於86年12月24日設立登記之迦○通信有限公司（下稱：迦○通信公司），向萬通銀行員林分行（現因合併更名爲中國信託銀行員林分行）申請開立支票存款帳户，開户當時存入2萬元，帳號爲○○○－○○○－○○○○○○○－○號，此帳户除於87年3月21日、87年3月31日分別有面額1萬600元、4萬3,765元之支票獲兑領外，存款餘額僅剩1,635元，其餘經提示之支票自87年4月30日起即陸續因存款不足而退票，並於87年5月29日經公告爲拒絕往來户。

(二) 甲伺機尋找出租之廠房，於87年2月中、下旬間之某日，先依出租廠房之張貼廣告紙上電話，聯絡不知情之房屋仲介業者江○○，再透過江○○之介紹，於87年3月5日，以迦○通信有限公司之名義，與門牌南投縣南投市○○路145之1號B棟廠房之所有人C有限公司（下稱：C公司）之代表人郭○○訂立租賃合約，以第1年每月租金5萬7,300元、第2年每月6萬165元、第3年每月6萬3,173元之價格，訂立長達3年之租約（租期自87年3月10日起至90年3月9日止），簽約後因上開台中企銀埔心分行支票帳户內之存款只剩下1,089元，爲應付租廠房所需之租金及押金等費用，甲乃於87年3月11日存入23萬元之現款，用資應付。同日甲除簽發上開帳户，面額17萬元之支票1張用於支付租金保證金外，另開具同一帳號，票期自87年3月10日起至88年2月10日止，每張面額5萬7,300元及6萬165元（即87年3月起至87年12月部分，係簽發5萬7,300元之支票，每月1張；88年1、2月部分則簽發6萬165元之支票，每月1張），合計12張之支票，交予郭○○收執，惟其中除17萬元之押租保證金及票期87年3月10日、面額5萬7,300元之支票獲得兑現外，其餘11張之支票屆期均因存款不足及拒絕往來而不獲兑現（即自87年4月起至88年2月之租金支票均未能兑現）。

(三) 甲除於86年12月24日在彰化市○○里○○街4號1樓設立迦○通信公司以外，並著手聲請設立迦○貿易有限公司（下稱：迦○貿易公司），分別於

87年3月26日、同年4月3日取得經濟部公司執照及彰化縣政府營利事業登記證，以該公司做爲進行其虛僞貿易買賣之幌子，掩人耳目，並供日後與保險公司訂立保險契約詐領保險金之用。

(四) 甲自87年3月上、中旬某日起，陸續將不知係何人所有及來路俱屬不明之布料、網球拍套及茶葉等價值極爲低廉之物品，分次、分批運至上開承租之南投縣南投市○○路145之1號B棟廠房倉庫內（其實際之次數、價值及數量均屬無法具體認定），並自87年3月15日起，聘請不知情之蔡○○在上開倉庫內，擔任日間倉庫管理員，負責看顧前揭布料、網球拍套及茶葉貨物。惟蔡○○下班後，該倉庫在夜間則處於無人看守之狀態。

(五) 甲於87年4月8日，在上址倉庫搬運貨物時，適有中興保全股份有限公司（下稱：中興保全公司）之業務員張○○路過，遂向甲詢問是否願意接受中興保全公司之保全服務，甲竟意圖不軌，同意裝設中興保全公司之保全系統，惟向張○○佯稱：「在87年4月底，才會完成所有之進貨及電話安裝」爲由，當場表明希望開通之日期定在87年4月底，張○○乃將甲之該條件記明於中興保全公司之「系統服務報價書」，並將該「系統服務報價書」之第2聯交予甲收執，其餘則攜回中興保全公司登記並聯絡相關安裝人員及準備安裝保全系統之相關設備。嗣87年4月18日，中興保全公司之外包廠商吳○○前往甲之上開倉庫安裝相關之保全設備（設備價值5萬3,414元）後，張○○欲再聯絡甲相關開通事宜，惟均聯絡不上，且張○○屢經上開倉庫，均見其倉庫之大門深鎖，亦不見有任何人員出入之情形。直到87年4月29日至中興保全公司上班時，張○○聽其不詳姓名之同事提起，始知甲之上開倉庫業已燒燬之事。

(六) 甲因洗車認識不知情之謝○○，向其詢問有無認識之保險公司，經謝○○之介紹，甲因而認識華僑產物保險股份有限公司（下稱：華僑保險公司，嗣改稱蘇黎世產物保險股份有限公司）員林服務處之課長李○○。甲乃於87年4月21日邀約李○○至上開租得之廠房查勘現場及核定保額，並同時向李○○提出要保聲請書，且當場出示前揭中興保全公司之「系統服務報價書」，向李○○佯稱：我倉庫業與中興保全公司簽立保全服務之系統等語，致李○○信以爲眞，誤以爲甲之上開貨物，業有中興保全公司保全系統之保障，遂誤認安全無虞而接受甲之要保，復因保費繳納有1個月之緩衝期，甲乃簽發並交付迦○通信公司爲發票人、帳號：○○○－○○○－○○○○○○○○-○號、付款人：萬通銀行員林分行、發票日：87年5月21

日、票號：○○○○○○○○、面額10萬元之支票，用以繳交上開保險契約所需之保險費，惟該支票帳戶自87年3月31日起，存款餘額僅1,635元，且屆期經提示遭存款不足退票後，甲乃立即於87年5月21日即退票當日委請不知情之謝○○持現金10萬元，向華僑保險公司員林服務處換回該紙不獲兑現之支票，以免因逾期未繳保費而不發生保險之效，致無法獲得理賠。又因上開保險金額過於龐大，華僑保險公司乃主動與第一產物保險股份有限公司（下稱：第一產險公司）爲共保之約定，由華僑保險公司承保60%，第一產險公司承保40%，甲則繳交4萬3,120元之保險費予第一產險公司。

(七) 自87年4月21日甲提出保險之聲請起至同年4月25日止，李○○正進行核保手續及簽發正式保險契約之際，甲竟多次以電話向李○○催促速寄保險契約書，李○○乃於87年4月27日下午將保險契約書自華僑保險公司員林服務處寄出。甲收受該保險單後，有恃無恐，竟於87年4月29日凌晨0時至0時30分許間，獨自一人進入廠房内，以不詳之方式，放火燒燬上開現未有人所在之他人所有建築物廠房，隨即返家。嗣甲在家接獲不詳之人之通報電話，始佯於同日（即87年4月29日）凌晨約2時至3時間，趕往現場處理。該火場則經南投縣消防隊於同日凌晨0時40分許據報前往滅火，迄同日凌晨1時54分許完全撲滅，惟該無人所在之他人建築物即廠房内之貨物則完全燒燬。

(八) 甲於火災發生後之87年5月13日，向華僑保險公司及第一產險公司，提出合計5,087萬8,353元（含建築物損失321萬3,793元、貨物損失4,766萬4,560元）之理賠保險金額，惟上開保險公司發現内情並不單純，遂以案件仍在檢察官偵辦中，迄今尚未給付甲分文之保險金而未能得逞。

二、案經南投縣警察局南投分局報告台灣南投地方檢察署檢察官偵查起訴。

理由

壹、有關證據能力部分：

證人乙、蔡○○之警詢證言固屬被告以外之人於審判外之陳述，然本案檢察官、被告及被告之選任辯護人於本院調查證據時，就該等證言之證據能力，均未聲明異議，依刑事訴訟法第159條之5第2項規定，視爲有同條第1項之同意，且本院審酌上開警詢筆錄作成時之情況，並無證明力過低或違法取得之情形，應屬適當，依刑事訴訟法第159條之5第2項規定，均有證據能力，自得作爲證據。又證人江○○、郭○○、乙、張○○、曾○○、曾○○、曾○○、江○○、楊○○、柳○○、鍾○○、李○○、陳○○、楊○○、謝志秋、李

○○、蔡○○、蘇○○、張○○、吳○○等人於偵查中經具結之證言，按卷內資料查無顯不可信之情形，依刑事訴訟法第159條之1第2項規定，亦認有證據能力，當得作爲證據。

貳、有關於認定犯罪事實部分：

一、訊據被告甲對於先後成立迦○通信公司、迦○貿易公司，並向C公司承租上開廠房，存放布料、網球拍套及茶葉等貨物，並向中興保全公司申設安裝保全系統，及向華僑保險公司投保火災保險等事實，固均坦承不諱，惟矢口否認有前揭以放火詐領保險金之犯行，辯稱：伊退伍後有從事布料仲介買賣，每月可獲得淨利70萬元，大概在84年至85年間，每月最少賺到70萬元，甚至於1個月曾經賺過1、200萬元。因爲伊僅係居間介紹，並非以伊之名義簽發發票，且伊不知道要向哪個單位報稅，因此伊就個人所得稅及綜合所得稅均未曾報過，只在81年擔任業務員時，有報過稅。在前開廠房被燒之前，伊支票沒有退票紀錄，都是正當的做生意，且做得很好，支票是在火災之後，因伊沒有錢支付，始被拒絕往來。又伊買賓士的車子及買房子的頭期款均係由伊賣布賺得的錢交付，均屬現金交易，經濟能力很好，只是發生本件火災後，伊把所有現金都拿去償還債務了，伊眞的沒有放火，也沒有詐領保險金。另因伊太太在田中購買房屋，用伊買賣布匹所賺得的錢付頭期款後，才貸款300萬元，伊所賺得的錢都放在家中，從來沒有寄放在銀行或合作社等金融機關，並非伊經濟能力欠佳。75年之前曾幫父、母親在菜市場賣菜，後來就沒有。又伊聽說有外勞在伊倉庫附近酒後鬧事，伊想火災可能是因爲外勞發生糾紛後發生的。另伊投保時，因爲日期開錯或蓋錯印章，伊才會拿回支票；且支票提示時，只要將錢存入户頭即可，不一定要在户頭內有相當可觀的錢，此屬一般常態。伊亦未曾向李○○催促過契約書，當保險事故發生後，伊依約請求理賠，屬正常現象，況且保險公司人員說若蓋章同意賠少一點，就可以較快獲得賠償，足證伊並無詐領保險金。另乙有實際投資，均是交付現金，給伊本人收受，但投資之金額伊忘記了，只是因爲伊與乙是好朋友，因此其投資，伊並未寫單據給他，伊確未曾故意放火燒燬建築物而詐領保險金云云；而其辯護人則爲被告辯護略稱：本件經南投縣警察局消防隊（現已改制爲南投縣消防局）於現場勘驗後，其所提出之火災原因調查報告書對於本件火災之起火點及起火物品固均有明確之判斷，惟對於究係何種引火媒介（如汽油、火種、香煙等）所引起則無記載，且經採集現場起火點燃燒物品送鑑，亦未發現上開引火媒介，而火災之發生如係被告以外力所為，其必有引火媒介始足以使物品燃燒產生火災，既未發現外力所為之引火媒介，則火災之發生即無積極證據證明係被告以外力所為甚，且本案依據該調查報告亦無法排除係失火或他人所為；依南投縣消防局所繪製之火災現場場圖觀之，本件倉庫係坐西朝東，茶葉所放置位置係位於倉庫西南方角落廁所前方，與西方（北側）倉庫鐵皮圍牆緊鄰者為一間廁所，該處在南方位置設有窗户，在西方設有逃生門，由日照方向觀之，日落時由西方進入之日照餘輝，係先照射至廁所，堆置在西南角落之茶葉並不易遭受日落西方時之日照甚明，而徵諸現場相片所示，茶葉均係以眞空包裝後再置於方形或圓形筒內，此種包裝方式本即不易受日照水氣所影響，故被告縱將茶葉遷移至西南角落，亦應無違茶葉保存之方式，而該倉庫西南角落亦非易受日照及受潮之處，尚難據以被告曾遷移茶葉存放地點此節，即推論被告有故意放火犯行，更何況前開倉庫內堆放之貨物，除茶葉外，其餘貨品均未移動原所堆置位置，亦難據此即認被告有放火之罪嫌；被告與中興保全公司訂立契約之時間為87年4月8日，嗣被告於訂立火險契約時亦曾提示上開保全契約予保險公司人員，而前開保全公司復於同年4月18日前往被告所有倉庫裝設價值5萬3,414元之保全設備，保險契約乃於同年4月21日製作完成並寄發予被告，又被告存放於該倉庫內之尼龍布、鞋材布、牛津布、球拍套及茶葉等貨物，出險時實值新台幣1,483萬6,930元，證人楊○○更證稱：「（提示卷附大○公證公司報告）是你承辦是你寫的？是的，是我到現場看的」、「數量是去現場清點出來，沒有書面記載，只是我去現場時記下來，我們公司只有我一人去」，倘非子虛，被告如係虛僞與前開保全公司訂約以取信保險公司，豈有明知同年4月29日將發生火災而仍於4月18日裝設價值5萬餘元之保全設備，而不拖延裝設時間，且倉庫存貨高達1,000餘萬元未先將存貨搬出之理？又被告於保全公司要保及火災發生前，已在倉庫大門上方裝設攝影機甲部，如被告係為詐領保險金始虛僞與保全公司約定，本意非在裝設保全，豈有於未裝設保全前先斥資裝設攝影機之理？另被告於台中中小企銀埔心分行申請設立之支票帳户，其內進出金額由數萬元至30餘萬元不等，實非空户，此有於台中中小企銀埔心分行檢附之被告帳户87年1月1日至87年5月1日間交易明細可稽，又支票（即甲存）帳户因無利息，所以依生意往來慣例，帳户內金額通常係簽發支票到屆期始會存入等額金錢，並無事前在帳户內存放鉅額金錢之理，而上開帳户係被告經營通訊行所使用之帳户，與本件發生火災之貿易公司係被告與他人合夥不同，二家公司資金不必然有往來關係，況通訊行與貿易公司所需資金及貨物價格殊異，亦不能以被告所經營通訊行進出金額與貿易公司進貨金額不相當，即遽認被告已陷於經濟困難而有放火詐領險金之意圖；被告於火災發生前，曾以現金180萬元購買汽車及並支付房屋頭期款200萬元，此業據證人張○○於原審法院調查時及證人陳○○於本院前更一審審理時到庭證述屬實，果被告確係陷於經濟困頓之際始起意放火詐領保險金，豈有再斥鉅資購買汽車及房屋之理？再依證人李○○於偵查中87年10月15日寄予公訴人之信函後附繪製之現場圖載明：「消防隊提供有一窗户之鐵條有被鋸齊開來之情形」，又證人蔡○○於消防隊調查時亦供陳：「以前有看到泰國人在倉庫旁空地喝酒被本人趕走希望警方能調查起火原因」，果非子虛，則被告所稱疑遭外勞滋事放火之説並非無由；案發當時被告確實在草屯康立德保齡球館打保齡球，此由證人乙於檢察官訊問時證稱：「（問：火災是何人通知你？）蔡○○半夜1點多，當時我與甲在草屯康立德保齡球館打保齡球」及證人蔡○○證稱：「半夜1點半左右，是中興保全通知彰化中興保全公司，有留電話，我打行動電話給乙，他很緊張便到公司」等語可明，而證人張○○固於作證時供述：「（87年4月28日當晚被告有無回家？）他當時在家，我當晚接到他朋友打來的電話，他聽到他朋友打電話來説發生火災，他才過去」，惟此部分證詞應是證人張○○誤以爲檢察官所問之問題爲87年4月29日當晚被告有無回家，而誤答所致，蓋火災發生當天係87年4月29日凌晨0時40分，因此與前揭證人證詞並無不同之處，且倘若採信張○○之證詞認爲火災發生當晚被告在家，接到朋友電話説發生火災才過去，此恰足證明案發時被告不在現場；被告固於原審法院供稱：「不曉得是日期開錯了，或印鑑蓋錯了，我拿現金叫謝○○通知李○○把支票換回來，我拿現金支付保險費」，而證人謝○○就其介紹被告向華僑保險公司投保火災保險之經過，則供稱其介紹被告「與賴先生聯繫，後來保險的事都是他們自己談，後來被告來找我，説他開給華僑的大小章好像蓋錯了，就拿了10萬元的現金給我，要我到華僑換回開給華僑的支票，我就去找賴先生，我將錢給賴先生」云云，而證人李○○於原審法院則供證：「我印象中投保後賴主任有告訴謝○○，保費繳清，公司才能編案號，後來謝○○就拿現金來換支票」，對照證人謝○○所證：「我認識華僑產物保險公司的賴○○，因爲我是開洗車廠，被告去洗車認識他，在聊天中被告提到他要投保的事情，問我有沒有認識的，我說我有認識賴先生……我就介紹被告與賴先生聯繫，後來保險的事都是他們自己談，後來被告來找我，說他開給華僑的大小章好像蓋錯了，就拿了10萬元的現金給我，要我到華僑換回開給華僑的支票，我就去找賴先生，我將錢給賴先生」等語，故被告對於囑託謝○○以現金換回支票情節所述均屬一致；證人李○○於偵查中證述：「（退票是連絡何人？）未退票時謝○○通知我們主任賴○○因我們提前繳，後來未到期便打電話給主任說要拿現金換回支票」，固然李○○曾於偵查中提供書面資料載：「於查勘當日即開立5月21日到期萬通銀行○○○○○○○號甲紙支票後遭退票無法兌現委由介紹人謝○○拿現金換回該票以現金支付保費」，然上開書面資料顯然與李○○供述證述未到期前即換回支票之內容不符，且綜觀全卷並無任何萬通銀行○○○○○○○號乙紙遭退票之支票。綜上所述，本件並無任何積極證據可證明被告有縱火之犯行，請求駁回公訴人之上訴等詞。本院查：

(一)被告於86年7月23日以其配偶陳○○爲承買人並由其擔任代理人，與賴黃○○訂立不動產買賣契約，購買座落彰化縣田中鎮○○段66-23地號（88年重測後編爲○○段737地號）、66-26地號持分14分之1、219建號（重測後編號208建號）即門牌彰化縣田中鎮○○路○段10巷99弄9號及共同使用部分221建號（重測後編爲210建號）等房地，總價金爲380萬元，旋於86年8月9日，以陳○○名義向中國信託銀行借貸300萬元，並由被告則擔任連帶保證人。被告復於87年2月11日，以總價金585萬元之價格，向張○○購買座落彰化縣大村鄉○○段306-1地號、306-8地號持分7分之1、69建號即門牌彰化縣○○鄉○○巷○之○號等房地，除於87年2月15日支付100萬元之現金外，仍須負擔該房、地原有之抵押貸款462萬元等事實，除爲被告所自認外，並有不動產買賣契約書2紙（1紙爲被告之配偶購買時所訂立，1紙則係被告購買時所訂立）、土地、建築改良物買賣所有權移轉契約書、土地所有權狀各2紙、收據、彰化縣稅捐稽徵處員林分處87年度契稅繳款書、收費明細表、被告簽發300萬元本票、中國信託商業銀行取款憑條、彰化縣田中鎮公所監證費繳納通知書、彰化縣地政規費、建築改良物所有權狀、土地、建物登記簿謄本暨彰化縣稅捐稽徵處員林分處93年1月6日彰稅員分四密字第0920059685號函、93年1月16日彰稅員分四密字第0930001622號函各1紙在卷足證（見本院上訴卷第一宗第52至64頁、原審卷第79至95頁、本院上訴卷第二宗第41、42、65頁）。惟被告於87年3月12日邀同其配偶陳○○

爲連帶保證人，向萬通銀行員林分行借貸400萬元，借款後除攤還部分本息外，尚餘398萬9,665元未清償，且於87年4月12日即借款1個月後，便已無任何之能力再繳利息，萬通銀行員林分行遂於87年6月16日向台灣彰化地方法院民事執行處聲請假扣押被告及其配偶陳○○之不動產等事實，有萬通員林分行之民事執行聲請狀影本、台灣彰化地方法院民事執行處通知、強制執行金額計算書分配表各1件附卷足憑（見外放資料袋內、89年度偵字第1806號偵查卷第一宗第67、68頁、本院上訴卷第一宗第156、157頁）；且中國信託銀行亦聲請台灣彰化地方法院對被告暨其配偶陳○○核發支付命令，請求渠等應連帶給付294萬4,474元本息及違約金等情，亦有支付命令聲請狀、台灣彰化地方法院87年度促字第13699號支付命令各1紙附卷爲證（見87年度偵字第3393號偵查卷第一宗第236至265頁），顯見被告於87年3月間，已急需現金調度，且於87年4月間已無任何之餘力繳納利息。參諸被告於87年1月8日在台中企銀埔心分行所開設支票存款○○○－○○－○○○○○○○號帳户内，自開户時起迄同年3月8日止，在短短2個月内，其餘款僅剩1,089元，並自87年3月10日起即陸續因存款不足而有多次退補紀錄，迄87年5月1日遭列爲拒絕往來户等情，有台中企銀埔心行89年8月11日中埔心字第114號函暨所附帳卡影本4紙、台中商銀埔心分行96年4月14日中埔心字第0960900號函暨所附查詢表4紙在卷可憑（見89年度偵字第1806號偵查卷第一宗第79至83頁、本院更（一）卷第83至87頁）；另被告於87年3月12日以其於86年12月24日設立登記之迦○通信公司，向萬通銀行員林分行申請開立支票存款帳户，帳號爲○○○－○○○－○○○○○○○－○號，此帳户除於87年3月21日、87年3月31日分別有面額1萬600元、4萬3,765元之支票獲兑領外，存款餘額僅剩1,635元，其餘經提示之支票自87年4月30日起即陸續因存款不足而退票，並於87年5月29日經公告爲拒絕往來户，亦有中國信託銀行96年5月2日中信銀集作字第96503555號函暨所附開户資料、公司執照、營利事業登記證、退票查詢單、交易查詢報表在卷可佐（見本院更（一）卷第94至107頁）；且被告自87年1月1日至87年12月31日止，其在萬通銀行員林分行第○○○○○○○○○○○○○號活期儲蓄存款帳户，除貸款撥入之轉帳連動外，其自87年3月12日起之存款餘額，最高僅爲5萬1,774元等事實，亦有萬通銀行員林分行89年7月28日萬通員字第143號函暨所附存摺往來明細分户帳在卷可證（見89年度偵字第1806號偵查卷第一宗第72、73頁），更可證明被告於各家銀行之存款明顯不足，資力甚爲窘迫。雖在支票屆期之前，發票人並非必須先存入足夠之金額等待提領，惟支票發票人仍必須於支票將屆期時，將足以支付票面金額之款項存入帳户内，以使支票經提示時得以順利兑付，方符一般使用支票交易之常規。被告於87年1月8日以其個人名義所開立台中企銀埔心分行；於87年3月12日以迦◯通信公司名義開立萬通銀行員林分行等支票存款帳户，其中前者於87年3月10日即有存款不足之退票紀錄，且均於短短之數月間即遭銀行拒絕往來，顯然被告所開設之上開支票帳户，並未持續存入相當於票面金額之款項，以供持票人提示兑領，則被告所辯支票帳户並不需要先存入足夠之金額等待提領，要難謂屬實在。果如被告所稱其於84、85年間，因仲介布匹每月淨賺約70萬元，甚且曾有1個月賺得1、200萬元之紀錄等語（見本院上訴卷第一宗第42頁），則其應有數百萬元乃至千萬元之淨利收入。被告既於84、85年間有上開可觀之收入，則其以配偶陳◯◯名義購買上開田中鎮之房地，並以其自己之名義購買上開大村鄉之房地，又何需再向銀行借貸相當龐大之貸款，而增加支出房貸利息。即令被告不願意完全以付清方式購買上開房、地，亦應如期繳付房屋貸款之利息，以避免其所購買之房、地，因未能如期繳付房貸利息，致房、地遭查封之窘境。被告雖復辯稱其均將金錢存於家中，不存於銀行，如需使用金錢，均自其家中拿取，且證人即被告之父親張◯◯於本院證稱：錢都放在家中，都是現金買賣，沒有欠帳或開票等語，以附合被告之辯詞（見本院上訴卷第二宗第106頁），惟將所賺得之大筆金錢存放於家中，雖屬個人之自由，且取用方便，亦無違法，但被告購買上開房、地，本可由其所賺得之金錢自其家中取出以爲支付，既可免除向銀行借貸，必須支付房貸利息之苦，復可因支出房、地價格後，免於大筆金錢存放家中增加危險性，是被告既有大筆金錢存放家中，則何需開立銀行帳户，向銀行貸款。況被告亦可於銀行帳户中因存款不足時，迅速自家中提出大筆金錢，繳付銀行，避免其所開立之銀行支票帳户於短短之數月間即拒絕往來；且被告既於家中存放大筆之金錢，應可按期繳交向銀行貸款之本息，以使被告及其妻所購得之上開房、地免於受查封、拍賣之處境，惟被告竟吝於提出家中所存放之金錢，聽任其所開立之支票帳户遭拒絕往來，而成拒絕往來户，且被告與其妻所購得之上開房、地亦因無法支付貸款致遭查封、拍賣，被告竟無動於衷，亦不可思議，是被告上開所辯，即難認屬眞實；證人張◯◯上開證述，亦屬迴護被告之詞，均不足採信。另被告於81年間擔任業務員時，因有所得曾申報過所得稅等情，爲被告所承認（見本院上訴卷第一宗第47頁），則被告對有所得則每年必須申報所得稅之概念應屬存在。惟被告除81年申報過所得稅以外，其他時間均未曾申報過綜合所得稅或其他所得稅，亦爲其所承認（見本院上訴卷第一宗第42頁），則被告既自稱很會賺錢，也賺很多錢，竟均未曾申報所得稅，除非其係蓄意逃漏所得稅，否則應不至有如此大筆金額之收入，竟未曾報稅之情事，顯然被告上開所辯，亦難認屬實在。另證人張○○復結證稱：伊知道被告買房子，房價600多萬元，後來沒有辦法才被法院拍賣，被告缺錢都向伊調，伊標會大概都有60萬元，伊前後2、3年總共拿給被告大約5、600萬元（見本院上訴卷第二宗第104頁），復有以證人張○○爲會首之互助會簿8紙在卷可證（見原審卷第71至78頁），參諸證人張○○於89年互助會停標，積欠800多萬元，出售房屋得款500多萬元，還會錢利息，尚積欠400萬元左右等事實，亦有張○○所書寫予檢察官之書信附卷可考（見89年度偵字第1806號卷第二宗第110頁），顯然被告仍須由其父親張○○召集互助會爲其籌錢支應，且嗣後復因停標致積欠債權人款項，必須售屋還款，是被告之經濟能力並不理想，已甚明確。另被告曾以 180萬元之價格（不含其他配備及稅費約20萬元），向陳○○購買賓士S320自用小客車，支付現款70萬元，並貸款130萬元，經過半年，再以140餘萬元之價格，售回予陳○○之事實，亦經證人陳○○於本院結證無訛（見本院上訴卷第一宗第145至148頁 ），復有陳○○提出之證明書爲證（見本院上訴卷第一宗第50頁），且被告係於87年1、2月間購買該自用小客車之事實，亦經被告自承不諱（見本院上訴卷第一宗第46頁），則當時被告如係在家中存有大筆現金，自可以現金支付車款，又何須於購車部分貸款130萬元，其貸款占總車款之比例甚高（即20分之13）；且被告另自承在購買後6個月（約在87年7、8月間）隨即轉售，並將所得車款用於還債等語（見本院上訴卷第一宗第48頁），在在均顯示被告當時之經濟能力並不如其所辯之理想。另被告自退伍後，就在賣行動電話，並未在市場賣菜等情，業據證人劉○○於本院結證屬實（見本院上訴卷第一宗第144頁），固足以認被告並未賣菜，惟被告是否在菜市場賣菜，與其經濟能力無涉，尚不得因被告是否有賣菜，即謂被告無經濟窘迫之問題。

(二) 被告於87年3月5日，以迦○通信公司名義，與C公司訂立長達3年之廠房租約，其所簽發上開帳户支票，用以支付押金支票1張及租金支票12張中，其中僅兑領押金及1期租金支票，其餘11張支票，則均因存款不足及拒絕往來而不獲兌現，至87年4月及5月份之租金，被告則分別於87年4月9日及同年5月14日以電匯之方式交付，87年6月份起則無力繳納等情，業據證人江○○、郭○○於偵查中結證在卷（見89年度偵字第1806號偵查卷第一宗第40、41、60至62頁），復有房屋租賃契約書、支票13張等影本在卷可稽（見同上偵查卷第一宗第46至51、54頁），被告在其經濟能力不允許，資力欠佳之情形下，仍然強行租用上開廠房，其舉動異於尋常，尚難謂該項行爲與其詐取保險金所使用之手段無關。

(三) 被告曾供稱：「我是與乙合資，錢都是他拿出來的比較多，乙前後共拿3,000萬元，我只是出力及負責買賣」云云（見87年度偵字第3393號偵查卷第一宗第117頁反面），其意指全部資金均由乙支出，被告則僅負責買賣及相關出力之事而已。惟乙在警訊時供稱：「我目前是迦○公司之股東，投資約4,000萬元，占所有之股份約50%」（見同上偵查卷第一宗第7頁），另在檢察官初次偵查中結證稱：「（問：你與甲是股東？）是的，我股份50%，另還有3位共5位，甲也是（50%），其他掛名」、「（問：何人先說要成立公司？）甲，是在87年2、3月的時候」、「（問：之前你在做何工作？）營造，給我岳父請作營造」、「（問：你拿出多少資金？）2,000萬元，賣土地有買賣合約，2,000萬元都是拿現金給甲，是（87年）3月初，在彰化公司拿給他」等語（見同上偵查卷第一宗第33、34頁）；嗣則改證稱：「（問：你由何時與甲合夥做？）2、3年前即84年」、「（問：幾人合夥？）只有與他做，我出錢」、「（問：你出多少錢？）公司成立時拿2,000萬元出來，資金是賣地」、「（問：之前由合夥開始拿多少錢出來？）有時幾十萬，有時幾百萬，有買賣時就拿現金出來，都是甲去買，都用現金」等語（見同上偵查卷第一宗第118頁）；繼又改證稱：「（問：你出資多少錢？）2,000萬元」、「（問：其他錢何人出資？）我不知道」等語（見同上偵查卷第二宗第8頁），則證人乙前後之證詞顯有矛盾不符，且被告之供述與證人乙之證詞，亦不一致，彼二人無論就現金係一人出資一半即2,000萬元，或全部係由證人乙一人所出？係出資2,000萬或3,000萬元？是87年3月間公司成立時才開始合夥出資，或係在2、3年前即已合夥出資？等關鍵問題，渠二人所供及所證之情節，均不相符合，且相距甚遠，已難令人採信。況證人乙雖證稱：「資金是賣地」云云，惟乙所提供座落南投縣草屯鎮○○段274地號土地，係於84年11月30日以344萬6,296元之價格，出售予張○○；另草屯段720-116地號及其上882建號即門牌草屯鎮

○○路95之36號3層樓房店舖住宅，則分別以151萬2,000元及15萬500元之價格販售予黃○○等情，有南投縣草屯地政事務所87年11月19日草地一字第07208號函、87年11月30日草地一字第07484號函各1紙（內含土地登記申請書、土地、建築改良物買賣移轉所有權移轉契約書、土地增值稅免稅證明書、印鑑證明、農地承受人自耕能力證明書、土地所有權狀、建築改良物所有權狀等文件）在卷可資佐證（見同上偵查卷第一宗第223至244、280至293頁），參諸證人張○○於偵查中結證稱：「張○○是我媽媽，已過世，我是透過仲介把我1間房地，跟乙之一塊農地交換，那間房子估價500多萬元，乙的農地1,000多萬元，但他的農地上有貸款400多萬元，差額大約現金100多萬元給他，後來那房子甲又賣給黃○○，這塊農地約在86年初，我又賣給別人，上面還有貸款400多萬元，我不瞭解這件案子情形，我與甲買賣時，乙岳父也有出面，他岳父也有欠人錢，他岳父曾做過草屯鎮民代表，他岳父欠錢，要乙賣，至於乙有無欠錢，我就不知，剛好我房子要賣，便與他換農地」等語（見同上偵查卷第一宗第297、298頁）；證人即乙之父親曾○○於偵查中結證稱：「乙從退伍後就沒有在做什麼工作，只有打零工，他結婚後與丈人張○○同住，而他丈人有在包工程時，還有去幫忙，在3、4年前他回來與我們同住後，就只有種田而已，也沒有其他的工作及收入，甲將賣地的錢都借給他丈人，他丈人也都沒有還他，讓他覺得很失志」等語（見89年度偵字第1806號偵查卷第二宗第87頁）；證人即乙之胞弟曾○○、曾○○亦均於偵查時結證稱：「我哥哥乙在逝世前3、4年以來，都是在做泥水工，他有賣地將錢借給他丈人，因爲他丈人之前有在做建築，後來缺錢，乙要幫助他，才賣地借錢給他，我爸爸也有借200多萬元給他丈人，利息都是我們在付」等語（見同上偵查卷第二宗第73至76頁）。綜合以上各證詞以觀，乙於84年間與張○○、黃○○爲上開房、地及農地之買賣，實係因其岳父欠錢所致，並非爲與被告合夥投資甚明；況乙除出售上開2筆房地而取得相當金額以外，並無其他積蓄或收入，得以投資被告之公司並交付被告大筆之投資款項；而其處分該2筆房地後，淨所得僅600餘萬元，扣除支助其岳父外，所得投資被告之金額，將更形減少，實與其所謂投資2,000萬元或3,000萬元之數額相距甚遠，是乙所爲之證詞，不足採信，已甚明確。再者，乙於84年間與張○○、黃○○之上開買賣與本件87年迦○貿易公司之成立，時間上相隔2年餘，二者間並無何關聯可言，再參以乙只是一位打零工之泥水工及從事種田之工作而已，本身並無任何之收入，其並無任何投資3,000萬元或2,000萬元之資力更爲明確。從而，被告及甲有關上開所辯：賣地出資2,000萬或3,000萬元或4,000萬元云云，均尚難謂屬實在，則被告上開所辯，即不足採信；證人乙之上開證詞，亦係迴護被告之語，同屬不可採信。

(四) 被告既因本身經濟狀況不理想，仍因購屋而存有負債，且被告僅於86年9月至私立同德家商附設進修學校補校就讀廣告設計科，迄至86年11月即自動辦理退學之事實，亦有證明書1紙附卷爲憑（見原審卷第68頁），顯然被告欠缺經營進出口貿易生意之學經歷，雖從事貿易並非一定具備相關之學經歷，然亦不可貿然爲之，惟被告在從事通訊行之前，係從事工廠碎布買賣，寄往大陸之事實，業據證人張◯◯於本院結證屬實（見本院上訴卷第二宗第103頁），則被告顯亦缺乏較大型貿易交易之經驗。另被告於向C公司承租上開倉庫之前，曾向江◯◯借用倉庫堆放貨物等情，固據證人江◯◯於偵查中結證：伊所有倉庫曾借予被告堆放貨物，放了2、3年，有放也有載出，是越放越多，放到87年3、4月間才載走，用我的倉庫不要錢，最後被告不夠用再租等語（見87年度偵字第3393號偵查卷第一宗第114、115頁），惟上開證詞核與證人乙之前開（即上開（三）部分）之證言，並不符合。且被告既需向江◯◯借用倉庫，顯然當時被告之資金並非相當充裕，方需寄人籬下。而被告申請設立迦◯貿易公司，並分別於87年3月26日、同年4月3日取得經濟部公司執照及彰化縣政府營利事業登記證，亦有經濟部公司執照、台灣省彰化縣政府營利事業登記證各1紙在卷爲證（見同上偵查卷第一宗第58、59頁）。被告在資金尚未充裕，向他人租用倉庫之前，竟陸續進貨囤積於向江◯◯所借用之倉庫中，且未思及自己之經驗，即設立迦◯貿易公司，大批囤積貨物，均難謂符合情、理，是被告所辯，亦不足令人信爲眞實。

(五) 被告雖稱：「工廠內之貨物中，關於布料約40萬碼及球拍套約400箱及袋裝約60袋，係從彰化縣田中鎮◯◯路消防隊旁之友人江◯◯倉庫內，委請周先生之貨車運送6趟，另倉庫內之茶葉係於87年3月底及4月初，向友人鍾◯◯各購買220斤及280斤，共約500斤，90幾萬元，以現金交易」云云（見87年度偵字第3393號偵查卷第一宗第5頁）；嗣於偵查中另稱：我從84年開始就有把貨物放在江◯◯之倉庫內，因爲那時候沒有公司，也沒有倉庫，他就免費借我用，也沒有打合約，我們是好朋友，在他的倉庫放布及網球拍套，進進出出，放幾次不記得云云（見同上偵查卷第一宗第117頁）；證人江○○亦結證稱：「（問：他曾經有貨物放你倉庫？）有的，我有借他放」、「（問：何時開始放？）陸續放，在2、3年，大約是2年多前及84年陸續放」、「（問：前後放幾次？）時間久了，有放也有載，最後越放越多，放到今年3、4月才載走，用我的倉庫不要錢，自己用不了那麼多，借他用沒錢，最後他不夠用再租」等語（見同上偵查卷第一宗第114、115頁）。惟被告所提出尼龍布、鞋材布、切花布、印花布、球拍套、茶葉等貨物收據、免用統一發票收據，均在86年5月12日之後迄至87年4月12日止，有收據、免用統一發票收據數紙在卷爲證（見同上偵查卷第一宗第140至159頁），如被告所提出之上開收據、免用統一發票收據屬實，則被告購貨、進貨之期間應在86年5月之後至87年4月爲止，而被告竟於84年間向江○○借用倉庫，並於借用後陸續放貨，且越放越多，顯然在時間上相距達2年之久，甚不符合，益足證明被告所辯之虛假。且如前所述，被告自承於84、85年間因仲介布匹買賣而每月淨賺70萬元，甚且曾有1個月賺得1、200萬元之紀錄等語，其竟連存放上開布料、網球拍套及茶葉之倉庫仍須向他人免費借用，甚不符合常理。再由被告所提出之貨物收據31紙影本（見同上偵查卷第一宗第140至159頁）觀察，其中有關布匹、網球拍等貨物之收據28紙，記載之日期分別係自86年5月12日起至86年7月15日止，合計貨款之金額爲3,845萬8,260元，另被告於87年9月29日具狀陳稱：「陳報人係迦○貿易有限公司之負責人，詎於87年4月29日0時40分許因祝融肆虐，致積存在南投縣南投市○○路145號B棟建築物之庫存貨物，於一夕之間付諸一炬，另本公司受有新台幣3,943萬3,260元之損失」云云，有陳報狀一件附卷可憑（見同上偵查卷第一宗第138頁），其所附31紙收據載明之日期，除上揭有關布匹、網球拍等貨物外，有關購買茶葉之收據3張，其簽之日期分別係87年3月25日、4月4日及4月12日，金額分別爲35萬1,000元、19萬5,000元及42萬9,000元外（見同上偵查卷第一宗第159頁），則如前所述，被告當時之經濟能力既已不理想，何以能夠在86年5月12日至86年7月15日止，短短2個月內，支付3,845萬8,260元之鉅額貨款，且均以現金之方式付款，則此部分尚難謂係眞實不虛。且被告所提出之上開收據31紙，僅係一般之收據，並非以統一發票之方式爲之，其上有關簽發人之資料，亦僅記載所謂清、林、徐、柳、楊、周、許、王、付清等字樣，其具體之簽發人究係何人？是公司？或商號？其名稱爲何？其負責人、地址、電話、統一編號爲何？均未詳加載明，亦未加蓋任何簽發人之公司印章或店章，是其貨物之出賣人，究爲何人，是否屬實，均無從查考。復經檢視上開收據之記載，其內容均異常簡略，其單張最高之金額竟有高達860萬元之收據，竟記明係屬付現，而對此3,845萬8,260元鉅額貨款之支付，非但以現金爲之，復係以一手交錢，一手交貨之方式進行，均與社會上一般商業交易之習慣顯然有違。且被告於本院供稱：我所爲之現金交易，一部分是乙出的，一部分是我父親給的，父親給我幾百萬元，且透過仲介介紹買賣，並不是公司名義買賣云云（見本院上訴卷第一宗第68頁），惟被告之經濟能力並不理想，其父親張○○尚需召集互助會收取會款，始能支助被告，且嗣後亦因積欠互助會款，於出售房、地後，仍須背負400多萬元之互助會債務，另乙並無如此龐大之資金得以交付被告，均已如前詳述，則被告取得將近4,000萬元之資金來源即有疑義。況即令透過仲介之介紹買賣，仍應書寫詳細之收據，始符合社會交易之常規，被告此部分所辯，難令人信其爲眞實。且證人楊○○於偵查中證稱：前開5張簽有楊字之收據，前2張是伊簽的，後3張是曾○○簽的，伊拿佣金30幾萬元，收據曾○○交給伊時就寫好了等語（見同上偵查卷第一宗第255至257頁），惟前開載有楊字之收據5紙，金額合計2,255萬1,960元，被告在短短1個月又10日之期限內，尚難謂有支付現金2,200餘萬元之資力，且收據竟由仲介人簽發，而非出賣人，則上開之買賣方式，亦不合一般交易之習慣。再被告隨時將現金2,000餘萬元放在身邊，並未存入任何之銀行帳戶內，亦與常情顯然不相符合，是被告所供及證人楊○○所證，均不足採信。另證人柳○○於偵查中證稱：伊介紹被告向邱○○進貨，被告於貨到後，過1、2天將錢交給伊，是交現金，伊抽佣金6、7萬，剩下在姓江朋友處交給作業務的，收據中有簽柳字的內容是作業務簽的等語（見同上偵查卷第一宗第259、260頁，另亦參佐同上偵查卷第二宗第94頁之訪談紀錄），惟被告與證人柳○○二人就關於係貨到當場付現，抑或貨到過1、2天才付貨款等情節，所述並不符合，則被告所辯及證人柳○○之證述，純係嗣後卸責及迴護之詞，難以採信。

(六) 被告供稱：「我要購買茶葉時，只對鍾○○說要買品質好一點高山茶，數量要500斤，價錢2,000元以下，看他有沒有認識朋友便宜一點，都是貨到馬上給現金，錢是家中帶出來」、「（問：你怎知多少錢？）我有時帶30至50萬元，沒有經過任何銀行，都是從家中帶來」、「（問：茶葉分幾次載到你處？）分2、3次，是鍾○○載去，沒有看到陳○○，當時人在辦公室，沒有看到陳○○」云云（見87年度偵字第3393號偵查卷第一宗第206

頁）；另證人鍾◯◯於偵查中結稱：「賣給甲500斤那批是向陳◯◯買的，都是用現金，我向他買1斤1,700多元，我拿甲錢去付陳◯◯，他送貨過去就付給他，500斤貨色都是一樣，包裝都是陳◯◯眞空包裝」、「第1次我對陳◯◯説我朋友作貿易要5、600斤，我對他説要加200元，大約要買1,000多元的茶，沒有説要分幾次送，陳◯◯做好就對我說做好，共分3次交，1次交後就付現金，甲拿給我，我再拿給陳◯◯，我寫3張估價單，是分3次向甲請款，每次來我就請，陳◯◯送去之時間及數量都照估價單，寫的數量有點出入，因他（指陳◯◯）送來時如果我還有便加進去，我向他買500斤，自己也有摻，有時杉林溪不好的，陳◯◯有時載去我處，摻別人茶葉，有時載到別處就沒，摻那幾次不知道，載到我處有摻，當天就載去甲處」、「（問：陳◯◯載去是大包或眞空包裝？）都是眞空包裝，我那邊沒有眞空包裝機」、「（都是眞空包裝你如何摻？）我就把他拿起來調包，有的1,200元，比較便宜，調沒有幾10斤」、「（問：除了500斤你賣給甲多少斤？）我只是掉包，前後500斤」、「（問：你調包時陳◯◯在否？）不在，我沒有讓他看到，他不知道，3次都是他送的，有的經過我那裡，有的直接送，經過我那裡是2次，第1次是直接送，第2、3次載到我處摻後再載去，第1次是我去帶路，2、3次也是我去帶路，是帶到我家去」、「（問：這幾次送貨交通工具是你的？）有時是他的，有時向別人借的，都是我開車，第1、2、3次都是我開車，他坐旁邊」、「（問：請款都是陳◯◯向被告請？）茶葉是我買的，有時陳◯◯站在旁邊，我向甲請」、「（問：你請後何時拿給陳◯◯？）有時馬上拿給他，有時在我工廠拿給他」等語（見同上偵查卷第一宗第204至207頁）；證人陳◯◯於偵查中則結證：「鍾◯◯有向我說要買茶葉，因爲他說要比較高級茶葉，要我幫他調，他分3次買，每次講的數量都不一樣，我是向不同的3個人調」、「（問：他是自己來載或你自己載過去？）都是我載去他朋友那裡」、「（問：錢如何收取？）我幫他調，貨到拿現金」、「（問：這3張估價單是你寫的？）我只是報價，這不是我開的，是鍾◯◯開的，我只是報價，他要多少由他決定」、「（問：你載或是你自己送去？）第1次是他到我家帶路，直接到買主處去，第2、3次我直接載到買主那邊去」、「（問：你送貨都是用何人車子？）都是我的車子，第1次他帶路，他自己開，第2次第3次我自己開，他在工廠等我」、「（問：錢何時拿給你？）他都拿到我家給我，不是當天給，都是隔2、3天給，都是拿現金給我」等語（見同上偵查卷第一宗第203至207頁）。綜上可知，關於3次送茶葉，究竟是開何人之車？由何人帶路？送往何處？有無調包？茶葉之貨款究於何時、何處交付？又被告交付時，證人陳◯◯究竟有無在現場？等各項情節，被告、證人鍾◯◯與陳◯◯3人間所供、所證，竟然完全不一，亦不相符合；另就系爭500斤茶葉之貨色、包裝是否相同？以及茶葉之貨款究竟是送貨過去就給付？抑或是在證人鍾◯◯之工廠處交付？等等，證人鍾◯◯本身前後所證，亦不相符。顯然被告上開所供及證人鍾◯◯、陳◯◯所證之上開各情，均屬虛假不實，殊無足採。嗣後證人鍾◯◯於本院所爲附和被告辯解之證述（見本院上訴卷第一宗第92至96頁），亦屬迴護被告之詞，不足採信。再參以上開購買系爭茶葉之估價單3張，內容非常簡略，僅記明付清之字樣，既未載明簽發人姓名或公司、店家商號之名稱及地址、電話、統一編號等資料，亦未加蓋相關人員或店號之印章或簽收，核與一般社會交易之習慣，顯然不符，該3張估價單並非眞實之交易，亦可認定。又被告上開倉庫內未燒燬之剩餘茶葉，經請證人即南投縣茶葉評鑑研究會之理事長李◯◯及在製茶場有7年之久之茶農陳◯◯檢視鑑定結果後，均於偵查中證稱：該等茶葉是機器採收，品質不好，每斤約值2、300元等語；證人李◯◯結證稱：「這些茶葉看起來不是很好，是機器採收，如果是機器採收也要用電腦撿枝，這些茶沒有撿枝，價格比較不好，就我所知用機器採收只有名間，埔里、南投、竹山等都用手工採收，新竹、苗栗他們是用機器採收，品質不好，這些茶是名間茶，茶枝很多，像這種茶葉在名間賣批發，只有300元左右，就可以買的到」等語（見同上偵查卷第二宗第24頁）；證人陳◯◯結證稱：「（問：這些被燒茶葉是屬何等級茶葉？）這個茶很粗，一般市面上沒有人要泡這種茶，一般是工廠在泡大壺茶，也有人去做市面上飲料開喜烏龍茶，這是做茶基本常識，不要專業知識，據我來看品質非常不好，恐怕200元賣給人家，人家都不要，這種茶很老、葉黃，黃葉都要打掉，這種茶葉品質非常不好，是機器採收，裡面不好的很多，如果要打掉剩下不多，如果用電腦篩檢要篩檢很多，一般人家在泡茶，看到這種茶就不要泡，據我經驗賣給開喜烏龍茶有的枝要撿掉，這種茶很明顯肉眼就可以看出，沒有冤枉人家，我看製造手法好像是這邊（指名間）的茶，我聞一聞應該是放一段時間，是舊茶，但是與保存方法也有關係，新的未開之前我看過，燒過的茶應該不是什麼好茶，他這種品質一般要特別吩咐，一般人家不會這樣子做，至少要撿過，如果要這種茶要先訂貨，這種茶不能上市面賣，另外這種茶是人家打掉不要，去混一混還比這種茶漂亮」等語（見同上偵查卷第二宗第32、33頁）；且證人即大○公證有限公司（下稱大○公司）職員楊○○於偵查中結證稱：「（問：茶葉部分你有無去詢價訪價？）茶葉被告報的很多，1,900多元，我們覺得茶葉沒有那麼好，就決定這價格（每斤）600元」等語（見同上偵查卷第二宗第86、87頁），是證人鍾○○、陳○○上開所證：茶葉是高山茶，品質好，每斤進價1,950元云云，均係虛假不實，顯無足採。況證人楊○○於本院亦結證：伊認爲應該以以前所說的話爲基礎等語（見本院上訴卷第一宗第91頁），亦更加堅實其以往在偵查中所爲之證述，益足證明被告所辯之難以採信。其次證人楊○○於檢察官偵查時結證：「（問：貨物損失詳細明細表數量及單價如何計算？）數量是去現場清單出來，沒有書面記載，只是我去現場記下來，我們公司只有我一人去」、「（問：單價如何出來？）詢價訪價，但什麼時間地點什麼人什麼名字，我都沒有記載，我每件都有去詢價訪價，有去問布商貿易商」、「（問：被保險人有對你們提出發票及來源證明及數量？）都沒有，只是數量他們有簽收據，沒有發票，有記載也有去查證，沒有發票他們說是透過仲介我再將訪談資料寄過來」等語（見同上偵查卷第二宗第86、87頁），證人楊○○雖認上開茶葉品質不好，並逕自將其估價爲每斤600元，惟此舉亦純屬其個人片面之推測，並無任何之依據可言。而該等茶葉實際上之價值，每斤約在2、300元之間，業經具有此項辨識專業之證人李○○、陳○○結證如上，準此可知，證人楊○○所爲上開貨物鑑定其全部損失之價值爲483萬6,930元（參閱卷附大○公司所製作之損失計算詳明表），即屬高估。而依上開茶葉高估之比例計算，證人楊○○所高估貨物之金額，應有2至3倍之多，是被告上開貨物之總價值，最多不超過4、500萬元，應可認定。

(七) 證人楊○○所提供之受訪談人包括證人楊○○、柳○○及鍾○○等人，在訪談中均一致陳稱：「本人只是仲介人，貨物之來源，係透過介紹，均係以現金交易」，其中受訪談人楊○○、柳○○更陳稱：「貨物之來源上手，亦爲仲介人，非工廠」，此有訪談紀錄3紙附卷足憑（見87年度偵字第3393號偵查卷第二宗第93至95頁），顯然被告所稱將近4、5,000萬之鉅額貨物來源，究係出自何人、何公司所製造、生產？其所謂之仲介究爲何人？其來源及出處俱屬不詳，核與常情已有不符，而大○公司所鑑定之貨物，不論是數量或價值上，均遠低於被告所申報之數額及價值，核定其損失之總數爲1,641萬8,879元，被告於88年1月16日向大◯公司表明願意接受985萬1,327元之損失金額，亦有大◯公證有限公司估算書、接受書影本各1紙附卷可稽（見同上偵查卷第二宗第45至49頁），雖被告稱事故發生後，伊依約請求理賠，屬正常現象，且保險公司人員說若蓋章同意賠少一點，就可以較快獲得賠償云云，但被告無法說明係保險公司之何位人員向其陳述，且保險公司之理賠有一定之程序及考核，必須具備請求之要件，且排除各項人爲之因素後，始可依法予以理賠，斷不能以只要賠償較少，即可較快獲得賠償，否則保險制度即形同虛設，且亦易使被保險人與保險承辦人員串通詐騙保險公司，是被告上開辯解自難認屬實在。被告前向保險公司提出之貨物損失係達766萬4,560元，二者相差3,781萬3,233元，被告不僅在數量上暴增，且在價值上亦申報不實，其當初如係以4,700餘萬元現金購買上開之貨物，而非以極爲低廉之賤價購買，則被告既遭此重大之損失，自應向保險公司極力爭取，方符常情，豈有輕易願平白損失高達3,200餘萬元差額之理？由此適足證明被告除數量不足外，顯有以低劣之貨物充當高級品，資爲詐領保險金之意圖，甚爲明確。

(八) 被告係經由謝◯◯之介紹，向華僑保險公司投保火災保險，業據證人謝◯◯於偵查中結證明確（見87年度字第3393號偵查卷第一宗第115、116頁）。又華僑保險公司員林服務處賴◯◯主任指派業務員李◯◯承辦並現場勘查，被告當場有出示保全合約書，3、4天後被告曾多次打電話詢問保單好了沒有，且被告於勘查當日交付以迦◯通信公司爲發票人、帳號：◯◯◯－◯◯◯－◯◯◯◯◯◯◯◯－◯號、付款人：萬通銀行員林分行、發票日：87年5月21日、票號：◯◯◯◯◯◯◯、面額10萬元之支票，用以繳交保險費，惟該支票屆期提示，因存款不足而遭退票，被告始託謝◯◯拿10萬元現金向華僑保險公司換回該支票等情，業據證人李◯◯於偵查、原審結證明確（見同上偵查卷一宗116頁、89年度偵字第1806號偵查卷第一宗第19、20、125至127頁佐以87年度偵查卷第3393號偵查卷第一宗第165-1至165-3李◯◯之書面說明、原審卷第102、103頁）。被告雖辯稱係因日期誤載或印章蓋錯，始託謝◯◯以現金換回支票；證人謝◯◯於原審亦證述：「後來被告來找我，說他開給華僑的大小章好像蓋錯了，就拿了10萬元的現金給我， 要我到華僑換回開給華僑的支票」等語（見原審卷第119頁）。惟證人謝◯◯於偵查中已結證：「（問：你爲什麼拿現金去換票回來？）甲來找我說，那繳保費的票跳了，不好意思拿過去，叫我幫他拿過去」、「我就去找賴○○，跟他講票要拿回去，現金給他」等語，參諸華僑保險公司之存摺影本、帳簿影本（見89年度偵字第1806號偵查卷第一宗第33至35頁），確有該支票於87年5月21退票及當日補進現金10萬元之紀錄；且中國信託銀行96年5月2日中信銀集作字第96503555號函送之退票查詢表、交易查詢報表（見本院更（一）卷第94、106、107頁），亦顯示該支票確因存款不足而遭退票；再參酌證人李○○於原審證述：「保單生效日以保單的日期爲準，不是繳費後才生效，因爲有1個月的保費繳納緩衝期」等語（見原審卷第103頁），足見被告顯係因存款不足於87年5月21日退票後，當日立即以現金換回該繳付保費之支票，以免因逾期未繳保費而不發生保險之效力，致無法獲得理賠。是被告所辯以現金換回支票之原因及證人謝○○於原審附和被告辯詞之證述，均與上開明確之事證不符，皆難以採信。又此項事實既已明確，被告聲請再傳喚證人李○○、賴○○訊問換票之原因，即無調查之必要，附此敘明。

(九) 證人蔡○○在警詢證稱：「（問：發生火警時你當時如何得知？）由中興保全通知迦○貿易有限公司，當時本人睡在彰化公司內，通知時間約4月29日1點30分，到達南投迦○倉庫大約2點10分左右」（見87年度偵字第3393號偵查卷第一宗第4頁反面）；於檢察官偵查時則結稱：「我是3月初去上班，是透過乙介紹進去上班，乙是當兵同事，我是先到彰化公司上班2、3天，南投承租好就帶我來，南投他們什麼時候承租好我不知道」、「（問：失火是何人通知你？）半夜1點半左右，是中興保全通知彰化中興保全公司有留話，我打行動電話給乙，他很緊張，便到公司，保全公司是何人打不知道，沒有講，我到6、7分鐘後，老闆才到，乙也有到公司」等語（見同上偵查卷第一宗第34頁）；另又結證：「我平常都住在乙家，都沒有在工廠睡過，我有時後有去上班，有時候沒有，如果有進貨或叫工才會去，沒有去都待在乙家，工廠在裝中興保全設備時，我有在現場，還有甲，中興保全公司要去裝設備時，乙有通知我那一天要去，他們安裝時只用一天的時間，也沒有講什麼話」、「（問：火燒那一天你怎麼知道？）好像是中興保全的人打電話到乙家裡，是我接的，他說倉庫燒起來了，也沒有說他是什麼人，那時我在睡覺，幾點不記得，我就打大哥大給乙，他就說怎麼會這樣，就很緊張掛斷，也沒有說人在那裡，我就趕到工廠，到時看到消防隊已經在滅火，也沒有看到甲、乙及中興保全的人，我從接到電話到趕到工廠約40分鐘的車程，我到以後大約隔7、8分鐘，甲與乙2人才一起來」等語（見89年度偵字第1806號偵查卷第一宗第198至200頁）。惟證人即中興保全公司草屯辦事處經理蘇○○於偵查中結稱：「（問：你們這邊辦事處是彰化分公司負責？）不是，我們是屬於台中分公司，如果有事，是向台中分公司報告，與彰化分公司都沒有關係，我們是以縣爲界，因爲迦○公司沒有開通使用，所以無法與他服務，他也不可能打電話給我，我們限於服務開通的客户，那一天燒起來，也沒有收到消息，如果有的話，一定跟我們報告，我們再向台中公司報告，不可能跟彰化分公司報告，因爲他們跟我們沒有關係」等語（見同上偵查卷第一宗第147、148頁）；另證人即中興保全公司之業務員張○○亦於偵查中結證：「（問：如果被告他們發生火災，你們公司會不會打到彰化分公司去呢？）這案子應該不可能，我們上級是台中，與彰化沒有關係」等語（見同上偵查卷第一宗第162頁）；證人吳○○於偵查中結證稱：「我當時去做時是早上9點半，到現場施工……他好像是住在裡面，是位先生」等語（見同上偵查卷第一宗第147頁），由上開3名證人之證詞可知，證人蔡○○前揭所證：「半夜1點半左右，是中興保全公司通知彰化保全公司有留話」云云，顯與事實不符，自無可採信。是依證人蘇○○、張○○、中興保全公司之技工吳○○及華僑保險公司業務員李○○前揭所證，可知被告顯然係利用中興保全公司於87年4月18日裝設保全設備之後，在開通之前，騙取保險人員於8年4月21日前往上開倉庫檢查時，故意向其佯稱：「我們設有中興保全，貨物安全無虞」云云，致前往勘察之李○○誤以爲眞有已開通使用之保全設施，而陷於錯誤，於相關手續辦妥後，遂於87年4月27日下午將本件保險契約寄給被告，而證人李○○於本院結證稱：該筆保險金額很大，伊要求要分保出去，保單下來，當天下午就寄給被告，伊將保單寄給被告之後第3天發生火災等語（見本院上訴卷第一宗第97頁），且有商業火災保險要保書等文件在卷可憑（見87年度偵字第3393號偵查卷第一宗第168至171頁），是被告約於87年4月28日收到上開保險契約書後，隨即在87年4月29日凌晨0時許即上開中興保全系統開通使用前，故意放火燒燬倉庫內之貨物，並以此方法，意圖詐領鉅額之保險金，甚爲明顯。至於證人黃○○於本院結證：「86年12月8日，被告在彰化市開迦○通訊行，要我到他公司裝保全設備」等語（見本院上訴卷第一宗第99頁），亦僅能證明案發前被告曾在迦○通訊行裝設保全設備而已，但與本件倉庫並無直接之關聯，尚難爲有利被告之證明。

(十) 被告所有之迦○倉庫起火後，經南投縣警察局消防隊（現已改制爲南投縣消防局）於現場勘驗後，認南投市○○路145之1號B棟廠房迦○倉庫南面牆中段烤板外觀燒燬彎曲變色最爲嚴重，且短牆水泥面呈剝落及稀白痕跡；迦○倉庫內南半部中段靠烤漆板牆面彎曲變色嚴重處，布料燒燬至最底部且底座木材墊板呈炭化嚴重，足見火勢由此處向四周延燒；可見火勢由迦○倉庫南面烤漆板牆中段彎曲變色嚴重處內部起火燃燒；迦○倉庫內電源開關內受輕微延燒，且未發現可疑電線短路痕跡。起火處未發現有自然發火物，故自然發火可排除，亦未發現有電源線，故無電線走火可能，倉庫管理員蔡○○於4月28日19時15分下班，故其遺留火種如煙蒂等於4月29日0時40分起火可能性亦無；研判起火點在倉庫南半部中段靠烤漆板牆面彎曲變色嚴重處某一高度，因爲未發現具體起燃成災跡證，故起火原因未便臆測等情，有南投縣警察局火災原因調查報告書、火災現場平面物品配置圖各1份暨照片61幀附卷可稽（見87年度偵字第3393號偵查卷第一宗第8至23、76至92頁）；另對於本案火災發生之可能原因，亦經本院再次檢送相關扣案證物即鞋材布等取樣2包、空盒3個、散茶葉1袋及茶葉2包函請內政部消防署詳加鑑定，該局則以97年7月21日消署調字第0970900342號函覆稱：火災現場起火原因研判，須至火災現場實地勘察後，綜合現場燃燒痕跡、火流延燒方向，並輔以分隊出動觀察紀錄、目擊者陳述及其他可供佐證資料，據以分析研判後歸納起火處所，復於起火處清理後採集證物鑑驗，研判可能之起火原因，本案火災發生時，本署並無支援至現場勘察，且火災現場已拆除重建並另承租他人使用，無法單就書面資料據以分析研判，對火災原因若有疑義，建請由該案火災調查承辦人蒞庭補充說明等情，有上開函文正本1份在卷可按（見本院更（二）卷第76頁）。從而，前揭調查報告書中既對於本件火災之起火點及起火物品均有明確之判斷，雖對於究係由何種引火媒介（如汽油、火種、香煙等）所引起並無記載，且該等事證業因火災現場已重建而已無調查可能性，但依前開內政部消防署來函可知火災現場起火原因之研判，於至火災現場實地勘察後，仍可綜合現場燃燒痕跡、火流延燒方向，並輔以分隊出動觀察紀錄、目擊者陳述及其他可供佐證資料，據以分析研判後歸納出起火處所及研判可能之起火原因，故不得僅因火災調查報告未記載任何引火媒介，即直斷無積極證據證明係外力所爲，亦即本案起火原因是否爲外力所爲仍可自被告承租倉庫、進貨數量、進貨後貨物擺設位置、安裝保全系統、是否有人全天候看守數量龐大之貨物、對貨物進行保險及安裝保全系統、投保之日期與火災發生日期是否密接之關連性等各項因素進行評估判斷。而本件火災已排除自然發火、電線走火及煙蒂等遺留火種所引起火災之可能性，又依上開現場勘驗及繪製之配置圖之研判係內部起火燃燒（參佐同上偵查卷第一宗第13頁）。而上開迦◯倉庫係由乙推薦之蔡◯◯擔任倉庫管理員，顯然得以出入該倉庫之人僅被告、乙、蔡◯◯等少數之人而已。而火災發生時，由於被告所承租之倉庫內下午6時後並無人看管，經隔鄰柏◯企業股份有限公司駐夜人員發現並通知消防單位，火勢延燒1個多小時始被完全控制，並予以撲滅等情，亦有大◯公證有限公司起火原因調查書附卷爲證（見同上偵查卷第二宗第47頁），顯然被告所承租之上開倉庫夜間並未有人看守。被告既係存放其所自認價值數千萬元之布料、球拍套及茶葉，理應僱用倉庫管理員日夜看守，詎該倉庫竟僅由蔡◯◯管理日班，在夜間竟完全置於無人看管之境地，亦令人匪夷所思。再本件所燒燬500斤茶葉，被告原係與木材踏板、茶葉及轎車一起置放於迦◯倉庫之北面牆旁，有照片1幀在卷可憑（見同上偵查卷第一宗第17頁下幅），惟被告於火災發生前曾將易受潮之茶葉搬遷至該倉庫之西南角落，因西南角落之茶葉有日曬可能，與茶葉堆放不能有日曬之理相違，亦有上開火災原因調查報告書附卷爲憑（見同上偵查卷第一宗第10頁反面）。雖本件倉庫係坐西朝東，茶葉所放置位置係位於倉庫西南方角落廁所前方，與西方（北側）倉庫鐵皮圍牆緊鄰者爲一間廁所（見同上偵查卷第一宗第13、91頁），該處在南方位置設有窗户，在西方設有逃生門，由日照方向觀之，日落時由西方進入之日照餘暉，係先照射至廁所，堆置在西南角落之茶葉並不易遭受日落西方時之日照。但被告原所堆放茶葉之北面牆旁，因該北面牆均無窗户，復緊鄰昱◯公司及合◯公司，有火災現場平面物品配置圖爲證（見同上偵查卷第一宗第13頁），完全可將茶葉置於陰涼之處所合於保存茶葉之慣例，雖上開茶葉均係以眞空包裝後再置於方形或圓形筒内，但在北面牆旁之位置與西南角落之位置互相比較，當應以北面牆旁爲優先，而本件火災後，該北面牆之烤漆板僅呈變色情形，亦有照片1幀在卷可憑（見同上偵查卷第一宗第18頁上幅），如上開茶葉仍置放於原來之位置，當不致於損失如此慘重。被告將茶葉移置於西南角，而於10日内竟在南半部之中段起火，時間、地點均如此巧合，難謂被告無故意。被告既已經濟情況及經濟能力均不理想，竟仍於87年3月5日，以迦◯通信公司名義，與C公司訂立長達3年之廠房租約，且進大批之貨物，而所進之貨物又屬低劣之貨品，在發生火警後，則充當高級品，且在被告認為其所進之貨物既屬數量龐大之貨物，竟未全天候人看守，又於火災前安裝保全系統，並於火災前相當短暫之時間取得同意保險，隨即發生火警，在在顯示時間上、行為上不可思議之巧合，是被告意圖詐領鉅額之保險金應可認定。另被告雖稱當時外傳有外勞在該處滋事，可調旁邊工廠錄影帶觀看，惟被告所稱外勞滋事，屬於被告聽說之傳聞，並未提出積極之證據以供調查，且本件火災起火點係在被告所承租廠房之內部，而該倉庫復僅被告及乙等少數幾人得以進入，外勞無從進入該廠房倉庫，自可排除外勞滋事致生火警。且昱○公司、合○公司位置均在迦○公司之北側並彼此係以烤漆板相隔，而本件起火地點係在迦○公司南邊內部，顯與昱○公司、合○公司相距甚遠，且在相反之方向，顯然不可能由該2公司之錄影帶得以拍攝起火原因。而柏○公司係在迦○公司之南邊，且與本件起火點均在同邊，惟迦○公司之南邊烤漆板南側隔一水泥路面之巷道，在該巷道之南邊則有高起之土堆，土堆上則長滿雜草阻斷迦○公司與柏○公司相互間視野等情，亦有照片3幀在卷為證（見同上偵查卷第一宗第18頁反面上、下幅、21頁下幅），且柏○公司與迦○公司大門均面向東邊，亦有火災現場平面物品配置圖在卷可憑（見同上偵查卷第一宗第13頁），顯然亦無法由柏○公司之錄影帶拍攝本件起火現狀。況本件係於87年4月29日發生火警，迄今已逾10年，依常情，一般監視錄影帶均係數日或1週或1個月後，即重複使用，以節省成本，斷無保存數年之情事，是該3家公司於火災當日之監視錄影帶當已不復存在，基於上述理由，本院已無從再調取被告所稱之錄影帶，進行勘驗，附此敘明。

(十一)被告復辯稱：其與中興保全公司訂立契約之時間為87年4月8日，嗣伊於訂立火險契約時亦曾提示上開保全契約予保險公司人員，而前開保全公司復於同年4月18日前往被告所有倉庫裝設價值5萬3,414元之保全設備，保險契約乃於同年4月21日製作完成並寄發予被告，旋於同年4月29日發生火災，如伊係虛偽與前開保全公司訂約以取信保險公司，豈有明知同年4月29日將發生火災而仍於4月18日裝設價值5萬餘元之保全設備，而不拖延裝設時間之理？又伊於保全公司要保及火災發生前，已在倉庫大門上方裝設攝影機乙部（火災現場相片參照），如伊純係為詐領保險始虛偽與保全公司約定，本意非在裝設保全，豈有於未裝設保全前先斥資裝設攝影機之理？且伊亦可將火災延後半年，再使火災發生，較不會引起他人之懷疑。惟本件保險金之金額甚鉅，如因本件火災而獲保險公司順利理賠，被告即可取得相當鉅額之理賠金，均較被告所裝置價值5萬3,414元之保全設備高出甚多，則被告何須爲避免價值僅5萬3,414元之保全設備損害，致因要保不成，而未能依其計畫詐領鉅額保險金，是被告該項所辯純係本末倒置，自難足採信。再被告本身之經濟能力已甚不理想，延後6個月固然可以使人之懷疑心稍微降低，惟時間僅係被告是否詐領保險金之判斷要件之一而已，仍需由現場之狀況及其他各項情狀研判，復加上被告之經濟困難程度，亦難使其延後6個月再實施，此由被告在台中中小企銀埔心分行、迦◯通信公司在萬通銀行員林分行之支票存款户，自87年3月30日起即有零星因存款不足退票而未能註銷之情事，且於火災發生翌日即87年4月30日合計有4張之退票，87年5月15日更有合計達13張之退票（見本院更（一）卷第85、86、106之明細表），益見被告之財務狀況已惡化至無法再等待之狀況，應係急於趁大量退票前引發火災，以免起人疑竇。何況延後6個月再故意放火，並非可以完全排除被告涉犯詐領保險金之行爲，是被告此項辯解，亦難以採信。再被告曾經與乙於89年4月27日進行測謊，惟因被告連續咳嗽，乙則係皮膚發癢，致無法進行有效之比對鑑判，有內政部警政署刑事警察局鑑驗通知書在卷爲憑（見89年度偵字第1806號偵查卷第一宗第31頁），被告雖於本院審理時請求進行測謊，惟本案發生後迄至本院收案，業逾8年，被告心緒之起伏，因時間之經過已平復，且乙已不在人世，亦無法對被告及乙一併進行測謊比對。況被告並非未曾進行測謊，僅因當時之客觀因素致未能完成測謊而已。再測謊結論亦僅爲參考證據之一，並非具有決定性之證據能力，本院仍須就其他各項因素進行綜合之判斷，是本院亦基於上開理由，爰不依被告之請求，對被告進行測謊，併予敘明。

(十二)證人即被告之父親張◯◯於本院證述：「（檢察官問：87年4月28日當晚被告有無回家？）他當時在家，我當晚接到他朋友打來的電話，他聽到他朋友打電話來說發生火災，他才過去」等語（見本院上訴卷第104、105頁），顯見被告放火後即行回家，並在家中接獲發生火災之通知電話後，始行前往現場。其辯稱係在草屯保齡球館打球時，接獲通知發生火災云云（見87年度偵字第3393號偵查卷第一宗第4-1頁）；證人乙證述其當時與被告在草屯之保齡球館打保齡球，接獲蔡◯◯通知發生火災云云（見87年度偵字第3393號偵查卷第一宗第7、34頁），均非眞實，核屬維護被告之詞。又依一般人使用語言之慣性，「87年4月28日晚上」通常即含翌日（即29

日）凌晨之夜間，且證人張◯◯已明白證述被告在家聽到其朋友打電話來說發生火災，則該證人就檢察官之詰問，顯無錯置時間而誤答之情事，則被告聲請再傳喚證人張◯◯，核無必要。

(十三)綜上所述，被告既已經濟情況及經濟能力均不理想，爲求翻身償債，竟於87年3月5日，以迦◯通信公司名義，與C公司訂立長達3年之廠房租約，且進大批之貨物，而所進之貨物又屬低劣之貨品，在發生火警後，則充當高級品，且被告認爲其所進之貨物既屬數量龐大之貨物，竟未全天候派人看守，又於火災前安裝保全系統，並於火災前相當短暫之時間取得同意保險，隨即發生火警，在在顯示時間上、行爲上不可思議之巧合，是被告意圖詐領鉅額之保險金應可認定。被告前後所辯之各項理由，純係嗣後卸責之詞，尚難採信，本件事證已臻明確，被告犯行洵堪認定。

二、被告行爲後，94年2月2日修正公布之刑法，業於95年7月1日施行，應依刑法第2條第1項之規定比較應適用之法律如下：

(一) 論罪量刑之比較原則：應就罪刑有關之共犯、未遂犯、想像競合犯、牽連犯、連續犯、結合犯、以及各種加重原因（如累犯加重等）、各種減輕原因（如自首減輕等）暨其他法定加減原因（如身分加減）與加減例等一切情形，綜其全部罪刑之結果而爲比較（最高法院95年第8次刑事庭會議決議參照）。

(二) 修正刑法第33條第5款規定：「罰金：新台幣1,000元以上，以百元計算之」，且增訂刑法施行法第1條之1規定：「中華民國94年1月7日刑法修正施行後，刑法分則編所定罰金之貨幣單位爲新台幣。94年1月7日刑法修正時，刑法分則編未修正之條文定有罰金者，自94年1月7日刑法修正施行後，就其所定數額提高爲30倍。但72年6月26日至94年1月7日新增或修正之條文，就其所定數額提高爲3倍」，經比較修正前刑法第33條第5款、罰金罰鍰提高標準條例第1條前段、現行法規所定貨幣單位折算新台幣標準第2條等規定之適用結果，有關刑法第339條第1項法定刑罰金部分之最高額固均相同，惟最低額於修正前爲銀元10元即新台幣30元；修正後則爲新台幣1,000元，是此部分自以修正前之法律較有利於行爲人。

(三) 修正前刑法第26條前段「未遂犯之處罰，得按既遂犯之刑減輕之」之規定，已移列於修正刑法第25條第2項，此項變動未影響行爲人之刑罰法律效果，非屬刑法第2條第1項之「法律變更」，則有關對未遂犯爲刑之減輕，自應逕行適用修正刑法第25條第2項之規定。

(四) 修正前刑法第55條後段關於牽連犯之規定業經刪除，依修正前刑法第55條後段之規定，牽連之數罪可從一重處斷，而依修正後之刑法即應各別論處罪責，當以修正前之法律對行為人較為有利。

(五) 以上綜合比較結果，修正之法律未較有利於行為人，有關罪刑自應全部適用修正前之法律。

三、按認定犯罪事實所憑之證據，本不以直接之證據為限，間接之證據亦包括在內。查間接證據，在直接關係上，雖僅足以證明他項事實，但由他項事實，本於推理之作用，足以證明待證事實者。苟非憑空推想，此等間接證據，亦可做為論罪科刑之證據（最高法院22年上字第67號判例參照）。本件雖無被告自承涉犯上揭放火之直接證據，然依上開各間接證據，綜合印證，可以認定被告確有放火之動機、意圖及行為存在，再就此不尋常之動機等關係，及上開所詳述之事實，本於推理之作用，依經驗法則，自可認定。被告以放火燒燬其所承租於夜間無人所在之倉庫及其所堆置之貨物為手段，並隨即進行請求保險公司理賠未能得逞，故核被告所為，係犯刑法第174條第1項放火燒燬現未有人所在之他人所有建築物罪、第339條第3項、第1項之詐欺取財未遂罪。被告所為詐欺取財未遂之犯行，並未取任何金額，詐欺取財部分係未遂犯，此部分應依刑法第25條第2項之規定，減輕其刑。被告所犯上開放火及詐欺取財未遂二罪間，有方法、手段、結果之牽連關係，應依修正刪除前刑法第55條後段之規定，從一重之刑法第174條第1項放火燒燬現未有人所在之他人所有建築物罪處斷。原審判決認定被告無此犯行，而為無罪之判決，尚有未合，且公訴人係以刑法第174條第1項之放火燒燬未有人所在之他人所有建築物罪嫌起訴，該罪之法定刑為有期徒刑3年以上10年以下，應指定辯護人為被告辯護，原審竟未指定辯護人為被告辯護，其程序亦有不合，而此程序不合，須由事實審之法院逕行審理，非得以判決撤銷發回原審法院重行審理。是檢察官上訴指摘原審判決被告無罪為不當，其上訴即有理由，自應由本院將原審判決予以撤銷，改判被告有罪。爰審酌被告之素行（參卷附台灣高等法院被告前案紀錄表），其為求解決經濟上之困境，竟施行此種方法，以圖取得保險金，嚴重危害社會經濟體系，其犯意固屬不當，惟念及被告之妻業已離家他去，被告必須父兼母職，獨立扶養2名子女，且目前身罹疾病，拖病延生，處境亦使人憐憫，且其父已年老色邁，又被告目前尚未取得任何之賠償金額，未能達到目的等一切犯罪情狀，爰不依檢察官所為有期徒刑5年10月之具體求刑，從輕量處如主文第2項所示之刑。

四、公訴意旨另以：被告於86年12月24日，意圖爲自己不法之所有，並基於概括之犯意，先在彰化市○○里○○街4號1樓，虛僞設立迦○通信公司，於87年2、3月間，連續向A電機有限公司（下稱A公司）佯購價值合計61萬2,500元之行動電話，並向B國際股份有限公司（下稱B公司）台中分公司佯購價值25萬1,800元之行動電話，致A公司之負責人楊○○及B公司台中分公司不詳姓名之負責人陷於錯誤，而如數給付之。甲於初次交易得手後，未支付分文之貨款，隨即於87年3月間某日結束營業。因認被告涉犯刑法第339條第1項詐欺取財罪嫌。經查：

(一) 按犯罪事實應依證據認定之，無證據不得認定犯罪事實；又不能證明被告犯罪或其行爲不罰者，應諭知無罪之判決，刑事訴訟法第154條第2項、第301條第1項分別定有明文。又所謂認定犯罪事實之證據，係指足以認定被告確有犯罪行爲之積極證據而言，該項證據自須適合於被告犯罪事實之認定，始得採爲斷罪之資料；且如未能發現相當確實證據，或證據不足以證明，自不能以推測或擬制之方法，以爲裁判之基礎；而認定犯罪事實所憑之證據，雖不以直接證據爲限，間接證據亦包括在內，然而無論直接證據或間接證據，其爲訴訟上之證明，須於通常一般人均不致有所懷疑，而得確信其爲眞實之程度者，始得據爲有罪之認定，倘其證明尚未達到此一程度，而有合理之懷疑存在時，即難遽採爲不利被告之認定（最高法院76年台上字第4986號判例參照）。另刑事訴訟法第161條第1項規定：檢察官就被告犯罪事實，應負舉證責任，並指出證明之方法。因此，檢察官對於起訴之犯罪事實，應負提出證據及說服之實質舉證責任。倘其所提出之證據，不足爲被告有罪之積極證明，或其指出證明之方法，無從說服法院以形成被告有罪之心證，基於無罪推定之原則，自不得爲被告有罪之判決。

(二) 公訴人認被告涉犯此部分刑法第339條第1項之詐欺罪嫌，無非係以被告所設立之迦○通信公司，自設立時起至87年3月間結束營業爲止，在短短3個月之營業期間，於初次交易， 即分別向A公司購買61萬2,500元之行動電話及向B公司購買25萬1,800元之行動電話，得手後即告結束營業等情，業據證人即A公司之老闆娘楊○○及其公司之職員王○○於偵查中結證在卷；另證人王○○在偵查中結證稱：被告簽發4張支票予A公司用以支付貨款，惟屆期均遭退票而不獲兌現，嗣後，被告又開具2張本票換回上開支票，不久，迦○通信公司就結束營業等語；證人楊○○復結證稱：被告陸續進貨後來就跳票，本來開支票，跳票後就換本票，才拿土地設定第3順位抵押權予伊，但銀行抵押時就被拍賣了，伊也沒拿到錢等語；證人即B公司台中分公司之業務員簡○○於偵查中結證稱：被告向伊公司購買25萬1,800元之行動電話，所開具之支票均退票等語，且被告於事後抵押予證人楊○○之房地，因之前已以第1順位設定與萬通銀行，經拍賣後，償還第1抵押順位之債權猶仍不足，遑論設定第2、3順位抵押權予A公司及B公司？由此可知，被告於所簽發之支票不獲兌現之後，經被催討貨款而無力給付，遂佯稱同意設定抵押權予A公司及B公司，其意不過在脫免其被訴詐欺之刑責而已，爲其主要論據。

(三) 訊據被告堅決否認有此部分詐欺之犯行，辯稱：伊係陸續購買，並且每月結帳，嗣後因經營不善，支票退票，乃改換成本票，且伊有提出不動產供做抵押，伊並非故意詐騙等語。

本院查：

(1) 被告自86年底與A電機有限公司接洽購買行動電話，每月結帳，被告則開1個月之支票，當月購買則開下月的票，雙方自86年即有交易往來，被告所簽發之支票有兌現過，只有最後1次貨款61萬2,500元未能支付，交易總金額並不清楚等事實，業據證人楊○○（A公司負責人）、王○○（與被告實際接洽者）於本院結證明確（見本院上訴卷第一宗第138至143頁）；而被告於87年2月中旬與B公司訂約進貨，被告曾經先付貨款，B公司出貨有一定之額度，如未將前帳付清，就不會再出貨之情，亦據證人簡○○（與被告實際接洽者）於偵查時結證屬實（見89年度偵字第1806號偵查卷第一宗第196至198頁），顯然被告與上開2家公司訂約買貨，均係每月結帳，當月簽發下月之支票，如有1個月未能付清，即不出貨；而渠等公司與被告生意往來，均曾兌現過，則被告於交易過程中，即難認有故意詐騙之行爲，其所辯尚難認係不可採。

(2) 被告所簽發之支票未能兌現時，改簽發本票，當本票亦未能兌現時，則提供不動產充爲抵押物，由A等公司設定抵押，嗣A公司聲請拍賣抵押物，惟未能獲得分配等情，復有台灣彰化地方法院民事執行處通知2紙附卷可資佐證（見89年度偵字第1806號偵查卷第一宗第67、68頁），雖被告所提供之不動產因曾設定前順位之抵押，致A公司未能獲得其債權之分配，惟被告業已盡其所能提供相當之擔保，亦難認被告有詭詐之故意。

(3) 綜上所述，檢察官此部分所舉之證據，尚無從使本院得以確信被告有詐欺之故意，被告此部分所辯，即非無理由。是被告上開行為，應無觸犯刑法第339條第1項詐欺取財罪可言。且本院在得依或應依職權調查證據之範圍內，復查無其他積極證據足以證明被告確有公訴意旨所指上開犯行，是此部分要屬不能證明被告犯罪。惟因公訴人認此部分與被告前開論罪科刑之詐欺取財未遂部分，有連續犯之裁判上一罪關係，爰不另為被告無罪之諭知。

據上論斷，應依刑事訴訟法第369條第1項前段、第364條、第299條第1項前段，刑法第2條第1項、第174條第1項、第339條第3項、第1項、第25條第2項，修正刪除前刑法第55條後段，刑法施行法第1條之1第1項、第2項前段，判決如主文。

本案經檢察官甲到庭執行職務。

中　　華　　民　　國　　○○　　年　　○○　　月　　○○　　日

刑事第九庭

審判長法官　江○○

法官　賴○○

法官　許○○

上列正本證明與原本無異。

如不服本判決應於收受送達後20日內向本院提出上訴書狀，其未敘述上訴之理由者並得於提起上訴後20日內向本院補提理由書（均須按他造當事人之人數附繕本）。

書記官　紀○○

中　　華　　民　　國　　○○　　年　　○○　　月　　○○　　日

附錄：本案論罪科刑法條

刑法第174條：

放火燒燬現非供人使用之他人所有住宅或現未有人所在之他人所有建築物、礦坑、火車、電車或其他供水、陸、空公眾運輸之舟、車、航空機者，處三年以上十年以下有期徒刑。

放火燒燬前項之自己所有物，致生公共危險者，處六月以上五年以下有期徒徒刑。

失火燒燬第一項之物者，處六月以下有期徒刑、拘役或九千元以下罰金；失火燒燬前項之物，致生公共危險者亦同。

第一項之未遂犯罰之。

刑法第339條：

意圖爲自己或第三人不法之所有，以詐術使人將本人或第三人之物交付者，處五年以下有期徒刑、拘役或科或併科五十萬元以下罰金。

以前項方法得財產上不法之利益或使第三人得之者亦同。

前二項之未遂犯罰之。

狀別：刑事上訴暨上訴理由狀

原審案號及股別：97年重上更（二）字○○號○股

上訴人即被告　甲　　身分證字號：○　性別：○　生日：○　住：○

選任辯護人　　何志揚律師

爲被告因公共危險等案件，不服台灣高等法院台中分院97年11月11日97年度重上更（二）字第50號刑事判決，謹於法定期間內具理由提起上訴事：

一、經查原判決有以下之判決違背法令之處，茲分述如下：

被告並無放火燒燬未有人所在之他人建築物犯行：

(一) 按判決不載理由者當然爲違背法令，所謂判決不載理由，係指依法應記載於判決理由內之事項不予記載，或記載不完備者而言，此爲刑事訴訟法第379條第14款上段之當然解釋（最高法院63年台上字第3220號判例意旨參照），判決書內應記載事實，刑事訴訟法第311條已有明文，所謂事實，不僅指犯罪之行爲而言，即犯罪之時、日，如與適用法律有關，亦應依法認定，予以明確之記載（最高法院19年上字第1342號判例意旨參照），科刑判決書須先認定犯罪事實，然後於理由內敘明其認定犯罪所憑之證據，方足以資論罪科刑，否則僅於理由內敘明其有犯罪之證據，而事實欄內並未認定有何種犯罪之事實，不但理由失其根據，且與法定程式亦不相符（最高法院24年上字第1032號判例意旨參照）。

(二) 經查原判決於犯罪事實欄載：「……被告甲爲解決此一龐大之債務，明知其經濟能力不佳，竟意圖爲自己不法所有詐領保險金意圖，進行如下之計畫」（參原判決第2頁第9行起）、「……被告甲收受該保險單後，有恃無恐，竟於87年4月29日凌晨0時至0時30分許間，獨自一人進入廠房內，以不詳之方式，放火燒燬上開現未有人所在之他人所有建築物廠房，隨即返家。嗣被告甲在家接獲不詳之人之通報電話，始佯於同日（即87年4月29日）凌晨約2時至3時間，趕往現場處理。該火場則經南投縣消防隊於同日凌晨0時40分許據報前往滅火，迄同日凌晨1時54分許完全撲滅，惟該無人所在之他人建築物即廠房內之貨物則完全燒燬」（參原判決第5頁倒數第12行起），惟於理由欄內除僅載：「被告以放火燒燬其所承租於夜間無人所在之倉庫及其所堆置之貨物爲手段，並隨即進行請求保險公司理賠未能得逞，核被告所爲，係犯刑法第174條第1項放火燒燬現未有人所在之他人所有建築物罪、第339條第3項、第1項之詐欺取財未遂罪」（參原判決第36頁倒數第9行起）外，關於被告甲究竟如何一人於何時進入該廠房縱火？及以何方式縱火？於何時縱火後隨即返家？等攸關犯罪構成要件之事實記載均付之闕如，而對於公訴人起訴書所載認定被告甲係與共同被告乙共謀縱火，原審對此竟未於判決理由項下記載何以乙不知情？（按原判決於判決理由記載：「而上開迦○倉庫係由乙推薦之蔡○○擔任倉庫管理員，顯然得以出入該倉庫之人僅被告、乙、蔡○○等少數之人而已」（參原判決第32頁第18行起）、「再被告曾經與乙於89年4月27日進行測謊，惟因被告連續咳嗽，乙則係皮膚發癢，致無法進行有效之比對鑑判，有內政部警政署刑事警察局鑑驗通知書在卷爲憑（見89年度偵字第1806號偵查卷第一宗第31頁），被告雖於本院審理時請求進行測謊，惟本案發生後迄至本院收案，業逾8年，被告心緒之起伏，因時間之經過已平復，且乙已不在人世，亦無法對被告及乙一併進行測謊比對」（參原判決第35頁倒數第9行起），似乎又認爲乙亦爲本案縱火之共犯，因此原判決除有不備理由之違法，亦有理由矛盾之違誤。原判決雖另以：「本件雖無被告自承涉犯上揭放火之直接證據，然依上開各間接證據，綜合印證，可以認定被告、乙確有放火之動機、意圖及行爲存在，再就此不尋常之動機等關係，及上開所詳述之事實，本於推理之作用，依經驗法則，自可認定」（參原判決第38頁第5行起），惟犯罪事實應依證據認定之，無證據不得認定犯罪事實，刑事訴訟法第154條第2項定有明文，又「認定犯罪事實所憑之證據，固不以直接證據爲限，間接證據亦應包含在內，惟採用間接證據時，必其所成立之證據，在直接關係上，雖僅足以證明他項事實，而由此他項事實，本於推理之作用足以證明待證事實者，方爲合法，若憑空之推想，並非間接證據」（最高法院32年上字第67號判例意旨參照），本案縱認被告有故意放火及詐領保險金之犯罪動機及意圖，然究竟原審係憑何種間接證據可以證明他項事實並推理被告有以不詳方式縱火，則未見原判決於判決理由欄項下詳細記載，當有判決不載理由及未依證據認定事實之違法。

(三) 經查，本件南投縣警察局消防隊（現已改制爲南投縣消防局）於現場勘驗後，認倉庫內南半部中段靠烤漆板牆面彎曲變色嚴重處，布料燒燬至最底部且底座木材墊板呈炭化嚴重，足見火勢由此處向四周延燒（參南投地方檢察署87年度偵字第3392號卷第一宗第10頁）；起火處未發現有自然發火物，故自然發火可排除，亦未發現有電源線，故無電線走火可能，倉庫管理員蔡○○於4月28日19時15分下班，故其遺留火種如煙蒂等於4月29日0時40分起火可能性亦無（參上揭卷第11頁）；研判起火點在倉庫南半部中段靠烤漆板牆面彎曲變色嚴重處某一高度因為未發現具體起燃成災跡證，故起火原因未便臆測等語（參上揭卷第11頁正反面），有南投縣警察局火災原因調查報告書一份附卷可稽，該報告書中對於本件火災之起火點及起火物品固均有明確之判斷，惟對於究係何種引火媒介（如汽油、火種、香煙等）所引起則無記載，且經採集現場起火點燃燒物品送鑑，亦未發現上開引火媒介，而火災之發生如係被告以外力所為，其必有引火媒介始足以使物品燃燒產生火災，既未發現外力所為之引火媒介，則火災之發生即無積極證據證明係被告以外力所為甚明（最高法院97年度台上字第1360號第2頁第14行起第二次發回意旨參照），原判決雖以：「從而，前揭調查報告書中既對於本件火災之起火點及起火物品均有明確之判斷，雖對於究係由何種引火媒介（如汽油、火種、香煙等）所引起並無記載，且該等事證業因火災現場已重建而已無調查可能性，但依前開內政部消防署來函可知火災現場起火原因之研判，於至火災現場實地勘察後，仍可綜合現場燃燒痕跡、火流延燒方向，並輔以分隊出動觀察紀錄、目擊者陳述及其他可供佐證資料，據以分析研判後歸納出起火處所及研判可能之起火原因，故不得僅因火災調查報告未記載任何引火媒介，即直斷無積極證據證明係外力所為，亦即本案起火原因是否為外力所為仍可自被告承租倉庫、進貨數量、進貨後貨物擺設位置、安裝保全系統、是否有人全天候看守數量龐大之貨物、對貨物進行保險及安裝保全系統、投保之日期與火災發生日期是否密接之關連性等各項因素進行評估判斷。而本件火災已排除自然發火、電線走火及煙蒂等遺留火種所引起火災之可能性，又依上開現場勘驗及繪製之配置圖之研判係內部起火燃燒（參佐同上偵查卷第一宗第13頁）。而上開迦○倉庫係由乙推薦之蔡○○擔任倉庫管理員，顯然得以出入該倉庫之人僅被告、乙、蔡○○等少數之人而已。而火災發生時，由於被告所承租之倉庫內下午6時後並無人看管，經隔鄰柏○企業股份有限公司駐夜人員發現並通知消防單位，火勢延燒1個多小時始被完全控制，並予以撲滅等情，亦有大◯公證有限公司起火原因調查書附卷爲證（見同上偵查卷第二宗第47頁），顯然被告所承租之上開倉庫夜間並未有人看守。被告既係存放其所自認價值數千萬元之布料、球拍套及茶葉，理應僱用倉庫管理員日夜看守，詎該倉庫竟僅由蔡◯◯管理日班，在夜間竟完全置於無人看管之境地，亦令人匪夷所思。再本件所燒燬之500斤茶葉，被告原係與木材踏板、茶葉及轎車一起置放於迦◯倉庫之北面牆旁，有照片1幀在卷可憑（見同上偵查卷第一宗第17頁下幅），惟被告於火災發生前曾將易受潮之茶葉搬遷至該倉庫之西南角落，因西南角落之茶葉有日曬可能，與茶葉堆放不能有日曬之理相違，亦有上開火災原因調查報告書附卷爲憑（見同上偵查卷第一宗第10頁反面）」（參原判決第32頁第1行起），而認：「被告將茶葉移置西南角，而於10日內竟在南半部之中段起火，時間地點均如此巧合，難謂被告無故意，被告既已經濟情況及經濟能力均不理想，竟仍於87年3月5日以迦◯通信公司名義，與C公司訂立長達3年之廠房租約，且進大批之貨物，而所進之貨物又屬低劣之貨品，竟未全天候人看守，又於火災前安裝保全系統，並於火災前相當短暫之時間取得同意保險，隨即發生火警，在在顯示時間上、行爲上不可思議之巧合，是被告意圖詐領鉅額之保險金應可認定」（參原判決第33頁倒數第11行起），然判決理由欄內並無任何隻字片語提及被告係以何種外力引火故意燒火倉庫內之貨物，此係攸關被告是否構成刑法第174條第1項罪責之判斷，而本案依據該調查報告亦無法排除係失火或他人所爲，原判決在未辨明本案引火媒介爲何？被告是否有以外力故意放火？猶然大篇幅抄襲原前審判決內容遽以臆測推論擬制之方法而認定事實，顯有不載理由及查證未盡之違法。

(四) 再按經驗法則或論理法則，乃客觀存在之法則，非當事人主觀之推測（最高法院74年台上字第1987號判例意旨參照），證據之證明力如何，雖屬於事實審法院自由判斷職權，而其所爲判斷，仍應受經驗法則與論理法則之支配（最高法院53年台上字第2067號判例意旨參照）。原判決意旨固認被告於火災發生前曾將易受潮之茶葉搬遷至西南角窗口處，顯有悖常理，認應係故意放火云云。然由南投縣警察局消防隊所繪製之火災現場場圖觀之，本件倉庫係坐西朝東，茶葉所放置位置係位於倉庫西南方角落廁所前方，與西方（北側）倉庫鐵皮圍牆緊鄰者爲一間廁所（參南投地方檢察署87年度偵字第33993號卷第一宗第13頁、第91頁），該處在南方位置設有窗户，在西方設有逃生門，由日照方向觀之，日落時由西方進入之日照餘輝，係先照射至廁所，堆置在西南角落之茶葉並不易遭受日落西方時之日照甚明。而徵諸現場相片（同上揭卷第21頁背面、第22頁、第90頁）所示，茶葉均係以真空包裝後再置於方形或圓形筒內，此種包裝方式本即不易受日照水氣所影響，果被告確有將茶葉遷移至西南角落，亦應無違茶葉保存之方式。而該倉庫西南角落亦非易受日照及受潮之處，尚難據以被告曾遷移茶葉存放地點此節，即推論被告有故意放火犯行。原判決固以因北面牆均無窗户，與西南角落位置比較，完全可將茶葉至於陰涼之處所合於保存茶葉之慣例，當應以北面牆旁爲優先云云，惟北面牆均無窗户，有火災現場平面配置圖一份爲證（參前揭卷第13頁），對於茶葉之保存固不易受日照，但卻因完全無日照反而更易使茶葉受潮，因此原審未明究茶葉易受潮之屬性，驟然推論被告不選擇將茶葉移至北面牆旁，反而將茶葉移置於西南角，難謂無放火之故意，自有不依證據認定事實及任作主張之違法，更何況前開倉庫内堆放之貨物，除茶葉外，其餘貨品均未移動原所堆置位置，亦難據此即認被告有放火之罪嫌。

(五) 另查，被告與前開保全公司訂立契約之時間爲87年4月8日（參前揭卷宗第14頁），嗣被告於訂立火險契約時亦曾提示上開保全契約予保險公司人員，而前開保全公司復於同年4月18日前往被告所有倉庫裝設價值5萬3,414元之保全設備，保險契約乃於同年4月21日製作完成並寄發予被告，又被告存放於該倉庫内之尼龍布、鞋材布、牛津布、球拍套及茶葉等貨物，出險時實質新台幣1,483萬6,930元（參南投地方檢察署87年度偵字第3393號卷第二宗第48頁），證人楊○○更證稱：「【（提示卷附大○公證公司報告）是你承辦是你寫的】是的，是我到現場看的」、「數量是去現場清點出來，沒有書面記載，只是我去現場時記下來，我們公司只有我一人去」（前揭卷第86頁反面），倘非子虛，旋於同年4月29日發生火災，果被告係虛僞與前開保全公司訂約以取信保險公司，豈有明知同年4月29日將發生火災而仍於4月18日裝設價值5萬餘元之保全設備，而不拖延裝設時間，且倉庫存貨高達1,000餘萬元未先將存貨搬出之理？又被告於保全公司要保及火災發生前，已在倉庫大門上方裝設攝影機乙部（南投地方檢察署87年度偵字第3393號卷第一宗第18頁火災現場相片（六）參照），果如原判決意旨所稱被告係爲詐領保險金始虛僞與保全公司約定，本意非在裝設保全，豈有於未裝設保全前先斥資裝設攝影機之理？故原判決以「被告即可取得相當鉅額之理賠金，均較被告所裝置之5萬3,414元之保全設備高出甚多，則被告何須爲避免價值5萬3,414元之保全設備損害，致因詐領保險金之手段及燒燬倉庫內之各項貨物無法完成，而未能領取保險金，是被告該項所辯純係本末倒置，自難足採信」（參原判決第35頁第4行起），未慮及上情，並憑前開情況證據即據以推論被告有放火之犯行，自有不依證據認定事實之違法。

(六) 原判決意旨另認被告於台中中小企銀埔心分行申請設立支票帳户，而該帳户自開户起至87年3月8日止，於2個月期間內，存款僅剩1,089元，迄同年5月1日即被列爲拒絕往來户而認被告因經濟困難而起意詐領保險金云云。惟查被告上開支票帳户內進出金額由數萬元至30餘萬元不等，實非空户，此有於台中中小企銀埔心分行檢附之被告帳户87年1月1日至87年5月1日間交易明細可稽（參南投地方檢察署87年度偵字第1806號卷（一）第81、82、83頁），又支票（即甲存）帳户因無利息，所以依生意往來慣例，帳户內金額通常係簽發支票到屆期始會存入等額金錢，並無事前在帳户內存放鉅額金錢之理。而上開帳户係被告經營通訊行所使用之帳户，與本件發生火災之貿易公司係被告與他人合夥不同，二家公司資金不必然有往來關係，況通訊行與貿易公司所需資金及貨物價格殊異，亦不能以被告所經營通訊行進出金額與貿易公司進貨金額不相當，即遽認被告已陷於經濟困難而有放火詐領保險金之意圖。又被告於火災發生前，曾以現金180萬元購買汽車及並支付房屋頭期款200萬元，此業據證人張○○即房屋出賣人於第一審調查時及證人陳○○於原判決到庭證述屬實（參第一審卷第90頁至第97頁、第131頁及原判決卷（一）第145頁），果被告如原判決意旨所指陷於經濟困頓之際始起意放火詐領保險金，豈有再斥鉅資購買汽車及房屋之理？原判決未於理由欄項下記載何以不採信前揭有利被告證據之理由，自有不載理由之違法。

(七) 末按依法應於審判期日調查之證據而未予調查，判決當然違背法令，刑事訴訟法第379條第10款定有明文，而刑事訴訟法第379條第10款所稱應調查之證據，係指與待證事實有重要關係，在客觀上認爲應行調查者而言（最高法院72年台上字第7035號判例意旨參照），經查被告曾於原前審準備程序期日及審理期日聲請調閱倉庫四周相鄰公司之監視器錄影帶查證放火之人（參原前審卷（一）第100頁及卷（二）第22頁、第71頁、第115頁），此乃可以查證故意放火人必要之調查方法，攸關本案被告是否曾參與共同放火犯行之認定，原判決固以被告所稱外勞在外滋事屬傳聞證據，並未提供積極之證據供調查，且本件火災起火點係在被告所承租廠房之內部，外勞無從進入，起火點與相鄰之昱◯公司、合◯公司相距甚遠，且在相反方向，柏◯公司雖與起火點同邊，但視野遭高起之土堆及雜草阻斷，顯然無法經由錄影帶拍攝本件起火現狀，況本案發生迄今已逾8年無法認該三家公司仍有保存云云，惟查被告已指出可供調查之方法及證據，且該監視器錄影帶證據自公訴人偵查、第一審及原判決雖均未查證，且迄今已逾8年，不必然即已滅失未保存，況本件火災之報案人即係相鄰之柏◯公司員工毛三期（參南投地方檢察署87年度偵字第3393號卷第一宗第6頁），又依證人李◯◯於偵查中87年10月15日寄予公訴人之信函後附繪製之現場圖載明：「消防隊提供有一窗户之鐵條有被鋸齊開來之情形」（同前揭卷第164頁後附信函），又證人蔡◯◯於消防隊調查時亦供陳：「以前有看到泰國人在倉庫旁空地喝酒被本人趕走希望警方能調查起火原因」（同前揭卷第2頁），果非子虛，則被告所稱疑遭外勞滋事放火之說並非無由，倘如能調閱三家鄰近公司之監視器錄影帶並加以勘驗，並傳訊柏◯公司員工毛三期及消防隊之人員，即可查知案發當晚是否窗户之鐵條有被鋸齊開來之情形，且另對於本案火災發生之可能原因，亦經原審再次檢送相關扣案證物即鞋材布等取樣2包、空盒3個、散茶葉1袋及茶葉2包函請內政部消防署詳加鑑定，該局則以97年7月21日消署調字第0970900342號函覆稱：火災現場起火原因研判，須至火災現場實地勘察後，綜合現場燃燒痕跡、火流延燒方向，並輔以分隊出動觀察紀錄、目擊者陳述及其他可供佐證資料，據以分析研判後歸納起火處所，復於起火處清理後採集證物鑑驗，研判可能之起火原因，本案火災發生時，本署並無支援至現場勘察，且火災現場已拆除重建並另承租他人使用，無法單就書面資料據以分析研判，對火災原因若有疑義，建請由該案火災調查承辦人蒞庭補充說明等情，有上開函文正本1份在卷可按（見原審更（二）卷第76頁），因此原審未再傳訊消防局承辦人員到案說明，疏未審及此，自有查證未盡之違法。

二、又原判決顯然違反最高法院96年度台上字第633號判決發回所具體指摘部分：案發當時被告確實在草屯康立德保齡球館打保齡球：

(一) 經查證人乙（已死亡）於檢察官訊問時證稱：「（問：火災是何人通知你？）蔡◯◯半夜1點多，當時我與被告甲在草屯康立德保齡球館打保齡球」，證人蔡◯◯亦證稱：「半夜1點半左右，是中興保全通知彰化中興保全公司，有留電話，我打行動電話給乙，他很緊張便到公司」（參南投地方檢察署87年度偵字第3393號卷第一宗第34頁），二人所證與被告所供述相同，足見被告所辯自堪採信，原判決雖以相互勾串均非眞實不足採信，然證人張○○固於作證時供述：「（87年4月28日當晚被告有無回家？）他當時在家，我當晚接到他朋友打來的電話，他聽到他朋友打電話來說發生火災，他才過去」（參原前審卷（二）第104、105頁），惟此部分證詞應是證人張○○誤以爲檢察官所問之問題爲87年4月29日當晚被告有無回家，而誤答所致，蓋火災發生當天係87年4月29日凌晨0時40分，因此與前揭證人證詞並無不同之處，原判決雖以依一般人使用語言之慣性，「87年4月28日晚上」通常即含翌日（即29日）凌晨之夜間，且證人張○○已明白證述被告在家聽到其朋友打電話來說發生火災，則該證人就檢察官之詰問，顯無錯置時間而誤答之情事，則被告聲請再傳喚證人張○○，核無必要云云（參原判決第34頁倒數第8行起），然倘若採信張○○之證詞認爲火災發生當晚被告在家，接到朋友電話說發生火災才過去，此恰足證明案發時被告不在現場，然究竟證人張○○何時見到被告在家？被告何時接到電話？何時過去火災現場？又如何在與乙共同縱火後返回家中？均攸關被告是否有可能縱火之事實認定，原審未審酌上情傳訊證人張○○到庭釐清，自有調查未盡及判決不載理由之違誤。

(二) 被告與證人謝○○所證述內容相同並無不一致之情形：次查被告固於第一審供稱：「不曉得是日期開錯了，或印鑑蓋錯了，我拿現金叫謝○○通知李○○把支票換回來，我拿現金支付保險費」，而證人謝○○就其介紹上訴人向華僑保險公司投保火災保險之經過，亦供稱其介紹被告「與賴先生聯繫，後來保險的事都是他們自己談，後來被告來找我，說他開給華僑的大小章好像蓋錯了，就拿了10萬元的現金給我，要我到華僑換回開給華僑的支票，我就去找賴先生，我將錢給賴先生」云云（見第一審卷第102、103、119頁），然證人李○○於第一審也供證：「我印象中投保後賴主任有告訴謝○○，保費繳清，公司才能編案號，後來謝○○就拿現金來換支票」（同前揭卷第103頁），對照證人謝○○所證：「我認識華僑產物保險公司的賴○○，因爲我是開洗車廠，被告去洗車認識他，在聊天中被告提到他要投保的事情，問我有沒有認識的，我說我有認識賴先生……我就介紹被告與賴先生聯繫，後來保險的事都是他們自己談，後來被告來找我，說他開給華僑的大小章好像蓋錯了，就拿了10萬元的現金給我，要我到華僑換回開給華僑的支票，我就去找賴先生，我將錢給賴先生」，故被告對於囑託謝◯◯以現金換回支票情節所述均一致，而華南產物保險公司賴◯◯係主任，李◯◯則爲其下之業務，當時華南產物保險公司承保時是派李◯◯與被告接洽，而證人謝◯◯則是認識其主任賴◯◯，因此該二人均爲華南產物保險公司之職員，均有收受客户保費之權限，故被告曾於原審具狀聲請如原審對於被告以現金換回支票之細節有疑義，仍可再傳訊證人賴◯◯及李◯◯到庭，即可證明是否被告有以現金換回支票之事，然原審對上開調查證據之聲請竟以無傳訊之必要，更錯認以下事實：「又華僑保險公司員林服務處賴◯◯主任指派業務員李◯◯承辦並現場勘查，被告當場有出示保全合約書，3、4天後被告曾多次打電話詢問保單好了沒有，且被告於勘查當日交付以迦◯通信公司爲發票人、帳號：◯◯◯－◯◯◯－◯◯◯◯◯◯◯－◯號、付款人：萬通銀行員林分行、發票日：87年5月21日、票號：◯◯◯◯◯◯◯、面額10萬元之支票，用以繳交保險費，惟該支票屆期提示，因存款不足而遭退票，被告始託謝◯◯拿10萬元現金向華僑保險公司換回該支票等情，業據證人李◯◯於偵查、原審結證明確（見同上偵查卷第一宗116頁、89年度偵字第1806號偵查卷第一宗第19、20、125至127頁佐以87年度偵查卷第3393號偵查卷第一宗第165-1至165-3李◯◯之書面説明、原審卷第102、103頁）（參原判決第27頁倒數第10行起），蓋證人李◯◯於偵查中證述：「（退票是連絡何人？）未退票時謝◯◯通知我們主任賴◯◯因我們提前繳，後來未到期便打電話給主任説要拿現金換回支票」（參89年度偵字第1806號偵查卷第一宗第20頁），固然李◯◯曾於偵查中提供書面資料載：「於查勘當日即開立5月21日到期萬通銀行2742363號乙紙支票後遭退票無法兑現，委由介紹人謝◯◯拿現金換回該票以現金支付保費」，然上開書面資料顯然與李◯◯供述證述未到期前即換回支票之內容不符，且綜觀全卷並無任何萬通銀行2742363號乙紙遭退票之支票，原審竟片面認定該支票係因存款不足遭退票，且所憑之資料又係中國信託銀行所提供之資料（而非萬通銀行員林分行之資料，參更一審卷第94、106及107頁），原審未再傳訊證人李◯◯、賴◯◯到庭釐清上開事實，自有不依證據認定事實及任作主張、調查未盡之違法。

三、綜上所述，本件並無任何積極證據可證明被告有縱火之犯行，原判決亦仍有最高法院前揭發回意旨指摘之違誤，懇請鈞院鑒核，迅撤銷原判決，該諭知被告無罪，或將本件發回原法院更爲審理，以免冤抑，而障權利。

謹 狀

台灣高等法院台中分院刑事庭 轉呈
最高法院刑事庭　公鑒
中　華　民　國　○○　年　○○　月　○○　日
具狀人　甲　　　　　簽名蓋章
選任辯護人　何志揚律師

最高法院刑事判決
98年度台上字第1705號
上　訴　人　甲
上列上訴人因公共危險案件，不服台灣高等法院台中分院中華民國97年11月11日第二審更審判決（97年度重上更（二）字第50號，起訴案號：台灣南投地方檢察署89年度偵字第1806號），提起上訴，本院判決如下：

主文

原判決撤銷，發回台灣高等法院台中分院。

理由

本件原判決撤銷第一審以上訴人甲被訴涉犯刑法第174條第1項放火燒燬現未有人所在之他人所有建築物之罪，犯罪不能證明，諭知其無罪之判決，改判論處上訴人放火燒燬現未有人所在之他人建築物罪刑，固非無見。

惟查：

(一) 審理事實之法院，對於案內與認定事實、適用法律、罪名成立與否或於公平正義之維護或對被告之利益有重大關係之一切證據，除認爲不必要者外，均應詳爲調查，然後基於調查所得之心證以爲判斷之基礎；苟與認定事實、適用法律有重要關係，或於公平正義之維護或對被告之利益，有重大關係之事項，在客觀上認爲應行調查之證據，又非不易調查或不能調查，而未依法加以調查，或證據雖已調查而其內容尚未明瞭者，即與未經調查無異，如遽行判決，即屬刑事訴訟法第379條第10款所稱之當然違背法令。本件原判決於事實認定：上訴人意圖詐領保險金，於民國87年4月29日凌晨0時至0時30分許間，獨自進入南投縣南投市○○路145之1號B棟廠房迦○倉庫（下稱迦○倉庫）內，以不詳之方式，放火燒燬該現未有人所在之他人所有建築物廠房等情，雖已於理由內說明：上訴人既已經濟情況及經濟能力均不理想，爲求翻身償債，竟於87年3月5日，以迦○通信有限公司（下稱迦○通信公司）名義，與C有限公司（下稱C公司）訂立長達

3年之廠房租約，存放大批低劣貨物，在發生火警後，則充當高級品，且上訴人既於倉庫存放大量貨物，竟未全天候派人看守，又於火災前安裝保全系統，並於火災前相當短暫之時間取得同意保險，隨即發生火警，時間上、行爲上均屬不可思議之巧合，顯具詐領鉅額保險金之意圖，而故意放火燒燬存放迦◯倉庫之貨物等語（見原判決理由貳、（十三））。但上訴人承租之迦◯倉庫起火後，經南投縣警察局消防隊（現已改制爲南投縣消防局）於現場勘驗後認：迦◯倉庫南面牆中段烤板外觀燒燬彎曲變色最爲嚴重，且短牆水泥面呈剝落及稀白痕跡；迦◯倉庫內南半部中段靠烤漆板牆面彎曲變色嚴重處，布料燒燬至最底部且底座木材墊板呈炭化嚴重，足見火勢由此處向四周延燒；可見火勢由迦◯倉庫南面烤漆板牆中段彎曲變色嚴重處內部起火燃燒；迦◯倉庫內電源開關內受輕微延燒，且未發現可疑電線短路痕跡。起火處未發現有自然發火物，故排除自然發火，亦未發現有電源線，故無電線走火可能，倉庫管理員蔡◯◯於4月28日19時15分下班，亦無遺留火種如煙蒂等於4月29日0時40分起火之可能性；研判起火點在倉庫南半部中段靠烤漆板牆面彎曲變色嚴重處某一高度因爲未發現具體起燃成災跡證，故起火原因未便臆測等情，有南投縣警察局火災原因調查報告書、火災現場平面物品配置圖各一份暨照片61幀附卷可稽（見87年度偵字第3393號偵查卷第一宗第8至23、76至92頁）。上開調查報告因未能認定起火原因，原審又依上訴人選任辯護人之聲請，就本案火災發生之可能原因，再次檢送相關扣案證物即鞋材布等取樣2包、空盒3個、散茶葉1袋及茶葉2包函請內政部消防署（下稱消防署）鑑定，經該局以97年7月21日消署調字第0970900342號函覆稱：「火災現場起火原因研判，須至火災現場實地勘察後，綜合現場燃燒痕跡、火流延燒方向，並輔以分隊出動觀察紀錄、目擊者陳述及其他可供佐證資料，據以分析研判後歸納起火處所，復於起火處清理後採集證物鑑驗，研判可能之起火原因，本案火災發生時，本署並無支援至現場勘察，且火災現場已拆除重建並另承租他人使用，無法單就書面資料據以分析研判，對火災原因若有疑義，建請由該案火災調查承辦人蒞庭補充說明」（有上開函文正本在卷可按，見原審卷第76頁）。原判決依該函所示，認本案起火原因是否爲外力所爲，仍可自上訴人承租倉庫、進貨數量、進貨後貨物擺設位置、安裝保全系統、是否有人全天候看守數量龐大之貨物、對貨物進行保險及安裝保全系統、投保之日期與火災發生日期是否密接之關連性等各項因素進行評估判斷。而本件火災已排除自然發火、電線走火及煙蒂等遺留火種所引起火災之可能性；且依上開現場勘驗及繪製配置圖之研判係於倉庫內部起火燃燒，亦排除外勞放火可能性。並以上訴人既存放自認價值數千萬元之布料、球拍套及茶葉於倉庫內，竟於夜間完全置於無人看管之境地，復於火災發生前，故意將易受潮之茶葉搬遷至倉庫西南角落有受日曬之可能，致生損害慘重，核與常情不合。又於火災前安裝保全系統，及短暫時間取得同意保險後，隨即發生火警，上訴人顯係意圖詐領鉅額之保險金等語（見原判決理由貳、一、（十））。然本件火災縱如原判決所認，已排除自然發火、電線走火及煙蒂等遺留火種所引起，及外勞放火可能性，並係於倉庫內部起火，是否即屬人爲縱火？仍有疑問。查認定上訴人有本件放火罪行，須以上訴人承租之迦〇倉庫係人爲縱火爲前提要件。而本件上開南投縣消防局火災原因調查報告書、消防署鑑定函均無法研判起火原因，原判決亦未說明如何依消防署鑑定函所載：「綜合現場燃燒痕跡、火流延燒方向，分隊出動觀察紀錄、目擊者陳述等資料，據以分析研判後歸納起火處所，再於起火處清理後採集證物鑑驗，研判可能之起火原因」，據以確認本件火災係人爲縱火所引起。且該函既載明：「本案火災發生時，內政部消防署並無支援至現場勘察，……無法單就書面資料據以分析研判，對火災原因若有疑義，建請由該案火災調查承辦人蒞庭補充說明」，足見本件火災究竟是否確爲人爲縱火，仍有調查、審認之必要。原審未再傳訊本件火災調查承辦人員到庭說明火災發生原因，遽以上訴人有詐領保險金之意圖，認係上訴人故意放火所致，難謂無應於審判期日調查之證據而未予調查之違法。

(二) 本件檢察官係起訴上訴人與乙基於共同詐領保險金之犯意聯絡，共同實行如起訴書所載之犯罪行爲。原判決認定係上訴人一人所犯，理由內未加釐清，亦有未當。以上或係上訴意旨所指摘，或爲本院得依職權調查之事項，應認原判決仍有發回更審之原因。又原判決認上訴人牽連所犯詐欺取財未遂罪及不另諭知無罪部分，基於審判不可分原則，均併予發回。

據上論結，應依刑事訴訟法第397條、第401條，判決如主文。

中　　華　　民　　國　　〇〇　　年　　〇〇　　月　　〇〇　　日

最高法院刑事第十二庭

審判長法官　黃〇〇

法官　　　　張〇〇

法官　　　　林〇〇

法官　　　李○○

法官　　　陳○○

本件正本證明與原本無異。

書記官　○○○

中　華　民　國　○○　年　○○　月　○○　日

狀別：刑事調查證據聲請暨辯論意旨狀

原審案號及股別：98年重上更（三）字○○號○股

上訴人即被告　甲　　身分證字號：○　性別：○　生日：○　住：○

選任辯護人　何志揚律師

為被告因公共危險等案件，謹依法聲請調查證據暨提辯論意旨事：

壹、調查證據部分

一、請鈞院惠予傳訊以下證人到庭實施交互詰問：

(一) 黃○○（住：南投市○○路○○號）

(二) 劉○○（住：南投市○○路○○號）

二、待證事實：經查本件經最高法院以98年度台上字第1705號判決第三次發回更審，並於發回意旨中指摘：本件火災究竟是否確為人為縱火仍有調查審認之必要，應傳訊當時火災調查承辦人員到案供證，以查明火災之發生之眞正原因，故容有必要請鈞院惠予傳訊前開南投縣政府消防局南投消防分隊人員出庭供證。

三、詰問時間：各20分鐘。

貳、辯論意旨部分：

一、被告並無放火燒燬未有人所在之他人建築物犯行：

(一) 按判決不載理由者當然為違背法令，所謂判決不載理由，係指依法應記載於判決理由內之事項不予記載，或記載不完備者而言，此為刑事訴訟法第379條第14款上段之當然解釋（最高法院63年台上字第3220號判例意旨參照），判決書內應記載事實，刑事訴訟法第311條已有明文，所謂事實，不僅指犯罪之行為而言，即犯罪之時、日，如與適用法律有關，亦應依法認定，予以明確之記載（最高法院19年上字第1342號判例意旨參照），科刑判決書須先認定犯罪事實，然後於理由內敘明其認定犯罪所憑之證據，方足以資論罪科刑，否則僅於理由內敘明其有犯罪之證據，而事實欄內並未認定有何種犯罪之事實，不惟理由失其根據，且與法定程序亦不相符（最高法院24年上字第1032號判例意旨參照）。

(二) 經查鈞院前審判決於犯罪事實欄載：「……被告甲爲解決此一龐大之債務，明知其經濟能力不佳，竟意圖爲自己不法所有詐領保險金意圖，進行如下之計畫」（參鈞院前審判決第2頁第9行起）、「……被告甲收受該保險單後，有恃無恐，竟於87年4月29日凌晨0時至0時30分許間，獨自一人進入廠房內，以不詳之方式，放火燒燬上開現未有人所在之他人所有建築物廠房，隨即返家。嗣被告甲在家接獲不詳之人之通報電話，始佯於同日（即87年4月29日）凌晨約2時至3時間，趕往現場處理。該火場則經南投縣消防隊於同日凌晨0時40分許據報前往滅火，迄同日凌晨1時54分許完全撲滅，惟該無人所在之他人建築物即廠房內之貨物則完全燒燬」（參鈞院前審判決第5頁倒數第12行起），惟於理由欄內除僅載：「被告以放火燒燬其所承租於夜間無人所在之倉庫及其所堆置之貨物爲手段，並隨即進行請求保險公司理賠未能得逞，核被告所爲，係犯刑法第174條第1項放火燒燬現未有人所在之他人所有建築物罪、第339條第3項、第1項之詐欺取財未遂罪」（參鈞院前審判決第36頁倒數第9行起）外，關於被告甲究竟如何一人於何時進入該廠房縱火？及以何方式縱火？於何時縱火後隨即返家？等攸關犯罪構成要件之事實記載均付之闕如，而對於公訴人起訴書所載認定被告甲係與共同被告乙共謀縱火，鈞院前審對此竟未於判決理由項下記載何以乙不知情？按鈞院前審判決於判決理由記載：「而上開迦○倉庫係由乙推薦之蔡○○擔任倉庫管理員，顯然得以出入該倉庫之人僅被告、乙、蔡○○等少數之人而已」（參鈞院前審判決第32頁第18行起）、「再被告曾經與乙於89年4月27日進行測謊，惟因被告連續咳嗽，乙則係皮膚發癢，致無法進行有效之比對鑑判，有內政部警政署刑事警察局鑑驗通知書在卷爲憑（見89年度偵字第1806號偵查卷第一宗第31頁），被告雖於本院審理時請求進行測謊，惟本案發生後迄至本院收案，業逾8年，被告心緒之起伏，因時間之經過已平復，且乙已不在人世，亦無法對被告及乙一併進行測謊比對」（參鈞院前審判決第35頁倒數第9行起），似乎又認爲乙亦爲本案縱火之共犯，因此鈞院前審判決除有不備理由之違法，亦有理由矛盾之違誤。鈞院前審判決雖另以：「本件雖無被告自承涉犯上揭放火之直接證據，然依上開各間接證據，綜合印證，可以認定被告、乙確有放火之動機、意圖及行爲存在，再就此不尋常之動機等關係，及上開所詳述之事實，本於推理之作用，依經驗法則，自可認定」（參鈞院前審判決第38頁第5行起），惟犯罪事實應依證據認定之，無證據不得認定犯罪事實，刑事訴訟法第154條第2項定有明文，又「認定犯罪事實所憑之證據，固不以直接證據爲限，間接證據亦應包含在內，惟採用間接證據時，必其所成立之證據，在直接關係上，雖僅足以證明他項事實，而由此他項事實，本於推理之作用足以證明待證事實者，方爲合法，若憑空之推想，並非間接證據」（最高法院32年上字第67號判例意旨參照），本案縱認被告有故意放火及詐領保險金之犯罪動機及意圖，然究竟鈞院前審係憑何種間接證據可以證明他項事實並推理被告有以不詳方式縱火，則未見鈞院前審判決於判決理由欄項下詳細記載，當有判決不載理由及未依證據認定事實之違法。

(三) 經查，本件南投縣警察局消防隊（現已改制爲南投縣消防局）於現場勘驗後，認倉庫內南半部中段靠烤漆板牆面彎曲變色嚴重處，布料燒燬至最底部且底座木材墊板呈炭化嚴重，足見火勢由此處向四周延燒（參南投地方檢察署87年度偵字第3392號卷第一宗第10頁）；起火處未發現有自然發火物，故自然發火可排除，亦未發現有電源線，故無電線走火可能，倉庫管理員蔡○○於4月28日19時15分下班，故其遺留火種如煙蒂等於4月29日0時40分起火可能性亦無（參上揭卷第11頁）；研判起火點在倉庫南半部中段靠烤漆板牆面彎曲變色嚴重處某一高度因爲未發現具體起燃成災跡證，故起火原因未便臆測等語（參上揭卷第11頁正反面），有南投縣警察局火災原因調查報告書一份附卷可稽，該報告書中對於本件火災之起火點及起火物品固均有明確之判斷，惟對於究係何種引火媒介（如汽油、火種、香煙等）所引起則無記載，且經採集現場起火點燃燒物品送鑑，亦未發現上開引火媒介，而火災之發生如係被告以外力所爲，其必有引火媒介始足以使物品燃燒產生火災，既未發現外力所爲之引火媒介，則火災之發生即無積極證據證明係被告以外力所爲甚明（最高法院97年度台上字第1360號第2頁第14行起第二次發回意旨參照），鈞院前審判決雖以：「從而，前揭調查報告書中既對於本件火災之起火點及起火物品均有明確之判斷，雖對於究係由何種引火媒介（如汽油、火種、香煙等）所引起並無記載，且該等事證業因火災現場已重建而已無調查可能性，但依前開內政部消防署來函可知火災現場起火原因之研判，於至火災現場實地勘察後，仍可綜合現場燃燒痕跡、火流延燒方向，並輔以分隊出動觀察紀錄、目擊者陳述及其他可供佐證資料，據以分析研判後歸納出起火處所及研判可能之起火原因，故不得僅因火災調查報告未記載任何引火媒介，即直斷無積極證據證明係外力所爲，亦即本案起火原因是否爲外力所爲仍可自被告承租倉庫、進貨數量、進貨後貨物擺設位置、安裝保全系統、是否有人全天候看守數量龐大之貨物、對貨物進行保險及安裝保全系統、投保之日期與火災發生日期是否密接之關連性等各項因素進行評估判斷。而本件火災已排除自然發火、電線走火及煙蒂等遺留火種所引起火災之可能性，又依上開現場勘驗及繪製之配置圖之研判係內部起火燃燒（參佐同上偵查卷第一宗第13頁）。而上開迦○倉庫係由乙推薦之蔡○○擔任倉庫管理員，顯然得以出入該倉庫之人僅被告、乙、蔡○○等少數之人而已。而火災發生時，由於被告所承租之倉庫內下午6時後並無人看管，經隔鄰柏○企業股份有限公司駐夜人員發現並通知消防單位，火勢延燒1個多小時始被完全控制，並予以撲滅等情，亦有大○公證有限公司起火原因調查書附卷爲證（見同上偵查卷第二宗第47頁），顯然被告所承租之上開倉庫夜間並未有人看守。被告既係存放其所自認價值數千萬元之布料、球拍套及茶葉，理應僱用倉庫管理員日夜看守，詎該倉庫竟僅由蔡○○管理日班，在夜間竟完全置於無人看管之境地，亦令人匪夷所思。再本件所燒燬之500斤茶葉，被告原係與木材踏板、茶葉及輪車一起置放於迦○倉庫之北面牆旁，有照片1幀在卷可憑（見同上偵查卷第一宗第17頁下幅），惟被告於火災發生前曾將易受潮之茶葉搬遷至該倉庫之西南角落，因西南角落之茶葉有日曬可能，與茶葉堆放不能有日曬之理相違，亦有上開火災原因調查報告書附卷爲憑（見同上偵查卷第一宗第10頁反面）」（參鈞院前審判決第32頁第1行起），而認：「被告將茶葉移置西南角，而於10日內竟在南半部之中段起火，時間地點均如此巧合，難謂被告無故意，被告既已經濟情況及經濟能力均不理想，竟仍於87年3月5日以迦○通信公司名義，與C公司訂立長達3年之廠房租約，且進大批之貨物，而所進之貨物又屬低劣之貨品，竟未全天候人看守，又於火災前安裝保全系統，並於火災前相當短暫之時間取得同意保險，隨即發生火警，在在顯示時間上、行爲上不可思議之巧合，是被告意圖詐領鉅額之保險金應可認定」（參鈞院前審判決第33頁倒數第11行起），然判決理由欄內並無任何隻字片語提及被告係以何種外力引火故意燒火倉庫內之貨物，此係攸關被告是否構成刑法第174條第1項罪責之判斷，而本案依據該調查報告亦無法排除係失火或他人所爲，鈞院前審判決在未辨明本案引火媒介爲何？被告是否有以外力故意放火？猶然大篇幅抄襲原前審判決內容遽以臆測推論擬制之方法而認定事實，顯有不載理由及查證未盡之違法。

(四) 再按經驗法則或論理法則，乃客觀存在之法則，非當事人主觀之推測（最高法院74年台上字第1987號判例意旨參照），證據之證明力如何，雖屬於事實審法院自由判斷職權，而其所爲判斷，仍應受經驗法則與論理法則之支配（最高法院53年台上字第2067號判例意旨參照）。鈞院前審判決意旨固認被告於火災發生前曾將易受潮之茶葉搬遷至西南角窗口處，顯有悖常理，認應係故意放火云云。然由南投縣警察局消防隊所繪製之火災現場場圖觀之，本件倉庫係坐西朝東，茶葉所放置位置係位於倉庫西南方角落廁所前方，與西方（北側）倉庫鐵皮圍牆緊鄰者爲一間廁所（參南投地方檢察署87年度偵字第33993號卷第一宗第13頁、第91頁），該處在南方位置設有窗户，在西方設有逃生門，由日照方向觀之，日落時由西方進入之日照餘輝，係先照射至廁所，堆置在西南角落之茶葉並不易遭受日落西方時之日照甚明。而徵諸現場相片（同上揭卷第21頁背面、第22頁、第90頁）所示，茶葉均係以眞空包裝後再置於方形或圓形筒內，此種包裝方式本即不易受日照水氣所影響，果被告確有將茶葉遷移至西南角落，亦應無違茶葉保存之方式。而該倉庫西南角落亦非易受日照及受潮之處，尚難據以被告曾遷移茶葉存放地點此節，即推論被告有故意放火犯行。鈞院前審判決固以因北面牆均無窗户，與西南角落位置比較，完全可將茶葉至於陰涼之處所合於保存茶葉之慣例，當應以北面牆旁爲優先云云，惟北面牆均無窗户，有火災現場平面配置圖一份爲證（參前揭卷第13頁），對於茶葉之保存固不易受日照，但卻因完全無日照反而更易使茶葉受潮，因此鈞院前審未明究茶葉易受潮之屬性，驟然推論被告不選擇將茶葉移至北面牆旁，反而將茶葉移置於西南角，難謂無放火之故意，自有不依證據認定事實及任作主張之違法，更何況前開倉庫内堆放之貨物，除茶葉外，其餘貨品均未移動原所堆置位置，亦難據此即認被告有放火之罪嫌。

(五) 另查，被告與前開保全公司訂立契約之時間爲87年4月8日（參前揭卷宗第14頁），嗣被告於訂立火險契約時亦曾提示上開保全契約予保險公司人員，而前開保全公司復於同年4月18日前往被告所有倉庫裝設價值5萬3,414元之保全設備，保險契約乃於同年4月21日製作完成並寄發予被告，又被告存放於該倉庫内之尼龍布、鞋材布、牛津布、球拍套及茶葉等貨物，出險時實質新台幣1,483萬6,930元（參南投地方檢察署87年度偵字第3393號卷第二宗第48頁），證人楊〇〇更證稱：「【（提示卷附大〇公證公司報告）是你承辦是你寫的】是的，是我到現場看的」、「數量是去現場清點出來，沒有書面記載，只是我去現場時記下來，我們公司只有我一人去」（前揭卷第86頁反面），倘非子虛，旋於同年4月29日發生火災，果被告係虛僞與前開保全公司訂約以取信保險公司，豈有明知同年4月29日將發生火災而仍於4月18日裝設價值5萬餘元之保全設備，而不拖延裝設時間，且倉庫存貨高達1,000餘萬元未先將存貨搬出之理？又被告於保全公司要保及火災發生前，已在倉庫大門上方裝設攝影機乙部（南投地方檢察署87年度偵字第3393號卷第一宗第18頁火災現場相片（六）參照），果如鈞院前審判決意旨所稱被告係爲詐領保險金始虛僞與保全公司約定，本意非在裝設保全，豈有於未裝設保全前先斥資裝設攝影機之理？故鈞院前審判決以「被告即可取得相當鉅額之理賠金，均較被告所裝置之5萬3,414元之保全設備高出甚多，則被告何須爲避免價值5萬3,414元之保全設備損害，致因詐領保險金之手段及燒燬倉庫內之各項貨物無法完成，而未能領取保險金，是被告該項所辯純係本末倒置，自難足採信」（參鈞院前審判決第35頁第4行起），未慮及上情，並憑前開情況證據即據以推論被告有放火之犯行，自有不依證據認定事實之違法。

(六) 鈞院前審判決意旨另認被告於台中中小企銀埔心分行申請設立支票帳户，而該帳户自開户起至87年3月8日止，於2個月期間內，存款僅剩1,089元，迄同年5月1日即被列爲拒絕往來户而認被告因經濟困難而起意詐領保險金云云。惟查被告上開支票帳户內進出金額由數萬元至30餘萬元不等，實非空户，此有於台中中小企銀埔心分行檢附之被告帳户87年1月1日至87年5月1日間交易明細可稽（參南投地方檢察署87年度偵字第1806號卷（一）第81、82、83頁），又支票（即甲存）帳户因無利息，所以依生意往來慣例，帳户內金額通常係簽發支票到屆期始會存入等額金錢，並無事前在帳户內存放鉅額金錢之理。而上開帳户係被告經營通訊行所使用之帳户，與本件發生火災之貿易公司係被告與他人合夥不同，二家公司資金不必然有往來關係，況通訊行與貿易公司所需資金及貨物價格殊異，亦不能以被告所經營通訊行進出金額與貿易公司進貨金額不相當，即遽認被告已陷於經濟困難而有放火詐領險金之意圖。又被告於火災發生前，曾以現金180萬元購買汽車及並支付房屋頭期款200萬元，此業據證人張○○即房屋出賣人於第一審調查時及證人陳○○於鈞院前審判決到庭證述屬實（參第一審卷第90頁至第97頁、第131頁及鈞院前審判決卷（一）第145頁），果被告如鈞院前審判決意旨所指陷於經濟困頓之際始起意放火詐領保險金，豈有再斥鉅資購買汽車及房屋之理？鈞院前審判決未於理由欄項下記載何以不採信前揭有利被告證據之理由，自有不載理由之違法。

(七) 末按依法應於審判期日調查之證據而未予調查，判決當然違背法令，刑事訴訟法第379條第10款定有明文，而刑事訴訟法第379條第10款所稱應調查之證據，係指與待證事實有重要關係，在客觀上認爲應行調查者而言（最高法院72年台上字第7035號判例意旨參照），經查被告曾於原前審準備程序期日及審理期日聲請調閱倉庫四周相鄰公司之監視器錄影帶查證放火之人（參原前審卷（一）第100頁及卷（二）第22頁、第71頁、第115頁），此乃可以查證故意放火人必要之調查方法，攸關本案被告是否曾參與共同放火犯行之認定，鈞院前審判決固以被告所稱外勞在外滋事屬傳聞證據，並未提供積極之證據供調查，且本件火災起火點係在被告所承租廠房之內部，外勞無從進入，起火點與相鄰之昱◯公司、合◯公司相距甚遠，且在相反方向，柏◯公司雖與起火點同邊，但視野遭高起之土堆及雜草阻斷，顯然無法經由錄影帶拍攝本件起火現狀，況本案發生迄今已逾8年無法認該三家公司仍有保存云云，惟查被告已指出可供調查之方法及證據，且該監視器錄影帶證據自公訴人偵查、第一審及鈞院前審判決雖均未查證，且迄今已逾8年，不必然即已滅失未保存，況本件火災之報案人即係相鄰之柏◯公司員工毛三期（參南投地方檢察署87年度偵字第3393號卷第一宗第6頁），又依證人李◯◯於偵查中87年10月15日寄予公訴人之信函後附繪製之現場圖載明：「消防隊提供有一窗户之鐵條有被鋸齊開來之情形」（同前揭卷第164頁後附信函），又證人蔡◯◯於消防隊調查時亦供陳：「以前有看到泰國人在倉庫旁空地喝酒被本人趕走希望警方能調查起火原因」（同前揭卷第2頁），果非子虛，則被告所稱疑遭外勞滋事放火之說並非無由，倘如能調閱三家鄰近公司之監視器錄影帶並加以勘驗，並傳訊柏◯公司員工毛三期及消防隊之人員，即可查知案發當晚是否窗户之鐵條有被鋸齊開來之情形之情形，且另對於本案火災發生之可能原因，亦經鈞院前審再次檢送相關扣案證物即鞋材布等取樣2包、空盒3個、散茶葉1袋及茶葉2包函請內政部消防署詳加鑑定，該局則以97年7月21日消署調字第0970900342號函覆稱：火災現場起火原因研判，須至火災現場實地勘察後，綜合現場燃燒痕跡、火流延燒方向，並輔以分隊出動觀察紀錄、目擊者陳述及其他可供佐證資料，據以分析研判後歸納起火處所，復於起火處清理後採集證物鑑驗，研判可能之起火原因，本案火災發生時，本署並無支援至現場勘察，且火災現場已拆除重建並另承租他人使用，無法單就書面資料據以分析研判，對火災原因若有疑義，建請由該案火災調查承辦人蒞庭補充說明等情，有上開函文正本1份在卷可按（見鈞院前審更（二）卷第76頁），因此鈞院前審未再傳訊消防局承辦人員到案說明，疏未審及此，自有查證未盡之違法。

二、又鈞院前審判決顯然違反最高法院96年度台上字第633號判決發回所具體指摘部分：

(一) 案發當時被告確實在草屯康立德保齡球館打保齡球：

經查證人乙（已死亡）於檢察官訊問時證稱：「（問：火災是何人通知你？）蔡○○半夜1點多，當時我與被告甲在草屯康立德保齡球館打保齡球」，證人蔡○○亦證稱：「半夜1點半左右，是中興保全通知彰化中興保全公司，有留電話，我打行動電話給乙，他很緊張便到公司」（參南投地方檢察署87年度偵字第3393號卷第一宗第34頁），二人所證與被告所供述相同，足見被告所辯自堪採信，鈞院前審判決雖以相互勾串均非眞實不足採信，然證人張○○固於作證時供述：「（87年4月28日當晚被告有無回家？）他當時在家，我當晚接到他朋友打來的電話，他聽到他朋友打電話來說發生火災，他才過去」（參原前審卷（二）第104、105頁），惟此部分證詞應是證人張○○誤以爲檢察官所問之問題爲87年4月29日當晚被告有無回家，而誤答所致，蓋火災發生當天係87年4月29日凌晨0時40分，因此與前揭證人證詞並無不同之處，鈞院前審判決雖以依一般人使用語言之慣性，「87年4月28日晚上」通常即含翌日（即29日）凌晨之夜間，且證人張○○已明白證述被告在家聽到其朋友打電話來說發生火災，則該證人就檢察官之詰問，顯無錯置時間而誤答之情事，則被告聲請再傳喚證人張○○，核無必要云云（參鈞院前審判決第34頁倒數第8行起），然倘若採信張○○之證詞認爲火災發生當晚被告在家，接到朋友電話說發生火災才過去，此恰足證明案發時被告不在現場，然究竟證人張○○何時見到被告在家？被告何時接到電話？何時過去火災現場？又如何在與乙共同縱火後返回家中？均攸關被告是否有可能縱火之事實認定，鈞院前審未審酌上情傳訊證人張○○到庭釐清，自有調查未盡及判決不載理由之違誤。

(二) 被告與證人謝○○所證述內容相同並無不一致之情形：

次查被告固於第一審供稱：「不曉得是日期開錯了，或印鑑蓋錯了，我拿現金叫謝○○通知李○○把支票換回來，我拿現金支付保險費」，而證人謝○○就其介紹上訴人向華僑保險公司投保火災保險之經過，亦供稱其介紹被告

「與賴先生聯繫，後來保險的事都是他們自己談，後來被告來找我，說他開給華僑的大小章好像蓋錯了，就拿了10萬元的現金給我，要我到華僑換回開給華僑的支票，我就去找賴先生，我將錢給賴先生」云云（見第一審卷第102、103、119頁），然證人李○○於第一審也供證：「我印象中投保後賴主任有告訴謝○○，保費繳清，公司才能編案號，後來謝○○就拿現金來換支票」（同前揭卷第103頁），對照證人謝○○所證：「我認識華僑產物保險公司的賴○○，因爲我是開洗車廠，被告去洗車認識他，在聊天中被告提到他要投保的事情，問我有沒有認識的，我說我有認識賴先生……我就介紹被告與賴先生聯繫，後來保險的事都是他們自己談，後來被告來找我，說他開給華僑的大小章好像蓋錯了，就拿了10萬元的現金給我，要我到華僑換回開給華僑的支票，我就去找賴先生，我將錢給賴先生」，故被告對於囑託謝○○以現金換回支票情節所述均一致，而華南產物保險公司賴○○係主任，李○○則爲其下之業務，當時華南產物保險公司承保時是派李○○與被告接洽，而證人謝○○則是認識其主任賴○○，因此該二人均爲華南產物保險公司之職員，均有收受客户保費之權限，故被告曾於鈞院前審具狀聲請如鈞院前審對於被告以現金換回支票之細節有疑義，仍可再傳訊證人賴○○及李○○到庭，即可證明是否被告有以現金換回支票之事，然鈞院前審對上開調查證據之聲請竟以無傳訊之必要，更錯認以下事實：「又華僑保險公司員林服務處賴○○主任指派業務員李○○承辦並現場勘查，被告當場有出示保全合約書，3、4天後被告曾多次打電話詢問保單好了沒有，且被告於勘查當日交付以迦○通信公司爲發票人、帳號：○○○－○○○－○○○○○○○○－○號、付款人：萬通銀行員林分行、發票日：87年5月21日、票號：○○○○○○○、面額10萬元之支票，用以繳交保險費，惟該支票屆期提示，因存款不足而遭退票，被告始託謝○○拿10萬元現金向華僑保險公司換回該支票等情，業據證人李○○於偵查、鈞院前審結證明確（見同上偵查卷第一宗116頁、89年度偵字第1806號偵查卷第一宗第19、20、125至127頁佐以87年度偵查卷第3393號偵查卷第一宗第165-1至165-3李○○之書面說明、鈞院前審卷第102、103頁）」（參鈞院前審判決第27頁倒數第10行起），蓋證人李○○於偵查中證述：「（退票是連絡何人？）未退票時謝○○通知我們主任賴○○因我們提前繳，後來未到期便打電話給主任說要拿現金換回支票」（參89年度偵字第1806號偵查卷第一宗第20頁），固然李○○曾於偵查中提供書面資料載：「於查勘當日即開立5月21日到期萬通銀行2742363號乙紙支票後遭退票無法兑現委由介紹人謝○○拿現金換回該票以現金支付保費」，然上開書面資料顯然與李○○供述證述未到期前即換回支票之內容不符，且綜觀全卷並無任何萬通銀行2742363號乙紙遭退票之支票，鈞院前審竟片面認定該支票係因存款不足遭退票，且所憑之資料又係中國信託銀行所提供之資料（而非萬通銀行員林分行之資料，參更一審卷第94、106及107頁），鈞院前審未再傳訊證人李○○、賴○○到庭釐清上開事實，自有不依證據認定事實及任作主張、調查未盡之違法。

三、末查本次最高法院第三次發回更審仍然認爲是否屬人爲縱火仍有疑問，基於無罪推定及罪疑利益歸於被告之刑事訴訟法等大原則，更應諭知被告爲無罪判決。

四、綜上所述，本件並無任何積極證據可證明被告有縱火之犯行，原審判決諭知被告無罪判決洵屬正確，懇請鈞院鑒核，迅駁回檢察官之上訴，以免冤抑，而障權利。

謹　狀

台灣高等法院台中分院刑事庭 公鑒

中　華　民　國　○○　年　○○　月　○○　日

具狀人　甲　　　　簽名蓋章

選任辯護人　何志揚律師

台灣高等法院台中分院刑事判決

98年度重上更（三）字第34號

上　訴　人　台灣南投地方檢察署檢察官

被　　　告　甲　（現因另案在台灣台南監獄執行中）

選任辯護人　何志揚律師

上列上訴人因被告公共危險等案件，不服台灣南投地方法院90年度訴字第231號中華民國91年12月13日第一審判決（起訴案號：台灣南投地方檢察署89年度偵字第1806號），提起上訴，經判決後由最高法院第三次發回，本院更爲判決如下：

主文

原判決撤銷。

甲放火燒燬現未有人所在之他人所有建築物，處有期徒刑3年2月。

事實

一、甲前曾於民國（下同）79年間，因妨害自由案件，經本院判處有期徒刑1年

3月確定，並於79年5月17日執行完畢出監（本案尚不成立累犯）；另又於86年間因犯贓物罪，後經本院判處有期徒刑4月確定（經通緝至89年3月23日才入監執行，並於89年7月22日執行完畢，本案亦不成立累犯）。

二、緣甲曾於86年7月23日以其配偶陳○○爲承買人並由其擔任代理人，與賴黃○○訂立不動產買賣契約，購買座落彰化縣田中鎮○○段66-23地號（88年土地重測後編爲文武段737地號）、66-26地號持分14分之1、及其上219建號（重測後之編號爲208建號）即門牌號碼彰化縣田中鎮○○路○段10巷99弄9號建物、以及共同使用部分221建號（重測後之編號爲210建號）等房地，總價金爲新台幣（下同）380萬元，並於契約訂定時繳付70萬元，旋於86年8月9日，以陳○○之名義向中國信託商業銀行股份有限公司（以下簡稱爲中國信託銀行）辦理借貸300萬元，並由甲擔任連帶保證人。其後，甲復於87年2月11日，以總價金585萬元之價格，向張○○購買座落彰化縣大村鄉○○段306-1地號、306-8地號持分7分之1、及其上69建號即門牌號碼彰化縣○○鄉○○巷○之○號建物等房地，除於87年2月15日支付100萬元之現金外，仍須承擔上開房、地原有之銀行抵押貸款462萬元；其後甲又於87年3月12日，復另向萬通商業銀行股份有限公司（以下簡稱爲萬通銀行）轉借貸款400萬元，並設定480萬元之最高限額抵押權。總計甲因擔任其配偶陳○○上開300萬元貸款之連帶債務人，及其本身向萬通銀行借貸之400萬元，甲在此段期間所負擔之借貸債務本息已在700萬元以上，經濟狀況並不理想。詎其不思以正途改善經濟狀況，竟意圖爲自己不法所有，擬以投保後再放火燒燬現未有人所在之他人所有建築物之手段，向保險公司詐領保險金，乃陸續進行如下之計畫，後再爲下列放火及詐欺取財未遂之犯罪行爲，其情形如下：

(一) 甲於87年1月8日，以其個人之名義，先向台中中小企業銀行埔心分行（以下簡稱爲台中企銀埔心分行，嗣已更名爲台中商業銀行埔心分行【以下簡稱爲台中商銀埔心分行】）申請開立支票存款帳户，開户當時存入2萬元，帳號爲○○○－○○－○○○○○○○○號，用以進行承租廠房所需開具之支票，而該帳户自87年1月8日開户起至87年3月8日止，在短短2個月內，其餘款只剩1,089元，並自87年3月10日起即陸續因存款不足而有多次退補紀錄，迄87年5月1日遭列爲拒絕往來户。甲另於87年3月12日以其於86年12月24日設立登記之「迦○通信有限公司」（以下簡稱爲迦○通信公司），向萬通銀行員林分行（現因合併更名爲中國信託銀行員林分行）

申請開立支票存款帳户，開户當時存入2萬元，帳號爲○○○－○○○－○○○○○○○○－○號，此帳户除於87年3月21日、87年3月31日分別有面額1萬600元、4萬3,765元之支票獲兑領外，存款餘額僅剩1,635元，其餘經提示之支票自87年4月30日起即陸續因存款不足而退票，並於87年5月29日經公告爲拒絕往來户。

(二) 甲另又伺機尋找出租之廠房，並於87年2月中、下旬間之某日，先依出租廠房之張貼廣告紙上電話，聯絡不知情之房屋仲介業者江○○，再透過江○○之介紹，於87年3月5日，以「迦○通信公司」之名義，與門牌號碼南投縣南投市○○路145之1號B棟廠房之所有人即「C有限公司」（以下簡稱爲C公司）之代表人郭○○訂立租賃合約而承租上開廠房，並約定租期自87年3月10日起至90年3月9日止，爲期3年，第1年每月租金爲5萬7,300元、第2年每月租金爲6萬165元、第3年每月租金則爲6萬3,173元。甲在簽約之後，因上開台中企銀埔心分行支票帳户內之存款只剩下1,089元，其爲應付承租廠房所需之租金及押金等費用，乃於87年3月11日存入23萬元之現款，以資應付。同日甲除簽發上開帳户，面額17萬元之支票1張用以支付租金保證金外，另開具同一帳號，票期自87年3月10日起至88年2月10日止，面額分別爲5萬7,300元及6萬165元（即87年3月起至87年12月部分，係簽發5萬7,300元之支票，每月1張；另88年1、2月部分則簽發面額6萬165元之支票，每月各1張），合計12張之支票，交給郭○○收執。惟上開支票除其中面額17萬元之押租保證金支票及87年3月10日期面額5萬7,300元之支票有獲得兑現外，其餘11張支票（即自87年4月起至88年2月之租金支票）屆期均因存款不足及拒絕往來而未獲支付。

(三) 甲除於86年12月24日在彰化市○○里○○街4號1樓設立「迦○通信公司」以外，其並另著手申請設立「迦○貿易有限公司」（以下簡稱爲迦○貿易公司），且分別於87年3月26日、同年4月3日取得經濟部公司執照及彰化縣政府營利事業登記證，以該公司做爲有進行貿易買賣之幌子，掩人耳目，並供日後與保險公司訂立保險契約詐領保險金之用。甲並自87年3月上、中旬某日起，陸續將價值極爲低廉之布料、網球拍套及茶葉等物品，分次、分批運至上開承租之南投縣南投市○○路145之1號B棟廠房倉庫内（其實際之次數、價值及數量均屬無法具體認定），並自87年3月15日起，聘請不知情之蔡○○在上開倉庫内，擔任日間倉庫管理員，負責看顧前揭布料、網球拍套及茶葉貨物。惟蔡○○下班後，該倉庫在夜間則處於無人看守之狀態。

(四) 又甲於87年4月8日，在上址倉庫搬運貨物時，適有「中興保全股份有限公司」（以下簡稱爲中興保全公司）之業務員張○○路過，張○○向甲詢問是否願意接受「中興保全公司」之保全服務，甲乘機向張○○表示同意裝設「中興保全公司」之保全系統，惟其又以「在87年4月底，才會完成所有之進貨及電話安裝」爲由，當場向張○○表示希望保全系統開通之日期定在87年4月底，張○○乃將甲之上開條件記明於「中興保全公司」之「系統服務報價書」，並將該「系統服務報價書」之第二聯交給甲收執，其餘則攜回「中興保全公司」登記，並聯絡相關安裝人員及準備安裝保全系統之相關設備。嗣至87年4月18日，「中興保全公司」之外包廠商吳○○前往甲所承租之上開倉庫安裝相關之保全設備（設備價值5萬3,414元）之後，張○○欲再聯絡甲辦理開通相關事宜，即均聯絡不上，且張○○屢經上開倉庫，均見上開倉庫之大門深鎖，亦不見有任何人員出入之情形。直到87年4月29日其至「中興保全公司」上班時，張○○聽其不詳姓名之同事提起，始知甲承租之上開倉庫業已遭火燒燬之事。

(五) 另一方面，甲因洗車認識不知情之謝○○，向其詢問有無認識之保險公司，經謝○○之介紹，甲因而認識「華僑產物保險股份有限公司」（以下簡稱爲華僑保險公司，嗣改稱蘇黎世產物保險股份有限公司）員林服務處之課長李○○。甲即於87年4月21日邀約李○○至上開租得之廠房查勘現場及核定保額，並同時向李○○提出要保申請書，且當場出示前揭「中興保全公司」之「系統服務報價書」，向李○○佯稱：上開倉庫業已和「中興保全公司」簽立保全服務之系統等語，致李○○信以爲眞，誤以爲甲在上開廠房堆置之貨物，已有「中興保全公司」保全系統之保障，安全無虞，乃接受甲之要保，復因保費繳納有1個月之緩衝期，甲乃簽發並交付「迦○通信公司」爲發票人、帳號：○○○－○○○－○○○○○○○○－○號、付款人爲萬通銀行員林分行、發票日期爲87年5月21日、支票號碼爲○○○○○○○號、面額爲10萬元之支票一紙，用以繳交上開保險契約所需之保險費。惟上開支票帳户自87年3月30日起，存款餘額僅有1,635元，且屆期經提示遭存款不足退票後，甲乃立即於87年5月21日即退票當日委請不知情之謝○○持現金10萬元，向「華僑保險公司」員林服務處換回該紙不獲兑現之支票，以免因逾期未繳保費而不發生保險之效力，致無法獲得理賠。又因上開保險金額過於龐大，「華僑保險公司」乃主動與「第一產物保險股份有限公司」（以下簡稱爲第一產險公司）爲共保之約定，由「華僑保險公司」承保60%，「第一產險公司」承保40%，甲則繳交4萬3,120元之保費予「第一產險公司」。

(六) 嗣自87年4月21日甲提出保險之申請起，至同年4月25日止，李○○正進行核保手續及簽發正式保險契約之際，甲即多次以電話向李○○催促速寄保險契約書，李○○乃於87年4月27日下午將上開保險契約書自「華僑保險公司」員林服務處寄出。詎甲收受該保險單後，有恃無恐，竟於87年4月29日凌晨0時至0時30分許間，獨自一人在上開倉庫南半部中段靠烤漆板處所堆置之布料點火，而爲放火行爲，並見火苗已足可向四處延燒之後，即離開現場返家。嗣上開火苗果向四處延燒，雖經南投縣消防隊於同日凌晨0時40分許據報前往滅火，迨同日凌晨1時54分許將火完全撲滅，但該無人所在之他人建築物及廠房內之貨物，仍完全被燒燬。而甲則在家接獲不詳之人之通報電話，始佯於同日（即87年4月29日）凌晨約2時至3時間，趕往現場處理。

(七) 甲於火災發生後之87年5月13日，即向「華僑保險公司」及「第一產險公司」，提出合計5,087萬8,353元（含建築物損失321萬3,793元、貨物損失4,766萬4,560元）之理賠保險申請。惟上開保險公司因發現內情並不單純，遂以案件仍在檢察官偵辦中，迄今尚未給付甲分文之保險金，甲詐取財物之犯行因而未能得逞。

三、案經南投縣警察局南投分局報請台灣南投地方檢察署檢察官偵查起訴。

理由

壹、證據能力部分

一、按被告以外之人於偵查中向檢察官所爲之陳述，除顯有不可信之情況者外，得爲證據，此於刑事訴訟法第159條之1第2項定有明文。本案證人江○○、郭○○、甲、張○○、曾○○、曾○○、曾○○、江○○、楊○○、柳○○、鍾○○、李○○、陳○○、楊○○、謝○○、李○○、蔡○○、蘇○○、張○○、吳○○等人於檢察官偵查中經具結之後所爲之證言，被告及其選任辯護人均未主張或釋明上開證詞有何「顯有不可信之情況」；依據卷內資料，亦查無此例外不得作爲證據之情形。則依據刑事訴訟法第159條之1第2項之規定，上開偵訊證詞應認具有證據能力。

二、又「被告以外之人於審判外之陳述，雖不符前四條之規定，而經當事人於審判程序同意作爲證據，法院審酌該言詞陳述或書面陳述作成時之情況，認爲適當者，亦得爲證據」、「當事人、代理人或辯護人於法院調查證據時，知有第159條第1項不得爲證據之情形，而未於言詞辯論終結前聲明異議者，視爲有前項之同意」，此於刑事訴訟法第159條之5第1、2項定有明文。本案證人甲、蔡○○於司法警察調查時所爲之陳述，及下列其他經本判決引用之被告以外之人之審判外陳述，固屬被告以外之人於審判外之陳述，但檢察官、被告及其選任辯護人於本院調查證據時，均未爭議上開證據之證據能力。本院審酌上開筆錄或其他審判外陳述作成時之情況，並無證明力過低或違法取得之情形，認以之爲證據應屬適當，爰亦採爲證據。

貳、犯罪事實認定部分

一、本案被告甲（以下簡稱爲被告）對於伊確有於上開時間，先後以伊之配偶陳○○及伊之名義，分別與賴黃○○、張○○簽訂上開不動產買賣契約，嗣並向上開銀行辦理上開借貸等事實，固於本院本案審理時是認無誤；另被告在本院本案審理時，亦是認伊確有先後成立「迦○通信公司」、「迦盛貿易公司」，並向「C公司」承租上開廠房，存放布料、網球拍套及茶葉等貨物，及向「中興保全公司」申設安裝保全系統，以及有向「華僑保險公司」投保上開火災保險，且於上開廠房發生火災之後，向保險公司提出合計5,087萬8,353元（含建築物損失321萬3,793元、貨物損失4,766萬4,560元）之理賠保險申請等事實；惟被告矢口否認伊有放火行爲，亦否認係爲詐領保險金而投保，並先後於原審、本院前審及本院本案審理時，辯稱：伊在退伍之後，有從事布料仲介買賣，每月可獲得淨利70萬元，大概在84年至85年間，每月最少賺到70萬元，甚至於1個月曾經賺過1、200萬元；因爲伊僅係居間介紹，並非以伊之名義簽發發票，且伊不知道要向哪個單位報稅，因此伊就個人所得稅及綜合所得稅均未曾報過，只在81年擔任業務員時，有報過稅；又在前開廠房被燒之前，伊之支票沒有退票紀錄，都是正當的做生意，且做得很好，支票是在火災之後，因伊沒有錢支付，始被拒絕往來；另伊買賓士的車子及買房子的頭期款均係由伊賣布賺得的金錢交付，均屬現金交易，經濟能力很好，只是發生本件火災後，伊把所有現金都拿去償還債務了，伊眞的沒有放火，也沒有詐領保險金；另因伊太太在田中購買房屋，用伊買賣布匹所賺得的錢付頭期款後，才貸款300萬元，伊所賺得的錢都放在家中，從來沒有寄放在銀行或合作社等金融機關，並非伊經濟能力欠佳，75年之前伊曾幫父、母親在菜市場賣菜，後來就沒有；又伊聽說有外勞在伊倉庫附近酒後鬧事，伊想火災可能是因爲外勞發生糾紛後發生的，另伊投保時，因爲日期開錯或蓋錯印章，伊才會拿回支票；且支票提示時，只要將錢存入户頭即可，不一定要在户頭內有相當可觀的錢，此屬一般常態；伊亦未曾向李○○催促過契約書，當保險事故發生後，伊依約請求理賠，屬正常現象，況且保險公司人員説若蓋章同意賠少一點，就可以較快獲得賠償，足證伊並無詐領保險金；另乙有實際投資，均是交付現金，給伊本人收受，但投資之金額伊忘記了，只是因爲伊與乙是好朋友，因此其投資，伊並未寫單據給他，伊確未曾故意放火燒燬建築物而詐領保險金等語。被告之選任辯護人則爲被告辯護略稱：本案經南投縣警察局消防隊（現已改制爲南投縣消防局）於現場勘驗後，其所提出之火災原因調查報告書對於本件火災之起火點及起火物品固均有明確之判斷，惟對於究係何種引火媒介（如汽油、火種、香煙等）所引起則無記載，且經採集現場起火點燃燒物品送鑑，亦未發現上開引火媒介，而火災之發生如係被告以外力所爲，其必有引火媒介始足以使物品燃燒產生火災，既未發現外力所爲之引火媒介，則火災之發生即無積極證據證明係被告以外力所爲甚明，且本案依據該調查報告亦無法排除係失火或他人所爲；依南投縣消防局所繪製之火災現場場圖觀之，本件倉庫係坐西朝東，茶葉所放置位置係位於倉庫西南方角落廁所前方，與西方（北側）倉庫鐵皮圍牆緊鄰者爲一間廁所，該處在南方位置設有窗户，在西方設有逃生門，由日照方向觀之，日落時由西方進入之日照餘輝，係先照射至廁所，堆置在西南角落之茶葉並不易遭受日落西方時之日照甚明，而徵諸現場相片所示，茶葉均係以眞空包裝後再置於方形或圓形筒內，此種包裝方式本即不易受日照水氣所影響，故被告縱將茶葉遷移至西南角落，亦應無違茶葉保存之方式，而該倉庫西南角落亦非易受日照及受潮之處，尚難據以被告曾遷移茶葉存放地點此節，即推論被告有故意放火犯行，更何況前開倉庫內堆放之貨物，除茶葉外，其餘貨品均未移動原所堆置位置，亦難據此即認被告有放火之罪嫌；又被告與中興保全公司訂立契約之時間爲87年4月8日，嗣被告於訂立火險契約時亦曾提示上開保全契約予保險公司人員，而前開保全公司復於同年4月18日前往被告所有倉庫裝設價值5萬3,414元之保全設備，保險契約乃於同年4月21日製作完成並寄發予被告，又被告存放於該倉庫內之尼龍布、鞋材布、牛津布、球拍套及茶葉等貨物，出險時實值新台幣1,483萬6,930元，證人楊○○更證稱：「（提示卷附大○公證公司報告）是你承辦是你寫的？是的，是我到現場看的」、「數量是去現場清點出來，沒有書面記載，只是我去現場時記下來，我們公司只有我一人去」，倘非子虛，被告如係虛僞與前開保全公司訂約以取信保險公司，豈有明知同年4月29日將發生火災，而仍於4月18日裝設價值5萬餘元之保全設備，而不拖延裝設時間，且倉庫存貨高達1,000餘萬元未先將存貨搬出之理？另被告於保全公司要保及火災發生前，已在倉庫大門上方裝設攝影機乙部，如被告係為詐領保險金始虛僞與保全公司約定，本意非在裝設保全，豈有於未裝設保全前先斥資裝設攝影機之理？又被告於台中商銀埔心分行申請設立之支票帳户，其內進出金額由數萬元至30餘萬元不等，實非空户，此有於台中商銀埔心分行檢附之被告帳户87年1月1日至87年5月1日間交易明細可稽，又支票（即甲存）帳户因無利息，所以依生意往來慣例，帳户內金額通常係簽發支票到屆期始會存入等額金錢，並無事前在帳户內存放鉅額金錢之理，而上開帳户係被告經營通訊行所使用之帳户，與本件發生火災之貿易公司係被告與他人合夥不同，二家公司資金不必然有往來關係，況通訊行與貿易公司所需資金及貨物價格殊異，亦不能以被告所經營通訊行進出金額與貿易公司進貨金額不相當，即遽認被告已陷於經濟困難而有放火詐領保險金之意圖；被告於火災發生前，曾以現金180萬元購買汽車及並支付房屋頭期款200萬元，此業據證人張○○於原審法院調查時及證人陳○○於本院前更一審審理時到庭證述屬實，果被告確係陷於經濟困頓之際始起意放火詐領保險金，豈有再斥鉅資購買汽車及房屋之理？再依證人李○○於偵查中87年10月15日寄予公訴人之信函後附繪製之現場圖載明：「消防隊提供有一窗户之鐵條有被鋸齊開來之情形」，又證人蔡○○於消防隊調查時亦供陳：「以前有看到泰國人在倉庫旁空地喝酒被本人趕走希望警方能調查起火原因」，果非子虛，則被告所稱疑遭外勞滋事放火之說並非無由；案發當時被告確實在草屯康立德保齡球館打保齡球，此由證人乙於檢察官訊問時證稱：「（問：火災是何人通知你？）蔡○○半夜1點多，當時我與甲在草屯康立德保齡球館打保齡球」及證人蔡○○證稱：「半夜1點半左右，是中興保全通知彰化中興保全公司，有留電話，我打行動電話給乙，他很緊張便到公司」等語可明，而證人張○○固於作證時供述：「（87年4月28日當晚被告有無回家？）他當時在家，我當晚接到他朋友打來的電話，他聽到他朋友打電話來說發生火災，他才過去」，惟此部分證詞應是證人張○○誤以爲檢察官所問之問題爲87年4月29日當晚被告有無回家，而誤答所致，蓋火災發生當天係87年4月29日凌晨0

時40分，因此與前揭證人證詞並無不同之，且倘若採信張○○之證詞認爲火災發生當晚被告在家，接到朋友電話說發生火災才過去，此恰足證明案發時被告不在現場；被告固於原審法院供稱：「不曉得是日期開錯了，或印鑑蓋錯了，我拿現金叫謝○○通知李○○把支票換回來，我拿現金支付保險費」，而證人謝○○就其介紹被告向華僑保險公司投保火災保險之經過，則供稱其介紹被告「與賴先生聯繫，後來保險的事都是他們自己談，後來被告來找我，說他開給華僑的大小章好像蓋錯了，就拿了10萬元的現金給我，要我到華僑換回開給華僑的支票，我就去找賴先生，我將錢給賴先生」云云，而證人李○○於原審法院則供證：「我印象中投保後賴主任有告訴謝○○，保費繳清，公司才能編案號，後來謝○○就拿現金來換支票」，對照證人謝○○所證：「我認識華僑產物保險公司的賴○○，因爲我是開洗車廠，被告去洗車認識他，在聊天中被告提到他要投保的事情，問我有沒有認識的，我說我有認識賴先生……我就介紹被告與賴先生聯繫，後來保險的事都是他們自己談，後來被告來找我，說他開給華僑的大小章好像蓋錯了，就拿了10萬元的現金給我，要我到華僑換回開給華僑的支票，我就去找賴先生，我將錢給賴先生」等語，故被告對於囑託謝○○以現金換回支票情節所述均屬一致；證人李○○於偵查中證述：「（退票是連絡何人？）未退票時謝○○通知我們主任賴○○因我們提前繳，後來未到期便打電話給主任說要拿現金換回支票」，固然李○○曾於偵查中提供書面資料載：「於查勘當日即開立5月21日到期萬通銀行○○○○○○○號乙紙支票後遭退票無法兌現委由介紹人謝○○拿現金換回該票以現金支付保費」，然上開書面資料顯然與李○○供述證述未到期前即換回支票之內容不符，且綜觀全卷並無任何萬通銀行○○○○○○○號乙紙遭退票之支票；綜上所述，本件並無任何積極證據可證明被告有縱火之犯行，請求駁回公訴人之上訴等詞。

二、然查：

(一) 本案被告曾於86年7月13日以其配偶陳○○爲承買人並由其擔任代理人，與賴黃○○訂立不動產買賣契約，購買座落彰化縣田中鎮○○段66-23地號（88年重測後編爲文武段737地號）、66-26地號持分14分之1、及其上219建號（重測後之編號爲208建號）即門牌號碼爲彰化縣田中鎮○○路○段10巷99弄9號建物，以及共同使用部分221建號（重測後之編號爲210建號）等房地，總價金爲380萬元，旋於86年8月9日，以其配偶陳○○名義向中國信託銀行借貸300萬元，並由被告擔任上開借貸債務之連帶保證人；此後被告復於87年2月11日，以總價金585萬元之價格，又向張○○購買座落彰化縣大村鄉○○段360-1地號、306-8地號持分7分之1、及其上69建號即門牌號碼爲彰化縣○○鄉○○巷○之○號等房地，被告除於87年2月15日支付100萬元之現金外，仍須承擔該房、地原有之抵押貸款462萬元，其後被告又於87年3月12日，復另向萬通銀行轉借貸款400萬元，並設定480萬元之最高限額抵押權；以上事實除爲被告所是認之外，並有上開不動產買賣契約書二件（一件爲被告之配偶購買時所訂立，一件則係被告購買時所訂立）、土地、建築改良物買賣所有權移轉契約書、土地所有權狀各二紙、收據、彰化縣稅捐稽徵處員林分處87年度契稅繳款書、收費明細表、被告簽發之300萬元本票、中國信託商業銀行取款憑條、彰化縣田中鎮公所監證費繳納通知書、彰化縣地政規費、建築改良物所有權狀、土地、建物登記簿謄本暨彰化縣稅捐稽徵處員林分處93年1月6日彰稅員分四密字第0920059685號函、93年1月16日彰稅員分四密字第0930001622號函各一件在卷足證（見本院上訴卷第一宗第52至64頁、原審卷第79至95頁、本院上訴卷第二宗第41、42、65頁）。又本案被告於87年3月12日邀同其配偶陳○○爲連帶保證人，向萬通銀行員林分行借貸400萬元，借款後除攤還部分本息外，尚餘398萬9,665元並未清償，且其於87年4月12日即借款1個月後，便已無力再繳利息，萬通銀行員林分行遂於87年6月16日向台灣彰化地方法院民事執行處聲請假扣押被告及其配偶陳○○名下之不動產等事實，亦有萬通銀行員林分行之民事執行聲請狀影本、台灣彰化地方法院民事執行處通知、強制執行金額計算書分配表各一件附卷足憑（見外放資料袋內、89年度偵字第1806號偵查卷第一宗第67、68頁、本院上訴卷第一宗第156、157頁）；且中國信託銀行亦聲請台灣彰化地方法院對被告暨其配偶陳○○核發支付命令，請求渠等應連帶給付294萬4,474元借款本息及違約金等情，亦有上開支付命令聲請狀、台灣彰化地方法院87年度促字第13699號支付命令各一件附卷爲證見87年度偵字第3393號偵查卷第一宗第236至265頁），顯見被告於87年3月間，已急需現金調度，且至87年4月間即已無資力再繳納利息。參諸被告於87年1月8日在台中企銀埔心分行所開設支票存款○○○－○○－○○○○○○○○號帳户内，自開户時起，迄同年3月8日止，在短短2個月内，餘款僅剩1,089元，並自87年3月10日起，即陸續因存款不足而有多次退補紀錄，迄87年5月1日即遭列爲拒絕往來户等情，有台中企銀埔心分行89年8月11日中埔心字第114號函暨所附帳卡影本四紙、台中商銀埔心分行96年4月14日中埔心字第0960900號函暨所附查詢表四紙在卷可憑（見89年度偵字第1806號偵查卷第一宗第79至83頁、本院上更（一）卷第83至87頁）；另被告於87年3月12日以其於86年12月24日設立登記之「迦○通信公司」，向萬通銀行員林分行申請開立支票存款帳户（帳號爲○○○－○○○－○○○○○○○○－○號），此帳户除於87年3月21日、87年3月301日分別有面額1萬600元、4萬3,765元之支票有獲兑付之外，存款餘額僅剩1,635元，其餘經提示之支票自87年4月30日起，即亦陸續因存款不足而遭退票，並於87年5月29日經公告列爲拒絕往來，此情亦有中國信託銀行96年5月2日中信銀集作字第96503555號函暨所附開户資料、公司執照、營利事業登記證、退票查詢單、交易查詢報表在卷可佐（見本院上更（一）卷第94至107頁）；且被告自87年1月1日至87年12月31日止，在萬通銀行員林分行第○○○○○○○○○○○○○○○○○號活期儲蓄存款帳户，除貸款撥入之轉帳連動外，自87年3月12日起之存款餘額，最高僅爲5萬1,774元等事實，亦有萬通銀行員林分行89年7月28日（89）萬通員字第143號函暨所附存摺往來明細分户帳在卷可證（見89年度偵字第1806號偵查卷第一宗第72、73頁）；由以上證據，更可證明被告於各家銀行之存款明顯不足，資力甚爲窘迫。雖在支票屆期之前，發票人並非必須先存入足夠之金額等待提領，惟支票發票人仍必須於支票將屆期時，將足以支付票面金額之款項存入帳户內，以使支票經提示時得以順利兑付，方符一般使用支票交易之常規。被告於87年1月8日以其個人名義在台中企銀埔心分行所開立之支票存款帳户、於87年3月12日以「迦○通信公司」名義在萬通銀行員林分行所開立之支票存款帳户，其中前者於87年3月10日即有存款不足之退票紀錄，且二者均於短短之數月間即遭銀行拒絕往來，顯然被告所開設之上開支票帳户，並未持續存入相當於票面金額之款項，以供持票人提示兑領，其資力之窘迫，情甚明顯。被告以：支票帳户並不需要先存入足夠之金額等待提領云云，辯稱其當時之資力狀況並非不佳，要難認屬實在。果如被告所宣稱，其於84、85年間，曾因仲介布匹每月淨賺約70萬元，甚且曾有1個月賺得1、200萬元之紀錄等語（見本院上訴卷第一宗第42頁），則其理應有數百萬元乃至千萬元之淨利收入。被告既於84、85年間有上開可觀之收入，則其以配偶陳○○名義購買上開田中鎮之房地，並以其自己之名義購買上開大村鄉之房地，又何需再向銀行借貸相當龐大之貸款，而增加支出房貸利息。即令被告不願意完全以付清買賣價金方式購買上開房、地，既有其宣稱之財力，亦理應會按期繳納房、地貸款之本息，豈有可能不如期繳納，致令其所購買上開之房、地，陷於遭銀行查封之窘境。被告雖復辯稱其均將金錢存於家中，不存於銀行，如需使用金錢，均自其家中拿取，且證人即被告之父親張◯◯於本院證稱：錢都放在家中，都是現金買賣，沒有欠帳或開票等語，以附會被告之辯詞（見本院上訴卷第二宗第106頁）。惟將所賺得之大筆金錢存放於家中，雖屬個人之自由，且取用方便，亦無違法，但被告購買上開房、地，本可由其所賺得之金錢自其家中取出以爲支付，既可免除向銀行借貸，必須支付房貸利息之苦，復可因支出房、地價格後，免於大筆金錢存放家中增加危險性，則被告在此情形，又何需開立銀行帳户，向銀行申貸？況被告如有大筆現金，其在銀行帳户存款不足時，即可迅速自家中提出大筆金錢存入銀行，以避免其所開立之銀行支票帳户於短短之數月間即拒絕往來，致損及其交易信用；且被告既於家中存放大筆金錢，亦應可按期持向銀行繳納貸款之本息，以使其與其配偶所購得之上開房、地，免因未按期繳納貸款本息，而致受銀行向法院聲請查封、拍賣之處境；詎被告竟吝於提出家中所存放之金錢，聽任其所開立之支票帳户遭拒絕往來，而成拒絕往來户，且被告與其配偶所購得之上開房、地亦因無法支付貸款致遭查封、拍賣，被告竟無動於衷，誠屬不可思議。被告上開所辯，大違常情，實難令人採信。證人張◯◯之上開證述，亦有悖情理，核屬迴護被告之詞，亦不足採信。另被告於81年間擔任業務員時，因有所得曾申報過所得稅等情，爲被告所承認（見本院上訴卷第一宗第47頁），則被告對於「有所得，則每年必須申報所得稅」之概念應屬存在。惟被告除於81年申報過所得稅以外，其他時間均未曾申報過綜合所得稅或其他所得稅，此情既亦爲其所承認（見本院上訴卷第一宗第42頁）；則被告既自稱很會賺錢，也賺很多錢，竟均未曾申報所得稅，除非其係蓄意逃漏所得稅，否則應不至有如此大筆金額之收入，竟未曾報稅之情事。顯然被告上開所辯，亦難認屬實在。另證人張◯◯復結證稱：伊知道被告買房子，房價600多萬元，後來沒有辦法才被法院拍賣，被告缺錢都向伊調，伊標會大概都有60萬元，伊前後2、3年總共拿給被告大約5、600萬元等語（見本院上訴卷第二宗第104頁），此情復有以證人張◯◯爲會首之互助會簿8紙在卷可資佐證（見原審卷第71至78頁）。另證人張◯◯於89年互助會停標，積欠800多萬元，出售房屋得款500多萬元，還會錢利息，尚積欠400萬元左右等事實，亦有張○○所書寫予檢察官之書信附卷可考（見89年度偵字第1806號卷第二宗第110頁）。參諸上開各情，顯然被告仍須由其父親張○○召集互助會爲其籌錢支應，且嗣後復因停標致積欠債權人款項，必須售屋還款；是被告之經濟能力並不理想，已甚明確。另被告曾以180萬元之價格（不含其他配備及稅費約20萬元），向陳○○購買賓士S320自用小客車，支付現款70萬元，並貸款130萬元，經過半年，再以140餘萬元之價格，售回予陳○○之事實，亦經證人陳○○於本院結證無訛（見本院上訴卷第一宗第145至148頁），復有陳○○提出之證明書爲證（見本院上訴卷第一宗第50頁）；且被告係於87年1、2月間購買該自用小客車之事實，亦經被告自承不諱（見本院上訴卷第一宗第46頁）；則當時被告如係在家中存有大筆現金，自可以現金支付車款，又何須於購車部分貸款130萬元，其貸款占總車款之比例甚高（即20分之13）；且被告另自承在購買後6個月（約在87年7、8月間）隨即轉售，並將所得車款用於還債等語（見本院上訴卷第一宗第48頁），在在均顯示被告當時之經濟能力並不如其所辯之理想。另被告自退伍後，就在賣行動電話，並未在市場賣菜等情，雖據證人劉○○於本院證述此情（見本院上訴卷第一宗第144頁），但被告縱未賣菜而賣行動電話，亦難認會有其宣稱之資力，尚不得因此即謂被告並無經濟窘迫之問題。

(二) 被告於87年3月5日，以「迦○通信公司」名義，與「C公司」訂立長達3年之廠房租約，其所簽發上開帳户支票，用以支付押金支票1張及租金支票12張中，其中僅兑領押金及第一期之租金支票，其餘11張支票則均因存款不足及拒絕往來而不獲兑現，至87年4月及5月份之租金，被告則分別於87年4月9日及同年5月14日以電匯之方式交付，自87年6月份起則無力繳納等情，業據證人江○○、郭○○於偵查中結證在卷（見89年度偵字第1806號偵查卷第一宗第40、41、60至62頁），復有房屋租賃契約書、支票13張等影本在卷可稽（見同上偵查卷第一宗第46至51、54頁）。被告在其經濟能力不佳之情形下，仍然租用上開廠房，且僅支付押金及第一期之租金支票，致得有將本案被火燒燬之布料、網球拍套及茶葉等貨物搬入所承租廠房之時間，隨後之租金支票則未能兑付，上開舉動異於尋常，尚難謂該項行爲與其詐取保險金所使用之手段無關。

(三) 被告雖曾供稱：「我是與乙合資，錢都是他拿出來的比較多，乙前後共拿3,000萬元，我只是出力及負責買賣」云云（見87年度偵字第3393號偵查卷第一宗第117頁反面），其意指全部資金均由乙支出，被告則僅負責買賣及相關出力之事而已。惟證人乙先在司法警察訊問時，陳稱：「我目前是迦◯公司之股東，投資約4,000萬元，占所有之股份約50%」等語（見同上偵查卷第一宗第7頁）；後在檢察官初次偵查中則先證稱：「（問：你與甲是股東？）是的，我股份50%，另還有三位共五位，甲也是（50%），其他掛名」、「（問：何人先說要成立公司？）甲，是在87年2、3月的時候」、「（問：之前你在做何工作？）營造，給我岳父請作營造」、「（問：你拿出多少資金？）2,000萬元，賣土地有買賣合約，2,000萬元都是拿現金給甲，是（87年）3月初，在彰化公司拿給他」等情（見同上偵查卷第一宗第33、34頁），但嗣則又改證稱：「（問：你由何時與甲合夥做？）2、3年前即84年」、「（問：幾人合夥？）只有與他做，我出錢」、「（問：你出多少錢？）公司成立時拿2,000萬元出來，資金是賣地」、「（問：之前由合夥開始拿多少錢出來？）有時幾十萬，有時幾百萬，有買賣時就拿現金出來，都是甲去買，都用現金」云云（見同上偵查卷第一宗第118頁），繼則又再改證稱：「（問：你出資多少錢？）2,000萬元」、「（問：其他錢何人出資？）我不知道」等語（見同上偵查卷第二宗第8頁）。證人乙前後之陳述與證詞，顯有矛盾不符；另就現金係一人出資一半（即2,000萬元），或全部係由證人乙一人所出資？係出資2,000萬或3,000萬元？是87年3月間公司成立時才開始合夥出資，或係在2、3年前即已合夥出資？以上等關鍵問題，被告與證人乙之供述及證詞，亦均不相符合，且相距甚遠，被告之此部分供述及證人乙之上開證詞，自難令人採信。況證人乙雖證稱其出資之資金係來自賣地所得云云。惟證人乙所提供座落南投縣草屯鎮◯◯段274地號土地，係於84年11月30日以344萬6,296元之價格，出售予張◯◯；另草屯段720-116地號及其上882建號即門牌草屯鎮◯◯路95之36號三層樓房店舖住宅，則係分別以151萬2,000元及15萬500元之價格販售予黃◯◯，上開各情有南投縣草屯地政事務所87年11月19日草地一字第07208號函、87年11月30日草地一字第07208函各一紙（內含土地登記申請書、土地、建築改良物買賣移轉所有權移轉契約書、土地增值稅免稅證明書、印鑑證明、農地承受人自耕能力證明書、土地所有權狀、建築改良物所有權狀等文件）在卷可資佐證（見同上偵查卷第一宗第223至244、280至293頁）。又證人張◯◯於偵查中結證稱：「張◯◯是我媽媽，已過世，我是透過仲介把我一間房地，跟乙之一塊農地交換，那間房子估價500多萬元，乙的農地1,000多萬元，但他的農地上有貸款400多萬元，差額大約現金100多萬元給他，後來那房子乙又賣給黃◯◯，這塊農地約在86年初，我又賣給別人，上面還有貸款400多萬元，我不瞭解這件案子情形，我與乙買賣時，乙岳父也有出面，他岳父也有欠人錢，他岳父曾做過草屯鎮民代表，他岳父欠錢，要乙賣，至於乙有無欠錢，我就不知，剛好我房子要賣，便與他換農地」等語（見同上偵查卷第一宗第297、298頁）；證人即乙之父親曾◯◯於偵查中結證稱：「乙從退伍後就沒有在做什麼工作，只有打零工，他結婚後與丈人張◯◯同住，而他丈人有在包工程時，還有去幫忙，在3、4年前他回來與我們同住後，就只有種田而已，也沒有其他的工作及收入，乙將賣地的錢都借給他丈人，他丈人也都沒有還他，讓他覺得很失志」等情（見89年度偵字第1806號偵查卷第二宗第87頁）；此外，證人即乙之胞弟曾◯◯、曾◯◯亦均於偵查時結證稱：「我哥哥乙在逝世前3、4年以來， 都是在做泥水工，他有賣地將錢借給他丈人，因爲他丈人之前有在做建築，後來缺錢，乙要幫助他，才賣地借錢給他，我爸爸也有借200多萬元給他丈人，利息都是我們在付」等語（見同上偵查卷第二宗第73至76頁）。綜合以上證人之上開證詞內容以觀，乙於84年間與張◯◯、黃◯◯爲上開房、地及農地之買賣，實係因其岳父欠錢，爲將賣得之價金幫助其岳父所致，並非係爲與被告合夥投資甚明。且乙除出售上開二筆房地而取得相當金額以外，並無其他積蓄或收入，難認其有得以投資被告公司之上開大筆款項且其處分該二筆房地後，淨所得僅600餘萬元，扣除資助其岳父之金額，所剩更少，其證稱投資被告公司2,000萬元或3,000萬元云云，不足採信，此情甚爲明確。再者，乙於84年間與張◯◯、黃◯◯之上開買賣，上開時間與本案87年「迦◯貿易公司」之成立，相隔有2年餘，二者之間並無何關聯可言，再參以乙只是一位打零工之泥水工及從事種田之工作而已，本身並無任何之收入，其並無任何投資3,000萬元或2,000萬元之資力更爲明確。從而，被告及乙有關上開所辯：賣地出資2,000萬或3,000萬元或4,000萬元云云，均尚難認屬實在。被告就此部分所辯，即不足採信。證人乙就此部分所爲之上開證詞，核係迴護被告之語，尚不足據爲有利被告之認定。

(四) 被告既因本身經濟狀況不理想，仍因購屋而存有負債，且被告僅於86年9月至私立同德家商附設進修學校補校就讀廣告設計科，迄至86年11月即自動辦理退學之事實，亦有證明書一紙附卷爲憑（見原審卷第68頁），顯然被告欠缺經營進出口貿易生意之學經歷。雖從事貿易並非一定具備相關之學經歷，然謂無相關之學經歷，貿然爲之，卻可因此而賺取鉅額利潤，如無確實之證據可資佐證，此究屬難以想像之事。本案被告在從事通訊行之前，縱使依據證人張○○於本院上訴審之證詞，認其有從事工廠碎布買賣，寄往大陸之事（見本院上訴卷第二宗第103頁），但此並非大型之貿易交易。且如有此部分貿易交易，以此涉及進出口運送，價金之支付亦不可能是當面之現金交付，被告理應會有相關交易單據及價金支付資料可以提出爲證；只憑口說，何能令人採信上情？另證人江○○固曾於偵查中結證：伊所有倉庫曾借予被告堆放貨物，放了2、3年，有放也有載出，是越放越多，放到87年3、4月間才載走，用我的倉庫不要錢，最後被告不夠用再租等語（見87年度偵字第3393號偵查卷第一宗第114、115頁）。惟上開證詞核與證人乙之前開（即上開（三）部分）證言，並不符合。且依據證人江○○於偵查中之證言，其與被告僅有因爲當兵同梯次因而認識之交情，則證人江○○如有可供堆放大量貨物之倉庫，謂其會長期2、3年無償提供給被告使用；另被告宣稱資金充裕，家中堆滿現金，卻長期向證人江○○借用倉庫堆放大量貨物，而未支付分文；上開各情，何人會信。又被告申請設立「迦○貿易公司」，係分別於87年3月26日、同年4月3日取得經濟部公司執照及彰化縣政府營利事業登記證，此情亦有經濟部公司執照、台灣省彰化縣政府營利事業登記證各一紙在卷爲證（見同上偵查卷第一宗第58、59頁）。被告如在84年間即有經營上開事業，何以竟未於當時即申請設立公司，而係至本案火災發生前，才申請設立「迦○貿易公司」，再大批囤積後遭火燒之貨物，以上均難謂符合情、理。是被告就此部分所辯，亦不足令人信爲眞實。

(五) 被告雖曾陳稱：「工廠內之貨物中，關於布料約40萬碼及球拍套約400箱及袋裝約60袋，係從彰化縣田中鎮○○路消防隊旁之友人江○○倉庫內，委請周先生之貨車運送六趟，另倉庫內之茶葉係於87年3月底及4月初，向友人鍾○○各購買220斤及280斤，共約500斤，90幾萬元，以現金交易」云云（見87年度偵字第3393號偵查卷第一宗第5頁）；嗣又於偵查中另稱：我從84年開始就有把貨物放在江○○之倉庫內，因爲那時候沒有公司，也沒有倉庫，他就免費借我用，也沒有打合約，我們是好朋友，在他的倉庫放布及網球拍套， 進進出出，放幾次不記得等語（見同上偵查卷第一宗第117頁）。又證人江○○亦有結證稱：「（問：他曾經有貨物放你倉庫？）有的，我有借他放」、「（問：何時開始放？）陸續放，在2、3年，大約是2年多前及84年陸續放」、「（問：前後放幾次？）時間久了，有放也有載出，最後越放越多，放到今年3、4月才載走，用我的倉庫不要錢，自己用不了那麼多，借他用沒錢，最後他不夠用再租」等情（見同上偵查卷第一宗第114、115頁）。惟本案被告所提出尼龍布、鞋材布、切花布、印花布、球拍套、茶葉等貨物收據、免用統一發票收據，均在86年5月12日之後迄至87年4月12日止，有各該收據、免用統一發票收據數紙在卷爲證（見同上偵查卷第一宗第140至159頁）。如被告所提出之上開收據、免用統一發票收據屬實，則被告購貨、進貨之期間，應是在86年5月之後以至87年4月爲止。此與84年間，在時間上相距達2年之久，甚不符合。被告及證人江○○陳證：被告係於84年間向江○○借用倉庫，並於借用後陸續放貨，且越放越多云云，尚非可信。且如前所述，被告自承於84、85年間因仲介布匹買賣而每月淨賺70萬元，甚且曾有1個月賺得1、200萬元之紀錄等語，其竟連存放上開布料、網球拍套及茶葉之倉庫仍須向他人免費借用，此亦甚不符合常理。再由被告所提出之貨物收據31紙影本（見同上偵查卷第一宗第140至159頁）觀察，其中有關布匹、網球拍等貨物之收據28紙，記載之日期分別係自86年5月12日起至86年7月15日止，合計貨款之金額爲3,845萬8,260元。另被告於87年9月29日具狀陳稱：「陳報人係迦○貿易有限公司之負責人，詎於87年4月29日0時40分許因祝融肆虐，致積存在南投縣南投市○○路145號B棟建築物之庫存貨物，於一夕之間付諸一炬，另本公司受有新台幣3,944萬3,260元之損失」云云，有陳報狀一件附卷可憑（見同上偵查卷第一宗第138頁）。其所附31紙收據載明之日期，除上揭有關布匹、網球拍等貨物外，有關購買茶葉之收據3張，其簽發之日期分別係87年3月25日、4月4日及4月12日，金額分別爲35萬1,000元、19萬5,000元及42萬9,000元（見同上偵查卷第一宗第159頁）。則如前所述，被告當時之經濟能力既已不理想，何以能夠在86年5月12日至86年7月15日止，短短2個月內，支付3,845萬8,260元之鉅額貨款，且均以現金之方式付款？被告此部分陳述尚難認係眞實不虛。且被告所提出之上開收據31紙，僅係一般之收據，並非以統一發票之方式爲之，其上有關簽發人之資料，亦僅記載所謂清、林、徐、柳、楊、周、許、王、付清等字樣，其具體之簽發人究係何人？是公司？或商號？其名稱爲何？其負責人、地址、電話、統一編號爲何？均未詳加載明，亦未加蓋任何簽發人之公司印章或店章，是其貨物之出賣人，究爲何人，填載之內容是否屬實，均無從查考。復經檢視上開收據之記載，其內容均異常簡略，其單張最高之金額竟有高達860萬元之收據，竟記明係屬付現，而對此3,845萬8,260元之鉅額貨款之支付，謂係以現金爲之，並係以一手交錢，一手交貨之方式進行，此均與社會上一般商業交易之習慣顯然有違。且被告於本院上訴審供稱：我所爲之現金交易，一部分是乙出的，一部分是我父親給的，父親給我幾百萬元，且透過仲介介紹買賣，並不是公司名義買賣云云（見本院上訴卷第一宗第68頁）。惟被告之經濟能力並不理想，其父親張○○尚需召集互助會收取會款，始能資助被告，且嗣後亦因積欠互助會款，於出售房、地後，仍須背負400多萬元之互助會債務，另乙並無如此龐大之資金得以交付被告，均已如前詳述，則被告如何取得將近4,000萬元之資金來源，此自有疑義。況即令透過仲介之介紹買賣，仍應書寫詳細之收據，始符合社會交易之常規，被告此部分所辯，難令人信其爲眞實。且證人楊○○雖於偵查中證稱：前開5張簽有楊字之收據，前2張是伊簽的，後3張是曾○○簽的，伊拿佣金30幾萬元，收據曾○○交給伊時就寫好了等語（見同上偵查卷第一宗第255至257頁）。惟前開載有楊字之收據五紙，金額合計2,255萬1,960元，被告在短短1個月又10日之期限內，尚難謂有支付現金2,200餘萬元之資力，且收據竟由仲介人簽發，而非出賣人，則上開之買賣方式，亦不合一般交易之習慣。再被告隨時將現金2,000餘萬元放在身邊，並未存入任何之銀行帳戶內，亦與常情顯然不相符合。是被告所供及證人楊○○所證，均不足採信。另證人柳○○雖亦於偵查中證稱：伊介紹被告向邱○○進貨，被告於貨到後，過一、二天將錢交給伊，是交現金，伊抽佣金6、7萬，剩下在姓江朋友處交給作業務的，收據中有簽柳字的內容是作業務簽的等語（見同上偵查卷第一宗第259、260頁，另亦參佐同上偵查卷第二宗第94頁之訪談紀錄）。惟被告與證人柳○○二人就關於係貨到當場付現，抑或貨到過一、二天才付貨款等情節，所述並不符合；則被告所辯及證人柳○○之證述，純係嗣後卸責及迴護之詞，難以採信。

(六) 再者，被告雖又供稱：「我要購買茶葉時，只對鍾○○說要買品質好一點高山茶，數量要500斤，價錢2,000元以下，看他有沒有認識朋友便宜一點，都是貨到馬上給現金，錢是家中帶出來」、「（問：你怎知多少錢？）我有時帶30至50萬元，沒有經過任何銀行，都是從家中帶來」、「（問：茶葉分幾次載到你處？）分二、三次，是鍾○○載去，沒有看到陳○○，當時人在辦公室，沒有看到陳○○」等語（見87年度偵字第3393號偵查卷第一宗第206頁）；另證人鍾○○亦於偵查中結稱：「賣給甲500斤那批是向陳○○買的，都是用現金，我向他買1斤1,700多元，我拿甲錢去付陳○○，他送貨過去就付給他，500斤貨色都是一樣，包裝都是陳○○眞空包裝」、「第一次我對陳○○說我朋友作貿易要5、600斤，我對他說要加200元，大約要買1,000多元的茶，沒有說要分幾次送，陳○○做好就對我說做好，共分三次交，一次交後就付現金，甲拿給我，我再拿給陳○○，我寫3張估價單，是分三次向甲請款，每次來我就請，陳○○送去之時間及數量都照估價單，寫的數量有點出入，因他（指陳○○）送來時如果我還有便加進去，我向他買500斤，自己也有摻，有時杉林溪不好的，陳○○有時載去我處，摻別人茶葉，有時載到別處就沒，摻那幾次不知道，載到我處有摻，當天就載去甲處」、「（問：陳○○載去是大包或眞空包裝？）都是眞空包裝，我那邊沒有眞空包裝機」、「（都是眞空包裝你如何摻？）我就把他拿起來調包，有的1,200元，比較便宜，調沒有幾十斤」、「（問：除了500斤你賣給乙多少斤？）我只是掉包，前後500斤」、「（問：你調包時陳○○在否？）不在，我沒有讓他看到，他不知道，3次都是他送的，有的經過我那裡，有的直接送，經過我那裡是2次，第1次是直接送，第2、3次載到我處摻後再載去，第1次是我去帶路，2、3次也是我去帶路，是帶到我家去」、「（問：這幾次送貨交通工具是你的？）有時是他的，有時向別人借的，都是我開車，第1、2、3次都是我開車，他坐旁邊」、「（問：請款都是陳○○向被告請？）茶葉是我買的，有時陳○○站在旁邊，我向乙請」、「（問：你請後何時拿給陳○○？）有時馬上拿給他，有時在我工廠拿給他」等情（見同上偵查卷第一宗第204至207頁）；證人陳○○則於偵查中結證：「鍾○○有向我說要買茶葉，因爲他說要比較高級茶葉，要我幫他調，他分3次買，每次講的數量都不一樣，我是向不同的3個人調」、「（問：他是自己來載或你自己載過去？）都是我載去他朋友那裡」、「（問：錢如何收取？）我幫他調，貨到拿現金」、「（問：這3張估價單是你寫的？）我只是報價，這不是我開的，是鍾○○開的，我只是報價，他要多少由他決定」、「（問：你載或是你自己送去？）第一次是他到我家帶路，直接到買主處去，第2、3次我直接載到買主那邊去」、「（問：你送貨都是用何人車子？）都是我的車子，第1次他帶路，他自己開，第2次、第3次我自己開，他在工廠等我」、「（問：錢何時拿給你？）他都拿到我家給我，不是當天給，都是隔2、3天給，都是拿現金給我」等語（見同上偵查卷第一宗第203至207頁）。惟觀上開陳述與證詞，關於三次送茶葉，究竟是開何人之車？由何人帶路？送往何處？有無調包？茶葉之貨款究於何時、何處交付？又被告交付時，證人陳◯◯究竟有無在現場？以上各項情節，被告、證人鍾◯◯與陳◯◯三人間所供、所證，竟然完全不一，亦不相符合；另就系爭500斤茶葉之貨色、包裝是否相同？以及茶葉之貨款究竟是送貨過去就給付？抑或是在證人鍾◯◯之工廠處交付？證人鍾◯◯本身就上開事項前後所證，亦不相符。顯然被告上開所供及證人鍾◯◯、陳◯◯所證之上開各情，均屬虛假不實，殊無足採。嗣後證人鍾◯◯於本院上訴審所爲附和被告辯解之證述（見本院上訴卷第一宗第92至96頁），亦屬迴護被告之詞，不足採信。再參以上開購買系爭茶葉之估價單3張，内容非常簡略，僅記明付清之字樣，既未載明簽發人姓名或公司、店家商號之名稱及地址、電話、統一編號等資料，亦未加蓋相關人員或店號之印章或簽收，核與一般社會交易之習慣，顯然不符；則上開3張估價單並非眞實之交易，亦可認定。又被告上開倉庫内未燒燬之剩餘茶葉，經請證人即南投縣茶葉評鑑研究會之理事長李◯◯及在製茶場有七年之久之茶農陳◯◯檢視鑑定結果後，均於偵查中證稱：該等茶葉是機器採收，品質不好，每斤約值2、300元等語；證人李◯◯結證稱：「這些茶葉看起來不是很好，是機器採收，如果是機器採收也要用電腦撿枝，這些茶沒有撿枝，價格比較不好，就我所知，用機器採收只有名間，埔里、南投、竹山等都用手工採收，新竹、苗栗他們是用機器採收，品質不好，這些茶是名間茶，茶枝很多，像這種茶葉在名間賣批發，只有300元左右，就可以買的到」等語（見同上偵查卷第二宗第24頁）；證人陳◯◯結證稱：「（問：這些被燒茶葉是屬何等級茶葉？）這個茶很粗，一般市面上沒有人要泡這種茶，一般是工廠在泡大壺茶，也有人去做市面上飲料開喜烏龍茶，這是做茶基本常識，不要專業知識，據我來看品質非常不好，恐怕200元賣給人家，人家都不要，這種茶很老、葉黃，黃葉都要打掉，這種茶葉品質非常不好，是機器採收，裡面不好的很多，如果要打掉剩下不多，如果用電腦篩檢要篩檢很多，一般人家在泡茶，看到這種茶就不要泡，據我經驗賣給開喜烏龍茶有的枝要撿掉，這種茶很明顯肉眼就可以看出，沒有冤枉人家，我看製造手法好像是這邊（指名間）的茶，我聞一聞應該是放一段時間，是舊茶，但是與保存方法也有關係，新的未開之前我看過，燒過的茶應該不是什麼好茶，他這種品質一般要特別吩咐，一般人家不會這樣子做，至少要揀過，如果要這種茶要先訂貨，這種茶不能上市面賣，另外這種茶是人家打掉不要，去混一混還比這種茶漂亮」等語（見同上偵查卷第二宗第32、33頁）；且證人即「大◯公證有限公司」（以下簡稱爲大◯公司）職員楊◯◯於偵查中結證稱：「（問：茶葉部分你有無去詢價訪價？）茶葉被告報的很多，1,900百多元，我們覺得茶葉沒有那麼好，就決定這價格（每斤）600元」等語（見同上偵查卷第二宗第86、87頁）；是證人鍾◯◯、陳◯◯上開所證：茶葉是高山茶，品質好，每斤進價1,950元云云，均堪認係虛假不實，顯無足採。況證人楊◯◯於本院上訴審亦結證：伊認爲應該以以前所說的話爲基礎等語（見本院上訴卷第一宗第91頁），亦更加堅實其以往在偵查中所爲之證述，益足證明被告所辯之難以採信。其次證人楊◯◯於檢察官偵查時結證：「（問：貨物損失詳細明細表數量及單價如何計算？）數量是去現場清單出來，沒有書面記載，只是我去現場記下來，我們公司只有我一人去」、「（問：單價如何出來？）詢價訪價，但什麼時間地點什麼人什麼名字，我都沒有記載，我每件都有去詢價訪價，有去問布商貿易商」、「（問：被保險人有對你們提出發票及來源證明及數量？）都沒有，只是數量他們有簽收據，沒有發票，有記載也有去查證，沒有發票他們說是透過仲介我再將訪談資料寄過來」等語（見同上偵查卷第二宗第86、87頁），證人楊◯◯雖認上開茶葉品質不好，並逕自將其估價爲每斤600元，惟此舉亦純屬其個人片面之推測，並無任何之依據可言。而該等茶葉實際上之價值，每斤約在2、300元之間，業經具有此項辨識專業之證人李◯◯、陳◯◯結證如上，準此可知，證人楊◯◯所爲上開貨物鑑定其全部損失之價值爲1,483萬6,930元（參閱卷附大◯公司所製作之損失計算詳明表），即屬高估。而依上開茶葉高估之比例計算，證人楊◯◯所高估貨物之金額，應有二至三倍之多；如以此比例換算，被告上開貨物之總價值，最多應不超過4、500萬元。

(七) 證人楊◯◯所提供之受訪談人包括證人楊◯◯、柳◯◯及鍾◯◯等人，在訪談中均一致陳稱：「本人只是仲介人，貨物之來源，係透過介紹，均係以現金交易」，其中受訪談人楊◯◯、柳◯◯更陳稱：「貨物之來源上手，亦爲仲介人，非工廠」，此有訪談紀錄3紙附卷足憑（見87年度偵字第3393號偵查卷第二宗第93至95頁），顯然被告所稱將近4、5,000萬之鉅額貨物來源，究係出自何人、何公司所製造、生產？其所謂之仲介究爲何人？其來源及出處俱屬不詳，核與常情已有不符，而大◯公司所鑑定之貨物，不論是數量或價值上，均遠低於被告所申報之數額及價值，核定其損失之總數爲1,641萬8,879元，被告於88年1月16日向大◯公司表明願意接受985萬1,320元之損失金，亦有大◯公證有限公司估算書、接受書影本各一紙附卷可稽（見同上偵查卷第二宗第45至49頁）。雖被告稱事故發生後，伊依約請求理賠，屬正常現象，且保險公司人員說若蓋章同意賠少一點，就可以較快獲得賠償云云。但被告無法說明係保險公司之何位人員向其陳述，且保險公司之理賠有一定之程序及考核，必須具備請求之要件，且排除各項人爲之因素後，始可依法予以理賠，斷不能以只要賠償較少，即可較快獲得賠償，否則保險制度即形同虛設，且亦易使被保險人與保險承辦人員串通詐騙保險公司，是被告上開辯解自難認屬實在。被告前向保險公司提出之貨物損失係達4,766萬4,560元，二者相差達3,781萬3,233元，被告不僅在數量上暴增，且在價值上亦申報不實，其當初如係以4,700餘萬元現金購買上開之貨物，而非以極爲低廉之賤價購買，則被告既遭此重大之損失，自應向保險公司極力爭取，方符常情，豈有輕易願平白損失高達3,200餘萬元差額之理？由此適足證明被告除數量不足外，顯有以低劣之貨物充當高級，資爲詐領保險金之意圖，甚爲明確。

(八) 被告係經由謝◯◯之介紹，向華僑保險公司投保火災保險，業據證人謝◯◯於偵查中結證明確（見87年度偵字第3393號偵查卷第一宗第115、116頁）。又華僑保險公司員林服務處賴◯◯主任指派業務員李◯◯承辦並現場勘查，被告當場有出示保全合約書，三、四天後被告曾多次打電話詢問保單好了沒有，且被告於勘查當日交付以「迦◯通信公司」爲發票人、帳號：◯◯◯－◯◯◯－◯◯◯◯◯◯◯◯－◯號、付款人：萬通銀行員林分行、發票日：87年5月21日、票號：◯◯◯◯◯◯◯ 、面額10萬元之支票，用以繳交保險費，惟該支票屆期提示，因存款不足而遭退票，被告始託謝◯◯拿10萬元現金向華僑保險公司換回該支票等情，業據證人李◯◯於偵查、原審結證明確（見同上偵查卷第一宗116頁、89年度偵字第1806號偵查卷第一宗第19、20、125至127頁，佐以87年度偵查卷第3393號偵查卷第一宗第165之1至165之3李◯◯之書面說明、原審卷第102、103頁）。被告雖辯稱係因日期誤載或印章蓋錯，始託謝◯◯以現金換回支票；證人謝◯◯於原審亦證述：「後來被告來找我，說他開給華僑的大小章好像蓋錯了，就拿了10萬元的現金給我，要我到華僑換回開給華僑的支票」等語（見原審卷第119頁）。惟證人謝○○於偵查中已結證：「（問：你爲什麼拿現金去換票回來？）甲來找我說，那繳保費的票跳了，不好意思拿過去，叫我幫他拿過去」、「我就去找賴○○，跟他講票要拿回去，現金給他」等語，參諸華僑保險公司之存摺影本、帳簿影本（見89年度偵字第1806號偵查卷第一宗第33至35頁），確有該支票於87年5月21退票及當日補進現金10萬元之紀錄；且中國信託銀行96年5月2日中信銀集作字第96503555號函送之退票查詢表、交易查詢報表（見本院上更一卷第94、106、107頁），亦顯示該支票確因存款不足而遭退票；再參酌證人李○○於原審證述：「保單生效日以保單的日期爲準，不是繳費後才生效，因爲有1個月的保費繳納緩衝期」等語（見原審卷第103頁），足見被告顯係因存款不足於87年5月21日退票後，當日立即以現金換回該繳付保費之支票，以免因逾期未繳保費而不發生保險之效力，致無法獲得理賠。是被告所辯以現金換回支票之原因及證人謝○○於原審附和被告辯詞之證述，均與上開明確之事證不符，皆難以採信。又此項事實既已明確，被告於本院前審聲請再傳喚證人李○○、賴○○訊問換票之原因，即無調查之必要，附此敘明。

(九) 證人蔡○○在司法警察訊問時，陳稱：「（問：發生火警時你當時如何得知？）由中興保全通知迦○貿易有限公司，當時本人睡在彰化公司內，通知時間約4月29日1點30分，到達南投迦○倉庫大約2點10分左右」等語（見87年度偵字第3393號偵查卷第一宗第4頁反面）；於檢察官偵查時則結稱：「我是3月初去上班，是透過乙介紹進去上班，乙是當兵同事，我是先到彰化公司上班2、3天，南投承租好就帶我來，南投他們什麼時候承租好我不知道」、「（問：失火是何人通知你？）半夜1點半左右，是中興保全通知彰化中興保全公司有留話，我打行動電話給乙，他很緊張，便到公司，保全公司是何人打不知道，沒有講，我到6、7分鐘後，老闆才到，乙也有到公司」等語（見同上偵查卷第一宗第34頁）；另又結證：「我平常都住在乙家，都沒有在工廠睡過，我有時後有去上班，有時候沒有，如果有進貨或叫工才會去，沒有去都待在乙家，工廠在裝中興保全設備時，我有在現場，還有甲，中興保全公司要去裝設備時，乙有通知我那一天要去，他們安裝時只用1天的時間，也沒有講什麼話」、「（問：火燒那一天你怎麼知道？）好像是中興保全的人打電話到乙家裡，是我接的，他說倉庫燒起來了，也沒有說他是什麼人，那時我在睡覺，幾點不記得，我就打大哥大給乙，他就說怎麼會這樣，就很緊張掛斷，也沒有說人在那裡，我就趕到工廠，到時看到消防隊已經在滅火，也沒有看到乙及甲及中興保全的人，我從接到電話到趕到工廠約40分鐘的車程，我到以後大約隔7、8分鐘，乙與甲二人才一起來」等語（見89年度偵字第1806號偵查卷第一宗第198至200頁）。惟證人即中興保全公司草屯辦事處經理蘇◯◯於偵查中結稱：「（問：你們這邊辦事處是彰化分公司負責？）不是，我們是屬於台中分公司，如果有事，是向台中分公司報告，與彰化分公司都沒有關係，我們是以縣爲界，因爲迦◯公司沒有開通使用，所以無法與他服務，他也不可能打電話給我，我們限於服務開通的客户，那一天燒起來，也沒有收到消息，如果有的話，一定跟我們報告，我們再向台中公司報告，不可能跟彰化分公司報告，因爲他們跟我們沒有關係」等語（見同上偵查卷第一宗第147、148頁）；另證人即中興保全公司之業務員張◯◯亦於偵查中結證：「（問：如果被告他們發生火災，你們公司會不會打到彰化分公司去呢？）這案子應該不可能，我們上級是台中，與彰化沒有關係」等語（見同上偵查卷第一宗第162頁）；證人吳◯◯於偵查中結證稱：「我當時去做時是早上9點半，到現場施工……他好像是住在裡面，是位先生」等語（見同上偵查卷第一宗第147頁）；由上開三名證人之證詞可知，證人蔡◯◯前揭所證：「半夜1點半左右，是中興保全公司通知彰化保全公司有留話」云云，顯與事實不符，自無可採信。本案依據證人蘇◯◯、張◯◯、中興保全公司之技工吳◯◯及華僑保險公司業務員李◯◯前揭所證，可知被告顯然係利用中興保全公司於87年4月18日裝設保全設備之後，在開通之前，騙取保險人員於同月21日前往上開倉庫檢查時，故意向其佯稱：「我們設有中興保全，貨物安全無虞」云云，致前往勘察之李◯◯誤以爲眞有已開通使用之保全設施，而陷於錯誤，於相關手續辦妥後，遂於87年4月27日下午將本件保險契約寄給被告。而證人李◯◯於本院上訴審結證稱：該筆保險金額很大，伊要求要分保出去，保單下來，當天下午就寄給被告，伊將保單寄給被告之後第3天發生火災等語（見本院上訴卷第一宗第97頁），且有商業火災保險要保書等文件在卷可憑（見87年度偵字第3393號偵查卷第一宗第168至171頁）。是被告約於87年4月28日收到上開保險契約書後，隨即在87年4月29日凌晨0時許即上開中興保全系統開通使用前，故意放火燒燬倉庫内之貨物，並以此方法，意圖詐領鉅額之保險金，甚爲明顯。至於證人黃○○於本院上訴審結證：「86年12月8日，被告在彰化市開迦○通訊行，要我到他公司裝保全設備」等語（見本院上訴卷第一宗第99頁），亦僅能證明案發前被告曾在迦○通訊行裝設保全設備而已，但與本件倉庫並無直接之關聯，尚難爲有利被告之證明。又本案被告雖復辯稱：伊與中興保全公司訂立契約之時間爲87年4月8日，嗣伊於訂立火險契約時，亦曾提示上開保全契約予保險公司人員，而前開保全公司復於同年4月18日前往伊所有倉庫裝設價值5萬3,414元之保全設備，保險契約乃於同年4月21日製作完成並寄發給伊，旋於同年4月29日發生火災，如伊係虛僞與前開保全公司訂約以取信保險公司，豈有明知同年4月29日將發生火災而仍於4月18日裝設價值5萬餘元之保全設備，而不拖延裝設時間之理，且伊於保全公司要保及火災發生前，已在倉庫大門上方裝設攝影機乙部（火災現場相片參照），如伊純係爲詐領保險金始虛僞與保全公司約定，本意非在裝設保全，豈有於未裝設保全前先斥資裝設攝影機之理，且伊亦可將火災延後半年，再使火災發生，較不會引起他人之懷疑等情。惟本件火災保險金之金額甚鉅，如因本件火災而獲保險公司順利理賠，被告即可取得相當鉅額之理賠金，均較被告所裝置價值5萬3,414元之保全設備高出甚多，則被告何須爲避免價值僅5萬3,414元之保全設備損害，致因要保不成，而未能依其計畫詐領鉅額保險金，是被告該項所辯純係本末倒置，自難足採信。再被告本身之經濟能力已甚不理想，延後6個月固然可以使人之懷疑心稍微降低，惟時間僅係被告是否詐領保險金之判斷要件之一而已，仍需由現場之狀況及其他各項情狀研判，復加上被告之經濟困難程度，亦難使其延後六個月再實施，此由被告在台中企銀埔心分行、迦○通信公司在萬通銀行員林分行之支票存款户，自87年3月30日起即有零星因存款不足退票而未能註銷之情事，且於火災發生翌日即87年4月30日合計有4張之退票，87年5月15日更有合計達13張之退票（見本院上更一卷第85、86、106頁之明細表），益見被告之財務狀況已惡化至無法再等待之狀況，應係急於趁大量退票前引發火災，以免起人疑竇。何況延後6個月再故意放火，並非可以完全排除被告涉犯詐領保險金之行爲，是被告此項辯解，亦難以採信。再被告曾經與乙於89年4月27日接受測謊，惟因被告連續咳嗽，乙則係皮膚發癢，致無法進行有效之比對鑑判，此情有內政部警政署刑事警察局鑑驗通知書在卷可憑（見89年度偵字第1806號偵查卷第一宗第31頁）。被告雖於本院前審審理時請求再進行測謊，惟本案發生至今已逾10年，被告心緒之起伏，因時間之經過已平復，且證人乙亦已死亡而不在人世，亦無法對被告及乙一併進行測謊比對。況被告並非未曾進行測謊，僅因當時之客觀因素致未能完成測謊而已。且測謊結論亦僅爲參考證據之一，並非具有決定性之證據能力，本院仍須就其他各項因素進行綜合之判斷。基於上開理由，本院認無須再對被告實施測謊鑑定，併予敘明。

(十) 被告所有之迦◯倉庫起火後，經南投縣警察局消防隊（現已改制爲南投縣消防局）於現場勘驗後，認南投市◯◯路145之1號B棟廠房迦◯倉庫南面牆中段烤板外觀燒燬彎曲變色最爲嚴重，且短牆水泥面呈剝落及稀白痕跡；迦◯倉庫內南半部中段靠烤漆板牆面彎曲變色嚴重處，布料燒燬至最底部且底座木材墊板呈炭化嚴重，足見火勢由此處向四周延燒；可見火勢由迦◯倉庫南面烤漆板牆中段彎曲變色嚴重處內部起火燃燒；迦◯倉庫內電源開關內受輕微延燒，且未發現可疑電線短路痕跡；起火處未發現有自然發火物，故自然發火可排除，亦未發現有電源線，故無電線走火可能，倉庫管理員蔡◯◯於4月28日19時15分下班，故其遺留火種如煙蒂等於4月29日0時40分起火可能性亦無；研判起火點在倉庫南半部中段靠烤漆板牆面彎曲變色嚴重處某一高度因爲未發現具體起燃成災跡證，故起火原因未便臆測；上開各情有南投縣警察局火災原因調查報告書、火災現場平面物品配置圖各一份暨照片61幀附卷可稽（見87年度偵字第3393號偵查卷第一宗第8至23、76至92頁）。經本院本案傳喚製作上開火災原因調查報告書之鑑定證人丙，其亦在本院本案審理時，具結證述：「（87年4月29日0時40分南投市◯◯路145號之1廠房火災調查報告是否是由你製作的？）是的」、「（當時你製作調查報告書的時候，認爲本件起火原因爲何？）起火處沒有尋獲具體引燃成災的跡證」、「（你所謂起火處沒有尋獲具體引燃成災的跡證所指爲何？）就是沒有辦法找到具體引燃發火源的物品」、「（卷內第11頁關於起火處部分有載明未發現有電源線，故無電線走火可能，但是第15頁下方照片起火處位置顯示有冷氣機及電線，爲何調查報告所載與照片所示不符？提示87偵字第3393號卷一第11、15頁）出動觀察紀錄是我們南投消防分隊到達現場是在凌晨搶救時所看到的，是在夜間；我們是在事後在早上9時到現場勘查，是在白天，我們所看到的起火處的位置是在裡面而不是在外面，裡面的起火處位置並沒有看到電線經過，所以我們才排除電線走火，是裡面燒出去的，不是外面燒進來的」、「（起火處並沒有電源線的經過，跟第一時間到達現場消防隊員有看到冷氣機有著火的情形，你們兩邊爲何所述不同？）照片13、14圖中所圈起來的地方，有燒得比較嚴重，可以看出來木材有炭化燒失的情形的部分是在裡面，這個火場是由裡面燒出去的，而不是由外面電源線那個地方燒進來的」、「（你到現場有沒有看到什麼跡證，可以看出有人爲縱火的可能？）現場有發現有原本放置的茶葉罐本來是放在北半部，發生火警的時候發現是改放在南半部，這是違反常理的情形，現場並沒有發現有人進入的情形」、「（你剛剛所說現場沒有人進入，你所指的是說現場沒有人侵入還是在自然的狀況下如果有鑰匙而進入也排除掉？）沒有破壞門窗的侵入，如果有其他人再進入這沒有辦法判斷，因爲它沒有設定保全」、「（你剛剛所說的沒有破壞門窗的意思，是指門窗並沒有被鋸開或是被拔掉的情形？）從現場照片可以看出窗户旁邊還有沒有完全燒到底部的，所以起火處的範圍離窗户還有一段距離」、「所以如果有人從南邊的窗户把玻璃打破丟東西進來，沒發現具體引燃的跡證，如果丟東西丟這麼遠起火，我們認爲是不可能，如果是把窗户打開，用汽油潑灑在窗口那裡，窗口應該會有比較深的爆裂的痕跡，但是並沒有發現這樣的痕跡」、「（本件火災是否可以排除電線短路、引發火災的可能性？）是的」、「起火點及起火點附近堆置的物品有無可能自燃或其他可能自燃的條件？）沒有這樣的條件，並沒有發現自然發火物」、「（你剛剛講說沒有找到眞正的發火源，是指沒有找到引發火災的引火媒介？）是的」、「（引火媒介有沒有可能在火災發生的時候被燒掉了？）搶救過程中射水有可能把它沖失掉」、「（如果是用紙張這類的媒介來引火，火災發生後這些引火源還會存在嗎？）沒有辦法發現」、「（這些引火媒介大概有哪些可以鑑識出來，有哪些無法鑑識出來？）像剛剛法官所說用紙張或是打火機點燃，是沒辦法找到的。可以找的到的部分，像是有用助燃劑的，用電線等延遲裝置的，例如蚊香，這些是可以找得到」等情（見本院本案卷宗第130至132頁）。依據上開火災原因調查報告書及鑑定證人丙之證詞，可見本件火災之起火點應在上開倉庫南半部中段靠烤漆板處所堆置之布料處；且因本件火災之發生原因可排除電線短路、引發火災之可能性，亦可排除自然發火之可能性，另亦可排除自南邊窗户丟入火源引發火災之可能性，則起火之原因自僅有人爲在上開起火處點火，讓火苗向四處延燒因而引發本件火災之可能。雖然上開火災原因調查報告書，對於本件火災究係由何種引火媒介（如汽油、火種、香煙等）所引起，並無記載。但在上開堆置布料等物之倉庫點火，並非一定要使用汽油等助燃劑，亦未必要使用電線等延遲裝置。如直接在起火處之布料點火，再讓其延燒，此即無上開引火媒介之可言。即便以紙張或該處原有之布、木等材質材料引火，上開引火媒介在被大火燒成灰燼之後，亦難再鑑認何一部分係被作爲引火媒介。則本件火災原因調查報告書，對於本件火災究係由何種引火媒介（如汽油、火種、香煙等）所引起，並無記載乙節，自難據爲有利被告之認定。又本件火災既堪認定係人爲之點火，而上開迦◯倉庫係由乙推薦之蔡◯◯擔任倉庫管理員，顯然得以出入該倉庫之人僅被告、乙、蔡◯◯等少數之人而已。而火災發生時，由於被告所承租之倉庫內下午6時後並無人看管，經隔鄰柏◯企業股份有限公司駐夜人員發現並通知消防單位，火勢延燒一個多小時始被完全控制，並予以撲滅等情，亦有「大◯公證有限公司」起火原因調查書附卷爲證（見同上偵查卷第二宗第47頁），顯然被告所承租之上開倉庫夜間並未有人看守。被告既係存放其所自認價值數千萬元之布料、球拍套及茶葉，理應僱用倉庫管理員日夜看守，詎該倉庫竟僅由蔡◯◯管理日班，在夜間竟完全置於無人看管之境地，亦令人匪夷所思。再者，本件所燒燬之500斤茶葉，被告原係與木材踏板、茶葉及轎車一起置放於迦◯倉庫之北面牆旁，有照片1幀在卷可憑（見同上偵查卷第一宗第17頁下幅），惟被告於火災發生前曾將易受潮之茶葉搬遷至該倉庫之西南角落，因西南角落之茶葉有日曬可能，與茶葉堆放不能有日曬之理相違，亦有上開火災原因調查報告書附卷可佐（見同上偵查卷第一宗第10頁反面）。雖本件倉庫係坐西朝東，茶葉所放置位置係位於倉庫西南方角落廁所前方，與西方（北側）倉庫鐵皮圍牆緊鄰者爲一間廁所（見同上偵查卷第一宗第13、91頁），該處在南方位置設有窗户，在西方設有逃生門，由日照方向觀之，日落時由西方進入之日照餘暉，係先照射至廁所，堆置在西南角落之茶葉並不易遭受日落西方時之日照。但被告原所堆放茶葉之北面牆旁，因該北面牆均無窗户，復緊鄰昱◯公司及合◯公司，有火災現場平面物品配置圖爲證（見同上偵查卷第一宗第13頁），完全可將茶葉置於陰涼之處所合於保存茶葉之慣例，雖上開茶葉均係以眞空包裝後再置於方形或圓形筒內，但在北面牆旁之位置與西南角落之位置互相比較，當應以北面牆旁爲優先。而本件火災後，該北面牆之烤漆板僅呈變色情形，亦有照片1幀在卷可憑（見同上偵查卷第一宗第18頁上幅），如上開茶葉仍置放於原來之位置，當不致於損失如此慘重。被告將茶葉移置於西南角，而於10日內竟在南半部之中段起火，時間、地點均如此巧合，難謂被告無故意。又被告之經濟情況及經濟能力既均不理想，竟仍於87年3月5日，以「迦◯通信公司」名義，與「C公司」訂立上開廠房租約，且堆進大批之貨物，而所堆進之貨物又屬低劣之貨品，在發生火警後，則充當高級品，且在被告認爲其所進之貨物既屬數量龐大之貨物，竟未全天候派人看守，又於火災前安裝保全系統，並於火災前相當短暫之時間取得同意保險，隨即發生火警，在在顯示時間上、行爲上不可思議之巧合，是被告意圖詐領鉅額之保險金應可認定。另被告雖稱當時外傳有外勞在該處滋事，可調旁邊工廠錄影帶觀看，惟被告所稱外勞滋事，屬於被告聽說之傳聞，並未提出積極之證據以供調查，且本件火災起火點係在被告所承租廠房之內部，而該倉庫復僅被告及乙等少數幾人得以進入，外勞無從進入該廠房倉庫，自可排除外勞滋事致生火警。至於證人李◯◯於偵查中87年10月15日寄予公訴人之信函後附繪製之現場圖載明：「消防隊提供有一窗户之鐵條有被鋸齊開來之情形」，已據陳明並非眞實之事。本案尚無證據可以證明有外人自該廠房倉庫外面投火入内之事。且昱◯公司、合◯公司位置均在迦◯公司之北側並彼此係以烤漆板相隔，而本件起火地點係在迦◯公司南邊内部，顯與昱◯公司、合◯公司相距甚遠，且在相反之方向，顯然不可能由該二公司之錄影帶得以拍攝起火原因。而柏◯公司係在迦◯公司之南邊，且與本件起火點均在同邊，惟迦◯公司之南邊烤漆板南側隔一水泥路面之巷道，在該巷道之南邊則有高起之土堆，土堆上則長滿雜草阻斷迦◯公司與柏◯公司相互間視野等情，亦有照片3幀在卷爲證（見同上偵查卷第一宗第18頁反面上、下幅、21頁下幅），且柏◯公司與迦◯公司大門均面向東邊，亦有火災現場平面物品配置圖在卷可憑（見同上偵查卷第一宗第13頁），顯然亦無法由柏◯公司之錄影帶拍攝本件起火現狀。況本件係於87年4月29日發生火警，迄今已逾10年，依常情，一般監視錄影帶均係數日或1週或1個月後，即重複使用，以節省成本，斷無保存數年之情事，是該三家公司於火災當日之監視錄影帶當已不復存在。經本院依據被告之聲請，向柏◯公司函調火警發生時之錄影袋，柏◯公司亦向本院覆稱已無保存。基於上述理由，本院已無從再調取被告所稱之錄影帶，進行勘驗，附此敘明。又證人即被告之父親張◯◯於本院上訴審證述：「（檢察官問：87年4月28日當晚被告有無回家？）他當時在家，我當晚接到他朋友打來的電話，他聽到他朋友打電話來説發生火災，他才過去」等語（見本院上訴卷第104、105頁），顯見被告放火後即行回家，並在家中接獲發生火災之通知電話後，始行前往現場。被告辯稱當時係在草屯保齡球館打球時，接獲通知發生火災云云（見87年度偵字第3393號偵查卷第一宗第4之1頁），及證人乙證述其當時與被告在草屯之保齡球館打保齡球，接獲蔡○○通知發生火災云云（見87年度偵字第3393號偵查卷第一宗第7、34頁），均非眞實，核屬維護被告之詞。又依一般人使用語言之慣性，「87年4月28日晚上」通常即含翌日（即29日）凌晨之夜間，且證人張○○已明白證述被告在家聽到其朋友打電話來說發生火災，則該證人就檢察官之詰問，顯無錯置時間而誤答之情事，則被告於本院前審聲請再傳喚證人張○○，本院亦認無此必要。

三、按認定犯罪事實所憑之證據，本不以直接之證據爲限，間接之證據亦包括在內。查間接證據，在直接關係上，雖僅足以證明他項事實，但由他項事實，本於推理之作用，足以證明待證事實者。苟非憑空推想，此等間接證據，亦可做爲論罪科刑之證據（最高法院22年上字第67號判例參照）。本案雖無被告自承涉犯上揭放火之直接證據，但依據本案證據顯示，被告於上開案發前後之期間，其經濟能力及經濟情況均不理想，其竟於87年3月5日，以「迦○通信公司」名義，與「C公司」訂立長達3年之廠房租約，且搬進大批之貨物堆置，而其所堆置之貨物除係低劣之貨品之外，亦未見被告提出可信其先前曾有經營相同商品販售業務之證據，被告復將之充當爲高級品，爲鉅額之投保，且被告認爲其所搬進之貨物既屬數量龐大之貨物，價値高達4,700多萬元，竟未全天候派人看守，又於火災前安裝保全系統，並於火災前相當短暫之時間以上開手段讓保險公司人員誤認貨物已有保全而取得同意保險，隨即發生上開人爲火警，而被告除有倉庫之鑰匙可以自由出入上開廠房之外，如未被察覺犯行，其即係本件火災實際可以領取鉅額保險理賠而獲取不法財物之人。依據上開各間接證據，綜合印證，可以認定被告確有放火之動機、意圖及行爲存在，再就此不尋常之動機等關係，及上開所詳述之事實，本於推理之作用，依經驗法則，自可認定上開火災，應係被告於上開時、地點火延燒所引起。被告上開所辯係屬嗣後卸責之詞，尚難採信，本件事證已臻明確，被告犯行洵堪認定。

四、被告行爲後，94年2月2日修正公布之刑法，業於95年7月1日起施行，應依刑法第2條第1項之規定比較應適用之法律如下：

(一) 論罪量刑之比較原則：應就罪刑有關之共犯、未遂犯、想像競合犯、牽連犯、連續犯、結合犯、以及各種加重原因（如累犯加重等）、各種減輕原因（如自首減輕等）暨其他法定加減原因（如身分加減）與加減例等一切情形，綜其全部罪刑之結果而爲比較（最高法院95年第8次刑事庭會議決議參照）。

(二) 修正刑法第33條第5款規定：「罰金：新台幣1,000元以上，以百元計算之」，且增訂刑法施行法第1條之1規定：「中華民國94年1月7日刑法修正施行後，刑法分則編所定罰金之貨幣單位爲新台幣。94年1月7日刑法修正時，刑法分則編未修正之條文定有罰金者，自94年1月7日刑法修正施行後，就其所定數額提高爲30倍。但72年6月26日至94年1月7日新增或修正之條文，就其所定數額提高爲3倍」，經比較修正前刑法第33條第5款、罰金罰鍰提高標準條例第1條前段、現行法規所定貨幣單位折算新台幣標準第2條等規定之適用結果，有關刑法第339條第1項法定刑罰金部分之最高額固均相同，惟最低額於修正前爲銀元10元即新台幣30元；修正後則爲新台幣1,000元，是此部分自以修正前之法律較有利於行爲人。

(三) 修正前刑法第26條前段「未遂犯之處罰，得按既遂犯之刑減輕之」之規定，已移列於修正刑法第25條第2項，此項變動未影響行爲人之刑罰法律效果，非屬刑法第2條第1項之「法律變更」，則有關對未遂犯爲刑之減輕，自應逕行適用修正刑法第25條第2項之規定。

(四) 修正前刑法第55條後段關於牽連犯之規定業經刪除，依修正前刑法第55條後段之規定，牽連之數罪可從一重處斷，而依修正後之刑法即應各別論處罪責，當以修正前之法律對行爲人較爲有利。

(五) 以上綜合比較結果，修正之法律未較有利於行爲人，有關罪刑自應全部適用修正前之法律。

五、本案被告以放火燒燬其所承租於夜間無人所在之倉庫及其所堆置之貨物爲手段，並隨即進行請求保險公司理賠未能得逞，核其所爲，係犯刑法第174條第1項放火燒燬現未有人所在之他人所有建築物罪、及同法第339條第3項、第1項之詐欺取財未遂罪。被告所爲詐欺取財未遂之犯行，並未取任何金額，詐欺取財部分係未遂犯，此部分應依刑法第25條第2項之規定，減輕其刑。另被告所犯上開放火及詐欺取財未遂二罪間，有方法、手段、結果之牽連關係，應依修正刪除前刑法第55條後段之規定，從一重之刑法第174條第1項之放火燒燬現未有人所在之他人所有建築物罪處斷。至於本案證人乙業已死亡，其在本案所爲之諸多證詞雖堪認屬不實，但就上開廠房之承租及廠房與貨物之投保過程，並無確切之證據可資認定證人乙有參與其事。被告否認犯罪，亦不可能會供述其就本案犯行和證人乙有犯意聯絡，另證人乙之證詞縱使不實，此亦屬是否僞證之問題。本案依據卷內證據，尚無從認定證人乙有和被告共犯本案上開二罪之犯意聯絡及行爲分擔，本院本案爰不爲如此認定，併此敘明。

六、本案公訴人之公訴意旨另以：被告於86年12月24日，意圖爲自己不法之所有，並基於概括之犯意，先在彰化市○○里○○街4號1樓，虛僞設立「迦○通信公司」，於87年2、3月間，連續向「A電機有限公司」（以下簡稱爲A公司）佯購價值合計61萬2,500元之行動電話，並向「B國際股份有限公司」（以下簡稱爲B公司）台中分公司佯購價值25萬1,800元之行動電話，致「A公司」之負責人楊○○及「B公司」台中分公司不詳姓名之負責人陷於錯誤，而如數給付之；被告於初次交易得手後，未支付分文之貨款，隨即於87年3月間某日結束營業，因認被告上開所爲，亦涉犯刑法第339條第1項之詐欺取財罪嫌。第查：

(一) 按犯罪事實應依證據認定之，無證據不得認定犯罪事實；又不能證明被告犯罪者，應諭知無罪之判決，此於刑事訴訟法第154條第2項及同法第301條第1項分別定有明文。又所謂認定犯罪事實之證據，係指足以認定被告確有犯罪行爲之積極證據而言，該項證據自須適合於被告犯罪事實之認定，始得採爲斷罪之資料；且如未能發現相當確實證據，或證據不足以證明，自不能以推測或擬制之方法，以爲裁判之基礎；而認定犯罪事實所憑之證據，雖不以直接證據爲限，間接證據亦包括在內，然而無論直接證據或間接證據，其爲訴訟上之證明，須於通常一般人均不致有所懷疑，而得確信其爲眞實之程度者，始得據爲有罪之認定，倘其證明尚未達到此一程度，而有合理之懷疑存在時，即難遽採爲不利被告之認定（最高法院76年台上字第4986號判例參照）。另刑事訴訟法第161條第1項規定：檢察官就被告犯罪事實，應負舉證責任，並指出證明之方法。因此，檢察官對於起訴之犯罪事實，應負提出證據及說服之實質舉證責任。倘其所提出之證據，不足爲被告有罪之積極證明，或其指出證明之方法，無從說服法院以形成被告有罪之心證，基於無罪推定之原則，自不得爲被告有罪之判決。

(二) 本案公訴人指訴被告就上開部分涉犯刑法第339條第1項之詐欺罪嫌，係以被告所設立之「迦○通信公司」，自設立時起至87年3月間結束營業爲止，在短短3個月之營業期間，於初次交易，即分別向「A公司」購買61萬

2,500元之行動電話及向「B公司」購買25萬1,800元之行動電話，得手後即告結束營業等情，業據證人即「A公司」之老闆娘楊○○及其公司之職員王○○於偵查中結證在卷；另證人王○○在偵查中結證稱：被告簽發4張支票予「A公司」用以支付貨款，惟屆期均遭退票而不獲兌現，嗣後，被告又開具2張本票換回上開支票，不久，「迦○通信公司」就結束營業等語；證人楊○○復結證稱：被告陸續進貨後來就跳票，本來開支票，跳票後就換本票，才拿土地設定第三順位押權予伊，但銀行抵押時就被拍賣了，伊也沒拿到錢等語；證人即「B公司」台中分公司之業務員簡○○於偵查中結證稱：被告向伊公司購買25萬1,800元之行動電話，所開具之支票均退票等語，且被告於事後抵押予證人楊○○之房地，因之前已以第一順位設定與萬通銀行，經拍賣後，償還第一抵押順位之債權猶仍不足，遑論設定第二、三順位抵押權予「A公司」及「B公司」？由此可知，被告於所簽發之支票不獲兌現之後，經被催討貨款而無力給付，遂佯稱同意設定抵押權予「A公司」及「B公司」，其意不過在脫免其被訴詐欺之刑責而已，爲其主要論據。

(三) 訊據被告堅決否認有此部分詐欺之犯行，辯稱：伊係陸續購買，並且每月結帳，嗣後因經營不善，支票退票，乃改換成本票，且伊有提出不動產供做抵押，伊並非故意詐騙等語。

(四) 本院查：

(1) 被告自86年底與「A公司」接洽購買行動電話，每月結帳，被告則開1個月之支票，當月購買則開下月的票，雙方自86年即有交易往來，被告所簽發之支票有兌現過，只有最後一次貨款61萬2,500元未能支付，交易總金額並不清楚等事實，此情業據證人楊○○（A公司負責人）、王○○（與被告實際接洽者）於本院上訴審審理時結證明確（見本院上訴卷第一宗第138至143頁）；而被告於87年2月中旬與「B公司」訂約進貨，被告曾經先付貨款，「B公司」出貨有一定之額度，如未將前帳付清，就不會再出貨之情，亦據證人簡○○（與被告實際接洽者）於偵查時結證屬實（見89年度偵字第1806號偵查卷第一宗第196至198頁），顯然被告與上開二家公司訂約買貨，均係每月結帳，當月簽發下月之支票，如有1個月未能付清，即不出貨；而渠等公司與被告生意往來，均曾兌現過，則被告於交易過程中，即難認有故意詐騙之行爲，其所辯尚難認係不可採。

(2) 被告所簽發之支票未能兌現時，改簽發本票，當本票亦未能兌現時，則提供不動產充爲抵押物，由A等公司設定抵押，嗣「A公司」聲請拍賣抵押物，惟未能獲得分配等情，復有台灣彰化地方法院民事執行處通知2紙附卷可資佐證（見89年度偵字第1806號偵查卷第一宗第67、68頁），雖被告所提供之不動產因曾設定前順位之抵押，致「A公司」未能獲得其債權之分配，惟被告業已盡其所能提供相當之擔保，亦難認被告有詭詐之故意。

(3) 綜上所述，檢察官此部分所舉之證據，尚無從使本院得以確信被告有詐欺之故意，被告此部分所辯，即非無理由。是被告上開行爲，應無觸犯刑法第339條第1項詐欺取財罪可言。且本院在得依或應依職權調查證據之範圍內，復查無其他積極證據足以證明被告確有公訴意旨所指上開犯行，是此部分要屬不能證明被告犯罪。惟因公訴人認此部分與被告前開論罪科刑之詐欺取財未遂部分，有連續犯之裁判上一罪關係，爰不另爲被告無罪之諭知。

七、原審判決認定被告無此犯行，而爲無罪之判決，尚有未合，且公訴人係以刑法第174條第1項之放火燒燬未有人所在之他人所有建築物罪嫌起訴，該罪之法定刑爲有期徒刑3年以上10年以下，應指定辯護人爲被告辯護，原審竟未指定辯護人爲被告辯護，其程序亦有不合，而此程序不合，須由事實審之法院逕行審理，非得以判決撤銷發回原審法院重行審理。是檢察官上訴指摘原審判決被告無罪爲不當，其上訴即有理由，自應由本院將原審判決予以撤銷，改判被告有罪。爰審酌被告之素行（參卷附台灣高等法院被告前案紀錄表），其爲求解決經濟上之困境，竟施行此種方法，以圖取得保險金，嚴重危害社會經濟體系，其犯意固屬不當，惟念及被告之妻業已離家他去，被告必須父兼母職，獨立扶養二名子女，且目前身罹疾病，拖病延生，處境亦使人憐憫，且其父已年邁，又被告目前尚未取得任何之賠償金額，未能達到目的等一切犯罪情狀，爰不依檢察官所爲有期徒刑5年10月之具體求刑，而量處如主文第2項所示之刑。

八、據上論斷，應依刑事訴訟法第369條第1項前段、第364條、第299條第1項前段、刑法第2條第1項、第174條第1項、第339條第3項、第1項、第25條第2項，修正刪除前刑法第55條後段、刑法施行法第1條之1第1項、第2項前段，判決如主文。

本案經檢察官甲到庭執行職務。

中　　華　　民　　國　　○○　　年　　○○　　月　　○○　　日

刑事第三庭

審判長法官　王○○

法官　　　梁○○

法官　　　廖○○

以上正本證明與原本無異。

如不服本判決應於收受送達後20日內向本院提出上訴書狀，其未敘述上訴之理由者，並得於提起上訴後20日內向本院補提理由書（均須按他造當事人之人數附繕本）「切勿逕送上級法院」。

書記官　曾○○

中　華　民　國　○○　年　○○　月　○○　日

附錄法條：

刑法第174條第1項：

放火燒燬現非供人使用之他人所有住宅或現未有人所在之他人所有建築物、礦坑、火車、電車或其他供水、陸、空公眾運輸之舟、車、航空機者，處3年以上10年以下有期徒刑。

狀別：刑事上訴暨上訴理由狀

原審案號及股別：98年重上更（三）字○○號○股

上訴人即被告　甲　　身分證字號：○　性別：○　生日：○　住：○

選任辯護人　　何志揚律師

爲被告因公共危險等案件，不服台灣高等法院台中分院98年7月29日98年度重上更（三）字第34號刑事判決，謹於法定期間內具理由提起上訴事：

一、經查原判決有以下之判決違背法令之處，茲分述如下：

被告並無放火燒燬未有人所在之他人建築物犯行：

(一) 判決不載理由者當然爲違背法令，所謂判決不載理由，係指依法應記載於判決理由內之事項不予記載，或記載不完備者而言，此爲刑事訴訟法第379條第14款上段之當然解釋（最高法院63年台上字第3220號判例意旨參照），判決書內應記載事實，刑事訴訟法第311條已有明文，所謂事實，不僅指犯罪之行爲而言，即犯罪之時、日，如與適用法律有關，亦應依法認定，予以明確之記載（最高法院19年上字第1342號判例意旨參照），科刑判決書須先認定犯罪事實，然後於理由內敘明其認定犯罪所憑之證據，方足以資論罪科刑，否則僅於理由內敘明其有犯罪之證據，而事實欄內並未認定有何種犯罪之事實，不惟理由失其根據，且與法定程式亦不相符（最高法院24年上字第1032號判例意旨參照）。

(二) 經查原判決於犯罪事實欄載：「……在此段期間所負擔之借貸債務本息已在700萬元以上，經濟狀況並不理想。詎其不思以正途改善經濟狀況，竟意圖為自己不法所有，擬以投保後再放火燒燬現未有人所在之他人所有建築物之手段，向保險公司詐領保險金，乃陸續進行如下之計畫，後再為下列放火及詐欺取財未遂之犯罪行為」（參原判決第2頁倒數第12行起）、「……嗣自87年4月21日被告甲提出保險之申請起，至同年4月25日止，李○○正進行核保手續及簽發正式保險契約之際，被告甲即多次以電話向李○○催促速寄保險契約書，李○○乃於87年4月27日下午將上開保險契約書自『華僑保險公司』員林服務處寄出。詎被告甲收受該保險單後，有恃無恐，竟於87年4月29日凌晨0時至0時30分許間，獨自一人在上開倉庫南半部中段靠烤漆板處所堆置之布料點火，而為放火行為，並見火苗已足可向四處延燒之後，即離開現場返家。嗣上開火苗果向四處延燒，雖經南投縣消防隊於同日凌晨0時40分許據報前往滅火，迄同日凌晨1時54分許將火完全撲滅，但該無人所在之他人建築物及廠房內之貨物，仍完全被燒燬。而被告甲則在家接獲不詳之人之通報電話，始佯於同日（即87年4月29日）凌晨約2時至3時間，趕往現場處理」（參原判決第6頁第13行起），惟於理由欄內除僅載：「被告以放火燒燬其所承租於夜間無人所在之倉庫及其所堆置之貨物為手段，並隨即進行請求保險公司理賠未能得逞，核被告所為，係犯刑法第174條第1項放火燒燬現未有人所在之他人所有建築物罪、第339條第3項、第1項之詐欺取財未遂罪」（參原判決第45頁倒數第15行起）外，關於被告甲究竟如何一人於何時進入該廠房縱火？及以何方式縱火？於何時縱火後隨即返家？等攸關犯罪構成要件之事實記載均付之闕如，而對於公訴人起訴書所載認定被告甲係與共同被告乙共謀縱火，原審對此竟未於判決理由項下記載何以乙不知情？（按原判決於判決理由記載：「又本件火災既堪認定係人為之點火，而上開迦○倉庫係由乙推薦之蔡○○擔任倉庫管理員，顯然得以出入該倉庫之人僅被告、乙、蔡○○等少數之人而已」（參原判決第40頁第12行起）、「再被告曾經與乙於89年4月27日接受測謊，惟因被告連續咳嗽，乙則係皮膚發癢，致無法進行有效之比對鑑判，有內政部警政署刑事警察局鑑驗通知書在卷為憑（見89年度偵字第1806號偵查卷第一宗第31頁），被告雖於本院審理時請求進行測謊，惟本案發生後迄至本院收案，業逾10年，被告心緒之起伏，因時間之經過已平復，且乙亦已死亡而不在人世，亦無法對被告及乙一併進行測謊比對」

（參原判決第37頁第2行起），似乎又認為乙亦為本案縱火之共犯，因此原判決除有不備理由之違法，亦有理由矛盾之違誤。原判決雖另以：「本案雖無被告自承涉犯上揭放火之直接證據，但依據本案證據顯示，被告於上開案發前後之期間，其經濟能力及經濟情況均不理想，其竟於87年3月5日，以『迦○通信公司』名義，與『C公司』訂立長達3年之廠房租約，且搬進大批之貨物堆置，而其所堆置之貨物除係低劣之貨品之外，亦未見被告提出可信其先前曾有經營相同商品販售業務之證據，被告復將之充當為高級品，為鉅額之投保，且被告認為其所搬進之貨物既屬數量龐大之貨物，價值高達4,700多萬元，竟未全天候派人看守，又於火災前安裝保全系統，並於火災前相當短暫之時間以上開手段讓保險公司人員誤認貨物已有保全而取得同意保險，隨即發生上開人為火警，而被告除有倉庫之鑰匙可以自由出入上開廠房之外，如未被察覺犯行，其即係本件火災實際可以領取鉅額保險理賠而獲取不法財物之人。依據上開各間接證據，綜合印證，可以認定被告確有放火之動機、意圖及行為存在，再就此不尋常之動機等關係，及上開所詳述之事實，本於推理之作用，依經驗法則，自可認定上開火災，應係被告於上開時、地點火延燒所引起。」（參原判決第43頁第22行起），惟犯罪事實應依證據認定之，無證據不得認定犯罪事實，刑事訴訟法第154條第2項定有明文，又「認定犯罪事實所憑之證據，固不以直接證據為限，間接證據亦應包含在內，惟採用間接證據時，必其所成立之證據，在直接關係上，雖僅足以證明他項事實，而由此他項事實，本於推理之作用足以證明待證事實者，方為合法，若憑空之推想，並非間接證據」（最高法院32年上字第67號判例意旨參照），本案縱認被告有故意放火及詐領保險金之犯罪動機及意圖，然究竟原審係憑何種間接證據可以證明他項事實並推理被告有以不詳方式縱火，則未見原判決於判決理由欄項下詳細記載，當有判決不載理由及未依證據認定事實之違法。

(三) 經查，本件南投縣警察局消防隊（現已改制為南投縣消防局）於現場勘驗後，認倉庫內南半部中段靠烤漆板牆面彎曲變色嚴重處，布料燒燬至最底部且底座木材墊板呈炭化嚴重，足見火勢由此處向四周延燒（參南投地方檢察署87年度偵字第3392號卷第一宗第10頁）；起火處未發現有自然發火物，故自然發火可排除，亦未發現有電源線，故無電線走火可能，倉庫管理員蔡○○於4月28日19時15分下班，故其遺留火種如煙蒂等於4月29日0時40分起火可能性亦無（參上揭卷第11頁）；研判起火點在倉庫南半部中段靠烤漆板牆面彎曲變色嚴重處某一高度因爲未發現具體起燃成災跡證，故起火原因未便臆測等語（參上揭卷第11頁正反面），有南投縣警察局火災原因調查報告書一份附卷可稽，該報告書中對於本件火災之起火點及起火物品固均有明確之判斷，惟對於究係何種引火媒介（如汽油、火種、香煙等）所引起則無記載，且經採集現場起火點燃燒物品送鑑，亦未發現上開引火媒介，而火災之發生如係被告以外力所爲，其必有引火媒介始足以使物品燃燒產生火災，既未發現外力所爲之引火媒介，則火災之發生即無積極證據證明係被告以外力所爲甚明（最高法院97年度台上字第1360號第2頁第14行起第二次發回意旨參照），原判決雖以：「依據上開火災原因調查報告書及鑑定證人鄧○○之證詞，可見本件火災之起火點應在上開倉庫南半部中段靠烤漆板處所堆置之布料處；且因本件火災之發生原因可排除電線短路、引發火災之可能性，亦可排除自然發火之可能性，另亦可排除自南邊窗户丟入火源引發火災之可能性，則起火之原因自僅有人爲在上開起火處點火，讓火苗向四處延燒因而引發本件火災之可能。雖然上開火災原因調查報告書，對於本件火災究係由何種引火媒介（如汽油、火種、香煙等）所引起，並無記載，但在上開堆置布料等物之倉庫點火，並非一定要使用汽油等助燃劑，亦未必要使用電線等延遲裝置。如直接在起火處之布料點火，再讓其延燒，此即無上開引火媒介之可言。即便以紙張或該處原有之布、木等材質材料引火，上開引火媒介在被大火燒成灰燼之後，亦難再鑑認何一部分係被作爲引火媒介。則本件火災原因調查報告書，對於本件火災究係由何種引火媒介（如汽油、火種、香煙等）所引起，並無記載乙節，自難據爲有利被告之認定。又本件火災既堪認定係人爲之點火，而上開迦○倉庫係由乙推薦之蔡○○擔任倉庫管理員，顯然得以出入該倉庫之人僅被告、乙、蔡○○等少數之人而已。而火災發生時，由於被告所承租之倉庫內下午6時後並無人看管，經隔鄰柏○企業股份有限公司駐夜人員發現並通知消防單位，火勢延燒一個多小時始被完全控制，並予以撲滅等情，亦有『大○公證有限公司』起火原因調查書附卷爲證（見同上偵查卷第二宗第47頁），顯然被告所承租之上開倉庫夜間並未有人看守。被告既係存放其所自認價值數千萬元之布料、球拍套及茶葉，理應僱用倉庫管理員日夜看守，詎該倉庫竟僅由蔡○○管理日班，在夜間竟完全置於無人看管之境地，亦令人匪夷所思。再者，本件所燒燬之500斤茶葉，被告原係與木材踏板、茶葉及轎車一起置放於迦○倉庫之北面牆旁，有照片1幀在卷可憑（見同上偵查卷第一宗第17頁下幅），惟被告於火災發生前曾將易受潮之茶葉搬遷至該倉庫之西南角落，因西南角落之茶葉有日曬可能，與茶葉堆放不能有日曬之理相違，亦有上開火災原因調查報告書附卷可佐（見同上偵查卷第一宗第10頁反面）。雖本件倉庫係坐西朝東，茶葉所放置位置係位於倉庫西南方角落廁所前方，與西方（北側）倉庫鐵皮圍牆緊鄰者爲一間廁所（見同上偵查卷第一宗第13、91頁），該處在南方位置設有窗户，在西方設有逃生門，由日照方向觀之，日落時由西方進入之日照餘暉，係先照射至廁所，堆置在西南角落之茶葉並不易遭受日落西方時之日照。但被告原所堆放茶葉之北面牆旁，因該北面牆均無窗户，復緊鄰昱○公司及合○公司，有火災現場平面物品配置圖爲證（見同上偵查卷第一宗第13頁），完全可將茶葉置於陰涼之處所合於保存茶葉之慣例，雖上開茶葉均係以眞空包裝後再置於方形或圓形筒內，但在北面牆旁之位置與西南角落之位置互相比較，當應以北面牆旁爲優先。而本件火災後，該北面牆之烤漆板僅呈變色情形，亦有照片1幀在卷可憑（見同上偵查卷第一宗第18頁上幅），如上開茶葉仍置放於原來之位置，當不致於損失如此慘重。」（參原判決第39頁倒數第1行起），而認：「被告將茶葉移置於西南角，而於10日內竟在南半部之中段起火，時間、地點均如此巧合，難謂被告無故意。又被告之經濟情況及經濟能力既均不理想，竟仍於87年3月5日，以『迦○通信公司』名義，與『C公司』訂立上開廠房租約，且堆進大批之貨物，而所堆進之貨物又屬低劣之貨品，在發生火警後，則充當高級，且在被告認爲其所進之貨物既屬數量龐大之貨物，竟未全天候派人看守，又於火災前安裝保全系統，並於火災前相當短暫之時間取得同意保險，隨即發生火警，在在顯示時間上、行爲上不可思議之巧合，是被告意圖詐領鉅額之保險金應可認定」（參原判決第41頁第16行起），然判決理由欄內並無任何隻字片語提及被告係以何種外力引火故意燒火倉庫內之貨物，卻又於判決理由認定本件火災係人爲之點火，此係攸關被告是否構成刑法第174條第1項罪責之判斷，而本案依據該調查報告亦無法排除係失火或他人所爲，原判決在未辨明本案引火媒介爲何？被告是否有以外力故意放火？猶以假設性問題（引火媒介有沒有可能在火災發生的時候被燒掉了？參原判決第39頁第19行起）詢問證人鄧○○，並以證人鄧○○假設性回答（搶救過程中射水有可能把它沖失掉，參原判決第39頁第19行起），遽以臆測推論擬制之方法而認定事實，顯有不載理由及查證未盡之違法。

(四) 又按依法應於審判期日調查之證據而未予調查，判決當然違背法令，刑事訴訟法第379條第10款定有明文，而刑事訴訟法第379條第10款所稱應調查之證據，係指與待證事實有重要關係，在客觀上認爲應行調查者而言（最高法院72年台上字第7035號判例意旨參照）。尤有進者，證人李○○於87年10月27日出庭應訊時曾當庭提出其於火災發生後至現場勘查所繪製之簡圖，由該簡圖上方文字之記載：「消防隊提供有一窗户之鐵條有被鋸齊開來的情形（消防隊説應不是他們所爲）」（參87年度偵字第3393號卷第190頁），且該遭鋸開之窗户距離消防隊所認定之可能起火點亦十分接近，則證人鄧○○於原審98年7月8日所證：「（你的意思是説因爲起火處距離門窗還有一段距離，所以你剛剛所説的沒有破壞門窗是指距離起火處的那個門窗沒有被破壞？）是的」云云，顯然已與上開簡圖所記載不一。又證人蔡○○於消防隊調查時亦供陳：「以前有看到泰國人在倉庫旁空地喝酒被本人趕走希望警方能調查起火原因」（同前揭卷第2頁），果非子虛，則被告所稱疑遭外勞滋事放火之説並非無由，則原審對被告斟酌選任辯護人於98年4月23日調查證據聲請暨辯論意旨狀第14頁倒數第5行起提出上開有利於被告之事證既未斟酌，亦未於判決理由項下既載何以不採之理由，更未傳訊證人李○○到庭查證，自有判決理由不備及查證未盡之違法。

(五) 再按經驗法則或論理法則，乃客觀存在之法則，非當事人主觀之推測（最高法院74年台上字第1987號判例意旨參照），證據之證明力如何，雖屬於事實審法院自由判斷職權，而其所爲判斷，仍應受經驗法則與論理法則之支配（最高法院53年台上字第2067號判例意旨參照）。原判決意旨固認被告於火災發生前曾將易受潮之茶葉搬遷至西南角窗口處，顯有悖常理，認應係故意放火云云。然由南投縣警察局消防隊所繪製之火災現場場圖觀之，本件倉庫係坐西朝東，茶葉所放置位置係位於倉庫西南方角落廁所前方，與西方（北側）倉庫鐵皮圍牆緊鄰者爲一間廁所（參南投地方檢察署87年度偵字第33993號卷第一宗第13頁、第91頁），該處在南方位置設有窗户，在西方設有逃生門，由日照方向觀之，日落時由西方進入之日照餘輝，係先照射至廁所，堆置在西南角落之茶葉並不易遭受日落西方時之日照甚明。而徵諸現場相片（同上揭卷第21頁背面、第22頁、第90頁）所示，茶葉均係以眞空包裝後再置於方形或圓形筒內，此種包裝方式本即不易受日照水氣所影響，果被告確有將茶葉遷移至西南角落，亦應無違茶葉保存之方式。而該倉庫西南角落亦非易受日照及受潮之處，尚難據以被告曾遷移茶葉存放地點此節，即推論被告有故意放火犯行。原判決固以因北面牆均無窗戶，與西南角落位置比較，完全可將茶葉至於陰涼之處所合於保存茶葉之慣例，當應以北面牆旁爲優先云云，惟北面牆均無窗戶，有火災現場平面配置圖一份爲證（參前揭卷第13頁），對於茶葉之保存固不易受日照，但卻因完全無日照反而更易使茶葉受潮，因此原審未明究茶葉易受潮之屬性，驟然推論被告不選擇將茶葉移至北面牆旁，反而將茶葉移置於西南角，難謂無放火之故意，自有不依證據認定事實及任作主張之違法，更何況前開倉庫內堆放之貨物，除茶葉外，其餘貨品均未移動原所堆置位置，亦難據此即認被告有放火之罪嫌。

(六) 另查，被告與前開保全公司訂立契約之時間爲87年4月8日（參前揭卷宗第14頁），嗣被告於訂立火險契約時亦曾提示上開保全契約予保險公司人員，而前開保全公司復於同年4月18日前往被告所有倉庫裝設價值5萬3,414元之保全設備，保險契約乃於同年4月21日製作完成並寄發予被告，又被告存放於該倉庫內之尼龍布、鞋材布、牛津布、球拍套及茶葉等貨物，出險時實質新台幣1,483萬6,930元（參南投地方檢察署87年度偵字第3393號卷第二宗第48頁），證人楊○○更證稱：「【（提示卷附大○公證公司報告）是你承辦是你寫的】是的，是我到現場看的」、「數量是去現場清點出來，沒有書面記載，只是我去現場時記下來，我們公司只有我一人去」（前揭卷第86頁反面），倘非子虛，旋於同年4月29日發生火災，果被告係虛僞與前開保全公司訂約以取信保險公司，豈有明知同年4月29日將發生火災而仍於4月18日裝設價值5萬餘元之保全設備，而不拖延裝設時間，且倉庫存貨高達1,000餘萬元未先將存貨搬出之理？又被告於保全公司要保及火災發生前，已在倉庫大門上方裝設攝影機乙部（南投地方檢察署87年度偵字第3393號卷第一宗第18頁火災現場相片（六）參照），果如原判決意旨所稱被告係爲詐領保險金始虛僞與保全公司約定，本意非在裝設保全，豈有於未裝設保全前先斥資裝設攝影機之理？，且被告亦可將火災延後半年，再使火災發生，較不會引起他人之懷疑等情，故原判決以「被告即可取得相當鉅額之理賠金，均較被告所裝置之5萬3,414元之保全設備高出甚多，則被告何須爲避免價值5萬3,414元之保全設備損害，致因詐領保險金之手段及燒燬倉庫內之各項貨物無法完成，而未能領取保險金，是被告該項所辯純係本末倒置，自難足採信」（參原判決第36頁第13行起），未慮及上情，並憑前開情況證據即據以推論被告有放火之犯行，自有不依證據認定事實之違法。

(七) 原判決意旨另認被告於台中中小企銀埔心分行申請設立支票帳户，而該帳户自開户起至87年3月8日止，於2個月期間內，存款僅剩1,089元，迄同年5月1日即被列爲拒絕往來户而認被告因經濟困難而起意詐領保險金云云。惟查被告上開支票帳户內進出金額由數萬元至30餘萬元不等，實非空户，此有於台中中小企銀埔心分行檢附之被告帳户87年1月1日至87年5月1日間交易明細可稽（參南投地方檢察署87年度偵字第1806號卷（一）第81、82、83頁），又支票（即甲存）帳户因無利息，所以依生意往來慣例，帳户內金額通常係簽發支票到屆期始會存入等額金錢，並無事前在帳户內存放鉅額金錢之理。而上開帳户係被告經營通訊行所使用之帳户，與本件發生火災之貿易公司係被告與他人合夥不同，二家公司資金不必然有往來關係，況通訊行與貿易公司所需資金及貨物價格殊異，亦不能以被告所經營通訊行進出金額與貿易公司進貨金額不相當，即遽認被告已陷於經濟困難而有放火詐領險金之意圖。又被告於火災發生前，曾以現金180萬元購買汽車及並支付房屋頭期款200萬元，此業據證人張◯◯即房屋出賣人於第一審調查時及證人陳◯◯於原判決到庭證述屬實（參第一審卷第90頁至第97頁、第131頁及原判決卷（一）第145頁），果被告如原判決意旨所指陷於經濟困頓之際始起意放火詐領保險金，豈有再斥鉅資購買汽車及房屋之理？原判決未於理由欄項下記載何以不採信前揭有利被告證據之理由，自有不載理由之違法。

二、原判決顯然違反最高法院96年度台上字第633號判決發回所具體指摘部分：

(一) 案發當時被告確實在草屯康立德保齡球館打保齡球：

經查證人乙（已死亡）於檢察官訊問時證稱：「（問：火災是何人通知你？）蔡◯◯半夜1點多，當時我與被告甲在草屯康立德保齡球館打保齡球」，證人蔡◯◯亦證稱：「半夜1點半左右，是中興保全通知彰化中興保全公司，有留電話，我打行動電話給乙，他很緊張便到公司」（參南投地方檢察署87年度偵字第3393號卷第一宗第34頁），二人所證與被告所供述相同，足見被告所辯自堪採信，原判決雖以相互勾串均非眞實不足採信，然證人張◯◯固於作證時供述：「（87年4月28日當晚被告有無回家？）他當時在家，我當晚接到他朋友打來的電話，他聽到他朋友打電話來說發生火災，他才過去」（參原前審卷二第104、105頁），惟此部分證詞應是證人張◯◯誤以爲檢察官所問之問題爲87年4月29日當晚被告有無回家，而誤答所致，蓋火災發生當天係87年4月29日凌晨0時40分，因此與前揭證人證詞並無不同之處，原判決雖以「依一般人使用語言之慣性，『87年4月28日晚上』通常即含翌日（即29日）凌晨之夜間，且證人張○○已明白證述被告在家聽到其朋友打電話來說發生火災，則該證人就檢察官之詰問，顯無錯置時間而誤答之情事，則被告聲請再傳喚證人張○○，核無必要」云云（參原判決第34頁倒數第8行起），然倘若採信張○○之證詞認為火災發生當晚被告在家，接到朋友電話說發生火災才過去，此恰足證明案發時被告不在現場，然究竟證人張○○何時見到被告在家？被告何時接到電話？何時過去火災現場？又如何在與乙共同縱火後返回家中？均攸關被告是否有可能縱火之事實認定，原審未審酌上情傳訊證人張○○到庭釐清，自有調查未盡及判決不載理由之違誤。

(二) 被告與證人謝○○所證述內容相同並無不一致之情形：

次查被告固於第一審供稱：「不曉得是日期開錯了，或印鑑蓋錯了，我拿現金叫謝○○通知李○○把支票換回來，我拿現金支付保險費」，而證人謝○○就其介紹上訴人向華僑保險公司投保火災保險之經過，亦供稱其介紹被告「與賴先生聯繫，後來保險的事都是他們自己談，後來被告來找我，說他開給華僑的大小章好像蓋錯了，就拿了10萬元的現金給我，要我到華僑換回開給華僑的支票，我就去找賴先生，我將錢給賴先生」云云（見第一審卷第102、103、119頁），然證人李○○於第一審也供證：「我印象中投保後賴主任有告訴謝○○，保費繳清，公司才能編案號，後來謝○○就拿現金來換支票」（同前揭卷第103頁），對照證人謝○○所證：「我認識華僑產物保險公司的賴○○，因為我是開洗車廠，被告去洗車認識他，在聊天中被告提到他要投保的事情，問我有沒有認識的，我說我有認識賴先生……我就介紹被告與賴先生聯繫，後來保險的事都是他們自己談，後來被告來找我，說他開給華僑的大小章好像蓋錯了，就拿了10萬元的現金給我，要我到華僑換回開給華僑的支票，我就去找賴先生，我將錢給賴先生」，故被告對於囑託謝○○以現金換回支票情節所述均一致，而華南產物保險公司賴○○係主任，李○○則為其下之業務，當時華南產物保險公司承保時是派李○○與被告接洽，而證人謝○○則是認識其主任賴○○，因此該二人均為華南產物保險公司之職員，均有收受客户保費之權限，故被告曾於原審具狀聲請如原審對於被告以現金換回支票之細節有疑義，仍可再傳訊證人賴○○及李○○到庭，即可證明是否被告有以現金換回支票之事，然原審對上開調查證據之聲請竟以無傳訊之必要，更錯認以下事實：「又華僑保險公司員林服務處賴○○主任指派業務員李○○承辦並現場勘查，被告當場有出示保全合約書，3、4天後被告曾多次打電話詢問保單好了沒有，且被告於勘查當日交付以迦○通信公司爲發票人、帳號：○○○－○○○－○○○○○○○○－○號、付款人：萬通銀行員林分行、發票日：87年5月21日、票號：○○○○○○○、面額10萬元之支票，用以繳交保險費，惟該支票屆期提示，因存款不足而遭退票，被告始託謝○○拿10萬元現金向華僑保險公司換回該支票等情，業據證人李○○於偵查、原審結證明確（見同上偵查卷第一宗116頁、89年度偵字第1806號偵查卷第一宗第19、20、125至127頁佐以87年度偵查卷第3393號偵查卷第一宗第165-1至165-3李○○之書面說明、原審卷第102、103頁）」（參原判決第32頁第7行起），蓋證人李○○於偵查中證述：「（退票是連絡何人？）未退票時謝○○通知我們主任賴○○因我們提前繳，後來未到期便打電話給主任說要拿現金換回支票」（參89年度偵字第1806號偵查卷第一宗第20頁），固然李○○曾於偵查中提供書面資料載：「於查勘當日即開立5/21到期萬通銀行○○○○○號乙紙支票後遭退票無法兌現委由介紹人謝○○拿現金換回該票以現金支付保費」，然上開書面資料顯然與李○○供述證述未到期前即換回支票之內容不符，且綜觀全卷並無任何萬通銀行○○○○○○○號乙紙遭退票之支票，原審竟片面認定該支票係因存款不足遭退票，且所憑之資料又係中國信託銀行所提供之資料（而非萬通銀行員林分行之資料，參原審更一審卷第94、106及107頁），原審未再傳訊證人李○○、賴○○到庭釐清上開事實，自有不依證據認定事實及任作主張、調查未盡之違法。

三、綜上所述，本件並無任何積極證據可證明被告有縱火之犯行，原判決亦仍有最高法院前揭發回意旨指摘之違誤，懇請鈞院鑒核，迅撤銷原判決，該諭知被告無罪，或將本件發回原法院更爲審理，以免冤抑，而障權利。

謹 狀

台灣高等法院台中分院刑事庭 轉呈

最高法院刑事庭 公鑒

中 華 民 國 ○○ 年 ○○ 月 ○○ 日

具狀人 甲 簽名蓋章

選任辯護人何志揚律師

附件：

台灣南投地方檢察署檢察官起訴書

89年度偵字第1806號 ○股

被告 甲

上被告因公共危險等案件，業經偵查終結，應提起公訴，茲將犯罪事實及證據並所犯法條分敘如下：

犯罪事實

一、被告甲自民國86年3月間至87年4月間，白天係在菜市場幫其父母賣菜爲生，晚上則係就讀同德補校夜間部之學生，其本身並無任何資力可言，且尚須養育兩名幼子，經濟狀況不佳，於86年3月20日，復曾因涉犯牙保贓物之罪嫌，經台灣彰化地方法院於86年9月11日判處有期徒刑4月（非累犯），及於86年8月9日，由被告甲之配偶陳○○出面向中國信託商業銀行股份有限公司（以下簡稱中國信託銀行）借貸新台幣（以下同）300萬元，由被告甲擔任連帶保證人。另被告甲於87年2月13日，以580萬元之價格，向案外人張○○購買座落於彰化縣大村鄉南勢巷5之15號之房地，除支付100萬元之現金外，仍須負擔該房地原有之抵押貸款462萬元，其後被告甲於87年3月12日，復另向案外人萬通商業銀行股份有限公司（以下簡稱萬通公司）轉借貸400萬元，而設定480萬元之最高限額之抵押權。被告甲在積欠中國信託銀行借款300萬元及尚需負擔購屋貸款400萬元，合計將近負債7、800萬元之情形下，爲解決此一龐大之債務，乃頓起歹念，明知其經濟能力不佳，已無任何之償還能力，詎其於86年12月24日，意圖爲自己不法之所有，並基於概括之犯意，先在彰化市大同里○○街4號1樓，虛僞設立迦○通信有限公司（以下簡稱迦○通信公司），於87年2、3月間，連續向A電機有限公司（以下簡稱A公司）佯購價值61萬2,500元之行動電話及向B國際股份有限公司台中分公司（以下簡稱B公司台中分公司）佯購價值25萬1,800元之行動電話，致A公司之負責人楊○○及B公司台中分公司不詳姓名之負責人陷於錯誤，而如數給付之。被告甲於幾次交易得手後，未支付分文之貨款，隨即於87年3月間某日結束營業。另被告甲復連續基於詐領保險金之意圖，並與乙（業於90年3月29日死亡）基於共同詐領保險金之犯意聯絡，進行之計畫詳情如下：

(一) 被告甲於87年1月8日，以個人之名義，先向台中區中小企業銀行埔心分行（以下簡稱台中中小企銀埔心分行）申請支票開户，開户當時存入2萬元，帳號爲○○○－○○－○○○○○○○號，用以進行詐欺承廠房所需開具之支票（下詳），而該帳號自開户起至87年3月8日止，在短短2個月內，其餘款只剩1,089元，迨於同年5月1日即被列爲拒絕往來户。

(二) 被告甲伺機尋找出租之廠房，於87年2月中、下旬間之某日，被告甲依出租廠房之張貼廣告紙上電話，先聯絡不知情之房屋仲介業者江○○，再透過江○○之介紹，於87年3月5日，被告甲以迦○通信公司之名義，與座落於南投縣南投市○○路145之1號廠房之所有人C有限公司（以下簡稱C公司）之代表人郭○○訂立租賃合約，以第1年每月租金5萬7,300元之價格，與C公司訂立長達3年之租約，訂立後因上開帳户內之存款只剩下1,089元，爲應付租廠房所需之租金及押金等費用，被告甲乃於87年3月11日存入23萬元之現款，用資應付。於同日，被告甲則簽發上開帳户，面額17萬元之支票1張用於支付租金保證金外，另開具同一帳號，票期自87年3月10日起至88年2月10日止，每張面額5萬7,300元，合計12張之支票，交予郭○○收執，惟其中除17萬元之押租保證金及票期87年3月10日、面額5萬7,300元之支票獲得兑現外，餘11張之支票屆期均因存款不足及拒絕往來而不獲兑現。

(三) 被告甲同時著手申請設立迦○貿易有限公司（以下簡稱迦○貿易公司），於87年3月26日取得經濟部公司執照，及於同年4月3日取得彰化縣政府營利事業登記證，做爲進行其虛僞之貿易買賣，以掩人耳目，並供日後與保險公司訂立保險契約詐領保險金之用。

(四) 被告甲自87年3月上、中旬某日起，陸續將何人所有及來路俱屬不明之布料、網球拍套及茶葉等價值極爲低廉之物品，分次、分批運至上開承租之倉庫内，其實際之次數、價值及數量均屬不詳，並自87年3月15日起，聘請不知情之案外人蔡○○在上開倉庫内，擔任倉庫管理員，負責看顧前揭貨物，惟蔡○○下班後，該倉庫在夜間則處於無人看守之狀態。

(五) 被告甲於87年4月8日，在上址倉庫搬運貨物時，適有中興保全股份有限公司（以下簡稱中興保全公司）之業務員張○○路過見狀，遂向被告甲詢問是否願意接受中興保全公司之保全服務，被告甲竟意圖不軌，乃向張○○佯稱同意裝設中興保全公司之保全系統，惟被告甲向其佯稱：「在87年4月底，才會完成所有之進貨及電話安裝」云云爲由，而當場向張○○表明希望開通之日期定在87年4月底，張○○乃將被告甲之該條件記明於中興保全公司之「系統服務報價書」，並將該「系統服務報價書」之第二聯交予被告甲收執（有關被告甲之意圖下詳），餘則攜回中興保全公司登記並聯絡相關安裝人員及準備安裝保全系統之相關設備。嗣於87年4月18日，中興保全公司之外包廠商吳○○前往被告甲之上開倉庫安裝相關之保全設備（設備價值5萬3,414元）後，張○○欲再聯絡被告甲相關開通事宜時，則均聯絡不上，且張○○屢經上開倉庫，均見其倉庫之大門深鎖，亦不見有任何人員出入之情形，直至87年4月29日至中興保全公司上班時，張◯◯聽其不詳姓名之同事提起，始知被告甲上開倉庫業已燒燬之事。

(六) 被告甲向因洗車認識、不知情之案外人謝◯◯詢問有無認識之保險公司，經謝◯◯之介紹，被告甲乃認識華僑產物保險股份有限公司（以下簡稱華僑保險公司，嗣改稱蘇黎世產物保險股份有限公司，以下簡稱蘇黎世公司）員林服務處之課長李◯◯，於87年4月21日被告甲乃邀約李◯◯至上開租得之廠房查勘現場及核定保額，被告甲於當日同時向李◯◯提出要保申請書，並當場向不知情之李◯◯出示前揭中興保全公司之「系統服務報價書」，同時向李◯◯佯稱：我倉庫業與中興保全公司簽立保全服務之系統，致李◯◯信以爲眞，誤以爲被告甲之上開貨物，業有中興保全公司保全系統之保障，遂誤認安全無虞，而願接受被告甲之上開要保書，被告甲乃簽發帳號：◯◯◯◯◯◯◯◯◯◯◯◯◯◯號、付款人：萬通商業銀行員林分行、票期：87年5月21日、票號：◯◯◯◯◯◯◯號、面額10萬元之支票一紙，用以繳交上開保險契約所需之保險費之用，惟該帳號係被告甲於87年3月2日甫新開户，且至87年3月13日止，存款僅剩餘額1萬6,006元，根本不足以支付上開繳交保險費支票款，被告甲擔心該張支票屆期不獲兌現而跳票，致保險契約不能生效，乃於系爭支票到期日前不詳之某日，委請不知情之謝◯◯持現金10萬元，向華僑保險公司員林服務處換回該紙支票。復因保險金額過於龐大，華僑保險公司乃主動與第一產物保險股份有限公司（以下簡稱第一產物保險公司）爲共保之約定，由華僑保險公司承保60%，第一產物保險公司承保40%，被告甲並繳交4萬3,120元之保費予第一產物保險公司。

(七) 自87年4月21日被告甲提出保險之申請起至同年4月25日止，李◯◯正進行核保手續及簽發正式保險契約之際，詎被告甲竟二度以電話向李◯◯催促速寄保險契約書。嗣李◯◯於87年4月27日即周一下午，將保險契約書自華僑保險公司員林服務處寄出。李◯◯將上開保險契約以限時普通郵件之方式投寄之後，因同在彰化縣員林鎮及彰化市地區，被告甲約於寄出後之翌日即87年4月28日，應能收受該保險契約書，詎被告甲於收受後，有恃無恐，竟於李◯◯寄出保險契約書後之87年4月29日凌晨0時至0時30分許間，以不詳之方式，放火燒燬上開廠房。然後逗留在南投縣草屯鎮康立德保齡球館內佯裝打球，嗣不詳之人打電話報火警後，始於同日凌晨2時許趕往現場處理。而該火場經消防隊於同日凌晨1時54分許完全撲滅，致廠房內之貨物及該無人所在之他人建築物完全燒燬，惟幸未延燒至其相鄰之柏◯、昱◯及合◯等公司。

(八) 被告甲於火災發生後之87年5月13日，向華僑保險及第一產物保險公司，提出合計5,087萬8,353元（含建築物損失321萬3,793元，貨物損失4,766萬4,560元）之理賠保險金額，惟上開保險公司發現內情並不單純，遂以案件仍在地檢署偵辦中，迄今仍未給付被告甲分文之保險金而未遂。

二、案經南投縣警察局南投分局報告偵辦。

證據並所犯法條

一、訊據被告甲矢口否認有何右揭放火及詐欺之犯行，辯稱：「我沒有詐欺行動電話、放火及詐領保險金」云云，惟查：

(一) 被告甲於86年間，白天係以幫忙父母在市場賣菜及送貨爲生，晚上則係就讀同德補校夜間部之學生，尚需養育二名幼子，經濟狀況不佳，且於86年3月20日，復曾犯牙保贓物之罪，經台灣彰化地方法院於86年9月11日判處有期徒刑4月等情，業據被告在高雄市政府警察局楠梓分局警訊時及台灣彰化地方法院審理86年度易字第1852號、台灣高等法院台中分院審理86年度上易字第3225號竊盜、贓物案件時供承在卷，有上開案件訊問筆錄7件、上開法院刑事判決書2件及被告於87年4月9日委請律師撰寫之辯護意旨狀暨狀附註冊證、户口名簿等影本在卷足憑。而上開註冊證之註冊時間係86年上學期，此觀該註冊證自明，可見被告自86年3月間起至87年4月間，其職業係屬賣菜爲生兼夜間部補校之學生而已，猶須撫育二名幼子（當時長子張◯◯3歲、次子張◯◯年僅2歲，均賴被告撫育，詳上開辯護意旨狀），且負債800餘萬元，已詳如上述，是其經濟能力不佳及並無何償債之能力甚明。

(二) 被告於86年12月24日，佯在彰化市大同里◯◯街4號1樓，設立迦◯通信公司，經營行動電話之買賣，惟迄87年3月間某日結束營業爲止，在短短3個月之營業期間，於初次交易，即分別向A公司佯購61萬2,500元及B公司佯購25萬1,800元之行動電話，得手後即告結束營業等情，業據證人即A公司之老問娘楊◯◯及其公司之職員王◯◯在本署偵查中結證在卷，另證人王◯◯在本署偵查中結證稱：「被告甲好像86年底開始營業，之前剛開始有付現金，（因爲）不認識不能開票，後來在87年2月12日被告甲交付A公司4張支票，帳號爲◯◯◯—◯◯—◯號，付款人爲台中區中小企業銀行埔心分行，票期爲87年3月10日，另3張均爲同年3月31日，票號爲6038137、

6038238、6038239、6038251號，票款依序爲11萬4,000元、5萬9,500元、12萬7,000元、5萬7,000元，及於同年2月26日交付另張同帳號及同一付款人，票期爲同年3月26日，票款爲25萬5,000元，用以支付貨款，惟屆期均遭退票而不獲兌現，嗣於同年3月30日，我與老闆娘楊○○往找被告甲解決上開積欠之貨款，被告甲乃開具2張票號106764、106765號，均87年5月10日到期，面額均係30萬6250萬元之本票2張，並由被告甲取回上開5張支票，換回本票後不知隔多久，他就關掉了，至於何時關的，我也不知道，B公司是大盤商，我們是中盤商，有時我們也會向他們叫貨，被告甲應也有向B叫貨，不然怎會欠他們錢」等語（見本署89年度偵字第1806號，以下簡稱1806號卷（一）89年12月12日訊問筆錄），另證人楊○○則結證稱：「我們經營大哥大，之前不認識被告甲，被告甲陸續進貨後來就跳票，本來開支票，支票跳票那幾天去找他，他後來就換本票，才拿土地抵押，我是第三胎，但銀行抵押時就被拍賣了，我們也沒有拿到錢」等語（見1806號卷（一）89年11月21日訊問筆錄），而證人即B公司台中分公司之業務員簡○○在本署偵查中結證稱：「被告甲於87年2月中旬某日與我們公司簽約後，有說要賣我們公司的東西，他約於2月19日開始向我們購買25萬1800元之行動電話，所開具之支票均退票」等語（見1806號卷（一）90年3月29日訊問筆錄）。而被告甲於事後將系爭抵押予證人楊○○之房地，因之前已以第一順位設定與萬通商業公司，經拍賣後，償還第一抵押順位之債權猶仍不足，違論設定第二、三順位之A及B公司？復有支票貨款明細表、本票二紙、土地登記謄本、抵押權設定契約書、實施假扣押執行聲請狀及參與分配聲請狀等影本附卷足憑，由此可知，被告於所簽發之支票不獲兌現之後，經被催討貨款而無力給付，遂佯稱同意設定抵押權予A公司及B公司，其意不過在脫免其被訴詐欺之刑責而已。

(三) 被告於87年3月12日邀同其妻陳○○爲連帶保證人，向萬通公司員林分行借貸400萬元，借款後除攤還部分本息外，尚餘398萬9,665元未清償，且於87年4月12日即借款1個月後，便已無任何之能力再繳利息，萬通銀行員林分行遂於98年6月16日向台灣彰化地方法院民事執行處聲請假扣押被告及其妻陳○○之不動產，此有萬通銀行員林分行之民事執行聲請狀影本一件附卷足憑，可見被告於87年3月間爲進行上開詐欺行爲之施行，已急需現金調度，且於87年4月間已無任何之餘力繳納利息，更足證明其並無何資力可言。

(四) 被告於87年1月8日以個人名義向台中中小企銀埔心分行申請開户，用以進行詐欺所需支付承租廠房之租金及押金之支票，而該支票帳號○○○－○○－○○○○○○○○號內，迄同年3月8日止，在短短2個月內，其餘款僅剩1,089元，嗣於同年5月1日被列爲拒絕往來户，此有台中中小企銀埔心分行89年8月11日中埔心字第114號函一件暨函附帳卡影本四紙在卷可憑。另被告經由張貼之廣告，聯絡並透過證人即經營房屋仲介業者江○○之介紹，而認識C公司之負責人郭○○，被告乃於87年3月5日以迦○通信公司之名義，與C公司訂立長達3年之廠房租約，租約訂立後，被告乃簽發上往帳户之支票，包括17萬元之押金支票1張及12張（每張面額均爲5萬7,300元）之支票，用以支付一年期之租金，爲應付此等之支票款項，被告乃於87年3月11日緊急存入一筆23萬元之現款，而其後自87年4月份開始之其餘11張之支票，則均因存款不足及拒絕往來而不獲兑現，至於87年4月及5月份之租金，被告則分別於87年4月9日及同年5月14日以電匯之方式交付，6月份起則無力繳納等情，業據證人江○○、郭○○在本署偵查中結證在卷（見1806號卷（一）89年7月19日、7月26日之訊問筆錄），復有房屋租賃契約書、支票13張等影本在卷可稽，且證人江○○在本署偵查中結證：「（被告甲找你有説要作何用途？）是廠房，要做通信及塑膠用品之類東西，他來時説不夠用要找廠房，但説他在彰化做通信或塑膠，沒有拿名片給我」等語（見上卷89年7月26日訊問筆錄），另證人郭○○在本署偵查中結證稱：「被告甲當初是説要做廠房用，不是倉庫」等語（見1806號卷（一）89年7月19日訊問筆錄）。綜上可知，被告在其資力不佳之情形下，仍然強行租用上開廠房，佯稱要供做製造通信及塑膠之類，此舉不過係其詐取保險金所使用之手段甚爲明確。

(五) 被告自86年3月間起至87年年初間，白天係幫家人賣菜，晚上則係補校夜間部之學生，本身經濟狀況不佳，而被告本身從未從事過市場賣菜以外之生意，遑論具有經營進出口貿易生意之學經歷，且仍負債800餘萬元，亦無此一資力之可言，均已如上述，被告佯於87年3月間著手申請成立迦○貿易公司，並假裝籌資現金500萬元之資本，憑以僞裝其係從事進出口貿易之生意，並於87年3月26日向經濟部申請成立迦○貿易有限公司獲准登記成立，及於87年4月3日，獲台灣省彰化縣政府核發營利事業登記證，此有上開經濟部公司執照及台灣省彰化縣政府營利事業登記證影本各一紙附卷可按，可見被告成立上開迦○貿易公司，不過係遂行其詐領保險金之計畫及取信於保險公司之手段而已，實際上並未從事任何貿易活動及交易甚明。

(六) 被告辯稱：「我是與乙合資，錢都是他拿出來的比較多，乙前後共拿3,000萬元，我只是出力及負責買賣」云云（見本署87年度偵字第3393號以下簡3393號卷（一）87年10月13日訊問筆錄），另乙在警訊時供稱：「我目前是迦◯公司之股東，投資約4,000萬元，占所有之股份約50%」云云（見上卷87年4月29日之警訊筆錄），另在本署知次偵查中結證稱：（「問：你與被告甲是股東？）是的，我股份50%，另還有3位共5位，被告甲也是50%，其他掛名」「（何人先說要成立公司？）被告甲，是在87年2、3月的時候」「（之前你在做何工作？）營造，給我岳父請作營造」「（你拿出多少資金？）2,000萬元，賣土地有買賣合約，2,000萬元都是拿現金給被告甲，是（87年）3月初，在彰化公司拿給他」（見3393號卷（一）87年8月12日訊問筆錄，嗣則改稱：「（你由何時與被告甲合夥做？）2、3年前即84年」「（幾人合夥？）只有與他做，我出錢」「（你出多少錢？）公司成立時拿2,000萬元出來，資金是賣地」「（之前由合夥始拿多少錢出來？）有時幾十萬，有時幾百萬，有買賣時就拿現金出來，都是被告甲去買，都用現金」（見同上卷87年10月13日訊問筆錄），惟又改證稱：「（你出資多少錢？）2,000萬元」「（其他錢何人出資？）我不知道」（見3393號卷（一）88年2月11日訊問筆錄）。由此可知，被告與證人乙二人所供及證人乙前後所供之情節，無論就現金係一人出一半即2,000萬元，或全部係由證人乙一人所出？係出資2,000萬或3,000萬元？是87年3月間公司成立時才開始合夥出資抑或係在2、3年前即已合夥出資等等，其2人所供證之情節，均不相等合，應無足採信。

(七) 再查，乙雖證稱「資金是賣地」云云，惟乙所提供之座落南投縣草屯鎮光華段274地號及草屯段720之116地號之2筆土地，經查係分別於84年11、85年2月27日，以347萬6,296元及15萬500元之價格，分別賣予案外人張◯◯、黃◯◯2人，此有土地買賣所有權移轉契約書二件及土地登記謄本等影本附卷可稽，是該二筆土地買賣所得之價款，合計不過爲362萬6,796元而已，並非2,000萬或3,000萬元。另據證人張◯◯在本署偵查中結證稱：「張◯◯是我媽媽，已過世，我是透過仲介把我一間房地，跟乙之一塊農地交換，那間房子估價500多萬元，乙的農地1,000多萬元，但他的農地上有貸款400多萬元，差額大約現金100多萬元給他，後來那房子乙又賣給黃◯◯，這塊農地約在86年初，我又賣給別人，上面還有貸款400多萬元，我不瞭解這件案子情形，我與乙買賣時，乙岳父也有出面，聽說他岳父也有欠人錢，他岳父叫張◯◯，曾做過草屯鎮民代表，聽說他岳父欠錢，要乙賣，至於乙有欠錢，我就不知，剛好我房子要賣，便與他換農地」等語（見3393號卷（一）87年12月11日訊問筆錄），另乙之父親曾◯◯在本署偵查中結證稱：「乙從退伍後就沒有在做什麼工作，只有打零工，他結婚後與丈人張◯◯同住，而他丈人有在包工程時，還有去幫忙，在3、4年前他回來與我們同住後，就只有種田而已，也沒有其他的工作及收入，乙將賣地的錢都借給他丈人，他丈人也都沒有還他，讓他覺得很失志」等語（見1806號卷（二）90年6月22日訊問筆錄），證人即乙之胞弟曾◯◯、曾◯◯在本署偵查中均結證稱：「我哥哥乙在逝世前3、4年以來，都是在做泥水工，他有賣地將錢借給他丈人，因爲他丈人之前有在做建築，後來缺錢，乙要幫助他，才賣地借錢給他，我爸爸也有借200多萬元給他丈人，利息都是我們在付」等語（見上同卷90年6月11日訊問筆錄）。綜上可知，乙於84年間與證人張◯◯爲上開房地及農地之買賣時，實得僅100多萬元，而證人乙之所以出賣上開農地，係因其岳父欠錢所致，並非爲與被告合夥投資甚明，況乙於84年間與證人張◯◯之上開買賣與本件87年迦◯貿易公司之成立，時間上相隔2年餘，二者間並無何關聯可言，且乙只是一位打零工之泥水工及從事種田之工作而已，本身並無任何之收入，均已詳如上述，是乙並無任何投資4,000萬元或2,000萬元之資力甚明，從而被告及乙有關上開所辯：「賣地出資2,000萬或3,000萬元或4,000萬元」云云，均係虛假不實在，應無足採。

(八) 被告辯稱：「工廠內之貨物中，關於布料約40萬碼及球拍套約400箱及袋裝約60袋，係從彰化縣田中鎮斗中路消防隊旁之友人江◯◯倉庫內，委請周先生之貨車運送6趟，另倉庫內之茶葉係於87年3月底及4月初，向友人鍾◯◯各購買220斤及280斤，共約500斤，90幾萬元，以現金交易」云云（見87年4月30日警訊筆錄），其在本署偵查中則辯稱：「（之前你貨物有放他倉庫？）我從84年開始就有把貨物放在江◯◯之倉庫內，（爲何會放他倉庫？）因爲那時候沒有公司，也沒有倉庫，他就免費借我用，也沒有打合約，我們是好朋友，（你在他倉庫放何東西？）布及網球拍套，（前後放幾次？）進進出出，放幾次不記得云云（見3393號卷（一）87年10月13日訊問筆錄），另證人江◯◯雖結證稱：「（他（指被告）是曾有貨物放你倉庫？）有的，我有借他放」「（何時開始放？）陸續放，在2、3年，大約是2年多前及84年陸續放」「（前後放幾次？）時間久了，有放也有載，是越放越多，放到今年3、4月才載走，用我的倉庫不要錢，自己用不用那麼多，借他用沒錢，最後他不夠用再租」云云（見上卷87年10月13日訊問筆錄），核與甲上開所證，已不相符合，況且被告於86年初間，猶係幫忙家人在菜市場賣菜及就讀補校夜間部之學生，豈有自84年起至87年間，即已開始從事上開布匹貿易買賣之理？是其所為之證詞，顯係為迴護被告而臨訟杜撰之詞，應無足採信，自不待贅言，從而被告前揭所供，亦顯係虛假不實。

(九) 被告於87年9月29日具狀陳稱：「陳報人係嘉〇貿易有限公司之負責人，詎於87年4月29日0時40分許因祝融肆虐，致積存南投縣南投市仁〇路145號B棟建築之庫存貨物，於一夕之間付諸一炬，另本公司受有新台幣3,943萬3,260元之損失」云云，有該陳報狀一件附卷可憑，而該陳報狀雖附有貨物之收據影本計31紙為據然查：

(1) 該等收據載明之日期，除有關購買茶葉之收據3張，其簽發之日期分別係87年3月25日、4月4日及4月12日外，餘28張有關布匹、網球拍等貨物之收據，其載明之日期分別係自86年5月12日起至86年7月15日止，合計貨款之金額為3,845萬5,776元，有該等收據影本附卷可稽，另參以被告在本署偵查中供稱：「（你錢如何來？）乙給我的，我都付現金，支票不收，大部分錢都是乙給我」云云（見3393號卷（一）87年11月23日訊問筆錄），被告究竟有何此一資力？竟能在短短2個月內，支付將近4,000萬元鉅額之貨款，且均以現金之方式付款，而查被告及證人乙有關出資之金額、資力及日期，均已不足採信，詳如上述，是被告此部分之供述，亦係虛假不實，自不贅言。

(2) 又查上開收據31紙，僅係一般之收據，並非以統一發票之方式為之，其上有關簽發人之資料，亦僅記載所謂清、林、徐、柳、楊、周、許、王、付清等字樣，其具體之簽發人究係何人？是公司？或商號？其名稱為何？其負責人、地址、電話、統一編號為何？均未詳加載明，亦未加蓋任何簽發人之公司印章或店章，是其貨物之出賣人，究為何人，是否屬實，均無從查考，且查該等收據之記載，其內容均異常簡略，其單張最高之金額竟有高達860萬元之收據，竟記明係屬付現，而對此將近4,000萬元之鉅額貨款之支付，非但以現金為之，復係以一手交錢，一手交貨之方式進行，均與社會上一般商業交易之習慣顯然有違，綜上所述，該等31紙之收據，應均係被告臨訟所杜撰，係屬虛假而非真實。

(3) 被告辯稱：「我是在江○○家認識楊○○，他拿料品給我看，問我要不要買，我說價格合宜便向他買，他是仲介，載貨及給錢日期都是收據上日期，那些收據上有簽寫楊字的收據，都是楊○○給我的，楊○○向何人買布料，我不知道，我只針對楊○○，貨款都已付清，都是付現金，錢是乙拿給我的」云云（見3393號卷（一）87年11月23日訊問筆錄），證人楊○○在本署偵查中結證稱：「我先認識乙，乙找我說被告甲要買布，我本身不是作布料的，我找曾○○買的，曾○○住哪裡不知道，貨款都是拿現金，曾○○說票不穩，貨載到被告甲就拿貨款給我，我再拿給曾○○，貨款是貨到就給，那5張簽有楊字之收據，前2張是我簽的，後3張是姓曾的簽的，我拿佣金30幾萬元，收據曾○○交給我時就寫好了，他當場寫時我有看到，被告甲去看貨，我交給被告甲收據時，曾○○也在旁邊，貨分3次載」云云（同上筆錄）。經查：系爭載有楊字之收據，共計5紙，日期自87年5月26日起至同年7月5日止，其金額大小依序為860萬元、690萬元、558萬元、90萬7,800元及49萬4,160元，合計2,255萬1,960元，經查被告在短短1個月又10日之期限內，並無支付現金2,200餘萬元之資力，況收據竟由仲介人簽發，而非出賣人，其等上開之買賣方式，亦不合一般交易之習慣，已如上述，且被告隨時將現金2,000餘萬元放在身邊，並未存入任何之銀行帳戶內，亦與常情顯然不相符合，是被告所供及證人楊○○所證，均不足採信。

(4) 被告供稱：「我在田中姓江處泡茶，認識柳○○，他拿布料給我看，貨到錢是當場給柳○○，現金都是當場給，給2次」云云（同上筆錄），另證人柳○○在本署偵查中則結證稱：「我是作水電，作2年沒開店，1年前去朋友處認識被告甲，因聊天聊起，就跟他介紹，是介紹邱○○，邱○○住田中，住所查不出來，被告甲於貨到後，過1、2天將錢交給我，是交現金，我抽佣金6、7萬，剩下在姓江朋友處交給作業務的，收據中有簽柳字的內容是作業務簽的」云云（同上筆錄），由此情節觀之，被告與證人柳○○所證，除不符常理外，其2人就關於究竟係貨到當場付現，仰或係貨到過1、2天才付貨款等節亦互不符合，自均不足採信。

(5) 被告供稱：「我要購買茶葉時，只對鍾○○說要買品質好一點高山茶，數量要500斤，價錢2,000元以下，看他有沒有認識朋友便宜一點，都是貨到馬上給現金，錢是家中帶出來」「（你怎知多少錢？）我有時帶30至50萬元、沒有經過任何銀行，都是從家中帶來」「（茶葉分幾次載到你處？）分2、3次，是鍾○○載去，沒有看到陳○○，當時人在辦公室，沒有看到陳○○」

云云（見同上卷（一）87年11月17日訊問筆錄）。另證人鍾○○在本署偵查中結證稱：「賣給被告甲500斤那批是向陳○○買的，是用現金，我向他買1斤1,700多元，我拿被告甲錢去付陳○○，他送貨過去就付給他，500斤貨色都是一樣包裝，都是陳○○眞空包裝」（見同上卷（一）87年11月10日訊問筆錄），「第一次我對陳○○說我朋友作貿易要5、600斤，我對他說要加200元，大約要買1,000多元的茶，沒有說要分幾次送，陳○○做好就對我說做好，共分3次交，1次交後就付現金，被告甲拿給我，我再拿給陳○○，我寫3張估價單，是分3次向被告甲請款，每次來我就請，陳○○送去之時間及數量都照估價單，寫的數量有點出入，因他（指陳○○、下同）送來時如果我還有便加進去，我向他買500斤，自己也有摻，有時杉林溪不好的，陳○○有時載去我處，摻別人茶葉，有時載到別處就沒，摻那幾次不知道，載到我處有摻，當天就載去被告甲處」「（陳○○載去是大包或眞空包裝？）都是眞空包裝，我那邊沒有眞空包裝機」「（是眞空包裝你如何摻？）我就把他拿起來調包，有的1,200元，比較便宜，調沒有幾10斤」「（除了500斤你賣給被告甲多少斤？）我只是掉包，前後500斤」「（你調包時陳○○在否？）不在，我沒有讓他看到，他不知道，3次都是他送的，有的經過我那裡，有的直接送，經過我那裡是2次，第1次是直接送，第2、3次載到我處摻後再載去，第1次是我去帶路，2、3次也是我去帶路，是帶到我家去」「（這幾次送貨交通工具是你的？）有時是他的，有時向別人借的，都是我開車，第1、2、3次都是我開車，他坐旁邊」「（請款都是陳○○向他（指被告）請？）茶葉是我買的，有時他（指證人陳○○）站在旁邊，我向被告甲請」「（你請後何時給陳○○？）有時馬上拿給他，有時在我工廠拿給他」（見同上卷（一）87年11月17日訊問筆錄）。證人陳○○在本署偵查中則結證稱：「鍾○○有向我說要買茶葉，因爲他說要比較高級茶葉，要我幫他調，他分3次買，每次講的數量都不一樣，我是向不同的3個人調」「（他是自己來載或你自己載過去？）都是我載去他朋友那裡」「（錢如何收取？）我幫他調，貨到拿現金」「（這3張估價單是你寫的？）我只是報價，這不是我開的，是鍾○○開的，我只是報價，他要多少由他決定」「（你載或是你自己送去？）第1次是他到我家帶路，直接到買主處去，第2、3次我直接載到買主那邊去」「（你送貨都是用何人車子？）都是我的車子，第1次他帶路，他自己開到我家給我，不是當天給，都是隔2、3天給，都是拿現金給我」（見同上筆錄）。綜上可知，關於3次送茶葉，究竟是開何人之車？由何人帶路？送往何處？有無調包？茶葉之貨款究於何時、何處交付？又被告交付時，證人陳○○究竟有無在現場？等等，被告、證人鍾○○與陳○○3人間所供證之情節，竟然完全不一，亦不相符合，甚至證人鍾○○就系爭500斤茶葉之貨色、包裝是否相同？以及茶葉之貨款究竟是送貨過去就付給他？抑或是在證人鍾○○之工廠處拿給他？等等，證人鍾○○本身前後2次筆錄所證，亦不相符。由此顯見被告上開所供及證人鍾○○、陳○○所證之上開各情，均屬虛假不實，殊無足採。

(6) 又被告於87年3、4月間，①積欠A公司及B公司台中分公司合計86萬4,300元之貨款，所開具之支票，因存款不足（按：該等支票係被告於87年1月8日在台中區中小企業銀行埔心分行所開之帳戶，而於87年3月25日即支付茶葉貨款35萬1,000元之當日，其存款僅餘539元，嗣於同年5月1日拒絕往來，而開給A公司票期自87年3月10日至3月31日等5紙支票，屆期均不獲兌現，詳如上述），無力兌現，迄今仍無力清償分文，②有關87年4、5月份，被告應支付廠房出租人C公司租金之票款，因存款不足（按：該等支票同上帳户，詳如上述），無力兌現，遂改以現金電匯之方式繳交，③應繳納上開保險公司10萬元保險金之支票款，因存款不足（按：該支票係被告於87年3月2日在萬通銀行員林分行所開户，於87年4月1日之存款餘額為1,774元，詳如上述），無力兌現，遂改以10萬元之現金繳交，而取回原繳交之支票，④被告向萬通銀行借款400萬元按月應付之利息，自87年4月12日起即已無力繳納，嗣經萬通銀行員林分行聲請法院拍賣抵押物等情，均已詳如上述。由此可見被告在87年3、4月間因負債累累，已無任何之能力兌現所簽發之支票，有關支票之存款，亦僅剩下千餘元或數百元，衡諸常情，被告又有何資力，身上隨時攜帶自家中取出之現金30至50萬元？又有何能力以現金支付系爭茶葉之貨款，合計97萬5,000元？附佐以上開購買系爭茶葉之估價單3張，內容非常簡略，僅記明付清之字樣，既未載明簽發人姓名或公司、店家商店之名稱及地址、電話、統一編號等資料，亦未加蓋相關人員或店號之印章或簽收，核與一般社會交易之習慣，顯然不符。綜上所述，該3張估價單應係被告臨訟所杜撰，並非真實，自不足採信。

(7) 再者，本署將被告上開倉庫內未燒燬之剩餘茶葉，請證人即南投縣茶葉評鑑研究會之理事長李○○檢視鑑定結果後，在本署偵查中結證稱：「這些茶葉看起來不是很好，是機器採收，如果是機器採收也要用電腦撿枝，這些茶沒有撿枝，價格比較不好，就我所知用機器採收只有名間，埔里、南投、竹山等都用手工採收，新竹、苗栗他們是用機器採收，品質不好，這些茶是名間茶，茶枝很多，像這種茶葉在名間賣批發，只有300元左右，就可以買的到」等語（見3393號卷（二）88年3月24日訊問筆錄），另證人即製作茶場有7年之久之茶農陳○○於檢視鑑定上開茶葉後，結證稱：「（這些被燒茶葉是屬何等級茶葉？）這個茶很粗，一般市面上沒有人要泡這種茶，一般是工廠在泡大壺茶，也有人去做市面上飲料開喜烏龍茶，這是做茶基本常識，不要專業知識，據我來看品質非常不好，恐怕200元賣給人家，人家都不要，這種茶很老、葉黃，黃葉都要打掉，這種茶葉品質非常不好，是機器採收，裡面不好的很多，如果要打掉剩下不多，如果用電腦篩檢要篩檢很多，一般人家在泡茶，看到這種茶就不要泡，據我經驗賣給開喜烏龍茶有的枝要撿掉，這種茶很明顯肉眼就可以看出，沒有冤枉人家，我看製造手法好像是這邊（指名間）的茶，我聞一聞應該是放一段時間，是舊茶，但是與保存方法也有關係，新的未開之前我看過，燒過的茶應該不是什麼好茶，他這種品質一般要特別吩咐，一般人家不會這樣子做，至少要撿過，如果要這種茶要先訂貨，這種茶不能上市面賣，另外這種茶是人家打掉不要，去混一混還比這種茶漂亮」等語（見同上卷88年4月6日訊問筆錄），另證人即大○公證有限公司（以下簡稱大○公司）之職員楊○○在本署偵查中結證稱：「（茶葉部分你有無去詢價訪價？）茶葉他（指被告）報的很多，1,900多元，我們覺得茶葉沒有那麼好，就決定這價格（每斤）600元」（見本署3393號卷（二）88年10月22日訊問筆錄），由此觀之，被告及證人鍾○○、陳○○上開所供證：茶葉是高山茶，品質好，每斤進價1,950元云云，均係虛假不實，顯無足採。

(8)證人楊○○在本署偵查中結證稱：「貨物損失詳細明細表數量及單價如何計算？）數量是去現場清單出來，沒有書面記載，只是我去現場記下來，我們公司只有我一人去」「（單價如何出來？）詢價訪價，但什麼時間地點什麼人什麼名字，我都沒有記載，我每件都有去詢價訪價，有去問布商貿易商」「（被保險人有對你們提出發票及來源證明及數量？）都沒有，只是數量他們有簽收據，沒有發票，有記載也有去查證，沒有發票他們說是透過仲介我再將訪談資料寄過來」等語（見同上筆錄），足證證人楊○○雖認上開茶葉品質不好，並逕自將其估價爲600元，惟此舉亦純屬其個人片面之推測，並無任何之依據可言，而該等茶葉實際上之價值，約在100餘元至2、300元之間，已詳如上述，準此可知，證人楊○○所爲上開貨物鑑定其全部損失之價值爲1,483萬6,930元（請參閱卷附大○公司所製作之損失計算詳明表），均有高估之嫌，而依上開茶葉高估之比例計算，證人楊○○所高估貨物之金額，應有2至3倍之多，易言之，被告上開貨物之總價值，最多不超過4、500萬元應可認定。

(9) 再查，證人楊○○所提供之受訪談人包括證人楊○○、柳○○及鍾○○等3人，在訪談中均一致供稱：「本人只是仲介人，貨物之來源，係透過介紹，均係以現金交易」，其中受訪談人楊○○、柳○○更供稱：「貨物之來源上手，亦爲仲介人，非工廠」，此有訪談紀錄3紙附卷足憑，由此可知，該等將近4、5,000萬之鉅額貨物來源，究係出自何人、何公司所製造生產？其所謂之仲介就爲何人？其來源及出處俱屬不詳，核與常情已有不符，而大○公司所鑑定之貨物，不論是數量或價值上，均遠低於被告所申報之數額及價值，核定其損失之總數爲1,483萬6,930元，詎被告於88年1月16日竟向大○公司表明願意接受此一核定之損失金額，此有接受書影本1紙附卷可稽，惟查被告前向保險公司提出之貨物損失係達4,766萬4,560元，二者相差3,282萬7,630元，是被告不但在數量上灌水，且在價值上亦申報不實，蓋當初茍眞係以4,700餘萬元現金購買上開之貨物，而非以極爲低廉之賤價購買，則被告既遭此重大之損失，自應向保險公司極力爭取，方符常情，被告豈有輕易願平白損失高達3,200餘萬元差額之理？由此適足證明被告除數量不足外，顯有以低劣之貨物充當高級品，用資詐領保險金之意圖甚爲明確，此觀南投縣警察局火災原因調查報告書上亦載明同此疑慮，有該報告書附卷可憑。

(10) 證人蔡○○在警訊時證稱：「（發生火警時你當時如何得知？）由中興保全通知迦○貿易有限公司，當時本人睡在彰化公司內，當時通知時間約4月29日1時30分，到達南投迦○倉庫大約2時10分左右」（見87年4月29日警訊筆錄），其在本署偵查中則結證稱：「我是3月初去上班，是透過乙介紹進去上班，乙是當兵同事，我是先到彰化公司上班2、3天，南投承租好就帶我來，南投他們什麼時候承租好我不知道」「（失火是何人通知你？）半夜1點半左右，是中興保全通知彰化中興保險公司有留話，我打行動電話給乙，他很緊張，便到公司，保全公司是何人打不知道，沒有講，我到6、7分鐘後，老闆才到，乙也有到公司」（見3393號卷（一）87年8月12日訊問筆錄），嗣又結證稱：「我平常都住在乙家，都沒有在工廠睡過，我有時候有去上班，有時候沒有，如果有進貨或叫工才會去，沒有去都待在乙家，工廠在裝中興保全設備時，我有在現場，還有被告甲，中興保全公司要去裝設備時，乙有通知我那一天要去，他們安裝時只用一天的時間，也沒有講什麼話」「（火燒那一天你怎麼知道？）好像是中興保全的人打電話到乙家裡，是我接的，他説倉庫燒起來了，也沒有説他是什麼人，那時我在睡覺，幾點不記得，我就打大哥大給乙，他就説怎麼會這樣，就很緊張掛斷，也沒有説人在哪裡，我就趕到工廠，到時看到消防隊已經在滅火，也沒有看到乙及被告甲及中興保全的人，我從接到電話到趕到工廠約40分鐘的車程，我到以後大約隔7、8分鐘，乙與被告甲2人才一起來」（見1806號卷90年3月29日訊問筆錄），惟查：證人即中興保全公司草屯辦事處經理蘇○○在本署偵查中結證稱：「（你們這邊辦事處是彰化分公司負責？）不是，我們是屬於台中分公司，如果有事，是向台中分公司報告，與彰化分公司都沒有關係，我們是以縣爲界，因爲迦○公司沒有開通使用，所以無法與他服務，他也不可能打電話給我，我們限於開通服務的客户，哪一天燒起來，也沒有收到消息，如果有的話，一定跟我們報告，我們再向台中公司報告，不可能跟彰化分公司報告，因爲他們跟我們沒有關係」（見1806號卷（一）90年2月21日訊問筆錄），另證人即中興保全公司之業務員張○○在本署偵查中結證稱：「（如果他們（指被告）發生火災你們公司會不會打到彰化分公司去呢？）這案子應該不可能，我們上級是台中，與彰化沒有關係」（見同上卷90年2月21日訊問筆錄），由此可知，證人蔡○○上開所證：「半夜1點半左右，是中興保全公司通知彰化保險公司有留話」云云，顯係虛不實，自不足採信。

(11) 證人蘇○○在本署偵查中結證稱：「（你們客户中是否有迦○貿易公司？）經打我們電腦存檔，有這份客户資料，但沒有正式開通及打合約，是我們員工張○○接洽，所以案源如何來，應以他較爲清楚」（見同上筆錄），證人張○○在本署偵查中結證稱：「（當時被告甲業務如何來？）那時去拜訪客户剛好路過時，看到他是新廠房，有在進貨，就去拜訪是否需要我們服務，那個人自稱是被告甲，第1次接觸是4月8日，我有問被告甲，他説他們是作布匹進出口生意，當時他們倉庫有電，但是説沒有電話，所以被告甲説要等到4月底，等完成所有進貨及安裝電話後，才要接通保全設備，我當時有拿名片給他，後來安裝好後，就一直找不到他，然後就聽説他倉庫燒起來了，那一天發生火災，被告甲都沒有打電話給我，如果他打我名片上之電話，也會接到管制中心，管制中心會先確認編號，如果不是我們客户，就不會派員前往，因爲本件還沒有開通，所以被告甲如果打來，我們也不會受理」等語（見1806號卷（一）90年2月21日訊問筆錄），另證人即中興保全公司之技工吳○○在本署偵查中結證稱：「依照資料，我是於87年4月18日領料，施工日期應是領料日期當天，最慢不超過2天，當天就施工完畢，剩下就是等公司現場開機、檢查、測試簽約及計算服務，本件都還沒有開機使用就已經燒掉了」等語（見上卷90年2月21日訊問筆錄）。由此可知，被告顯然係利用中興保全公司於87年4月18日裝設保全設備之後，在開通之前，騙取保險人員於87年4月21日前往上開倉庫檢查時，故意向其佯稱：「我們設有中興保全，貨物安全無虞」云云，致前往勘察之證人即蘇黎世公司之人員李○○誤以爲眞有已開通使用之保全設施，而陷於錯誤，於相關手續辦妥後，遂於87年4月27日下午將系爭保險契約寄給被告，被告約於翌日即87年4月28日下午收到上開保險契約書後，隨即在87年4月29日凌晨零時許即上開中興保全系統開通使用前，故意放火燒燬倉庫內之貨物，其意圖詐領鉅額之保險金甚爲明顯。

二、按認定犯罪事實所憑之證據，本不以直接之證據爲限，間接之證據亦包括在內。查間接證據，在直接關係上，雖僅足以證明他項事實，但由他項事實，本於推理之作用，足以證明待證事實者。苟非憑空推想，此等間接證據，亦可做爲論罪科刑之證據，最高法院22年上字第67號判例參照。是以，本件雖無被告自承涉犯上揭放火之直接證據，然依上開各間接證據，綜合印證，可以確定被告確有放火之動機、意圖及行爲存在，再就此不尋常之動機等關係，及上開所詳述之事實，本於推理之作用，依經驗法則，自可認定。核被告所爲，係犯刑法第174條第1項放火燒燬現未有人所在之他人所有建築物、第339條第1項詐欺取財既遂及第3項詐欺取財未遂之罪嫌。被告與乙間就上開放火罪及詐領保險金之罪有犯意聯絡，行爲分擔，均爲共同正犯。其先後3次詐欺犯行，時間緊接，罪名與構成要件相同，顯係基於概括犯意而爲，請依連續犯規定論以一罪並加重其刑。其所犯上開放火及詐領保險金二罪有方法結果之牽連關係，請依刑法第55條規定從一重處斷。請審酌被告犯罪之動機、手段、目的、所生危害及係年輕力壯，不思上進，所犯嚴重破壞社會正常之保險交易及應有之信用往來秩序，嚴重危害社會保險經濟體系，讓國家財政及一般人民均需付出相當慘痛之代價及巨大無比之損失，其犯罪之情節及全面之影響，均屬非輕，亦顯非一般特定個人之詐欺單純案件所可比擬，是本件之量刑自不宜從輕，及被告犯後態度毫無等一切情狀，量處有期徒刑5年10月。又證人江○○、楊○○、陳○○、鍾○○、柳○○及蔡○○等人涉犯僞證罪嫌，俟本案判決有罪確定後，再分案偵辦，併此敘明。

三、依刑事訴訟法第251條第1項提起公訴。

此　致

台灣南投地方法院

中　華　民　國　○○　年　○○　月　○○　日

檢察官　吳○○

本件證明與原本無異

中　華　民　國　○○　年　○○　月　○○　日

書記官　梁○○

所犯法條：

刑法第174條

放火燒燬現非供人使用之他人所有住宅或現未有人所在之他人所有建築物、礦坑、火車、電車或其他供水、陸、空公眾運輸之舟、車、航空機者，處三年以上十年以下有期徒刑。

放火燒燬前項之自己所有物，致生公共危險者，處六月以上五年以下有期徒刑。

失火燒燬第一項之物者，處六月以下有期徒刑、拘役或九千元以下罰金；失火燒燬前項之物，致生公共危險者，亦同。

第一項之未遂犯罰之。

台灣南投地方法院刑事判決

90年度訴字第231號

公訴人　台灣南投地方檢察署檢察官

被告　　甲

右列被告因公共危險等案件，經檢察官提起公訴（89年度偵字第1806號），本院判決如下：

主文

甲無罪。

理由

一、公訴意旨略以：被告甲自民國86年3月間起至87年4月間，白天係在菜市場幫其父母賣菜爲生，晚上則係就讀同德補校夜間部之學生，其本身並無任何資力可言，且尚須養育兩名幼子，經濟狀況不佳，於86年8月9日，由被告之配偶陳◯◯出面向中國信託商業銀行股份有限公司（以下簡稱中國信託銀行）借貸新台幣（以下同）300萬元，由被告擔任連帶保證人。另被告於87年2月13日，以580萬元之價格，向案外人丁購買座落於彰化縣大村鄉南勢巷5之15號之房地，除支付100萬元之現金外，仍須負擔該房地原有之抵押貸款462萬元，其後被告於87年3月12日，復另向案外人萬通商業銀行股份有限公司（以下簡稱萬通公司）轉借貸400萬元，而設定480萬元之最高限額之抵押權。被告在積欠中國信託銀行借款300萬元及尚需負擔購屋貸款400萬元，合計將近負債7、800萬元之情形下，爲解決此一龐大之債務，乃頓起歹念，明知其經濟能力不佳，已無任何之償還能力，詎其於86年12月24日，意圖爲自己不法之所有，並基於概括之犯意，先在彰化市◯◯里◯◯街4號1樓，虛僞設立迦◯通信有限公司（以下簡稱迦◯通信公司），於87年2、3月間，連續向A有限公司（以下簡稱A公司）佯購價值61萬2,500元之行動電話及向B有限公司◯◯分公司（以下簡稱B公司）佯購價值25萬1,800元之行動電話，致A公司之負責人楊◯◯及B公司◯◯分公司不詳姓名之負責人陷於錯誤，而如數給付之。甲於初次交易得手後，未支付分文之貨款，隨即於87年3月間某日結束營業。另被告復連續基於詐領保險金之意圖，並與乙（業於90年3月29日死亡）基於共同詐領保險金之犯意聯絡，進行之計畫詳情如下：

(一) 被告於87年1月8日，以個人之名義，先向台中區中小企業銀行◯◯分行（以下簡稱台中中小企銀◯◯分行）申請支票開戶，開戶當時存入2萬元，帳號爲◯◯◯－◯◯－◯◯◯◯◯◯◯◯號，用以進行詐欺承租廠房所需開具之支票（下詳），而該帳號自開户起至87年3月8日止，在短短2個月内，其餘款只剩1,089元，迄於同年5月1日即被列爲拒絕往來户。

(二) 被告伺機尋找出租之廠房，於87年2月中、下旬間之某日，被告依出租廠房之張貼廣告紙上電話，先聯絡不知情之房屋仲介業者江◯◯，再透過江◯◯之介紹，於87年3月5日，被告以迦◯通信公司之名義，與座落於南投縣南投市◯◯路145之1號廠房之所有人C有限公司（以下簡稱C公司）之代表人郭◯◯訂立租賃合約，以第一年每月租金5萬7,300元之價格，與C公司訂立長達3年之租約，訂立後因上開帳户内之存款只剩下1,089元，爲應付租廠房所需之租金及押金等費用，被告乃於87年3月11日存入23萬元之現款，用資應付。於同日，被告則簽發上開帳户，面額17萬元之支票1張用於支付租金保證金外，另開具同一帳號，票期自87年3月10日起至88年2月10

日止，每張面額5萬7,300元，合計12張之支票，交予郭○○收執，惟其中除17萬元之押租保證金及票期87年3月10日、面額5萬7,300元之支票獲得兌現外，餘11張之支票屆期均因存款不足及拒絕往來而不獲兌現。

(三) 被告同時著手申請設立迦○貿易有限公司（以下簡稱迦○貿易公司），於87年3月26日取得經濟部公司執照，及於同年4月3日取得彰化縣政府營利事業登記證，做爲進行其虛僞之貿易買賣，以掩人耳目，並供日後與保險公司訂立保險契約詐領保險金之用。

(四) 被告自87年3月上、中旬某日起，陸續將何人所有及來路俱屬不明之布料、網球拍套及茶葉等價值極爲低廉之物品，分次、分批運至上開承租之倉庫內，其實際之次數、價值及數量均屬不詳，並自87年3月15日起，聘請不知情之案外人蔡○○在上開倉庫內，擔任倉庫管理員，負責看顧前揭貨物，惟蔡○○下班後，該倉庫在夜間則處於無人看守之狀態。

(五) 被告於87年4月8日，在上址倉庫搬運貨物時，適有中○保全股份有限公司（以下簡稱中○保全公司）之業務員張○○路過見狀，遂向被告詢問是否願意接受中○保全公司保全服務，被告竟意圖不軌，乃向張○○佯稱同意裝設中○保全公司之保全系統，惟被告向其佯稱：「在87年4月底，才會完成所有之進貨及電話安裝」云云爲由，而當場向張○○表明希望開通之日期定在87年4月底，張○○乃將被告之該條件記明於中○保全公司之「系統服務報價書」，並將該「系統服務報價書」之第二聯交予被告收執，餘則攜回中○保全公司登記並聯絡相關安裝人員及準備安裝保全系統之相關設備。嗣於87年4月18日，中○保全公司之外包廠商吳○○前往被告之上開倉庫安裝相關之保全設備（設備價值5萬3,414元）後，張○○欲再聯絡被告相關開通事宜時，則均聯絡不上，且張○○屢經上開倉庫，均見其倉庫之大門深鎖，亦不見有任何人員出入之情形，直至87年4月29日至中○保全公司上班時，張○○聽其不詳姓名之同事提起，始知甲上開倉庫業已燒燬之事。

(六) 被告向因洗車認識、不知情之案外人謝○○詢問有無認識之保險公司，經謝○○之介紹，被告乃認識華僑產物保險股份有限公司（以下簡稱華僑保險公司，嗣改稱蘇黎世產物保險股份有限公司，以下簡稱蘇黎世公司）○○服務處之課長甲，於87年4月21日被告乃邀約甲至上開租得之廠房查勘現場及核定保額，被告於當日同時向甲提出要保申請書，並當場向不知情之甲出示前揭中○保全公司之「系統服務報價書」，同時向甲佯稱：我倉庫業與中◯保全公司簽立保全服務之系統，致甲信以爲眞，誤以爲被告之上開貨物，業有中◯保全公司保全系統之保障，遂誤認安全無虞，而願接受被告之上開要保書，被告乃簽發帳號：◯◯◯◯◯◯◯◯◯◯◯◯◯◯號、付款人：萬通商業銀行員林分行、票期：87年5月21日、票號：◯◯◯◯◯◯◯號、面額10萬元之支票一紙，用以繳交上開保險契約所需之保險費之用，惟該帳號係被告於87年3月2日甫新開户，且至87年3月13日止，存款僅剩餘額1萬606元，根本不足以支付上開繳交保險費支票款，被告擔心該張支票屆期不獲兌現而跳票，致保險契約不能生效，乃於系爭支票到期日前不詳之某日，委請不知情之謝◯◯持現金10萬元，向華僑保險公司◯◯服務處換回該紙支票。復因保險金額過於龐大，華僑保險公司乃主動與第一產物保險股份有限公司（以下簡稱第一產物保險公司）爲共保之約定，由華僑保險公司承保60%，第一產物保險公司承保40%，被告並繳交4萬3,120元之保費予第一產物保險公司。

(七) 自87年4月21日甲提出保險之申請起至同年4月25日止，甲正進行核保手續及簽發正式保險契約之際，詎被告竟二度以電話向甲催促速寄保險契約書。嗣甲於87年4月27日即周一下午，將保險契約書自華僑保險公司◯◯服務處寄出。甲將上開保險契約以限時普通郵件之方式投寄之後，因同在彰化縣員林鎮及彰化市地區，被告約於寄出後之翌日即87年4月28日，應能收受該保險契約書，詎被告於收受後，有恃無恐，竟於甲寄出保險契約書後之87年4月29日凌晨0時至0時30分許間，以不詳之方式，放火燒燬上開廠房。然後逗留在南投縣草屯鎮康◯◯保齡球館内佯裝打球，嗣不詳之人打電話報火警後，始於同日凌晨2時許趕往現場處理。而該火場經消防隊於同日凌晨0時40分許據報後前往救火，於同日凌晨1時54分許完全撲滅，致廠房内之貨物及該無人所在之他人建築物完全燒燬，惟幸未延燒至其相鄰之柏◯、昱◯及合◯等公司。

(八) 被告於火災發生後之87年5月13日，向華僑保險及第一產物保險公司，提出合計5,087萬8,353元（含建築物損失321萬3,793元，貨物損失4,766萬4,560元）之理賠保險金額，惟上開保險公司發現内情並不單純，遂以案件仍在地檢署偵辦中，迄今仍未給付被告分文之保險金而未遂，因認被告涉有刑法第174條第1項放火燒燬現未有人所在之他人所有建築物、第339條第1項詐欺取財既遂及第3項詐欺取財未遂等罪嫌。

二、公訴意旨認被告甲涉有右揭放火燒燬現未有人所在之他人所有建築物及詐

欺取財既、未遂等罪嫌，無非係以

(一) 被告於86年3月間起至87年4月間，其職業係屬賣菜爲生兼夜間部補校之學生而已，猶須撫育二名幼子（當時長子張○○年僅3歲、次子張○○年僅2歲，均賴被告撫育），且負債800餘萬元，其經濟能力不佳及並無何償債之能力甚明。

(二) 被告所設立之迦○通信公司，自設立時起至87年3月間結束營業爲止，在短短3個月之營業期間，於初次交易，即分別向A公司購買61萬2,500元之行動電話及向B公司購買25萬1,800元之行動電話，得手後即告結束營業等情，業據證人即A公司之老闆娘楊○○及其公司之職員王○○在本署偵查中結證在卷，另證人王○○在偵查中結證稱：被告簽發4張支票予金○昌公司用以支付貨款，惟屆期均遭退票而不獲兌現，嗣後，被告又開具2張本票換回上開支票，不久，迦○通信公司就結束營業等語。證人楊○○復結證稱：被告陸續進貨後來就跳票，本來開支票，跳票後就換本票，才拿土地設定第三順位押權予伊，但銀行抵押時就被拍賣了，伊也沒拿到錢等語。證人即B公司○○分公司之業務員簡○○於偵查中結證稱：被告向伊公司購買25萬1,800元之行動電話，所開具之支票均退票等語，被告於事後將抵押予證人楊○○之房地，因之前已以第一順位設定與萬通商業銀行，經拍賣後，償還第一抵押順位之債權猶仍不足，遑論設定第二、三順位抵押權予A公司及B公司？由此可知，被告於所簽發之支票不獲兌現之後，經被催討貨款而無力給付，遂佯稱同意設定抵押權予A公司及B公司，其意不過在脫免其被訴詐欺之刑責而已。

(三) 被告於87年3月12日邀同其妻陳○○爲連帶保證人，向萬通公司○○分行借貸400萬元，借款後除攤還部分本息外，尚餘398萬9,665元未清償，且於87年4月12日即借款1個月後，便已無任何之能力再繳利息，萬通公司○○分行遂於87年6月16日向台灣彰化地方法院民事執行處聲請假扣押被告及其妻陳○○之不動產，此有萬通公司行○○分行之民事執行聲請狀影本一件附卷足憑，可見被告於87年3月間爲進行上開詐欺行爲之施行，已急需現金調度，且於87年4月間已無任何之餘力繳納利息，更足證明其並無何資力可言。

(四) 被告於台中中小企銀埔心分行所設支票存款帳號○○○○－○○－○○○○○○○號帳户內，自開户時起迄同年3月8日止，在短短2個月內，其餘款僅剩1,089元，嗣於同年5月1日被列爲拒絕往來户，此有台中中小企銀○○分行89年8月11日中埔心字第114號函1件暨函附帳卡影本4紙在卷可憑。另被告以迦◯通信公司名義，與C公司訂立長達3年之廠房租約，其所簽發上開帳户支票，用以支付押金支票1張及租金支票12張中，僅兑領押金及一期租金支票，其餘11張支票，則均因存款不足及拒絕往來而不獲兑現，至87年4月及5月份之租金，被告則分別於87年4月9日及同年5月14日以電匯之方式交付，6月份起則無力繳納等情，業據證人江◯◯、郭◯◯於偵查中結證在卷，復有房屋租賃契約書、支票13張等影本在卷可稽，是被告在其資力不佳之情形下，仍然強行租用上開廠房，此舉不過係其詐取保險金所使用之手段甚爲明確。

(五) 被告於86年、87年間，本身經濟狀況不佳，仍負債800餘萬元，更無經營進出口貿易生意之學經歷，其竟僞裝其係從事進出口貿易之生意，向經濟部申請成立迦◯貿易有限公司獲准登記成立，並獲核發營利事業登記證，不過係遂行其詐領保險金之計畫及取信於保險公司之手段而已，實際上並未從事任何貿易活動及交易甚明。

(六) 被告與證人乙二人所供及證人乙前後所供情節，無論就現金係一人出資一半即2,000萬元，或全部係由證人乙一人所出？係出資2,000萬或3,000萬元？是87年3月間公司成立時才開始合夥出資抑或係在2、3年前即已合夥出資等等，其二人所供證之情節，均不相符合，應無足採信。

(七) 又證人乙出售土地價款，合計不過爲362萬6,796元而已，並非2,000萬或3,000萬元。另依證人張◯◯及證人即乙之父曾◯◯、乙之胞弟曾◯◯、曾◯◯於偵查中之證述，乙只是一位打零工之泥水工及從事種田之工作而已，本身並無任何收入，是乙並無任何投資4,000萬元或2,000萬元之資力甚明。

(八) 證人江◯◯於偵查中證述伊所有倉庫曾借予被告堆放貨物，放了2、3年，有放也有載出，是越放越多，放到87年3、4月間才載走，用我的倉庫不要錢，最後被告不夠用再租等語，核與證人乙證言，不相符合，況且被告於86年初，猶係幫忙家人在菜市場賣菜及就讀補校夜間部之學生，豈有自84年起至87年間，即已開始從事上開布匹貿易買賣之理？是其所爲之證詞，顯係迴護被告而臨訟杜撰之詞，應無足採信。

(九) 觀諸被告提出之貨物收據影本，（1）其中有關布匹、網球拍等貨物之收據，其載明之日期分別係自86年5月12日起至86年7月15日止，合計貨款之金額爲3,845萬5,776元，有該等收據影本附卷可稽，被告之經濟能力不佳，何能在短短2個月内，支付將近4,000萬元鉅額貨款，且均以現金之方式付款？此部分應係虛假不實。（2）又查上開收據31紙，僅係一般之收據，並非以統一發票之方式為之，其上有關簽發人之資料，亦僅記載所謂清、林、徐、柳、楊、周、許、王、付清等字樣，其具體之簽發人究係何人？是公司？或商號？其名稱為何？其負責人、地址、電話、統一編號為何？均未詳加載明，亦未加蓋任何簽發人之公司印章或店章，是其貨物之出賣人，究為何人，是否屬實，均無從查考，且查該等收據之記載，其內容均異常簡略，其單張最高之金額竟有高達860萬元之收據，竟記明係屬付現，而對此將近4,000萬元之鉅額貨款之支付，非但以現金為之，復係以一手交錢，一手交貨之方式進行，均與社會上一般商業交易之習慣顯然有違。（3）證人楊○○於偵查中證稱：前開五張簽有楊字之收據，前2張是伊簽的，後3張是曾○○簽的，伊拿佣金30幾萬元，收據曾○○交給伊時就寫好了等語，惟前開載有楊字之收據五紙，金額合計2,255萬1,960元，經查被告在短短1個月又10日之期限內，並無支付現金2,200餘萬元之資力，況收據竟由仲介人簽發，而非出賣人，其等上開之買賣方式，亦不合一般交易之習慣，已如上述，且被告隨時將現金2,000餘萬元放在身邊，並未存入任何之銀行帳戶內，亦與常情顯然不相符合，是被告所供及證人楊○○所證，均不足採信。（4）證人柳○○於偵查中證稱：伊介紹邱○○，被告於貨到後，過一、二天將錢交給伊，是交現金，伊抽佣金6、7萬，剩下在姓江朋友處交給作業務的，收據中有簽柳字的內容是作業務簽的等語，則被告與證人柳○○所證，除不符常理外，其二人就關於究竟係貨到當場付現，或係貨到過一、二天才付貨款等節亦互不符合，不足採信。（5）被告、證人鍾○○與證人陳○○三人間就被告購買茶葉情節，均完全不一，甚至證人鍾○○就系爭500斤茶葉之貨色、包裝是否相同？以及茶葉之貨款究竟是送貨過去就給付？或是在證人鍾○○之工廠處付款？等等，證人鍾○○前後所證，亦不相符。由此顯見被告所供及證人鍾○○、陳○○所證各情，均屬虛假不實。（6）被告在87年3、4月間因負債累累，已無任何之能力兌現所簽發之支票，有關前開支票存款帳戶中，亦僅剩下千餘元或數百元，衡諸常情，被告又有何資力，身上隨時攜帶自家中取出之現金30至50萬元？又有何能力以現金支付系爭茶葉之貨款，合計97萬5,000元？復佐以上開購買系爭茶葉之估價單3張，內容非常簡略，僅記明付清之字樣，既未載明簽發人姓名或公司、店家商號之名稱及地址、電話、統一編號等資料，亦未加蓋相關人員或店號之印章或簽收，核與一般社會交易之習慣，顯然不符，該3張估價單應係被告臨訟所杜撰，並非眞實。（7）再者，被告上開倉庫內未燒燬之剩餘茶葉，經請證人即南投縣茶葉評鑑研究會之理事長李○○及在製茶場有7年之久之茶農陳○○檢視鑑定結果後，均於偵查中證稱：該等茶葉是機器採收，品質不好，每斤約值2、300元等語，且證人即大○公證有限公司（以下簡稱大○公司）職員楊○○於偵查中結證稱：「（茶葉部分你有無去詢價訪價？）茶葉他（指被告）報的很多，1,900多元，我們覺得茶葉沒有那麼好，就決定這價格（每斤）600元」等語，是被告及證人鍾○○、陳○○上開所證：茶葉是高山茶，品質好，每斤進價1,950元云云，均係虛假不實，顯無足採。（8）證人楊○○於偵查中結證稱：「貨物損失詳細明細表數量及單價如何計算？）數量是去現場清單出來，沒有書面記載，只是我去現場記下來，我們公司只有我一人去」「（單價如何出來？）詢價訪價，但什麼時間地點什麼人什麼名字，我都沒有記載，我每件都有去詢價訪價，有去問布商貿易商」「（被保險人有對你們提出發票及來源證明及數量？）都沒有，只是數量他們有簽收據，沒有發票，有記載也有去查證，沒有發票他們說是透過仲介我再將訪談資料寄過來」等語，足證證人楊○○雖認上開茶葉品質不好，並逕自將其估價爲每斤600元，惟此舉亦純屬其個人片面之推測，並無任何之依據可言，而該等茶葉實際上之價值，約在100餘元至2、300元之間是證人楊○○所爲上開貨物鑑定其全部損失之價值爲1,483萬6,930元，均有高估之嫌，而依上開茶葉高估之比例計算，證人楊○○所高估貨物之金額，應有2至3倍之多，易言之，被告上開貨物之總價值，最多不超過4、500萬元，應可認定。（9）本件將近4、5,000萬之鉅額貨物來源，究係出自何人、何公司所製造生產？其所謂之仲介就爲何人？其來源及出處俱屬不詳，核與常情已有不符，而大○公司所鑑定之貨物，不論是數量或價值上，均遠低於被告所申報之數額及價值，核定其損失之總數爲1,483萬6,930元，詎被告於88年1月16日竟向大○公司表明願意接受此一核定之損失金額，此有接受書影本一紙附卷可稽，惟查被告前向保險公司提出之貨物損失係達4,766萬4,560元，二者相差3,282萬7,630元，是被告不但在數量上灌水，且在價值上亦申報不實，蓋當初苟眞係以4,700餘萬元現金購買上開之貨物，而非以極爲低廉之賤價購買，則被告既遭此重大之損失，自應向保險公司極力爭取，方符常情，被告豈有輕易願平白損失高達3,200餘萬元差額之理？由此適足證明被告除數量不足外，顯有以低劣之貨物充當高級品，用資詐領保險金之意圖甚爲明確，此觀南投縣警察局火災原因調查報告書上亦載明同此疑處，有該報告書一份附卷可憑。

(十) 證人蔡○○固稱發生火警時係由中興保全通知迦○貿易有限公司，中興保全通知彰化中興保全公司有留話等語，惟查，證人即中興保全公司○○辦事處經理蘇○○於偵查中結證稱：伊是屬於台中分公司，如果有事，是向台中分公司報告，與彰化分公司都沒有關係，是以縣爲界，因爲迦○公司沒有開通使用，所以無法服務，火警當天，沒有收到消息等語，證人即中興保全公司之業務員張○○於偵查中結證稱：伊上級是台中，與彰化沒有關係等語，是證人蔡○○上開證述，顯係虛假不實，自不足採信。

(十一)依證人蘇○○、張○○及中○保全公司之技工吳○○於偵查中證述，被告顯然係利用中○保全公司於87年4月18日裝設保全設備之後，在開通之前，騙取保險人員於87年4月21日前往上開倉庫檢查時，故意向其佯稱：「我們設有中○保全，貨物安全無虞」云云，致前往勘察之證人即蘇黎世公司之人員甲誤以爲眞有已開通使用之保全設施，而陷於錯誤，於相關手續辦妥後，遂於87年4月27日下午將本件保險契約寄給被告，被告約於翌日即87年4月28日下午收到上開保險契約書後，隨即在87年4月29日凌晨0時許即上開中○保全系統開通使用前，故意放火燒燬倉庫內之貨物，其意圖詐領鉅額之保險金甚爲明顯，爲其論罪之依據。

三、惟訊據被告甲堅決否認有何放火燒燬現未有人所在之他人所有建築物及詐欺取財既、未遂等犯行，辯稱：其退伍後有從事布匹、網球拍、茶葉買賣，先進貨後找買主或者視價格好再賣出去，賺取差價，在前開廠房被燒之前，其支票沒有退票紀錄，都是正當的做生意，且做得很好，且其買賓士的車子及買房子的頭期款均係現金交易，經濟能力很好，只是發生本件火災後，把所有現金都拿去償還債務了，其沒有放火，也沒有詐領保險金等語。

四、按犯罪事實應依證據認定之，無證據不得推定其犯罪事實。又不能證明被告犯罪者，應諭知無罪之判決，刑事訴訟法第154條、第301條第1項分別定有明文。又事實之認定，應憑證據，如未能發現相當證據，或證據不足以證明，自不能以推測或擬制之方法，爲裁判基礎（最高法院40年台上字第86號判例參照）；且認定犯罪事實所憑之證據，雖不以直接證據爲限，間接證據亦包括在內，然而無論直接證據或間接證據，其爲訴訟上之證明，須於通常一般之人均不致有所懷疑，而得確信其爲眞實之程度者，始得據爲有罪之認定，倘其證明尚未達到此一程度，而有合理之懷疑存在而無從使事實審法院得有罪之確信時，即應由法院爲諭知被告無罪之判決（最高法院76年台上字第4986號判例參照）。

五、本件公訴意旨認被告涉有放火罪及詐欺取財未遂罪嫌，無非係以被告之資力、投保火險日期等情，認被告應係先虛僞購入貨物後，再投保鉅額火險並故意放火燒燬貨物以換取保險理賠而清償其債務云云。查被告固然於支付貨款方式均採取現金而支付保險費及租金則改以支票爲之，對於火場內存放貨物有不合常理之搬運、與保全公司簽約後確遲未開啓保全系統等均與經驗法則相互齟齬之處。惟本件之基本前提應爲被告座落於南投市○○路倉庫之火災究竟是否爲被告故意爲之，如係被告故意放火燒燬倉庫，始須進一步究明有無投保詐欺保險金之意圖，如無法證明被告故意放火，而係失火或他人所爲時，則火災之發生與投保鉅額保險間即失其聯絡，而難認事前被告有詐欺意圖。

六、經查，本件南投縣警察局消防隊（現已改制爲南投縣消防局）於現場勘驗後，認倉庫內南半部中段靠烤漆板牆面彎曲變色嚴重處，布料燒燬至最底部且底座木材墊板呈炭化嚴重，足見火勢由此處向四周延燒；起火處未發現有自然發火物，故自然發火可排除，亦未發現有電源線，故無電線走火可能，倉庫管理員蔡○○於4月28日19時15分下班，故其遺留火種如煙蒂等於4月29日0時40分起火可能性亦無；研判起火點在倉庫南半部中段靠烤漆板牆面彎曲變色嚴重處某一高度因爲未發現具體起燃成災跡證，故起火原因未便臆測等語，有南投縣警察局火災原因調查報告書一份附卷可稽。該報告書中對於本件火災之起火點及起火物品均有明確之判斷，惟對於究係何種引火媒介（如汽油、火種、香煙等）所引起則無記載，且經採集現場起火點燃燒物品送鑑，亦未發現上開引火媒介，而火災之發生如係外力所爲，其必有引火媒介始足以使物品燃燒產生火災，既未發現外力所爲之引火媒介，則火災之發生即無積極證據證明係外力所爲甚明，尚難據此即遽認本件火災即係外力所致，自難責令被告對於火災之發生擔負刑責。

七、次查，公訴意旨認被告於火災發生前曾將易受潮之茶葉搬遷至窗口處，顯有悖常理，認應係故意放火云云。然由南投縣警察局消防隊所繪製之火災現場場圖觀之，本件倉庫係坐西朝東，茶葉所放置位置係位於倉庫西南方角落廁所前方，與西方（北側）倉庫鐵皮圍牆緊鄰者爲一間廁所（87年度偵字第3393號第一卷第13頁、第91頁），該處在南方位置設有窗户，在西方設有逃生門，由日照方向觀之，日落時由西方進入之日照餘輝，係先照射至廁所，堆置在西南角落之茶葉並不易遭受日落西方時之日照甚明。而徵諸現場相片（同上偵查卷第21頁背面、第22頁、第90頁）所示，茶葉均係以眞空包裝後再置於方形或圓形筒內，此種包裝方式本即不易受日照水氣所影響，果被告確有將茶葉遷移至西南角落，亦應無違茶葉保存之方式。而該倉庫西南角落亦非易受日照及受潮之處，尚難據以被告曾遷移茶葉存放地點此節，即推論被告有故意放火犯行。更何況前開倉庫內堆放之貨物，除茶葉外，其餘貨品均未移動原所堆置位置，益難據此即認被告有放火之罪嫌。

八、再查，被告與前開保全公司訂立契約之時間爲87年4月8日，嗣被告於訂立火險契約時亦曾提示上開保全契約予保險公司人員，而前開保全公司復於同年4月18日前往被告所有倉庫裝設價值5萬3,414元之保全設備，保險契約乃於同年4月21日製作完成並寄發予被告，旋於同年4月29日發生火災，果被告係虛僞與前開保全公司訂約以取信保險公司，豈有明知同年4月29日將發生火災而仍於4月18日裝設價值5萬餘元之保全設備，而不拖延裝設時間之理？又被告於保全公司要保及火災發生前，已在倉庫大門上方裝設攝影機乙部（火災現場相片參照），果如公訴意旨所稱被告係爲詐領保險金始虛僞與保全公司約定，本意非在裝設保全，豈有於未裝設保全前先斥資裝設攝影機之理？自不得憑前開情況證據即據以推論被告有放火之犯行甚明。

九、公訴意旨另認被告於台中中小企銀埔心分行申請設立支票帳户，而該帳户自開户起至87年3月8日止，於2個月期間內，存款僅剩1,089元，迄同年5月1日即被列爲拒絕往來户而認被告因經濟困難而起意詐領保險金云云。惟查被告上開支票帳户內進出金額由數萬元至30餘萬元不等，實非空户，而支票（即甲存）帳户因無利息，所以依生意往來慣例，帳户內金額通常係簽發支票到屆期始會存入等額金錢，並無事前在帳户內存放鉅額金錢之理。而上開帳户係被告經營通訊行所使用之帳户，與本件發生火災之貿易公司係被告與他人合夥不同， 二家公司資金不必然有往來關係，況通訊行與貿易公司所需資金及貨物價格殊異，亦不能以被告所經營通訊行進出金額與貿易公司進貨金額不相當，即遽認被告已陷於經濟困難而有放火詐領保險金之意圖。又被告於火災發生前，曾以現金200餘萬元購買汽車及支付房屋頭期款，此業據證人丁即房屋出賣人於本院調查時到庭證述屬實，果被告如公訴意旨所指陷於經濟困頓之際始起意放火詐領保險金，豈有再斥鉅資購買汽車及房屋之理？益見被告所辯尚非虛詞，堪予採信。

十、綜上所述，本件火災之發生既無從證明係外力所爲，且公訴人所舉前開證據，均無從推論得知被告究係如何著手放火行爲而詐領保險金者，尚不足稱爲間接證據，至多僅爲情況證據或出於推論或擬制之詞而已。又刑事被告依法不負自證無罪之義務，故在別無積極證據之情形下，自難違反刑事訴訟法第154條之規定，遽論被告以放火燒燬現未有人所在之他人所有建築物及詐欺取財既、未遂等罪名。此外，復查無其他積極證據足以證明被告確有前述犯行，不能證明被告犯罪，依法應諭知無罪之判決。據上論斷，應依刑事訴訟法第301條第1項，判決如主文。

中　華　民　國　○○　年　○○　月　○○　日

台灣南投地方法院刑事庭

法　官　丁○○

右正本證明與原本無異。

如不服本判決，應於判決送達後20日內向本院提出上訴狀（應附繕本）。「切勿逕送上級法院」。

書記官　○○○

中　華　民　國　○○　年　○○　月　○○　日

告訴人或被害人對於判決如有不服具備理由請求檢察官上訴者，其上訴期間之計算係以檢察官收受判決正本之日期爲準。

台灣高等法院台中分院刑事判決

92年度上訴字第26號

上　訴　人　台灣南投地方檢察署檢察官

被　　　告　甲

指定辯護人　本院公設辯護人　己

右上訴人因被告公共危險等案件，不服台灣南投地方法院90年度訴字第231號中華民國91年12月13日第一審判決（起訴案號：台灣南投地方檢察署89年度偵字第1806號），提起上訴，本院判決如下：

主文

原判決撤銷。

甲共同放火燒燬現未有人所在之他人所有建築物，處有期徒刑3年2月。

事實

一、甲曾於78年間，因妨害自由，經本院判處有期徒刑1年3月，於79年5月17日執行完畢；復於86年間，因贓物罪，亦經本院判處有期徒刑4月，於89

年7月12日執行完畢（以上均不成立累犯）。仍不知悔改，於86年7月23日由其配偶辛爲承買人，由甲擔任代理人與寅○○○訂立不動產買賣契約，購買彰化縣田中鎮○○段66之213地號，建號及共同使用部分221建號持分14分之1，○○段66之26地號持分14分之1，座落彰化縣田中鎮○○路○段10巷99弄9號，總價金爲新台幣（下同）380萬元，並於契約訂定時繳付70萬元，旋於86年8月9日，由其妻辛出面向中國信託商業銀行股份有限公司（以下簡稱中國信託銀行）借貸新台幣300萬元，由甲擔任連帶保證人。另甲復於87年2月11日，以總價金585萬元之價格，向張○○購買土地座落於彰化縣大村鄉○○段306之1地號，建物座落大村鄉南勢巷5之15號之房、地，除於87年2月15日支付100萬元之現金外，仍須負擔該房、地原有之抵押貸款462萬元。其後甲於87年3月12日，復另向萬通商業銀行股份有限公司（以下簡稱萬通公司）轉借貸400萬元，而設定480萬元之最高限額之抵押權。甲因係連帶債務人，在應負擔借款人所積欠中國信託銀行之借款300萬元及尚需負擔購屋貸款400多萬元，其所負擔之債務合計將近7、800萬元，顯然經濟能力並不理想，且復需扶養二名未成年子女（案發當時一名爲2歲，一名爲4歲），負擔甚重。甲爲解決此一龐大之債務，明知其經濟能力不佳，竟與乙（業於90年3月29日死亡）及不知姓名之成年人，基於共同詐領保險金意圖之犯意聯絡，進行如下之計畫：

(一) 甲於87年1月8日，以其個人之名義，先向台中區中小企業銀行埔心分行（以下簡稱台中中小企銀埔心分行）申請支票開户，開户當時存入2萬元，帳號爲○○○－○○－○○○○○○○○號，用以進行承租廠房所需開具之支票（下詳），而該帳號自87年1月8日開户起至87年3月8日止，在短短2個月內，其餘款只剩1,089元，迄於87年5月1日即被列爲拒絕往來户。

(二) 甲伺機尋找出租之廠房，於87年2月中、下旬間之某日，甲依出租廠房之張貼廣告紙上電話，先聯絡不知情之房屋仲介業者江○○，再透過江○○之介紹，於87年3月5日，被告以迦○通信有限公司之名義，與座落於南投縣南投市○○路145之1號廠房之所有人C有限公司（以下簡稱C公司）之代表人郭○○訂立租賃合約，以第一年每月租金5萬7,300元、第二年每月6萬165元、第三年每月6萬3,173元之價格，與C公司訂立長達3年之租約（租期自87年3月10日起至90年3月9日止），訂立後因上開帳户內之存款只剩下1,089元，爲應付租廠房所需之租金及押金等費用，甲乃於87年3月11日存入23萬元之現款，用資應付。而於同日，甲則除簽發上開帳户，面額17萬元之支票1張用於支付租金保證金外，另開具同一帳號，票期自87年3月10日起至88年2月10日止，每張面額5萬7,300元及6萬165元（87年3月份起至87年12月份止，係簽發5萬7,300元之支票，每月1張，88年1、2月份則簽發6萬165元之支票，每月1張），合計12張之支票，交予郭○○收執，惟其中除17萬元之押租保證金及票期87年3月10日、面額5萬7,300元之支票獲得兑現外，餘11張之支票屆期均因存款不足及拒絕往來而不獲兑現（即自87年4月份起至88年2月份止之支票均未能兑現）。

(三) 甲除於86年12月24日彰化市○○里○○街4號1樓設立迦○通信有限公司以外，並著手申請設立迦○貿易有限公司（以下簡稱迦○貿易公司），於87年3月26日取得經濟部公司執照，及於同年4月3日取得彰化縣政府營利事業登記證，以該公司做爲進行其虛僞貿易買賣之幌子，以掩人耳目，並供日後與保險公司訂立保險契約詐領保險金之用。

(四) 甲自87年3月上、中旬某日起，陸續將不知係何人所有及來路俱屬不明之布料、網球拍套及茶葉等價值極爲低廉之物品，分次、分批運至上開承租之南投縣南投市○○路145之1號廠房倉庫内（其實際之次數、價值及數量均屬無法具體認定），並自87年3月15日起，聘請不知情之蔡○○在上開倉庫内，擔任日間倉庫管理員，負責看顧前揭布料、網球拍套及茶葉貨物。惟蔡○○下班後，該倉庫在夜間則處於無人看守之狀態。

(五) 甲於87年4月8日，在上址倉庫搬運貨物時，適有中興保全股份有限公司（以下簡稱中興保全公司）之業務員張○○路過見狀，遂向甲詢問是否願意接受中興保全公司之保全服務，甲竟意圖不軌，乃向張○○佯稱同意裝設中興保全公司之保全系統，惟甲向其佯稱：「在87年4月底，才會完成所有之進貨及電話安裝」爲由，當場向張○○表明希望開通之日期定在87年4月底，張○○乃將甲之該條件記明於中興保全公司之「系統服務報價書」，並將該「系統服務報價書」之第二聯交予甲收執，其餘則攜回中興保全公司登記並聯絡相關安裝人員及準備安裝保全系統之相關設備。嗣於87年4月18日，中興保全公司之外包廠商吳○○前往甲之上開倉庫安裝相關之保全設備（設備價値5萬3,414元）後，張○○欲再聯絡甲相關開通事宜時，惟均聯絡不上，且張○○屢經上開倉庫，均見其倉庫之大門深鎖，亦不見有任何人員出入之情形。直至87年4月29日至中興保全公司上班時，張○○聽其不詳姓名之同事提起，始知甲之上開倉庫業已燒燬之事。

(六) 甲向因洗車認識不知情之謝○○，甲乃詢問有無認識之保險公司，經謝

○○之介紹，甲因此而認識華僑產物保險股份有限公司（以下簡稱華僑保險公司，嗣改稱蘇黎世產物保險股份有限公司，以下簡稱蘇黎世公司）員林服務處之課長乙，於87年4月21日，甲乃邀約乙至上開租得之廠房查勘現場及核定保額，甲於當日同時向乙提出要保申請書，並當場向不知情之乙出示前揭中興保全公司之「系統服務報價書」，同時向乙佯稱：我倉庫業與中興保全公司簽立保全服務之系統，致乙信以爲眞，誤以爲甲之上開貨物，業有中興保全公司保全系統之保障，遂誤認安全無虞，而願接受甲之上開要保書，甲乃簽發帳號：○○○○○○○○○○○○○○號、付款人：萬通商業銀行員林分行、票期：87年5月21日、票號：○○○○○○○號、面額10萬元之支票一紙，用以繳交上開保險契約所需之保險費之用，惟該帳號係甲於87年3月2日甫新開户，且至87年3月13日止，存款僅剩餘額1萬606元，根本不足以支付上開繳交保險費支票款，甲擔心該張支票屆期不獲兑現而跳票，致保險契約不能生效，乃於系爭支票到期日前不詳之某日，委請不知情之謝○○持現金10萬元，向華僑保險公司員林服務處換回該紙支票。復因保險金額過於龐大，華僑保險公司乃主動與第一產物保險股份有限公司（以下簡稱第一產物保險公司）爲共保之約定，由華僑保險公司承保60%，第一產物保險公司承保40%，甲則繳交4萬3,120元之保險費予第一產物保險公司。

(七) 自87年4月21日甲提出保險之申請起至同年4月25日止，乙正進行核保手續及簽發正式保險契約之際，詎甲竟二度以電話向乙催促速寄保險契約書。嗣乙於87年4月27日即周一下午，將保險契約書自華僑保險公司員林服務處寄出。乙將上開保險契約以限時郵件之方式投寄之後，因同在彰化縣員林鎮及彰化市地區，甲約於寄出後之翌日即87年4月28日，應能收受該保險契約書，詎甲於收受後，有恃無恐，竟於乙寄出保險契約書後之87年4月29日凌晨0時至0時30分許間，與不知姓名之成年人，進入廠房内以不詳之方式，放火燒燬上開廠房。然後甲則逗留在南投縣草屯鎮康立德保齡球館內佯裝打球，嗣不詳之人打電話報火警後，始於同日（即87年4月29日）凌晨2時許，趕往現場處理。而該火場經消防隊於同日凌晨0時40分許據報後前往救火，於同日凌晨1時54分許完全撲滅，致該B棟廠房内之貨物及該無人所在之他人建築物完全燒燬，惟幸未延燒至其相鄰之柏○、昱○及合○等公司。

(八) 甲於火災發生後之87年5月13日，向華僑保險及第一產物保險公司，提出合計5,087萬8,353元（含建築物損失321萬3,793元，貨物損失4,766萬4,560元）之理賠保險金額，惟上開保險公司發現內情並不單純，遂以案件仍在地檢署偵辦中，迄今仍未給付甲分文之保險金而未能得逞。

二、案經南投縣警察局南投分局報請台灣南投地方檢察署檢察官偵查起訴。

理由

一、訊據被告對於先後成立迦○通信有限公司、迦○貿易有限公司，並向C公司承租上開廠房，存放布料、網球拍套及茶葉等貨物之事實，固不諱言，惟矢口否認有前揭犯行，辯稱：伊退伍後有從事布料仲介買賣，每月可獲得淨利70萬元，大概在84年至85年間，每月最少賺到70萬元，甚至於1個月曾經賺過1、200萬元。因爲伊僅係居間介紹，並非以伊之名義簽發發票，且伊不知道要向哪個單位報稅，因此伊就個人所得稅及綜合所得稅均未曾報過，只在81年擔任業務員時，有報過稅。在前開廠房被燒之前，伊支票沒有退票紀錄，都是正當的做生意，且做得很好，支票是在火災之後，因伊沒有錢支付，始被拒絕往來。又伊買賓士的車子及買房子的頭期款均係由伊賣布賺得的錢交付，均屬現金交易，經濟能力很好，只是發生本件火災後，把所有現金都拿去償還債務了，其沒有放火，也沒有詐領保險金。另因伊太太在田中購買房屋，用伊買賣布匹所賺得的錢付頭期款後，才貸款300萬元，伊所賺得的錢都放在家中，從來沒有寄放在銀行或合作社等金融機關，並非伊經濟能力欠佳。75年之前曾幫父、母親在菜市場賣菜，後來就沒有。又伊聽說有外勞在伊倉庫附近酒後鬧事，伊想火災可能是因爲外勞發生糾紛後發生的。另伊投保時，因爲華僑保險公司開出的金額不對，伊才會拿回支票；且支票提示時，只要將錢存入户頭即可，不一定要在户頭內有相當可觀的錢，此屬一般常態。伊亦未曾向乙催促過契約書，當保險事故發生後，伊依約請求理賠，屬正常現象，況且保險公司人員說若蓋章同意賠少一點，就可以較快獲得賠償，足證伊並無詐領保險金。另乙有實際投資，均是交付現金，給伊本人收受，但投資之金額伊忘記了，只是因爲伊與乙是好朋友，因此其投資，伊並未寫單據給他，伊確未曾故意放火燒燬建築物，而詐領保險金云云。

惟查：

(一) 被告甲於86年7月23日由其妻辛爲承買人，由甲擔任代理人與寅○○○訂立不動產買賣契約，購買彰化縣田中鎮○○段66之23地號，建號及共同使用部分221建號持分14分之1，○○段66之26地號持分14分之1，座落彰化縣田中鎮○○路○段10巷99弄9號，總價金為380萬元，旋於86年8月9日，由其妻辛出面向中國信託銀行借貸300萬元，由被告甲擔任連帶保證人。另被告甲於87年2月11日，以總價金585萬元之價格，向張○○購買土地座落於彰化縣大村鄉○○段306之1地號，建物座落大村鄉南勢巷5之15號之房、地，除於87年2月15日支付100萬元之現金外，仍須負擔該房、地原有之抵押貸款462萬元之事實，為被告所承認，並有不動產買賣契約書2紙（1紙為被告之妻購買時所訂立，1紙則係被告購買時所訂立）、土地、建築改良物買賣所有權移轉契約書、土地所有權狀各2紙、收據、彰化縣稅捐稽徵處員林分處87年度契稅繳款書、收費明細表、被告簽發300萬元本票、中國信託商業銀行取款憑條、彰化縣田中鎮公所監證費繳納通知書、彰化縣地政規費、建築改良物所有權狀、土地、建物登記簿謄本暨彰化縣稅捐稽徵處員林分處93年1月6日彰稅員分四密字第0920059685號函、93年1月16日彰稅員分四密字第0930001622號函各一紙在卷足證（以上見本院卷第一宗第52頁至第64頁、原審卷第79頁至第95頁、本院卷第二宗第41頁至第44頁、第65頁、第67頁）。另被告於87年3月12日邀同其妻辛為連帶保證人，向萬通公司員林分行借貸400萬元，借款後除攤還部分本息外，尚餘398萬9,665元未清償，且於87年4月12日即借款1個月後，便已無任何之能力再繳利息，萬通公司員林分行遂於87年6月16日向台灣彰化地方法院民事執行處聲請假扣押被告及其妻辛之不動產之事實，有萬通銀行員林分行之民事執行聲請狀影本、台灣彰化地方法院民事執行處通知、強制執行金額計算書分配表各一件附卷足憑（見本卷外放資料袋內、台灣南投地方檢察署89年度偵字第1806號卷第一宗第67頁、第68頁、本院卷第一宗第156頁、第157頁），而中國信託商業銀行股份有限公司，亦請求台灣彰化地方法院對被告暨其妻辛核發支付命令，請求渠等應連帶給付中國信託商業銀行股份有限公司294萬4,474元之情，亦有支付命令聲請狀、台灣彰化地方法院87年度促字第13669號支付命令各一紙附卷為證（見台灣南投地方檢察署87年度偵字第3393號卷第一宗第263頁、第264頁），顯然被告於87年3月間，已急需現金調度，且於87年4月間已無任何之餘力繳納利息。又被告於台中中小企銀埔心分行所設支票存款帳號○○○○－○○－○○○○○○○號帳戶內，自開戶時起迄同年3月8日止，在短短2個月內，其餘款僅剩1,089元，嗣於同年5月1日被列為拒絕往來戶，此有台中中小企銀埔心分行89年8月11日中埔心字第114號函一件暨函附帳卡影本4紙在卷可憑（見同上檢察署89年度偵字第1806號卷第一宗第79頁至第83頁），而被告自87年1月1日至87年12月31日止，在萬通商業銀行員林分行之存款往來，除轉帳連動外，其自87年3月12日起之存款額，最高僅爲5萬1,774元之事實，亦有萬通商業銀行員林分行89年7月28日（89）萬通員字第146號函（內含存摺往來明細分户帳）一紙在卷可資佐證（見同上檢察署89年度偵字第1806號卷第一宗第72頁、第73頁），更可證明被告於各家銀行之存款明顯不足。雖在支票屆期之前，發票人並非必須先存入足夠之金額等待提領始謂足當，惟支票發票人仍必須於支票將屆期時，將足以支付票面金額之存款存入甲存帳户内，以使支票持有人於提示時得以順利提款，而支票發票人亦方免於被銀行拒絕往來，才符一般使用支票交易之規則。被告於87年1月8日以其個人名義所開立台中中小企銀埔心分行帳户於短短之數月間即遭銀行拒絕往來，顯然被告所開設之上開存摺，自始至終均未有相當於票面金額之金錢存入，以供支票持有人於屆期時提示支票，順利領取票面金額，致被告所簽發之支票並未能如期兑現，則被告所辯支票甲存帳户並不需要先存入足夠之金額等待提領，要難謂屬實在。另被告於本院行準備程序時，自承於84、85年間，因仲介布匹每月淨賺70萬元，甚且曾有1個月賺得1、200萬元之紀錄，有準備程序筆錄一紙在卷爲證（見本院卷第一宗第42頁），則被告亦應有數百萬元乃至千萬元之淨利收入，而被告既由其妻辛爲承買人，由被告爲連帶保證人購買上開田中鎮之房、地，另被告亦以其自己之名義購買上開大村鄉之房、地，被告於84、85年間既有上開可觀之收入，則其購買上開房、地，又何須再向銀行借貸相當龐大之貸款，而增加支出房貸利息，即令被告不願意完全以付清方式購買上開房、地，亦應如期繳付房屋貸款之利息，以避免其所購買之房、地，因未能如期繳付房貸利息，致房、地遭查封之窘境。再被告復辯稱其均將金錢存於家中，不存於銀行，如須使用金錢，均自其家中拿取，且證人丁（即被告之父）於本院審理時，到庭接受詰問，亦結證稱：錢都放在家中，都是現金買賣，沒有欠帳或開票，而附合被告之辯詞（見本院卷第二宗93年4月7日審理筆錄第17頁），惟將所賺得之大筆金錢存放於家中，雖屬個人之自由，且取用方便，亦無違法，但被告購買上開房、地，本可由其所賺得之金錢自其家中取出以爲支付，既可免除向銀行借貸，必須支付房貸利息之苦，復可因支出房、地價格後，免於大筆金錢存放家中增加危險性。是被告既有大筆金錢存放家中，則何須開立銀行帳户，向銀行貸款，況被告亦可於銀行帳户中因存款不足時，迅速自家中提出大筆金錢，繳付銀行，避免其所開立之銀行支票帳户於短短之數月間即拒絕往來。且被告既於家中存放大筆之金錢，亦應於因未支付銀行貸款，致其上開房、地即將受查封、拍賣時，提出上開金錢支付，以使被告及其妻所購得之上開房、地免於受查封、拍賣之處境，被告竟吝於提出家中所存放之金錢，聽任其所開立之支票帳户遭拒絕往來，而成拒絕往來户，且被告與其妻所購得之上開房、地亦因無法支付貸款致遭查封、拍賣，被告竟無動於衷，亦不可思議，是被告上開所辯，即難認屬眞實，而證人丁上開證詞，亦屬迴護被告之詞，不足採信。另被告於81年間擔任業務員時，因有所得曾申報過所得稅之情，亦爲被告所承認（見本院卷第一宗第47頁），則被告對既有所得，則每年必須申報所得稅之概念應屬存在。而被告除81年申報過所得稅以外，其他時間均未曾申報過綜合所得稅或其他所得稅，亦爲其所承認（見本院卷第一宗第42頁），而被告復稱其很會賺錢，也賺很多錢，詳如前述，被告既有大筆之所得收入，竟均未曾申報所得稅，除非其係蓄意逃漏所得稅，否則應不至有如此大筆金額之收入，竟未曾報稅，顯然被告上開所辯，亦難認屬實在。另證人丁復結證稱：伊知道被告買房子，房價600多萬元，後來沒有辦法才被法院拍賣，被告缺錢都向伊調，伊標會大概都有60萬元，伊前後2、3年總共拿給被告大約5、600萬元（見本院卷第二宗93年4月7日審理筆錄第15頁），復有以證人丁爲會首之互助會簿8紙在卷可證（見原審卷第71頁至第78頁），另證人丁於89年互助會停標，積欠800多萬元，出售房屋得款500多萬元，還會錢利息，尚積欠400萬元左右之事實，亦有丁所書寫予檢察官之書信1紙附卷可考（見同上檢察署89年度偵字第1806號卷第二宗第110頁），顯然被告仍須由其父親丁召集互助會爲其籌錢支付，且嗣後復因停標致積欠債權人款項，必須售屋還款，是被告之經濟能力並不理想，已甚明確。另被告曾以180萬元之價格，向庚購買賓士S320，現款70萬元，貸款130萬元，經過半年，再以140多萬元之價格，轉售予庚之事實，亦經證人庚於本院行準備程序時結證無訛（見本院卷第一宗第145頁至第48頁），復有庚提出之證明書一紙爲證（見本院卷第一宗第50頁），且被告係於87年1、2月間購買之事實，亦經被告自承不諱（見本院卷第一宗第46頁），當時被告如係在家中存有大筆現金，自可以現金支付車款，又何須於購車部分貸款130萬元，其貸款占總車款之比例甚高（即20分之13），且在購買後6個月（約在87年7、8月間）隨即轉售，並將售車之車款用於還債（見本院卷第一宗第

48頁），在在顯示被告當時之經濟能力並不如其所辯之理想。另被告之妻業已離去，案發當時被告必須扶養一個2歲、一個4歲之小孩之情，已據被告坦承不諱（見本院卷第一宗第43頁），益足以使之經濟能力產生更大之壓力，更足證明被告當時已無資力。另被告自退伍後，就在賣行動電話，並未在市場賣菜之情，業據證人丑於本院準備程序時結證屬實（見本院卷第一宗第144頁），固足以認被告並未賣菜，惟與被告是否在菜市場賣菜，與其經濟能力無涉，尚不得因被告是否賣菜，即謂被告無經濟上之問題。

(二) 被告於87年3月5日，以迦◯通信公司名義，與C公司訂立長達3年之廠房租約，其所簽發上開帳户支票，用以支付押金支票1張及租金支票12張中，僅兑領押金及一期租金支票，其餘11張支票，則均因存款不足及拒絕往來而不獲兑現，至87年4月及5月份之租金，被告則分別於87年4月9日及同年5月14日以電匯之方式交付，87年6月份起則無力繳納等情，業據證人江◯◯、郭◯◯於偵查中結證在卷（見同上檢察署89年度偵字第1806號卷第一宗第40頁反面至第41頁、第60頁反面至第62頁），復有房屋租賃契約書、支票13張等影本在卷可稽（見同上檢察署89年度偵字第1806號卷第一宗第46頁反面至第51頁、第54頁），被告在其經濟能力不允許，資力欠佳之情形下，仍然強行租用上開廠房，其舉動異於尋常，尚難謂該項行爲與其詐取保險金所使用之手段無關。

(三) 被告曾供稱：「我是與乙合資，錢都是他拿出來的比較多，乙前後共拿3,000萬元，我只是出力及負責買賣」（見同上檢察署87年度偵字第3393號卷第一宗第117頁反面），其意指全部資金均由乙支出，被告則僅負責買賣及相關出力之事而已。惟乙在警訊時供稱：「我目前是迦◯公司之股東，投資約4,000萬元，占所有之股份約50%」（見同上檢察署87年度偵字第3393號卷第一宗第7頁），另在檢察官初次偵查中結證稱：「（問：你與甲是股東？）是的，我股份50%，另還有3位共5位，甲也是50%，其他掛名」「（何人先説要成立公司？）甲，是在87年2、3月的時候」「（之前你在做何工作？）營造，給我岳父請作營造」「（你拿出多少資金？）2,000萬元，賣土地有買賣合約，2,000萬元都是拿現金給甲，是（87年）3月初，在彰化公司拿給他」（見同上檢察署87年度偵字第3393號第一宗第34頁），嗣則改稱：「（你由何時與甲合夥做？）2、3年前即84年」「（幾人合夥？）只有與他做，我出錢」「（你出多少錢？）公司成立時拿2,000萬元出來，資金是賣地」「（之前由合夥開始拿多少錢出來？）有時幾十萬，有時幾百萬，有買賣時就拿現金出來，都是甲去買，都用現金」（見同上檢察署87年度第3393號卷第一宗第118頁），惟又改證稱：「（你出資多少錢？）2,000萬元」「（其他錢何人出資？）我不知道」（見同上檢察署87年度第3393號卷第二宗第8頁），顯然證人乙前後之證詞已有不符，且被告之供述與證人乙之證詞，亦不一致，彼二人無論就現金係一人出資一半即2,000萬元，或全部係由證人乙一人所出？係出資2,000萬或3,000萬元？是87年3月間公司成立時才開始合夥出資抑或係在2、3年前即已合夥出資等關鍵問題，渠等二人所供及所證之情節，均不相符合，且相距甚遠，已難令人採信。況證人乙雖證稱：「資金是賣地」云云，惟乙所提供之座落南投縣草屯鎮○○段274地號及草屯段720之116地號之二筆土地，係分別於84年11月30日、85年2月27日，以344萬6,296元及151萬2,000元之價格，分別賣予張○○、黃○○二人，另草屯段720之116地號土地上建號草屯鎮○○路95之36號三層樓房店舖住宅，則以15萬500元之價格販售予黃○○之事實，亦南投縣草屯地政事務所87年11月19日草地一字第07208號函、87年11月30日草地一字第07484號函各1紙（內含土地登記申請書、土地、建築改良物買賣移轉所有權移轉契約書、土地增值稅免稅證明書、印鑑證明、農地承受人自耕能力證明書、土地所有權狀、建築改良物所有權狀等文件）在卷可資佐證（見同上檢察署87年度第3393號卷第一宗第223頁至第244頁、第280頁至第293頁），該二筆土地及其上建物改良物買賣所得之價款，合計僅爲510萬8,796元而已，與乙所謂投資之2,000萬元或3,000萬元相距甚遠，其所爲之證詞不足採信，已甚明確。又據證人張○○於檢察官偵查時結證稱：「張○○是我媽媽，已過世，我是透過仲介把我一間房地，跟乙之一塊農地交換，那間房子估價500多萬元，乙的農地1,000多萬元，但他的農地上有貸款400多萬元，差額大約現金100多萬元給他，後來那房子乙又賣給黃○○，這塊農地約在86年初，我又賣給別人，上面還有貸款400多萬元，我不瞭解這件案子情形，我與乙買賣時，乙岳父也有出面，聽說他岳父也有欠人錢，他岳父曾做過草屯鎮民代表，聽說他岳父欠錢，要乙賣，至於乙有無欠錢，我就不知，剛好我房子要賣，便與他換農地」等語（見同上檢察署87年度第3393號卷第一宗第297頁至第298頁），則乙販售上開房、地後，所得510萬8,796元，尚需取部分支助其岳父，是乙所得投資被告之金額更形減少，益足證明證人乙之證詞不可採信。再乙之父親曾○○於檢察官偵查中結證稱：「乙從退伍後就沒有在做什麼工作，只有打零工，他結婚後與丈人張○○同住，而他丈人有在包工程時，還有去幫忙，在三、四年前他回來與我們同住後，就只有種田而已，也沒有其他的工作及收入，乙將賣地的錢都借給他丈人，他丈人也都沒有還他，讓他覺得很失志」等語（見同上檢察署89年度偵字第1806號卷第二宗第87頁正、反面），證人即乙之胞弟曾○○、曾○○亦均於檢察官偵查時結證稱：「我哥哥乙在逝世前三、四年以來，都是在做泥水工，他有賣地將錢借給他丈人，因爲他丈人之前有在做建築，後來缺錢，乙要幫助他，才賣地借錢給他，我爸爸也有借200多萬元給他丈人，利息都是我們在付」等語（見同上檢察署89年度偵字第1806號卷第73頁至第76頁），顯然乙除販售上開房、地而取得相當金額以外，並無其他積蓄或收入，得以投資被告之公司，交予被告大筆之投資款項。且乙於84年間與張○○、黃○○二人爲上開房、地及農地之買賣，實係因其岳父欠錢所致，並非爲與被告合夥投資甚明。況乙於84年間與張○○、黃○○之上開買賣與本件87年迦○貿易公司之成立，時間上相隔二年餘，二者間並無何關聯可言，再參以乙只是一位打零工之泥水工及從事種田之工作而已，本身並無任何之收入，均已詳如上述，是乙並無任何投資3,000萬元或2,000萬元之資力更爲明確，從而被告及乙有關上開所辯：「賣地出資2,000萬或3,000萬元或4,000萬元」，尚難謂屬實在，被告上開所辯，即不足採信。而乙之上開證詞，亦係迴護被告之詞，不可採信。

(四) 被告既因本身經濟狀況不理想，仍因購屋而存有負債，且被告僅於86年9月至私立同德家商附設進修學校補校就讀廣告設計科，迄至86年11月即自動辦理退學之事實，亦有證明書一紙附卷爲憑（見原審卷第608頁），顯然被告欠缺經營進出口貿易生意之學經歷，雖從事貿易並非一定具備相關之學經歷，仍可從事貿易，但被告在從事通訊行之前，係從事工廠碎布，寄往大陸之事實，亦據證人丁於本院審理時結證屬實（見本院卷第二宗93年4月7日筆錄第14頁），顯然被告亦缺乏較大型貿易交易之經驗。另被告於向C公司承租上開倉庫之前，曾向江○○借用倉庫堆放貨物之情，固據證人江○○於偵查中證述屬實，證人江○○結證稱：伊所有倉庫曾借予被告堆放貨物，放了2、3年，有放也有載出，是越放越多，放到87年3、4月間才載走，用我的倉庫不要錢，最後被告不夠用再租等語（見同上檢察署87年度偵字第3393號卷第一宗第114頁反面、第115頁），惟上開證詞核與證人乙之前開（即上開三部分）之證言，並不符合。且被告既需向他借用倉庫，顯然當時被告之資金並非相當充裕，方得寄人籬下。而被告申請設立迦◯貿易公司，並於87年3月26日取得經濟部公司執照，及於同年4月3日取得彰化縣政府營利事業登記證，亦有經濟部公司執照、台灣省彰化縣政府營利事業登記證各一紙在卷爲證（見同上檢察署87年度偵字第3393號卷第一宗第58頁、第59頁）。被告在資金尚未充裕，向他人租用倉庫之前，竟陸續進貨囤積於向江◯◯所借用之倉庫中，且未思及自己之經驗，即設立登記迦◯貿易公司，大批囤積貨物，均難謂符合情、理，被告所辯，亦不足令人信爲眞實。

(五) 被告雖稱：「工廠內之貨物中，關於布料約40萬碼及球拍套約400箱及袋裝約60袋，係從彰化縣田中鎮◯◯路消防隊旁之友人江◯◯倉庫內，委請周先生之貨車運送六趟，另倉庫內之茶葉係於87年3月底及4月初，向友人鍾◯◯各購買220斤及280斤，共約500斤，90幾萬元，以現金交易」云云（見同上檢察署87年度偵字第3393號卷第一宗第5頁），嗣後被告於檢察官偵查中則辯稱：「（之前你貨物有放他倉庫？）我從84年開始就有把貨物放在江◯◯之倉庫內，（爲何會放他倉庫？）因爲那時候沒有公司，也沒有倉庫，他就免費借我用，也沒有打合約，我們是好朋友，（你在他倉庫放何東西？）布及網球拍套，（前後放幾次？）進進出出，放幾次不記得」云云（見同上檢察署87年度偵字第3393號卷第一宗第117頁），另證人江◯◯雖結證稱：「（他《指被告》是曾有貨物放你倉庫？）有的，我有借他放」「（何時開始放？）陸續放，在2、3年，大約是2年多前及84年陸續放」「（前後放幾次？）時間久了，有放也有載，是越放越多，放到今年3、4月才載走，用我的倉庫不要錢，自己用不了那麼多，借他用沒錢，最後他不夠用再租」（見同上檢察署87年度偵字第3393號卷第一宗第114頁反面、第115頁），被告所供與證人江◯◯之證詞，相互間即有不符。且被告所提出尼龍布、鞋材布、切花布、印花布、球拍套、茶葉等貨物收據、免用統一發票收據，均在86年5月12日之後迄至87年4月12日止，有收據、免用統一發票收據數紙在卷爲證（見同上檢察署87年度偵字第3393號卷第一宗第140頁至第159頁），如被告所提出之上開收據、免用統一發票收據屬實，則被告購貨、進貨之情狀應在86年5月之後至87年4月爲止，而被告竟於84年間向江◯◯借用倉庫，並於借用後陸續放貨，且越放越多，顯然在時間上相距達二年之久，在時間上甚不符合，益足證明被告所辯之虛假。且被告既自承於84、85年間因仲介布匹買賣而每月淨賺70萬元，甚且曾有

1個月賺得1、200萬元之紀錄，詳如前述，竟連存放上開布料、網球拍套及茶葉之倉庫仍須向他人免費借用，甚不符合常理。再依被告所提出之貨物收據31紙（見同上檢察署87年度偵字第3393號卷第一宗第140頁至第159頁），由被告所提出之上開貨物收據影本觀察，其中有關布匹、網球拍套等貨物之收據，記載之日期分別係自86年5月12日起至86年7月15日止，合計貨款之金額爲3,845萬8,260元，被告於87年9月29日具狀陳稱：「陳報人係迦○貿易有限公司之負責人，詎於87年4月29日0時40分許因祝融肆虐，致積存在南投縣南投市○○路145號B棟建築物之庫存貨物，於一夕之間付諸一炬，另本公司受有新台幣3,943萬3,260元之損失」云云，有陳報狀一件附卷可憑（見同上檢察署87年度偵字第3393號卷第一宗第138頁），而該陳報狀所附31紙收據載明之日期，除有關購買茶葉之收據3張，其簽發之日期分別係87年3月25日、4月4日及4月12日，金額分別爲35萬1,000元、19萬5,000元及42萬9,000元外（該三紙收據見同上檢察署87年度偵字第3393號卷第一宗第159頁），其餘28張有關布匹、網球拍套等貨物之收據，其載明之日期分別係自86年5月12日起至86年7月15日止，相關文件已如前所述，被告當時之經濟能力既已不理想，詳如前述，則被告何以能夠在86年5月12日至86年7月15日止，短短2個月內，支付3,845萬8,260元之鉅額貨款，且均以現金之方式付款，則此部分尚難謂係眞實不虛。且被告所提出之上開收據31紙，僅係一般之收據，並非以統一發票之方式爲之，其上有關簽發人之資料，亦僅記載所謂清、林、徐、柳、楊、周、許、王、付清等字樣，其具體之簽發人究係何人？是公司？或商號？其名稱爲何？其負責人、地址、電話、統一編號爲何？均未詳加載明，亦未加蓋任何簽發人之公司印章或店章，是其貨物之出賣人，究爲何人，是否屬實，均無從查考，且經檢視上開收據之記載，其內容均異常簡略，其單張最高之金額竟有高達860萬元之收據，竟記明係屬付現，而對此3,845萬8,260元鉅額貨款之支付，非但以現金爲之，復係以一手交錢，一手交貨之方式進行，均與社會上一般商業交易之習慣顯然有違。且被告復於本院行準備程序時供稱：其所爲之現金交易，一部分是乙出的，一部分是伊父親給的，父親給其幾百萬元，且係透過仲介介紹買賣，並不是公司名義買賣（見本院卷第一宗第68頁），惟被告之經濟能力並不理想，其父親丁尚須召集互助會收取會款，始能支助被告，且嗣後亦因積欠互助會款，於出售房、地後，仍須背負400多萬元之互助會債務，另乙並無如此龐大之資金得以交付被告，均已如前詳述，被告取得將近4,000萬元之資金來源即有疑義。況即令透過仲介介紹買賣，仍應書寫詳細之收據，始符合社會交易之常規，被告此部分所辯，難令人信其爲眞實。況證人楊○○於偵查中證稱：前開5張簽有楊字之收據，前2張是伊簽的，後3張是曾○○簽的，伊拿佣金30幾萬元，收據曾○○交給伊時就寫好了等語（見同上檢察署87年度偵字第3393號卷第一宗第255頁至第257頁），惟前開載有楊字之收據5紙，金額合計2,255萬1,960元，被告在短短1個月又10日之期限內，尚難謂有支付現金2,200餘萬元之資力，且收據竟由仲介人簽發，而非出賣人，則上開之買賣方式，亦不合一般交易之習慣。再被告隨時將現金2,000餘萬元放在身邊，並未存入任何之銀行帳戶內，亦與常情顯然不相符合，是被告所供及證人楊○○所證，均不足採信。另證人柳○○於偵查中證稱：伊介紹邱○○，被告於貨到後，過一、二天將錢交給伊，是交現金，伊抽佣金6、7萬，剩下在姓江朋友處交給作業務的，收據中有簽柳字的內容是作業務簽的等語（見同上檢察署87年度偵字第3393號卷第一宗第259頁、第260頁，另亦參佐同上檢察署87年度偵字第3393號卷第二宗第94頁之訪談紀錄），惟被告與證人柳○○二人就關於究竟係貨到當場付現，抑或係貨到過一、二天才付貨款等情節，並不符合，且證人柳○○前開所證，並不符常理，則被告所辯，及證人柳○○之證述純係嗣後卸責及迴護之詞，難以採信。

(六) 被告供稱：「我要購買茶葉時，只對卯說要買品質好一點高山茶，數量要500斤，價錢2,000元以下，看他有沒有認識朋友便宜一點，都是貨到馬上給現金，錢是家中帶出來」「（你怎知多少錢？）我有時帶30至50萬元，沒有經過任何銀行，都是從家中帶來」「（茶葉分幾次載到你處？）分二、三次，是卯載去，沒有看到陳○○，當時人在辦公室，沒有看到陳○○」云云（見同上檢察署87年度偵字第3393號卷第一宗第206頁反面），另證人卯於檢察官偵查時結證稱：「賣給甲500斤那批是向陳○○買的，都是用現金，我向他買一斤1,700多元，我拿甲錢去付陳○○，他送貨過去就付給他，500斤貨色都是一樣包裝都是陳○○眞空包裝」（見同上檢察署87年度偵字第3393號卷第一宗87年11月17日筆錄），「第一次我對陳○○說我朋友作貿易要5、600斤，我對他說要加200元，大約要買1,000多元的茶，沒有說要分幾次送，陳○○做好就對我說做好，共分三次交，一次交後就付現金，甲拿給我，我再拿給陳○○，我寫3張估價單，是分三次向甲請款，每次來我就請，陳○○送去之時間及數量都照估價單，寫的數量有點出入，因他（指陳○○）送來時如果我還有便加進去，我向他買500斤，自己也有摻，有時杉林溪不好的，陳○○有時載去我處，摻別人茶葉，有時載到別處就沒，摻那幾次不知道，載到我處有摻，當天就載去甲處」、「（陳○○載去是大包或眞空包裝？）都是眞空包裝，我那邊沒有眞空包裝機」、「（都是眞空包裝你如何摻？）我就把他拿起來調包，有的1,200元，比較便宜，調沒有幾十斤」「（除了500斤你賣給甲多少斤？）我只是掉包，前後500斤」、「（你調包時陳○○在否？）不在，我沒有讓他看到，他不知道，三次都是他送的，有的經過我那裡，有的直接送，經過我那裡是二次，第一次是直接送，第二、三次載到我處摻後再載去，第一次是我去帶路，二、三次也是我去帶路，是帶到我家去」、「（這幾次送貨交通工具是你的？）有時是他的，有時向別人借的，都是我開車，第一、二、三次都是我開車，他坐旁邊」、「（請款都是陳○○向他《指被告》請？）茶葉是我買的，有時他《指證人陳○○》站在旁邊，我向甲請」、「（你請後何時拿給陳○○？）有時馬上拿給他，有時在我工廠拿給他」（見同上檢察署87年度偵字第3393號卷第一宗87年11月17日筆錄）；證人陳○○於檢察官偵查時則結證稱：「卯有向我說要買茶葉，因爲他說要比較高級茶葉，要我幫他調，他分3次買，每次講的數量都不一樣，我是向不同的3個人調」、「（他是自己來載或你自己載過去？）都是我載去他朋友那裡」、「（錢如何收取？）我幫他調，貨到拿現金」、「這3張估價單是你寫的？）我只是報價，這不是我開的，是卯開的，我只是報價，他要多少由他決定」、「（你載或是你自己送去？）第1次是他到我家帶路，直接到買主處去，第2、3次我直接載到買主那邊去」、「（你送貨都是用何人車子？）都是我的車子，第1次他帶路，他自己開，第2次第3次我自己開，他在工廠等我」、「（錢何時拿給你？）他都拿到我家給我，不是當天給，都是隔2、3天給，都是拿現金給我」（見同上檢察署87年度偵字第3393號卷第一宗87年11月17日筆錄）。綜上可知，關於三次送茶葉，究竟是開何人之車？由何人帶路？送往何處？有無調包？茶葉之貨款究於何時、何處交付？又被告交付時，證人陳○○究竟有無在現場？等各項情節，被告、證人卯與陳○○三人間所供、所證之各項情形，竟然完全不一，亦不相符合。另證人卯就系爭500斤茶葉之貨色、包裝是否相同？以及茶葉之貨款究竟是送貨過去就付給他？抑或是在證人卯之工廠處拿給他？等等，證人卯本身前後二次筆錄所證，亦不相符。顯然被告上開所供及證人卯、陳○○所證之上開各情，均屬虛假不實，殊無足採。嗣後證人卯於本院行準備程序時所爲之證詞（見本院卷第一宗第92頁至第96頁），亦係嗣後迴護被告之詞，不足採信。再參以上開購買系爭茶葉之估價單3張，內容非常簡略，僅記明付清之字樣，既未載明簽發人姓名或公司、店家商號之名稱及地址、電話、統一編號等資料，亦未加蓋相關人員或店號之印章或簽收，核與一般社會交易之習慣，顯然不符，該3張估價單並非眞實之交易，亦可認定。又被告上開倉庫內未燒燬之剩餘茶葉，經請證人即南投縣茶葉評鑑研究會之理事長李○○及在製茶場有七年之久之茶農陳○○檢視鑑定結果後，均於偵查中證稱：該等茶葉是機器採收，品質不好，每斤約值2、300元等語；證人李○○結證稱：「這些茶葉看起來不是很好，是機器採收，如果是機器採收也要用電腦撿枝，這些茶沒有撿枝，價格比較不好，就我所知用機器採收只有名間，埔里、南投、竹山等都用手工採收，新竹、苗栗他們是用機器採收，品質不好，這些茶是名間茶，茶枝很多，像這種茶葉在名間賣批發，只有300元左右，就可以買的到」；證人陳○○結證稱：「（這些被燒茶葉是屬何等級茶葉？）這個茶很粗，一般市面上沒有人要泡這種茶，一般是工廠在泡大壺茶，也有人去做市面上飲料開喜烏龍茶，這是做茶基本常識，不要專業知識，據我來看品質非常不好，恐怕200元賣給人家，人家都不要，這種茶很老、葉黃，黃葉都要打掉，這種茶葉品質非常不好，是機器採收，裡面不好的很多，如果要打掉剩下不多，如果用電腦篩檢要篩檢很多，一般人家在泡茶，看到這種茶就不要泡，據我經驗賣給開喜烏龍茶有的枝要撿掉，這種茶很明顯肉眼就可以看出，沒有冤枉人家，我看製造手法好像是這邊（指名間）的茶，我聞一聞應該是放一段時間，是舊茶，但是與保存方法也有關係，新的未開之前我看過，燒過的茶應該不是什麼好茶，他這種品質一般要特別吩咐，一般人家不會這樣子做，至少要撿過，如果要這種茶要先訂貨，這種茶不能上市面賣，另外這種茶是人家打掉不要，去混一混還比這種茶漂亮」（以上見同上檢察署87年度偵字第3393號卷第二宗第23頁反面、第32頁反面），且證人即大○公證有限公司（以下簡稱大○公司）職員癸於偵查中結證稱：「（茶葉部分你有無去詢價訪價？）茶葉他（指被告）報的很多，1,900多元，我們覺得茶葉沒有那麼好，就決定這價格（每斤）600元」等語（見同上檢察署87年度偵字第3393號卷第二宗第86頁反面及第93頁訪談紀錄），是證人卯、陳○○上開所證：茶葉是高山茶，品質好，每斤進價1,950元云云，均係虛假不實，顯無足採。況證人癸於本院行準備程序時亦結證稱：伊認爲應該以以前所說的話爲基礎等語（見本院卷第一宗第91頁），亦更加堅實其以往在偵查中所爲之證述，益足證明被告所辯之難以採信。其次證人癸於檢察官偵查時結證稱：「（貨物損失詳細明細表數量及單價如何計算？）數量是去現場清單出來，沒有書面記載，只是我去現場記下來，我們公司只有我一人去」、「（單價如何出來？）詢價訪價，但什麼時間地點什麼人什麼名字，我都沒有記載，我每件都有去詢價訪價，有去問布商貿易商」、「（被保險人有對你們提出發票及來源證明及數量？）都沒有，只是數量他們有簽收據，沒有發票，有記載也有去查證，沒有發票他們說是透過仲介我再將訪談資料寄過來」等語，證人癸雖認上開茶葉品質不好，並逕自將其估價爲每斤600元，惟此舉亦純屬其個人片面之推測，並無任何之依據可言。而該等茶葉實際上之價值，約在100餘元至2、300元之間，已詳如上述，準此可知，證人癸所爲上開貨物鑑定其全部損失之價值爲1,483萬6,930元（參閱卷附大◯公司所製作之損失計算詳明表），即屬高估。而依上開茶葉高估之比例計算，證人癸所高估貨物之金額，應有二至三倍之多，是被告上開貨物之總價值，最多不超過4、500萬元應可認定。

(七) 證人癸所提供之受訪談人包括證人楊◯◯、柳◯◯及卯等三人，在訪談中均一致供稱：「本人只是仲介人，貨物之來源，係透過介紹，均係以現金交易」，其中受訪談人楊◯◯、柳◯◯更供稱：「貨物之來源上手，亦爲仲介人，非工廠」，此有訪談紀錄三紙附卷足憑（見同上檢察署87年度偵字第3393號卷第二宗第93頁至第95頁），顯然被告所稱將近4、5,000萬之鉅額貨物來源，究係出自何人、何公司所製造、生產？其所謂之仲介究爲何人？其來源及出處俱屬不詳，核與常情已有不符，而大◯公司所鑑定之貨物，不論是數量或價值上，均遠低於被告所申報之數額及價值，核定其損失之總數爲1,641萬8,879元，被告於88年1月16日向大◯公司表明願意接受985萬1,327元之損失金額，亦有大◯公證有限公司估算書、接受書影本一紙附卷可稽（見同上檢察署87年度偵字第3393號卷第二宗第45頁至第49頁），雖被告稱事故發生後，伊依約請求理賠，屬正常現象，且保險公司人員說若蓋章同意賠少一點，就可以較快獲得賠償云云，但被告無法說明係保險公司之何位人員向其陳述，且保險公司之理賠有一定之程序及考核，必須具備請求之要件，且排除各項人爲之因素後，始可達到理賠之目的，斷不能以只要賠償較少，即可較快獲得賠償，否則保險制度即形同虛設，且亦易使行爲人與保險承辦人員串通詐騙保險公司，是被告上開辯解自難認屬實在。被告前向保險公司提出之貨物損失係達4,766萬4,560元，二者相差3,781萬3,233元，被告不僅在數量上暴增，且在價值上亦申報不實，被告當初如係以4,700餘萬元現金購買上開之貨物，而非以極爲低廉之賤價購買，則被告既遭此重大之損失，自應向保險公司極力爭取，方符常情，被告豈有輕易願平白損失高達3,200餘萬元差額之理？由此適足證明被告除數量不足外，顯有以低劣之貨物充當高級品，用資詐領保險金之意圖甚爲明確。

(八) 證人蔡○○在警訊時證稱：「（發生火警時你當時如何得知？）由中興保全通知迦○貿易有限公司，當時本人睡在彰化公司內，當時通知時間約4月29日1時30分，到達南投迦○倉庫大約2時10分左右」（見同上檢察署87年度偵字第3393號卷第二宗第4頁反面），嗣後於檢察官偵查時則結證稱：「我是3月初去上班，是透過乙介紹進去上班，乙是當兵同事，我是先到彰化公司上班2、3天，南投承租好就帶我來，南投他們什麼時候承租好我不知道」、「（失火是何人通知你？）半夜1點半左右，是中興保全通知彰化中興保險公司有留話，我打行動電話給乙，他很緊張，便到公司，保全公司是何人打不知道，沒有講，我到6、7分鐘後，老闆才到，乙也有到公司」（見同上檢察署87年度偵字第3393號卷第一宗第34頁正、反面），嗣又結證稱：「我平常都住在乙家，都沒有在工廠睡過，我有時後有去上班，有時候沒有，如果有進貨或叫工才會去，沒有去都待在乙家，工廠在裝中興保全設備時，我有在現場，還有甲，中興保全公司要去裝設備時，乙有通知我那一天要去他們安裝時只用一天的時間，也沒有講什麼話」、「（火燒那一天你怎麼知道？）好像是中興保全的人打電話到乙家裡，是我接的，他說倉庫燒起來了，也沒有說他是什麼人，那時我在睡覺，幾點不記得，我就打大哥大給乙，他就說怎麼會這樣，就很緊張掛斷，也沒有說人在那裡，我就趕到工廠，到時看到消防隊已經在滅火，也沒有看到乙及甲及中興保全的人，我從接到電話到趕到工廠約40分鐘的車程，我到以後大約隔7、8分鐘，乙與甲二人才一起來」（見同上檢察署89年度偵字第1806號卷第一宗第198頁反面）。惟查：證人即中興保全公司草屯辦事處經理蘇○○於檢察官偵查時結證稱：「（你們這邊辦事處是彰化分公司負責？）不是，我們是屬於台中分公司，如果有事，是向台中分公司報告，與彰化分公司都沒有關係，我們是以縣爲界，因爲迦○公司沒有開通使用，所以無法與他服務，他也不可能打電話給我，我們限於開通服務的客户，那一天燒起來，也沒有收到消息，如果有的話，一定跟我們報告，我們再向台中公司報告，不可能跟彰化分公司報告，因爲他們跟我們沒有關係」（見同上檢察署89年度偵字第1806號卷第一宗第147頁反面至第148頁），另證人即中興保全公司之業務員張◯◯亦於檢察官偵查中結證稱：「（如果他們《指被告》發生火災你們公司會不會打到彰化分公司去呢？）這案子應該不可能，我們上級是台中，與彰化沒有關係」（見同上檢察署89年度偵字第1806號卷第一宗第158頁至第162頁），證人吳◯◯於偵查中結證稱：「我當時去做時是早上9點半，到現場施工，……他好像是住在裡面，是位先生」（見同上檢察署偵字第1806號卷第一宗第146頁反面、第147頁）由上開三名證人之證詞可知，證人蔡◯◯上開所證：「半夜1點半左右，是中興保全公司通知彰化保險公司有留話」云云，顯係虛假不實，自不足採信。依證人蘇◯◯、張◯◯及中興保全公司之技工吳◯◯於偵查中證述，被告顯然係利用中興保全公司於87年4月18日裝設保全設備之後，在開通之前，騙取保險人員於87年4月21日前往上開倉庫檢查時，故意向其佯稱：「我們設有中興保全，貨物安全無虞」云云，致前往勘察之證人即蘇黎世公司之人員乙誤以爲眞有已開通使用之保全設施，而陷於錯誤，於相關手續辦妥後，遂於87年4月27日下午將本件保險契約寄給被告，而證人乙於本院行準備程序時亦結證稱：該筆保險金額很大，伊要求要分保出去，保單下來，當天下午就寄給被告，伊將保單寄給被告之後第三天發生火災（見本院卷第一宗第97頁），且有商業火災保險要保書等文件在卷可憑（見同上檢察署偵字第3393號卷第一宗第168頁至第171頁），是被告約於87年4月28日下午收到上開保險契約書後，隨即在87年4月29日凌晨0時許，即上開中興保全系統開通使用前，故意放火燒燬倉庫內之貨物，被告以此爲方法，意圖詐領鉅額之保險金甚爲明顯。至於證人壬於本院行準備程序時結證稱：「86年12月8日，被告在彰化市開迦◯通訊行，要我到他公司裝保全設備」（見本院卷第一宗第99頁），惟亦僅能證明案發前被告曾在迦◯通訊行裝設保全設備而已。但與本件倉庫並無直接之關聯，尚難爲有利被告之證明，併予敘明。

(九) 被告所有之迦◯倉庫起火後，經南投縣警察局消防隊（現已改制爲南投縣消防局）於現場勘驗後，認南投市◯◯路145之1號B棟廠房迦◯倉庫南面牆中段烤板外觀燒燬彎曲變色最爲嚴重，且短牆水泥面呈剝落及稀白痕跡；迦◯倉庫內南半部中段靠烤漆板牆面彎曲變色嚴重處，布料燒燬至最底部且底座木材墊板呈炭化嚴重，足見火勢由此處向四周延燒；可見火勢由迦◯倉庫南面烤漆板牆中段彎曲變色嚴重處內部起火燃燒；迦◯倉庫內電源開關內受輕微延燒，且未發現可疑電線短路痕跡。起火處未發現有自然發火物，故自然發火可排除，亦未發現有電源線，故無電線走火可能，倉庫管理員蔡◯◯於4月28日19時15分下班，故其遺留火種如煙蒂等於4月29日0時40分起火可能性亦無；研判起火點在倉庫南半部中段靠烤漆板牆面彎曲變色嚴重處某一高度因爲未發現具體起燃成災跡證，故起火原因未便臆測等情，有南投縣警察局火災原因調查報告書、火災現場平面物品配置圖各一份暨照片61幀附卷可稽（見同上檢察署87年度偵字第3393號卷第一宗第10頁、第11頁、第13頁、第17頁至第23頁、第76頁至第92頁）。該報告書中對於本件火災之起火點及起火物品均有明確之判斷，惟對於究係何種引火媒介（如汽油、火種、香煙等）所引起雖無記載，但不得因火災調查報告未記載任何引火媒介，即直斷無積極證據證明係外力所爲，仍須自被告承租倉庫、進貨數量、進貨後貨物擺設位置、安裝保全系統、是否有人全天候看守數量龐大之貨物、對貨物進行保險及案裝保全系統、投保日期與火災發生日期是否密接之關連性等各項因素進行評估。而本件火災已排除自然發火、電線走火及煙蒂等遺留火種所引起火災之可能性，又依上開現場勘驗及繪製之配置圖之研判係內部起火燃燒（此部分可參佐同上檢察署87年度偵字第3393號卷第一宗第13頁）。而上開迦◯倉庫係由被告僱請由乙推薦之蔡◯◯擔任倉庫管理員，顯然得以出入該倉庫之人僅被告及蔡◯◯或乙等少數之人而已。而火災發生時，由於被告所承租之倉庫內下午6時後並無人看管，經隔鄰柏◯企業股份有限公司駐夜人員發現並通知消防單位，火勢延燒2個多小時始被完全控制，並予以撲滅等情，亦有大◯公證有限公司起火原因調查書1紙附卷爲證（見同上檢察署87年度偵字第3393號卷第二宗第47頁），顯然被告所承租之上開倉庫夜間並未有人看守。被告既係存放其所自認價值數千萬元之布、球拍套及茶葉，則理應僱用倉庫管理員日夜看守，詎該倉庫竟僅由蔡◯◯管理日班，在夜間竟完全置於無人看管之境地，亦令人匪夷所思。再本件所燒燬之500斤茶葉，被告原係與木材踏板、芽菜及轎車一起置放於迦◯倉庫之北面牆旁，有照片1幀在卷可憑（見同上檢察署87年度偵字第3393號卷第一宗第17頁第2幀），惟被告於火災發生前曾將易受潮之茶葉搬遷至該倉庫之西南角落，因南角落之茶葉有日曬可能，與茶葉堆放不能有日曬之理相違，亦有上開火災原因調查報告書一紙附卷爲憑（見同上檢察署87年度偵字第3393號卷第一宗第10頁反面）。雖本件倉庫係坐西朝東，茶葉所放置位置係位於倉庫西南方角落廁所前方，與西方（北側）倉庫鐵皮圍牆緊鄰者爲一間廁所（見同上檢察署87年度偵字第3393號第一卷第13頁、第91頁），該處在南方位置設有窗户，在西方設有逃生門，由日照方向觀之，日落時由西方進入之日照餘輝，係先照射至廁所，堆置在西南角落之茶葉並不易遭受日落西方時之日照。但被告原所堆放茶葉之北面牆旁，因該北面牆均無窗户，復緊鄰昱◯公司及合◯公司，有火災現場平面物品配置圖一份爲證（見同上檢察署87年度偵字第3393號卷第一宗第13頁），完全可將茶葉置於陰涼之處所合於保存茶葉之慣例，雖上開茶葉均係以眞空包裝後再置於方形或圓形筒內，但在北面牆旁之位置與西南角落之位置互相比較，當應以北面牆旁爲優先，而本件火災後，該北面牆之烤漆板僅呈變色情形，亦有照片1幀在卷可憑（見同上檢察署87年度偵字第3393號卷第一宗第18頁第1幀），如上開茶葉仍置放於原來之位置，當不致於損失如此慘重。被告將茶葉移置於西南角，而於10日內竟在南半部之中段起火，時間、地點均如此巧合，難謂被告無故意。被告既已經濟情況及經濟能力均不理想，竟仍於87年3月5日，以迦◯通信公司名義，與C公司訂立長達3年之廠房租約，且進大批之貨物，而所進之貨物又屬低劣之貨品，在發生火警後，則充當高級品，且在被告認爲其所進之貨物既屬數量龐大之貨物，竟未全天候人看守，又於火災前安裝保全系統，並於火災前相當短暫之時間取得同意保險，隨即發生火警，在在顯示時間上、行爲上不可思議之巧合，是被告意圖詐領鉅額之保險金應可認定。另被告雖稱當時外傳有外勞在該處滋事，可調旁邊工廠錄影帶觀看，惟被告所稱外勞在滋事，屬於被告聽説之傳聞證據，並未提出積極之證據供調查，且本件火災起火點係在被告所承租廠房之内部，而該倉庫復僅被告及乙等少數幾人得以進入，外勞無從進入該廠房倉庫，自可排除外勞滋事致生火警。且昱◯公司、合◯公司位置均在迦◯公司之北側並彼此係以烤漆板相隔，而本件起火地點係在迦◯公司南邊内部，顯與昱◯公司、合◯公司相距甚遠，且在相反之方向，顯然不可能由該二公司之錄影帶得以拍攝起火原因。而柏◯公司係在迦◯公司之南邊，且與本件起火點均在同邊，惟迦◯公司之南邊烤漆板南側隔一水泥路面之巷道，在該巷道之南邊則有高起之土堆，土堆上則長滿雜草阻斷迦◯公司與柏◯

公司相互間視野之情，亦有照片3幀在卷為證（見同上檢察署87年度偵字第3393號卷第一宗第18頁反面上、下2幀、第21頁下幀），且柏○公司與迦○公司大門均面向東邊，亦有火災現場平面物品配置圖1紙在卷可憑（見同上檢察署87年度偵字第3393號卷第一宗第13頁），顯然無法由柏○公司之錄影帶拍攝本件起火現狀。況本件係於87年4月29日發生火警，迄本院收案時，已近5年時間，尚無法認該3家公司之錄影帶仍有保存，基於上述理由，本院自不再調取被告所稱之錄影帶，進行勘驗，附此敘明。

(十) 被告復辯稱：渠與前開保全公司訂立契約之時間為87年4月8日，嗣伊於訂立火險契約時亦曾提示上開保全契約予保險公司人員，而前開保全公司復於同年4月18日前往被告所有倉庫裝設價值5萬3,414元之保全設備，保險契約乃於同年4月21日製作完成並寄發予被告，旋於同年4月29日發生火災，如伊係虛偽與前開保全公司訂約以取信保險公司，豈有明知同年4月29日將發生火災而仍於4月18日裝設價值5萬餘元之保全設備，而不拖延裝設時間之理？又伊於保全公司要保及火災發生前，已在倉庫大門上方裝設攝影機乙部（火災現場相片參照），如伊純係為詐領保險金始虛偽與保全公司約定，本意非在裝設保全，豈有於未裝設保全前先斥資裝設攝影機之理？且伊亦可將火災延後半年再使火災發生較不會引起他人之懷疑。惟本件保險金之金額甚鉅，如因本件火災，而保險公司理賠順利，被告即可取得相當鉅額之理賠金，均較被告所裝置價值5萬3,414元之保全設備高出甚多，則被告何須為避免價值5萬3,414元之保全設備損害，致因詐領保險金之手段即燒燬倉庫內之各項貨物無法完成，而未能領取保險金，是被告該項所辯純係本末倒置，自難足採信。再被告本身之經濟能力已甚不理想，延後6個月固然可以使人之懷疑心稍微降低，惟時間僅係被告是否詐領保險金之判斷要件之一而已，仍需由現場之狀況及其他各項情狀研判，復加上被告之經濟困難程度，亦難使其延後6個月再實施。何況延後6個月再罹犯本件案件，並非可以完全排除被告涉犯詐領保險金之行為，是被告此項辯解，亦難以採信。再被告曾經與乙於89年4月27日進行測謊，惟因被告連續咳嗽，乙則係皮膚發癢，致無法進行有效之比對鑑判，有內政部警政署刑事警察局鑑驗通知書1紙在卷為憑（見同上檢察署89年度偵字第1806號卷第一宗第31頁），是被告於本院審理時請求進行測謊，惟本案發生後迄至本院收案，已近5年，被告心緒之起伏，在時效業已喪失，且乙業已不在人世，亦無法對被告及乙一併進行測謊。況被告並非未曾進行測謊，僅因當時之客觀因素致未能完成測謊而已。再測謊結論亦僅爲參考證據之一，並非具有決定性之證據能力，本院仍須就其他各項因素進行綜合之判斷，是本院亦基於上開理由，爰不依被告之請求，對被告進行測謊，併予敘明。

(十一)綜上所述，被告既已經濟情況及經濟能力均不理想，爲求翻身償債，竟於87年3月5日，以迦○通信公司名義，與C公司訂立長達3年之廠房租約，且進大批之貨物，而所進之貨物又屬低劣之貨品，在發生火警後，則充當高級品，且被告認爲其所進之貨物既屬數量龐大之貨物，竟未全天候派人看守，又於火災前安裝保全系統，並於火災前相當短暫之時間取得同意保險，隨即發生火警，在在顯示時間上、行爲上不可思議之巧合，是被告意圖詐領鉅額之保險金應可認定。被告前後所辯之各項理由，純係嗣後卸責之詞，尚難採信，本件事證已臻明確，被告犯行洵堪認定。至於被告所聲請傳訊之賴○○、寅，經本院多次傳訊均未到庭，且該二人係要證明被告之妻購買房地之事，業有其他文件可資佐證，亦經本院就該部分說明，本院自無再行傳訊之必要，附予敘明。

二、按認定犯罪事實所憑之證據，本不以直接之證據爲限，間接之證據亦包括在內。查間接證據，在直接關係上，雖僅足以證明他項事實，但由他項事實，本於推理之作用，足以證明待證事實者。苟非憑空推想，此等間接證據，亦可做爲論罪科刑之證據，最高法院22年上字第67號判例參照。是以，本件雖無被告自承涉犯上揭放火之直接證據，然依上開各間接證據，綜合印證，可以認定被告確有放火之動機、意圖及行爲存在，再就此不尋常之動機等關係，及上開所詳述之事實，本於推理之作用，依經驗法則，自可認定。被告以將其所承租之倉庫於夜間燒燬其所堆置之貨物爲手段，並隨即進行請求保險公司理賠未能得逞，核被告所爲，係犯刑法第174條第1項放火燒燬現未有人所在之他人所有建築物、第339條第3項、第1項之詐欺取財未遂之罪。被告與乙及不知姓名之成年人間就上開放火罪及詐領保險金之罪有犯意聯絡，行爲分擔，均爲共同正犯。被告所犯詐領保險金之詐欺犯行，並未取任何金額，詐欺取財部分是爲未遂，此部分依未遂犯之規定，減輕其刑。被告所犯上開放火及詐領保險金未遂二罪間，有方法、手段、結果之牽連關係，應依刑法第55條規定從一重之刑法第174條第1項放火燒燬現未有人所在之他人所有建築物之罪處斷。原審判決認定被告無此犯行，而爲無罪之判決，尚有未合，且公訴人係以刑法第174條第1項之放火燒燬未有人所在之他人所有建築物罪嫌起訴被告，該罪法條之法定刑爲有期徒刑3年以上10年以下，應指定辯護人爲被告辯護，原審竟未指定辯護人爲被告辯護，其程序亦有不合，而此程序不合，須由事實審之法院逕行審理，非得以判決撤銷發回原審法院重行審理。公訴人上訴指摘原審判決被告無罪不當，其上訴爲有理由，自應由本院將原審判決予以撤銷，改判被告有罪。爰審酌被告之前案資料，其爲求解決其經濟上之困境，竟施行此種方法，以圖取得保險金，嚴重危害社會經濟體系，其犯意固屬不當。惟念及被告之妻業已離家他去，被告必須父兼母職，獨立扶養二名子女，且目前身罹疾病，拖病延生，處境亦使人憐憫，且其父已年近六旬，又被告目前尚未取得任何之賠償金額，未能達到目的等一切犯罪情狀，爰不依檢察官所爲有期徒刑5年10月之具體求刑，從輕量處如主文第2項所示之刑。

三、公訴意旨另以：被告於86年12月24日，意圖爲自己不法之所有，並基於概括之犯意，先在彰化市○○里○○街4號1樓，虛僞設立迦○通信有限公司（以下簡稱迦○通信公司），於87年2、3月間，連續向A電機有限公司（以下簡稱A公司）佯購價值61萬2,500元之行動電話及向B國際股份有限公司台中分公司（以下簡稱B公司）佯購價值25萬1,800元之行動電話，致A公司之負責人楊○○及B公司台中分公司不詳姓名之負責人陷於錯誤，而如數給付之。甲於初次交易得手後，未支付分文之貨款，隨即於87年3月間某日結束營業。因認被告涉犯刑法第339條第1項詐欺取財罪嫌。

四、按犯罪事實應依證據認定之，無證據不得推定其犯罪事實。又不能證明被告犯罪者，應諭知無罪之判決，刑事訴訟法第154條、第301條第1項分別定有明文。又事實之認定，應憑證據，如未能發現相當證據，或證據不足以證明，自不能以推測或擬制之方法，爲裁判基礎（最高法院40年台上字第86號判例參照）；且認定犯罪事實所憑之證據，雖不以直接證據爲限，間接證據亦包括在內，然而無論直接證據或間接證據，其爲訴訟上之證明，須於通常一般之人均不致有所懷疑，而得確信其爲眞實之程度者，始得據爲有罪之認定，倘其證明尚未達到此一程度，而有合理之懷疑存在而無從使事實審法院得有罪之確信時，即應由法院爲諭知被告無罪之判決（最高法院76年台上字第4986號判例參照）。

五、公訴人認被告涉犯刑法第339條第1項之詐欺罪嫌，無非係以被告所設立之迦○通信公司，自設立時起至87年3月間結束營業爲止，在短短3個月之營業期間，於初次交易，即分別向A公司購買61萬2,500元之行動電話及向B公司購買25萬1,800元之行動電話，得手後即告結束營業等情，業據證人即A公司之老闆娘子及其公司之職員甲在檢察署偵查中結證在卷，另證人甲在偵查中結證稱：被告簽發四張支票予A公司用以支付貨款，惟屆期均遭退票而不獲兌現，嗣後，被告又開具二張本票換回上開支票，不久，迦◯通信公司就結束營業等語。證人子復結證稱：被告陸續進貨後來就跳票，本來開支票，跳票後就換本票，才拿土地設定第三順位抵押權予伊，但銀行抵押時就被拍賣了，伊也沒拿到錢等語。證人即B公司台中分公司之業務員簡◯◯於偵查中結證稱：被告向伊公司購買25萬1,800元之行動電話，所開具之支票均退票等語，被告於事後將抵押予證人子之房地，因之前已以第一順位設定與萬通商業銀行，經拍賣後，償還第一抵押順位之債權猶仍不足，遑論設定第二、三順位抵押權予A公司及B公司？由此可知，被告於所簽發之支票不獲兌現之後，經被催討貨款而無力給付，遂佯稱同意設定抵押權予A公司及B公司，其意不過在脫免其被訴詐欺之刑責而已，爲其主要論據。

六、訊據被告堅決否認有前開詐欺犯行，辯稱：伊係陸續購買，並且每月結帳，嗣後因經營不善，支票退票，乃改換成本票，且伊有提出不動產供做抵押，伊並非故意詐騙等語。經查：

(一) 被告於86年底A公司接洽購買行動電話，每月結帳，被告則開1個月之支票，當月購買則開下月的票，雙方自86年即有交易往來，被告所簽發之支票有兌現過，只有最後一次貨款61萬2,500元未能支付，交易總金額並不清楚之事實，業據證人楊◯◯（A公司負責人）、甲（與被告實際接洽者）於本院行準備程序時結證明確（見本院卷第一宗第138頁至第143頁）；而被告於87年2月中旬與B公司訂約進貨，被告曾經先付，B公司出貨有一定之額度，如未將前帳付清，就不會再出貨之情，亦據證人簡◯◯（與被告實際接洽者）於偵查時結證屬實（見同上檢察署89年度偵字第1806號卷第一宗第196頁反面至第198頁），顯然被告與上開二家公司訂約買貨，均係每月結帳，當月簽發下月之支票，如有1個月未能付清，即不出貨；而渠等公司與被告生意往來，均曾兌現過，則被告於交易過程中，即難認有故意詐騙之行爲，被告所辯，尚難認不可採。

(二) 被告所簽發之支票未能兌現時，改簽發本票，當本票亦未能兌現時，則提供不動產充爲抵押物，由A等公司設定抵押，嗣A公司聲請拍賣抵押物，惟未能獲得分配之情，復有台灣彰化地方法院民事執行處通知2紙附卷可資佐證（見同上檢察署89年度偵字第1806號卷第一宗第67頁、第68頁），雖被告所提供之不動產因曾設定前順位之抵押，致A公司未能獲得其債權之分配，惟被告業已盡其所能提供相當之擔保，亦難認被告有詐詐之故意。

(三) 綜上所述，尚不得認被告有詐欺之故意，被告此部分所辯，即非無理由。被告與A公司、B國際股份有限公司間之債權、債務關係，非不得依民事途徑解決。被告上開行爲，應無觸犯刑法第339條第1項詐欺取財罪可言。此外復查無被告此部分有何其他詐欺之犯罪情事，應認公訴人此部分之指訴，尚屬犯罪不能證明。惟因公訴人認此部分與被告前開論罪科刑之詐欺取財未遂部分，有連續犯之裁判上一罪關係，爰不就此部分另爲被告無罪，而應不另爲無罪之諭知。

據上論斷，應依刑事訴訟法第369條第1項前段、第364條、第299條第1項前段、刑法第28條、第174條第1項、第339條第3項、第1項、第55條、第26條前段、罰金罰鍰提高標準條例第1條前段，判決如主文。

本案經檢察官丙到庭執行職務。

中　華　民　國　○○　年　○○　月　○○　日

台灣高等法院台中分院刑事第三庭

審判長法官　陳○○

法官　廖○○

法官　胡○○

右正本證明與原本無異。

如不服本判決應於收受送達後20日內向本院提出上訴書狀，其未敘述上訴之理由者並得於提起上訴後20日內向本院補提理由書（均須按他造當事人之人數附繕本）。

書記官　魏○○

中　華　民　國　○○　年　○○　月　○○　日

附錄法條：

刑法第174條：

放火燒燬現非供人使用之他人所有住宅或現未有人所在之他人所有建築物、礦坑、火車、電車或其他供水、陸、空公眾運輸之舟、車、航空機者，處三年以上十年以下有期徒刑。

放火燒燬前項之自己所有物，致生公共危險者，處六月以上五年以下有期徒徒刑。

失火燒燬第一項之物者，處六月以下有期徒刑、拘役或九千元以下罰金。

失火燒燬前項之物，致生公共危險者亦同。

第一項之未遂犯罰之。

刑法第339條：

意圖爲自己或第三人不法之所有，以詐術使人將本人或第三人之物交付者，處五年以下有期徒刑、拘役或科或併科五十萬元以下罰金。

以前項方法得財產上不法之利益或使第三人得之者亦同。

前二項之未遂犯罰之。

相關法條及裁判要旨

■刑法第174條：

放火燒燬現非供人使用之他人所有住宅或現未有人所在之他人所有建築物、礦坑、火車、電車或其他供水、陸、空公衆運輸之舟、車、航空機者，處三年以上十年以下有期徒刑。

放火燒燬前項之自己所有物，致生公共危險者，處六月以上五年以下有期徒刑。

失火燒燬第一項之物者，處六月以下有期徒刑、拘役或九千元以下罰金，失火燒燬前項之物，致生公共危險者，亦同。

第一項之未遂犯罰之。

■最高法院40年台上字第86號判例：

按犯罪事實應依證據認定之，無證據不得推定其犯罪事實。又不能證明被告犯罪者，應諭知無罪之判決，刑事訴訟法第154條、第301條第1項分別定有明文。又事實之認定，應憑證據，如未能發現相當證據，或證據不足以證明，自不能以推測或擬制之方法，爲裁判基礎。

■最高法院53年台上字第2067號判例：

證據之證明力如何，雖屬於事實審法院自由判斷職權，而其所爲判斷，仍應受經驗法則與論理法則之支配。

■最高法院74年台上字第1987號判例：

經驗法則或論理法則，乃客觀存在之法則，非當事人主觀之推測。上訴意旨，對於原審取捨證據之職權行使，任憑自己主觀意見，漫事指摘，謂爲有違經驗法則與論理法則，顯非適法之第三審上訴理由。

■最高法院76年台上字第4986號判例：

認定犯罪事實所憑之證據，雖不以直接證據爲限，間接證據亦包括在內；然而無論直接證據或間接證據，其爲訴訟上之證明，須於通常一般之人均不致有所懷疑，而得確信其爲眞實之程度者，始得據爲有罪之認定，倘其證明尚未達到此一程度，而有合理之懷疑存在時，事實審法院復已就其心證上理由予以闡述，敘明其如何無從爲有罪之確信，因而爲無罪之判決，尚不得任意指爲違法。

(五) 僞造貨幣罪

案例事實

甲同其妻乙，於○○年○月○日10時50分許，由甲駕駛車號23**-KZ號自用小客車，搭載乙，前往○○縣，於途經大湖鄉○○村○鄰○○路90號丙經營之三○超商，由乙持千元紙幣1張，下車購買飲料二罐50元，嗣因丙查覺該千元紙幣顏色有異，乃以自備之可發聲驗鈔機辨識，因驗鈔機念出「這張是假鈔」，丙即將該僞造之千元紙幣退還乙，乙拿出另張紙鈔購買。迨乙離去後，丙立即報警，警方據報後，於○○縣獅潭鄉台三線127.1公里處將渠二人攔獲，而將二人以行使僞造貨幣罪移送。

撰狀說明

(1) 按刑法關於僞造貨幣罪，依第195條及第196條等規定，其所保護之客體計有貨幣、紙幣、銀行券三種，其中所稱之貨幣，係指硬幣（最高法院28年上字第2875號判例），違犯客體其中之一即可構成該條犯罪。成立刑法第196條行使僞造貨幣罪須明知所行使之貨幣係僞造或遭變造及行使之貨幣確爲僞造或變造，故辯護之重點應置於當事人行使之貨幣是否爲僞造或變造及並無明知所行使貨幣係僞造或變造而仍行使之情。

(2) 行使與交付之區別可參照最高法院20年上字第1095號判例「刑法第212條第1項前半所謂行使僞造通用紙幣及銀行券，係指使用是項僞票，不令人知其爲僞而冒充爲眞票行使者而言，至明示爲僞，價賣於人，自屬構成該項後半所定意圖供行使之用而交付於人之罪」。

(3) 刑法第196條第1項所謂收集，係指收買、受贈、互換等一切收取行爲，且在收取之前，即有行使之犯罪意思者而言。又收集僞造之通用紙幣與交付僞造之通用紙幣於人，係兩種犯罪行爲，祇因在法律上均以意圖行使爲要件，如行爲人於意圖行使而收集後，復以行使之意思而交付於人，其收集行爲，雖應爲交付行爲所吸收，僅論以交付之罪，然就其收集之行爲仍不能置而不論（最高法院96年台上字第264號判決）。

(4) 刑法第196條第1項之犯罪態樣有三，其一爲單純行使僞造變造幣券罪；次一爲意圖供行使之用而收集僞造、變造幣券罪；再一則爲意圖供行使之用而交付僞造變造幣券罪。其中第二、三種態樣，行爲人於意圖供行使之用而收集後，復以行使之意思而交付於人，其中收集之低度行爲，爲交付之高度行爲所吸收，不另論罪。刑法第196條第1項意圖供行使之用而收集僞造幣券罪，以行爲人有供行使之用之意圖爲前提要件，而所謂收集，係指收買、受贈、互換等一切行爲，在收取之前即有行使之犯罪意思者而言（最高法院90年台上字第2500號）。

(5) 刑法第196條第1項之意圖供行使之用而收集僞造之通用貨幣、紙幣罪，所謂之貨幣係指有別於紙幣，其本身除具有信用性價值外，並兼具經濟性價值之硬幣而言（最高法院86年台上字第1555號判決）。

書狀內容

狀別：刑事調查證據聲請狀

案號及股別：○○年○○字○○號○股

被　告　　甲　　身分證字號：○ 性別：○ 生日：○ 住：○

被　告　　乙　　身分證字號：○ 性別：○ 生日：○ 住：○

共同選任辯護人 何孟育律師

爲涉嫌僞造貨幣等案件，依法聲請調查證據事：

一、公訴意旨略以：甲明知所持有之千元紙幣係遭僞造，夥同其妻乙共同基於行使僞造通用紙幣之犯意聯絡，於○○年○○月○○日10時50分許，由甲駕駛車號23**-KZ自小客車搭載乙，前往○○縣○○村○鄰○○路90號丙經營之三○超商，由乙持上開僞造千元紙幣1張下車購買飲料二罐50元，惟因丙查覺該千元紙幣顏色有異，乃以自備可發聲驗鈔機辨識唸出「這張是假鈔」，丙即將該僞造千元紙幣退還，乙只好拿出眞鈔購買而不遂。待乙離去後，丙立即報警，警方據報在○○縣獅潭鄉台三線127.1公里處將甲、乙二人攔獲。

二、惟查：

(一) 被告乙於95年4月12日上午10時50分係途經○○縣○○村○鄰○○路90號丙經營之三○超商，由乙持千元紙幣1張下車購買飲料二罐50元，當時被告乙黑色小皮包內係置放3張千元眞鈔，並無千元僞鈔，被告乙係持千元眞鈔向丙購買飲料二罐50元，丙找被告乙900元。雖丙於95年4月12日在大湖分局警詢供稱被告乙所持千元鈔票用國語說要買飲料二罐50元，該千元鈔票顏色不太一樣，就拿自備驗鈔機辨識，驗鈔機唸出這張是僞鈔等語，但查，丙當時係告知被告乙換一張，並未告知該張千元鈔係僞鈔，被告乙改以另張鈔票持交丙找900元，警員在○○縣獅潭鄉台三線127.1公里處攔獲被告乙後，帶至大湖分局僅約2、3分鐘扣得被告乙皮包內眞鈔2,100元，隨即在大湖分局對面以驗鈔機驗該2,100元確均係眞鈔。當時被告乙黑色小皮包內有眞鈔2,100元，警方僅扣得眞鈔2,100元，並未扣得丙所指千元僞鈔！關鍵物證千元僞鈔既未扣案，自不得僅憑丙之指述，即認被告乙曾持千元僞鈔向丙購買50元罐裝飲料，爲詳查事發經過自有傳訊證人丙到庭詰問之必要。

(二) 被告甲於95年4月12日係駕車搭載其妻乙欲前往桃園縣大溪鎮及台北縣三峽鎮祖師爺廟拜拜，欲順道前往苗栗及桃園石門水庫逛逛，並非刻意前往縣○○縣○○村○鄰○○路90號丙經營之三○超商，純係恰巧經過，被告甲並無公訴意旨所指與其妻乙共同行使僞鈔未遂犯行。

(三) 被告甲之母親丁甫於95年9月29日過世，95年10月14日出殯，被告甲受喪母之痛，已痛感萬分，被告甲有肺結核及氣喘之疾病，懇請鈞院體諒，對被告甲所涉部分詳加調查，以免冤抑。

謹　狀

台灣○○地方法院刑事庭　公鑒

證據名稱及件數

證人：丙（住○○縣○○鄉○○路○○號）

中　華　民　國　○○　年　○○　月　○○　日

具狀人　甲　乙　　　簽名蓋章

共同選任辯護人　何孟育律師

相關法條及裁判要旨

■刑法第196條：

行使僞造、變造之通用貨幣、紙幣、銀行券，或意圖供行使之用而收集或交付於人者，處三年以上十年以下有期徒刑，得併科十五萬元以下罰金。

收受後方知爲僞造、變造之通用貨幣、紙幣、銀行券而仍行使，或意圖供行使之用而交付於人者，處一萬五千元以下罰金。

第一項之未遂犯罰之。

■最高法院88年台上字第1908號判決：

刑法第196條第1項與第2項之罪，其主要相異之點，在於第1項之罪行爲人於取得該幣券時已明知其爲僞造或變造，第2項之罪，乃在於收受後方知其爲僞造或變造，而仍予行使或意圖供行使之用而交付於人。

(六) 僞造有價證券罪

案例事實

緣座落南投縣埔里鎭○○段295、296地號土地爲告訴人辛之父賴○○所有（賴○○死亡後由告訴人辛繼承而取得所有權），同段297、298號土地爲告訴人乙所有，同段299、300地號土地爲告訴人庚所有，同段272、273、274、706、707地號土地爲賴○○及告訴人辛、乙、庚所共有（四人持分共8分之5）。被告甲於民國84年5、6月間，分別與告訴人辛、乙、庚訂立前開土地之合建契約（賴○○所有土地合建部分，由告訴人辛代理訂約），辛、乙、庚因合建所需，將前開六筆土地及同段272、273、274、706、707地號土地之所有權狀、國民身分證影本、印章（含賴○○印章）及印鑑證明交付與被告甲。詎被告甲取得前開文件後，爲順利借得款項，竟意圖供行使之用，並基於概括之犯意，先於84年12月間，向案外人戊借款新台幣（下同）300萬元。戊委託代書己代辦相關事宜，被告甲徵得告訴人辛、乙、庚之同意，以附表所示之土地設定抵押權與戊，以供作債權之擔保，惟明知賴○○及告訴人辛、乙、庚，並未授權其簽發以渠等爲發票人之本票，竟擅自冒用庚名義與自己爲共同發票人，並在其上盜蓋庚之印文，簽發面額120萬元之本票乙紙，並擅自冒用乙、賴○○名義與自己爲共同發票人，並在其上盜蓋乙、賴○○之印文，簽發面額240萬元之本票乙紙，而僞造前開有價證券，交與戊收執，作爲借款之擔保。又於86年7月間，向案外人高○借款300萬元，高○委託代書郭○○、丁代辦相關事宜，被告甲徵得告訴人辛、乙、庚之同意，以附表所示之土地設定抵押權與高○（嗣移轉登記爲楊張○○），以供作債權之擔保，惟明知乙、辛，並未授權其簽發以渠等爲發票人之本票，竟擅自冒用乙、辛名義爲共同發票人，並在其上僞造乙、辛之署押，盜蓋渠等之印文，並按捺自己之指印，佯裝確實經票載發票人本人確認，而僞造前開有價證券，交與高○收執，作爲借款之擔保。詎被告甲於取得前開款項後，並未全數用於合建事務，而將部分款項挪用於個人自營之事業。嗣因被告甲迄未繳付本息，經債權人楊張○○向法院聲請拍賣抵押物，告訴人辛、乙、庚始知上情。

撰狀說明

(1) 本件案例事實關鍵在於被告甲是否有僞造告訴人辛、乙、庚之署押及盜蓋其印章於系爭面額240萬元之本票上。

(2) 因此，在撰寫刑事答辯狀及刑事調查證據聲請狀時應著重在聲請檢察官及法院調取告訴人曾在其他文件上蓋用相同之印章，甚至聲請傳訊曾目擊告訴人同意或授權被告甲使用系爭印章，另外提出其他由告訴人親自書寫之文書以證明系爭本票上之署押確實爲告訴人親自爲之。

(3) 另外，提出告訴人確實曾向被告甲借款之情形，以敘明告訴人簽發系爭本票交付擔保之目的，且針對告訴人前後主張不一致之情形加以論述說明。蓋按犯罪事實應依證據認定之，無證據不得推定其犯罪事實；不能證明被告犯罪者，應論知無罪之判決，刑事訴訟法第154條、第301條第1項分別定有明文。次按認定不利於被告之事實，須依積極證據，苟積極證據不足爲不利於被告事實之認定時，即應爲有利於被告之認定，更不必有何有利之證據；以被害人（告訴人）之陳述爲認定犯罪之依據，必其陳述並無瑕疵，且就其他方面調查，又與事實相符，始能認有證據能力。所謂無瑕疵，係指被害人所爲不利被告之陳述，與社會上一般生活經驗或卷存其他客觀事實並無矛盾而言。至所謂就其他方面調查認與事實相符，非僅以所援用之旁證足以證明犯罪結果爲已足，尤須綜合一切積極佐證，除認定被告確有犯罪行爲之可能外，在推理上無從另爲其他合理原因之假設，有不合於此，即不能以被害人之陳述作爲論斷之證據（最高法院30年度上字第816號、61年台上字第3099號判例參照）。

書狀內容

狀別：刑事答辯狀

案號及股別：○○年○○字○○號○股

被 告　　甲　　身分證字號：○　性別：○　生日：○　住：○

選任辯護人 何志揚律師

爲被告因詐欺案件，謹依法提答辯事：

一、被告並未盜用告訴人印章，更無僞造告訴人簽發之本票：

經查案外人高○將款項借予告訴人時，就系爭告訴人所有土地設定本金最高限額抵押權時，亦係經告訴人所親爲，此有告訴人所親自簽名用印之土地抵押權設定契約書爲證（參證1），另外尚有告訴人與被告所親自簽名簽訂之合建契約書可證明二者簽名完全一致（參證2），足證告訴人謂係遭被告冒用其名借款及盜用印鑑僞造告訴人簽發之本票、設定抵押權等主張爲子虛。此外尚可請鈞長傳訊當時辦理設定抵押借款之黃○○小姐出庭供證，可證明被告從未替告訴人保管過印鑑章，且系爭抵押權設定契約書及本票上之告訴人印鑑章之印文係告訴人親自所爲（參證1）。至於告訴人所提出兩造簽訂之合建契約中之「委任書」，以證明告訴人印章確實交由被告保管部分，經查該委任書中所稱被告保管之印章並非印鑑章，而是用以辦理建築執照之申請所用之普通印章，此觀兩造合建契約所附之「委任書」中之「甲方（即告訴人）願將所有印章壹枚（印模如附件）交與乙方（即被告）保管使用」之文字（參證2），即明被告所保管者係告訴人另一顆普通之印章，絕非在「委任書」上告訴人所使用之印鑑章。

二、被告對告訴人更未爲任何詐欺行爲：

次依兩造所簽訂之合建契約所第3條及第6條約定，「甲方（即告訴人）保證所提供之本約土地產權清楚，絕無出租、擔保、抵押銀行或私人借款、他項權利設定未繼承法院查封及任何糾紛等情事如有上列情形時概由甲方自簽訂本約之日起30日負責理清，所需之一切費用由甲方自行負擔」，「乙方（即被告）應於合建工程向工務局報准放樣開工之日起400個工作天送件申請使用執照，並以該日爲完工日」，經查被告之所以無法繼續興建該房屋，實因告訴人所提供之土地係由多數人共有，共有人其中有因死亡，告訴人又無法促其辦理繼承登記，甚至，亦無法協同該共有人簽具土地使用同意書，致使被告無法申請建築執照，以致無法開工，並非被告故意不履行兩造之合建契約。

三、綜上所述，被告並無詐欺及僞造文書犯行，懇請鈞長鑒核迅賜不起訴處分，以免冤抑，而障權利。

謹 狀

台灣○○地方檢察署　公鑒

證據名稱及件數

證1：抵押權設定契約書。

證2：合建契約書。

中　華　民　國　○○　年　○○　月　○○　日

具狀人　甲　　　　簽名蓋章

選任辯護人　何志揚律師

狀別：刑事調查證據聲請狀

案號及股別：○○年○○字○○號○股

被 告　甲　身分證字號：○　性別：○　生日：○　住：○

選任辯護人 何志揚律師

爲被告因僞造有價證券案件，謹依法聲請調查證據事：
一、請鈞院惠予傳訊以下證人到庭供證：
李○○（住：○○縣○○鄉○○路○○厝○○號）
黃○○（住：○○縣○○鎮○○路○○號）
鄭○○（住：○○縣○○鄉○○村○○路○○號）
詹○○（住：○○縣○○鎮○○街○○號）
二、另請鈞院向台灣南投地方法院調閱89年度訴字第525號沈○○與楊○○○間債務人異議之訴事件卷宗過鈞院參辦。
三、待證事實：經查系爭如附件1所示面額新台幣（下同）120萬元及240萬元之本票上之賴○○印文確實爲賴○○親自所爲，可請鈞院傳訊當時承辦抵押權設定之鄭○○代書及債權人詹○○出庭供證，又系爭如附件2所示面額300萬元之本票上之賴○○、沈○○之印文確實係渠2人所親爲至於渠2人之署押係渠2人授權由被告替其代行，此有證人李○○、黃○○於另案台灣南投地方法院調閱89年度訴字第525號沈○○與楊○○○間債務人異議之訴事件，陳證辦理抵押權設定及簽發本票時沈○○、賴○○確實有在場，且亦有簽發系爭300萬元之本票（參證1），故容有必要請鈞院惠予傳訊到庭供證及調閱上開卷宗，即知被告絕無僞造有價證券之犯行。
謹　狀
台灣○○地方法院刑事庭　公鑒
證據名稱及件數
證1：本票。
中　華　民　國　○○　年　○○　月　○○　日
具狀人　甲　　　簽名蓋章
選任辯護人　何志揚律師

案號及股別：○○年○○字○○號○股
被　告　　甲　　身分證字號：○　性別：○　生日：○　住：○
選任辯護人 何志揚律師
爲被告因僞造有價證券案件，謹依法聲請調查證據事：
一、請鈞院惠予向南投縣政府工務局調閱民國84年就座落○○縣○○鎮○○段295、296、297、298、299、300地號土地以賴○○、賴○○、沈○○、甲爲起造人，池◯◯建築師事務所爲設計人之建造執照申請書、工程圖樣、說明書等資料過鈞院參辦。

二、待證事實：經查告訴人等固堅稱有將印鑑章交被告保管，惟查被告所保管者僅係告訴人等委託被告代刻之便章，此觀卷附之合建契約後附之委任書即明（參88年度偵字第8892號偵查卷第16頁背面、第22頁背面），而該印章確實與蓋用在系爭本票上之印章不同，可請鈞院向◯◯縣政府工務局調閱民國84年就座落◯◯縣◯◯鎮◯◯段295、296、297、298、299、300地號土地以賴◯◯、賴◯◯、沈◯◯、甲爲起造人，池◯◯建築師事務所爲設計人之建造執照申請書、工程圖樣、說明書等資料內所使用之告訴人等上開便章，即明事實眞相。又證人鄭◯◯代書固於上次庭訊供陳不記得告訴人等有無簽發系爭本票，然證人詹◯◯於偵查時即結證：「……但我有交代代書要告訴人簽本票才借。後來代書（按指鄭◯◯）說有來簽（按指告訴人等有來簽發系爭本票），並辦妥抵押後才借款」（參89年度偵緝字第612號偵查卷第22頁），而告訴人沈◯◯亦於偵查中供陳84年12月被告帶伊去◯◯商銀蓋章當時有簽名及蓋章（參88年度偵字第8892號偵查卷第106頁），及告訴人賴◯◯於偵查中更陳稱：「（辦抵押時有無同意？）有，當時是一起去辦的」（參89年度偵緝字第612號偵查卷第142頁背面），證人黃◯◯也在偵查時證稱：「雙方本人有來，告訴人有同意（按指設定抵押權及簽發本票）」（同前偵查卷），故告訴人等狡稱未同意簽發系爭本票顯然不實在。另遵諭陳報有關被告就系爭合建土地案之支出明細，請鈞長酌參（參證1，其實在偵查中已陳報過，參89年度偵緝字第612號偵查卷第154頁）。

謹 狀

台灣◯◯地方法院刑事庭　公鑒

證據名稱及件數

證1：資金流向說明。

中　華　民　國　◯◯　年　◯◯　月　◯◯　日

具狀人　甲　　　　簽名蓋章

選任辯護人　何志揚律師

案號及股別：◯◯年◯◯字◯◯號◯股

被　告　　甲　　身分證字號：◯　性別：◯　生日：◯　住：◯

選任辯護人 何志揚律師
爲被告因僞造有價證券案件，謹依法聲請調查證據事：
一、請鈞院惠予向○○縣政府調閱如附件1：所示賴○○等三人申請土地與同地段275地號公有土地合併使用之申請書過鈞院參辦。
二、待證事實：經鈞院向○○縣政府調閱建造執照申請書，固函覆稱並無建照執照資料，惟查告訴人等三人與被告合建並委由被告申請建照時，前曾向○○政府申請就系爭土地與同地段275地號公有土地合併使用，故倘能調閱得當時告訴人等之申請書即知被告所保管者係便章而非印鑑章。
謹 狀
台灣○○地方法院刑事庭 公鑒
證據名稱及件數
附件1：申請書
中 華 民 國 ○○ 年 ○○ 月 ○○ 日
具狀人 甲 簽名蓋章
選任辯護人 何志揚律師

案號及股別：○○年○○字○○號○股
被 告 甲 身分證字號：○ 性別：○ 生日：○ 住：○
選任辯護人 何志揚律師
爲被告因僞造有價證券案件，謹依法聲請調查證據事：
一、請鈞院惠予向○○縣稅捐稽徵處調閱○○土木包工業民國（下同）85年至87年營業稅申報資料過鈞院參辦。
二、請鈞院惠予向○○區○○企業銀行股份有限公司○○分行（設：○○縣○○鎮○○路○○號）調閱借款人甲（身分證字號：○○○○○○○○○○）自84年迄今所有借款本金及利息清償明細過鈞院參辦。
三、待證事實：經查被告於85年曾以○○土木包工業名義申報營業稅，其中申報營業稅之銷項資料不乏被告因與告訴人合建所籌措之款項收支明細，且於84年底曾向○○區○○企業銀行股份有限公司○○分行借款新台幣（下同）1,000萬元用以償還詹○○之借款600萬元及利息45萬元，期間被告曾清償100萬元並正常繳付利息若干期（參證1），爲明瞭被告所借資金之流向，容有必要請鈞院向上開機關調閱資料。此外，甚至曾向他人租屋供告訴人沈○○等人居住（參證2），至於被告其餘支出憑證目前已尋獲當時支出收入明細電腦資料電子檔（庭呈），請鈞院容被告請會計師整理後再以書狀陳報，至為感禱。

謹　狀

台灣○○地方法院刑事庭　公鑒

證據名稱及件數

證1：○○區○○企業銀行股份有限公司○○分行甲活期存款簿。

證2：房屋租賃契約書。

中　華　民　國　○○　年　○○　月　○○　日

具狀人　甲　　簽名蓋章

選任辯護人　何志揚律師

狀別：刑事答辯狀

案號及股別：○○年○○字○○號○股

被　告　甲　身分證字號：○　性別：○　生日：○　住：○

選任辯護人 何志揚律師

為被告因偽造有價證券案件，謹依法提答辯事：

一、經查由被告延請會計師整理之被告於民國（下同）85年及87間經營○○土木包工業之收支明細總列表可知（參證1），被告向詹○○（明細表上以詹○○之行號名稱亞元代表）於84年12月30日、85年3月22日分別借款新台幣（下同）200萬元、100萬元，復於85年7月27日還款150萬元，再於86年3月18日借款50萬元，故截至當時被告積欠詹○○款項為200萬元，因此被告與告訴人始同意共同簽發系爭二紙本票面額分別為120萬元（此本票先開立後因詹○○要求依照欠款金額加2成開立本票，故此張應屬作廢之本票）、240萬元之本票（剛好係當時欠款金額之2成），此情恰與詹○○所證有換過本票、及被告有還150萬元等情相符，適足證明何以抵押權之設定日期與系爭二紙本票上之發票日期不同之原因。

二、又關於被告與詹○○業已達成和解，此有雙方簽具之協議書可證（參證2），至於告訴人部分由於一直無法聯絡上告訴人，故經雙方同意訂於今日庭閉後再商議，併此陳明，懇請鈞院鑒核。

謹　狀

台灣○○地方法院刑事庭　公鑒

證據名稱及件數

證1：收支明細總列表。
證2：協議書。
中　華　民　國　○○　年　○○　月　○○　日
具狀人　甲　　　　簽名蓋章
選任辯護人　何志揚律師

狀別：刑事辯論意旨狀
案號及股別：○○年○○字○○號○股
被　告　　甲　　身分證字號：○　性別：○　生日：○　住：○
選任辯護人 何志揚律師
爲被告因僞造有價證券案件，謹依法提辯護意旨事：
一、關於高○部分債權所簽發之300萬元本票：

經查案外人高○將款項借予告訴人時，就系爭告訴人所有土地設定本金最高限額抵押權時，曾要求告訴人簽發系爭本票，此有告訴人沈○○所親自簽名用印之土地抵押權設定契約書附卷可稽，亦與其跟被告親自簽名簽訂之合建契約書上二者簽名完全一致，而告訴人沈○○於另案台灣南投地方法院確認本票債權不存在事件亦坦承其上簽名確係其所爲，又證人黃○○亦於鈞院審理時到庭證稱：「當時設定抵押權設定契約書的時候有簽發本票，而本票上之章是他們（按指告訴人）自己蓋的。」復又證稱：「發票人一個是沈○○，一個是賴○○。印章是沈○○、賴○○自己拿出來蓋的。」、「且戚○○捺指印乃因他是代寫的，所以郭代書之女兒叫他要蓋指印」（參鈞院民國（下同）91年8月9日審判筆錄第8至9頁），足證公訴人起訴狀中所載：「……明知沈○○、賴○○等人，並無授權代爲簽發其等爲發票人之本票，竟擅自以沈○○、賴○○等人名義爲共同發票人，在其上僞造沈○○、賴○○之署押，盜蓋其等印章，並按捺自己之指印以佯裝確實經票在發票人之確認，交於高○收執，作爲借款之擔保……」云云，顯與事實不符。至於告訴人所提出兩造簽訂之合建契約中之「委任書」，以證明告訴人印章確實交由被告保管部分，經查該委任書中所稱被告保管之印章並非印鑑章，而是用以辦理建築執照之申請所用之普通印章，此經鈞院向○○縣政府所調閱賴○○等三人申請合併使用之申請書可證該申請書上之印章並非告訴人之印鑑章，即明兩造合建契約所附之「委任書」中之「甲方（即告訴人）願將所有印章壹枚（印模如附件）交與乙方（即被告）保管使用」之印章確係告訴人另一顆普通之印章，絕非告訴人所使用之印鑑章，被告更不可能持以僞造告訴人簽發之本票。

二、關於詹○○債權部分所簽發之面額120萬元及240萬元之兩張本票：

又查由被告延請會計師整理之被告於85年及87年間經營○○土木包工業之收支明細總列表可知，被告向詹○○（明細表上以詹○○之行號名稱亞元代表）於84年12月30日、85年3月22日分別借款新台幣（下同）200萬元、100萬元，復於85年7月27日還款150萬元，再於86年3月18日借款50萬元，故截至當時被告積欠詹○○款項爲200萬元，因此被告與告訴人始同意共同簽發系爭2紙本票面額分別爲120萬元（此本票先開立後因詹○○要求依照欠款金額加2成開立本票，故此張應屬作廢之本票）、240萬元之本票（剛好係當時欠款金額之2成），此情恰與詹○○所證有換過本票、及被告有還150萬元等情相符，亦經詹○○當庭確認屬實，適足證明何以抵押權之設定日期與系爭2紙本票上之發票日期不同之原因。至於承辦代書鄭○○固於鈞院陳證對於整件辦理抵押權設定及借款過程不記憶，但詹○○確實已於偵查時結證：「……但我有交代代書要告訴人簽本票才借。後來代書（按指鄭○○）說有來簽（按指告訴人等有來簽發系爭本票），並辦妥抵押後才借款」（參89年度偵緝字第612號偵查卷第22頁），而告訴人沈○○亦於偵查中供陳84年12月被告帶伊去○○商銀蓋章當時有簽名及蓋章（參88年度偵字第8892號偵查卷第106頁），及告訴人賴○○於偵查中更陳稱：「（辦抵押時有無同意？）有，當時是一起去辦的」（參89年度偵緝字第612號偵查卷第142頁背面），故告訴人等狡稱未同意簽發系爭本票顯然不實在。

三、末查被告對於民事部分亦積極與所有債權人和解（詹○○部分已和解），雖與告訴人等尚未達成和解，然就告訴人所有部分土地遭法院拍賣之損害，被告亦擬具和解方案積極與告訴人協商，但無論如何被告絕無僞造本票之動機及行爲，此觀被告提出之帳冊及鈞院函調之○○縣政府函即知被告所借用金額均悉數花用於合建案絕無詐欺之可能。

四、綜上所述，懇請鈞院鑒核，迅賜被告無罪判決，以免冤抑，實感德便！

謹　狀

台灣○○地方法院刑事庭　公鑒

中　華　民　國　○○　年　○○　月　○○　日

具狀人　甲　　　簽名蓋章

選任辯護人　何志揚律師

台灣台中地方法院刑事判決
91年度訴字第912號
公　訴　人　台灣台中地方檢察署檢察官
被　　　告　甲
選任辯護人　何志揚律師
右列被告因僞造有價證券案件，經檢察官提起公訴（89年度偵緝字第612號），本院判決如下：

主文

甲無罪。

理由

一、公訴意旨略以：緣座落南投縣埔里鎮○○段295、296地號土地爲告訴人辛之父賴○○所有（賴○○死亡後由告訴人辛繼承而取得所有權），同段297、298號土地爲告訴人乙所有，同段299、300地號土地爲告訴人庚所有，同段272、273、274、706、707地號土地爲賴○○及告訴人辛、乙、庚所共有（4人持分共8分之5）。被告丙於民國84年5、6月間，分別與告訴人辛、乙、庚訂立前開土地之合建契約（賴○○所有土地合建部分，由告訴人辛代理訂約），辛、乙、庚因合建所需，將前開6筆土地及同段272、273、2 74、706、707地號土地之所有權狀、國民身分證影本、印章（含賴○○印章）及印鑑證明交付與被告甲。詎被告甲取得前開文件後，爲順利借得款項，竟意圖供行使之用，並基於概括之犯意，先於84年2月間，向案外人戊借款新台幣（下同）300萬元。戊委託代書己代辦相關事宜，被告甲徵得告訴人辛、乙、庚之同意，以附表所示之土地設定抵押權與戊，以供作債權之擔保，惟明知賴○○及告訴人辛、乙、庚，並未授權其簽發以渠等爲發票人之本票，竟擅自冒用庚名義與自己爲共同發票人，並在其上盜蓋庚之印文，簽發面額120萬元之本票乙紙，並擅自冒用乙、賴○○名義與自己爲共同發票人，並在其上盜蓋乙、賴○○之印文，簽發面額240萬元之本票乙紙，而僞造前開有價證券，交與戊收執，作爲借款之擔保。又於86年7月間，向案外人高○借款300萬元，高○委託代書郭○○、丁代辦相關事宜，被告甲徵得告訴人辛、乙、庚之同意，以附表所示之土地設定抵押權與高○（嗣移轉登記爲楊張○○），以供作債權之擔保，惟明知乙、辛，並未授權其簽發以渠等爲發票人之本票，竟擅自冒用乙、辛名義爲共同發票人，並在其上僞造乙、辛之署押，盜蓋渠等之印文，並按捺自己之指印，佯裝確實經票載發票人本人確認，而僞造前開有價證券，交與高○收執，作爲借款之擔保。詎被告甲於取得前開款項後，並未全數用於合建事務，而將部分款項挪用於個人自營之事業。嗣因被告甲迄未繳付本息，經債權人楊張○○向法院聲請拍賣抵押物，告訴人辛、乙、庚始知上情，因認被告甲涉犯刑法第201條第1項之僞造有價證券罪嫌。

二、公訴意旨認被告甲涉犯刑法第201條第1項之僞造有價證券罪嫌，係以告訴人辛、乙、庚指訴之詞、證人戊、己、丁、郭○○證述之詞及前開本票影本3紙扣案可資佐證。而系爭合建契約第13條其他約定事項第10款雖規定：「甲方（即告訴人）同意配合乙方（即被告）辦理各項土地及建築融資，貸款下來之金額及利息全歸乙方所有與負擔。」惟同條第12款則規定「因申請書類繁多，甲方同意乙方代刻印圖章、該章歸乙方保管，於保管期間，除申請有關建築事項外，乙方不得私自使用甲方印章，否則一切法律責任由乙方負責。」且告訴人辛、乙、庚簽立之委任書均載有：「立委任書人辛（庚、乙）（以下簡稱甲方）茲因與甲（以下簡稱乙方）合作興建房屋，爲辦理該合建大樓建築執照申請等事宜，甲方願將所有印章壹枚交與乙方保管使用。此印章專爲辦理建築事項之申請及變更，使用執照申領，水電、瓦斯裝設申請，產權登記之申請，以及有關變更手續之用，不得移作其他用途，如有違背，乙方應負法律上一切責任。」，而簽發本票並非「申請有關建築事項」，顯見告訴人辛、乙、庚並未授權被告甲使用渠等印章簽發本票。告訴人辛、乙、庚固曾提供土地設定抵押權，供作被告甲貸款之擔保，並在列載其爲債務人兼義務人之土地登記申請書、抵押權設定契約書上簽名，然抵押義務與本票債務究屬有別，尚難憑此即謂告訴人辛、乙、庚已授權被告甲以渠等名義製作前開本票。尤以票據具有無因性、流通性，前開本票復未載到期日，視爲見票給付（參票據法第120條第2項規定），對發票名義人權益影響重大，自應在本人知情且授權之情形下始得爲之，否則即難謂有製作權。甚且，被告甲借得之款項，並非全用於與告訴人辛、乙、庚之合建所需，而係將部分款項用爲自營事業之周轉，業經被告自承在卷，其僞造本票借款亦有營私之嫌，其僞造有價證券犯行堪以認定爲其論據。訊據被告甲堅持否認有爲右揭犯行，辯稱：

(1) 伊於84年2月30日、85年3月22日向戊分別借款200萬元、100萬元。85年7月27日還款150萬元後，86年3月18日再借款50萬元，故截至當時伊積欠戊款項爲200萬元，因此伊與告訴人始同意共同簽發金額分別爲120萬元（此本票先開立後，因戊要求依照欠款金額加2成開立本票，故此張應屬作廢之本票）、240萬元（依欠款金額加2成開立），此情恰與證人戊證稱有換過本票及伊有清償150萬元等情相符，適足以證明抵押權設定日期與本票發票日期不同之原因。雖代書己於本院審理作證時，對借款及抵押權設定過程不復記憶，然戊於偵查中業已證稱：我有交代代書要告訴人簽本票才借款，後來代書（指己）說有來簽（指告訴人辛、乙、庚有來簽發系爭本票），並辦妥抵押後才借款。而告訴人乙於偵查中陳稱：被告於84年12月間，帶伊至台中商銀蓋章，當時有簽名及蓋章等語；告訴人庚於偵查中陳稱：（辦抵押時有無同意？）有，當時是一起去辦的，故告訴人辛、乙、庚事後陳稱並未同意簽發系爭本票等語，顯然不實在。

(2) 高○將款項借與告訴人辛、乙時，就渠等所有土地設定最高限額抵押權時，曾要求告訴人辛、乙簽發系爭本票，有告訴人乙親自簽名用印之土地抵押權設定契約書附卷可稽，此與告訴人乙簽訂之合建契約書上簽名完全一致，且告訴人乙於另案台灣南投地方法院確認本票債權不存在事件亦坦承其上簽名確係其所爲。證人丁於本院審理時證稱：當時簽訂抵押權設定契約書時有簽發本票，而本票之章係告訴人自己蓋的，發票人是乙、辛，印章是乙、辛自己拿出來蓋的，甲捺指印乃因他是代寫的，所以郭代書的女兒叫他要蓋指印等語，足證公訴人起訴狀記載「明知乙、辛並無授權代爲簽發渠等爲發票人之本票，竟擅自以乙、辛等人名義爲共同發票人，在其上僞造乙、辛之署押，盜蓋渠等之印章，並按捺自己之指印，以佯裝確實經票載發票人之確認，交與高○收執，做爲借款之擔保」等情，顯與事實不符。至於告訴人等雖提出之合建契約中之「委任書」，以證明告訴人等之印章確實交由伊保管，然該委任書中所稱伊保管之印章並非印鑑章，而是用以辦理建築執照申請所用之普通印章，此觀諸伊代告訴人等向南投縣政府申請合併使用之申請書上之印章，並非告訴人等之印鑑章，即明兩造合建契約所附之「委任書」中之「甲方（即告訴人）願將所有印章1枚（印模如附件）交與乙方（即被告）保管使用」之印章，確係告訴人另1顆普通之印章，絕非告訴人所使用之印鑑章，伊更不可能持以僞造告訴人名義之本票等語。

三、按犯罪事實應依證據認定之，無證據不得推定其犯罪事實；不能證明被告犯罪者，應諭知無罪之判決，刑事訴訟法第154條、第301條第1項分別定有明文。次按認定不利於被告之事實，須依積極證據，苟積極證據不足爲不利於被告事實之認定時，即應爲有利於被告之認定，更不必有何有利之證據；以被害人（告訴人）之陳述爲認定犯罪之依據，必其陳述並無瑕疵，且就其他方面調查，又與事實相符，始能認有證據能力。所謂無瑕疵，係指被害人所爲不利被告之陳述，與社會上一般生活經驗或卷存其他客觀事實並無矛盾而言。至所謂就其他方面調查認與事實相符，非僅以所援用之旁證足以證明犯罪結果爲已足，尤須綜合一切積極佐證，除認定被告確有犯罪行爲之可能外，在推理上無從另爲其他合理原因之假設，有不合於此，即不能以被害人之陳述作爲論斷之證據（最高法院30年度上字第816號、61年台上字第3099號判例參照）。經查：

(一) 告訴人辛、乙、庚於84年5月1日分別與被告甲簽訂合建契約書，除分別提供南投縣埔里鎮○○段295、296、297、298、299、300地號土地作爲建築用地外，並約定告訴人辛、乙、庚同意配合被告甲辦理各項土地及建築融資，貸款金額及利息全歸被告甲所有及負擔，有合建契約書3份附卷可稽，足認告訴人辛、乙、庚確實有同意提供前開土地供被告甲辦理貸款之約定。又告訴人辛、乙、庚確有分別提供前開土地，供戊設定最高限額抵押權等情，有前開土地之土地登記申請書及土地抵押權設定契約書（均蓋有賴○○【辛代理】、乙、庚之印鑑印文）及印鑑證明附卷可稽，告訴人庚亦承認前開土地抵押權設定契約書上之「庚」簽名爲其所親簽（詳89年度偵字第8892號第120頁、本院91年7月10日審判筆錄）。告訴人辛、乙確有提供南投縣埔里鎮○○段272、273、274、706、707號土地應有部分供高○設定最高限額抵押權，有土地抵押權設定契約書附卷可稽（均蓋有辛、乙之印鑑印文），證人丁於本院審理時亦證稱前開土地抵押權設定契約書上「乙」之簽名確係乙本人所親簽等語（詳89年度偵緝字第612號偵查卷第35頁、本院91年8月9日審判筆錄），足證被告甲指稱告訴人辛、乙、庚確有配合其分別向戊、高○借款，並設定最高限額抵押權，並非虛構之詞。告訴人辛、乙、庚陳稱被告甲向戊、高○借款乙事，渠等自始均不知情等語，顯然並非眞實。

(二) 告訴人辛、乙、庚均承認系爭本票3紙上之印文，分別爲渠等之印文，然陳稱係被告甲盜用渠等因合建契約而交付被告保管之印鑑章等語。惟查，雙方簽訂之合建契約書第13條第12項約定：「因申請書類繁多，甲方（告訴人）同意乙方（被告）代刻印圖章，該章歸乙方保管，於保管期間，除申請有關建築事項外，乙方不得私自使用甲方印章，否則一切法律責任由乙方負責。」；於雙方簽訂之委任書則約定：「立委任書人辛【乙、庚】

（下稱甲方）茲因與甲（下稱乙方）合作興建房屋，爲辦理該合建大樓建築執照申請等事宜，甲方願將所有印章1枚（印模如附件）交與乙方保管使用。」而被告甲及告訴人辛、乙、庚均陳稱當時並未就保管之印章留有印模，是本案並無任何積極證據證明被告甲所保管告訴人辛（或其代理之賴○○）、乙、庚之印章即爲渠等之印鑑章。且印鑑章通常爲辦理重要產權異動登記所需之重要物件，衡諸常情，告訴人辛、乙、庚當無輕易將印鑑章交由契約相對人即被告甲保管之可能。縱確有委託保管，亦將於委任書內載明被告甲所保管者確爲印鑑章或留下印鑑章之印模，以資確認。反觀雙方約定由被告甲「代刻印圖章」，實已明確授權被告甲代刻告訴人辛（或賴○○）、乙、庚之印章，以便辦理建築相關之事項，而委任書中記載保管印章之「印模如附件」，卻未於合建契約書及委任書上留有任何印模，顯見該印章確係爲辦理建築相關事項所留存之一般印章，不具有影響產權異動之重要性，故未於合建契約書及委任書留有印模，以資確認。足見被告甲所保管之印章應係代爲刻印或由告訴人辛、乙、庚提供之一般印章，並非攸關產權異動之印鑑章。此由本院函調被告甲以賴○○、乙、庚名義向南投縣政府申請公有畸零地合併案中，告訴人乙、庚之印章顯非渠等之印鑑章，有南投縣政府91年10月15日府工築字第Z○○○○○○○○○○○號函覆資料在卷可稽，亦可得證。故告訴人辛、乙、庚指述被告甲盜用渠等交由其保管之印鑑章簽發系爭本票，其指述內容即存有瑕疵。

(三) 證人壬於本院審理時證稱：被告甲向高○借錢並簽訂土地抵押權設定契約書，是在代書丁家中洽談的，2個住在埔里的地主（指乙、辛）有過來簽名，是地主自己把章拿給代書丁，由郭○○代書的女兒蓋的，我不記得當天有無簽發本票等語。證人丁於本院審理時證稱：簽訂土地抵押權設定契約書當天，有2個地主到場（指乙、辛），當天有簽發本票，本票上面的印文是乙、辛自己蓋的，連同契約書內容都是我用台語唸給他們聽的，本票上面的指印則是被告甲蓋的，因爲他是代寫的，所以郭錦代書的女兒要被告甲蓋指印，印章是乙、辛自己拿出來蓋的，抵押權設定契約書上「乙」之簽名係乙自己簽名等語。證人張○○證稱當天伊代理高○到場，現場確有看見乙及辛等語。綜合以觀，告訴人乙、辛不僅配合被告甲向高○借款，並有共同簽發系爭金額300萬元之本票無訛。

(四) 前開以告訴人庚、被告甲爲共同發票人，金額120萬元之本票乙紙及以賴

○○、告訴人乙、被告甲爲共同發票人，金額240萬元之本票乙紙，雖證人戊證稱伊並未與告訴人辛、乙、庚碰過面，不知是否爲告訴人辛、乙、庚所簽發，且目前本票已經丟棄等語；證人即代書己則證因時隔久遠，前開本票是否爲辛、乙、庚所簽發，已不復記憶等語，而無從積極認定爲告訴人辛、乙、庚所簽發。然觀諸告訴人辛、乙、庚確有配合被告甲向戊借款，已如前述，而民間借款除提供不動產設定抵押權供作債權擔保外，亦多有由借款人再行簽發本票以爲債權證明之情形。告訴人辛、乙、庚既有配合被告甲向戊借款，渠等另行簽發前開本票供作債權之擔保，即非全無可能。且系爭本票上之印文是否爲告訴人辛、乙、庚交與被告甲保管之印章，已因前開本票正本滅失而無從據以鑑定，然告訴人辛、乙、庚因配合被告甲向戊借款既已獲得證明，而渠等爲配合借款而簽發前開本票既屬合理之假設，且又未能證明告訴人辛、乙、庚確實並未簽發前開本票，則揆諸前開判例，即不得以推測或擬制之方法，爲被告甲不利之認定。

(五) 綜上所述，本案既查無其他積極證據足資證明被告甲有何公訴人所指之僞造有價證券之行爲，核屬不能證明被告甲犯罪，應諭知無罪之判決。

據上論斷，應依刑事訴訟法第301條第1項，判決如主文。

中　　華　　民　　國　　○○　　年　　○○　　月　　○○　　日

台灣台中地方法院刑事第三庭

法官　陳○○

右正本證明與原本無異。

如不服本判決，應於判決送達後20日內向本院提出上訴狀，上訴於台灣高等法院台中分院（須附繕本）。

書記官　林○○

中　　華　　民　　國　　○○　　年　　○○　　月　　○○　　日

附表：

編號	債權人	最高抵押限額（新台幣）	抵押標的物（代辦人）	債務人	義務人（同所有權人）
1	台中區中小企業銀行股份有限公司	1,200萬元	南投縣埔里鎮○○段295地號至300地號、706、707地號等8筆土地（鄭○○代辦）	甲，連帶債務人乙、庚、賴○○、辛	乙、庚、賴○○、辛

2	詹○○	240萬元	同上段295至298地號等4筆土地（鄭○○代辦）	賴○○、乙	乙、賴○○
3	詹○○	120萬元	同上段299、300地號等2筆土地（曹○○代辦）	庚	庚
4	高○（嗣移轉予楊張○○）	151萬3,510元	同上段272至247、706、707地號等5筆土地（黃○○代辦移轉由陳○○代辦）		
5	高○（嗣移轉予楊張○○）	207萬5,680元	同上段272、274、706、707地號等4筆土地（黃○○代辦移轉由陳○○代辦）	辛	辛

附件：

台灣台中地方檢察署檢察官起訴書

89年度偵緝字第612號強股

被告　甲

上被告因僞造有價證券案件，業偵查終結，認應提起公訴，茲將犯罪事實及證據並所犯法條分敘如左：

犯罪事實

一、緣座落南投縣埔里鎮○○段295、296地號土地原係辛之父賴○○所有，同段299、300地號土地爲庚所有，同段272、279、274地號土地爲乙、辛共有、706、707地號土地爲庚、乙、辛及賴○○等人共有（上4人持分8分之5）。甲於民國84年5年間，分別與庚、乙、辛等人訂立上開土地之合建契約（賴○○所有土地合建部分，由辛代理訂約），庚、乙、辛等人因合建之需，並將上開六筆土地及同段272、273、274、706、707地號等五筆土地之權狀、身分證影本、印章（含賴○○印章）及印鑑證明交付予甲。詎甲於取得上開文件後，爲順利借得款項，竟意圖供行使之用，並基於概括之犯意，先於84年12月間，向詹○○借款新台幣（下同）300萬元，詹○○

委託鄭○○代辦相關事宜，甲徵得庚、乙、辛等人同意，以附表所示之土地設定抵押權予債權人詹○○，以供債權擔保（此部分不構成僞造文書罪詳後述），惟明知庚、乙、賴○○等人，並未授權代爲簽發其等爲發票人之本票，竟擅自以庚名義與其爲共同發票人，在其上盜蓋庚之印章，簽發面額120萬元之本票乙紙，並擅自以乙、賴○○名義及其爲共同發票人，在其上盜蓋乙、賴○○之印章，簽發面額240萬元之本票乙紙，交予詹○○收執，作爲借款之擔保。又於86年7月間，向高○借款300萬元，高○委託郭○○、黃○○代辦相關事宜，甲徵得乙、辛、庚等人同意，以附表所示之土地設定抵押權予債權人高○（嗣移轉登記爲楊張○○），惟明知乙、辛等人，並授權代爲簽發其等爲發票人之本票，竟擅自以乙、辛等人名義爲共同發票人，在其上僞造乙、辛之署押，盜蓋其等之印章，並按捺自己之指印以佯裝確實經票載發票人本人確認，交予高○收執，作爲借款之擔保。詎甲於取得款項後，並未全用於合建事務，而將部分款項挪用於個人自營之事業。嗣因甲迄未繳付本息，經債權人楊張○○向法院聲請拍賣抵押物，庚、辛、乙等人，始知上情。

二、案經庚、乙、辛訴請偵辦。

證據並所犯法條

一、本件訊據被告甲固坦承簽發上開支票等情不諱，惟矢口否認有何僞造支票之犯意，辯稱：向高○借錢時，告訴人都有到代書處蓋章，而本票是伊配合辦理時簽的，未經告訴人之特別授權，伊交予詹○○的本票上印章不能確定是何人所蓋的，若未經告訴人同意，不可能蓋到他們的章云云。然查：上開事實，業據告訴人庚、乙、辛等人指訴在卷，並有系爭本票影本在卷可稽，並有證人詹○○、鄭○○、黃○○、郭○○等證述情節可參。至本件系爭合建契約第13條其他約定事項第10款雖規定：「甲方（即告訴人）同意配合乙方辦理各項土地及建築融資，貸款下來之金額及利息全歸乙方所有與負擔。」惟同條第12款則規定「因申請書種類繁多，甲方同意乙方代刻印圖章、該章歸乙方保管，於保管期間，除申請有關建築事項外，乙方不得私自使用甲方印章，否則一切法律責任由乙方負責。」且告訴人等簽立之委任書均載有：「立委任書人庚（辛、乙）（以下簡稱甲方）茲因與甲（以下簡稱乙方）合作興建房屋，爲辦理該合建大樓建築執照申請等事宜，甲方願將所有印章1枚交與乙方保管使用。此印章專爲辦理建築事項之申請及變更，使用執照申領，水電、瓦斯裝設申請，產權登記之申請，以及有關變更手續之用，不得移作其他用途，如有違背乙方應負法律上一切責任。」核簽發本票並非「申請有關建築事項」，顯見告訴人等並未授權被告使用其等印章簽發本票。告訴人等固曾提供土地設定抵押權，供作被告貸款之擔保，並在列載其爲債務人兼義務人之土地登記申請書，抵押權設定契約書上簽名，然抵押義務與本票債務究屬有別，尚難憑此即謂告訴人等已授權被告以其等名義製作上開本票。尤以票據具有無因性、流通性，上開本票復未載到期日，視爲見票給付（參票據法第120條第2項規定），對發票名義人權義影響重大，自應在本人知情且授權之情形下始得爲之，否則即難謂有製作權。甚且，被告借得之款項，並非全用於與告訴人間之合建所須，而係將部分款項用爲自營事業之周轉，業經被告自承在卷，其僞造本票借款亦有營私之嫌。綜上所述，被告所辯，係屬卸飾之詞，不足採信，其罪嫌堪以認定。

二、核被告甲所爲，係犯刑法第201條第1項僞造有價證券之罪嫌。其行使僞造有價證券之輕行爲，爲僞造之重行爲所吸收，不另論罪。其僞造署押及盜用印章之行爲，均係僞造有價證券之部分行爲，亦不另論罪。又其先後多次犯行，犯意概括，時間緊密，所犯構成要件相同，請論以連續犯。

三、告訴意旨另以：被告甲意圖爲自己不法之所有，向告訴人等佯稱辦理合建需告訴人等之身分證影本及印鑑，並換發土地權狀等語，使告訴人陷於錯誤，將上開六筆土地及同段272等地號土地之權狀、身分證影本、印章及印鑑證明交付予被告。被告於取得上開文件後，即分別冒用告訴人等之名義，向台中區中小企業銀行股份有限公司（已更名爲台中商業銀行股份有限公司）、詹○○及高○等人借款，並盜用告訴人等爲合建而交付之印章於土地登記申請書及抵押權設定契約書上，就上開土地設定如附表所示之抵押權登記予債權人，以供債權擔保，並冒用告訴人乙、辛、庚等人之名義簽發面額本票，交付予債權人（其僞造有價證券部分業已起訴如前）。詎被告得款後，即避不見面，拒不履行合約，嗣因被告未清償本息，債權人於88年間向法院聲請拍賣抵押物，告訴人等接獲法院裁定，查知被告冒名抵押借款之情事，始知受騙。因認被告涉有刑法第339條第1項詐欺取財、第217條僞造盜用印章、第210條僞造私文書等罪嫌云云。

(一) 按犯罪事實應依證據認定之，無證據不得推定其犯罪事實，刑事訴訟法第154條定有明文。復按刑事訴訟法上所謂認定犯罪事實之證據，係指足以認定被告確有犯罪行爲之積極證據而言，該項證據自須適合於被告犯罪事實之認定，始得採爲斷罪資料。又告訴人之告訴，係以使被告受刑事訴追爲目的，是其陳述是否與事實相符，仍應調查其他證據以資審認。最高法院29年上字第3105號、52年台上字第1300號判例可資參照。

(二) 本件訊據被告甲固坦承與告訴人等簽訂合建契約，以上開土地設定抵押向台中商銀、詹○○、高○等人借款，迄未進行合建工程等情不諱，惟堅決否認有詐欺、僞造文書，僞造有價證券等情事，辯稱：向詹○○借款部分，是因辛繳不出遺產稅，用賴○○的土地設定抵押擔保，借了200多萬元，用以繳遺產稅。而向台中商銀借款之債務人是伊，告訴人等係擔保人，借了900多萬元，用於合建事宜，包括建築師設計費、廣告費、拆屋整地費及每月約11萬元之利息繳3年。向高○借了3、400萬元，支付代書費及建築費，伊向高○借錢時，告訴人都有到代書處蓋章，而本票是伊配合辦理時簽的，他們沒有特別授權，伊在向台中商銀貸款時，都有開本票給告訴人做爲運用資金之擔保等語。

(三) 經查：本件：（1）被告曾向台中中小企銀、高○、詹○○等人借款，並提供系爭土地，蓋用告訴人等之印章在土地登記申請書、土地建築物抵押權設定契約書上，設定抵押權予上開債權人，以供作擔保，嗣因借款未清償，至抵押土地遭債權人向法院聲請拍賣抵押物等情，有土地登記謄本、土地登記申請書、土地建築物抵押權設定契約書、台灣南投地方法院88年度拍字第190號、88年度拍字第399號民事裁定等在卷可稽，（2）告訴人等雖均表示未曾授權或同意被告以系爭土地設定抵押權供擔保借款，惟此與雙方所訂之合建契約書第13條其他約定事項第10款規定：「甲方（即告訴人）同意配合乙方辦理各項土地及建築融資，代款下來之金額及利息全歸乙方所有與負擔。」之意旨不符；且（3）被告向台中商銀借款部分：告訴人乙陳稱：84年12月間，被告帶伊至埔里台中商銀蓋章，說明合建要用的，但沒有說要借款，所以伊有簽名及蓋章等語。告訴人庚陳稱：被告說要去向台中商銀設定抵押，如果合建資金不夠，才要借等語，告訴人3人復均稱：有到銀行辦手續，說蓋房子資金不夠借來用。契約書及借款文件係自己蓋章的，伊未繳付銀行利息等語（以上參89年6月30日筆錄）。嗣告訴人3人又稱：只知是向銀行借等語（參90年2月9日筆錄），堪認告訴人等對此知情並親自爲之；（4）被告向詹○○借款部分：代辦抵押權設定之鄭○○證稱：庚好像在場等語（參90年3月28日筆錄），告訴人庚雖否認，惟依卷附如附表2、3所示之抵押權設定契約書其他特約事項所載，上有乙、賴○○、庚等本人之簽名，顯見此部分亦有告訴人等之同意，其等指訴與事實不符；（5）被告向高○借款部分：代辦抵押權設定予高○之黃○○證稱：雙方本人有來，告訴人有同意等語。而代辦抵押權移轉登記予楊張○○之陳○○亦證稱：伊辦理債權轉讓事項及抵押權移轉登記，有經告訴人本人同意並蓋章，且債權轉讓並不損害債務人利益等語。而告訴人庚亦陳稱：辦抵押時有同意，當時是一起去辦的等語，告訴人3人並均稱不知被告向詹○○借款，惟亦均稱被告有代付遺產稅等語（以上參90年2月9日筆錄）。是尚難遽認告訴人等對此部分抵押權之設定不知情。綜上所述，尚難謂被告有偽造文書之情事。（6）被告持告訴人等之土地設定抵押權供擔保借款，雖將借得款項部分挪為己用，然被告因合建事宜亦曾簽發面額1,000萬元、300萬元之本票，分別交付予庚、辛，且其曾代付庚繼承賴○○遺產應付之遺產稅130餘萬元，被告亦曾僱工整地、製作廣告看板，並向主管機關申請建築執照等情，迭為告訴人陳稱屬實，足見被告應有履行合建契約義務之意，而非自始蓄意詐欺。且被告曾於84年10月6日以295至300地號土地，設定最高限額抵押360萬元予詹○○，嗣因清償於同年12月14日塗銷登記。另於86年7月16日以706、707地號土地，設定最高限額抵押400萬元予高○，嗣因清償於同年9月6日塗銷登記，此有土地登記謄本在卷可稽，足見被告並非持告訴人之土地供作擔保一味借款不還，亦足徵其無詐欺之犯意。（7）是被告此部分所辯，堪予採信，難謂其有詐欺、偽造文書之犯意。惟此與前開起訴部分有方法與結果之牽連關係，為法律上之同一案件，爰不另為不起訴處分。

四、依刑事訴訟法第251條第1項提起公訴。

此　致

台灣台中地方法院

中　華　民　國　○○　年　○○　月　○○　日

檢察官　謝○○

中　華　民　國　○○　年　○○　月　○○　日

上正本證明與原本無異。

書記官　何○○

參考法條：

刑法第201條：

意圖供行使之用，而偽造、變造公債票、公司股票或其他有價證券者，處三年以上十年以下有期徒刑，得併科九萬元以下罰金。

行使偽造、變造之公債票、公司股票或其他有價證券，或意圖供行使之用而收集或交付於人者，處一年以上七年以下有期徒刑，得併科九萬元以下罰金。

編號	債權人	最高抵押限額（新台幣）	抵押標的物（代辦人）	債務人	義務人（同所有權人）
1	台中區中小企業銀行股份有限公司	1,200萬元	南投縣埔里鎮○○段295地號至300地號、706、707地號等8筆土地（鄭○○代辦）	甲，連帶債務人乙、庚、賴○○、辛	乙、庚、賴○○、辛
2	詹○○	240萬元	同上段295至298地號等4筆土地（鄭○○代辦）	賴○○、乙	乙、賴○○
3	詹○○	120萬元	同上段299、300地號等2筆土地（曹○○代辦）	庚	庚
4	高○（嗣移轉予楊張○○）	151萬3,510元	同上段272至247、706、707地號等5筆土地（黃○○代辦移轉由陳○○代辦）		
5	高○（嗣移轉予楊張○○）	207萬5,680元	同上段272、274、706、707地號等4筆土地（黃○○代辦移轉由陳○○代辦）	辛	辛

相關法條及裁判要旨

■刑法第201條第1項：

意圖供行使之用，而偽造、變造公債票、公司股票或其他有價證券者，處三年以上十年以下有期徒刑，得併科九萬元以下罰金。

■刑事訴訟法第154條第1項：

被告未經審判證明有罪確定前，推定其為無罪。

■刑事訴訟法第301條第1項：

不能證明被告犯罪或其行為不罰者應諭知無罪之判決。

■最高法院30年度上字第816號判例：

認定不利於被告之事實，須依積極證據，苟積極證據不足為不利於被告事實之認定時，即應為有利於被告之認定，更不必有何有利之證據。

■最高法院61年度台上字第3099號判例：

被害人之陳述如無瑕疵，且就其他方面調查又與事實相符，固足採為科刑之基礎，倘其陳述尚有瑕疵，而在未究明前，遽採為論罪科刑之根據，即難認為適法。

(七) 僞造文書罪

案例事實

被告甲原係門牌號碼爲台中市南屯區○○路771號12樓之1房屋（下稱系爭房屋）之所有人，惟因被告甲積欠詹○○及三信商業銀行股份有限公司債務，是系爭房屋於民國95年間，遭詹○○向台灣台中地方法院（下稱台中地方法院）聲請強制執行拍賣，而爲告訴人丙於96年2月6日，標得系爭房屋。然被告甲及乙在台中地方法院民事執行處對系爭房屋進行強制執行之拍賣程序中，意圖損害拍定人使用系爭房屋之權利，共謀由被告乙提出1紙經台中地方法院所屬民間公證人林○○公證之房屋租賃契約（下簡稱系爭租賃契約），且於台中地方法院民事執行處95年度執字第64535號之強制執行事件中主張：「乙於94年8月17日，向甲承租系爭房屋全部，租賃期間自94年8月23日起至109年8月22日止，租金每月新台幣（下同）1萬元，約定於每月23日前支付」，另被告乙則主張其爲系爭房屋之承租人，房屋租金業已預繳至100年9月予被告甲，致使台中地方法院民事執行處95年度執字第64535號之承辦法官於拍賣公告上記載：「……本件建物查封時曾出租予第三人乙，租期自94年8月23日起至109年8月22日止，拍定後不點交」，而使告訴人於標得系爭房屋後，卻無法順利使用系爭房屋。被告2人明知系爭租賃契約爲虛假，卻將系爭租賃契約交予具有刑法第10條第2項公務員身分之台中地方法院所屬民間公證人林○○爲公證，致使公證人林○○於公證後，將不實事項記載於所掌管之公文書上，並將公證後之系爭租賃契約送交法院登記留存。再者，被告2人共謀，由被告乙向台中地方法院民事執行處95年度執字第64535號強制執行事件主張系爭房屋爲其所承租，使民事執行法官將上開不實事項登載於拍賣公告上，足生損害於司法機關對於拍賣公告上記載之正確性及告訴人。告訴人因認被告等涉犯刑法第214條之使公務人員登載不實罪嫌而向地檢署提起僞造文書刑事告訴。

撰狀說明

(1) 按「文書，依其程式及意旨得認作公文書者，推定爲眞正」，民事訴訟法第355條第1項定有明文。經查被告甲將所有房屋出租予被告乙，除簽訂房屋租賃契約書外，更經過法院所屬民間公證人公證，因此依法推定爲眞正。

(2) 又告訴人嗣於96年2月6日，係以612萬999元之價格得標買受系爭房屋，而系爭房屋前於95年12月間之台中地院拍賣公告時已註明「本件建物查封時曾出租予第三人乙，租期自94年8月23日起至109年8月22日止，拍定後不點交」；告訴人於96年4月10日以寄發存證信函，通知被告乙已有2個月之房租未付，依其與房屋前手之約定及民法之相關規定，積欠2個月之租金即可終止租約，繼於96年6月具狀向台中地院以96年度訴字第1727號案起訴主張被告乙已積欠房租超過2個月，請求返還系爭房屋，足認告訴人亦承認被告間之房屋租賃契約殊爲眞正，否則何以自居爲出租人之地位寄發存證信函？

(3) 又被告甲雖曾先後以上開房屋向三信商業銀行分別貸得款項，但貸款期間均有依約繳付放款利息，且所有貸款已分別償還完畢，並無告訴人指述之被告甲因無法清償債務，遂思與被告乙通謀訂立租金偏低之租賃契約，待無法清償債務，自難徒憑聲請人之片面指訴，而遽以入罪。

(4) 再按「刑法第210條之僞造文書罪，指無製作權不法製作者而言，若自己之文書，縱有不實之記載，要難構成本條之罪」（最高法院47年度台上字第365號判例意旨參照）。因此，撰寫刑事答辯狀時應從被告間簽訂之房屋租賃契約乃製作文書之本人親自所爲，且經過公證推定爲眞正，更從告訴人先後矛盾之催告給付租金行爲指駁告訴人之指述不可採信等部分論述。

書狀內容

狀別：刑事答辯狀

案號及股別：○○年○○字○○號○股

被　告　　甲　　身分證字號：○　性別：○　生日：○　住：○

被　告　　乙　　身分證字號：○　性別：○　生日：○　住：○

共同選任辯護人　何志揚律師

爲被告因僞造文書案件，謹依法提答辯事：

一、告訴意旨略以：被告爲阻止告訴人自法院拍得系爭座落○○市○○區○○路○○號○○樓之○房屋並取回系爭房屋，竟通謀虛僞僞造長達15年之房屋租賃契約，更進而行使該僞造之房屋租賃契約，故認被告等涉有刑法第210條僞造文書罪及第216條之行使僞造文書罪云云。

二、被告無刑法第210條僞造私文書及同法第216條之行使僞造文書犯行，更無積極證據足以證明被告犯有僞造文書之犯行：

(一) 按「文書，依其程式及意旨得認作公文書者，推定爲眞正」，民事訴訟法第355條第1項定有明文。經查同案被告甲係在系爭房屋尚未經法院查封拍賣前，於民國（下同）94年8月17日將上開房屋出租予被告乙作住家使用，約定租賃期間自94年8月23日起至109年8月22日止，租金每月新台幣（下同）1萬元，應於每月23日前支付，雙方並簽訂房屋租賃契約書更經台灣○○地方法院所屬民間公證人林○○公證（參被證1），既然系爭房屋租賃契約經公證人公證，依其程式及意旨依法自屬公務員職務上所製作之公文書，當應推定爲眞正，告訴人僅以租期冗長及每月租金約定低廉懷疑系爭房屋租賃契約爲被告與同案被告甲所僞造簽立之文書，並無任何積極之證據加以佐證，自難採信。

(二) 次查告訴人於另案本院96年度訴字第1727號對被告乙提起遷讓房屋訴訟民事起訴狀亦主張：「緣被告乙於民國94年8月17日向訴外人甲承租座落○○市○○區○○路○○號○○樓之○之建物，然此建物於96年2月6日經公開拍賣由原告吳○○拍定取得建物所有權，是依買賣不破租賃之法理，甲與乙之租賃契約，對於原告（受讓人、拍定人）仍繼續存在，原告即成爲該租賃契約之出租人」（參被證2，該民事訴訟告訴人自認理虧已於判決前撤回全部起訴，可請鈞長調卷即明），因此告訴人於上開民事訴訟尚自居爲系爭房屋租賃契約之繼受人，如該契約乃被告所僞造，告訴人豈能繼受？因此告訴人前後矛盾之主張，顯然違反誠信原則，殊難足採。

(三) 次查告訴人所委請之陳○○律師於上開民事訴訟起訴前更代理告訴人收取被告所給付之房屋租金1萬元（參被證3），因此如系爭租約爲虛僞，何以告訴人又收取被告租金？

(四) 再者，告訴人雖又主張系爭房屋租賃契約約定租金係以現金給付，居然被告又係以匯款方式給付，且並未按契約約定每月給付1萬元，而係分別多次以匯款預付租金予甲，因此顯然違背常理云云，按系爭租賃契約固約定租金給付方式爲現金且每月23日前給付1萬元，惟乃因被告甲多次找不到被告乙始要求被告以匯款方式給付租金，而且亦係應被告甲要求預付租金，此有甲於上開民事訴訟中結證：「（請審判長提示被證2存摺明細影本予證人）爲何被告是用匯款之方式給你給付租金？」（審判長提示被證2之存證明細影本予證人閱覽）我去系爭房屋找被告，找了二、三次都沒有找到人，後來我才向被告說，乾脆你租金匯到我的帳户」、「（爲何你每期租金約定是1萬元，而被告卻在94年8月29日匯了2萬元、94年10月20日匯了7萬元、95年1月3日匯17萬元、95年11月7日匯47萬給你，爲何預付租金達73個月？）我租約是租給被告15年，但我有欠別人錢，所以我拜託被告可否預付租金給我，讓我周轉」可據（參被證4），而告訴人另主張如被告已給付73萬元予甲，何以被告又按月給付1萬元予告訴人？然此乃因被告擔心告訴人主張該等租金伊未收受而以欠繳租金終止系爭租約，故而給付租金，因此自難以被告給付租金方式與契約約定不同及多付租金而指系爭租約爲僞造。

(五) 尤有進者，告訴人復主張被告每月給付1萬元租金低於行情、甚至被告乙並未居住其內云云，經查被告向告訴人前手李○○承租系爭房屋時均爲空屋，被告光裝潢費用就已經支付4、500萬元，因此如以空屋承租行情並無低於市場價格，告訴人空言指摘，更難足取。

(六) 退萬步言之，按「刑法第210條之僞造文書罪，指無製作權不法製作者而言，若自己之文書，縱有不實之記載，要難構成本條之罪」（最高法院47年度台上字第365號判例意旨參照）、「刑法第210條之僞造私文書罪，以僞造他人名義之文書爲必要，被告將自己所有之土地借與他人使用，以自己之名義與他人訂立借用契約，殊無僞造私文書之可言」（最高法院48年度台上字第343號判例意旨參照）、「僞造私文書罪，除從事業務之人明知爲不實之事項而登載於其業務上作成之文書外，以僞造他人名義之私文書爲構成要件，若與作成文書名義人雙方通謀而製作虛僞之普通文書，究不構成僞造文書之罪，上訴人自訴被告於民國39年3月19日，乘其所有財產被債權人施行拍賣心慌無主之機會，唆使僞造上訴人向被告借用砂糖90包之借據，冀得就拍賣財產中參與分配，藉以維持上訴人家庭生活，上訴人誤信爲眞，遂允作成，此種情形，該被告僅係與上訴人通謀而製作虛僞之文書，尚難以僞造私文書罪相繩」（最高法院44年度台上第570號判例意旨參照）。經查被告係以承租人而與出租人甲簽具系爭房屋租賃契約，均係以自己名義製作系爭文書，縱使有僞造依上開最高法院判例意旨亦難成立刑法上之僞造私文書罪。

三、綜上所陳，被告顯然並無告訴人所指犯行，懇請鈞長鑒核，迅諭知不起訴處分，以免冤抑，而障權利。

謹　狀

台灣○○地方檢察署　公鑒

證據名稱及件數

被證1：房屋租賃契約書。

被證2：民事撤回起訴聲請狀。

被證3：收據。

被證4：言詞辯論筆錄。

中　華　民　國　○○　年　○○　月　○○　日

具狀人 甲 乙　　簽名蓋章

共同選任辯護人 何志揚律師

狀別：刑事答辯（二）狀

案號及股別：○○年○○字○○號○股

被　告　　甲　　身分證字號：○　性別：○　生日：○　住：○

被　告　　乙　　身分證字號：○　性別：○　生日：○　住：○

共同選任辯護人 何志揚律師

爲被告因僞造文書案件，謹依法續提答辯事：

一、告訴人於拍得系爭房屋前早已知悉被告等間之租約事實：

經查告訴人係於96年2月6日向法院拍得系爭房地並於96年3月9日辦妥所有權移轉登記（參附件1），於系爭房屋拍賣前早已知悉法院拍賣公告內爲不點交，且於拍賣公告中亦記載債務人甲曾將房屋出租與第三人，竟然仍向法院參與投標，自不能事後違反誠信又主張被告等租約係虛僞而無效。

二、被告間租約確實屬實，被告甲並無訂定假租約毀損三信商銀之可能：

次查被告甲於出租系爭房屋前後雖曾以其設定抵押權向三信商銀借貸款項，但借款期間不僅繳息正常，而且最後所有借款均清償完畢，有放款帳卡明細單可稽（參附件2），故告訴代理人於上次庭訊時質疑被告甲爲毀損銀行債權而簽訂假租約，即屬不可能。

謹　狀

台灣○○地方檢察署　公鑒

證據名稱及件數

參附件1：土地登記謄本。

參附件2：房款明細單及異動索引

中　　華　　民　　國　　○○　　年　　○○　　月　　○○　　日

具狀人　甲　乙　　簽名蓋章

共同選任辯護人　何志揚律師

台灣台中地方檢察署檢察官不起訴處分書

97年度偵字第3500號結股

告訴人　　丙

告訴代理人　吳○○律師

被　告　　甲

被　告　　　乙
上2人共同選任辯護人　何志揚律師
上列被告等因爲僞造文書案件，業經偵查終結，認爲應該不起訴處分，茲敘述理由如下：

一、告訴意旨略以：被告甲原係門牌號碼爲台中市南屯區◯◯路771號12樓之1房屋（下稱系爭房屋）之所有人，惟因被告甲積欠詹◯◯及三信商業銀行股份有限公司債務，是系爭房屋於民國95年間，遭詹◯◯向台灣台中地方法院（下稱台中地方法院）聲請強制執行拍賣，而爲告訴人丙於96年2月6日，標得系爭房屋。然被告甲及乙在台中地方法院民事執行處對系爭房屋進行強制執行之拍賣程序中，意圖損害拍定人使用系爭房屋之權利，共謀由被告乙提出1紙經台中地方法院所屬民間公證人林◯◯公證之房屋租賃契約（下簡稱系爭租賃契約），且於台中地方法院民事執行處95年度執字第64535號之強制執行事件中主張：「乙於94年8月17日，向甲承租系爭房屋全部，租賃期間自94年8月23日起至109年8月22日止，租金每月新台幣（下同）1萬元，約定於每月23日前支付」，另被告乙則主張其爲系爭房屋之承租人，房屋租金業已預繳至100年9月予被告甲，致使台中地方法院民事執行處95年度執字第64535號之承辦法官於拍賣公告上記載：「…本件建物查封時曾出租予第三人乙，租期自94年8月23日起至109年8月22日止，拍定後不點交」，而使告訴人於標得系爭房屋後，卻無法順利使用系爭房屋。被告2人明知系爭租賃契約爲虛假，卻將系爭租賃契約交予具有刑法第10條第2項公務員身分之台中地方法院所屬民間公證人林◯◯爲公證，致使公證人林◯◯於公證後，將不實事項記載於所掌管之公文書上，並將公證後之系爭租賃契約送交法院登記留存。再者，被告2人共謀，由被告乙向台中地方法院民事執行處95年度執字第64535號強制執行事件主張系爭房屋爲其所承租，使民事執行法官將上開不實事項登載於拍賣公告上，足生損害於司法機關對於拍賣公告上記載之正確性及告訴人。因認被告等涉犯刑法第214條之使公務人員登載不實罪嫌。

二、按犯罪事實應依證據認定之，無證據不得認定犯罪事實。刑事訴訟法第154條第2項定有明文。而認定不利於被告之事實，須依積極證據，苟積極證據不足爲不利於被告事實之認定時，即應爲有利於被告之認定。最高法院30年上字第816號著有判例可資參照。

三、訊據被告甲、乙均堅決否認有何上揭犯行，被告甲辯稱：系爭房屋於94年8

月17日，即出租予被告乙，並經公證，而告訴人係於96年2月間，才標得系爭房屋，且系爭房屋出租時系空屋，並無裝潢，所以租金較便宜等語。被告乙則辯稱：房屋租賃契約有經過公證，租期共15年，後來告訴人標得系爭房屋後，亦以租賃契約之繼受人自居，且曾於96年4月12日，收受租金1萬元等語。經查：

(一) 被告甲、乙於94年8月17日，訂立之系爭租賃契約，業經台灣台中地方法院所屬民間公證人林○○公證，有系爭租賃契約及台中地方法院所屬民間公證人林○○事務所94年度中院民公貞字第940129號公證書影本各1份在卷足憑。而公證係就請求人請求公證之法律行爲或有關私權之事實賦予公證力，證明該項法律行爲之作成或該事實之存在，是經公證之法律行爲或有關私權之事實，除有反證外，應認其存在。而本件除告訴人以租金過低、租期過長及被告乙已預繳6年租金，與常理有違爲由，而認被告等所定之系爭租賃契約係不實外，並無其他積極證據，足資證明被告等有通謀而爲虛僞意思表示之行爲。

(二) 被告等早於94年8月17日，即就系爭房屋簽定租賃契約，並作成公證，而告訴人係於96年2月6日，始得標買受系爭房屋。又系爭房屋於95年間之拍賣公告已註明「本件建物查封時曾出租予第三人乙，租期自94年8月23日起至109年8月22日止，拍定後不點交」，此有台中地方法院民事執行處通知在卷可稽。而告訴人於投標、應買前，既已知悉上開說明，始參加投標，且在得標買受系爭房屋後，亦均以系爭租賃契約之繼受人，寄發存證信函，要求被告乙繳付租金，繼而向台中地方法院以96年度訴字第1727號起訴主張被告乙因積欠租金達2月，而請求返還系爭房屋，嗣被告乙於96年4月12日，委由律師交付租金1萬元予告訴人，告訴人則於96年8月29日，具狀撤回告訴，此均有存證信函、民事起訴狀、收據及撤回起訴聲請狀影本存卷可參。是告訴人既已知悉系爭房屋之法拍賣公告爲不點交，而仍參與投標，且於標得系爭房屋後，一再以系爭租賃契約之繼受人自居，而主張權利，直至97年2月。始竟主張被告等所簽定之系爭租賃契約係虛僞而無效，而提出本件告訴，實令人不解。

(三) 告訴人雖指訴：被告甲以系爭房屋向三信商業銀行設定最高限額抵押權，貸款新台幣540萬元，然被告甲竟同意以每月1萬元租予被告乙，根本不足減輕其貸款壓力，顯見被告甲係因無法清償債務，遂思與被告乙通謀訂立租金偏低之租賃契約，待無法清償債務，房屋遭拍賣時，仍可透過被告乙繼續享有系爭房屋之15年使用權云云。然依卷附之三信商業銀行放款帳卡明細單（97年3月25日列印），被告甲於94年7月11日、94年8月26日、94年11月1日、95年4月20日、95年5月30日、95年7月20日及95年8月29日，雖曾向三信商業銀行分別貸款25萬元、100萬元、360萬元、25萬元、19萬元、10萬元及10萬元，然借款期間繳息正常，且所有借款均於數月至1年間內即清償完畢，並無告訴人所指述之被告甲因無法清償債務，遂思與被告乙通謀訂立租金偏低之租賃契約，待無法清償債務，系爭房屋遭拍賣時，仍可透過被告乙繼續享有系爭房屋之15年使用權等情。即告訴人之上開指訴，顯屬臆測，尚難採憑。

四、綜上，本件尚難僅以告訴人之片面指述，遽認定被告等涉有刑法第214條之僞造文書犯行。此外，復查無其他積極證據，足認被告等有何告訴意旨所指之犯嫌，依首揭法條及判例意旨說明，應認被告等之罪嫌尚有不足。

五、依刑事訴訟法第252條第10款爲不起訴處分。

中　華　民　國　○○　年　○○　月　○○　日

檢察官　吳○○

告訴人接受本件不起訴處分書後得於10日內以書狀敘述不服之理由，經原檢察官向台灣高等檢察署台中檢察分署檢察長聲請再議。

本件正本證明與原本無異

中　華　民　國　○○　年　○○　月　○○　日

書記官　武○○

台灣高等檢察署台中檢察分署處分書

97年度上聲議字第1148號揚股

聲請人　丙

被　告　乙

被　告　甲

上列聲請人因告訴被告僞造文書案件，不服台灣台中地方檢察署檢察官於中華民國97年5月24日所爲不起訴處分（97年度偵字第3500號）聲請再議，經予審核，認爲應予駁回。茲敘述理由如下：

一、聲請人原告訴意旨略以：被告甲原係門牌號碼爲台中市南屯區○○路771號12樓之1房屋（簡稱系爭房屋）之所有人，惟因被告甲積欠詹○○及三信商業銀行股份有限公司（簡稱三信商業銀行）債務，是系爭房屋於民國（下同）95年間，遭詹○○向台灣台中地方法院（簡稱台中地院）聲請強制執行拍賣，而爲聲請人丙於96年2月6日標得系爭房屋。然被告甲、乙在台中地院民事執行處對系爭房屋進行強制執行之拍賣程序中，意圖損害拍定人使用系爭房屋之權利，共謀由被告乙提出1紙經台中地院所屬民間公證人林○○公證之房屋租賃契約（簡稱系爭租賃契約），且於台中地院民事執行處95年度執字第64535號之強制執行事件中主張：「乙於94年8月17日，向甲承租系爭房屋全部，租賃期間自94年8月23日起至109年8月22日止，租金每月新台幣（下同）1萬元，約定於每月22日前支付」，另被告乙則主張其爲系爭房屋之承租人，房屋租金業已預繳至100年9月予被告甲，致使台中地院民事執行處95年度執字第64535號之承辦法官於拍賣公告上記載：「…本件建物查封時曾出租予第三人乙，租期自94年8月23日起至109年8月22日止，拍定後不點交」，而使聲請人於標得系爭房屋後，卻無法順利使用系爭房屋。被告2人明知系爭租賃契約爲虛假，卻將系爭租賃契約交予具有刑法第10條第2項公務員身分之台中地院所屬民間公證人林○○爲公證，致使公證人林○○於公證後，將不實事項記載於所掌管之公文書上，並將公證後之系爭租賃契約送交法院登記留存。再者，被告2人共謀，由被告乙向台中地院民事執行處95年度執字第64535號強制執行事件主張系爭房屋爲其所承租，使民事執行法官將上開不實事項登載於拍賣公告上，足生損害於司法機關對於拍賣公告上記載之正確性及聲請人。因認被告2人涉犯刑法第214條之使公務人員登載不實罪嫌。

二、原檢察官偵查結果，以：（一）被告2人於94年8月17日，訂立之系爭租賃契約，業經台中地院所屬民間公證人林○○公證，有系爭租賃契約及台中地方法院所屬民間公證人林○○事務所94年度中院民公貞字第940129號公證書影本各1份可證。而本件除聲請人以租金過低、租期過長及被告乙已預繳6年租金，與常理有違爲由，遽認被告等所定之系爭租賃契約係不實外，並無其他積極證據足資證明被告等有通謀而爲虛僞意思表示之行爲；（二）被告2人於94年8月17日即系爭房屋簽立租賃契約，並作成公證，而聲請人係於96年2月6日，始得標買受系爭房屋。且系爭房屋於95年間之拍賣公告已註明「本件建物查封時曾出租予第三人乙，租期自94年8月23日起至109年8月22日止，拍定後不點交」，此有台中地方法院民事執行處通知在卷可稽。而聲請人於投標、應買前，既已知悉上開說明，始參加投標，且在得標買受系爭房屋後，亦均以系爭租賃契約之繼受人，寄發存證信函，要求被告乙繳付租金，繼而向台中地院以96年度訴字第1727號起訴主張被告乙因積欠租金達2月，而請求返還系爭房屋，嗣被告乙於96年4月12日，委由律師交付租金1萬元予聲請人，聲請人即於96年8月29日具狀撤回該告訴，此有存證信函、民事起訴狀、收據及撤回起訴聲請狀影本可稽。是聲請人既已知悉系爭房屋之法拍賣公告爲不點交，仍參與投標，且於標得系爭房屋後，一再以系爭租賃契約之繼受人自居，而主張權利，直至97年2月始主張被告等所簽定之系爭租賃契約係虛僞而無效，而提出本件告訴，實令人不解；（三）聲請人雖指訴：被告甲以系爭房屋向三信商業銀行設定最高限額抵押權，貸款540萬元，然被告甲亦同意以每月1萬元租予被告乙，根本不足減輕其貸款壓力，顯見被告甲係因無法清償債務，遂思與被告乙通謀訂立租金偏低之租賃契約，待無法清償債務，房屋遭拍賣時，仍可透過被告乙繼續享有系爭房屋之15年使用權云云。然依卷附之三信商業銀行放款帳卡明細單（97年3月25日列印），被告甲於94年7月11、94年8月26日、94年11月1日、95年4月20日、95年5月30日、95年7月20日及95年8月29日，雖曾向三信商業銀行分別貸款25萬元、100萬元、360萬元、25萬元、19萬元、10萬元及10萬元，然借款期間繳息正常，且所有借款均於數月至1年間內即清償完畢，並無聲請人所指述之被告甲因無法清償債務，遂思與被告乙通謀訂立租金偏低之租賃契約，待無法清償債務，系爭房屋遭拍賣時，仍可透過被告乙繼續享有系爭房屋之15年使用權等情。綜上，本件尚難僅以聲請人之片面指述，遽認定被告等涉有上揭犯行。此外，復查無其他積極證據，足認被告等有何告訴意旨所指之犯行，其等之犯罪嫌疑不足，故爲不訴處分。

三、聲請再議意旨略以：被告2人於原檢察官隔離訊問時，關於簽訂租賃契約及給付租金過程之供詞顯有疑異，原檢察官竟以被告等之供詞作爲處分之理由，顯非允當，又被告甲於台中地院96年訴字第1727號返還房屋事件中，承認收取被告乙於94年8月29日匯款2萬元、94年10月20日匯款7萬元、95年1月3日匯款17萬元，95年11月7日匯款47萬元，並陳述自己因欠別人錢，才託被告乙預付訂金給自己，惟原檢察官僅依卷內之三信商業銀行放款帳卡明細單（97年3月25日列印）之清償情形，推定聲請人之指訴顯屬臆測，尚難採信，其調查尚有不周之處，又聲請人自96年2月6日得標買受系爭房屋起迄今，並未主張繼受系爭房屋，亦未正式收取任何租金，被告乙雖於96年4月12日委由律師交付租金1萬元予聲請人，但因系爭租賃契約甚不合理，聲請人無法同意此部分之給付，且並未委託律師代收之，故已拒絕收取1萬元租金，並委請律師退還之，而聲請人於96年8月29日具狀撤回台中地院96年度訴字第1727號請求返還系爭房屋事件，僅係因案受任律師認爲該案不利於聲請人，先行撤回告訴尚可取得該案3分之2之訴訟費用，並非基於繼受該契約、收受該筆1萬元租金而撤回，原檢察官之推定確有不當之處，惟原檢察官僅憑被告等訂立之租賃契約後被告甲之三信商業銀行放款帳卡明細單，逕認被告甲繳款正常，無思與被告乙通謀訂立租金偏低之租賃契約之意圖，其調查顯有不周之處，且未調查被告甲自89年10月13日起至今向三信商業銀行貸款與設定最高限額抵押權之債務歷程資料及當時系爭房屋內部照片，以及未向財政部台灣省中區國稅局台中市分局調查系爭房屋之當地一般租金標準。又被告辯稱自94年8月間起至95年11月7日已預繳73萬元租金，然實際上在15個月中預繳6年之租金，實與常情不符，足見被告甲於無法清償其自身債務之初，遂思與被告乙通謀訂立租金甚低之租賃契約，待無法清償債務致房屋遭拍賣時，仍可透過被告乙繼續享有系爭房屋15年使用權，不法之意圖灼然甚明，且既如被告乙所稱已預繳73萬元租金給被告甲，被告乙何必再交付聲請人1萬元？顯見被告乙匯款予被告甲，並非出於租賃之關係，而係基於其他原因等語。

四、惟核：（一）被告2人係於94年8月17日簽立房屋租賃契約書，約定被告甲將其所有系爭房屋出租予被告乙，租賃期限自94年8月23日起至109年8月22日止，每月租金1萬元，每月23日前以現金支付，嗣經台中地院所屬民間公證人林○○公證，此有系爭房屋租賃契約書及台中地院所屬民間公證人林○○事務所94年度中院民公貞字第940129號公證書影本各1份可證（見偵查卷第9頁至第12頁）；（二）嗣於96年2月6日，聲請人以612萬999元之價格得標買受系爭房屋，而系爭房屋前於95年12月間之台中地院拍賣公告時已註明「本件建物查封時曾出租予第三人乙，租期自94年8月23日起至109年8月22日止，拍定後不點交」，此有台中地院民事執行處95年12月26日中院慶民執95執七字第64535號通知、台中地院96年2月6日中院慶民執95執七字第64535號不動產權利移轉證書各1份、建物登記第二類謄本（建號全部）2份可證（見偵查卷第13頁至第16頁、第61頁至第63頁）；（三）嗣聲請人於96年4月10日以寄發存證信函，通知被告乙已有2個月之房租未付，依其與房屋前手之約定及民法之相關規定，積欠2個月之租金即可終止租約，繼於96年6月具狀向台中地院以96年度訴字第1727號案起訴主張被告乙已積欠房租超過2個月，請求返還系爭房屋，嗣被告乙委託何志揚律師於96年4月12日交付租金1萬元予聲請人，聲請人則於96年8月29日具狀撤回該告訴，此有存證信函、民事起訴狀、台中地院民事庭通知書、民事撤回起訴聲請狀及收據影本各1份可稽（見偵查卷第36頁至第39頁）；（四）嗣被告甲先後於94年7月11日、94年8月26日、94年11月1日、95年4月20日、95年5月30日、95年7月20及95年8月29日，向三信商業銀行分別貸款25萬元、100萬元、360萬元、25萬元、19萬元、10萬元及10萬元，而上揭該等貸款期間，被告均有依約繳付放款利息，且上揭所有貸款已分別於95年5月2日、95年5月2日、95年11月2日及96年3月21日償還完畢，此有三信商業銀行放款帳卡明細單7份可證（見偵查卷第64頁至第70頁）。綜上，本件聲請人雖於96年2月6日得標買受系爭房屋，然因之前被告甲已自94年8月23日起，將系爭房屋出租予被告乙，租賃期限至109年8月22日止，是系爭房屋於95年12月間之台中地院拍賣公告時已註明上述租賃關係，致拍定後不予點交，嗣聲請人乃以寄發存證信函，通知被告乙已積欠2個月租金未付，並進而具狀向台中地院起訴主張被告乙已積欠房租超過2個月，請求返還系爭房屋，惟因被告乙委託律師交付租金1萬元予聲請人後，聲請人才具狀撤回告訴，又被告甲曾先後向三信商業銀行分別貸得上開款項，貸款期間均有依約繳付放款利息，且所有貸款已分別償還完畢，並無聲請人指述之被告甲因無法清償債務，遂思與被告乙通謀訂立租金偏低之租賃契約，待無法清償債務，系爭房屋遭拍賣時，仍可透過被告乙繼續享有系爭房屋之15年使用權等情，自難徒憑聲請人之片面指訴，而遽以入罪，是原處分並無偵查未完備之處，本件再議之聲請顯無理由。

五、綜上所述，本件再議之聲請無理由，爰依刑事訴訟法第258條前段爲駁回之處分。

中　　華　　民　　國　　○○　　年　　○○　　月　　○○　　日

檢察長　陳○○　公差

主任檢察官　林○○　代行

本件正本證明與原本無異。

告訴人如不服本駁回處分，得於接受處分書後10日內，委任律師提出理由狀，向該管第一審法院，聲請交付審判。

中　　華　　民　　國　　○○　　年　　○○　　月　　○○　　日

書記官　張○○

台灣台中地方法院刑事裁定
97年度聲判字第66號
聲請人即告訴人　丙
代理人　　　　　吳○○律師
被　告　　　　　乙
被　告　　　　　甲

上聲請人即告訴人因告訴被告僞造文書案件，不服台灣高等檢察署台中檢察分署檢察長駁回再議之處分（97年度上聲議字第1148號），聲請交付審判，本院裁定如下：

聲請駁回。

理由

一、聲請交付審判意旨如附件刑事交付審判聲請狀所載。

二、按告訴人不服上級檢察署檢察長或檢察總長認再議爲無理由而駁回之處分者，得於接受處分書後10日內委任律師提出理由狀，向該管第一審法院聲請交付審判。聲請交付之裁定，法院應以合議庭行之；法院認交付審判之聲請不合法或無理由者，應駁回之；爲有理由者，應爲交付審判之裁定，並將正本送達於聲請人、檢察官及被告，刑事訴訟法第258條之1第1項、第258條之3第1項、第2項分別定有明文。又寄存送達，自寄存之日起，經10日發生效力，民事訴訟法第138條第2項亦有明定；依刑事訴訟法第62條規定，此於刑事訴訟準用之。

三、查本件聲請人即告訴人丙（下稱聲請人）以被告甲、乙涉有刑法第214條之使公務員登載不實罪嫌，具狀向台灣台中地方檢察署提出告訴，經該署檢察官偵查後，認被告犯罪嫌疑不足，於97年5月24日，以97年度偵字第3500號爲不起訴處分。聲請人不服聲請再議，復經台灣高等檢察署台中檢察分署檢察長認再議之聲請爲無理由，於97年6月27日，以97年度上聲議字第1148號處分書駁回其再議，該駁回再議之處分書交由郵務機關送達，因未獲會晤本人，亦無受領文書之同居人或受僱人，而於97年7月4日寄存台中市警察局第一分局西區派出所以爲送達等情，業經本院調閱台灣台中地方檢察署97年度偵字第3500號、台灣高等檢察署台中檢察分署97年度上聲議字第1148號被告僞造文書案卷查證無訛。依上揭說明，該駁回再議之處分書已於97年7月14日發生送達予聲請人之效力，聲請人聲請交付審判期間應於97年7月24日屆滿（97年7月24日非星期例假日），其遲至97年7月25日始具狀向本院聲請交付審判（見卷附刑事交付審判聲請狀，本院收件日期爲97年7月25日），已逾10日之法定聲請期間，其請交付審判難謂合法，應予駁回。

四、依刑事訴訟法第258條之3第2項前段，裁定如主文。

中　華　民　國　○○　年　○○　月　○○　日

台灣台中地方法院刑事第五庭

法官　鍾○○

法官　巫○○

法官　吳○○

以上正本證明與原本無異。

不得抗告。

書記官　吳○○

中　華　民　國　○○　年　○○　月　○○　日

附件：

刑事交付審判聲請狀

聲請人即告訴人　丙

告訴代理人　吳○○律師

被　告　乙

被　告　甲

爲聲請交付審判事：

一、被告二人因涉嫌僞造文書等案件，經告訴人提出告訴，遭台灣台中地方檢察署爲不起訴處分（97年度偵字第3500號，證物1），告訴人不服，依法聲請再議，亦遭駁回（97年度上聲議字第1148號，證物2），告訴人不服，爰依刑事訴訟法第258條之1第1項之規定，聲請交付審判。

二、緣房屋門牌號碼爲台中市南屯區○○路771號12樓之1房地（下稱系爭房屋，證物3）本爲被告甲所有，惟因被告甲積欠第三人詹○○及三信商業銀行股份有限公司債務，是系爭房屋於95年間遭第三人向台灣台中地方法院聲請拍賣強制執行，嗣告訴人於96年2月6日自台灣台中地方法院（案號：95年度執字第64535號民事執行卷、股別：七股）標得系爭房屋，首先敘明。

三、承上，在台灣台中地方法院民事執行處對系爭房屋進行強制執行拍賣程序中，被告甲及乙竟意圖損害拍定人（嗣由告訴人標得系爭房屋）使用系爭房屋之權利，共謀由被告乙向台灣台中地方法院民事執行處95年度執字第64535號強制執行事件中主張：「被告乙於94年8月17日向被告甲承租系爭房屋全部，租賃期間自94年8月23日起至109年8月22日止，租金每月新台幣（下同）1萬元，約定於每月23日前支付。」被告乙並提出1紙經台灣台中地方法院所屬民間公證人林○○公證之房屋租賃契約（下簡稱系爭租賃契約，證物4）為憑，且被告乙主張其為系爭房屋之承租人，房屋租金業已預繳至100年9月予被告甲，致使台中地方法院民事執行第95年度執字第64535號承辦法官於拍賣公告上記載：「……本件建物查封時曾出租予第三人乙，租期自94年8月23日起至109年8月22日止，拍定後不點交。」（證物5），進而使告訴人於標得系爭房屋後無法順利使用系爭房屋。

四、惟查，系爭租賃契約顯然是被告甲及乙間之通謀虛偽意思表示，依民法第87條第1項：「表意人與相對人通謀而為虛偽意思表示者，其意思表示無效。」之規定應屬無效，茲將理由詳述如下：

(一) 系爭租賃契約訂立之租賃期限為15年，然該房屋約定僅供住家用，衡之一般常情，鮮有承租人因供居住之用而承租為期15年之房屋。

(二) 本件之每月租金僅為1萬元，顯然過低背於常情，蓋系爭房屋位於○○路與大業路路口，誠屬精華地段，且系爭建物之建坪為78坪，如此大坪數公寓之租金，依該地段之行情至少要2萬元以上，被告甲卻僅以1萬元出租予被告乙，實與常理有違。

(三) 又系爭房屋已於89年10月13日設定最高限額抵押權，貸款新台幣540萬元，依此貸款金額每月需給付約3萬元之房貸，被告甲竟同意以每月新台幣1萬元租予被告乙，根本不足減輕貸款壓力，顯見被告甲因無法清償債務，遂思與被告乙通謀訂立租金偏低之租賃契約，待無法清償債務房屋遭拍賣時，仍可透過被告乙繼續享有系爭房屋之15年使用權。

(四) 再者，被告乙自承94年8月間起至95年11月7日已預繳73萬元租金（證物6），然實際上在5個月中預繳6年的租金，更與常情不符。

五、如前所述，被告二人明知系爭租賃契約為虛假，卻將系爭租賃契約交予具有刑法第10條第2項公務員身分之台中地方法院所屬民間公證人林○○為公證，致使公證人林○○於公證後，將不實事項記載於所掌管之公文書上，並將公證後之系爭租賃契約送交法院登記留存。再者，被告2人共謀，由被告乙向台中地方法院民事執行處95年度執字第64535號強制執行事件主張系爭房屋為其所承租，使民事執行法官將上開不實事項登載於拍賣公告上，足生損害於司法機關對於拍賣公告上記載之正確性及告訴人，故本件被告二人涉嫌使公務員登載不實，業已明確。

六、上開事實經告訴人依法提出告訴而經檢察官調查後，被告甲、乙均堅決否認有何上揭犯行，被告甲辯以：系爭房屋於94年8月17日，即出租予被告乙，並經公證，而告訴人係於96年2月間，才標得系爭房屋，且系爭房屋出租時係空屋，並無裝潢，所以租金較便宜等語。被告乙則辯以：房屋租賃契約有經過公證，租期共15年，後來告訴人標得系爭房屋後，亦以租賃契約之繼受人自居，且曾於96年4月12日，收受租金1萬元等語。且檢察官偵查後則略以：「……二、按犯罪事實應依證據認定之，無證據不得認定犯罪事實。刑事訴訟法第154條第2項定有明文。而認定不利於被告之事實，須依積極證據，苟積極證據不足爲不利於被告事實之認定時，即應爲有利於被告之認定。最高法院30年上字第816號著有判例可資參照。三、……（一）被告甲、乙於94年8月17日，訂立之系爭租賃契約，業經台灣台中地方法院所屬民間公證人林○○公證，有系爭租賃契約及台中地方法院所屬民間公證人林○○事務所94年度中院民公貞字第940129號公證書影本各1份在卷足憑。而公證係就請求人請求公證之法律行爲或有關私權之事實賦予公證力，證明該項法律行爲之作成或該事實之存在，是經公證之法律行爲或有關私權之事實，除有反證外，應認其存在。而本件除告訴人以租金過低、租期過長及被告乙已預繳6年租金，與常理有違爲由，而認被告等所定之系爭租賃契約係不實外，並無其他積極證據，足資證明被告等有通謀而爲虛僞意思表示之行爲。（二）被告等早於94年8月17日，即就系爭房屋簽定租賃契約，並作成公證，而告訴人係於96年2月6日，始得標買受系爭房屋。……是告訴人既已知悉系爭房屋之法院拍賣公告爲不點交，而仍參與投標，且於標得系爭房屋後，一再以系爭租賃契約之繼受人自居，而主張權利，直至97年2月，始竟主張被告等所簽定之系爭租賃契約係虛僞而無效，而提出本件告訴，實令人不解。……（三）然依卷附之三信商業銀行放款帳卡明細單（97年3月25日列印），被告甲於94年7月11、94年8月26日、94年11月1日、95年4月20日、95年5月30日、95年7月20日及95年8月29日，雖曾向三信商業銀行分別貸款25萬元、100萬元、360萬元、25萬元，19萬元、10萬元及10萬元，然借款期間繳息正常，且所有借款均於數月至1年間內即清償完畢，並無告訴人所指述之被告甲因無法清償債務，遂思與被告乙通謀訂立租金偏低之租賃契約，待無法清償債務，系爭房屋遭拍賣時，仍可透過被告乙繼續享有系爭房屋之15年使用權等情。即告訴人之上開指訴，顯屬臆測，尚難採憑。……」云云，而為被告不起訴之處分。經告訴人依法向台灣高等檢察署台中檢察分署聲請再議，台灣高等檢察署台中檢察分署仍以「……四、惟核……。又被告甲曾先後向三信商業銀行分別貸得上開款項，貸款期間均有依約繳付放款利息，且所有貸款已分別償還完畢，並無聲請人指述之被告甲因無法清償債務，遂思與被告乙通謀訂立租金偏低之租賃契約，待無法清償債務，系爭房屋遭拍賣時，仍可透過被告乙繼續享有系爭房屋之15年使用權等情，自難徒憑聲請人之片面指訴，而遽以入罪，是原處分並無偵查未完備之處，本件再議之聲請顯無理由。」云云駁回聲請人之再議。

七、惟查，原偵查確有未完備之處，茲將理由詳述如下：

(一) 被告二人之供詞明顯不同。查被告二人於隔離偵訊時，關於簽訂租賃契約過程、給付租金過程之供詞明顯有異，二人之供述顯不足以採信，然因當時書記官來不及打字，故並未全部記明於偵訊筆錄之中。惟查原偵查庭竟遽以被告二人之供詞作為不起訴處分之理由，顯非允當。為查明被告二人供述之眞實性，應播放被告二人應訊時之錄音光碟續行偵查。

(二) 被告甲確實有財務問題。查被告甲於台灣台中地方法院96年度訴字第1727號返還房屋事件中，承認收取被告乙於94年8月29日所匯之2萬元、94年10月20日所匯之7萬元、95年1月3日所匯之17萬元、95年11月7日所匯之47萬元，並陳述自己因欠別人錢，所以拜託被告乙預付租金給自己（證物7）。惟原偵查庭僅依本案卷附之三信商業銀行放款帳卡明細單（97年3月25日列印）之清償情形，推定告訴人之指訴顯屬臆測尚難採憑，告訴人難以甘服，其調查顯有不周之處。故仍應再就被告甲於出租系爭房屋前之財務狀況進行調查，以明案件之原委。

(三) 告訴人從未主張繼受系爭租賃契約。次查，告訴人雖曾寄發存證信函通知被告乙繳付合理租金、終止租賃關係、請求遷讓房屋，惟告訴人自96年2月6日得標買受系爭房屋起迄今，並未主張繼受系爭租賃契約，亦未正式收取任何租金。被告乙雖於96年4月12日委由律師交付租金1萬元予告訴人，但因系爭租賃契約甚不合理，告訴人無法同意此部分之給付且並未委任律師代收之，故已拒絕收取1萬元租金並委請律師退還之。而告訴人於96年8月29日具狀撤回台灣台中地方法院96年度訴字第1727號請求返還系爭房屋事件，僅係因該案受任律師認為該案不利於告訴人，先行具狀撤回尚可取回該案3分之2之訟訴費用，並非基於繼受該契約、收受該筆1萬元租金而撤回。換言之，倘若告訴人有意收受前開1萬元租金而與被告乙達成和解，則告訴人應與被告乙作成和解筆錄而非逕自具狀撤回。原偵查庭之推定確有不當之處，告訴人實有澄清之必要。

(四) 原偵查庭並未調查被告甲自89年10年13日起至今向第三人三信商業銀行股份有限公司貸款與設定最高限額抵押權之債務歷程資料以及當時系爭房屋內部照片。按「證據之證明力，由法院本於確信自由判斷。但不得違背經驗法則及論理法則。」刑事訴訟法第155條第1項定有明文，又認定犯罪事實所憑之證據，雖不以直接證據爲限，間接證據亦包括在內。本案被告甲係於89年10月1日時，向第三人三信商業銀行股份有限公司貸款新台幣5,400,000元，並以本案系爭房屋供其設定最高限額抵押權，依此貸款金額每月需給付約3萬元之房貸。被告乙雖辯稱於承租系爭房屋時該屋爲空屋（無磁磚、水電設備），進而收取每月1萬元之租金，惟原偵查庭僅憑被告二人通謀虛僞訂立租金偏低之租賃契約後（即94年7月11日起至95年8月29日間），被告甲之三信商業銀行放款帳卡明細單，逕爲被告甲繳款正常，無思與被告乙通謀訂立租金偏低之租賃契約之意圖，其調查顯有不周之處，告訴人難以甘服。故仍應再就被告甲自民國89年10月13日起至今向第三人三信商業銀行股份有限公司貸款與設定最高限額抵押權之債務歷程資料以及當時系爭房屋內部照片爲調查，以明案件之原委。

(五) 原偵查庭並未向財政部台灣省中區國稅局台中市分局調查系爭房屋之當地一般租金標準。再查，「證據之證明力，由法院本於確信自由判斷。但不得違背經驗法則及論理法則。」刑事訴訟法第155條第1項定有明文，又認定犯罪事實所憑之證據，雖不以直接證據爲限，間接證據亦包括在內。本案被告甲於89年10月13日起向第三人三信商業銀行股份有限公司借款新台幣540萬元，依此貸款金額每月需給付約3萬元之房貸，惟被告甲卻僅向被告乙收取每月1萬元之租金。爲證明系爭房屋每月1萬元之租金顯然低於常情，絕非屬於告訴人之臆測，爲明事情之眞相，實有向財政部台灣省中區國稅局台中市分局調查系爭房屋之當地一般租金標準之必要，惟原偵察庭並未調查之。故仍應再向財政部台灣省中區國稅局台中市分局爲調查，以明案件之原委。

(六) 被告二人不法之意圖灼然甚明。再查，被告乙稱自94年8月間起至95年11月7日已預繳73萬元租金，然實際上在15個月中預繳6年的租金，實與常情不符，足見被告甲於無法清償其自身債務之初，遂思與被告乙通謀訂立租金偏低之租賃契約，待無法清償債務房屋遭拍賣時，仍可透過被告乙繼續享有系爭房屋之15年使用權，不法之意圖灼然甚明。且既然如被告乙所稱已預繳73萬元租金給被告甲，被告乙何必再交付告訴人1萬元？顯見被告乙匯款予被告甲，並非出於租賃之關係，而係基於其他原因。

八、綜上所述，原偵查確有未完備之處，系爭租賃契約顯然是被告甲及乙間之通謀虛僞意思表示，被告二人明知系爭租賃契約爲虛假，卻將系爭租賃契約交予具有刑法第10條第2項公務員身分之台中地方法院所屬民間公證人林○○爲公證，致使公證人林○○於公證後，將不實事項記載於所掌管之公文書上，並將公證後之系爭租賃契約送交法院登記留存。再者，被告2人共謀，由被告乙向台中地方法院民事執行第95年度執字第64535號強制執行事件主張系爭房屋爲其所承租，使民事執行法官將上開不實事項登載於拍賣公告上，足生損害於司法機關對於拍賣公告上記載之正確性及告訴人，故本件被告二人犯罪事實已甚明確。原檢察署檢察官未察，遽爲不起訴處分，高分檢署檢察官亦駁回告訴人再議之聲請，告訴人實難甘服。爲此，爰依刑事訟訴法第258條之1之規定於法定期間內聲請交付審判，狀請鈞院鑒核，准予將本件交付審判，俾懲不法，並障良善。

謹　狀

台灣台中地方法院刑事庭　公鑒

證據名稱及件數

證物1：不起訴處分書影本一份。

證物2：再議處分書影本一份。

證物3：建物登記謄本影本一份。

證物4：公證書影本及租賃契約書影本各一份。

證物5：台中地方法院民事執行處95年度執字第64535號影本二份。

證物6：律師函影本一份。

證物7：台灣台中地方法院96年度訴字第1727號請求返還系爭房屋事件96年8月23日言詞辯論筆錄內容節錄乙份。

附件：委任狀一份。

中　華　民　國　○○　年　○○　月　○○　日

具狀人　丙　　　　簽名蓋章

告訴代理人　吳○○律師

相關法條及裁判要旨

■刑法第214條：

明知爲不實之事項，而使公務員登載於職務上所掌之公文書，足以生損害於公眾或他人者，處三年以下有期徒刑、拘役或一萬五千元以下罰金。

■民事訴訟法第355條第1項：

文書，依其程式及意旨得認作公文書者，推定爲眞正。

■最高法院47年度台上字第365號判例：

刑法第210條之僞造文書罪，指無制作權不法制作者而言，若自己之文書，縱有不實之記載，要難構成本條之罪。

■最高法院48年度台上字第343號判例：

刑法第210條之僞造私文書罪，以僞造他人名義之文書爲必要，被告將自己所有之土地借與他人使用，以自己之名義與他人訂立借用契約，殊無僞造私文書之可言。

■最高法院44年度台上字第570號判例：

僞造私文書罪，除從事業務之人明知爲不實之事項而登載於其業務上作成之文書外，以僞造他人名義之私文書爲構成要件，若與作成文書名義人雙方通謀而制作虛僞之普通文書，究不構成僞造文書之罪，上訴人自訴被告於民國39年3月19日，乘其所有財產被債權人施行拍賣心慌無主之機會，唆使僞造上訴人向被告借用砂糖90包之借據，冀得就拍賣財產中參與分配，藉以維持上訴人家庭生活，上訴人誤信爲眞，遂允作成，此種情形，該被告僅係與上訴人通謀而制作虛僞之文書，尙難以僞造私文書罪相繩。

(八) 妨害風化案例

案例事實

甲、乙共同意圖使女子與他人爲性交行爲以營利，並基於常業之犯意，自民國（下同）91年3月中旬起，在台中市○○路4段201號及213號3樓，經營「○○護膚店」，並由甲以月薪新台幣2萬元僱用有犯意聯絡之丙，三人共同媒介、容留大陸來台之成年女子尹○○、葉○○、應○○、徐○○、桑○、李○、段○○等人，提供俗稱「全套」性交易，每小時爲一節，向男客收費3,000元，其中2,000元支付給該筆性交易之女子，餘由乙等人抽取牟利。爲避人耳目，先經乙安排上開從事性交之女子在台中市○○路4段213號3樓房間內，由乙、丙負責從同路段201號1樓帶領男客至213號1樓，以搖控器開啓大門讓男客自行到3樓，再由在3樓負責介紹小姐之甲，將男客引導至其合意之女子房間內從事性交行爲。嗣於91年4月18日凌晨0時20分許，適有男客王○○與應○○，鄭○○與徐○○，蔡○○與尹○○，汪○○與葉○○，分別在上址各房間內從事「全套」之性交易時，爲警查獲。

撰狀說明

(1) 本件案例事實被告甲確實坦承有營利媒介他人與人性交之犯罪行爲，且現場適有男客王○○與應○○，鄭○○與徐○○，蔡○○與尹○○，汪○○與蔡○○，分別在上址房間內從事全套之性交易時，爲警察查獲，並扣得其三人所有供媒介性交易使用之對講機2支，大門遙控器4個，記事本3本，營業帳單12張等事證，因此罪證確鑿。

(2) 然而，被告甲未曾因故意犯罪受有期徒刑以上刑之宣告者，且因照顧罹患極重度智障之妹妹，每月須負擔沉重之醫療費用，身繫維持家庭經濟重擔，目前又罹患糖尿病，故以暫不執行刑罰爲必要，因此撰寫刑事答辯狀時可檢附上開情堪憫恕之證據，爭取法院輕判及爲緩刑之諭知。

書狀內容

狀別：刑事答辯狀

案號及股別：○○年○○字○○號○股

被　告　　甲　　身分證字號：○ 性別：○ 生日：○ 住：○

選任辯護人 何志揚律師

爲被告因妨害風化案件，謹依法續提答辯事：

一、公訴意指略以：甲、乙共同意圖使女子與他人爲性交行爲以營利，並基於常業之犯意，自民國91年3月中旬起在台中市○○路4段201號及213號3樓經營「○○護膚店」，並由甲以月薪新台幣2萬元僱用有犯意聯絡之丙，三人共同媒介、容留大陸來台之成年女子尹○○、蔡○○、應○○、徐○○、桑○、李○、段○○等人提供俗稱全套性交易，每小時爲一節，向男客收費3,000元，其中2,000元支付給該筆性交易之女子，餘由乙等人抽取牟利，爲避人耳目先經乙安排上開從事性交易之女子在台中市○○路4段213號3樓房間內，由乙丙負責從同路段201號1樓，帶領男客至213號1樓，以遙控器開啓大門，讓男客自行到3樓，再由在3樓負責介紹小姐之甲，將男客引導至其合意之女子房間內從事性交行爲，嗣於91年4月18日凌晨0時20分許，適有男客王○○與應○○，鄭○○與徐○○，蔡○○與尹○○，汪○○與蔡○○，分別在上址房間內從事全套之性交易時，爲警察查獲，並扣得其三人所有供媒介性交易使用之對講機2支，大門遙控器4個，記事本3本，營業帳單12張，而涉犯刑法第231條第2項、第1項之常業罪嫌。

二、按不得因不知法律而免除刑事責任，但按其情節得減輕其刑，刑法第16條定有明文，又科刑時應審酌一切情狀，尤應注意下列事項：一、犯罪之動機；二、犯罪之目的……十、犯罪後之態度，爲科刑輕重之標準，同法第57條亦有明定。經查被告對於公訴人所指訴之犯行均坦承不諱，蓋被告係因必須照顧罹患極重度智障之妹妹，每月須負擔沉重之醫療費用，身繫維持家庭經濟重擔（參證1），爲謀家庭生計，經朋友介紹，才仿效他人以媒介他人爲性行爲以賺取醫療費與生活費，但因所受教育程度並不高（被告僅有高中畢業之學歷），故方鋌而走險而爲此觸法之行爲，然經過此次教訓，已知上開違法行爲之嚴重性，於是痛定思痛另尋正當之工作以謀生計，蒙天祐護眷顧也找到一個固定之工作任職吉生裝潢行擔任裝潢之工作（參證2），爲此特懇請鈞院鑒核，網開一面，韋念被告犯罪之動機、犯罪後之坦承犯行願對自己行爲負責態度、甚至供出一切事實及現今已有固定工作及先前並未受過有期徒刑以上刑之宣告，且目前又罹患糖尿病（參證4），故以暫不執行刑罰爲必要，除依刑法第59條酌減其刑外，並諭知緩刑之宣告，以啓自新，而勵改過！

謹　狀

台灣○○地方法院刑事庭　公鑒

證據名稱及件數

證1：中華民國身心障礙手冊。
證2：證明書。
證3：財團法人○○綜合醫院診斷證明書。
中　華　民　國　○○　年　○○　月　○○　日
具狀人　甲　　　　　簽名蓋章
選任辯護人　何志揚律師

相關法條及裁判要旨

■刑法第74條：

受二年以下有期徒刑、拘役或罰金之宣告，而有下列情形之一，認以暫不執行爲適當者，得宣告二年以上五年以下之緩刑，其期間自裁判確定之日起算：一、未曾因故意犯罪受有期徒刑以上刑之宣告者。二、前因故意犯罪受有期徒刑以上刑之宣告，執行完畢或赦免後，五年以內未曾因故意犯罪受有期徒刑以上刑之宣告者。

緩刑宣告，得斟酌情形，命犯罪行爲人爲下列各款事項：一、向被害人道歉。二、立悔過書。三、向被害人支付相當數額之財產或非財產上之損害賠償。四、向公庫支付一定之金額。五、向指定之政府機關、政府機構、行政法人、社區或其他符合公益目的之機構或團體，提供四十小時以上二百四十小時以下之義務勞務。六、完成戒癮治療、精神治療、心理輔導或其他適當之處遇措施。七、保護被害人安全之必要命令。八、預防再犯所爲之必要命令。

前項情形，應附記於判決書內。

第二項第三款、第四款得爲民事強制執行名義。

緩刑之效力不及於從刑、保安處分及沒收之宣告。

■刑法第231條第1項：

意圖使男女與他人爲性交或猥褻之行爲，而引誘、容留或媒介以營利者，處五年以下有期徒刑，得併科十萬元以下罰金。以詐術犯之者，亦同。

(九) 賭博罪及違反電子遊戲場業管理條例

案例事實

劉○○未依電子遊戲場業管理條例規定，向主管機關辦理營利事業登記，（一）竟基於經營電子遊戲場業及賭博財物之概括犯意，先自民國（下同）94年7月中旬某日起迄至95年2月初某日止，在台中市北屯區遼寧路「○○時代」工地旁「貨櫃福利社」內，再自95年2月中旬某日起，在台中市西屯區○○路3段128巷建築工地旁「貨櫃福利社」內之公衆得出入之場所，擺設電子遊戲機具龍騰小瑪莉、滿貫大亨、撲克各1台，藉以經營電子遊戲場業務，供不特定之人賭博把玩。其賭博方法爲賭客每次投入新台幣（下同）10元硬幣以1比1方式押注，押中再以所得分數以1比1比例換取現金；如未押中時，則投入之硬幣由機具沒入，悉歸劉○○贏得，並僱用與之有犯意聯絡之被告甲在現場擔任開分、兌換現金及現場管理等工作。迄95年2月21日14時30分許，爲警在上址○○路3段128巷建築工地旁「貨櫃福利社」內查獲，並扣得上揭電子遊戲機具（含IC電路板）3台及代幣4,426枚。（二）劉○○復自95年1月20日起，在台中市北區太原西路65號，其所經營之「金○○超商」內，擅自擺設電子遊戲機具龍騰小瑪莉、滿貫大亨麻將各1台、大精彩麻將1台，經營電子遊戲場業務，供不特定人投幣把玩，迄95年2月15日22時10分許，爲警在上址查獲，並扣得上揭電子遊戲機具（含IC電路板）4台、電門搖控器2個、電玩鑰匙4支、營業所得1萬1,000元、電子遊戲機檯內賭資370元。（三）曾○○未依電子遊戲場業管理條例規定，向主管機關辦理營利事業登記，竟與劉○○基於經營電子遊戲場業之犯意及賭博財物之概括犯意聯絡，自95年2月中旬某日起，在台中市北區○○路592號「老賴茶棧泡沫紅茶店」內之公衆得出入之場所，擺設電子遊戲機具小瑪莉1台，藉以經營電子遊戲場業務，供不特定之人賭博把玩。其賭博方法爲賭客每次投入10元硬幣以1比2方式押注，押中再以所得分數以1比1比例換取現金；如未押中時，則投入之硬幣由機具沒入，悉歸劉○○、曾○○贏得均分。迄95年3月4日17時40分許，爲警在上址查獲。

撰狀說明

(1) 按電子遊戲場業管理條例第15條規定，未依該條例規定辦理營利事業登記者，不得經營電子遊戲場業，是其處罰對象，乃電子遊戲場業之經營者，其可罰性，在應積極辦理營業登記而不作爲。而本件公訴人所起訴者係同案被告劉○○所僱用之人，非遊戲場業之經營者，即非該條規範之對象。經查被告甲固然受僱於同案被告劉○○擔任現場開分、兌換現金管理工作，但並非該現場電子遊戲場業之經營者，亦非管理階層，根本不可能知悉同案被告劉○○有無辦理營利事業登記，因此自不可能與劉○○有違反該法之犯意聯絡或行爲分擔，此部分應於撰寫刑事辯護意旨狀中先行主張由法院爲無罪之諭知。

(2) 其次，關於檢察官起訴涉犯刑法賭博罪部分，既然被告已於警詢及偵查中認罪，又本件被告僅係受僱於同案被告劉○○擔任現場開分兌換現金工作，而現場查扣者僅3台機具及代幣4,426枚，犯罪所生之危害並不大，犯罪後並坦承罪刑，態度良好等一切情狀，目前亦已尋得一正當之工作。再加上本件被告家境清寒，但確有二名子女尚待扶育，其情自堪憫恕。因此可於刑事辯護意旨狀中代爲向檢察官請求進行協商程序，並請法院依協商程序判決，或改依簡式審判程序，依刑法第59條酌減其刑外，另爲緩刑之諭知。

書狀內容

狀別：刑事辯論意旨狀
案號及股別：○○年○○字○○號○股
被　告　　甲　　身分證字號：○　性別：○　生日：○　住：○
選任辯護人　何志揚律師
爲被告因違反電子遊戲場業管理條例等案件，謹依法提辯論意旨事：

一、關於公訴人起訴被告涉犯電子遊戲場業管理條例第22條部分：

(一) 按被告或共犯之自白，不得作爲有罪判決之唯一證據，仍應調查其他必要之證據，以察其是否與事實相符。刑事訴訟法第156條第2項定有明文，又被告之自白固不得作爲認定犯罪之唯一證據，而須以補強證據證明其確與事實相符，然茲所謂之補強證據，並非以證明犯罪構成要件之全部事實爲必要，倘其得以佐證自白之犯罪非屬虛構，能予保障所自白事實之眞實性，即已充分。又得據以佐證者，雖非直接可以推斷該被告之實施犯罪，但以此項證據與被告之自白爲綜合判斷，若足以認定犯罪事實者，仍不得謂其非屬補強證據（最高法院73年台上字第5638號判例意旨參照）。

(二) 經查本件被告固於警偵訊中自白係於94年3月中旬受僱劉○○在遼寧路的工地工作，後來於95年2月20日才到○○路3段128巷貨櫃屋工作（95年度偵字第5521號卷第12頁）云云，然本件檢察官起訴法條係認被告涉犯電子遊戲場業管理條例第22條之罪，該罪係屬身分犯，即以「未依電子遊戲場業管理條例規定辦理營利事業登記」，而「經營電子遊戲場業」者爲犯罪之主體，不具身分之人雖得與身分犯成立共犯或幫助犯，惟自須對共犯之人或所幫助之正犯之身分有所認識，犯罪始能成立，合先敘明（台灣高等法院95年上易字第250號及93年度上易字第1020號判決意旨參照，參附件1）。次按電子遊戲場業管理條例第15條規定，未依該條例規定辦理營利事業登記者，不得經營電子遊戲場業，是其處罰對象，乃電子遊戲場業之經營者，其可罰性，在應積極辦理營業登記而不作爲。而本件公訴人所起訴者係同案被告劉○○所僱用之人，非遊戲場業之經營者，即非該條規範之對象（台灣高等法院93年度上易字第1881號判決意旨參照，參附件2）。

(三) 經查被告甲固然受僱於同案被告劉○○擔任現場開分、兌換現金管理工作，但並非該現場電子遊戲場業之經營者，亦非管理階層，根本不可能知悉同案被告劉○○有無辦理營利事業登記，因此自不可能與劉○○有違反該法之犯意聯絡或行爲分擔，此部分應由鈞院爲無罪之諭知。

二、關於被告涉犯刑法第266條第1項賭博罪部分被告已於偵查中認罪，請求依協商程序爲判決或依簡式審判程序結案：

(一) 按「除所犯爲死刑、無期徒刑、最輕本刑3年以上有期徒刑之罪或高等法院管轄第一審案件者外，案件經檢察官提起公訴或聲請簡易判決處刑，於第一審言詞辯論終結前或簡易判決處刑前，檢察官得於徵詢被害人之意見後，逕行或依被告或其代理人、辯護人之請求，經法院同意，就下列事項於審判外進行協商，經當事人雙方合意且被告認罪者，由檢察官聲請法院改依協商程序而爲判決：一、被告願受科刑及沒收之範圍或願意接受緩刑之宣告。二、被告向被害人道歉。三、被告支付相當數額之賠償金。四、被告向公庫支付一定金額，並得由該管檢察署依規定提撥一定比率補助相關公益團體或地方自治團體。檢察官就前項第2款、第3款事項與被告協商，應得被害人之同意。第1項之協商期間不得逾30日。」第1項第4款提撥比率、收支運用及監督管理辦法，由行政院會同司法院另定之。刑事訴訟法第455條之2定有明文。

(二) 經查被告已於警詢及偵查中認罪，又本件被告僅係受僱於同案被告劉○○擔任現場開分兌換現金工作，而現場查扣者僅3台機具及代幣4,426枚，犯罪所生之危害並不大，犯罪後並坦承罪刑，態度良好等一切情狀，目前亦已尋得一正當之工作（參證1）。再加上本件被告家境清寒，但確有二名子女尚待扶育（參證2），其情自堪憫恕。因此是否懇請鈞院同意依協商程序判決，或改依簡式審判程序，除酌減其刑外，另爲緩刑之諭知，實感德便。

(三) 此外，公訴人於起訴書所載95年2月中旬起至95年2月21日14時30分許止在○○路3段128巷建築工地貨櫃福利社屋內所查扣之3台電子遊戲機具，其中1台乃故障機，且3台機具查獲當時並未插電營業（同上揭卷第18頁同案被告劉○○供述及第13頁被告甲供述），且代幣乃是另外遼寧路工地機台營業所得（同上揭卷第12頁），因此既然無營業之事實，此部分之行爲自無構成違反電子遊戲場業管理條例第22條及賭博罪之可能，併此敘明。

謹　狀

台灣○○地方法院刑事庭　公鑒

證據名稱及件數

證1：在職證明書。

證2：戶口名簿。

中　華　民　國　○○　年　○○　月　○○　日

具狀人　甲　　簽名蓋章

選任辯護人　何志揚律師

相關法條及裁判要旨

■電子遊戲場業管理條例第15條：

未依本條例規定領有電子遊戲場業營業級別證者，不得經營電子遊戲場業。

■電子遊戲場業管理條例第22條：

違反第十五條規定者，處行爲人一年以下有期徒刑、拘役或科或併科新臺幣五十萬元以上二百五十萬以下罰金。

■刑法第266條第1項前段：

在公共場所或公眾得出入之場所賭博財物者，處三萬元以下罰金。

■刑事訴訟法第156條第2項：

被告或共犯之自白，不得作爲有罪判決之唯一證據，仍應調查其他必要之證據，以察其是否與事實相符。

■最高法院73年台上字第5638號判例：

被告之自白固不得作爲認定犯罪之唯一證據，而須以補強證據證明其確與事實相符，然茲所謂之補強證據，並非以證明犯罪構成要件之全部事實爲必要，倘其得以佐證自白之犯罪非屬虛構，能予保障所自白事實之眞實性，即已充分。又得據以佐證者，雖非直接可以推斷該被告之實施犯罪，但以此項證據與被告之自白爲綜合判斷，若足以認定犯罪事實者，仍不得謂其非屬補強證據。

(十) 殺人罪

案例事實

被告乙與甲係叔姪關係，因甲平日遊手好閒，民國90年7月14日乙規勸甲應謀正職，甲乃託乙於同年月17日上午至其住處叫其起床，以便外出找工作。90年7月17日上午5時許，乙騎腳踏車前往位於○○市南區○○巷4之2號之印刷工廠工作，因時間尚早，即轉往甲位於同巷1號之住處，欲叫甲起床，抵達後發現甲徹夜未眠，無法外出謀職，乃再鼓勵甲要認眞工作，甲邀乙喝酒，二人遂在甲家中喝酒，後乙因已有醉意，表示要先行返回上址工廠休息，乙乃騎腳踏車至工廠，惟甲又帶著酒尾隨乙至工廠，俟乙停妥腳踏車後，二人旋又在工廠外面喝酒，約上午6時30分許，甲酒後失態，以：伊都不用工作就有錢可花，不像你工作做得要死，跟不上伊等語，譏諷、嘲笑乙，致激怒乙，二人因而發生口角衝突，甲乃自工廠附近空地取來一支木棍，乙亦在空地隨手取得類似鐮刀之尖刀一把，甲即持木棍攻擊乙，乙躲避後，竟基於殺人之犯意，持尖刀朝甲之背部及頭部連砍數刀，致甲受有「（一）左眼眉弓下方斜向銳器創長約4公分呈10時4時走向；（二）左側顴骨部斜向銳器刺創約長3公分呈10時4時走向；（三）左腹部（臍部左側）橫向表淺銳器劃傷長約4公分；（四）背中線向左約12公分、肩線向下約2公分，銳器刺創一處呈2時8時走向，大小約4乘2公分；（五）背中線向左5公分、肩線向下約16公分，銳器刺創一處呈2時8時走向，大小約9乘4公分；（六）右手腕尺骨刺銳器創一處大小約2公分。」等銳器傷，因其背部左肩下方第八肋間（即背中線向左5公分、肩線向下約16公分）處所受割創深入左肺下葉，且刺穿左肺下葉，致造成胸腹內大出血而休克當場死亡，經地檢署提起公訴。

撰狀說明

(1) 本件案例事實被告乙對於因發生口角而持刀砍殺甲之事實於警詢及偵查中坦承不諱。

(2) 然而被告於案發後先主動打電話通知胞姊林○○，而後由其姊夫報警後，等待警方到現場並協同警方回警局製作筆錄時向警方坦承犯案，故在警方詢問被告時並不知犯罪之人爲何人，被告向其坦承犯罪並表示後悔願接受法律制裁，自符合自首之要件。

(3) 又按當場激於義憤而殺人者，處7年以下有期徒刑，刑法第273條定有明文，又所謂當場激於義憤而殺人，係指他人所實施之不義行爲，在客觀上足以引起公憤，猝然遇合，憤激難忍，因而將其殺害者而言（最高法院31年上字第1156號判例意旨參照），再對於現在不法知侵害，而出於防衛自己或他人權利之行爲，不罰。但防衛過當者，得減輕或免除其刑，刑法第23條亦有明定。經查被告之所以殺害被害人甲，係因案發當時甲不斷地譏諷被告：伊都不必工作就有錢可花，不像你工作得要死，跟不上伊，以及甲酒後失態持木棍攻擊被告，致使被告忍無可忍始激於義憤拾起鐮刀防衛而因防衛過當殺害死者，故於撰寫刑事辯護意旨狀時應著重於上開自首及義憤殺人與防衛過當等得減輕其刑事由。

(4) 此外，案發當時被告與被害人對飲酗酒，顯然對自己所犯下之罪行處於茫然不知狀態，此有台中市警察局第三分局於案發後即90年7月17日下午3時所爲之酒精濃度測試報告其值高達0.78毫克／公升，推算至案發當時之酒精濃度即爲0.0175×8（小時）＋0.78毫克／公升＝0.92毫克／公升，故可於準備程序時撰寫調查證據聲請狀請求法院將本案送請鑑定機關施作精神鑑定。

書狀內容

狀別：刑事調查證據聲請狀

案號及股別：○○年○○字○○號○股

被　告　　乙　　身分證字號：○　性別：○　生日：○　住：○

選任辯護人　何志揚律師

爲被告因殺人案件，謹依法聲請調查證據事：

一、請鈞院將本案被告送請行政院草屯療養院成人精神門診鑑定，究竟被告案發當時是否處於精神耗弱狀態？

二、待證事實：經查案發當時被告與被害人對飲酗酒，顯然對自己所犯下之罪行處於茫然不知狀態，此有台中市警察局第三分局於案發後即90年7月17日下午3時所爲之酒精濃度測試報告其值高達0.78毫克／公升，推算至案發當時之酒精濃度即爲0.0175×8（小時）＋0.78毫克／公升＝0.92毫克／公升（參證1及偵查卷第31頁），可知被告案發當時已陷入精神耗弱狀態，故對於案發當時案情始有不記憶之現象產生，因此容有必要請鈞院將本案被告送請行政院草屯療養院成人精神門診實施鑑定，以究明被告案發當時是否處於精神耗弱狀態？

謹　狀

台灣○○地方法院刑事庭　公鑒

中　　華　　民　　國　○○　年　○○　月　○○　日

具狀人　乙　　　　簽名蓋章

選任辯護人　何志揚律師

狀別：刑事辯護意旨狀

案號及股別：○○年○○字○○號○股

被　告　　乙　　身分證字號：○　性別：○　生日：○　住：○

選任辯護人　何志揚律師

爲被告因殺人案件，謹依法提辯護意旨事：

一、公訴意旨略以：乙與民國90年7月17日上午6時30分許，因與甲發生口角衝突，竟基於殺人之犯意，持尖刀朝甲背部頭部連砍數刀，致甲胸腹大出血休克死亡，而認其涉犯刑法第271條之殺人罪云云。

二、按當場激於義憤而殺人者，處7年以下有期徒刑，刑法第273條定有明文，又所謂當場激於義憤而殺人，係指他人所實施之不義行爲，在客觀上足以引起公憤，猝然遇合，激憤難忍，因而將其殺害者而言（最高法院31年上字第1156號判例意旨參照），再對於現在不法知侵害而出於防衛自己或他人之權利之行爲，不罰。但防衛過當者，得減輕或免除其刑，刑法第23條亦有明定。經查被告之所以殺害被害人甲，係因案發當時甲不斷地譏諷被告：伊都不必工作就有錢可花，不像你工作得要死，跟不上伊（參偵查卷第6頁背面），以及甲酒後失態持木棍攻擊被告，致使被告忍無可忍始激於義憤拾起鐮刀防衛而因防衛過當殺害死者，上開事實除有被告於警訊中供述足憑外，另由內政部警政署刑事警察局鑑驗書之鑑驗結果顯示扣案之木棒上確有死者甲之血跡及被告身上亦有自己的血跡（參鈞院卷第66頁背面），足證甲生前確實持木棒攻擊過被告並譏諷被告，被告係不易控制憤怒情緒因而衝動殺害死者（參靜和醫院鑑定報告，鈞院卷第74頁），故公訴人未詳查上開事證，即率然以普通殺人罪嫌起訴，顯有未合，自應由鈞院依刑事訴訟法第300條，基於社會事實同一，依職權變更起訴法條，並依防衛過當減輕或免除其刑，合先敘明。

三、次按對於未發覺之罪自首而受裁判者，得減輕其刑，刑法第62條前段定有明文，又刑法第62條之所謂發覺，係指有偵查犯罪職權之公務員已知悉犯罪事實與犯罪之人而言，而所謂知悉，固不以確知其爲犯罪之人爲必要，但必其犯罪事實確實存在，且爲該管公務員所確知，始屬相當，如該犯罪事實並不存在而懷疑其已發生，或雖已發生，而爲該管公務員所不知，僅係推測其已發生而與事實巧合，均與已發覺之情形有別（最高法院75年台上字第1634號判例意旨參照）。經查被告係於案發後先主動打電話通知胞姊林○○，而後由其姊夫報警後，等待警方到現場並協同警方回警局製作筆錄時向警方坦承犯案，此有被告及林○○之警訊筆錄附卷足憑（參偵查卷第8、9頁），故在警方詢問被告時並不知犯罪之人爲何人，被告向其坦承犯罪並表示後悔願接受法律制裁，自符合自首之要件。此外，在案發當時被告與被害人對飲酗酒，顯然對自己所犯下之罪行處於茫然不知狀態，此有台中市警察局第三分局於案發後即90年7月17日下午3時所爲之酒精濃度測試報告其值高達0.78毫克／公升，推算至案發當時之酒精濃度即爲0.0175×8（小時）＋0.78毫克／公升＝0.92毫克／公升（偵查卷第31頁），可知被告案發當時已陷入精神耗弱狀態，故對於案發當時案情始有不記憶之現象產生，依刑法第19條第2項亦得減輕其刑。末查被告於犯罪酒醒後，發覺死者躺在溪底，仍企圖將死者救起，足見其犯後態度良好深具悔意，加上死者家屬均已原諒被告（參偵查卷第67頁），之前並無任何前科記錄，因此懇請鈞院，酌減其刑，以啓自新，而勵改過。

謹 狀

台灣○○地方法院刑事庭　公鑒

中　華　民　國　○○　年　○○　月　○○　日

具狀人　乙　　　簽名蓋章

選任辯護人　何志揚律師

台灣台中地方法院刑事判決

90年度重訴字第276號

公　訴　人　台灣台中地方檢察署檢察官

被　　　告　乙

選任辯護人　何志揚律師

右列被告因殺人等案件，經檢察官提起公訴（90年度偵字第12459號），本院判決如下：

主文

乙殺人，處有期徒刑13年，褫奪公權7年。

事實

一、乙與甲係叔姪關係，因甲平日遊手好閒，民國90年7月14日乙規勸甲應謀正職，甲乃託乙於同年月17日上午至其住處叫其起床，以便外出找工作。90年7月17日上午5時許，乙騎腳踏車前往位於台中市南區○○○巷4之2號之印刷工廠工作，因時間尚早，即轉往甲位於同巷1號之住處，欲叫甲起床，抵達後發現甲徹夜未眠，無法外出謀職，乃再鼓勵甲要認眞工作，甲邀乙喝酒，二人遂在甲家中喝酒，後乙因已有醉意，表示要先行返回上址工廠休息，乙乃騎腳踏車至工廠，惟甲又帶著酒尾隨乙至工廠，俟乙停妥腳踏車後，二人旋又在工廠外面喝酒，約上午6時30分許，甲酒後失態，以：伊都不用工作就有錢可花，不像你工作做得要死，跟不上伊等語，譏諷、嘲笑乙，致激怒乙，二人因而發生口角衝突，甲乃自工廠附近空地取來一支木棍，乙亦在空地隨手取得類似鐮刀之尖刀一把（未扣案），甲即持木棍攻擊乙，乙躲避後，竟基於殺人之犯意，持尖刀朝甲之背部及頭部連砍數刀，致甲受有「（一）左眼眉弓下方斜向銳器創長約4公分呈10時4時走向。（二）左側顴骨部斜向銳器刺創約長3公分呈10時4時走向。（三）左腹部（臍部左側）橫向表淺銳器劃傷長約4公分。（四）背中線向左約12公分、肩線向下約2公分，銳器刺創一處呈2時8時走向，大小約4乘2公分。（五）背中線向左5公分、肩線向下約16公分，銳器刺創一處呈2時8時走向，大小約9乘4公分。（六）右手腕尺骨刺銳器創一處大小約2公分。」等銳器傷，因其背部左肩下方第八肋間（即背中線向左5公分、肩線向下約16公分）處所受割創深入左肺下葉，且刺穿左肺下葉，致造成胸腹內大出血而休克當場死亡。乙怕事跡敗露，爲掩滅罪行，乃將兇刀丟棄，並將甲之屍體拖行至約10公尺距離之麻園頭溪光義橋上，由光義橋之橋樑縫隙將甲之屍體推入麻園頭溪內棄屍，旋即返回現場將血跡一一清洗，迨佈置完成後，再打電話給其胞姐丙，表示甲已遭人殺害棄屍溪中，丙趕赴現場後報警處理，經警報請檢察官到場相驗，因承辦檢察官發現在場之乙行跡可疑，命警追查，進而查悉上情。

二、案經台中市警察局第三分局報請台灣台中地方檢察署檢察官偵查起訴。

理由

一、訊據被告乙固不諱言有右揭殺死被害人甲之事實，惟仍辯稱伊係自首，被告之選任辯護人則另以：被告於案發當時已陷入精神耗弱狀態，及被告係因遭死者甲不斷嘲諷、且遭甲持木棍攻擊，致激於義憤而拾起鐮刀防衛，被告所犯應係當場激於義憤而殺人罪，並係防衛過當等語，爲被告辯護。

經查：（一）右揭犯罪事實，業據被告於警訊、偵查及本院審理中供承不諱，核與證人戊、丙證述之情節相符，且有被告做案之血衣褲、木棍1支及照片34在卷可資佐證，該扣案木棍上、被告上衣、拖鞋及案發現場鐵皮牆上等處，均經鑑驗查出沾有與死者甲之血液型別相同之血跡，復有內政部警政署刑事警察局（90）刑醫字第151495號鑑驗書在卷可稽，而甲確因遭被告持刀朝其背部及頭部連砍數刀，致受有「（1）左眼眉弓下方斜向銳器創長約4公分呈10時4時走向。（2）左側顴骨部斜向銳器刺創約長3公分呈10時4時走向。（3）左腹部（臍部左側）横向表淺銳器劃傷長約4公分。（4）背中線向左約12公分、肩線向下約2公分，銳器刺創一處呈2時8時走向，大小約4乘2公分。（5）背中線向左5公分、肩線向下約16公分，銳器刺創一處呈2時8時走向，大小約9乘4公分。（6）右手腕尺骨刺銳器創一處大小約2公分。」等銳器傷，因其背部左肩下方第八肋間（即背中線向左5公分、肩線向下約16公分）處所受割創深入左肺下葉，且刺穿左肺下葉，致造成左肺割裂傷胸腹内大出血而休克死亡等情，復據台灣台中地方檢察署檢察官會同法醫師勘驗、解剖屬實，製有勘驗筆錄、驗斷書、相驗屍體證明書、解剖紀錄及解剖照片在卷可按。又被告係以外型類似鐮刀之尖刀砍刺死者甲，第一刀是往甲背部砍下，第一刀較用力，砍的位置約肩下10公分左右之事實，業據被告供明在卷，並繪有兇器簡圖在卷可參，核與法醫師解剖死者甲屍體後，依甲所受傷害創口走勢、大小、深度等情狀所研判之兇器外型相符，有該解剖紀錄可參，依被告持以行兇之兇器外型觀之，該類尖刀通常供爲砍伐竹林、芒草之用，類均鋒利異常，而人體胸、背部肋間所圈圍之範圍内，爲諸多重要臟器所在之位置，屬人體之要害，被告竟持該鋒利之尖刀揮刺甲之頭、背部要害，且其中第一刀即往甲之背中線向左5公分、肩線向下約16公分處（即左肩下方第八肋間）猛砍，致甲受有大小約9乘4公分之銳器創，深達左肺下葉，且刺穿左肺下葉，足見其下手之重，以被告下手之重、砍刺被害人之部位觀之，被告有置甲於死之犯意至明。

二、按對於未發覺之罪自首而受裁判者，減輕其刑，固爲刑法第62條前段所明定，然該條所謂發覺，非以有偵查犯罪權之機關或人員確知其犯罪無誤爲必要，僅需有確切之根據足爲合理可疑其有犯罪嫌疑，經偵查機關調查蒐證，即得謂爲「已發覺」（最高法院72年台上字第641號判例意旨參照）；又自首之方式雖不限於自行投案，託人代理自首或向非偵查機關請其轉送，亦無不可，但須有向該管司法機關自承犯罪而受裁判之事實，始生效力，若於犯罪後，僅向被害人或非有偵查犯罪職務之公務員陳述自己犯罪之事實，而無受裁判之表示，即與自首之條件不符（最高法院50年台上字第65號判例可稽）。查，本案案發後，經警報請檢察官到場相驗，被告於承辦檢察官於當日上午10點多到場相驗後，先是誤導偵辦方向，謊稱被害人是遭2、3個人殺害，因承辦檢察官發覺被告所述內容與勘驗現場之狀況不符，懷疑被告涉有重嫌，乃當場訊問被告是否涉案，被告否認，承辦檢察官方命警方將被告帶回警局訊問、追查，始進而查悉本案始末等情，業據承辦檢察官丁於本院審理中陳述甚明，參照被告於殺害死者甲、並將屍體棄置麻園頭溪光義橋下後，雖於該日上午7時30分許，以電話通知其胞姊丙，然其通知之內容係稱「甲被人殺，我跳到溪裏，拉不起來，人死在溪底。」、「我弟弟乙告訴我是：『甲被人殺害，我跳到溪裡要下去救，救不起來』之語。甲如何死亡我不知道……」、「他（指被告乙）到本組（指台中市警察局第三分局刑事組）後，向我坦承他殺害甲」（見台灣台中地方檢察署90年度偵字第12459號卷第9頁至第10頁），並參照被告於殺害甲後，係先清洗現場血跡後，再打電話通知其胞姊丙等情狀，被告於本案案發後，非但無向其胞姊丙自承犯罪事實，委其代爲自首犯行，且一再掩飾犯行，顯亦無接受裁判之意，直至承辦檢察官勘驗死者甲屍體及現場狀況後，發覺被告所述與勘驗現場所得狀況不符，認被告涉有重嫌方命警追查，被告於警員追查下始不得不承認犯行，揆諸前開判例意旨，顯見被告自承犯行之時，已係在其犯行爲該管公務員發覺之後，其承認犯行之供述僅可謂爲自白，不能認爲自首，被告辯稱其係自首，委不足採。

三、又刑法第273條所謂當場激於義憤而殺人，非祇以被害人先有不正行爲爲已足，且必該行爲在客觀上有無可容忍，足以引起公憤，猝然遇合，憤激難忍因而將其殺害者而言（最高法院28年上字第2564號、31年上字第1156號判例）。查被告於案發前與死者甲一同飲酒中，死者甲固以：伊都不用工作就有錢可花，不像你工作做得要死，跟不上伊等語，譏諷、嘲笑被告，死者甲譏諷、嘲笑被告之行爲雖有不該，然該譏諷、嘲笑之行爲顯未達在客觀上一般人均覺無可容忍、足以引起公憤之程度，被告之辯護人辯稱被告所爲應係犯當場激於義憤殺人罪，亦不足採。再被告係見死者甲持棍，自認不敵，乃先逃跑，死者甲見狀追，後甲跑過頭，被告方持刀在後由死者甲之背後砍殺等情，業據被告於警訊、偵查及本院調查中供述甚明，核與死者甲所受致命傷係在背部左肩下方第八肋間部位相符，按諸死者甲所受致命傷係在背部及甲較被告年輕力壯等情，顯見死者甲應係在不備中遭被告猝然攻擊，蓋被告如係在防衛死者甲之攻擊中，則死者甲所受之致命傷害應係在身體之正面，絕無在背部之理，辯護人以被告係防衛過當方致甲於死，亦不足採。

四、再被告於警訊、偵查及本院審理中，就案發當日之作息及其與死者甲飲酒、發生口角進而發生本案之經過，大部分均能記憶清晰、陳述完整，並無明顯悖離常情之處，顯見被告於案發當時對外界事務之知覺理會，並無較一般常人爲低之狀況，而經本院囑託財團法人台灣省私立台中仁愛之家附設靜和醫院就被告於本案案發時之精神狀態進行鑑定，其鑑定後綜合被告之個人史、疾病史、精神狀態檢查、身體檢查及心理測驗結果，認被告乃一酒精成癮患者，於犯案時雖有喝酒，但過程中完全無幻覺或妄想存在，其思考邏輯合理，未見明顯判斷力受損或知覺缺失之狀況，且意識清楚，無明顯證據支持其處於譫妄狀態中，被告事後雖對一段犯案經過似有記憶喪失之情況，但失憶現象僅表示喝酒後腦部之變化，而不能據此判定其犯案當時之精神或行爲狀態，故認無明顯證據支持被告於犯案行爲時之精神狀態因受酒精之影響而達精神耗弱或心神喪失之程度，與本院前揭認定相同，有該院90年11月1日中仁靜醫字第293號函送之精神鑑定報告書在卷可資參酌，是辯護人以被告於本案行爲時，因受酒精之影響，乃處於精神耗弱之狀態中，亦不足採，況飲酒泥醉，致陷於精神耗弱之狀態，乃屬原因自由行爲，亦不在得減輕其刑之列。

五、核被告乙所爲，其砍殺甲致死部分，係犯刑法第271條第1項之殺人罪，其於殺死甲後，並將甲之屍體丟棄於麻園頭溪內，其棄屍行爲部分，係犯同法第274條第1項之遺棄屍體罪。公訴意旨於起訴書「證據並所犯法條」欄中，雖僅論列被告係犯刑法第271條第1項之殺人罪，並未列載被告並犯有遺棄屍體罪，惟就被告遺棄屍體部分之犯行，經據公訴人於起訴書「犯罪事實」欄中已記載甚詳，是被告該部分犯行亦經公訴人提起公訴，本院自應併予審就。又被告所犯上開二罪有方法、結果之牽連關係，爲牽連犯，應從一重依殺人罪處斷。爰審酌被告無前科紀錄，有台灣高等法院被告全國前案紀錄表在卷可按，尚非素行不良之人，其與死者甲係叔姪關係，平日相處融洽，因酒後自制力降低，先受甲言語嘲諷刺激，進而發生口角，復遭甲持棍挑釁，竟持鋒利尖刀朝死者要害揮砍，手段暴烈，以致鑄下大錯，犯後大致坦承犯行，已知所悛悔，且死者家屬亦均表示原諒被告等情狀，量處如主文所示之刑，而依其犯罪之性質，本院認有褫奪公權之必要，故併爲褫奪公權之宣告。至被告持以砍死甲所用、外型類似鐮刀之尖刀乙把，因未據扣案，且非被告所有之物，復非違禁物，爲免執行困難，故不爲沒收之諭知，附此敘明。

六、以上論斷，應依刑事訴訟法第299條第1項前段，刑法第271條第1項、第247條第1項、第55條、第37條第2項，判決如主文。

中　華　民　國　〇〇　年　〇〇　月　〇〇　日

台灣台中地方法院刑事第二庭

審判長法官　張〇〇

法官　羅〇〇

法官　呂〇〇

以上正本證明與原本無異。

如不服本判決，應於判決送達後20日內向本院提出上訴狀，上訴於台灣高等法院台中分院（須附繕本）。

書記官　〇〇〇

中　華　民　國　〇〇　年　〇〇　月　〇〇　日

附件：

台灣台中地方檢察署檢察官起訴書

90年度偵字第12459號篤股

被告　乙

上列被告因殺人案件，業經偵查終結，認應提起公訴，茲將犯罪事實及證據並所犯法條分敘如下：

犯罪事實

一、乙與甲係叔姪關係，乙於民國90年7月16日晚上7時許，在位於台中市南屯區黎光里干城街277號11樓之家中喝酒，已有醉意，9時許就寢，翌日上午5時許，騎腳踏車欲前往位於台中市南區〇〇〇巷4弄2號之印刷工廠工作，因時間尚早，即轉往甲位於同巷1號之住處，鼓勵甲要認眞工作，甲乃邀乙喝酒，二人即在甲家中喝酒，不久，乙乃騎腳踏車至工廠，惟甲又帶著酒來找乙，且在工廠外面喝酒。約上午6時30分許，甲酒後失態，乙因而生氣而與甲發生口角衝突，甲乃自工廠附近空地取來一支木棍，乙亦隨手取得類似鐮刀之尖刀一把，甲即持木棍攻擊乙，乙躲避後，竟基於殺人之犯意，持尖刀朝甲之背部及頭部連砍數刀，致甲左眼眉弓下方、左側顴骨部、左腹部、左背肩胛上部、左背肩胛下部及右手腕尺骨等處有銳器劃傷，造成胸腹內大出血休克當場死亡。乙怕事跡敗露，爲掩滅罪行，乃將兇器丟棄，並將甲之屍體拖行至約10公尺距離之麻園頭溪光義橋上，由光義橋之橋樑縫隙將甲推入排水溝內棄屍，旋即返回現場將血跡一一清洗，迨佈置完成後，再打電話給其胞姐林◯◯，表示甲已遭人殺害棄屍溪中，林◯◯趕赴現場後報警處理，由警員查出上情。

二、案經台中市警局第三分局報告偵辦。

證據並所犯法條

一、上揭犯罪事實，業據被告乙於警訊時及偵查中坦承不諱，核與證人黃◯◯證述情節相符，復有被告做案之血衣褲、木棍1支及照片34在卷可稽。警方鑑識人員在扣案木棍上、鐵皮牆上、被告上衣、拖鞋等處查出沾有與死者甲之血液型別相同之血跡，有內政部警政署刑事警察局鑑驗書在卷可參，是被告殺害甲之犯行已可認定。

二、核被告所爲，係犯刑法第271條第1項之罪嫌。請審酌被告無前科紀錄，因酒後亂性才犯下大錯，犯後已坦承犯行，是死者家屬亦已原諒被告等情狀，予以適當之量刑。

三、依刑事訴訟法第251條第1項提起公訴。

此　致

台灣台中地方法院

中　華　民　國　◯◯　年　◯◯　月　◯◯　日

檢察官　徐◯◯

中　華　民　國　◯◯　年　◯◯　月　◯◯　日

書記官　李◯◯

上正本證明與原本無異。

所犯法條：

刑法第271條第1項：

殺人者，處死刑、無期徒刑或十年以上有期徒刑。

相關法條及裁判要旨

■刑法第271條第1項：

殺人者，處死刑、無期徒刑或十年以上有期徒刑。

■刑法第273條第1項：

當場激於義憤而殺人者，處七年以下有期徒刑。

■刑法第23條：

對於現在不法之侵害，而出於防衛自己或他人權利之行為，不罰。但防衛行為過當者，得減輕或免除其刑。

■刑法第62條：

對於未發覺之罪自首而受裁判者，得減輕其刑。但有特別規定者，依其規定。

■刑法第19條第2項：

行為時因前項之原因，致其辨識行為違法或依其辨識而行為之能力，顯著減低者，得減輕其刑。

■最高法院31年度上字第1156號判例前段：

刑法第273條所謂當場激於義憤而殺人，係指他人所實施之不義行為，在客觀上足以引起公憤，猝然遇合，憤激難忍，因而將其殺害者而言。

■最高法院75年度台上字第1634號判例：

刑法第62條之所謂發覺，係指有偵查犯罪職權之公務員已知悉犯罪事實與犯罪之人而言，而所謂知悉，固不以確知其為犯罪之人為必要，但必其犯罪事實，確實存在，且為該管公務員所確知，始屬相當。如犯罪事實並不存在而懷疑其已發生，或雖已發生，而為該管公務員所不知，僅係推測其已發生而與事實巧合，均與已發覺之情形有別。

(十一) 傷害罪

案例事實

甲前於民國83年間曾因違反麻醉藥品管理條例案件，經台灣台中地方法院判處有期徒刑3年，緩刑4年確定，88年4月30日緩刑期滿。90年7月15日上午9時30分許，甲在台中市復興路與自由路口之市場內，販賣行動電話及零件，趙○○與廖○○前往該攤位選購行動電話零件，因趙○○出言抱怨零件價格偏高，乃甲聽聞後甚感不悅，即與不詳姓名年籍之男子二人，共同毆打趙○○，使趙○○受有左肩挫傷、前額挫傷、後頭挫傷等傷害。

撰狀說明

(1) 按告訴人之告訴，係以使被告受刑事訴追爲目的，是其陳述是否與事實相符，仍應調查其他證據以資審認，有最高法院52年台上字第1300號判例可稽。經查本件案例事實告訴人趙○○於警訊稱被告甲有拿鐵管打我、打我左肩、前額頭及後頭部，復於偵查中改稱：「是甲打我的，我確定原用拳頭打再拿椅子砸我」，末於法院審理時又稱甲是用手打我前後頭部（並未拿工具），是另二名不詳姓名年籍之男子用鐵棍打我左肩，前後關於甲用何方法打伊說法已有不一。

(2) 因此，撰寫刑事辯論意旨狀部分應將告訴人前後指述不一以及證人廖○○於警偵訊所言屬僞證詳加記載。

書狀內容

狀別：刑事辯護意旨狀

案號及股別：○○年○○字○○號○股

被　告　　甲　　身分證字號：○　性別：○　生日：○　住：○

選任辯護人　何志揚律師

爲被告因傷害案件，謹依法提辯護意旨事：

一、公訴意旨略以：甲在90年7月15日上午9時30分許，在台中市復興路與自由路口之市場內，販賣行動電話及零件，趙○○與廖○○前往該攤位選購行動電話零件，因趙○○出言抱怨零件價格偏高，乃甲聽聞後甚感不悅，即與不詳姓名年籍之男子二人共同毆打趙○○，使趙○○受有左肩挫傷、前額挫傷、後頭挫傷等傷害，無非係以證人廖○○及醫院之診斷證明書爲據。

二、按犯罪事實應依證據認定之，無證據不得認定其犯罪事實，刑事訴訟法第154條定有明文，又證據之證明力固屬於法院判斷之自由，但不得違背經驗法則，如證據之本身依照吾人日常生活經驗所得之定則觀察，尚非無疑竇時，即遽難採爲判決之基礎（最高法院48年台上字第475號判例意旨參照）。經查告訴人於警訊稱甲有拿鐵管打我、打我左肩、前額頭及後頭部（參偵查卷第16頁背面），復於偵查中改稱：「是甲打我的，我確定原用拳頭打再拿椅子砸我」（參偵查卷第31頁背面），末於鈞院審理時又稱甲是用手打我前後頭部（並未拿工具），是另二名不詳姓名年籍之男子用鐵棍打我左肩」，前後關於甲用何方法打伊說法已有不一，又證人廖○○於警訊稱趙○○被三人毆打有受傷（參偵查卷第19頁背面），於偵查時又改稱：「一開始是甲動手打，後來他又叫了二人，但該二人是否動手，我不清楚」（參偵查卷第30頁），於鈞院91年6月7日開庭時本欲出庭供證，聽聞辯護人拿出當日上午被告母親陳○○在辯護人事務所打伊手機通話時，而被錄音錄下其稱甲有無打告訴人伊並不知道之對話後（參辯護人91年6月7日之刑事調查證據聲請狀所附錄音帶及譯文），竟因心虛而馬上起身離庭而去，直至開庭閉時始又返回，雖於91年7月5日陳證時固對該錄音帶之聲音表示不知是否爲其聲音並否認於該日曾接獲該電話，然對此辯護人已提出當日通話之通聯紀錄可證，故由其前後反覆不一之證言及該錄音帶通話之譯文，均足以證明其所證顯爲虛僞之陳述。反觀證人李○○、張○○，於鈞院經隔離訊問後，所言告訴人係遭一穿著邋遢著短衣短褲男子毆打而非甲所爲大致情形均相符，更足以告訴人所訴遭毆打一節確實並非被告所爲。

三、綜上所述，公訴人未究明上開事證，遽以證人李○○所言該男子特徵與被告所言不符，即認證人李○○、張○○之證言不可採，認事用法自有違誤，爲此懇請鈞院鑒核，迅賜被告無罪判決，以免冤抑，而障權利。

謹　狀

台灣○○地方法院刑事庭　公鑒

中　華　民　國　○○　年　○○　月　○○　日

具狀人　甲　　　簽名蓋章

選任辯護人　何志揚律師

相關法條及裁判要旨

■刑法第277條第1項：

傷害人之身體或健康者，處五年以下有期徒刑、拘役或五十萬元以下罰金。

■最高法院30年上字第816號判例：

認定不利於被告之事實，須依積極證據，苟積極證據不足為不利於被告事實之認定時，即應為有利於被告之認定，更不必有何有利之證據。

■最高法院52年度台上字第1300號判例：

告訴人之告訴，係以使被告受刑事訴追為目的，是其陳述是否與事實相符，仍應調查其他證據以資審認。

■最高法院76年度台上字第4986號判例：

認定犯罪事實所憑之證據，雖不以直接證據為限，間接證據亦包括在內；然而無論直接或間接證據，其為訴訟上之證明，須於通常一般之人均不致有所懷疑，而得確信其為眞實之程度者，始得據為有罪之認定，倘其證明尚未達到此一程度，而有合理之懷疑存在時，事實審法院復已就其心證上理由予以闡述，敘明其如何無從為有罪之確信，因而為無罪之判決，尚不得任意指為違法。

(十二) 妨害自由罪

案例事實

被告甲為A建設股份有限公司（下稱A公司）實際負責人，於民國88年間以A公司名義，與地主丙就座落於○○市○區○○段地號975、975-4、975-35土地簽訂合建契約，同時約集「B實業股份有限公司」（下稱：B公司）及「○○實業股份有限公司」共同投資興建透天別墅及店面32戶，案名訂為「○○富園」，被告並以「A公司」名義將上開房屋及土地以預售方式出售予告訴人乙、乙1、乙2、乙3、乙4、乙5、乙6、乙7、乙8、乙9、乙10、乙11、乙12、乙13、乙14、乙15、乙16、乙17、乙18、乙19、乙20、乙21、乙22、乙23等24人，詎房屋興建後期，告訴人乙24、乙16、乙15、乙21陸續接到被告以電話告知「所購買的土地暨房屋所有權狀在B公司經理丁手中，必須拿未付尾款辦理交屋向丁換回所有權狀，否則丁將會出售房地」，告訴人乙24、乙16、乙15、乙21等人惟恐房地遭出賣，最後不得不籌錢辦理交屋手續，取回權狀以自保。

撰狀說明

(1) 關於本件案例事實被告甲並非○○建設股份有限公司之登記負責人，且並未與告訴人乙等24人接觸，自不可能為實施恐嚇交屋之行為人。
(2) 又刑法第304條所謂妨害他人行使權利或使人行無義務之事，必須法律上或契約上當事人有該權利存在或並無該義務之履行時，行為人方有可能違反上開規定，且刑法第305條恐嚇危害安全罪更是必須以現在或將來之危害通知他方致使其心生恐懼，方有可能構成。
(3) 因此，本件被告甲縱使為○○建設股份有限公司之實際負責人，且亦曾請銷售房屋小姐以電話通知告訴人乙等24人稱如果不交屋要持房地向他人借款或賣掉，然而告訴人乙等24人依據雙方所簽訂之買賣契約約定及民法第348條規定，即負有受領買賣標的物之義務，倘告訴人乙等24人未於約定期限內完成交屋手續，○○建設股份有限公司即可解除買賣契約再將系爭房地轉賣他人，是故被告甲請銷售小姐所為之通知內容本來即為告訴人等所應為之義務，並不會構成刑法上之強制罪或恐嚇罪，是以撰寫書狀時應從雙方契約之約定及法律上之規定具體答辯。
(4) 至於告訴人等其餘告訴內容並非本案例事實及書狀撰寫所欲討論，故而省略之。

書狀內容

狀別：刑事答辯狀
案號及股別：○○年○○字○○號○股
被　告　　甲　　身分證字號：○　性別：○　生日：○　住：○
選任辯護人　何志揚律師
爲被告因妨害自由等案件，謹依法提答辦事：
一、關於被訴妨害自由罪部分：

告訴人等曾向A建設股份有限公司（下稱A公司）購買預售房屋，被告竟於房屋尚未興建完成交屋前，趁告訴人急迫輕率無經驗，以電話脅迫告訴人稱如果不交屋要持房地向他人借款或賣掉，致告訴人不得不與被告辦理點交，自有使告訴人行無義務之事妨害自由罪行云云，惟告訴人等係向A公司購買房屋，並非向告訴人購買房屋，被告亦非A公司之負責人（參被證1），且被告亦從未以電話向告訴人等威脅如果不交屋要持房地向他人借款或賣掉等話語（此部分應由告訴人等負舉證責任），退萬步言之，依據告訴人等與A公司簽訂之買賣契約之約定及民法第367條之規定，告訴人等依法本有交付買賣價金之義務，告訴人等認被告涉犯刑法第304條第1項之強制罪，難謂有理由。

二、關於被訴詐欺部分：

告訴人等向A公司購買預售屋時，被告宣傳張貼之廣告中係B建設股份有限公司投資興建，告訴人等認爲被告資力不錯始誤信向被告承買房屋，孰料該房屋之興建並無B建設股份有限公司出資，而被告甚至持該土地向○○市農會借貸新台幣8,650萬元、另向丁借款4,800多萬元及200多萬元，認爲被告涉犯詐欺罪，經查告訴人等係向○○公司購買預售屋爲告訴人所自承，系爭房地目前亦已全數點交予告訴人等使用，相關之所有權狀等產權資料亦已交付告訴人等，自難謂被告有何詐術之使用及主觀不法所有詐欺意圖，至於B股份有限公司係以丁之名義投資A公司興建系爭房屋（因而設定抵押權予丁，此觀B股份有限公司之負責人爲丁1即丁之兄即明，參被證2），而系爭房屋座落之土地在投資興建前係屬A公司所有自得向農會借貸款項，此乃正當權利之行使，亦與告訴人等無涉。

三、關於被訴竊盜罪、業務侵占罪及背信罪部分：
(一) 關於公共設施、公共基金部分：

告訴人主張關於○○富園社區被告尚有消防設備等公共設施未及公共基金交付云云，自有竊盜、業務侵占之犯行，經查告訴人等係向A公司購買房屋，並非向被告個人購買房屋，所有◯◯富園社區應交付消防設備等公共設施除公共對講機及滅火器係遭廠商戊所取走保管（被告當時亦與戊理論竟遭戊動手傷害，參被證3，可請鈞長予以傳訊），其餘應皆已交付◯◯富園社區管理委員會，況縱有未交付者在尚未交付前仍屬◯◯公司之財產，並非告訴人之財產，自難謂被告有竊盜及侵占犯行；至於公共基金部分，公寓大廈管理條例第18條第1項第1款及第2項固規定，起造人就公寓大廈領得使用執照1年內之管理維護事項，應按工程造價一定比例或金額提列「公共基金」，並於成立管理委員會或選任管理負責人後移交之。惟依公寓大廈管理條例施行細則第6條第1項規定，該條例第18條第1項第1款所定按工程造價一定比例或金額提列公共基金，依下列標準計算之：一、1,000萬元以下者爲20‰。二、逾1,000萬元至1億元者，超過1,000萬元部分爲15‰。三、逾1億元至10億元者，超過1億元部分爲5‰。四、逾10億元者，超過10億元部分爲3‰，惟此部分應由◯◯富園社區管理委員會向A公司請求交付，竟以此認爲被告有業務侵占罪嫌，顯然誤解法律之眞意，尤有進者，◯◯富園社區管理委員會就上情已向A公司提起民事訴訟，孰料又撤回起訴（參被證4），更足認本件係屬民事債務糾紛，縱有紛爭亦應循民事途徑解決。

(二) 關於火災保險費部分：

告訴人等認爲當初係將購買房屋之火災保險費交付被告甲，被告竟侵吞入己涉嫌業務侵占背信云云，惟告訴人所執之「附件1」之文件內容（參被證5），係屬A公司之收款記錄，其內容固有房屋保險費之名稱，然尚包括買賣價金等其他費用在內，且均已交互計算，而依房屋至多僅能證明A公司有收取該款項，況被告甲收受該款項後均已入A公司帳户（參被證6），被告既未受告訴人委任，亦與告訴人並無任何法律關係，何來侵占背信之有，至於A公司未替告訴人等辦理火災投保等情，亦屬民事債務糾紛，應由告訴人向A公司訴請賠償方爲正辦。

四、關於被訴僞造有價證券部分：

告訴人乙認爲被告就系爭面額420萬元之本票未經其授權竟私自填寫發票日期涉犯僞造有價證券罪云云，經查乙自承係向A公司購買房屋，而系爭本票正係乙本人所親自簽發交付A公司用以擔保買賣價金之給付，被告絕無私自填寫發票日期（參被證7本票影本），反而乙明知系爭房屋之所有權狀正本在A公司收執，竟向地政機關謊稱遺失並辦理補發，使公務員爲不實之登載而因僞造文書罪遭台中地院判處6月徒刑緩刑2年確定，告訴人明知上情竟誣指被告僞造本票，顯已構成誣告罪，應由鈞長另分案偵辦其誣告罪嫌。

五、綜上所述，告訴人所訴顯無理由，懇請鈞長鑒核，迅諭知不起訴處分，以免冤抑，而障權利。

謹　狀

台灣○○地方檢察署　公鑒

證據名稱及件數

證1：公司基本資料查詢。

證2：公司基本資料查詢。

證3：台灣地方法院91年度易字第18號刑事判決。

證4：民事起訴狀。

證5：告訴人所執之「附件1」之文件內容。

證6：被告匯入○○公司存款存摺。

證7：本票影本。

中　華　民　國　○○　年　○○　月　○○　日

具狀人　甲　　簽名蓋章

選任辯護人　何志揚律師

狀別：刑事答辯（二）狀

案號及股別：○○年○○字○○號○股

被　告　甲　身分證字號：○　性別：○　生日：○　住：○

選任辯護人　何志揚律師

爲被告因妨害自由等案件，謹依法續提答辯事：

一、關於被訴妨害自由罪部分：

(一) 告訴人告訴意旨略以：曾向A建設股份有限公司（下稱A公司）購買預售房屋，被告竟於房屋尚未興建完成交屋前，趁告訴人急迫輕率無經驗，以電話脅迫告訴人稱如果不交屋要持房地向他人借款或賣掉，致告訴人不得不與被告辦理點交，自有使告訴人行無義務之事妨害自由罪行云云。

(二) 惟查告訴人等係向A公司購買房屋，並非向被告個人購買房屋，且被告亦從未以電話向告訴人等威脅如果不交屋要持房地向他人借款或賣掉等話語（此部分應由告訴人等負舉證責任），退萬步言之，依據告訴人等與A公司簽訂之買賣契約之約定及民法第367條之規定，告訴人等依法本有交付買賣價金之義務，告訴人等認被告涉犯刑法第304條第1項之強制罪，難謂有理由。

二、關於被訴詐欺、竊盜及侵占、背信部分：

(一) 告訴人告訴意旨略以：告訴人等向A公司購買預售屋時，被告承諾要幫告訴人二次施工搭建後面違章工程，詎料竟僅搭建至一半，且該社區大樓未置大燈、又無水電，更無滅火器等消防器材，甚至收受火災保險費竟未辦理投保，認爲被告涉嫌詐欺、竊盜及侵占、背信云云。

(二) 惟查：

(1) 關於公共設施、公共基金部分：

告訴人主張關於○○富園社區被告尚有消防設備等公共設施未及公共基金交付云云，自有詐欺竊盜、業務侵占之犯行，經查告訴人等係向A公司購買房屋，並非向被告個人購買房屋，所有○○富園社區應交付消防設備等公共設施除公共對講機及滅火器皆已交付○○富園社區管理委員會，此有鈞署向消防局函查之回函可證；至於公共基金部分，公寓大廈管理條例第18條第1項第1款及第2項固規定，起造人就公寓大廈領得使用執照一年內之管理維護事項，應按工程造價一定比例或金額提列「公共基金」，並於成立管理委員會或選任管理負責人後移交之。惟依公寓大廈管理條例施行細則第6條第1項規定，該條例第18條第1項第1款所定按工程造價一定比例或金額提列公共基金，依下列標準計算之：一、1,000萬元以下者爲20‰。二、逾1,000萬元至1億元者，超過1,000萬元部分爲15‰。三、逾1億元至10億元者，超過1億元部分爲5‰。四、逾10億元者，超過10億元部分爲3‰，惟此部分應由○○富園社區管理委員會向A公司請求交付，竟以此認爲被告有業務侵占罪嫌，顯然誤解法律之眞意，尤有進者，○○富園社區管理委員會就上情已向A公司提起民事訴訟，孰料又撤回起訴（參被證4），更足認本件係屬民事債務糾紛，縱有紛爭亦應循民事途徑解決；此外，部分告訴人指述被告承諾要幫告訴人二次施工搭建後面違章工程更屬無稽，蓋被告從未與該告訴人接觸，告訴人更未提出任何書面資料可證明有該事實存在，自難信爲眞實。

(2) 關於火災保險費部分：

告訴人等認爲當初係將購買房屋之火災保險費交付被告甲，被告竟侵吞入己涉嫌業務侵占背信云云，惟告訴人所執之「附件1」之文件內容（參被證5），係屬A公司之收款記錄，其內容固有房屋保險費之名稱，然尚包括買賣價金等其他費用在內，且均已交互計算，而依房屋至多僅能證明A公司有收取該款項，況被告甲收受該款項後均已入A公司帳户（參被證6），被告既未受告訴人委任，亦與告訴人並無任何法律關係，何來侵占背信之有，至於A公司未替告訴人等辦理火災投保等情，亦屬民事債務糾紛，應由告訴人向A公司訴請賠償方爲正辦。況告訴人既然均曾供陳收受保險單表示保險公司已經同意承保，至於何以保險公司嗣後又寄催繳通知，此情形亦應由告訴人向保險公司查詢，不得指被告詐欺。

三、關於被訴僞造有價證券部分：

(一) 告訴人乙認爲被告就系爭面額420萬元之本票未經其授權竟私自填寫發票日期涉犯僞造有價證券罪云云，經查乙自承係向○○公司購買房屋，而系爭本票正係乙本人所親自簽發交付○○公司用以擔保買賣價金之給付，被告絕無私自填寫發票日期（參被證7本票影本），反而乙明知系爭房屋之所有權狀正本在A公司收執，竟向地政機關謊稱遺失並辦理補發，使公務員爲不實之登載而因僞造文書罪遭○○地院判處6月徒刑緩刑2年確定（案號爲92年度中簡上字第201號祥股，92年執他字第2989號偵卷，可請鈞署調卷即明事實眞相），告訴人明知上情竟誣指被告僞造本票，顯已構成誣告罪，應由鈞長另分案偵辦其誣告罪嫌。

(二) 又告訴人於民事對被告所提之確認本票債權不存在事件（參上次庭呈台中地院民事判決影本），從未主張系爭本票爲僞造，反而係主張已清償完畢，況且另案A建設股份有限公司對其提起給付買賣價金事件訴訟亦已獲勝訴確定判決，告訴人雖曾聲請再審但亦遭駁回，A公司始聲請強制執行，兩造遂達成和解，被告亦坦承確實有開立系爭本票，並未主張該本票係僞造，均可請鈞長調卷即明事實（參附件判決）。

(三) 況兩造業已達成和解，並於和解契約書中載明告訴人不再追究本件刑事案件，何以告訴人又出爾反爾？甚至其專業律師竟也隨風起舞？實令人不解。

四、綜上所述，告訴人所訴顯無理由，懇請鈞長鑒核，迅諭知不起訴處分，以免冤抑，而障權利。

謹　狀

台灣○○地方檢察署　公鑒

證據名稱及件數

附件：台灣地方法院92年度訴字第2075號民事判決、台灣高等法院93年度上易字第156號民事判決、台灣高等法院93年度再易字第61號、台灣高等法院93年度再易字第78號民事判決。

中　　華　　民　　國　　○○　　年　　○○　　月　　○○　　日

具狀人　甲　　　　簽名蓋章

選任辯護人　何志揚律師

相關法條及裁判要旨

■刑法第304條第1項：

以強暴、脅迫使人行無義務之事或妨害人行使權利者，處三年以下有期徒刑、拘役或九千元以下罰金。

■刑法第339條第1項：

意圖爲自己或第三人不法之所有，以詐術使人將本人或第三人之物交付者，處五年以下有期徒刑、拘役或科或併科五十萬元以下罰金。

■刑法第320條第1項：

意圖爲自己或第三人不法之所有，而竊取他人之動產者，爲竊盜罪，處五年以下有期徒刑、拘役或五十萬元以下罰金。

■刑法第336條第2項：

對於業務上所持有之物，犯前條第一項之罪者，處六月以上五年以下有期徒刑，得併科九萬元以下罰金。

■刑法第342條第1項：

爲他人處理事務，意圖爲自己或第三人不法之利益，或損害本人之利益，而爲違背其任務之行爲，致生損害於本人之財產或其他利益者，處五年以下有期徒刑、拘役或科或併科五十萬元以下罰金。

■刑法第201條之1第1項：

意圖供行使之用，而僞造、變造信用卡、金融卡、儲值卡或其他相類作爲簽帳、提款、轉帳或支付工具之電磁紀錄物者，處一年以上七年以下有期徒刑，得併科九萬元以下罰金。

■刑法第210條：

僞造、變造私文書，足以生損害於公衆或他人者，處五年以下有期徒刑。

■刑法第213條：

公務員明知爲不實之事項，而登載於職務上所掌之公文書，足以生損害於公衆或他人者，處一年以上七年以下有期徒刑。

■刑事訴訟法第154條第2項：

犯罪事實應依證據認定之，無證據不得認定犯罪事實。

■最高法院40年台上字第86號判例：

事實之認定，應憑證據，如未能發現相當證據，或證據不足以證明，自不能以推測或擬制之方法，以爲裁判基礎。

(十三) 妨害名譽罪

案例事實

緣告訴人乙自民國93年8月1日起迄96年7月31日止，受聘兼任國立○○高級工業職業學校（以下簡稱○○高工）圖書館主任，其擔任期間推動班級讀書會，並因94年間獲○○高工建議敘獎。詎被告甲自96年8月1日起，受聘兼任○○高工圖書館主任後，意圖散布於眾，明知告訴人乙於擔任○○高工圖書館主任期間，均有推動班級讀書會之業務，竟於不詳時間，散發給○○高工1、2年級張貼於班上公告欄之【認識我們的「班級讀書會」】文宣中載明：「……本校自89～94年實施（班級讀書會），95～96年因故中止。……」足以損害告訴人之名譽。

撰狀說明

(1) 按刑法第310條第1項規定，意圖散布於眾，而指摘或傳述足以毀損他人名譽之事者，爲誹謗罪，同條第2項規定，散布文字、圖畫犯前項之罪者，處2年以下有期徒刑、拘役或3萬元以下罰金，是由上開條文規定可知，加重誹謗罪之客觀不法構成要件爲「以散布文字、圖畫之方式指摘或傳述足以毀損他人名譽之事」，主觀不法構成要件則爲「誹謗故意（對於所指摘或傳述之事足以毀損他人名譽有所認識猶決意爲之）」及「散布於眾之不法意圖」。因此，本件案例事實撰寫刑事答辯狀時應著重於被告甲並無誹謗之犯罪故意，並可引用司法院大法官會議釋字第509號解釋所謂「行爲人雖不能證明言論內容爲眞實，但依其所提證據資料，認爲行爲人有相當理由確信其爲眞實者，即不能以誹謗罪之刑責相繩」之意旨，亦與美國在憲法言論自由上所發展出之「眞正惡意原則」（actual malice）中所指「明知爲不實之確定故意或出諸不論眞實與否之未必故意，始得追究行爲人之責任，行爲人是否依其能力所及，已踐行合理之查證（但不以與事實相符爲必要），可作爲行爲人是否基於善意發表言論之判斷基準」相當，是行爲人雖不能證明其以文字或圖畫所指摘或傳述、足以毀損他人之事爲眞實，然倘所指摘或傳述者，爲與公共利益有關之事，且依行爲人之能力及查證過程，認行爲人有相當理由確信其所指摘傳述之事爲眞實者，則不能繩行爲人以加重誹謗罪責爲據。

(2) 其次，關於告訴人指述被告甲抄襲其擔任圖書館主任任內所創作之資料違反著作權法部分，則應於書狀中強調被告編輯校刊所利用之基礎資料，均爲原來告訴人任圖書館主任之職所收集及撰寫之校史沿革及簡介，該等資料或有其原留存於學校網頁上之資料，或有其撰寫之資料，但其書面資料均屬告訴人職務上完成之著作，因此其著作財產權自屬○○高工所有。況，被告乃圖書館之主任，而○○高工之圖書館亦對外界人士開放，因此基於保存資料之必要及教學、研究或其他正當目的之必要，且非基於營利之目的，在合理範圍內，被告亦得引用已公開發表之著作，因此並無侵害告訴人之著作權。退萬步言之，就算比對告訴人於任職圖書館主任所完成之60週年校慶特刊初稿及被告所完成發行之60週年校慶特刊，並無任何完全相同或近似之處，自難謂被告有何侵害告訴人著作之犯行。

書狀內容

狀別：刑事答辯狀
案號及股別：○○年○○字○○號○股
被　告　　甲　　身分證字號：○　性別：○　生日：○　住：○
選任辯護人　何志揚律師
爲被告因妨害名譽等案件，謹依法提答辯事：
一、本案被告並無誹謗之故意及犯行：
(一) 按犯罪事實應依證據認定之，無證據不得推定其犯罪事實；又不能證明被告犯罪者，應諭知無罪之判決，刑事訟訴法第154條、第301條第1項分別定有明文。次按刑事訴訟法上所謂定犯罪事實之證據，係指足以認定被告確有犯罪行爲之積極證據而言，該項證據自須適合於被告犯罪事實之認定，始得作爲斷罪之資料，而認定不利於被告之事實，須依積極證據，苟積極證據不足爲不利於被告事實之認定時，即應爲有利於被告之認定，更不必有何有利之證據，最高法院29年上字第3105號、30年上字第816號分別著有判例可資參照。另按刑法第310條第1項規定，意圖散布於眾，而指摘或傳述足以毀損他人名譽之事者，爲誹謗罪，同條第2項規定，散布文字、圖畫犯前項之罪，處2年以下有期徒刑、拘役或3萬元以下罰金，是由上開條文規定可知，加重誹謗罪之客觀不法構成要件爲「以散布文字、圖畫之方式指摘或傳述足以毀損他人名譽之事」，主觀不法構成要件則爲「誹謗故意（對於所指摘或傳述之事足以毀損他人名譽有所認識猶決意爲之）」及「散布於眾之不法意圖」，凡有上開行爲及主觀之犯意，即已該當於刑法第310條第2項、第1項之犯罪構成要件；然相對於個人名譽之保障，個人依其自由意志，將心中之確信以言語或其他形式表現於外之所謂「表見自由（包括言論、講學、著作、出版、傳播、討論、評論自由在內）」，同爲憲法、法律所應保障之基本權利，國家應給予最大限度之維護，俾其實現自我、溝通意見、追求眞理及監督各種政治或社會活動之功能得以發揮，在表見自由與個人名譽之保障出現利益衝突時，法律不可一味爲保障個人名譽而犧牲表見自由，亦不可一味爲保障表見自由而犧牲個人名譽之保障，此際必須依比例原則權衡二個法益，劃定表見自由與個人名譽保障之適當界限，此即憲法第23條規定之旨，且在行使表見自由而侵害個人名譽，因而需討論是否適用刑罰予以處罰時，基於刑罰之謙抑性、最後手段性，更應避免過度侵害表見自由之情形出現。基此之故，刑法第310條第3項另規定：「對於所誹謗之事，能證明爲眞實者，不罰。但涉於私德而與公共利益無關者，不在此限。」亦即非涉私德、或與公共利益有關之事，倘能證明其爲眞實者，即阻卻前開加重誹謗罪構成要件之違法性；再者，對於所誹謗之事，客觀上雖不能證明其爲眞實，然行爲人主觀上對於所誹謗之事並非眞實一事欠缺故意時，仍屬欠缺阻卻違法事由主觀上之認知，而阻卻故意，是刑法第311條第3款另規定：以善意發表言論，對於可受公評之事，而爲適當之評論者，不罰。究竟行爲人主觀上對於所誹謗之事並非眞實一事有無故意，亦即行爲人主觀上是否具有惡意，不能片面由行爲人或被誹謗人之立場觀察，且因意念係存於個人心中，並非審判者所能探知，故僅能觀察行爲人係本於何種依據而以散布文字之方式指摘或傳述足以毀損他人名譽之事，此即司法院大法官會議釋字第509號解釋所謂「行爲人雖不能證明言論內容爲眞實，但依其所提證據資料，認爲行爲人有相當理由確信其爲眞實者，即不能以誹謗罪之刑責相繩」之意旨，亦與美國在憲法言論自由上所發展出之「眞正惡意原則」（actual malice）中所指「明知爲不實之確定故意或出諸不論眞實與否之未必故意，始得追究行爲人之責任，行爲人是否依其能力所及，已踐行合理之查證（但不以與事實相符爲必要），可作爲行爲人是否基於善意發表言論之判斷基準」相當，是行爲人雖不能證明其以文字或圖畫所指摘或傳述、足以毀損他人之事爲眞實，然倘所指摘或傳述者，爲與公共利益有關之事，且依行爲人之能力及查證過程，認行爲人有相當理由確信其所指摘傳述之事爲眞實者，則不能繩行爲人以加重誹謗罪責（台灣高等法院97年度上易字第2033號判決意旨參照）。

(二) 經查告訴人固然堅稱：被告甲於繼任○○高工圖書館主任後，於97年9月以得傳播於不特定人之公告表示「因故95年至96年未辦班級讀書會」等不實文字，貶低告訴人之人格及社會評價，造成其名譽重大毀損云云，惟查被告於97年9月所爲之公告內容乃爲使一、二年級學生瞭解讀書會內容，故而於97年9月16日分送「認識我們的班級讀書會」書面資料至一、二年級各班（參被證1），其中「成立緣起」固載：「……本校自89～94年實施，95～96年因故中止」，原意係指被告96年學年度因籌建校史館事務繁忙，雖曾發布「每週一文」讓同學閱讀，但未要求同學撰寫「讀書心得」以輯成冊而言，此文字應爲「96～97年因故中止」，故實乃被告誤植造成，並非告訴人所認定之「因故95年至96年未辦班級讀書會」，此疏失已經被告以書面鄭重向告訴人說明致歉（參被證2），且更未指名道姓係指告訴人「因故95年至96年未辦班級讀書會」，因此被告自無誹謗之故意及犯行。

二、被告亦無違反著作權法之犯行：

(一) 按「受雇人於職務上完成之著作，以該受雇人爲著作人。但契約約定以雇用人爲著作人者，從其約定。依前項規定，以受雇人爲著作人者，其著作財產權歸雇用人享有。但契約約定其著作財產權歸受雇人享有者，從其約定。前二項所稱受雇人，包括公務員。」、「依法設立之各級學校及其擔任教學之人，爲學校授課目的之必要範圍內，得重製、公開演出或公開上映已公開發表之著作」、「供公眾使用之圖書館、博物館、歷史館、科學館、藝術館或其他文教機構，於下列情形之一，得就其收藏之著作重製之：一、應閱覽人供個人研究之要求，重製已公開發表著作之一部分，或期刊或已公開發表之研討會論文集之單篇著作，每人以一份爲限。二、基於保存資料之必要者。三、就絕版或難以購得之著作，應同性質機構之要求者」、「爲報導、評論、教學、研究或其他正當目的之必要，在合理範圍內，得引用已公開發表之著作」、「著作之合理使用，不構成著作財產權之侵害。著作之利用是否合於第四十四條至第六十三條規定或其他合理使用之情形，應審酌一切情狀，尤應注意下列事項，以爲判斷之基準：一、利用之目的及性質，包括係爲商業目的或非營利教育目的。二、著作之性質。三、所利用之質量及其在整個著作所占之比例。四、利用結果對著作潛在市場與現在價值之影響。著作權人團體與利用人團體就著作之合理使用範圍達成協議者，得爲前項判斷之參考。前項協議過程中，得諮詢著作權專責機關之意見」，著作權法第11條、第46條第1項、第52條及第65條分別定有明文。

(二) 經查本件告訴人固堅指被告未經其同意就其任職○○高工圖書館主任所爲之60週年校慶校刊之著作改作，或利用其著作之新著作物上未明示其姓名，認爲侵害其著作權云云，惟系爭「60週年校慶特刊」於民國95年12月乃由林前校長金○指示告訴人乙（時任圖書館主任）製作，然告訴人當時謂圖書館人力不足，恐難勝任，故於96年元月開始改由教務處統籌，並訂有「國立○○高工六十週年校慶特刊編印實施計畫」，實施分組分工，告訴人當時任職圖書館主任，在分組分工中屬於資料組，負責提供校史及圖書館資料，被告當時擔任教務處設備組長，在分組分工中屬於編輯組，負責彙整各單位處室依分工職責所提供之圖文資料，並根據特刊規格、頁數及單元架構，對所有圖文資料重新進行美工設計及編排，並在符合「最佳版面效果」原則下對圖文資料進行增刪。特刊於96年6月完成並發行，被告在完成60週年校慶特刊後，於96年8月1日接任圖書館主任，並承林前校長之命接下賡續籌建校史館之任務，半年後，校史館於97年元月完成。而現任簡○郎校長則係於97年8月1日到任，到任時「60週年校慶特刊」（96年6月發行）及校史館（97年元月竣工）皆已完成，故被告編輯校刊所利用之基礎資料，均爲原來告訴人任圖書館主任之職所收集及撰寫之校史沿革及簡介，該等資料或有其原留存於學校網頁上之資料，或有其撰寫之資料，但其書面資料均屬告訴人職務上完成之著作，因此其著作財產權自屬東勢高工所有。況，被告乃圖書館之主任，而○○高工之圖書館亦對外界人士開放，因此基於保存資料之必要及教學、研究或其他正當目的之必要，且非基於營利之目的，在合理範圍內，被告亦得引用已公開發表之著作，因此並無侵害告訴人之著作權。退萬步言之，就算比對告訴人於任職圖書館主任所完成之60週年校慶特刊初稿及被告所完成發行之60週年校慶特刊（參被證3），並無任何完全相同或近似之處，自難謂被告有何侵害告訴人著作之犯行。

三、綜上所述，本案並無任何積極證據可證明被告有妨害名譽及違反著作權法之犯行，懇請鈞長鑒核，迅諭知不起訴處分，以維權利，而符法制。

謹　狀

台灣○○地方檢察署　公鑒

證據名稱及件數

被證1：被告所爲讀書會書面資料。

被證2：被告書面致歉函。

被證3：被告所完成發行之60週年校慶特刊。

中　華　民　國　○○　年　○○　月　○○　日

具狀人　甲　　　　　簽名蓋章

選任辯護人　何志揚律師

相關法條及裁判要旨

■刑法第310條：

意圖散布於衆，而指摘或傳述足以毀損他人名譽之事者，爲誹謗罪，處一年以下有期徒刑、拘役或一萬五千元以下罰金。

散布文字、圖畫犯前項之罪者，處二年以下有期徒刑、拘役或三萬元以下罰金。

對於所誹謗之事，能證明其爲眞實者，不罰。但涉於私德而與公共利益無關者，不在此限。

■刑法第311條第3款：

以善意發表言論，而有左列情形之一者，不罰：三、對於可受公評之事，而爲適當之評論者。

■刑事訟訴法第154條第1項：

被告未經審判證明有罪確定前，推定其爲無罪。

■刑事訟訴法第301條第1項：

不能證明被告犯罪或其行爲不罰者應諭知無罪之判決。

■著作權法第11條：

受雇人於職務上完成之著作，以該受雇人爲著作人。但契約約定以雇用人爲著作人者，從其約定。

依前項規定，以受雇人爲著作人者，其著作財產權歸雇用人享有。但契約約定其著作財產權歸受雇人享有者，從其約定。

前二項所稱受雇人，包括公務員。

■著作權法第46條第1項：

依法設立之各級學校及其擔任教學之人，爲學校授課目的之必要範圍內，得重製、公開演出或公開上映已公開發表之著作。

■著作權法第48條：

供公衆使用之圖書館、博物館、歷史館、科學館、藝術館、檔案館或其他典藏機構，於下列情形之一，得就其收藏之著作重製之：一、應閱覽人供個人研究之要求，重製已公開發表著作之一部分，或期刊或已公開發表之研討會論文集之單篇著作，每人以一份爲限。但不得以數位重製物提供之。二、基於避免遺失、毀損或其儲存形式無通用技術可資讀取，且無法於市場以合理管道取得而有保存資料之必要者。三、就絕版或難以購得之著作，應同性質機構之要求者。四、數位館藏合法授權期間還原著作之需要者。

國家圖書館爲促進國家文化發展之目的，得以數位方式重製下列著作：一、爲避免原館藏滅失、損傷或污損，替代原館藏提供館內閱覽之館藏著作。但市場已有數位形式提供者，不適用之。二、中央或地方機關或行政法人於網路上向公衆提供之資料。

依第一項第二款至第四款及前項第一款規定重製之著作，符合下列各款規定，或依前項第二款規定重製之著作，符合第二款規定者，得於館內公開傳輸提供閱覽：一、同一著作同一時間提供館內使用者閱覽之數量，未超過該機構現有該著作之館藏數量。二、提供館內閱覽之電腦或其他顯示設備，未提供使用者進行重製、傳輸。

國家圖書館依第二項第一款規定重製之著作，除前項規定情形外，不得作其他目的之利用。

■著作權法第52條：

爲報導、評論、教學、研究或其他正當目的之必要，在合理範圍內，得引用已公開發表之著作。

■著作權法第65條：

著作之合理使用，不構成著作財產權之侵害。

著作之利用是否合於第四十四條至第六十三條所定之合理範圍或其他合理使用之情形，應審酌一切情狀，尤應注意下列事項，以爲判斷之基準：一、利用之目的及性質，包括係爲商業目的或非營利教育目的。二、著作之性質。三、所利用之質量及其在整個著作所占之比例。四、利用結果對著作潛在市場與現在價值之影響。

著作權人團體與利用人團體就著作之合理使用範圍達成協議者，得爲前項判斷之參考。

前項協議過程中，得諮詢著作權專責機關之意見。

■最高法院29年度上字第3105號判例：

刑事訴訟法上所謂認定犯罪事實之證據，係指足以認定被告確有犯罪行爲之積極證據而言，該項證據自須適合於被告犯罪事實之認定，始得採爲斷罪資料。

■最高法院30年度上字第816號判例：

認定不利於被告之事實，須依積極證據，苟積極證據不足為不利於被告事實之認定時，即應為有利於被告之認定，更不必有何有利之證據。

(十四) 竊盜罪

案例事實

被告乙、丁為A工程建設股份有限公司（以下簡稱A公司）之工地現場工程師，該公司係「交通部高速鐵路C250標烏溪段橋樑工程」之下游協力廠商，負責該處土方之挖運及回填，以利橋樑之搭建等工程。自民國91年9月14日起，僱傭俱有被告庚、丙、己、甲及戊，由被告甲駕駛挖土機，被告庚、戊、丙及己各分別駕駛砂石車，共同在台中縣烏日鄉大里溪東園堤防旁行水區內之高灘地上挖採砂石，並將其砂石外運至4、500公尺外A公司所承攬之橋樑工地回填。嗣於91年9月15日上午11時許，警察會同第三河川局人員現場丈量所挖土石長約46公尺、寬約13公尺、高約5公尺，認被告等人之行為係盜採砂石及施作之現場工地為緊近於河川行水區，已足以影響水流產生公共危險，因認被告7人共同涉有刑法第321條第1項第4款之結夥三人以上竊盜罪嫌，及違反新修正水利法第78條之1第3款未經許可在河川區域內採取土石而犯同法第94條之1第1項後段致生公共危險罪嫌，惟庚、丙、己、甲及戊等人僅係受僱在施工現場施工，並無任何違法行為，應如何為渠等主張權利。

撰狀說明

(1) 按刑法上竊盜罪之成立，須行為人有為自己或第三人不法所有之意圖始足成立，故於辯護時應強調被告等人並無竊盜故意。
(2) 再按水利法第94條之1第1項後段所謂「致生公共危險」，固以實際上須有具體危險之發生為要件，而屬具體的危險犯；然其具體危險之存否，仍應依社會一般之觀念，客觀的予以判定。即依其妨礙水流之具體情況，視其一般上是否有使流水改道，浸蝕護岸，而影響安全之虞，以決定其危險之有無（最高法院74年度台上字第3958號判例意旨參照）。
(3) 於辯護時，應注意相關法律規定之修正。

書狀內容

狀別：刑事聲請狀
案號及股別：〇〇年〇〇字〇〇號〇股
被　告　庚　身分證字號：〇　性別：〇　生日：〇　住：〇
　　　　丙　身分證字號：〇　性別：〇　生日：〇　住：〇
　　　　己　身分證字號：〇　性別：〇　生日：〇　住：〇

甲　身分證字號：○　性別：○　生日：○　住：○

戊　身分證字號：○　性別：○　生日：○　住：○

上右五人共同選任辯護人　　何孟育律師

爲被訴違反竊盜、水利法等案件，依法謹具聲請事：

一、公訴意旨略以：被告庚、丙、己、甲及戊受乙、丁僱傭，共同基於概括犯意聯絡，由被告甲駕駛挖土機、被告庚、丙、己及戊分別駕駛砂石車，共同在台中縣烏日鄉大里溪東園堤防旁行水區內之高灘地上盜採屬國有而爲經濟部水利署第三河川局之砂石，並將砂石外運至4、500公尺外A公司所承攬之橋樑工地回填，藉以節省回填時所需另外購置砂石之費用。嗣於91年9月15日上午11時許爲警發現並會同第三河川局人員當場查獲，丈量所挖土石長約46公尺、寬約13公尺、高約5公尺，且緊近河川行水區，足以影響水流產生公共危險。

二、經查：

(一) 供犯罪所用之物，以屬犯人者，得沒收之，刑法第38條第1項第2款及第3項分別定有明文。起訴書載稱扣案之挖土機及堆土機各乙台、砂石車四輛，因被告等人無法提出相關之證件資料證明非其等所有，因而認定爲被告庚、丙、己、甲及戊所有，並請求鈞院予以宣告沒收。惟現場所扣案之挖土機係案外人B工程有限公司所購買（詳見證1）、堆土機則係A工程公司所有（詳見證2），另車號G1-○○○號砂石車係C交通股份有限公司所購買（詳見證3）、9K-○○○號砂石車係D交通股份有限公司所有（詳見證4）、R7-○○○號砂石車爲E工程行所有（詳見證5）、F8-○○○號砂石車則係F工程行所有（詳見證6），該等機具、車輛均非被告庚、丙、己、甲及戊所有，依刑法第38條第3項反面解釋，自不得予以宣告沒收，懇請鈞院明查，並儘速發還予各該所有人。現該等機具及車輛置放在經濟部水利署第三河川局霧峰保管場保管中，迄今已逾3個月均未保養，縱將來發還予各該所有人，可能已係報廢品，懇請鈞院再發還前先准前往保養維修。

(二) 被告庚、丙、己、甲及戊係受A工程公司工程師乙、丁僱用，在台中縣烏日鄉大里溪東園堤防旁挖取土石及回填工作，當時乙、丁係表示A工程公司爲台灣高鐵C250標烏溪段橋樑工程施工暨便道鋪設工程之下游廠商，經濟部水利署第三河川局核准同意使用河川公地（詳見證7），被告庚、丙、己、甲及戊等基於信賴乙、丁有權挖取土石及回填，始駕駛挖土機及砂石車在該處作業，主觀上絕無盜採砂石之犯意，如今公訴人認定被告庚、丙、己、甲及戊等人係盜採砂石之共同正犯，實令被告庚、丙、己、甲及戊等人深感冤屈，爲此，懇請鈞院明察秋毫，賜諭被告庚、丙、己、甲及戊均無罪之判決，以免冤抑。

謹　狀

台灣○○地方法院刑事庭　　公鑒

證據名稱及件數

證1：買賣合約書影本。

證2：財產驗收報告單及原廠資料影本。

證3：過户登記書影本。

證4：新領牌照登記書影本。

證5：新領牌照登記書影本。

證6：新領牌照登記書影本。

證7：經濟部水利署第三河川局函影本。

中　華　民　國　○○　年　○○　月　○○　日

具狀人 庚 丙 己 甲 戊　　　簽名蓋章

共同選任辯護人 何孟育律師　　簽名蓋章

狀別：刑事辯護狀

案號及股別：○○年○○字○○號○股

被告　庚　身分證字號：○　性別：○　生日：○　住：○

　　　丙　身分證字號：○　性別：○　生日：○　住：○

　　　己　身分證字號：○　性別：○　生日：○　住：○

　　　甲　身分證字號：○　性別：○　生日：○　住：○

　　　戊　身分證字號：○　性別：○　生日：○　：○

上右五人共同選任辯護人　何孟育律師

爲被訴違反竊盜、水利法等案件，依法謹具辯護意旨事：

一、本件公訴意旨認被告庚、丙、己、甲及戊受乙、丁僱傭，共同基於概括犯意聯絡，由被告甲駕駛挖土機、被告庚、丙、己及戊分別駕駛砂石車，共同在台中縣烏日鄉大里溪東園堤防旁行水區內之高灘地上盜採屬國有而爲經濟部水利署第三河川局之砂石，並將砂石外運至4、5百公尺外A公司所承攬之橋樑工地回填，藉以節省回填時所需另外購置砂石之費用，因認被告等共同涉犯刑法第321條第1項第4款及水利法第92條之1第1項後段致生公共危險罪。

二、惟查：

(一) 按行爲後法律有變更者，適用裁判時之法律，但裁判前之法律有利於行爲人者，適用最有利於行爲人之法律，刑法第2條第1項定有明文，查水利法爲行政法，但因其第91條至第94條對於違反該法而規定之法律效果爲刑罰，故其屬於行政刑罰或附屬刑法，其雖與普通刑法之處罰有所不同，但其既屬於附屬刑罰法律，則此項刑罰法律之變更，自應認爲屬於刑法第2條第1項之法律變更。

(二) 水利法有關刑罰之修正如上所述既屬於刑法第2條第1項之法律變更，應適用最有利於行爲人之法律，自應注意違反水利法第78條之法律效果，其修正前及修正後所規定之法定刑有無不同，違反水利法第78條中擅採砂石堆置砂石者致生公共危險，92年2月6日修正前依水利法第92條之1之規定爲處5年以下有期徒刑，得併科6,000元以上3萬元以下罰金，92年2月6日修正後不僅刪除水利法第92條之1，且水利法第78條已無有關採取採石或堆置砂石之規定，僅在第78條之1第1項第3款規定在河川區域內或取砂石或堆置砂石須經許可及第78條第1項第5款禁止爲足以妨礙水流之物，其違反之效果僅爲水利法第92條之2處新台幣100萬元以上500萬元以下罰鍰，就其比較自以修正後之法律規定有利於被告等人，因修正後之法律觀之，顯水利法就其原規定之刑罰已除罪化。

三、綜上所述，水利法就其刑罰之規定已修正，依刑法第2條第1項之規定，自應適用有利於被告等人之新法，就此無罪之諭知，至被告庚、丙、己、甲及戊等人在案發地點施工，係受A工程公司工程師乙及丁僱用，在台中縣烏日鄉大里溪東園堤防旁挖取土石及回填工作，當時同案被告乙及丁即對渠等表示A工程公司爲台灣高鐵C250標烏溪段橋樑工程施工暨便道鋪設工程之下游廠商，經濟部水利署第三河川局核准同意使用河川公地，請參見91年12月19日聲請調查證據狀所附之證7，被告庚、丙、己、甲及戊等基於信賴乙及丁有權挖取土石及回填，始駕駛挖土機及砂石車在該處作業，主觀上絕無盜採砂石之犯意，且本件案件亦無任何砂石外運之情形，更足見本件被告庚、丙、己、甲及戊等人確無盜採砂石之犯行，如今公訴人認定被告庚、丙、己、甲及戊等人係盜採砂石之共同正犯，實令被告等人深感冤屈，爲此懇請鈞院明察秋毫，賜諭被告庚、丙、己、甲及戊均無罪之判決，以免冤抑。

謹　狀

台灣○○地方法院刑事庭　公鑒

中　華　民　國　○○　年　○○　月　○○　日

具狀人　庚　丙　己　甲　戊　　簽名蓋章

共同選任辯護人　何孟育律師　　簽名蓋章

相關法條及裁判要旨

■刑法第2條第1項：

行為後法律有變更者，適用行為時之法律，但行為後之法律有利於行為人者，適用最有利於行為人之法律。

■刑法第320條第1項：

意圖為自己或第三人不法之所有，而竊取他人之動產者，為竊盜罪，處五年以下有期徒刑、拘役或五十萬元以下罰金。

■刑法第321條：

犯前條第一項、第二項而有下列情形之一者，處六月以上五年以下有期徒刑，得併科五十萬元以下罰金：一、侵入住宅或有人居住之建築物、船艦或隱匿其內而犯之者。二、毀越門窗、牆垣或其他安全設備而犯之者。三、攜帶兇器而犯之者。四、結夥三人以上而犯之者。五、乘火災、水災或其他災害之際而犯之者。六、在車站、港埠、航空站或其他供水、陸、空公眾運輸之舟、車、航空機內而犯之者。

前項之未遂罰之。

■水利法第78條：

河川區域內，禁止下列行為：一、填塞河川水路。二、毀損或變更河防建造物、設備或供防汛、搶險用之土石料及其他物料。三、啟閉、移動或毀壞水閘門或其附屬設施。四、建造工廠或房屋。五、棄置廢土或其他足以妨礙水流之物。六、在指定通路外行駛車輛。七、其他妨礙河川防護之行為。

■水利法第78條之1：

河川區域內之下列行為應經許可：一、施設、改建、修復或拆除建造物。二、排注廢污水或引取用水。三、採取或堆置土石。四、種植植物。五、挖掘、埋填或變更河川區域內原有形態之使用行為。六、圍築魚塭、插、吊蚵或飼養牲畜。七、其他經主管機關公告與河川管理有關之使用行為。

■水利法第92條之2：

有下列情形之一者，處新臺幣二十五萬元以上五百萬元以下罰鍰：一、違反第五十四條之一第一項第一款、第六十三條之五第一項第一款、第七十八條第二款、第七十八條之三第一項第二款規定，毀壞、毀損或變更海堤、蓄水建造物或設備、河防建造物、設備或供防汛、搶險用之土石料及其他物料或排水設施。二、違反第五十四條之一第一項第二款、第六十三條之五第一項第二款、第七十八條第三款、第七十八條之三第一項第三款規定，啓閉、移動或毀壞水閘門或其附屬設施。三、違反第六十五條第一項規定，使用水道洪水氾濫所及之土地。四、違反第七十八條第一款、第七十八條之三第一項第一款規定，填塞河川水路或排水路。五、違反第五十四條之一第一項第三款、第六十三條之五第一項第三款、第七十八條第五款、第七十八條之三第一項第四款規定，棄置廢土、廢棄物或其他足以妨礙水流之物。六、違反第六十三條之五第一項第四款規定，採取或堆置土石。七、違反第七十八條之一第三款、第七十八條之三第二項第三款規定，未經許可採取或堆置土石。

法人、設有代表人或管理人之非法人團體或法人以外之其他私法組織，意圖營利，有前項第六款、第七款情形之一，未經許可採取土石者，得加重其罰鍰最高額至新臺幣一千萬元。

■刑事訴訟法第154條：

被告未經審判證明有罪確定前，推定其爲無罪。

犯罪事實應依證據認定之，無證據不得認定犯罪事實。

■最高法院30年度上字第816號判例：

認定不利於被告之事實，須依積極證據，苟積極證據不足爲不利於被告事實之認定時，即應爲有利於被告之認定，更不必有何有利之證據。

(十五) 強盜罪

案例事實

警方破獲某一強盜集團，於偵訊中被告等人供稱，強盜案件係由甲策劃謀議、負責挑選對象，嗣檢察官亦採信該供述，甲即遭認定為共犯，提起公訴在案，甲應如何答辯。

撰狀說明

(1) 辯護書狀須先敘明程序事項，再載實體事項。程序部分主要係針對公訴人所提出據以證明被告犯罪證據之證據能力為何表示意見。即爭執證明能力之有無。

(2) 辯護內容須針對起訴書認定被告犯罪之證明方法提出答辯。如本件公訴人起訴甲所依據之證據，係同案共犯所為之證述，於本件答辯時即須針對同案被告所為之證述整理出其矛盾及不合常理、經驗法則處，以削弱不利被告之證據。

(3) 依刑法第328條第1項規定，強盜罪之行為須達到使被害人「至使不能抗拒」之程度，若係乘人不及抗拒而為奪取則為搶奪罪而非強盜，此二者不同須加以注意。

書狀內容

狀別：刑事辯護意旨狀
案號及股別：○○年○○字○○號○股
被　告　　甲　身分證字號：○　性別：○　生日：○　住：○
選任辯護人　何孟育律師
為被訴強盜等案件，依法謹具辯護意旨事：
一、公訴意旨認定被告甲係本件強盜案主謀，提供作案所需玩具槍及電擊棒，強盜得手後，壬以電話通知甲至丁替代役宿舍會合，由被告甲駕駛8○○-○○黑色賓士S320自小客車至丁宿舍，隨即載丙及壬前往○○路汽車旅館分贓，因認被告甲事前參與持槍強盜謀議、負責挑選對象，對於本件強盜犯行居於支配掌握地位，係共同涉犯刑法第330條第1項加重強盜等罪嫌。
二、惟查：
(一) 關於證據能力之部分：
按被告以外人於審判外之言詞或書面陳述，除法律有規定者外，不得作為證據，刑事訴訟法第159條第1項明文所定，本件就被告甲所涉上開加重強盜罪部分，被告丁、丙及戊於○○縣警察局訊問之陳述，即爲被告以外人於審判外之陳述，並無證據能力，亦無符合刑事訴訟法第159條之1至第159條之5之規定，是被告丁、丙及戊於○○縣警察局調查訊問之陳述，就被告甲而言，並無證據能力。

(二) 實體部分：

按共同正犯之要件，不僅以有共同行爲爲已足，尚須有共同犯意之聯絡（最高法院28年上字第3241號判例參照）；又按犯罪事實應依證據認定之，無證據不得認定其犯罪事實；又不能證明被告犯罪或其行爲不罰者，應諭知無罪之判決，刑事訴訟法第154條第2項及第301條第1項分別定有明文。又認定不利於被告之事實，依積極證據，苟積極證據不足爲不利於被告事實之認定時，即應爲有利於被告之認定，更不必有何有利之證據；又犯罪事實依法應依證據認定，不得僅以被告之反證不成立，持爲認定犯罪之論據，又認定犯罪事實所憑之證據，無論其爲直接證據或間接證據在訴訟上之證明均須於通常一般之人均不致有所懷疑而得確信其爲眞實之程度，始得據爲有罪之認定，倘其證明尚未達到此一程度而有合理之懷疑存在，以致無從形成對被告不利之確信時，依據罪疑利益歸於被告之法則，即應儘先爲有利被告之判斷，不得徒憑主觀上之臆測遽行排除有利於被告之可能，最高法院30年上字第816號、21年上字第474號、76年台上字第4986號著有判例足參。本件公訴人認定被告甲涉犯強盜罪嫌無非係以同案被告丁、丙及戊之供述及查獲扣案之珠寶等物。惟查：共同被告丁、丙及戊及共同正犯壬等人有關被告甲涉案之供述，實多有矛盾之處，應屬不可採，茲陳述如下：

(1) 就本案共同正犯彼此間何時有確定有犯意聯絡共同決定犯案，共同正犯壬於鈞院審理時證稱，於丁及丙等人於犯案前天天至網咖要求其加入犯案，但其並不想參加，直至案發當日丁及丙等人要求其共同前往至案發地點時，其尚不知被告丁等人下車係爲行強盜犯行，直至渠等上車其方知悉，但依被告丁、丙及戊於本案警、偵訊之供稱渠等知悉被告甲參與本案之策劃，皆係自共同正犯壬之告知，甚被告丁及戊於96年4月17日鈞院審理期日分別詰證稱，在本案犯案過程中皆未見過被告甲，亦未與甲討論過任何有關犯案之相關情事，有關其知悉被告甲犯案及分贓皆係透過壬之陳述而得知，則共同被告丁、丙及戊等人供稱被告甲涉犯本案乙節是否可採，即有疑義。

(2) 又共同正犯壬雖證稱於案發前數日被告甲與其及戊等人在紅茶店即商議爲強

盜之犯行，但並未決定確爲本案之犯罪行爲，依共同正犯壬之供述，顯縱壬該部分之陳述屬實，被告甲亦與共同被告等人間尚未有犯案之犯意之連絡，且依常理共同被告與被告甲在當時既尚未達成確定犯案之決定，則事後在犯案前理應會再會面討論，豈有皆未再加以討論之理，顯不合常情及經驗法則。況依共同正犯壬之證述，其並無犯案之意，則茍壬無犯罪之意，被告甲又如何與其爲犯意之聯絡。

(3) 共同被告丙亦於同日審理期日證稱，到珠寶店下車前才知道要搶，係在前往強盜途中商議如何分工，則被告甲案發既未與壬等人前往案發現場，又如何與渠等犯意聯絡及商議行爲之分工？

(4) 再就犯案之玩具槍壬供稱係被告甲於案發前拿給他玩，叫他不要將它給戊，被告甲交付時並未提及要犯案之情事，但戊卻供稱該玩具槍係因其本要準備犯案工具無著落之情形下，由被告甲負責提供，兩者之供述亦大不相同。

(5) 另贓物之分配共同被告丁之供述與共同正犯壬之供述亦歧異，又共同被告丁、丙及戊或共同正犯壬等人皆是到現場親身參與犯罪行爲即親自爲強盜之人，在強盜之後，豈有皆不拿強盜所得之物，而將全部珠寶等貴重物交與未到場參與強盜行爲之甲，況係在被告甲與丁及戊皆不熟，甚與丙不識之情形下，足見共同被告等人之供述，實有違常理。

(6) 證人吳◯賜證稱警方所扣押之芝柏錶（錶號9434HG）係94年10月1日在台中市◯◯路、◯◯路崑◯中古汽車商行向被告甲以2萬元價格所購買等情，惟被告甲於94年9月27日因頸部開刀在中國醫藥學院住院，至94年10月12日始出院，絕無可能於94年10月1日出售該芝柏錶給證人吳◯賜，故吳◯賜之證述，應屬不可採。至查扣之贓物實係共同正犯壬向被告甲無借貸或周轉金錢所抵償或質押之物，雖壬到庭證稱其與被告甲無任何金錢往來，但其證稱曾因借住甲之友人處時自行拿取甲之5萬元，其亦向甲借貸2萬元作爲繳納法院罰金之用，足證壬證稱其與甲無任金錢往來乙節，與事實不符，壬與被告甲於上開借住情事之後，二人即已交惡，故壬對甲不利之證述，顯係挾怨報復之詞。

(7) 再依證人即被害人陳◯◯到庭證述其珠寶店並無固定之盤點日期，則既無固定之盤點日，被告甲又如何如共同被告所述，提供相關資料予共同被告作爲犯案之用。

三、綜上所述，本案被告甲並未提供玩具槍及電擊棒作爲壬等人強盜周◯◯所經營世紀珠寶名店之作案工具，壬等人強盜得手後，壬並未以電話通知被告甲至丁替代役宿舍會合，被告甲並未駕駛81○○-○○黑色賓士S320自小客車至丁宿舍，更未搭載丙及壬前往○○路汽車旅館分贓。懇請鈞院依罪疑利益歸被告判決諭知被告無罪。

謹 狀

台灣○○地方法院刑事庭 公鑒

中 華 民 國 ○○ 年 ○○ 月 ○○ 日

具狀人 甲 簽名蓋章

選代辯護人 何孟育律師

相關法條及裁判要旨

■刑法第321條：

犯前條第一項、第二項而有下列情形之一者，處六月以上五年以下有期徒刑，得併科五十萬元以下罰金：一、侵入住宅或有人居住之建築物、船艦或隱匿其內而犯之者。二、毀越門窗、牆垣或其他安全設備而犯之者。三、攜帶兇器而犯之者。四、結夥三人以上而犯之者。五、乘火災、水災或其他災害之際而犯之者。六、在車站、港埠、航空站或其他供水、陸、空公眾運輸之舟、車、航空機內而犯之者。

前項之未遂犯罰之。

■刑法第330條：

犯強盜罪而有第三百二十一條第一項各款情形之一者，處七年以上有期徒刑。

前項之未遂犯罰之。

■刑事訴訟法第159條：

被告以外之人於審判外之言詞或書面陳述，除法律有規定者外，不得作爲證據。

前項規定，於第一百六十一條第二項之情形及法院以簡式審判程序或簡易判決處刑者，不適用之。其關於羈押、搜索、鑑定留置、許可、證據保全及其他依法所爲強制處分之審查，亦同。

■刑事訴訟法第159條之1：

被告以外之人於審判外向法官所爲之陳述，得爲證據。

被告以外之人於偵查中向檢察官所爲之陳述，除顯有不可信之情況者外，得爲證據。

■刑事訴訟法第159條之2：
被告以外之人於檢察事務官、司法警察官或司法警察調查中所爲之陳述，與審判中不符時，其先前之陳述具有較可信之特別情況，且爲證明犯罪事實存否所必要者，得爲證據。
■刑事訴訟法第159條之3：
被告以外之人於審判中有下列情形之一，其於檢察事務官、司法警察官或司法警察調查中所爲之陳述，經證明具有可信之特別情況，且爲證明犯罪事實之存否所必要者，得爲證據：一、死亡者。二、身心障礙致記憶喪失或無法陳述者。三、滯留國外或所在不明而無法傳喚或傳喚不到者。四、到庭後無正當理由拒絕陳述者。
■刑事訴訟法第159條之4：
除前三條之情形外，下列文書亦得爲證據：一、除顯有不可信之情況外，公務員職務上製作之紀錄文書、證明文書。二、除顯有不可信之情況外，從事業務之人於業務上或通常業務過程所須製作之紀錄文書、證明文書。三、除前二款之情形外，其他於可信之特別情況下所製作之文書。
■刑事訴訟法第159條之5：
被告以外之人於審判外之陳述，雖不符前四條之規定，而經當事人於審判程序同意作爲證據，法院審酌該言詞陳述或書面陳述作成時之情況，認爲適當者，亦得爲證據。
當事人、代理人或辯護人於法院調查證據時，知有第一百五十九條第一項不得爲證據之情形，而未於言詞辯論終結前聲明異議者，視爲有前項之同意。
■最高法院30年度上字第816號判例：
認定不利於被告之事實，須依積極證據，苟積極證據不足爲不利於被告事實之認定時，即應爲有利於被告之認定，更不必有何有利之證據。
■最高法院21年度上字第474號判例：
犯罪事實依法應依證據認定之，不得僅以被告之反證不成立，持爲認定犯罪之論據。
■最高法院76年度台上字第4986號判例：
認定犯罪事實所憑之證據，雖不以直接證據爲限，間接證據亦包括在內；然而無論直接或間接證據，其爲訴訟上之證明，須於通常一般之人均不致有所懷疑，而得確信其爲眞實之程度者，始得據爲有罪之認定，倘其證明尙未達到此一程度，而有合理之懷疑存在時，事實審法院復已就其心證上理由予以闡述，敘明其如何無從為有罪之確信，因而為無罪之判決，尚不得任意指為違法。

■大法官釋字第582號解釋前段：

憲法第16條保障人民之訴訟權，就刑事被告而言，包含其在訴訟上應享有充分之防禦權。刑事被告詰問證人之權利，即屬該等權利之一，且屬憲法第8條第1項規定「非由法院依法定程序不得審問處罰」之正當法律程序所保障之權利。為確保被告對證人之詰問權，證人於審判中，應依法定程序，到場具結陳述，並接受被告之詰問，其陳述始得作為認定被告犯罪事實之判斷依據。刑事審判上之共同被告，係為訴訟經濟等原因，由檢察官或自訴人合併或追加起訴，或由法院合併審判所形成，其間各別被告及犯罪事實仍獨立存在。故共同被告對其他共同被告之案件而言，為被告以外之第三人，本質上屬於證人，自不能因案件合併關係而影響其他共同被告原享有之上開憲法上權利。最高法院31年上字第2423號及46年台上字第419號判例所稱共同被告不利於己之陳述得採為其他共同被告犯罪（事實認定）之證據一節，對其他共同被告案件之審判而言，未使該共同被告立於證人之地位而為陳述，逕以其依共同被告身分所為陳述採為不利於其他共同被告之證據，乃否定共同被告於其他共同被告案件之證人適格，排除人證之法定調查程序，與當時有效施行中之中華民國24年1月1日修正公布之刑事訴訟法第273條規定牴觸，並已不當剝奪其他共同被告對該實具證人適格之共同被告詰問之權利，核與首開憲法意旨不符。該二判例及其他相同意旨判例，與上開解釋意旨不符部分，應不再援用。

(十六) 侵占罪

案例事實

甲任職庚公司負責招待客人並收取客戶消費帳款，詎甲向客人收取消費款後，逕納爲己有未繳回公司，庚公司在向甲要求返還未果下，庚公司對甲可提出何種告訴。

撰狀說明

(1) 刑法上侵占罪可分爲普通侵占罪（第335條第1項）、公益（公務）侵占罪（第336條第1項）、業務侵占罪（第336條第2項）及侵占遺失物罪（刑法第337條）等四類，性質上爲即成犯，只要將持有他人之物變成自己的行爲就成立犯罪，事後縱將侵占之物歸還，亦無解罪名之成立，但可以認爲犯罪後有悔意，如果案件還在檢察官於偵查中，檢察官可爲緩起訴處分；若已經起訴在法院審判，法院可以從輕量刑並視情形宣告緩刑。本案甲任職庚公司，向客人收取消費款項爲其職務範圍之一，但在收取之後納爲己有，未繳回公司，甲之行爲即構成業務侵占罪，庚公司可對甲提出業務侵占告訴。

(2) 刑法上侵占罪，須先合法持有被侵占之物（有法律上或契約上之原因）且在繼續持有中，否則不能成立侵占罪。所謂「持有他人之物」，是指有形的動產、不動產，並不包括無形的權利在內，單純的權利，不得爲侵占之客體。

(3) 刑法上業務侵占罪，犯罪者限於從事業務之人，被侵占之物是因執行業務而合法持有且在繼續持有中。如果不是因執行業務而持有他人之物，只是單純受別人委託保管或其他原因而持有，就不能構成業務侵占罪，但仍可構成普通侵占罪（第335條第1項）。

(4) 告訴人提出告訴，於告訴狀中對被告所犯之時間、所侵占之犯罪事實及證明被告犯罪之證據，皆應詳載。

書狀內容

狀別：刑事告訴狀
案號及股別：○○年○○字○○號○股
告訴人　庚公司　設○○縣　○○鄉　○○路　○○號
代表人　A○○　身分證字號：○　性別：○　生日：○　住：○
被　告　甲　　身分證字號：○　性別：○　生日：○　住：○
爲被告涉嫌業務侵占案件，依法提出告訴事：

犯罪事實

一、被告甲自○年○月○日起任職告訴人庚公司副總，負責招待客人並受告訴人委託代爲向其所招待客戶收取消費帳款，係爲告訴人處理事務並爲其工作內容之一部，爲從事業務之人。

二、被告甲明知其向客户收取之消費帳款均係受告訴人委託所爲，應於收取後立即繳予店內會計人員，竟意圖爲自己不法之所有並基於概括犯意，自○年○月起多次將所收取客户消費帳款侵吞入己，並未繳回予會計人員，嗣因總會計乙清查被告甲所招待客户回帳率過低，與被告甲對帳時，被告甲始於○年○月○日坦承就丙、丁、戊及己等四人消費帳款已私下向客人收取，始知被告甲侵吞款項之事。經統計後，被告侵吞款項高達○○元。

三、被告於事發後，雖書立切結書承諾於○年○月○日、○月○日及○月○日陸續返還，惟均藉詞經濟困難遲遲未將侵占款項返還，告訴人爲顧及其生計，允許被告繼續工作，孰料，被告竟自○年○月○日起即未上班，更對其侵占款項如何返還乙節，置之不理，告訴人不得已，僅得提起本件告訴。

證據及所犯法條

一、被告甲自○年○月○日開始任職告訴人公司，○年○月○日突無故未來上班至今，有告訴人公司員工打卡表可資參照（詳見證1）。被告甲將丙、丁、戊及己等四人消費帳款於收取後侵吞入己，所侵占金額共○元，有被告甲親書切結書可證（詳見證2），復有客人丙等人消費簽帳本票可資證明（詳見證3），被告甲所涉業務侵占犯行，事證明確。

二、證據方法暨證據清單：

(一) 人證：請求傳訊證人即告訴人公司總會計乙到庭作證。

(二) 證人：○○（住：○○縣○○鄉○○村○○街○○號○樓）

(三) 書證：

證1：○年○月及○月份打卡表影本。

證2：切結書影本。

證3：本票影本。

三、核被告甲所爲係犯刑法第336條第2項、第335條第1項業務侵占罪。被告甲自○年○月起即基於概括犯意連續將所收取客人丙等人消費帳款侵吞入己，應論以95年7月1日前刑法第56條之連續犯，懇請鈞座迅傳被告甲到庭，並依法提起公訴，以懲不法。

四、末查：被告甲涉嫌業務侵占犯行，告訴人仍持續清查中，如有明確事證，告訴人再追加告訴事實，併此敘明。

謹　狀

台灣◯◯地方檢察署　　公鑒

中　華　民　國　◯◯　年　◯◯　月　◯◯　日

具狀人 庚公司

代理人　A◯◯　　　簽名蓋章

相關法條及裁判要旨

■刑法第335條第1項：

意圖爲自己或第三人不法之所有，而侵占自己持有他人之物者，處五年以下有期徒刑、拘役或科或併科三萬元以下罰金。

■刑法第336條第2項：

對於業務上所持有之物，犯前條第一項之罪者，處六月以上五年以下有期徒刑，得併科九萬元以下罰金。

■最高法院51年台上字第190號判例：

刑法第335條第1項所謂他人之物，固不以動產爲限，不動產亦屬之，但財產上不法之利益無與焉。

■最高法院52年度台上字第1418號判例：

刑法上所謂侵占罪，以被侵占之物先有法律或契約上之原因在其持有中者爲限，否則不能成立侵占罪。

■最高法院68年度台上字第3146號判例：

刑法上之侵占罪，須持有人變易其原來之持有意思而爲不法所有之意思，始能成立，如僅將持有物延不交還或有其他原因致一時未能交還，既缺乏主觀要件，即難遽以該罪相繩。

■最高法院71年度台上字第2304號判例：

刑法上之侵占罪，係以侵占自己持有他人之物爲要件，所謂他人之物，乃指有形之動產、不動產而言，並不包括無形之權利在內，單純之權利不得爲侵占之客體。

(十七) 詐欺罪

案例事實

告訴人以美容店豐胸課程廣告不實及美容師對其施作課程時製作不實之紀錄，致其陷於錯誤購買豐胸課程爲由，對向其施作豐胸課程之美容師及美容店負責人提出詐欺告訴。則如何爲擔任美容師之被告辯護或答辯？

撰狀說明

(1) 刑法上詐欺罪須行爲人對被害人施用詐術→被害人因行爲人施用詐術而陷於錯誤→被害人因陷於錯誤而處分或交付財物→行爲人因被害人處分或交付財物而取得該財物→被害人或第三人財產受有損害，各個要件依序環環相扣，因此，如因涉及詐欺案件，答辯方向應仔細檢視被害人陳述內容是否符合上開詐欺罪要件及流程。

(2) 辯護書狀的主要目的，在於針對同樣的發生事實，提出如何不該當於起訴或自訴所指摘之符合犯罪之構成要件事實，因此對辯方而言，對發生事實做合乎辯方利益行爲人之說明與詮釋，係辯護狀不可或缺之組成部分。

(3) 就上開辯方所確信之事實，更須以具體之證據加以支持，提出解釋證據與事實之應證關聯，爲辯護書狀的重心。

(4) 本書狀著重在證據的提出及補強，以架構出利用證據反駁起或自訴所指摘者係扭曲之事實之辯護強度，並爲以後辯護續狀，爲提綱挈領之基礎。

(5) 詐欺罪若共犯達三人以上，須注意新修正刑法第339條之4規定，其刑度有加重之規定。

(6) 當今科技日新月異，詐欺態樣亦不僅限於人與人之接觸，故刑法就詐欺規定處罰範圍亦有擴展，此可參考刑法第339條之1、第339條之2、第339條之3等法條之規定。

書狀內容

狀別：刑事準備書暨調查證據狀
案號及股別：○○年○○字○○號○股
被　告　　甲　　身分證字號：○　性別：○　生日：○　住：○
被　告　　乙　　身分證字號：○　性別：○　生日：○　住：○
被　告　　丙　　身分證字號：○　性別：○　生日：○　住：○
共同選任辯護人　蘇俊維律師

謹就被告等被訴詐欺案件，依法提呈準備書狀，並聲請調查證據如下：

一、緣本案公訴意旨，無非謂被告等爲「○○公司」台中店之店長與美容師，與丁公司負責人A，均明知該公司之課程及產品，並無醫學學理及臨床試驗之豐胸效果，竟意圖爲自己及丁公司不法所有之犯意，製作不實廣告，使告訴人陷於錯誤，誘使告訴人前往「○○公司」台中店，由被告甲對其鼓吹、強調豐胸效果，使其購買31萬餘元豐胸課程，由被告乙、丙爲其施作，並爲使其相信豐胸效果，且製作不實之測量紀錄，使告訴人誤信豐胸效果云云，其所憑證據，除所謂不實廣告外，實則率依告訴人指訴，及以告訴人所購課程。

二、今見本案爭點，在於：

廣告既非被告等所製作或所得參與，從何認定渠等與A就該廣告負共犯之責任？該公司之課程既非被告等設計並安排，又從何認定被告等對該公司之課程並無醫學學理及臨床試驗之豐胸效果，均所明知？有無具體事實足認被告等就前揭廣告所載「BR」、「BP」，對告訴人爲豐胸效果之表示？或者有證據得以證明，在被告等所受的訓練與認知上，前開「BR」、「BP」，充其量係爲達到美胸效果，並無豐胸之情事？

公訴意旨另以被告等得對告訴人之消費爲「抽佣」之利得，據爲被告等獲取抽佣而爲詐欺之不法所有動機，然由告訴人所指訴「豐胸」乙節之消費與被告等所能獲得之酬勞，兩者是否相當？是否顯逾論理法則與比例原則？從何認定被告等因具有丙級美容師執照，即必然有依其本職學能及所受訓練，對「○○公司」所販售課程之效果，自有一定之認識？

公訴意旨指稱告訴人於89年3月3日至「○○公司」台中店詢問，係經由被告乙之鼓吹，強調豐胸效果後，陸續向「○○公司」台中店購買廣告中豐胸課程5套，迄89年7月24日止，共支付課程費用31萬8,800元云云，依據何在？被告甲是否爲當時告訴人接觸、簽約之人？其所購買之豐胸課程或產品，是否即有31萬8,800元？被告乙及丙如何對告訴人施用詐術？有何證據得以證明其於課程施作前、後，對告訴人所爲之測量、紀錄係造假不實？

三、事實上，析觀本案情節，誠見：

系爭所謂不實廣告，姑且不論其眞實性、及是否能逕以尚無醫學學理及臨床試驗即否認其效果，但以系爭廣告既非被告等所製作，更非被告等所能參與或對該廣告有任何影響能力，即見渠等與丁公司負責人A，就該廣告所應負責之適格，根本欠缺關聯，更無從認其就系爭廣告對犯罪要件之構成，具有犯意聯絡或行爲分擔之共犯關係，應至灼然。另查，告訴人於89年3月3日，前往「○○公司」台中店詢問時，與其接觸、諮詢及甚至89年3月20日告訴人購買課程之人，爲當時「○○公司」台中店之顧問戊，並非被告甲，因此誠難有被告甲於告訴人前往「○○公司」台中店詢問時，對其鼓吹、強調豐胸效果，使其購買課程之情事。

再者，告訴人於89年3月3日及20日所購買之首套課程爲「W-03美胸塑型專案」，其中包括「BR」、「UB」、「BP」、「BA」、「AS」、「OM」、「RO」等課程，起訴書所載「BRX4」、「BPX2」，其實是「BR」課程4節，「BP」課程2節；起訴書雖稱前揭爲豐胸課程云云，惟以被告乙及丙身爲美容師，其所得之資訊無非爲公司所頒布之「課程及護理流程內容」（詳證3），由告訴人所簽訂之合約書上，就其所購買課程之記載，以及上開公文、甚至該公司教學部所製作之「課程手冊」（詳證4），其名稱係「美胸」並非「豐胸」，被告等美容師對顧客施作課程時，縱然需向顧客說明其效果，亦依上開公司所製作之文書上、有關效果之說明，難謂渠等有逾越分際、誇大渲染之必要。

公訴意旨另謂被告等係基於抽佣之利得，故對公司以及自己不法所有之構成要件，具有犯罪意圖云云，實則對被告等而言，依照公司人事管理規章（證2），促銷、拉攏消費者，並非被告等人之工作，至於被告甲雖爲該店店長，屬於行政人員，薪資結構依公司獎懲考勤內規，至於被告乙及丙等美容師，實則縱有依其工作所給予之獎金，然其比例低微，舉例而言，被告等爲顧客從事一次課程之全身按摩，能得到之工作獎金爲新台幣25元；又例如告訴人所購買系爭課程，其實有關胸部的部分，僅15萬1,520元（如證1），美容師能獲得之獎金，縱然名之「抽佣」，不過爲消費金額之2%，約爲3,030元，由於是被告等兩位美容師共同施作該課程，因此尚得均分，每人得1,515元，從89年3月一直施作至89年10月，就告訴人胸部部分，每人得到「抽佣」不過1,000餘元，試問如何能認定渠等會爲了「抽佣」而有詐欺之意圖或行爲？

四、提呈證據清單如下：

項次	證物名稱	證明事項
1	告訴人購買課程及產品分類明細金額統計一覽表。	告訴人所爲本案花費，包括美胸、身體保養、瘦身及保養品，非僅只有胸部一項，其用於美胸部分，爲15萬1,520元。
2	丁國際企業集團人事管理規章節錄影本。	店長、美容師之工作規則中，沒有需對公司產品推銷、促銷等規定，而是有其一定之工作項目。

3	丁公司「課程及護理流程內容」公文（不全）。	相關項目及效果並無豐胸之記載，被告等必須按此施作與說明。
4	丁公司教學部製發之文件（不全）。	有關課程名稱、內容及效果亦無豐胸之記載，被告等必須按此施作與說明。
5	網路文件： (1)技術士技能檢定報考資格（職訓局）； (2)丙級美容師考試項目。	縱有丙級美容師資格，亦難認對產品是否具有醫學學理及臨床試驗效果有何認識。

五、懇請鈞院賜准調查如下證據：

(一) 懇請傳喚如下證人：

戊：○○縣○○鄉○○村○○街○○號

己：○○縣○○鄉○○村○○街○○號

庚：○○縣○○鄉○○村○○街○○號

(二) 待證事項與調查理由：

⑴ 告訴人於89年3月間前往「○○公司」台中店及至簽約，究係與被告甲接觸，或與當時時任該店顧問之戊？何時才碰到被告甲？被告乙及丙為其施作課程時，如何測量？以上除用以證明被告甲並無起訴書所指情節外，亦待釐清對被告乙及丙測量不實之指摘是否屬實。

⑵ 被告等爲丁公司員工，對顧客、消費者各本其職司爲工作，及其是否對產品效果，具何種程度之認識，可由負責對該公司員工職訓及指導之該公司教學部經理陳○○到庭供證。

六、直據上述，被告等實無詐欺或共犯詐欺之犯意與犯行可言，起訴意旨對渠等之指摘，誠有誤會，爲此狀請鈞院垂鑑，賜爲查察，並恩賜被告等爲無罪之判決，俾免冤抑，毋任感禱。

謹　呈

台灣台中地方法院刑事庭　公鑒

中　華　民　國　○○　年　○○　月　○○　日

具狀人 甲　乙　丙　　　簽名蓋章

共同選任辯護人 蘇俊維律師　簽名蓋章

相關法條及裁判要旨

■刑法第339條：

意圖爲自己或第三人不法之所有，以詐術使人將本人或第三人之物交付者，處五年以下有期徒刑、拘役或科或併科五十萬元以下罰金。

以前項方法得財產上不法之利益或使第三人得之者，亦同。

前二項之未遂犯罰之。

■刑事訴訟法第273條第1項：

法院得於第一次審判期日前，傳喚被告或其代理人，並通知檢察官、辯護人、輔佐人到庭，行準備程序，爲下列各款事項之處理：一、起訴效力所及之範圍與有無應變更檢察官所引應適用法條之情形。二、訊問被告、代理人及辯護人對檢察官起訴事實是否爲認罪之答辯，及決定可否適用簡式審判程序或簡易程序。三、案件及證據之重要爭點。四、有關證據能力之意見。五、曉諭爲證據調查之聲請。六、證據調查之範圍、次序及方法。七、命提出證物或可爲證據之文書。八、其他與審判有關之事項。

(十八) 重利罪

案例事實

告訴人辛先向被告甲借款，嗣以甲涉犯重利爲由向警方提出告訴，被告甲應如何答辯。

撰狀說明

(1) 重利罪之成立須有二要件，一爲約定利率超過法定限制，取得之利息與原本顯不相當，二爲借款人借款當時有急迫輕率或無經驗之情形，此揆刑法第344條之規定；及司法院院解字第3029號：「約定利率雖超過法定限制，致取得之利息與原本顯不相當。但在立約當時債權人如無乘債務人急迫輕率或無經驗之情形，尚不構成刑法第344條之重利罪」可稽，故重利罪之答辯重點應置於被告之借款行爲是否符合上開二構成要件。

(2) 又因刑法第344條重利罪並未規定未遂，故爲結果犯。且須已取得與原本顯不相當之重利始成罪，此可參照最高法院88年台上字第7418號判決：「刑法上重利罪之成立，以取得與原本顯不相當之重利爲構成要件之一，自應以行爲人取得該項重利時，方屬既遂。而此之所謂取得，固不以現款之方式取得爲必要，然仍須行爲人已實際上取得該項重利或其財產上價值者，始足當之。倘僅以口頭或書面約定將來給付一定之重利者，即難認其犯罪已達既遂之程度。又該罪並無處罰未遂犯之規定，如僅約定未來給付重利者，則其既未取得重利，即與重利罪之構成要件有間，自難遽以該罪相繩。」

(3) 再民法第205條規定，利息超過16%之約定無效，但非超過16%即屬重利，重利罪利率主要仍須依照實際情況判定，會參考當地經濟與交易情況判定。

書狀內容

狀別：刑事辯護意旨狀
案號及股別：○○年○○字○○號○股
被　告　　甲　　身分證字號：○　性別：○　生日：○　住：○
選任辯護人　何孟育律師
爲涉嫌重利案件，依法謹具辯護意旨事：
一、按犯罪事實應依證據認定之，無證據不得推定其犯罪事，刑事訴訟法第154條定有明文。又告訴人之告訴，係以使被告受刑事訴追爲目的，是其陳述是否與事實相符，仍應調查其他證據以資審認。又被害人之陳述如無瑕疵，且就其他方面調查又與事實相符，固足採爲科刑之基礎，倘其陳述尚有瑕疵，則在未究明前，遽採爲論罪科刑之根據，即難認爲適法，而認定不利於被告之犯罪事實須依積極證據，苟積極證據不足爲不利被告事實之認定時，即應爲有利於被告之認定，更不必有何有利之證據，又所謂證據，須適於爲被告犯罪事實證明者，不能以推測或擬制之方法據爲裁判之依據，最高法院分別著有83年台上字第989號判決，30年上字第816號判例及53年台上字第2750號判例可稽。

二、刑法第344條之重利罪須有急迫輕率或無經驗之情形，始足當之（司法院院解字第3029號解釋參照）。即行爲人須利用他人金錢需求上有急迫情狀或借貸行爲方面有輕率、無經驗之情形，而貸以金錢或其他物品，並取得與原本顯不相當之重利，苟借款人並無急迫之情狀、或不存在輕率、無經驗之情形者，則與重利罪並不相當。

三、經查，被告甲固借新台幣（下同）190萬元予告訴人辛，每月利息5萬元，然其月息僅百分之2.56，猶較諸現時社會一般民間利借款交易習慣之3分利爲低，實難認有顯不相當之重利情事，再者，告訴人辛除本案係由鈞座受理偵辦外，尚有鈞署92年度偵字第4460號重利案件由宇股檢察官偵辦中，並有多件相同類型之重利案件正由鈞署及警方受理中，其中細節、方法均屬雷同，顯見告訴人辛應爲俗稱之職業被害人，專以高利爲餌四處借貸，再以重利受害人之身分向檢警機關舉發，藉以脫免債務之清償。是本案借貸發生時，告訴人辛確無任何急迫、輕率或無經驗之情事，自與重利罪之構成要件不符，懇請鈞座鑒察。

四、綜上所述，被告甲確無重利犯行，爲此，懇請鈞座明察秋毫，迅予被告甲不起訴處分，至感德便。

謹　狀

台灣○○地方法院刑事庭　公鑒

中　華　民　國　○○　年　○○　月　○○　日

具狀人　甲　簽名蓋章

選任辯護人 何孟育律師　簽名蓋章

相關法條及裁判要旨

■刑法第344條第1項：

乘他人急迫、輕率、無經驗或難以求助之處境，貸以金錢或其他物品，而取得與原本顯不相當之重利者，處三年以下有期徒刑、拘役或科或併科三十萬元以下罰金。

■刑事訴訟法第154條第2項：

犯罪事實應依證據認定之，無證據不得認定犯罪事實。

■司法院院解字第3029號：

約定利率雖超過法定限制，致取得之利息與原本顯不相當，但在立約當時債權人如無乘債務人急迫輕率或無經驗之情形，尚不構成刑法第344條之重利罪。

■刑事訴訟法第301條第1項：

不能證明被告犯罪或其行爲不罰者應諭知無罪之判決。

■最高法院53年度台上字第2750號判例：

犯罪事實應依證據認定之，所謂證據，須適於爲被告犯罪事實之證明者，始得採爲斷罪資料。

■最高法院30年度上字第816號判例：

認定不利於被告之事實，須依積極證據，苟積極證據不足爲不利於被告事實之認定時，即應爲有利於被告之認定，更不必有何有利之證據。

■最高法院83年度台上字第989號判決：

告訴人之告訴，係以使被告受刑事訴追爲目的，是其陳述是否與事實相符，仍應調查其他證據以資審認。又被害人之陳述如無瑕疵，且就其他方面調查又與事實相符，固足採爲科刑之基礎，倘其陳述尚有瑕疵，則在未究明前，遽採爲論罪科刑之根據，即難認爲適法。

(十九) 贓物罪

案例事實

綽號「二百」之乙於民國90年7月間，在○○市○○○路旁，將懸掛車牌號碼爲XX－XXXX號自用小客車，交付甲使用。後因甲積欠前妻李某債務約新台幣100萬元，而李某又因周轉不靈將平日代步之車出售，並向甲催討債務，甲遂將上開車輛交予李某使用，嗣於李某使用途中遭查獲上開車輛爲贓車，甲因此被認爲收受贓物，遭檢察官起訴在案，應如何爲甲答辯。

撰狀說明

(1) 所謂贓物，乃指因犯侵害財產法益（例如：竊盜、搶奪、強盜、海盜、侵占、詐欺、背信、重利、恐嚇取財、擄人勒贖等）之罪所得之物，簡單來說就是因犯罪所得之物，範圍包括動產、不動產，但須以現實財物爲限。

(2) 構成刑法第349條贓物罪之前提須認識該物品爲贓物，因此有關贓物罪之答辯方向應著重在「不知該物品是贓物」，而非強調取得過程是否合法。故爲甲之答辯應置於甲並不知其收受使用之車輛係贓物之方向爲之（刑法上的贓物罪並不處罰過失犯，所以要有犯贓物罪的故意爲前提要件）。

書狀內容

狀別：刑事辯護意旨狀

案號及股別：○○年○○字○○號○股

被　告　　甲　　身分證字號：○　性別：○　生日：○　住：○

選任辯護人　何孟育律師

謹就被告等被訴贓物案件，依法提呈準備辯護意旨事：

一、按犯罪事實應依證據認定之，無證據不得認定其犯罪事實；又不能證明被告犯罪，應諭知無罪之判決，刑事訴訟法第154條第2項及第301條第1項前段分別定有明文。另按刑事訴訟法上所謂認定犯罪事實之證據，係指足以認定被告確有犯罪行爲之積極證據而言，如未能發現相當證據或證據不足以證明，自不能以推測或擬制之方法，以爲裁判基礎（最高法院29年上字第3105號、同院40年台上字第86號判例要旨參照）。再則，認定犯罪事實，所憑之證據，雖不以直接證據爲限，間接證據亦包括在內，然無論直接或間接證據，其爲訴訟上之證明，須於通常一般之人均不致於有所懷疑，而得確信其爲眞實之程度者，始得據之爲有罪之認定，倘其證明尚未達到此一程度，而有合理性懷疑之存在時，即無從爲有罪之認定，此亦有最高法院76年台上字第4986號判例可資參照。

二、公訴人認爲被告甲涉犯前開罪行，無非以：被告甲身爲警員，應知駕車應隨身攜帶行車執照，且其隨時可查證該車之資料，詎乙以車擔保未交行車執照，事後亦未聯絡，顯見被告甲明知該車贓物而予以收受等情，爲其論據。

三、惟查，被告甲係因友人介紹認識綽號「二百」之乙，嗣因乙積欠被告甲債務，遂同意將其平日駕駛懸掛僞造車牌XX－XXXX號之自小客車先交付被告甲，待日後清償完畢時再予以取回，被告甲收受該車前，曾將該車車牌號碼XX－XXXX號輸入車籍資料系統查證，查證結果該車之顏色、廠牌與該資料相符，且無失竊之紀錄（詳見證1），被告甲遂不疑有他，始予收受。再者，被告甲收受該車時，雖曾向乙要求行照，惟因其稱未隨身攜帶，且不日將取回，而被告甲當時又無使用該車之意，僅單純將其作爲債務之擔保，遂不再強求。是被告甲確已盡相當之查證，確實不知該車爲贓物，自無明知爲贓物而仍予以收受之犯意。試想，被告甲身爲警察，平日追緝罪犯，豈有不知收受贓物爲違法之理，且其身爲執法人員，又豈敢膽大妄爲，知法犯法。顯見被告甲確無明知爲贓物而收受之犯行。

四、綜上所述，被告甲確實不知該車爲贓物，絕無明知爲贓物而收受，且尚乏積極證據足資證明被告甲確有明知上開車輛係贓物之認知，爲此，懇請鈞院明察秋毫，迅爲被告無罪判決之諭知，俾還其清白，至感德便。

謹　狀

台灣◯◯地方法院刑事庭　公鑒

證據名稱及件數

證1：車籍資料表影本。

中　華　民　國　◯◯　年　◯◯　月　◯◯　日

具狀人 甲　　簽名蓋章

選任辯護人　何孟育律師

相關法條及裁判要旨

■刑法第349條：

收受、搬運、寄藏、故買贓物或媒介者，處五年以下有期徒刑、拘役或科或併科五十萬元以下罰金。

因贓物變得之財物，以贓物論。

■刑事訴訟法第154條第2項：

犯罪事實應依證據認定之，無證據不得認定其犯罪事實。

■刑事訴訟法第301條第1項：

不能證明被告犯罪或其行爲不罰者應諭知無罪之判決。

■最高法院29年度上字第3105號判例：

刑事訴訟法上所謂認定犯罪事實之證據，係指足以認定被告確有犯罪行爲之積極證據而言，該項證據自須適合於被告犯罪事實之認定，始得採爲斷罪資料。

(二十) 毀損罪

案例事實

被告甲係乙建設有限公司負責人，自民國86年○月○日起至87年○月○日止，拆除乙公司所有門牌號碼○○縣○○鄉○○路○段○○號、○○號及○○號房屋時，因該屋緊鄰丙所有座落○○縣○○鄉○○路○○段○○號房屋，嗣丙主張因甲之拆除行為不當，致其所有房屋地基鬆動、地板龜裂、牆壁破裂、牆面龜裂、磁磚牆面龜裂、水泥窗破裂、陽台棚架毀壞、電燈掉落、電燈開關鬆動等損害為由，而對甲提出毀損告訴。檢察官亦以甲具有概括犯意，在雇工拆除時，不依建築成規，先將相鄰之鋼筋水泥鋸開，並視需要作防護鄰房損壞之必要安全措施，任由三台挖土機隨意拆除牆面，致丙所有上開房屋一樓至三樓磨石地板龜裂、牆壁破裂、牆面下規則龜裂、磁磚牆面龜裂、水泥窗破裂、陽台棚架毀壞、電燈掉落、電燈開關鬆動等損害為由，對甲提起公訴，甲應如何答辯。

撰狀說明

(1) 刑法第354條毀損罪為目的犯，除故意犯罪外，並須有損害他人之物， 始成罪。上開案例之辯護要旨亦著重在此。本案答辯之要旨應置於行為人並無故意損害他人之意圖。

(2) 毀損罪之毀損不需達到破壞物之實體，僅需毀損的程度達到妨礙物的正常使用功能即屬之。

(3) 又刑法第353條第1項之毀壞他人建築物罪，必須毀壞建築物之重要部分，足致該建築物之全部或一部失其效用，始能成立，若僅毀損其附屬之門窗等物，而該建築物尚可照舊居住使用者，祇能依同法第354條毀損他人之物論處（最高法院30年上字第463號判例參照）。

(4) 刑法第354條毀損罪為告訴乃論罪，須注意是否逾越告訴乃論罪之6個月告訴期間。

書狀內容

狀別：刑事辯護意旨狀
案號及股別：○○年○○字○○號○股
被　告　　　甲　　身分證字號：○　性別：○　生日：○　住：○
選任辯護人　何孟育律師

爲被告被訴毀損案件，謹具辯護意旨事：

一、公訴意旨略以：被告甲係是乙建設有限公司負責人（以下簡稱乙公司），自民國86年○月○日起至87年○月○日止，拆除乙公司所有門牌號碼○○縣○○鄉○○路○段○○號、○○號及○○號房屋時，因該屋緊鄰丙所有座落○○縣○○鄉○○路○○段○○號房屋，必會因其拆除行爲不當，致地基鬆動、地板龜裂、牆壁破裂、牆面龜裂、磁磚牆面龜裂、水泥窗破裂、陽台棚架毀壞、電燈掉落、電燈開關鬆動等損害，詎被告甲竟基於毀損之概括故意，在雇工拆除時，不依建築成規，先將相鄰之鋼筋水泥鋸開，並視需要作防護鄰房損壞之必要安全措施，任由三台挖土機隨意拆除牆面，致丙所有上開房屋一樓至三樓磨石地板龜裂、牆壁破裂、牆面下規則龜裂、磁磚牆面龜裂、水泥窗破裂、陽台棚架毀壞、電燈掉落、電燈開關鬆動等損害，足生損害於丙。因認被告甲涉犯刑法第354條之毀損罪。

二、經查：緣乙公司在拆除○○縣○○鄉○○路○段○○號、○○號及○○號房屋前，爲免損及告訴人丙所有上開房屋，特於86年○月○日委請台灣省建築師公會○○縣辦事處鑑定告訴人所有上開建物之現況（詳見證1），並於87年○月○日與告訴人簽立協議書（詳見證2），依協議書第1條約定：「乙方（即乙公司）就其拆除其所有前揭地上建物致造成丙方（即告訴人）所有前揭建物之損害，除3樓三方牆壁部分乙方願打掉重建、屋頂及屋頂樑柱部分不拆除惟須修復至不漏水外，其餘部分乙方願依建築師公會之鑑定及建議回復原狀，恢復拆除前丙方所有前揭地上建物之外觀、結構」，嗣乙公司已依約將告訴人上開建物3樓三方牆壁打掉重建（詳見證3），並於拆除工程完成後，於87年○月○日依協議書約定委請台灣省建築師公會○○縣辦事處鑑定，鑑定結果如鑑定報告書內容八之標的物現況瑕疵情形，因鑑定標的物之結構體並未發現有破壞危及安全之情形，其瑕疵部分建議以補強或修補之處理修復，故分析統計所需修復工程費用詳細如附件：工程預算書，計需工程費1萬6,066元，此有房屋損鄰鑑估報告書可稽（詳見證4），乙公司旋將貼磚、粉刷工程、鷹架工程、補強修補等工程發包以修補告訴人上開建物，另乙公司尚支付3樓打掉重建部分之工程費用合計35萬餘元，此有統一發票可證（詳見證5），乙公司既已依協議書約定完成打掉重建、補強修復等工作，僅鑑估報告書工程預算書第10條載磁磚重貼修補費1,800元部分，因房屋建築已有10餘年，同型磁磚現已無生產，告訴人拒絕乙公司以不同型磁磚重貼修補，此部分乙公司願以鑑估報告書所估重貼修補費1,800元給付補償告訴人。

三、綜上所述，乙公司事前已委請台灣省建築師公會○○縣辦事處就現況爲鑑定，事後復積極依協議書之約定修復告訴人所有上開建物，並無故意毀損告訴人上開建物之情事，公訴人不察，遽認被告有毀損之犯意認事用法顯有違誤，懇請鈞院明察秋毫，賜諭被告無罪之判決，至感德便。

謹　狀

台灣○○地方法院刑事庭　　公鑒

證據名稱及件數

證1：鑑定書影本乙份。

證2：協議書影本乙份。

證3：施工請款單影本乙份。

證4：鑑估報告書影本乙份。

證5：統一發票影本乙份。

中　　華　　民　　國　　○○　　年　　○○　　月　　○○　　日

具狀人 甲　　　　　簽名蓋章

選任辯護人　何孟育律師

相關法條及裁判要旨

■刑法第354條：

毀棄、損壞前二條以外之他人之物，或致令不堪使用，足以生損害於公衆或他人者，處二年以下有期徒刑、拘役或一萬五千元以下罰金。

■刑法第357條：

第三百五十二條、第三百五十四條至第三百五十六條之罪，須告訴乃論。

■刑事訴訟法第237條第1項：

告訴乃論之罪，其告訴應自得爲告訴之人知悉犯人之時起，於六個月內爲之。

(二十一) 違反毒品危害防制條例案件

案例事實

乙某日受其前夫丙之邀至朋友家中聊天，欲離去時，為警查獲該友人家中有製毒之情及其前夫有運送毒品之犯行，然乙僅係隨其前夫第一次至查獲地點，對查獲地點是否製毒及其欲離去時，前夫丙置入車中之物品為何，並不知悉，然乙仍遭檢察官以違反毒品危害防制條例之共犯起訴，雖第一審判決乙無罪，惟檢察官認乙為製毒之共犯提起上訴，應如何為乙辯護。

撰狀說明

(1) 證據能力有無之意見表示係屬於程序事項，應先於實體之辯護事項前先敘明。即在答辯之初，應就卷宗資料內，公訴人方面以認定被告有罪之證據資料之取得是否合乎法律規定，爭執其證據能力，以減除定被告不利證據之項目，利於後續之答辯。

(2) 又本案對被告不利之證明方法主要在於共犯之供述，故辯護之重點須針對共犯不利被告之供述，逐一敘明其與常理及經驗法則有違之處，並舉出對己身有利之證明方法。

(3) 若被告是為認罪之答辯，則須注意毒品危害防制條例第17條之規定，是否有供出毒品來源，因而查獲其他正犯或共犯；或於偵查及歷次審判中均自白者，以獲取較輕之刑度，甚免除其刑。

書狀內容

狀別：刑事辯護意旨狀

案號及股別：〇〇年〇〇字〇〇號〇股

被　告　　乙　　身分證字號：〇　性別：〇　生日：〇　住：〇

選任辯護人　何孟育律師

為被告被訴違反毒品等案件，依法謹具辯護意旨事：

一、公訴人上訴書認被告乙有參與製造甲基安非他命之事實主要論據仍以證人戊於調查筆錄、偵訊中證述及被告乙於偵查中自白有幫忙分裝甲基安非他命之行為、分裝後並將其中一包白色塑膠袋放入車牌號碼×××-LH之自小客車云云。

二、惟查：

(一) 關於證據能力之部分：

(1) 被告以外之人於審判外之言詞或書面陳述，除法律有規定者外，不得作爲證據，刑事訴訟法第159條第1項明文所定，本件就被告乙所涉上開製造、運輸、販賣第二級毒品罪部分，被告丙、戊於中機組調查訊問之陳述，即爲被告以外人於審判外之陳述，並無證據能力，亦無符合刑事訴訟法第159條之1至第159條之5之規定，是被告丙、戊於中機組調查訊問之陳述，就被告乙而言，並無證據能力。

(2) 被告乙於中機組調查訊問時之自白，業經公訴人同意不作爲本件論罪之證據（見原審卷94年7月11日之準備程序筆錄），併此敘明。

(3) 按刑事訴訟法第100條之1規定：訊問被告應全程連續錄音，必要時並應全程連續錄影。公訴人於94年8月24日所呈送之「乙於93年12月30日法務部中部機動工作組偵訊錄影音帶」，該錄影帶之內容前7小時25分左右爲被告戊於當日之調查站筆錄，剩餘35分左右雖曾出現被告乙，然僅單純蓋手印、按指紋等動作，其餘均爲被告乙一人在該處，並未有任何製作筆錄之情形，更無被告乙於93年12月30日下午5時由檢察官偵訊之錄音內容是被告乙於93年12月30日中機組之偵訊筆錄已無從擔保其內容之正確性及眞實性，是該偵訊筆錄不具證據能力。

(二) 證人戊於警訊、偵訊中之供、證述不可採信：

(1) 戊於93年12月30日調查筆錄供稱：12月29日晚上8、9時，庚與丙及乙到我住處後，三人都到廚房加熱、製造毒品，後來我上廁所經過我房間門口時看到他們三人有用磅秤秤毒品並進行包裝，我有聽到他們三人談論要將包裝後的毒品搬出去等語，93年12月30日偵訊筆錄復結證稱：93年12月29日晚上庚、丙及乙有到我住處製造安非他命等語，94年1月12日偵訊筆錄供稱：在我住處使用毒品及工具的人是丙的跟他一起被抓的女友，是庚、丙、乙在我家裏操作毒品及機器是將成品打碎及弄乾等語，惟被告庚於94年4月14日偵訊筆錄供稱製毒過程之結晶程序即需費時48小時，被告乙係第一次前往被告戊住處且僅短暫停留數小時，絕無可能於該段期間完成加熱及結晶等繁複手續！另被告戊遭查獲後先供稱製毒機具係被告乙及丙所有，嗣改稱係被告庚及丙所有，非但前後不一，更與被告庚之供述全然不符，顯見被告戊之證述存有諸多瑕疵而顯有不可信之情形。

(2) 再者，證人戊於原審94年10月21日明確結證稱：「（你有目睹他們二個把成品打碎跟弄乾？）我都在客廳看電視及喝酒，沒有在房間，如何看得到」、「（你上廁所經過時，看到乙在做什麼？）站在那裡看」、「（你有沒有看到乙在分裝安非他命？）沒有」、「（有沒有看到乙將結晶一塊塊的打碎？）沒有」、「（你有沒有看到乙在搬東西？）沒有」等語，而其對於其於警偵訊之供述亦於原審經交互詰問明確證稱：「（何以你會在12月30日調查筆錄陳述，庚、丙、乙都到廚房加熱製造毒品，你上廁所經過房間門口，看到他們三人在用磅秤秤毒品，而且進行分裝？）我那時候在中機組迷迷糊糊，也不曉得有沒有講過這些話，我知道丙、庚、乙他們在靠近廚房的那個房間，我不知道他們在做什麼」、「（你在同一天檢察官問你，你說29日晚上庚、丙、乙有到你的住處製造安非他命，你有這樣講？）我沒有這樣講」、「（你在檢察官二次訊問你的時候，94年1月12日問你的時候，你說丙跟他的女友，有到你的住處操作毒品還有機器，把成品打碎及弄乾？）我沒有這樣講，我的住處沒有機器」等語，益證證人戊先前警、偵訊之供述及證述均不可採信。

(3) 況再查本件製造甲基安非他命流程可分爲三個階段，分別爲氯化階段、氫化階段及純化階段等。氯化階段係將原料麻黃素與THINOYL CHLORIDE或濃鹽酸反應生成氯麻黃素之過程，該過程中需使用氯仿、乙醚、丙酮等溶劑，所需器材爲塑膠容器、過濾設備及晾乾設備等。氫化階段係將氯麻黃素與氫氣反應生成甲基安非他命水溶液之過程，該過程中需使用醋酸鈉、氫氧化鈉、活性碳、氯化鈀、硫酸鋇等試劑，所需器材爲壓力反應瓶（槽）、氫氣瓶（附壓力表）、酸鹼值測試紙（或設備）、過濾設備及相關容器等。純化階段係將甲基安非他命水溶液純化得到甲基安非他命結晶之過程，該過程中需使用食鹽等試劑，所需器材爲冷凍（藏）設備及過濾設備，本案查扣之甲基安非他命水溶液、食鹽、攪拌棒、冰箱及相關容器等，爲製造甲基安非他命純化階段所需之原料、試劑及設備，此有法務部調查局94年9月7日調科壹字第09400410530號函附卷可稽，足見甲基安非他命製造過程繁複且難懂，倘非對於該製造流程有特別深入研究或具有專業化學知識之人，自無法瞭解其用語之含意，而在塗城路住所所進行是純化階段而被告戊智識程度並不高，於原審回答問題時，尚有許多問題不解其意，數次經原審法官說明問題後，始克回答，被告戊對製造甲基安非他命之過程並不了解，則單憑檢察官於93年12月30日偵訊筆錄中訊問被告戊：「（93年2月19日晚上庚、乙有到你住處製造安非他命？）有」之上開含糊、籠統答覆調查員及檢察官陳述，即論定被告乙有製造甲基安非他命，其證言尚嫌薄弱，顯無可採信。

(三) 被告乙之自白與事實不符：被告乙於94年12月30日檢察官偵訊稱：丙有要

求其幫忙分裝安非他命，並以每包爲1.2公斤包裝秤重（見偵卷第4339號第120頁），惟遭查扣之甲基安非他命重量均爲1.026公克至1.031公克不等，此有扣押筆錄附卷可稽，顯與被告乙所述不符，又按非安他命之交易型態多以公克計算價錢，每公克之價值不斐，豈有可能以每包1.2公斤包裝而實際重量僅爲1.026至1.031公克如此大之差距，是被告乙其自白非顯與事實不符，確無可採。

(四) 本件被告乙是否構成製造甲基安非他命，端視其是否參與該甲基安非他命純化之工作，然查，被告庚於偵查訊問及原審審理時均供稱係伊一個人所製造的等語（見本案偵字第4339號偵查卷第20頁、第167頁、第283頁及本院94年9月14日之審理筆錄），且依被告庚所述之本件甲基安非他合純化製造過程中，被告乙並無參與其中加熱、冷卻、風乾等動作，顯而所謂「要求分裝」亦非上述所謂純化甲基安非他命之製造過程，且被告丙亦於檢察官偵訊時陳述被告乙無幫忙被告庚包裝毒品及分裝安非他命（見偵字第4339號卷第125頁、第126頁），是無法由被告乙偵訊中之陳述證明被告乙有製造甲基安非他命之行爲。

三、本件之事實乃係93年12月29日晚上10時許，被告乙前夫丙係搭計程車前往○○縣○○市○○路○○號○○樓住處而非自行開車，丙到達被告乙住處後係駕駛被告乙向楊○瑩所借用2V-8XX號三菱自小客車前往○○縣○○市○○路○○號庚住處，到達時間約係當晚10時30分，被告乙於庚住處看電視、泡茶、聊天，約莫3點多，被告乙係向丙表示很睏想回家睡覺，丙請被告乙順手幫忙將一包白色塑膠袋放在XXX-LH豐田自小客車內，而被告乙則坐上XXX-LH豐田自小客車等待丙開車載其返家，詎料，被告乙方坐上該車未久即遭警逮捕，被告乙全然不知發生事。而案遭查獲之毒品全係2V-8XX號三菱自小客車車內所查獲，被告乙當日遭查獲時並未搭乘該三菱自小客車，亦未將毒品搬運至該車內，被告乙確因當日天色已晚急欲返家休息，而順手將一只白色提帶放置該豐田自小客車內，被告乙確係不知該車內之東西爲毒品，更不知被告庚將毒品置於該車之目的爲何，是被告乙尚不該當違反毒品防治條例第4條之罪名。

四、縱上所陳，被告乙實無公訴人所指之犯行，被告乙無端捲入本案，甚感委屈，幸蒙原審明察秋毫諭知被告乙無罪之判決，還被告乙之清白，今公訴人猶執陳詞上訴，顯屬無理，懇祈鈞院迅駁回上訴，以障被告乙之清白。

謹　狀

台灣高等法院○○分院刑事庭　公鑒

中　華　民　國　○○　年　○○　月　○○　日

具狀人　乙　　　　簽名蓋章

選任辯護人　何孟育律師

相關法條及裁判要旨

■毒品危害防制條例第4條：

製造、運輸、販賣第一級毒品者，處死刑或無期徒刑；處無期徒刑者，得併科新臺幣三千萬元以下罰金。

製造、運輸、販賣第二級毒品者，處無期徒刑或十年以上有期徒刑，得併科新臺幣一千五百萬元以下罰金。

製造、運輸、販賣第三級毒品者，處七年以上有期徒刑，得併科新臺幣一千萬元以下罰金。

製造、運輸、販賣第四級毒品者，處五年以上十二年以下有期徒刑，得併科新臺幣五百萬元以下罰金。

製造、運輸、販賣專供製造或施用毒品之器具者，處一年以上七年以下有期徒刑，得併科新臺幣一百五十萬元以下罰金。

前五項之未遂犯罰之。

■毒品危害防制條例第17條：

犯第四條至第八條、第十條或第十一條之罪，供出毒品來源，因而查獲其他正犯或共犯者，減輕或免除其刑。

犯第四條至第八條之罪於偵查及歷次審判中均自白者，減輕其刑。

被告因供自己施用而犯第四條之運輸毒品罪，且情節輕微者，得減輕其刑。

(二十二) 違反公職人員選舉罷免法案件

案例事實

本案被告係官派代理之地方首長，事後且參選地方選舉並正式當選，惟於選舉期間，因人檢舉其於代理期間，利用年節之際，藉由機關送禮之行爲，對送禮對象即在地方上有影響力及有投票權之人，要求於選舉時爲一定行爲，因此認定被告有違反選舉罷免法所規定對有投票權之人以交付賄賂或其他不正利益之行爲，令其爲一定行使其投票權之行爲，簡單而言即是「買票」，全案經調查機關分別傳訊包括被告、其親屬、員工以及受禮人後，由檢察機關對被告依違反選罷法提起公訴。

查有關選舉罷免法案件，只要當事人具備或有證據足堪認定其爲選罷法上之參選人或與參選之人具有相當關係之助選、樁腳等身分或資格之人，在送禮饋贈之內容一旦超過法務部規定之標準情況下，通常皆會被認定已然違反選舉罷免法，本案之特殊性，在於起訴意旨所指訴之犯罪事實在時間、空間、情境等因素下得否成立，誠然「與其殺不辜，寧失不經」乃古之明訓矣。

撰狀說明

(1) 辯護之重點，無疑仍注重於證據調查之重要性，就與本案相關證據之性質，對被告有利與不利之差別與效果，應於待證事實與請求調查理由中具體說明，按請求調查理由欄非但爲證據調查必要性之說明而已，其證據調查之必要性，在辯護人對一定證據調查結果之確信時，此種確信來自於顯著之事實而爲檢調機關所疏漏或鑑於偵辦目的與方向而所爲有違論理或經驗法則之理解者，更是不可或缺的辯護內容。

(2) 辯護書狀之重要，在於言詞辯護之外，適當向審判機關說明被告何以不該當犯罪構成要件之重要工具，故對案件事實與起訴犯罪事實間之差異性，調查證據結果之說明、提呈證據應具備之證據能力以及證明力，皆應儘量鉅細靡遺的論證與說明，務求得到最好的辯論效果。

(3) 目前公職人員選舉罷免法距下開案例書狀撰寫已有相當時日，近年該法已有修正部分條文，就此於答辯時，應加以注意。

書狀內容

狀別：刑事辯護意旨狀

案號及股別：○○年○○字○○號○股

被　告　　辛　　身分證字號：○　性別：○　生日：○　住：○

選任辯護人　蘇俊維律師

為被告違反公職人員選舉罷免法案件，依提呈辯護意旨及聲請調查證據事：

一、緣本案起訴書指訴被告，無非就被告於民國（下同）90年中秋節前，以中寮鄉代理鄉長名義，於中秋節自購洋酒為酬謝鄉內各村、鄰長、鄉民代表及社區理事長及組合屋村長等人，平日協助推動鄉政之辛勞所饋贈之洋酒行為，曲解並認係被告藉該機會，拓展及拉攏其在中寮鄉之票源，並尋求中寮鄉具有投票權之鄰長等人投票支持，以達其變更行求賄選之不法犯意云云，至所憑證據，僅為庚、丁、戊、己等50餘位村、里長中的4位，及中寮鄉公所司機丙語意模糊之供述。

二、按「犯罪事實應依證據認定之，無證據不得推定其犯罪事實」刑事訴訟法第154條定有明文；又事實之認定，應憑證據，如未能發現相當證據，或證據不足以證明，自不能以推測或擬制方法，為裁判基礎，最高法院40年台上字第86號判例即明示斯旨。

三、再者，公職人員選舉罷免法第90條之1第1項之投票行賄罪，其構成要件有三：其一，須對有投票權之人為之，其二，須有行求、期約或交付賄賂或其他不正利益之行為，其三，須使有投票權人為一定之行使或不行使投票權；且該罪之成立，仍需就行為人之主觀犯意及共犯犯意聯絡等心理狀態，除了於事後行為人之客觀形式，本於邏輯論理為綜合之判斷外，仍須異時異地，衡以社會常情及經驗，作為犯罪事實判斷，此為該罪之立法旨趣。準此，為維護競選公平性，固然應嚴禁候選人以不公平之金錢手段競選，惟何謂不公平？又其是否已至賄選程度？其認定仍不應違悖通常之法律感情與認知。

四、今查起訴書內容，清晰可見其所指訴之被告行為顯然未符合犯罪構成要件外，起訴事實及所載之理由，更在在違反社會常情與經驗認知，蓋：

(一) 秋節送禮行為為社會上禮尚往來之通常人際關係往來型態；被告於90年中秋節前，係以中寮鄉公所代理鄉長名義，對特定之村里長饋贈秋節慰勞禮品，以酬謝渠等對鄉政之推動，既非以候選人身分為之，遍查卷證更無被告於秋節贈禮時，向任何人爲渠係或將是中寮鄉下屆鄉長選舉候選人之表示；足見被告主觀上並無行求、期約之意思，客觀上更無從認爲係藉機投票行賄行爲。

(二) 90年中秋節爲當年10月1日，鄉鎮市長選舉係在91年1月26日，競選活動期間開始日亦在91年1月初，離被告中秋送禮時間，都在4個月以上，即便有意藉機尋求支持、拉攏選票，在時間上亦顯不相當，以不相當之時間臆測投票行賄行爲，實與常理有違。

(三) 投票行賄罪構成要件一，在於使投票權人爲一定行使或不行使投票權，今觀本案，從無任何證人或證物得以證明，被告於秋節贈禮時曾對任何村里長等受贈之人表示，請其爲一定之投票權行使或不行使，故被告秋節贈禮行爲，與選舉行賄罪行灼然有間；再者，假設被告於秋節送禮時無任何特定身分，或可理解爲渠之送禮行爲係爲了特定目的，然事實上，被告於秋節送禮時，係任中寮代理鄉長，故即便其曾於送禮表示「多多幫忙」、「萬事拜託」等語，即難認非爲鄉政而係爲日後選舉，實無率予行賄相繩之理，否則無異編派羅織；更有甚者，所謂「支持參選」與「支持當選」畢竟不同，「支持參選」者，充其量不過爲參與競選人於是否競選前之一種有無競選實力之試探，實與行求、期約爲投票權之一定行使或不行使大相逕庭，起訴書混淆因果、郢書燕說，實至荒謬，可見一斑。

五、懇請鈞院賜准調查如下證據：

(一) 請求傳訊如下證人：

丙　住：○○縣　○○鄉　○○村　○○街　○○號

庚　住：○○縣　○○鄉　○○村　○○街　○○號

丁　住：○○縣　○○鄉　○○村　○○街　○○號

戊　住：○○縣　○○鄉　○○村　○○街　○○號

己　住：○○縣　○○鄉　○○村　○○街　○○號

壬　住：○○縣　○○鄉　○○村　○○街　○○號

甲　住：○○縣　○○鄉　○○村　○○街　○○號

乙　住：○○縣　○○鄉　○○村　○○街　○○號

(二) 請求調查之理由：

(1) 投票行賄罪之主觀構成要件，須行爲人基於行賄之不法意圖，以賄賂或不當利益買通有投票權之人，而爲賄賂之交付，使對方收賄，而雙方相互間應存有對價關係之情形而言；若他方交付之物，非基於行賄之意，對方亦不認爲或無認知其係行賄行為，則顯無投票行賄之情事至明。

(2) 查被告於秋節送禮時，並無基於行賄之不法意圖，而受禮之人，於受禮時係基於何種受禮之認識，所受禮物有無投票權行使之對價關係，實有深究必要，更斷非一些模糊詞彙如「拜託」、「多多幫忙」所得遽認，起訴書倉亂草罄，實無可採，伏請鈞院賜為調查。

六、直據上述，當見被告確無違反選舉罷免法之犯意與犯行，為特爰狀，伏請鈞院垂鑑，高懸明鏡，鞠獄斷冤，賜被告為無罪之判決，俾免屈枉，毋任感禱。

謹 狀

台灣○○地方法院刑事庭 公鑒

中 華 民 國 ○○ 年 ○○ 月 ○○ 日

具狀人 甲 簽名蓋章

選任辯護人 蘇俊維律師

狀別：刑事辯護意旨狀

案號及股別：○○年○○字○○號○股

被 告 辛 身分證字號：○ 性別：○ 生日：○ 住：○

選任辯護人 蘇俊維律師

為被告違反公職人員選舉罷免法案件，依法續具辯護意旨事：

一、緣本案承蒙鈞院函查南投縣選舉委員會，就被告所參加南投縣第14屆鄉鎮市長選舉之登記日期、候選人活動期間、投票日期等時間覆文結果，該次選舉之登記日期為90年12月17日，候選人活動期間為91年1月16日起至1月25日止，投票日期為91年1月26日，而本案所指被告對中寮鄉村里長等人送禮時間，既係在90年中秋節即90年10月1日以前，此時間既不在候選人競選活動期間之內，在時間上非但顯不相當，且事實上如本案系爭送禮行為，又是對鄉內所有村、鄰、里長及代表會、組合屋等代表及主席為之，在如今多元之社會，每一個人之政治取向並不相同，如果為了日後選舉所為布樁準備，豈能不慎選對象？而其送禮之2、300名對象中，其政治立場又豈皆與其相同？對政治立場不同之人果若本於期約為送禮，豈非自投羅網？又所送禮並無區別，對政治立場與其相同之人，又豈無親疏不分之怨懟？顯見如認被告秋節送禮之行為係對日後選舉之行求、期約或交付賄賂，在論理上根本無法成立，殊難牽強附會。

二、另查扣證物中，系爭洋酒蒙鈞院勘驗後，發現包裝所附卡片上，係載「祝中秋佳節快樂——中寮鄉公所代理鄉長辛敬贈」等語，而被告於送禮時，確爲中寮鄉代理鄉長，亦無任何名不正言不順之情事，更難單憑此禮，即與被告間成立賄選之合意或認識，足見以該洋酒做爲犯罪證據者，顯欠缺相當可言，至所謂79張名冊所示，分明爲某單位以工代賑之訪視表，由其上分列欄位上所載「接案初評」、「案主需與期待」等名目所示，當可見之，與所謂賄選名冊大相逕庭，根本與本案無任何關聯，足見本案在物證上，誠無任何足認被告有賄選行爲之證據存在。

三、再者，雖經審理訊問之證人包括庚、甲等人係稱渠等之前並未收到鄉長之送禮云云，然據證人丙所稱，中寮鄉歷任鄉長中，除了任期較短的魏○○代理鄉長外，其餘鄉長都有在年節送禮之行爲，也許送禮對象多寡有別，庚等里村長未必也在其他鄉長送禮之列，但行政主管年節送禮之舉，實甚平常，幾乎已成社會慣例，丙之證詞應無疑慮；且被告於秋節送禮，其目的既爲了慰勞及感謝各基層之村、里、鄰長在九二一震災後，中寮鄉百廢待舉之鄉政所貢獻之辛勞，自然不應再分親疏，此舉更是合理之至，再以被告之前係任職彰化縣社頭鄉，該鄉鄉長魏○○於年節送禮時，對鄉內基層村里長及代表會，亦是禮數周至，並無區別親疏黨派，故被告秋節送禮，亦無門户之見，實益見其坦蕩，誠難曲解送禮之心意爲綁樁、布樁之期約賄選行爲，應至灼然。

四、至本案證人部分，渠等於鈞院庭訊時，已就渠等在調查局或偵查中所述語意未明部分，更爲清楚之交待，如證人丙更稱，渠並未聽到被告於送禮時，向受禮者提及選舉時應對其支持之言語，以被告皆將禮物送予受禮人後隨即離開等情事，殊難認爲被告送禮行爲除了慰勞辛勞之用意外，另能達成何種期約選舉之目的，且被告送禮行爲，亦與證人所知前鄉長送禮行爲並無不同，故更不能認其送禮即有期約賄選之意圖；至證人乙既不記得被告於其子婚禮上有任何選舉請託，甚至證稱渠並未見到被告所送洋酒，果若被告於送酒時，曾對其家人爲日後選舉之請託，其家人對此送禮之目的，又豈有不於證人返家後述說之理？足見被告於送禮時，根本無期約情事；而證人戊更明白表示被告確實沒講鄉長選舉時請予支持等話，偵調筆錄應有誤載情事等語；而證人己、壬等人更進一步證明被告於送禮時所稱，即慰勞中秋節等語，除證明被告所述之眞實外，依庚供述所稱「應是鄉長自己的推測之詞，鄉長是對我說不是他以後要選鄉長了」，依此文意，如被告於送禮時已明白爲日後選舉之任何請託，則又何須推測？足見被告斷無任何藉送禮之便、行爲期約賄選之犯罪可言。

五、直據上述，當見被告確無違反選舉罷免法之犯意及犯行，爲特爰狀，伏請鈞院垂鑑，高懸明鏡，鞫獄斷冤，賜被告爲無罪之判決，俾免屈枉，毋任感禱。

謹 狀

台灣○○地方法院刑事庭 公鑒

中 華 民 國 ○○ 年 ○○ 月 ○○ 日

具狀人 甲 簽名蓋章

選任辯護人 蘇俊維律師

相關法條及裁判要旨

■刑事訴訟法第154條：

被告未經審判證明有罪確定前，推定其爲無罪。

犯罪事實應依證據認定之，無證據不得認定犯罪事實。

■公職人員選舉罷免法第99條：

對於有投票權之人，行求期約或交付賄賂或其他不正利益，而約其不行使投票權或爲一定之行使者，處三年以上十年以下有期徒刑，得併科新臺幣一百萬元以上一千萬元以下罰金。

預備犯前項之罪者，處一年以下有期徒刑。

預備或用以行求期約或交付之賄賂，不問屬於犯人與否，沒收之。

犯第一項或第二項之罪，於犯罪後六個月內自首者，減輕或免除其刑；因而查獲候選人爲正犯或共犯者，免除其刑。

犯第一項或第二項之罪，在偵查中自白者，減輕其刑；因而查獲候選人爲正犯或共犯者，減輕或免除其刑。

■最高法院40年度台上字第86號判例：

事實之認定，應憑證據，如未能發現相當證據，或證據不足以證明，自不能以推測或擬制之方法，以爲裁判基礎。

(二十三) 違反槍砲彈藥刀械管制條例案件

案例事實

被告乙於92年3月14日上午6時50分許，爲警方在台中市○○○路○段1236號前在其所有OH-XX26號之自小客車後行李箱備胎處內查獲具殺傷力之改造手槍一支（槍枝管制編號○○○○○○○○○○；含彈匣1個）及子彈4顆，均爲（修正前）槍砲彈藥刀械管制條例第4條第1項第1款、第2款所規定列管之物，遭檢察官以被告違反修正前槍砲彈藥刀械管制條例第11條第4項之未經許可持有其他可發射子彈具有殺傷力之槍枝罪以及同條例第12條第4項之未經許可持有子彈罪等罪，起訴在案，惟經法院第一審、第二審法院判決無罪，然檢察官仍提起上訴，經最高法院發回更審，就此應如何爲被告乙辯護。

撰狀說明

(1) 本件係及檢察官上訴及最高法院發回之案件，故答辯重點首應置於檢察官上訴理由所指訴及最高法院發回指摘之要點。
(2) 持有槍彈之構成要件係行爲人主觀上有認識而仍持有，故本件應強調被告主觀上並無持有系爭槍彈之故意及動機，因要證明被告無持有槍彈之意欲較爲困難，可從行爲人之平日素行方面著手。
(3) 本件查獲時間係94年3月，惟槍砲彈藥管制條例於94年1月有修正部分條文，就此於答辯時，應加以注意。

書狀內容

狀別：刑事辯護意旨暨調查證據聲請狀
案號及股別：○○年○○字○○號○股
被　告　　乙　　身分證字號：○　性別：○　生日：○　住：○
選任辯護人 何孟育律師
爲被告被訴槍砲案件，依法提呈辯護意旨暨調查證據事：
一、最高法院發回更審意旨略以：原判決以警方於92年3月14日上午6時50分許，在台中市○○○路○段1236號被告乙住處前其所有OH-XX26號自小客車後行李箱備胎處内查獲系爭槍彈，固屬無訛，被告經測謊鑑定，其否認持有系爭槍彈，無不實反應；系爭槍彈經鑑定結果，其上無被告之指紋；被告自79年間起即至興○股份有限公司服務，歷任食品廠業務代表、代主任、主任、副課長、課長、副廠長、廠長，目前仍擔任該公司食品廠管理處廠長，服務期間戰戰兢兢地工作，表現良好，難認有非法持有槍彈之動機；且依據證人即警員林○明、秘密證人A1之證述等卷內資料，均無法證明被告於爲警查獲前，主觀上對系爭槍彈置放在其實際管領能力所及處所之持有事實，確實有所認識及意欲等情，乃認公訴人所舉證據均不足證明被告有被訴犯行，而爲其有利之認定。然查：證人林○明於原審上訴審證稱：阿勇打電話給我時，我有問他，爲何知道該車有槍，他說他的朋友有跟這台車的車主共事過，我問他是什麼工作，他說好像是收帳。秘密證人A1（即證人林○明所指阿勇）於第一審證稱：係阿德向伊提供被告持有槍彈之消息，伊知道阿德在外面收帳，不能確定是否在財務公司工作，只知道阿德是討債的，且證人戴○正於原審證稱：被告有負責催收工作，包括比較困難的收款工作，指食品廠的部分等語；前後印證，林○明所稱A1打電話向其檢舉被告持有槍彈時，曾告稱被告與A1之朋友阿德共事過，擔任討債工作乙節，即似非全屬無憑。究竟被告在興○公司任職期間，該公司有無綽號阿德之人，並與被告共事負責催討債務工作？攸關認定A1所述之虛實，被告有無因工作需要而持有槍彈之動機及是否確遭他人栽贓誣陷，自有必要深入查究明白，以資釐清。檢察官於第二審上訴理由指稱被告經台中市警察局第一次測謊鑑定時，因得分爲-4分，在無法鑑判之閾值內，致測試結果爲「無法鑑判」，嗣經在同局作第二次鑑定，卻得＋14分，無反應不實之結果，在同一鑑定機關施測結果，前後差距甚大，據以質疑該鑑定結果之正確性；證人即擔任實施測謊鑑定之吳○芳雖於原審經傳喚到庭，亦係就其前後二次鑑定過程作說明而已，檢察官認鑑定不盡確實完備之疑慮，難認已獲去除。原審未斟酌有無命他人或指定他機關另行鑑定之必要，仍就該鑑定結果併執爲被告有利認定之依據，自嫌調查職責未盡。

二、原審及上訴審判處被告乙無罪，主要理由係以：

(一) 秘密證人A1係本案查獲前7至10天內某日經綽號阿德友人告知被告乙疑似持有扣案槍彈並放置在其自小客車內一事，因該綽號阿德友人建議秘密證人A1將此事報知員警處理，秘密證人A1乃經由綽號阿華友人提供警員林○明之私人行動電話號碼，於92年3月13日凌晨2時45分、2時58分先後二次以台中市民生路公用電話撥打警員林○明之私人行動電話檢舉本案，惟秘密證人A1自始至終均未曾親眼見聞被告乙確持有扣案槍彈或將該槍彈置放在其自小客車後行李箱內之事，更未曾自該綽號阿德友人處獲悉究竟何人確曾親眼見聞被告乙持有扣案槍彈一事，其與被告乙並不相識，復不知阿德與被告乙是否相識或係何種關係，更無法提供阿德之眞實姓名年籍資料供原審查證，則依證人林◯明及秘密證人A1分別於偵訊及原審審理時之證述暨卷附員警職務報告書、受理各類案件紀錄表等證據，尚無法證明被告乙於爲警查獲前主觀上對扣案槍彈置放在其實際管領能力範圍所及處所之持有事實確有所認識及意欲。觀諸證人林◯明於偵審中所證述檢舉過程，先係證稱秘密證人A1報案時係稱本案係被告乙同事告知其有關被告乙持有扣案槍彈一事等語，繼則證稱：秘密證人A1講說他跟被告乙曾經共事過，曾一同催討過債務，伊朋友阿華於3月12日晚上8時許先致電告訴伊有人持有扣案槍彈一事，未提到藏放地點，之後是該阿華友人提供伊行動電話號碼給秘密證人A1後，秘密證人A1來電報案時始提到車號等語，再證稱：當時在電話中，秘密證人A1說是被告乙的同事或朋友，他的朋友跟被告乙有共事過知道車上有槍等語，依其證言，可能親眼目擊被告乙持有扣案槍彈者應係該綽號阿德友人，惟秘密證人A1證稱無法提供該人之眞實姓名年籍資料，證人林◯明則證稱不認識該人，究竟有無其人存在？眞實姓名年籍爲何？與被告乙關係爲何？有何親眼目擊被告乙持有扣案槍彈之事證？爲何並未親自報案而輾轉透過彼此不相熟之友人將此傳聞之事報知警員林◯明？均不無疑問；再衡諸證人林◯明對秘密證人A1檢舉過程及檢舉內容先後所爲證述未盡一致，更與秘密證人A1於原審審理時所爲證述互有出入，則本案究竟有無其他證人確曾親眼見聞被告乙爲警查獲前確已持有扣案槍彈並置放在其實際管領能力範圍所及處所一事，要非無疑。再查，扣案槍彈係警員簡◯政打開自小客車後行李箱掀開放置備胎處之地毯後始在放置備胎處內查獲，查獲當時子彈已置入彈匣裡且無其他東西包裹，則以該槍彈查獲當時之客觀情狀以觀，若被告乙確爲備不時之需而有持有該槍彈之必要且已將子彈置入彈匣內以供臨危之用，則理應將該槍彈置放在隨手可及之處較符合常情，要無大費周章放置在需依序打開後行李箱及掀開備胎處地毯後始能取得之處且完全未以包裹掩飾！另該槍彈爲警查獲當天即經檢察官囑託採集指紋鑑定，鑑定結果並未發現被告乙之指紋殘留在該槍彈上，從而，公訴人所提證據方法及各證人於原審審理時所爲供述證據尚未達對被告被訴犯罪事實得以確信之程度，尚難逕認被告乙主觀上對持有扣案槍彈確有認識及意欲之事實，至卷附訪查表雖載明92年2月17日至18日間，被告乙住處附近鄰人並未聽聞汽車警報器聲響且被告自小客車未存留可疑指紋等情，惟該等證據方法與本案待證事實尚無直接關係，核屬間接證據，不得率爾推論被告乙爲警查獲當時對該槍彈置放在其實際管領能力範圍所及處所一事主觀上確已有認識及意欲之事實。

(二) 本案經原審囑託台中市警察局就下列問題對被告乙實施測謊，本案這些槍彈是否爲你所有？本案這批槍彈是否爲你所放在車上？經對被告乙施以Lafayette Lx-4000測試儀器，以DoDPI區域比對法、沈默回答法及熟悉測試法施以測試，均呈無不實反應，被告乙對於否認被訴犯罪事實之供述既無不實之情緒波動反應，本案又查無其他積極證據證明被告乙確有被訴之犯罪事實，則該測謊鑑定報告即非不得採爲有利於被告乙之認定。

(三) 本案究竟係何人於何時、何地以何方法擅自將扣案槍彈置放在被告乙自小客車後行李箱內，雖尚有所未明，惟依全案現存可供調查之證據方法仍未能發現相當證據以資證明，自不得率以推測或擬制方法作爲不利於被告乙之認定。

三、檢察官上訴意旨則執：

(一) 本案之改造槍枝1枝及子彈4顆係92年3月14日6時50分許，自被告管領使用之OH-XX26號自小客車後行李箱備胎蓋下方起獲，此爲被告所不爭之事實。被告所辯要旨無非其素行良好，任職廠長，身分地位高尚，無使用槍枝之必要及可能性，且其於92年2月18日6時30分上班前發現車門被打開，可能在其不知情下遭人栽贓陷害。惟本署檢察官於偵查中遍查車上指紋、查訪鄰近住户是否有遭竊情形等，並無任何佐證證明被告所言爲眞，其眞實性實堪疑慮。

(二) 原審傳喚證人林○明、阿德、阿華及秘密證人A1（阿勇）等人，經交互詰問林○明及阿勇得知本案檢舉過程：阿德知悉被告持有槍枝且藏放在其所有車上之事，於92年3月初（查獲前10日）將此情資告訴阿勇，適因阿勇與阿華聊及此事，阿華乃建議阿勇將此項情資向其認識之員警林○明檢舉，阿勇於92年3月13日凌晨2時30分許以電話向員警林○明檢舉，旋於翌日6時40分依線報經同意搜索而查獲本案。檢舉過程與一般案件並無重大異常之處，獲得情資之阿德固未到庭作證，惟此乃匿名檢舉者不願到庭面對被檢舉人之當然情形，況檢方並未將阿德列爲證據方法，所爲舉證已足以證明被告持有槍彈罪嫌，不能以檢舉人阿德未到推出阿德或相關之人有栽贓嫁禍之事。

(三) 就偵查實務而言，員警自友好之犯罪消息靈通人士收受情資，發動案件偵查及強制處分，如偵查中所得證據已足確認罪嫌則無需請檢舉人以證人身分立證，此乃偵查實務之通例。蓋檢舉人知悉犯罪，有相當可能係基於傳聞，僅足爲偵查犯罪之端緒本不能採爲認事之基礎；且檢舉人甘冒人情之不韙，檢舉通常與己無利害關係之事，主觀上本有抗拒自行立證之傾向。事實上，被告欲藉訴訟程序逼出出賣自己或找自己麻煩之人乃屬可以想像之事，苟案均任被告以訴訟程序爲此取巧運用，讓被告一方面以此抗辯一搏無罪之機會，他方面就算檢舉人出面指認而判有罪，也至少知道仇家爲誰，則司法警察機關耳目盡失，犯罪猖獗，均屬可想見之事。綜之，就檢舉人未到庭就其見聞立證一事爲任何有利或不利之認定或臆測均屬不宜，請就檢方所舉證據方法，爲公允之判斷。

(四) 就被告所辯汽車曾遭入侵之時空情節與證人檢舉時空情節相互勾稽，如該槍係2月18日所藏置，則栽贓之人既欲陷人於罪，自應在最短時間內向司法警察機關檢舉，以防被告在使用該車時發現槍彈，陷害不成反損失黑市高價之物，本案檢舉人遲至3月初始告知阿勇，阿勇再遲至3月13日始告知司法警察機關，司法警察機關遲至翌日始執行搜索，檢舉人苟有陷害之意，應無此好整以暇之狀態。是被告所辯不合常情，純屬幽靈抗辯而不可採，足徵其確知持有槍枝之事。

四、經查：

(一) 被告乙早於92年3月14日即堅稱遭陷害，供稱：會同警方在後車廂備胎蓋查獲槍枝時當場傻眼，怎麼車廂內會有槍枝，肯定從未碰過該槍枝，憶起92年2月18日上午6時30分許發現車門被打開等情，92年3月31日偵訊時，檢察官問起警訊所供稱2月18日上午6時30分上班前發現車門被打開是何情形，被告乙答稱：車子是以遙控鎖上鎖並有設定，車門是被打開且被輕輕推關起來，後行李箱平時很少使用，92年2月17日約晚上12時半睡覺，並未聽到汽車遙控器之警報聲作響等語，被告乙當時係因放置備胎處遭警方起出扣案槍彈，百思不解，憶起92年2月18日上午6時30分許發現車門曾被打開，並非懷疑扣案槍彈係92年2月18日前後遭栽贓置入備胎處，事實上本案栽槍時間應以秘密證人A1於92年3月13日凌晨2時45分8秒第一通檢舉電話前不久最屬可能，檢察官上訴意旨執「如該槍係2月18日所藏置，則栽贓之人既欲陷人於罪，自應在最短時間內向司法警察機關檢舉，以防被告在使用該車時發現槍彈，陷害不成反損失黑市高價之物，本案檢舉人遲至3月初始告知阿勇，阿勇再遲至3月13日始告知司法警察機關，司法警察機關遲至翌日始執行搜索，檢舉人苟有陷害之意，應無此好整以暇之狀態」，推論之前提顯屬未當，有斷章取義之嫌！本案關鍵證人阿德及阿華究係何人，迄今未明，檢舉過程疑點重重，一般人均知悉檢舉他人非法持有槍彈可獲取檢舉獎金，苟阿德確早於92年3月初即已知悉被告乙持有扣案槍彈，何以竟未於第一時間向司法警察機關提出檢舉而將獎金利益白白送給阿勇，已與常情有違；再者，受理檢舉之警員林○明係阿華之友人，理應透過阿華先以電話聯絡林○明告知此事後再由阿勇與林○明聯絡，豈可能由阿勇逕與警員林○明聯絡？尤有甚者，檢舉人如不願面對被檢舉人，依現行制度均可隔離詰問並變聲處理，證人阿德及阿華迄今均不願出庭接受詰問，檢察官竟認本案檢舉過程並無異常之處，誠屬未當！

(二) 依台中市警察局第二分局○○派出所92年3月13日勤務基準表所載，警員林○明係值勤至凌晨2時止，秘密證人A1檢舉時間則係2時15分8秒及2時56分58秒，當時並非警員林○明值勤中，依勤務慣例，由警員林○明受理報案已屬異常，且經查該2通電話係以台中市民生路公用電話撥打予警員林○明所使用0932XXX807號行動電話，更屬可疑，證人林○明於92年3月24日偵訊時證稱，是匿名電話報案，槍彈是在後車廂打開備胎才看到，查獲後乙並沒有強力為自己辯解，在警訊時他說他車子曾借過他人使用等語，92年5月12日偵訊時供稱：無法查出檢舉人是何人，當時電話並沒有顯示等語，惟證人林○明於93年1月8日庭訊時結證稱：第1通打來時，我在樓上休息，接通後沒講多久就掛斷，檢舉人說他跟被檢舉人曾經共事過，曾經一同催討過債務，我見過檢舉人2次，是在我朋友那裡見過的，檢舉人的外號是阿勇，我受理檢舉後馬上向所長報告並馬上寫報案紀錄，依報案紀錄表，檢舉人已告知車號及車內放有槍枝，我朋友說有一個人持有槍枝，沒有說到車子，也沒有說到藏放地點，是後來阿勇檢舉電話裡才跟我講到車號，是接獲匿名檢舉電話當天上午6點多開車去現場勘查，隔天（3月14日）到查獲現場有徵得被告同意搜索他的車子，並未聲請搜索票，是同事簡○政在後車廂發現扣案槍枝等語，檢察官反詰問後結證稱：阿勇曾經跟被告共事過，我的朋友說可能阿勇跟被告翻臉才檢舉此案，我有問阿勇為何檢舉此案，阿勇沒有告訴我等語，93年3月4日庭訊時結證稱：檢舉人在電話中說是被告的同事等語，93年6月17日庭訊時結證稱：秘密證人是阿勇，在朋友處見過1、2次，不是很熟，本案事發後沒有見過秘密證人，秘密證人說他的朋友與被告有共事過，知道被告車上有槍等語，93年9月2日庭訊時結證稱：印象中我在電話中曾問秘密證人，秘密證人有說他的朋友與被告共事過，我與秘密證人曾在我朋友營業處所見過面，是在漢口路、大雅路口，我的朋友叫阿華，確定在此之前見過秘密證人一、二次等語。綜合證人林◯明上開證言可歸納如下疑點：

(1) 證人林◯明於偵查中證稱無法查出檢舉人是何人，實際上早已知悉檢舉人，係阿勇並見過其人。

(2) 證人林◯明原證稱檢舉人阿勇說他曾與被檢舉人（被告乙）共事過，在檢察官反詰問後仍證稱阿勇曾經跟被告共事過，後又證稱秘密證人說他的朋友與被告有共事過，身爲警員竟前後供述不一，顯見本案難脫栽槍之嫌！

(3) 檢舉人在撥打該二通電話匿名檢舉前，證人林◯明之朋友（阿華）已先向證人林◯明提及槍枝一事，再由阿勇撥打電話檢舉，證人林◯明自承與阿華係多年朋友，何以本案非阿華出面檢舉，而由阿勇以匿名檢舉方式爲之，疑點重重！

(4) 秘密證人A1於原審93年9月2日庭訊時結證稱：綽號叫阿勇，曾於凌晨打電話給警員林◯明，我有朋友告訴我有看到有人有槍，我就通知林警員，朋友只跟我說姓林或姓廖、車牌及住處，我朋友說槍可能在車上，在中華路或大雅路用公共電話打給林警員，我的朋友叫阿華是他建議我把線索告訴林警員，是阿德告訴我有槍這件事，我與阿德是喝酒認識的，只有見過幾次面，只知道他在外面收帳，阿德沒有向我說他與對方（被告）的關係，與林警員見面就是在朋友阿華的公司，好像是法律顧問公司，在大雅路、漢口路，見過大約5次以下，在凌晨打2通電話給林警員前是在中華路或漢口路喝酒，喝2、3攤，有喝很醉，阿德是在喝酒的地方說有槍這件事，大約1星期或10天才跟林警員說，在這件事情之後有跟阿德見過1次面，在檢察官覆主詰問後證稱：阿德與我說過1、2次，都是喝酒時說的，有別人在場，但阿德只單獨跟我說，阿德是要我去檢舉，阿德並未向我說槍彈放在何處等語，綜合歸納秘密證人所爲證言，有如下疑點：

(5) 秘密證人原供稱其朋友（阿德）有說槍可能在車上，在檢察官覆主詰問時證稱阿德並未向其說槍彈放在何處。

(6) 秘密證人供稱在中華路或大雅路以公用電話打給警員林◯明，經查證該公用電話地點是在民生路，地點不符。

(7) 秘密證人證稱撥打電話給警員林◯明時已喝很醉，有無能力先後撥打2通電話給警員林◯明，顯有疑問。

(8) 秘密證人證稱阿德之工作是負責收帳，阿德並未告知其與被告之關係。警員林○明則證稱秘密證人之朋友（阿德）與被告乙係同事（另曾證稱秘密證人本身與被告乙是同事），互核不符！

(9) 秘密證人證稱阿德在喝酒場合曾1、2次提及槍彈的事並要秘密證人向警方檢舉，苟如此，何以阿德不自行檢舉而需透過秘密證人爲之？秘密證人另證稱其朋友阿華建議將線索提供給警員林○明，惟警員林○明則證稱係其朋友阿華先提及槍彈的事，再由秘密證人打電話檢舉，嚴重不符，本案被告乙是否遭栽槍，該阿華之男子應扮演關鍵性角色，證人林○明以保護阿華爲由拒絕提供阿華眞實姓名、地址及從事行業供查證，更加深本案之疑點。

(10) 被告乙係上市公司興○股份有限公司食品廠廠長，平常交往單純，素行甚爲良好，絕無可能持有任何槍彈，懷疑係因台中縣市中小學營養午餐正值提供簡報及招標之敏感時刻，競爭對手利用此不法手段栽贓被告乙，迫使興○股份有限公司退出營養午餐市場，苟如此，則本案情節甚爲嚴重，對照證人林○明及秘密證人之證言存有眾多疏漏及矛盾，更加深被告乙懷疑遭栽贓之可能性，被告乙深信自己係清白，因案情陷入膠著，一再向原審要求對其實施測謊，幸經原審賜准安排被告乙於94年4月12日實施測謊，測試地點係刑事警察局鑑識科測謊組測謊室，測試環境良好，無不當外力干擾，測謊儀器運作正常，經測謊結果，被告乙對於下列2問題（本案槍彈是不是你的？答：不是。本案的槍彈是不是你放在車上的？答：不是）均呈無不實反應，顯見扣案槍彈確非被告乙所有且非被告乙置放在其所有OH-XX26號自小客車後行李箱備胎內，至此全案已告大白，被告乙確遭他人惡意栽贓！

五、最高法院發回意旨引證人戴○正所證稱：被告有負責催收工作，包括比較困難的收款工作，指食品廠的部分等語；印證林○明所稱A1打電話向其檢舉被告持有槍彈時，曾告稱被告與A1之朋友阿德共事過，擔任討債工作乙節，認似非全屬無憑。惟被告乙擔任興○公司食品廠廠長所負責催收及較困難收款工作，均係其職責，催收程序均係依合法方式爲之， 92年3月之前並無困難收款，客户大多係工廠、公司及機關團體，特別是學校，貨款對象單純，絕無被告乙須持槍討債之可能！此有興○公司所出具96年12月14日說明書可稽，詳見證1，最高法院如以證人戴○正所爲證言片面揣測被告乙有持槍動機，想像力未免太過豐富，興○公司並無綽號阿德之人，被告乙更未與阿德共事負責催討債務工作，並無因工作需要而有持槍彈動機， 鈞院如認有查證收款方式及過程之必要，可傳訊食品廠會計黃○雲到庭詰問。

證人：黃◯雲 住台中縣大肚鄉中和村中山路◯◯號。

六、綜上所述，原審判處被告乙無罪，認事用法均屬允恰，檢察官竟仍執爲上訴，顯無理由，本案應由檢察官追查確實之幕後黑手，以還原事實眞相，並維護正義。

謹 狀

台灣高等法院◯◯分院刑事庭 公鑒

中 華 民 國 ◯◯ 年 ◯◯ 月 ◯◯ 日

具狀人 甲 簽名蓋章

選任辯護人 何孟育律師

台灣高等法院台中分院刑事判決

96年度上更(一)字第421號

上 訴 人 台灣台中地方檢察署檢察官

被 告 乙

選任辯護人 陳◯◯律師

張◯◯律師

何孟育律師

上列上訴人因被告違反槍砲彈藥刀械管制條例案件，不服台灣台中地方法院92年度訴字第2072號中華民國94年5月24日第一審判決（起訴案號：台灣台中地方檢察署92年度偵字第6159號），提起上訴，經最高法院發回更審，本院判決如下：

主文

上訴駁回。

理由

一、公訴意旨略以：被告乙明知其於民國92年3月間某日，在不詳地點，自眞實姓名年籍不詳之人處，所取得之具殺傷力之改造手槍一支（槍枝管制編號◯◯◯◯◯◯◯◯◯◯◯；含彈匣一個）及子彈四顆（於本案查獲後經鑑驗用罄1顆）（下稱系爭槍彈），均爲（修正前）槍砲彈藥刀械管制條例第4條第1項第1款、第2款所規定列管之物，非經中央主管機關內政部之許可，均不得持有，卻仍自斯時起，即未經許可持有系爭槍彈，並置放於其所有之OH-××26號自小客車後行李箱備胎處內。嗣於92年3月14日上午6時50分許，爲警在台中市◯◯◯路◯段1236號前其所有之上開自小客車後行李箱備胎處內查獲，並扣得系爭槍彈，因認被告涉犯修正前槍砲彈藥刀械管制條例第11條第4項之未經許可持有其他可發射子彈具有殺傷力之槍枝罪以及同條例第12條第4項之未經許可持有子彈罪等罪嫌。

二、按犯罪事實應依證據認定之，無證據不得認定犯罪事實；又不能證明被告犯罪者，應諭知無罪之判決，刑事訴訟法第154條第2項、第301條第1項分別定有明文。次按，事實之認定，應憑證據，如未能發現相當證據，或證據不足以證明，自不能以推測或擬制之方法，以爲裁判基礎；又所謂認定犯罪事實之證據，係指足以認定被告確有犯罪行爲之積極證據而言，而認定犯罪事實所憑之證據，雖不以直接證據爲限，間接證據亦包括在內，然而無論直接或間接證據，其爲訴訟上之證明，須於通常一般人均不致有所懷疑，而得確信其爲眞實之程度，始得據之爲有罪之認定，倘其證明尚未達到此一程度，而有合理懷疑存在時，事實審復已就其心證上理由予以闡述，敘明其如何無從爲有罪之確信，因而爲無罪之判決，尚不得任意指爲違法，最高法院29年上字第3105號、40年台上字第86號、76年台上字第4986號判例要旨可供參酌。

三、公訴人認被告涉犯修正前槍砲彈藥刀械管制條例第11條第4項、同條例第12條第4項等罪嫌，係以：（一）證人林○明（即查獲本案之台中市警察局第二分局文正派出所警員）於偵訊及原審審理時之證述；（二）卷附之員警職務報告書及台中市警察局第二分局受理各類案件紀錄表各一份；（三）卷附之內政部警政署刑事警察局92年4月2日刑鑑字第0920043722號槍彈鑑定書一份；（四）扣案之系爭具殺傷力之改造手槍1支（槍枝管制編號○○○○○○○○○○；含彈匣1個）及子彈4顆等，資爲論據。公訴人並認：（一）被告所有上開自小客車平日係由被告使用，並未借與他人使用，停放地點亦在其住處前方，而本件報案時間係在92年3月13日凌晨3時許，查獲當時係被告將自小客車駛返住處不久，果系爭槍彈確係遭他人栽贓所致，其可能之時間應在92年3月13日凌晨3時前後，至同日上午7時被告上班時止，而上開時間內被告係將自小客車停放於住處前，如有人擅自開啓後行李箱置放系爭槍彈，則汽車警報器應會啓動發出聲響，惟經命警前往被告住處附近鄰居查訪該期間內有無聽聞汽車警報器聲響，查訪結果並無人於該期間內聽聞之 ，此有台中市警察局第四分局訪查表1紙在卷可稽（惟查，該訪查表所詢問之期間爲被告辯稱上開自小客車遭不明人士開啓之92年2月17日至同年月18日間，故公訴人所認上開內容，應爲誤植或誤認，附此敘明），被告辯稱遭人栽贓一節，顯非屬實；（二）經命警前往採取被告所使用上開自小客車後行李箱門內外，有無可疑指紋，結果亦無所獲，有台中市警察局函文1紙可佐，並無證據得以證明被告係遭人栽贓；（三）從而，扣案之系爭槍彈既係在平日僅供被告使用之自小客車內查獲，且無證據得以證明被告係遭栽贓，故認被告犯嫌應堪認定等語。

四、訊據被告固不否認確有於92年3月14日上午6時50分許，經其同意搜索後，爲警在上址其所停放之上開自小客車後行李箱備胎處內，查扣系爭槍彈等情，惟堅決否認有何被訴違反槍砲彈藥刀械管制條例之犯行，辯稱：（一）伊迄爲警查獲時止，均不知系爭槍彈置放在伊自小客車之後行李箱備胎處內，伊無持有系爭槍彈之故意；（二）又案發前後，伊所任職之興◯股份有限公司食品廠正參與台中縣中小學營養午餐招標案，伊爲該廠廠長，故伊懷疑本案不無競爭對手藉栽贓手段以影響招標結果或報復之可能；（三）另伊曾於92年2月18日清晨，發現伊之上開自小客車有遭不明人士擅自開啓之情，是否爲有心人士爲栽贓而爲之舉動，亦非無疑等語。被告選任辯護人則爲其辯護稱：（一）依據證人林◯明所述，本案係秘密證人A1（眞實姓名年籍資料詳卷）於92年3月13日凌晨2時許，以台中市◯◯路公用電話先後兩次撥打證人林◯明之私人行動電話檢舉後，證人林◯明及其派出所同仁乃於同年月14日上午，方前往上址搜索並查扣系爭槍彈，惟秘密證人A1報案時間並非證人林◯明值勤時段復係撥打證人林◯明之私人行動電話報案，均已與常情有違，且證人林◯明於偵訊及原審審理時先後對於本案查獲過程所供述內容不一，又核與秘密證人A1於原審審理時所證述本案檢舉過程互有出入，則證人林◯明之證述是否得作爲不利於被告犯行認定之依據，即非無疑；（二）被告經原審法院送請實施測謊鑑定後，鑑定結果爲：被告對於「本案的這批槍彈是不是你的？」以及「本案的這批槍彈是不是你放在車上的？」等問題否認之回應，均呈無不實反應，足徵扣案之系爭槍彈確非被告持有且置放在上開自小客車內，故系爭槍彈是否爲被告所持有顯非無疑，應諭知被告無罪之判決等語。

五、經查：

(一) 本案查獲過程爲：秘密證人A1（綽號「阿勇」、「勇仔」，眞實姓名年籍詳卷）於92年3月13日凌晨2時45分、2時58分先後二次以設置於台中市◯◯路之公用電話撥打證人林◯明之私人行動電話檢舉被告涉嫌持有系爭槍彈一事，由證人林◯明製作受理各類案件紀錄表後，經證人關◯聞（時任台中市警察局第二分局文正派出所所長）評估後，派由證人林○明、林○富、簡○政（均爲查獲本案之台中市警察局第二分局文正派出所警員）於92年3月14日上午6時50分許，前往被告上開台中市○○○路○段1236號之住處，適被告甫駕駛其所有之上開自小客車返回其住處前停放，證人林○明、林○富、簡○政旋即趨前表明身分及出示證件，經徵得被告同意搜索後，在上開自小客車後行李箱放置備胎處內查獲系爭槍彈，此爲證人林○明於偵訊、原審、本院前審即94年度上訴字第1329號一案審理時（詳偵卷第27至28頁、第86頁、原審卷（一）第64至73頁、第163至168頁、原審卷（二）第62至67頁、本院94年度上訴字第1329號卷第53至57頁）、證人林○富、關○聞、簡○政於原審及本院前審審理時（詳原審卷（一）第73至78頁、本院94年度上訴字第1329號卷第57至59頁、第87至89頁）、秘密證人A1於原審及本院前審審理時（詳原審卷（二）第4至22頁、本院94年度上訴字第1329號卷第59至62頁）分別具結後證述明確，且有搜索扣押筆錄、扣押物品目錄表、車籍作業系統—查詢認可資料、員警職務報告書、台中市警察局第二分局受理各類案件紀錄表、證人林○明行動電話雙向通聯紀錄、中華電信股份有限公司台灣中區電信分公司北台中營運處、南台中營運處函文等各一份存卷可查（詳偵卷第7至8頁、第15至17頁、第30至31頁、第65至68頁、第74至79頁）。又證人林○明所製作之上開搜索扣押筆錄，雖於「執行之依據」一欄內誤載爲「依刑事訴訟法第131條第1項執行逕行搜索」，復未經被告於「依刑事訴訟法第131條之1經受搜索人同意執行搜索」欄內簽名，且未將被告同意搜索之意旨記載於該搜索扣押筆錄中，然被告於原審審理時，業已明確供述本案係經其出於自願性同意搜索後，方爲警於執行搜索過程中查獲系爭槍彈等情（詳原審卷（一）第167頁），且與證人林○明、林○富於原審及本院審理時所證述本件執行搜索過程等情節核屬相符，故縱令上開搜索扣押筆錄所記載之執行之依據有所誤載而與事實不符，然公訴人、被告及選任辯護人既均不爭執本案確係經被告出於自願性同意搜索後始爲警查扣系爭槍彈，則本案查獲過程應認符合刑事訴訟法第131條之1之規定，故查扣之系爭槍彈堪認係經警依法定程序執行搜索而取得之證據，核有證據能力，合先敘明。又扣案之系爭槍彈經送請內政部警政署刑事警察局鑑定結果，認爲送鑑之改造手槍一支（槍枝管制編號○○○○○○○○○○○○；含彈匣1個），係仿BERETTA廠八四型半自動手槍製造之玩具手槍換裝土造金屬槍管而成之改造手槍，機械性能良好，可擊發適用之子彈，認具殺傷力；而送鑑子彈4顆，均係由土造金屬彈殼加裝直徑約8.9mm金屬彈頭組合而成之土造子彈，經採樣一顆試射，可擊發，認具殺傷力，此有該局92年4月2日刑鑑字第0920046722號槍彈鑑定書一份附卷可稽（見偵查卷第59至64頁），故系爭槍彈確屬（修正前）槍砲彈藥刀械管制條例第4條第1項第1款、第2款所規定列管之槍彈，亦堪認定。據此，系爭槍彈既係置放在被告所有且爲其平日所使用之上開自小客車後行李箱內，亦即係在被告有實際管領能力範圍所及之處，故本案次應審究者，即爲被告於爲警查獲當時，對於系爭槍彈置放在其實際管領能力範圍所及之處一事，究竟在主觀上有無認識及意欲之事實，亦即被告有無持有系爭槍彈之故意。

(二) 本件秘密證人A1係於本案爲警查獲前7至10天內之某日，經其姓名年籍不詳綽號「阿德」之友人告知被告疑似持有系爭槍彈並放置於上開自小客車內一事，因該綽號「阿德」之友人建議秘密證人A1將此事報知員警處理，秘密證人A1乃另經由其姓名年籍不詳綽號「阿華」之友人提供證人林○明之私人行動電話號碼後，而於92年3月13日凌晨2時45分、5時58分，先後二次以設置於台中市○○路之公用電話撥打證人林○明之私人行動電話檢舉本案，惟秘密證人A1自始至終均未曾親眼見聞被告確實持有系爭槍彈或將系爭槍彈置放在上開自小客車後行李箱內之事，亦未曾從該綽號「阿德」之友人處獲悉究竟何人確曾親眼見聞被告持有系爭槍彈一事，且其與被告並不相識，亦不知綽號「阿德」之友人與被告是否相識或係何種關係，又其亦無法提供綽號「阿德」之友人之眞實姓名年籍資料以供法院查證等情，業經秘密證人A1於原審及本院前審審理時具結證述甚詳，又秘密證人A1與被告二人確實互不相識一節，亦經原審於審理時徵得秘密證人A1同意後，命其二人互相指認無誤（詳原審卷（二）第4至22頁），則依據證人林○明、秘密證人A1分別於偵訊、原審及本院前審審理時之證述，以及卷附之員警職務報告書、受理各類案件紀錄表等證據，尚且無法證明被告於爲警查獲前，於主觀上對於系爭槍彈置放在其實際管領能力範圍所及之處之持有事實，確實有所認識及意欲。次查，觀諸證人林○明於偵訊以降乃至原審及本院前審審理時所證述本案之檢舉過程，先係證稱：秘密證人A1報案時係稱本案係被告的同事告知秘密證人A1被告持有系爭槍彈一事，又秘密證人A1爲伊朋友（按指綽號「阿華」之友人）之朋友等語（詳偵卷第86頁）；次則證稱：檢舉人（按指秘密證人A1）講說他跟被告曾經共事過，曾經一同催討過債務……伊朋友（按指綽號「阿華」之友人）於3月12日下午8時許先致電告訴伊有人持有系爭槍彈一事，沒有提到藏放地點，之後是該綽號「阿華」之友人提供伊之電話號碼給秘密證人A1後，秘密證人A1來電報案時才提到被告車號等語（詳原審卷（一）第66至68頁），復又證稱：「當時在電話中，檢舉人（按指秘密證人A1）是說是被告的同事或朋友告訴他的」、「秘密證人A1說他的朋友跟被告有共事過，知道被告車上有槍」等語（詳原審卷（一）第134頁、第168頁），再又證稱：「阿勇（按即秘密證人A1）打電話給我時我有問他，爲何知道該車有槍，他說他的朋友跟這台車的車主有共事過，我問是什麼工作，他說好像是收帳」等語（詳本院94年度上訴字第1329號卷第54頁），則據渠等所證稱之可能親眼目擊被告持有系爭槍彈之人（即綽號「阿德」之友人，惟秘密證人A1證稱無法提供該人之眞實姓名年籍資料，證人林○明則證稱不認識該人，林○明並於本院前審審理時到庭證稱，秘密證人A1說沒辦法提供綽號「阿德」之眞實姓名年籍資料，找不到其人等語〔見本院94年度上訴字第1329號卷第87頁筆錄〕），究竟有無其人存在？其眞實姓名年籍爲何？又與被告關係爲何？且有何親眼目擊被告持有系爭槍彈之事證？又爲何並未親自報案，而係輾轉透過彼此不相熟之友人將此傳聞之事報知證人林○明？均不無疑問；再衡諸證人林○明先後對於秘密證人A1檢舉過程、檢舉內容所爲之證述，內容未盡一致，又核與秘密證人A1於原審審理時所爲之證述互有出入，則本案究竟有無其他證人確曾親眼見聞被告於爲警查獲前，確實已持有系爭槍彈並將之置放在其實際管領能力範圍所及之處一事，要非無疑。再查，系爭槍彈係由查獲員警簡○政打開上開自小客車後行李箱，進而掀開放置備胎處之地毯後，始於放置備胎處內查獲，查獲當時子彈已置入彈匣裡，且未用其他東西包裹等情，亦據證人林○明及簡○政於原審及本院前審理時證述明確（詳原審卷（一）第165頁、原審卷（二）第63頁、本院94年度上訴字第1329號卷第87頁），則以系爭槍彈查獲當時之客觀情狀以觀，若被告確實爲備不時之需而有持有系爭槍彈之必要，且已將系爭子彈置入彈匣裡以供臨危之用，則理應將系爭槍彈置放在其隨手可及之處較符合常情，要無大費周章放置在需依序打開後行李箱及掀開備胎處地毯後始能取得之處，亦無完全不加以包裹掩飾之道理。此外，系爭槍彈爲警查獲當天，即爲檢察官囑託將系爭槍彈送請進行指紋採集與比對之鑑定，然經鑑定結果，並未發現被告之指紋殘留其上等情，亦有員警職務報告書及上開槍彈鑑定書存卷可參（詳偵卷第23頁、第60頁），亦即本件經實施科學鑑定之方式，亦無法證明系爭槍彈確實留存有被告指紋，而得證明被告確實持有系爭槍彈一事，併此敘明。從而，公訴人所提出之上開證據方法以及上開證人於原審及本院前審審理時所爲之供述證據，既非已達通常一般人對於被告被訴之犯罪事實均不致有所懷疑，而得確信其爲眞實之程度，則尚難逕認被告主觀上對於持有系爭槍彈一事確有認識及意欲之事實。至於公訴人所提出台中市警察局第四分局訪查表及台中市警察局函文等書證，雖係爲證明於92年2月17日至同年月18日間，被告住處附近鄰人並未聽聞汽車警報器聲響以及被告之上開自小客車並未存留可疑指紋等情，故據而推論被告所辯不足採信，然該等證據方法要與本案待證事實尚無直接關係，核屬間接證據，其爲本案待證事實之訴訟上證明，尚非已達通常一般人均不致有所懷疑，而得確信其爲眞實之程度，亦即不得徒以鄰人記憶中未曾聽聞汽車警報聲響，又上開自小客車查無其他可疑人等之指紋，即得率爾推論被告於爲警查獲當時，對於系爭槍彈置放在其實際管領能力範圍所及之處一事，主觀上確實已有認識及意欲之事實，併此敘明。又台中市警察局第四分局所提出之黎明派出所訪查紀錄表（見本院94年度上訴字第1329號卷第120至126頁），亦不足以證明被告對於系爭槍彈置放在其所有之OH-××26號自小客車後行李箱一事，主觀上確實已有認識，尚不得執爲認定被告犯罪之證據，附此敘明。

(三) 再查，測謊之理論依據爲犯罪嫌疑人說謊係爲逃避法律效果，恐爲人發現遭受法律制裁，在面對法律後果時即感受到外在環境中之危險，因人類的本能而驅使其作出說謊之自衛模式，此一基於本能所驅使作出說謊之自衛模式，會使犯罪嫌疑人之生理上自主神經系統，因憂慮、緊張、恐懼、不安等心理變化而迅速釋放能量，導致其音調改變、大量流汗、內分泌變化、呼吸急促、脈膊跳動加快及血液循環加速等生理反應，使之有能量應付危機，惟表現在外之生理變化，往往不易由肉眼觀察，測謊技術即在將受測者回答各項問題時之生理反應變化，使用精密之測量儀器以曲線之方式加以記錄，並藉曲線所呈現生理反應之變化，以受測者回答與案情相關的問題之生理反應與回答預設爲情緒上中立問題的平靜反應作比較，而判斷受測者有無說謊；測謊儀器本身並不能直接對受測者之供述產生正確與否之訊號，而須經測謊人依其專業之學識及經驗，就測謊紀錄，予以客觀之分析解讀。至於測謊鑑定究竟有無證據能力，刑事訴訟法並無明文規定，實務上，送鑑機關依刑事訴訟法第208條第1項規定，囑託鑑定機關爲測謊檢查，受囑託機關就鑑定結果，以該機關名義函覆囑託送鑑機關，該測謊鑑定結果之書面報告，即係受囑託機關之鑑定報告，該機關之鑑定報告，形式上若符合測謊基本程式要件，包括：（1）經受測人同意配合，並已告知得拒絕受測，以減輕受測者不必要之壓力；（2）測謊人須經良好之專業訓練與相當之經驗；（3）測謊儀器品質良好且運作正常；（4）受測人身心及意識狀態正常；（5）測謊環境良好，無不當之外力干擾等要件，即得賦予證據能力；而具上述形式之證據能力者，始予以實質之價值判斷，必符合待證事實需求者，始有證明力。而刑事訴訟法就證據之證明力，採自由心證主義，由法院本於確信自由判斷，惟法院之自由判斷，亦非漫無限制，仍不得違背經驗法則及論理法則；測謊鑑定之受測人可能因人格特性或對於測謊質問之問題無法眞正了解，致出現不應有之情緒波動反應，此時若過於相信測謊結果，反而有害於正當之事實認定；然一般而言，受測人否認犯罪之供述呈現不實之情緒波動反應，雖不得採爲有罪判決之唯一證據，惟若受測人否認犯罪之供述並無不實之情緒波動反應，又無其他積極證據證明其被訴之犯罪事實，尚非不得採爲有利於受測人之認定（最高法院94年度台上字第579號判決亦同此意旨，可供參酌）。經查，本案經原審法院囑託台中市警察局就下列問題：（1）本案的這些槍彈是否你所有？（2）本案的這批槍彈是否爲你所放在車上？等問題，對被告以「Lafayette Lx-4000」測試儀器，以「DoDPI區域比對法」、「沈默回答法」及「熟悉測試法」等測試方法施以測試，經測謊人分析測試結果，被告否認犯罪之供述，均呈無不實之反應，而施測過程，亦經受測人即被告同意配合，並獲告知得拒絕受測；測謊人即台中市警察局巡官甲、圖譜鑑核人林○廷亦經良好之專業訓練與相當之經驗；測謊儀器品質良好且運作正常；受測人即被告於受測時身心及意識狀態均屬正常；又測謊環境良好，無不當之外力干擾，均有台中市警察局測謊鑑定結果通知書及所附測謊鑑驗說明書、分析量化表及測謊圖譜等資料存卷足憑（詳原審卷（二）第123至128頁），基此，被告所爲否認被訴犯罪事實之供述，既無不實之情緒波動反應，本案又查無其他積極證據足以證明其被訴之犯罪事實，則上開測謊鑑定報告之鑑定結果，即非不得採爲有利於被告之認定。是故，被告辯稱：伊迄爲警查獲時止，均不知系爭槍彈藏放於伊自小客車之後行李箱備胎處內，伊無持有系爭槍彈之故意等語，要非全然無據，尚非虛妄。

(四) 又被告乙係於79年7月29日即至興◯股份有限公司服務，其間歷任該公司食品廠業務代表、代主任、主任、副課長、課長、副廠長、廠長，目前仍擔任該公司食品廠管理處廠長，服務期間一直戰戰兢兢地工作，表現良好等情，業據證人丙、吳◯寶於本院前審審理時到庭結證甚詳，並有興◯股份有限公司員工服務證明書、被告之員工履歷表及考績明細表在卷可稽（見本院94年度上訴字第1329號卷第130至132頁、第139至147頁）。再參諸證人丙於本院本審審理時復到庭所結證：「（問：你在前審94年9月14日有作證，被告有負責催收工作，包括比較困難的收款工作，請問你所謂的比較困難的收款工作是指什麼？）興◯公司的食品廠長，是負責綜理全廠的業務工作 ，他要負責跟催業務人員的收款工作。這些應收帳款包括比較困難的收款」、「（問：比較困難的收款有無期限？）一般我們跟客户有約定收款的期間，超過收款期間，我們會去做催收。如果說超過開立發票日期90天以上，無法收款，我們會列爲困難收款」、「（問：你所謂開立發票日期，是否對於客户的請款日期？）不是，一般我們跟客户會約定開立發票後30天或60天去收款」、「（問：困難收款，你們是如何去主張權利？）我們都是用訴訟程序去處理」、「（問：有無委託討債公司或者私人去處理？）從來沒有」、「（問：興◯公司食品廠的客户對象有哪些？）一般是機關、團體、學校，學校占大多數」、「（問：你所謂的學校是否指中小學營養午餐？）是」、「（問：能否估計中小學營養午餐占食品廠營收有多少的比例？）百分之95」等語等情，尤難認被告有非法持有槍彈之動機。且亦足以證實證人林◯明所稱：「阿勇（即秘密證人A1）打電話給我……他說他的朋友跟這台車的車主有共事過，我問是什麼工作，他說好像是收帳（意即指被告係從事討債收帳之工作）」云云，顯與事實不符。

(五) 從而，縱令本案究竟爲何人於何時、何地以何種方法擅自將系爭槍彈置放在被告之自小客車後行李箱內等情事尚有所不明，然本院既已審酌全案於偵審過程中所呈現之證據方法，均尚不足以證明被告主觀上確實具有持有系爭槍彈之故意，復依全案現存可供調查之證據方法，亦未能發現相當證據以資證明，故自不得率以推測或擬制之方法，作爲不利於被告之認定，自不待言。

六、綜上所述，經本院一一檢驗全案卷證中之證據資料，均無從獲致被告於爲警查獲當時，對於系爭槍彈置放在其實際管領能力範圍所及之處一事，究竟在主觀上有無認識及意欲之事實，亦即被告有無持有系爭槍彈之故意之證據，則本件即難謂有何積極證據足以證明被告確有被訴違反槍砲彈藥刀械管制條例之犯行，公訴人所舉之證據既均不足以證明被告確有公訴人所訴之前揭犯行，則本件即屬不能證明被告犯有未經許可持有其他可發射子彈具有殺傷力之槍枝罪以及未經許可持有子彈罪。原審諭知被告無罪之判決，經核並無違誤。檢察官上訴意旨仍執陳詞，就原審採證認事之職權行使，任意指摘，尚難認爲有理由。至於檢察官上訴意旨另以，被告曾於94年2月18日經同一測謊施測人甲及圖譜複核人林○廷測試，測試結果爲「無法鑑判」，其得分爲-4分，固在無法鑑判之閾值內，惟較偏向不實之分數，詎同一施測，圖譜複核人員竟無故於94年4月12日再度對被告實施測謊，始有判決書所引被告得分+14分，測試結果無不實應之結果。同一組施測人員施測，無故爲二次鑑定，結果前後差異如同天壤，其眞實性實堪質疑，原審未予詳查，逕以測謊結果爲最重要證據，亦有未當等語，指摘原判決不當。惟經本院於前審及本審審理時傳喚證人甲到庭作證，據其證稱：「因爲第一次所作之測謊結果無法鑑判，爲了愼重起見，才作第二次的測謊。」「測謊的結果有四種，一不實反應，二無不實反應，三無意見，四無法鑑判。因爲第一次所作的測謊沒有超過量化分數的閾值，爲了愼重起見，才又作第二次測謊。」、「測謊結果的範圍是一定的，須到達這個閾值的範圍才有辦法鑑判。至於檢察官所質疑的部分，鑑定結果的說明欄上有說明總分多少才是不實的反應，任何區域都超過負3分，或總分在負6分以上才是屬於不實反應 ，所以此次（指94年2月18日之第一次）測謊並沒有到達評量的標準，所以認定無法鑑判。」「（問：第一次的總分是負4分，是否有如檢察官所指述仍偏向於不實反應 ？）沒有，總分負4分是屬於無法鑑判。」等語（詳見本院94年度上訴字第1329號卷第85、86頁、本審97年5月4日審判筆錄），足見本件測謊人員係因被告第一次所作之測謊結果無法鑑判，爲了愼重起見，才作第二次的測謊，並非無故爲二次測謊鑑定，而被告第一次測謊，得分爲負4分，乃屬無法鑑判之閾值，並非屬於較偏向不實之分數。而本件經本院於本審另送法務部調查局囑託該局再行實施測謊鑑驗，經該局以本案被告既曾接受警察機關實施測謊鑑定，該局不宜就相同案情內容重複測試以免造成爭議一情，有該局97年1月4日調科參字第09700001170號函附本審卷可考，是本案自仍應以台中市警察局所為之上揭測謊鑑定結果為可採。檢察官執前詞指摘原判決不當，自難認為有理由。綜上所述，本件檢察官之上訴為無理由，應予駁回。

七、據上論斷，應依刑事訴訟法第368條，判決如主文。

本案經檢察官丁到庭執行職務。

中　華　民　國　○○　年　○○　月　○○　日

刑事第一庭

審判長法官　○　○　○

法官　○　○　○

法官　○　○　○

上列正本證明與原本無異。

如不服本判決應於收受送達後20日內向本院提出上訴書狀，其未敘述上訴之理由者並得於提起上訴後20日內向本院補提理由書（均須按他造當事人之人數附繕本）。

書記官　○　○　○

中　華　民　國　○○　年　○○　月　○○　日

相關法條及裁判要旨

■槍砲彈藥刀械管制條例第4條：

本條例所稱槍砲、彈藥、刀械如下：一、槍砲：指制式或非制式火砲、肩射武器、機關槍、衝鋒槍、卡柄槍、自動步槍、普通步槍、馬槍、手槍、鋼筆槍、瓦斯槍、麻醉槍、獵槍、空氣槍、魚槍及其他可發射金屬或子彈具有殺傷力之各式槍砲。二、彈藥：指前款各式槍砲所使用之砲彈、子彈及其他具有殺傷力或破壞性之各類炸彈、爆裂物。三、刀械：指武士刀、手杖刀、鴛鴦刀、手指虎、鋼（鐵）鞭、扁鑽、匕首（各如附圖例式）及其他經中央主管機關公告查禁，非供正當使用具有殺傷力之刀械。

前項第一款、第二款槍砲、彈藥，包括其主要組成零件。但無法供組成槍砲、彈藥之用者，不在此限。

槍砲、彈藥主要組成零件材質與種類及殺傷力之認定基準，由中央主管機關公告之。

■修正前槍砲彈藥刀械管制條例第4條：

本條例所稱槍砲、彈藥、刀械如下：一、槍砲：指火砲、肩射武器、機關槍、衝鋒槍、卡柄槍、自動步槍、普通步槍、馬槍、手槍、鋼筆槍、瓦斯槍、麻醉槍、獵槍、空氣槍、魚槍、改造模型槍及其他可發射金屬或子彈具有殺傷力之各式槍砲。二、彈藥：指前款各式槍砲所使用之砲彈、子彈及其他具有殺傷力或破壞性之各類炸彈、爆裂物。三、刀械：指武士刀、手杖刀、鴛鴦刀、手指虎、鋼（鐵）鞭、扁鑽、匕首（各如附圖例式）及其他經中央主管機關公告查禁，非供正當使用具有殺傷力之刀械。

前項第一款、第二款槍砲、彈藥，包括其主要組成零件。但無法供組成槍砲、彈藥之用者，不在此限。

槍砲、彈藥主要組成零件種類，由中央主管機關公告之。

■槍砲彈藥刀械管制條例第12條：

未經許可，製造、販賣或運輸子彈者，處一年以上七年以下有期徒刑，併科新臺幣五百萬元以下罰金。

未經許可，轉讓、出租或出借子彈者，處六月以上五年以下有期徒刑，併科新臺幣三百萬元以下罰金。

意圖供自己或他人犯罪之用，而犯前二項之罪者，處三年以上十年以下有期徒刑，併科新臺幣七百萬元以下罰金。

未經許可，持有、寄藏或意圖販賣而陳列子彈者，處五年以下有期徒刑，併科新臺幣三百萬元以下罰金。

第一項至第三項之未遂犯罰之。

■刑事訴訟法第154條：

被告未經審判證明有罪確定前，推定其爲無罪。

犯罪事實應依證據認定之，無證據不得認定犯罪事實。

■刑事訴訟法第301條：

不能證明被告犯罪或其行爲不罰者應諭知無罪之判決。

依刑法第十八條第一項或第十九條第一項其行爲不罰，認爲有諭知保安處分之必要者，並應諭知其處分及期間。

■最高法院29年度上字第3105號判例：

刑事訴訟法上所謂認定犯罪事實之證據，係指足以認定被告確有犯罪行爲之積極證據而言，該項證據自須適合於被告犯罪事實之認定，始得採爲斷罪資料。

■最高法院40年度台上字第86號判例：

事實之認定，應憑證據，如未能發現相當證據，或證據不足以證明，自不能以推測或擬制之方法，以爲裁判基礎。

■最高法院76年度台上字第4986號判例：

認定犯罪事實所憑之證據，雖不以直接證據為限，間接證據亦包括在內；然而無論直接或間接證據，其為訴訟上之證明，須於通常一般之人均不致有所懷疑，而得確信其為真實之程度者，始得據為有罪之認定，倘其證明尚未達到此一程度，而有合理之懷疑存在時，事實審法院復已就其心證上理由予以闡述，敘明其如何無從為有罪之確信，因而為無罪之判決，尚不得任意指為違法。

(二十四) 違反洗錢防制法案件

案例事實

被告甲及乙為詐欺犯罪集團之一員，嗣檢方起訴認渠等所為之犯罪行為詐欺犯行外，尚違反洗錢防制法之規定，為此，甲及乙之答辯重點為何？

撰狀說明

(1) 洗錢防制法所定之洗錢罪，依目前實務之見解須行為人主觀上有基於逃避或妨礙重大犯罪之追查或處罰之犯意，客觀上有逃避或妨礙重大犯罪之追查或處罰之行為，與單純之處分贓物之行為不同（參見其後四、相關法條及判旨所附之數則最高法院判決）。如本案被告為詐欺行為，提供人頭帳戶供被害人匯入款項及由任車手之人提領款項，究係詐欺罪所必要之方法或為洗錢之手段，應係本案答辯之重點。

(2) 刑法第340條常業詐欺罪業於94年2月時因廢除連續犯而修正刪除。

(3) 刑事法保安處分之強制工作，旨在對有犯罪習慣或以犯罪為常業或因遊蕩或怠惰成習而犯罪者，令入勞動場所，所以強制從事勞動方式，培養其勤勞習慣，正確工戶觀念，習得一技之長，於其日後重返社會時，能自立更生，期以達成刑法教化、矯治之目的（參見司法院大法官會議解釋釋字第528號解釋），故答辯時應著重於被告並無犯罪習慣或以犯罪為常業或因遊蕩或怠惰成習而犯罪之情。

(4) 另因提供帳戶供他人犯罪使用之情形時有所見，故應注意大法庭就此行為是否涉及洗錢之最新見解，即最高法院108年度台大字第3101號裁定之見解。

(5) 又為阻斷詐騙集團洗錢管道及終結網路收簿等犯罪，近年就洗錢防制法已有大幅度之修法，撰寫辯護書狀，亦應加以注意。

書狀內容

狀別：刑事辯護意旨狀

案號及股別：○○年○○字○○號○股

被　告　　甲　　身分證字號：○　性別：○　生日：○　住：○

被　告　　乙　　身分證字號：○　性別：○　生日：○　住：○

共同選任辯護人　○○○律師

為被告被訴常業洗錢等案件，續具辯護意旨事：

一、依立法院公報第92卷第8期院會紀錄所載，洗錢防制法第9條加重常業洗錢之刑度係爲貫徹以防制洗錢之手段達到嚇阻重大犯罪之刑事政策目標（詳見證1），依最高法院92年台上字第3639號判決要旨：洗錢防制法第2條第1款所指洗錢行爲係指以掩飾、藏匿犯特定重大犯罪所得財產或利益之行爲，避免追訴、處罰而使其所得財物或利益之來源合法化或改變該財物或利益之本質，始克相當，若僅係行爲人對犯特定重大犯罪所得之財產或利益作直接使用或消費之處分行爲，自非洗錢防制法所規範之洗錢行爲（詳見證2），最高法院92年台上字第2963號判決要旨對於洗錢防制法所規定之立法目的更揭示：係爲防制洗錢者利用各種管道漂白非法所得之洗錢行爲，掩飾其犯罪事實，逃避或妨礙重大犯罪之追查或處罰以遏阻洗錢者享受其重大犯罪所得之財物或財產上利益，其保護之法益係國家對重大犯罪之追訴及處罰權，行爲人須有逃避或防礙該重大犯罪追查或處罰之犯意及行爲，始克相當（詳見證3），是否爲洗錢行爲應就犯罪全部過程加以觀察，包括有無因而使重大犯罪所得之財物或財產利益之性質、來源、所在地、所有權或其他權利改變，因而妨礙重大犯罪之追查或處罰，或有無阻撓或危及對重大犯罪所得之財物或財產上利益來源追查或處罰之行爲在內（最高法院91年台上字第4956號判決要旨參照）（詳見證4），最高法院93年度台上字第94號判決更謂：洗錢防制法之制訂旨在規範特定重大犯罪不法所得之資金或財產，藉由洗錢行爲，諸如經由各種金融機構或其他交易管道，以提、存或轉匯等方式轉換成爲合法來源之資金或財產，以切斷資金與當初犯罪行爲之關連性，俾便於隱匿其犯罪行爲或該資金不法來源或本質，以逃避追訴、處罰（詳見證5），綜合最高法院之見解，所謂洗錢行爲必須有積極之轉換行爲以切斷資金與當初犯罪行爲之關連性始足當之。

二、本案被告乙僅係負責以電話聯絡大隻仔、小隻仔、阿彬、阿宏及阿偉，俗稱車手，在不特定地區以提款卡或臨櫃方式提領被害人所匯之贓款，被告甲僅係單純收取被告乙所交付之款項再等候通知交付該款項，雖有提領款項之行爲，惟並無積極證據證明被告甲及乙知悉本案主謀四支仔在取得該等款項後係如何積極轉換以切斷資金關連性，被告甲及乙既無積極轉換以切斷資金關連性之行爲，依最高法院上開諸多見解，均難認被告甲及乙有何洗錢行爲，自無可能該當洗錢防制法第9條第2項常業洗錢犯行！

三、常業詐欺犯行之犯罪型態本即包括提供人頭帳户供被害人匯款，（一）本案被害人何〇〇遭詐騙匯款至陳〇〇、康〇〇、陳〇〇、陳〇〇帳户（總計金額達543萬8,896元），（二）被害人陳〇〇遭詐騙匯款至林〇〇、張○○、朱○○、劉○○、張○○、林○○、邱○○帳户（總計金額高達1436萬元），（三）被害人蘇○○遭詐騙匯款至邱○○、朱○○、林○○、王○○帳户（總計金額爲243萬元），（四）被害人張○○遭詐騙匯款至曹○○、朱○○、徐○○、王○○帳户（總計金額爲610萬元），以及其餘被害人所匯款之人頭帳户，均係可得查證之帳户，在被害人遭詐騙匯款至該人頭帳户後雖有以金融卡或臨櫃方式提領之行爲，惟並非積極轉換以切斷資金關連性之行爲，顯見被告甲及乙充其量僅係犯刑法第340條之常業詐欺罪，而非洗錢防制法第9條第2項常業洗錢罪。

四、刑法第90條強制工作處分固係針對有犯罪習慣或以犯罪爲常業者所爲規定，惟並非所有常業犯均有諭知刑後強制工作處分之必要，仍應針對個案具體判斷，被告甲及乙均僅係單純受僱，每月僅各支領5萬元薪資，原審復認定被告甲及乙僅分別參與其中部分行爲，並非主謀或主要獲利者，以被告甲及乙均不瞭解該集團詳細分工及作業情形，原審諭知刑後強制工作處分，實違反比例原則。

五、被告甲及乙在原審判決後積極透過各種管道尋找本案主謀「四支仔」，俾配合追查該犯罪集團，惟因該集團分工甚細且以各種綽號掩飾身分，致目前仍無明確結果，被告甲及乙仍將繼續追查，懇請鈞院鑑察，並審酌被告甲及乙確僅係單純遭受利用之受僱者，從輕量刑。

謹　狀

台灣○○地方法院刑事庭　公鑒

證據名稱及件數

證1：立法院公報92卷第8期節本影本。

證2至證5：最高法院裁判要旨影本。

中　華　民　國　○○　年　○○　月　○○　日

具狀人　甲　乙　　簽名蓋章

共同選任辯護人　○○○律師

相關法條及裁判要旨

■刑法第90條：

有犯罪之習慣或因遊蕩或懶惰成習而犯罪者，於刑之執行前，令入勞動場所，強制工作。

前項之處分期間爲三年。但執行滿一年六月後，認無繼續執行之必要者，法院得免其處分之執行。

執行期間屆滿前，認爲有延長之必要者，法院得許可延長之，其延長之期間不得逾一年六月，並以一次爲限。

■刑法第339條：

意圖爲自己或第三人不法之所有，以詐術使人將本人或第三人之物交付者，處五年以下有期徒刑、拘役或科或併科五十萬元以下罰金。

以前項方法得財產上不法之利益或使第三人得之者，亦同。

前二項之未遂犯罰之。

■洗錢防制法第2條：

本法所稱洗錢，指下列行爲：一、意圖掩飾或隱匿特定犯罪所得來源，或使他人逃避刑事追訴，而移轉或變更特定犯罪所得。二、掩飾或隱匿特定犯罪所得之本質、來源、去向、所在、所有權、處分權或其他權益者。三、收受、持有或使用他人之特定犯罪所得。

■洗錢防制法第3條：

本法所稱特定犯罪，指下列各款之罪：一、最輕本刑爲六月以上有期徒刑以上之刑之罪。二、刑法第一百二十一條第一項、第一百二十三條、第二百零一條之一第二項、第二百六十八條、第三百三十九條、第三百三十九條之三、第三百四十二條、第三百四十四條、第三百四十九條之罪。三、懲治走私條例第二條第一項、第三條第一項之罪。四、破產法第一百五十四條、第一百五十五條之罪。五、商標法第九十五條、第九十六條之罪。六、廢棄物清理法第四十五條第一項後段、第四十七條之罪。七、稅捐稽徵法第四十一條、第四十二條及第四十三條第一項、第二項之罪。八、政府採購法第八十七條第三項、第五項、第六項、第八十九條、第九十一條第一項、第三項之罪。九、電子支付機構管理條例第四十四條第二項、第三項、第四十五條之罪。十、證券交易法第一百七十二條第一項、第二項之罪。十一、期貨交易法第一百十三條第一項、第二項之罪。十二、資恐防制法第八條、第九條之罪。十三、本法第十四條之罪。

■洗錢防制法第13條：

檢察官於偵查中，有事實足認被告利用帳戶、匯款、通貨或其他支付工具犯第十四條及第十五條之罪者，得聲請該管法院指定六個月以內之期間，對該筆交易之財產爲禁止提款、轉帳、付款、交付、轉讓或其他必要處分之命令。其情況急迫，有相當理由足認非立即爲上開命令，不能保全得沒收之財產或證據者，檢察官得逕命執行之。但應於執行後三日內，聲請法院補發命令。法院如不於三日內補發或檢察官未於執行後三日內聲請法院補發命令者，應即停止執行。

前項禁止提款、轉帳、付款、交付、轉讓或其他必要處分之命令，法官於審判中得依職權為之。

前二項命令，應以書面為之，並準用刑事訴訟法第一百二十八條規定。

第一項之指定期間如有繼續延長之必要者，檢察官應檢附具體理由，至遲於期間屆滿之前五日聲請該管法院裁定。但延長期間不得逾六個月，並以延長一次為限。對於外國政府、機構或國際組織依第二十一條所簽訂之條約或協定或基於互惠原則請求我國協助之案件，如所涉之犯罪行為符合第三條所列之罪，雖非在我國偵查或審判中者，亦得準用前四項規定。對第一項、第二項之命令、第四項之裁定不服者，準用刑事訴訟法第四編抗告之規定。

■洗錢防制法第14條：

有第二條各款所列洗錢行為者，處七年以下有期徒刑，併科新臺幣五百萬元以下罰金。前項之未遂犯罰之。

前二項情形，不得科以超過其特定犯罪所定最重本刑。

■最高法院91年度台上字第4956號判決後段：

洗錢防制法之立法目的，係為防止洗錢者利用洗錢行為，掩飾其犯罪事實，逃避或妨礙重大犯罪（同法第3條）之追查或處罰，以阻遏洗錢者享受其重大犯罪所得之財物或財產上之利益（該法第1條之立法理由說明參照），其所保護之法益，重在「妨礙國家對於重大犯罪之訴追及處罰」。因之，是否為洗錢行為，自應就犯罪全部過程加以觀察，包括有無因而使重大犯罪所得之財物或財產上利益之性質、來源、所在地、所有權或其他權利改變，因而妨礙重大犯罪之追查或處罰，或有無阻撓或危及對重大犯罪所得之財物或財產上利益來源追查或處罰之行為在內。

■最高法院92年度台上字第2963號判決前段：

洗錢防制法第1條規定：「為防制洗錢，追查重大犯罪，特制定本法」，其立法目的係為防止洗錢者利用各種管道漂白非法所得之洗錢行為，掩飾其犯罪事實，逃避或防礙重大犯罪之追查或處罰，以遏阻洗錢者享受其重大犯罪所得之財物或財產上利益；其保護之法益係國家對於重大犯罪之訴追及處罰權；洗錢防制條例第2條明定：「洗錢」之定義為：（一）掩飾或隱匿因自己或他人重大犯罪所得財物或財產上利益者。（二）收受、搬運、寄藏、故買或牙保他人因重大犯罪所得財物或財產上利益者」，並於同法第3條第1項列舉「重大犯罪」

之範圍；行爲人掩飾或隱匿因自己或他人犯罪所得財物或財產上利益，或收受、搬運、寄藏、故買、牙保他人犯罪所得財物或財產上利益，未必當然成立洗錢罪，而須上開財物或財產上利益係自己或他人重大犯罪所得，且行爲人基於逃避或防礙該重大犯罪之追查或處罰之犯意，並有爲逃避或防礙該重大犯罪之追查或處罰之行爲，始克相當，若行爲人僅單純處分贓物，而與洗錢防制法第2條、第3條之規定並不相符時，自不能以洗錢防制法第9第1項之罪論處。

■最高法院92年度台上字第3639號判決：

洗錢行爲係指行爲人爲掩飾或隱匿自己或他人重大犯罪所得財物或財產上之利益（洗錢防制法第2條第1款），或行爲人收受、搬運、寄藏、故買或牙保他人因重大犯罪所得財物或財產上之利益（同法第2條第2款）。按洗錢防制法之制定，旨在規範特定重大犯罪（詳見該法第3條）不法所得之資金或財產，藉由洗錢行爲，諸如經由各種金融機關或其他交易管道，轉換成爲合法來源之資金或財產，以切斷資金與當初犯罪行爲之關連性，俾便於隱匿其犯罪行爲或該資金不法來源或本質，以逃避追訴、處罰。該法之制定背景（參見立法院公報第85卷第43期院會紀錄第66頁至第78頁），主要係針對預防鉅額贓款，經由洗錢行爲轉變爲合法來源，造成資金流向之中斷，使偵查機關無法藉由資金之流向，追查不法前行爲之犯罪行爲人。足見其所保護之法益爲國家對特定重大犯罪之追訴及處罰，此觀該法第1條已明定：「爲防制洗錢，追查犯罪，特制定本法」，而對不法之前行爲其所侵害之一般法益，因已有該當各行爲之構成要件加以保護，自非該法之立法目的甚明。又該法第2條第1款之洗錢行爲，除利用不知情之合法管道（如金融機關）所爲之典型行爲外，固尙有其他掩飾、藏匿犯特定重大犯罪所得財產或利益之行爲，但仍須有旨在避免追訴、處罰而使其所得財物或利益之來源合法化，或改變該財物或利益之本質之犯意，始克相當，若僅係行爲人對犯特定重大犯罪所得之財產或利益作直接使用或消費之處分行爲，自非該法所規範之洗錢行爲。

■最高法院93年度台上字第904號判決：

洗錢防制法之制定，旨在規範特定重大犯罪不法所得之資金或財產，藉由洗錢行爲，諸如經由各種金融機關或其他交易管道，以提、存或轉匯等方式，轉換成爲合法來源之資金或財產，以切斷資金與當初犯罪行爲之關連性，俾便於隱匿其犯罪行爲或該資金不法來源或本質，以逃避追訴、處罰。

(二十五) 違反廢棄物清理法案件

案例事實

被告丙係A營造公司現場監工，並未負責聯絡運轉土石及垃圾相關事宜；被告甲某日係受B環保公司指派前往工地現場運轉土石及垃圾至A營造公司工地主任所指定之租用地堆置分類，惟於某趟載運途中遭警攔查，認渠等涉有違反廢棄物清理法爲由移送，且遭檢察官提起公訴，惟嗣經第一審法院判決無罪在案，但公訴人仍提起上訴，爲此，被告應如何答辯。

撰狀說明

(1) 廢棄物清理法第46條第1項第4款所稱之廢棄物清除、處理許可文件，係指依公民營廢棄物清除處理機構許可管理辦法核發之清除許可證、處理許可證、清理許可證，並未包含爲取得上述各項許可文件所檢具之申請文件（參見環保署環署廢字第0910065840號函）。

(2) 答辯重點應置於行爲人是否爲廢棄物清理法第46條所規範之行爲主體及行爲人有無違反之犯意及行爲。

(3) 另如本案原審判決被告無罪，因檢察官不服提起上訴，故於答辯時，應針對檢察官所提出之上訴理由逐一辯駁。

書狀內容

狀別：刑事辯護意旨狀

案號及股別：○○年○○字○○號○股

被　告　　丙　　身分證字號：○　性別：○　生日：○　住：○

被　告　　甲　　身分證字號：○　性別：○　生日：○　住：○

選任辯護人　何孟育律師

共同選任辯護人　○○○律師

爲被告被訴廢棄物清理法案件，依法提呈辯護意旨事：

一、原審判處被告丙、甲均無罪，理由略以：A營造有限公司與B環保工程有限公司就本工地高鐵T23，標內C26標於93年6月30日簽定廢土清運工程合約，開工日期爲93年7月1日、完工日期爲93年9月30日。B環保公司領有一般廢棄物及一般事業廢棄物清除許可證7×-×××號大貨車確係B環保公司所有。復有○○縣政府93年5月25日廢棄物清除許可證、行車執照附卷可稽，被告丙僅係A營造公司所僱之工地現場監工，並非工地負責人，93

年7月29日清除廢棄物事宜，係由A營造公司工地主任李◯村於前一日（7月28日）依工程合約聯絡張◯仁派車轉運廢棄物至由A營造公司所承租座落◯◯縣◯◯市快官段第835之15地號土地上待分類，再將土石交由建證環保工程有限公司處理、將一般生活垃圾交由上力環保工程有限公司處理，業據證人李◯村（工地主任）證述屬實，並有租賃契約書、現場簡圖及照片4張可證。原審審酌被告丙僅受僱A營造公司擔任工地現場監工，◯◯縣◯◯市快官段第835之15地號土地並非其所承租，且僅供暫時分類之用，並非從事廢棄物貯存，A營造公司與領有廢棄物清除許可之B環保公司復定有事業廢棄物區內轉運工程合約，衡情被告丙並無私自僱請他人清除該工地所產生廢棄物之理，被告丙、甲於警詢所為自白難認與事實相符。被告甲當時固係受僱於張◯仁所經營韋◯企業行，並非受僱於B環保公司。

二、惟查：證人張◯仁係B環保公司法定代理人黃◯蘭之配偶，B環保公司與A營造公司所簽定本工程合約係由證人張◯仁負責接洽及聯絡，業經證人李◯村證述明確，被告甲係受證人張◯仁派遣，始駕駛B環保公司所有7×-×××號大貨車轉運本案廢棄物等情，並經證人張◯仁結證無訛。A營造公司係由證人李◯村依合約聯絡證人張◯仁派車轉運廢棄物至由A營造公司所承租座落◯◯縣◯◯市快官段第835之15地號土地上待分類，B環保公司雖派遣非其公司所屬員工即被告甲，為A營造公司清除廢棄物，惟業經◯◯縣環境保護局依廢棄物清理法第55條第1款，科處B環保公司罰鍰6,000元，此有◯◯縣環境保護局執行違反廢棄物清理法案件處分書可證。原審審酌證人張◯仁與B環保公司法定代理人黃◯蘭係夫妻關係，韋◯企業所與B環保公司復係經營同類業務，所屬員工因業務需要，臨時相互調遣支援，難謂與現今社會常情不符。再參以被告甲，苟未經B環保公司派遣，並無可能私自駕駛B環保公司所屬車輛外出，顯見被告甲駕駛B環保公司所有7×-×××號大貨車轉運本案廢棄物確係出於為B環保公司履行與A營造公司間所訂廢土清運合約而為，並非自行受僱被告丙，被告二人並非未領有廢棄物清除許可文件而從事廢棄物清除及處理。

三、檢察官上訴理由則以：證人李◯村於原審審理時證稱被告丙係A營造公司位於◯◯縣◯◯市石牌里高鐵T23，標內C26標工地現場監工，伊雖是工地主任，惟很少至工地，伊不在工地時候，都由被告丙處理工地現場事務調配等語，另證人張◯仁復證稱被告甲，係韋◯企業行員工，非B環保公司員工，韋◯企業社並未與A營造公司訂立廢棄物清運承包契約。是被告甲，由該高鐵T23，標內C26標工地現場負責人即被告丙指派駕駛B環保公司所屬7×-×××號自大貨車載運一般事業廢棄物至○○市石牌里石牌國小附近空地傾倒，雖B環保公司領有廢棄物清除許可證，惟被告甲並未取得公民營廢棄物清除處理許可文件，更非B環保公司所屬員工，而A營造公司並未申請廢棄物清理許可證，自不得僅因被告甲，係駕駛B環保公司所屬自大貨車從事一般事業廢棄物處理，遽認符合廢棄物清理法第41條規定而得從事廢棄物之清除及處理業務。是被告二人共同涉犯廢棄物清理法第46條第1項第4款未領有廢棄物清除許可文件從事廢棄物清除處理罪嫌，應堪認定。原審諭知被告二人無罪，似稍嫌速斷。

四、經查：本件高鐵T23標（快官至台南）內C26標（快官至員林）工地係狹長形，其中有八卦山隧道長達7公里，有A坑及B坑各一逃生口（詳見證1），A營造公司工地人員將高鐵八卦山隧道內所清理之土石及垃圾（包括便當盒、飲料罐、鐵絲、施工機具小零件、粉塵）先以人工放置在A坑及B坑連接隧道口處，再由被告甲駕駛山貓（推土機）從A坑及B坑連接隧道口處鏟出運至A坑及B坑出口，再以7×-×××號環保車載運至北口所租用民地（○○市快官段第835之15地號土地）分類，擬將分類後之土石交由建證環保工程有限公司處理、將一般生活垃圾交由上力環保工程有限公司處理，尚未及處理即於93年7月29日上午11時50分許爲快官派出所巡邏員警通知○○縣環保局人員到場會勘查獲。因隧道內平台（擬鋪設電纜）與A坑、B坑逃生口有15公尺高低落差，且A坑及B坑各長約數百公尺、係呈斜坡、高低落差10餘公尺，施工人員僅能將土石（包括泥土）及垃圾推放置在A坑及B坑連接隧道口處，無法堆置在A坑及B坑出口，此所以A營造公司工地主任李○村需聯絡B環保公司及韋○企業行實際負責人張○仁指派被告甲駕駛7×-×××號環保車前來載運至北口所租用民地分類之主因，此事與被告丙完全無關，被告丙係因被告甲於93年7月29日上午11時50分經快官派出所巡邏員警查獲通知其老闆張○仁，張○仁聯絡李○村，因李○村當時在員林辦公室，打電話通知游朝明，未聯絡上，始請被告丙前往快官派出所瞭解事發狀況並說明被告甲確係受僱在C26標工地轉運廢棄物（土石及垃圾）至高鐵八卦山隧道北口租用民地堆置分類，孰料，快官派出所員警竟請被告丙出示證件（駕照），擅自在被告甲警訊筆錄記載甲係受僱高鐵工地現場負責人丙！事實上聯絡轉運廢棄物至北口租用民地分類處所乃係A營造公司工地主任李○村與B環保公司及韋○企業行實際負責人張○仁，被告丙未曾負責聯絡！證人李◯村於原審94年4月28日審理時結證稱：93年6月30日工程合約係其與B環保公司所簽訂並負責工地現場人員調配，合約內容係租用合法環保車搬運工地廢棄土石及生活垃圾，請B環保公司派車及機具清運隧道內廢棄物，是其指示清運至承租地（◯◯市快官段第835之15地號土地），丙只是現場監工，負責其所交辦雜務、聯絡機具及回報現場狀況，B環保公司只是負責轉運，必須先在石牌國小附近承租地先分類，因土石場不收垃圾，垃圾場不收土石，土石是由建證環保公司負責處理，處置場在虎尾，生活垃圾是由上力環保公司負責，必須委託B環保公司轉運，是因工地是長條狀，周圍沒有腹地，垃圾無法在隧道內分類是因此標有11公里長，隧道有7公里長，隧道中間有兩個出口，隧道內寬度不夠，禁止車輛進出，始委請B環保公司轉運至承租地分類，B環保公司僅係轉運，分類係由A營造公司自己做，當天因已完成一個階段，運出很多垃圾，每次分類需僱用挖土機一台及5、6名工人，作業時間約3、4天，挖土機一台一天8,000元，工人每人每天1,500元，建證及上力環保公司是到承租地載運土石及垃圾等語，顯見B環保公司僅係單純受託轉運至A營造公司所提供處所，並未負責分類，更未負責清理廢棄物，B環保公司既係領有廢棄物清除許可證之合法業者，7×-×××號自大貨車係合法之環保車，僅單純受託轉運至A營造公司所提供處所，自無違反廢棄物清理法第46條第1項第4款可言，而被告甲僅係單純受僱、在實際負責人張◯仁指派下前往工地現場運轉土石及垃圾至A營造公司工地主任李◯村所指定之租用地堆置待分類，主觀上更無違法清除處理廢棄物之犯意！

五、綜上所述，被告丙僅係A營造公司現場監工，並未負責聯絡運轉土石及垃圾相關事宜，被告甲僅係單純受B環保公司指派前往工地現場運轉土石及垃圾至A營造公司工地主任李◯村所指定之租用地堆置待分類，前者無違反廢棄物清理法第46第1項第4款之行爲，後者並無違法清除處理廢棄物之犯意，原審詳查各該事證後諭知被告二人均無罪，認事用法均屬允恰，檢察官猶執爲上訴，顯無理由，懇請鈞院迅駁回上訴。

謹　狀

台灣高等法院◯◯分院刑事庭　　公鑒

證據名稱及件數

證1：現場圖影本。

中　華　民　國　◯◯　年　◯◯　月　◯◯　日

具狀人 丙 甲 簽名蓋章
共同選任辯護人 何孟育律師

相法法條及裁判要旨

■廢棄物清理法第46條：

有下列情形之一者，處一年以上五年以下有期徒刑，得併科新臺幣一千五百萬元以下罰金：一、任意棄置有害事業廢棄物。二、事業負責人或相關人員未依本法規定之方式貯存、清除、處理或再利用廢棄物，致污染環境。三、未經主管機關許可，提供土地回填、堆置廢棄物。四、未依第四十一條第一項規定領有廢棄物清除、處理許可文件，從事廢棄物貯存、清除、處理，或未依廢棄物清除、處理許可文件內容貯存、清除、處理廢棄物。五、執行機關之人員委託未取得許可文件之業者，清除、處理一般廢棄物者；或明知受託人非法清除、處理而仍委託。六、公民營廢棄物處理機構負責人或相關人員、或執行機關之人員未處理廢棄物，開具虛僞證明。

■環保署環署廢字第0910065840號函：

廢棄物清理法第46條第1項第4款所稱之廢棄物清除、處理許可文件，係指依公民營廢棄物清除處理機構許可管理辦法核發之清除許可證、處理許可證、清理許可證，並未包含爲取得上述各項許可文件所檢具之申請文件。

依據公民營廢棄物清除處理機構許可管理辦法第12條規定，清除、處理或清理許可證應記載事項包含：機構名稱及地址、組織、負責人姓名、住址及身分證明文件字號、營業項目、清除、處理廢棄物之種類、每月許可數量、處理方法、級別、場（廠）地點及許可期限。其中之機構名稱及地址、組織、負責人姓名、住址及身分證明文件字號，並不涉及「貯存、清除、處理」行爲，不符該款之要件，本署於89年11月10日（89）環署字第0062315號函已有函釋。另對於逾越許可數量之行爲，本署曾於90年9月14日以（90）環署廢字第0058992號函釋：尙不致構成科以行政刑罰之要件。除前述二者外，其他之違反事項方屬廢棄物清理法第46條第1項第4款後段之「未依廢棄物清除、處理許可文件內容貯存、清除、處理廢棄物」。

■環保署環署廢字第0058992號函：

一、廢棄物清除、處理機構之實際清除、處理量逾越許可量，係屬違反廢棄物清理法第21條之行爲，應依同法第28條處分。 二、前述之違法行爲宜否依違反廢棄物清理法第22條第2項第4款規定處以行政刑罰，經本署召開法規委員會討論，會議結論認為宜將其適用範圍予以明確化，爰對旨揭行為予以明確認定。
三、違反行政上義務者所為之制裁，應視該違規行為之惡性、法益侵害之輕重程度、行為後果所造成之損害程度與行政管理及刑事政策之考量而定，如其違規行為之惡性、法益侵害及行為後果所造成之損害程度較輕，宜處以行政罰即可，尚不至進入科以行政刑罰之範疇。廢棄物清除、處理機構因經營廢棄物清除、處理業務，因超過所核准之數量，即被依廢棄物清理法第22條第2項第4款後段規定科以行政刑罰，審其違規情節較申報不實之違法程度為輕，卻被科以較重之行政刑罰，難謂其符合公平原則與比例原則，亦與廢棄物清理法之立法精神不符，故就廢棄物清理法第22條第2項第4款後段規定之「未依廢棄物清除、處理許可證或核備文件內容貯存、清除、處理廢棄物者。」如解釋為係規範未依許可證或核備文件規定之貯存、清除、處理廢棄物之方式與行為，應屬適當。就合法清除、處理行為之數量超量之情形，應以其違反廢棄物清理法第21條規定，依同法第28條予以罰鍰處分。

(二十六) 違反公司法案例

案例事實

被告甲爲○○縣○○市○○路139號5樓○○財金資訊有限公司負責人，於○○公司增資後，乃將公司資金提領支付購買設備，及對外繳納投資款項，嗣遭檢察官以有違反公司法不實增資之犯行爲由，起訴在案，則甲應如何答辯。

撰狀說明

(1) 公司股東如實際未繳納股款而僅以申請文件表明收足，除違反公司法第100條：「公司資本總額，應由各股東全部繳足，不得分期繳款或向外招募。」所揭示之資本確定原則，公司法第9條更設有處罰規定。

(2) 公司法第9條有關公司應收股款未實際繳納之處罰，係以公司負責人於公司應收之股款，股東並未實際繳納，而以申請文件表明收足或股東雖已繳納而於登記後將股款發還股東或任由股東收回者爲構成要件，故撰狀之重點應置於行爲人即負責人無上開構成要件所載之行爲，而書狀中應提出確已實際收受股款或股款收受後用於公司支出上等之相關證明資料。

書狀內容

狀別：刑事辯護意旨狀
案號及股別：○○年○○字○○號○股
被　告　　甲　　身分證字號：○　性別：○　生日：○　住：○
選任辯護人　○○○律師
爲被告被訴違反公司法案件，依法提呈辯護意旨事：

一、公訴意旨認定：被告甲爲○○縣○○市○○路139號5樓○○財金資訊有限公司負責人，明知○○公司股東並無認股增資之事實，竟先製作不實○○公司94年8月10日股東會決議增資新台幣6,000萬元之會議紀錄，於94年8月23日將6,000萬元分三次存入○○公司甫於該日設立在寶華銀行○○分行第018001271507號帳户，以取得存款證明後，隨即於94年9月2日向經濟部辦理增資登記，待94年9月5日完成登記後，甲即於翌日（9月6日）將6,000萬元全數自○○公司寶華銀行○○分行提出，同日將1,400萬元存入○○公司聯邦銀行○○○分行第061100020277號帳户，4,600萬元則存入不知情乙在聯邦銀行○○○分行第061501001236號帳户。嗣○○公司虛僞增資之情事爲主管機關經濟部查悉，於94年10月3日函請台灣新北地方檢察署偵辦，被告甲始於94年12月29日，自該乙帳户提領4,600萬元並匯入○○公司聯邦銀行○○○分行帳户。

二、經查：

(一) 公訴意旨認定○○公司於94年9月5日所完成增資6,000萬元登記係屬虛僞增資，主管機關經濟部於94年10月3日函請台灣新北地方檢察署偵辦後，被告甲知悉始於94年12月29日提領4,600萬元匯回○○公司聯邦銀行○○○分行帳户，與事實不符。本件偵查傳票係95年1月4日所發出，訂於95年1月13日上午10時30分進行第一次偵查程序，被告甲始知遭移送公司法案件，主管機關經濟部函請台灣新北地方檢察署偵查時，基於偵查不公開且該署並未核發傳票，被告甲根本毫無所悉，公訴意旨推論被告甲知悉遭函送始於94年12月29日提領4,600萬元，並進而認定該6,000萬元現金增資係屬虛僞，尚有未洽。

(二) ○○公司原資本額係6,000萬元，94年9月5日完成6,000萬元現金增資登記後，資本額爲1億2,000萬元，主要業務爲資訊軟體服務業（詳見證1），於94年8月23日將增資款6,000萬元存入○○公司寶華銀行○○分行前，○○公司資本額係6,000萬元，向上櫃公司B資訊公司（上櫃代號：○○）購買HTS軟體資訊系統分別支出594萬元、756萬元、792萬元、594萬元，合計2,736萬元（詳見證2），增資後持續向B資訊公司購買HTS軟體資訊系統，分別支出90萬元、120萬元、1,008萬元、990萬元、90萬元、312萬元、152萬4,000元、7,970元及301萬2,000元，合計3,064萬3,970元（詳見證3），有關HTS軟體資訊系統總支出高達5,800萬3,970元。證人曾○○（B資訊公司董事長）於95年4月4日偵訊時到庭證稱：○○公司向我們買軟硬體共2,520萬元，是94年5月12日簽約，已交貨，貨款分三期均已收到，是匯款到第一銀行帳户等情，應係作證時未詳加查證，致交易金額落差達5,000多萬元。

(三) ○○公司透過C國際開發股份有限公司投資○○市政府運動休閒中心承攬BOT案，於94年11月7日匯出2,000萬元至C國際開發公司帳户（詳見證4）。證人王○○（C公司副總經理）於95年4月4日偵訊時到庭證稱確有其事。

(四) 以上鉅額支出已高達7,800萬3,970元（不包括零星支出），○○公司原資本額6,000萬元顯不足支出，自有現金增資之必要。94年9月6日提領4,600萬元存入乙聯邦銀行○○○分行帳户，主要目的係爲投資宏都○○BOT案，當時有二項考慮：其一係設○○休閒育樂開發股份有限公司轉投資該BOT案，其二係○○公司直接投資，因乙係○○休閒育樂公司董事長（詳見證5），始將4,600萬元暫存在乙聯邦銀行○○○分行帳户，94年12月29日○○公司決定直接投資該BOT案，始將該4,600萬元提出轉回○○公司聯邦銀行○○○分行供○○公司營業周轉使用，○○公司於95年1月23日、2月6日、2月13日分別匯款450萬元、450萬元、150萬元，合計1,050萬元至宏都○○國際開發股份有限公司籌備處專户（詳見證6），以上鉅額支出合計達8,850萬3,970元。

三、迄95年3月29日○○公司在聯邦銀行○○○分行帳户尚有存款餘額3,120萬1,361元（詳見證7）、在第一銀行板橋分行帳户於95年3月31日尚有餘額31萬8,699元（詳見證8），與○○公司增資後股本1億2,000萬元約略相當（88,503,970元＋31,201,361元＋318,699元＝120,024,030元），顯見○○公司並無不實現金增資之情事。懇請鈞院詳查，賜諭被告甲無罪，以免冤抑。

謹 狀

台灣○○地方法院刑事庭　公鑒

證據名稱及件數

證1：公司登記資料影本。

證2：凱衛資訊發票影本。

證3：凱衛資訊發票影本。

證4：匯款單影本。

證5：公司登記資料影本。

證6：籌備處會議紀錄及匯款單均影本。

證7：存摺明細影本。

證8：存摺明細影本。

中　華　民　國　○○　年　○○　月　○○　日

具狀人　甲　簽名蓋章

選任辯護人　○○○律師

相關法條及裁判要旨

■公司法第9條：

公司應收之股款，股東並未實際繳納，而以申請文件表明收足，或股東雖已繳納而於登記後將股款發還股東，或任由股東收回者，公司負責人各處五年以下有期徒刑、拘役或科或併科新臺幣五十萬元以上二百五十萬元以下罰金。

有前項情事時，公司負責人應與各該股東連帶賠償公司或第三人因此所受之損害。

第一項經法院判決有罪確定後，由中央主管機關撤銷或廢止其登記。但判決確定前，已為補正者，不在此限。

公司之負責人、代理人、受僱人或其他從業人員以犯刑法偽造文書印文罪章之罪辦理設立或其他登記，經法院判決有罪確定後，由中央主管機關依職權或依利害關係人之申請撤銷或廢止其登記。

國家圖書館出版品預行編目資料

訴訟文書撰寫範例——刑事編／何志揚、何孟育著. -- 五版. -- 臺北市：五南圖書出版股份有限公司, 2024.06
面； 公分.--

ISBN 978-626-393-175-6（平裝）

1.CST: 書狀 2.CST: 刑事訴訟法

586.34 113003362

1V66

訴訟文書撰寫範例
——刑事編

主　　編— 吳光陸(57)
作　　者— 何志揚(50.3)　何孟育(50.4)
發 行 人— 楊榮川
總 經 理— 楊士清
總 編 輯— 楊秀麗
副總編輯— 劉靜芬
責任編輯— 呂伊真
封面設計— P.Design視覺企劃、姚孝慈
出 版 者— 五南圖書出版股份有限公司
地　　址：106台北市大安區和平東路二段339號4樓
電　　話：(02)2705-5066　傳　　真：(02)2706-6100
網　　址：https://www.wunan.com.tw
電子郵件：wunan@wunan.com.tw
劃撥帳號：01068953
戶　　名：五南圖書出版股份有限公司

法律顧問　林勝安律師

出版日期　2011年1月初版一刷
2014年7月二版一刷
2018年2月三版一刷
2021年4月四版一刷
2024年6月五版一刷

定　　價　新臺幣680元

經典永恆・名著常在

五十週年的獻禮——經典名著文庫

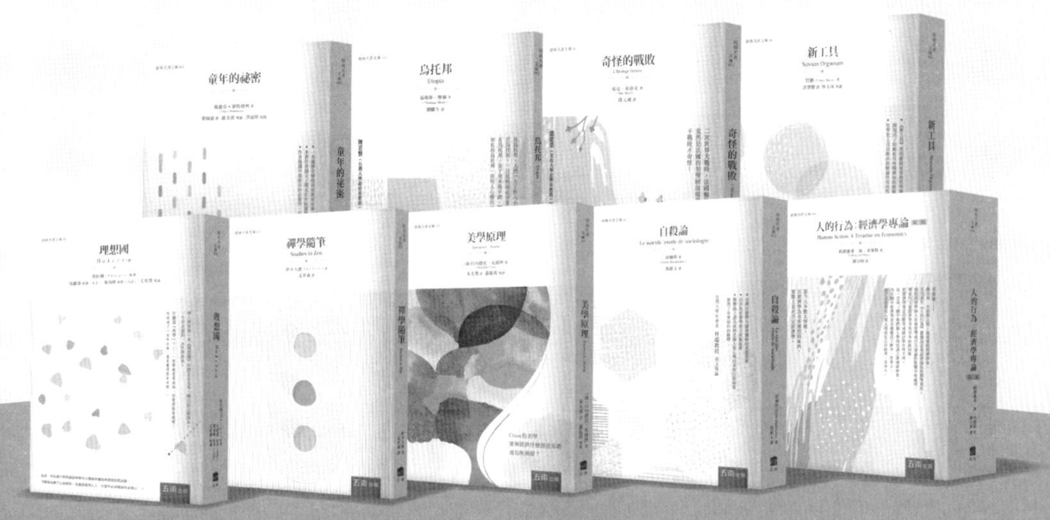

五南，五十年了，半個世紀，人生旅程的一大半，走過來了。
思索著，邁向百年的未來歷程，能為知識界、文化學術界作些什麼？
在速食文化的生態下，有什麼值得讓人雋永品味的？

歷代經典・當今名著，經過時間的洗禮，千錘百鍊，流傳至今，光芒耀人；
不僅使我們能領悟前人的智慧，同時也增深加廣我們思考的深度與視野。
我們決心投入巨資，有計畫的系統梳選，成立「經典名著文庫」，
希望收入古今中外思想性的、充滿睿智與獨見的經典、名著。
這是一項理想性的、永續性的巨大出版工程。
不在意讀者的眾寡，只考慮它的學術價值，力求完整展現先哲思想的軌跡；
為知識界開啟一片智慧之窗，營造一座百花綻放的世界文明公園，
任君遨遊、取菁吸蜜、嘉惠學子！